現代語訳

文明論之概略

An Outline of a Theory of Civilization

福澤諭吉 著

伊藤正雄 訳

慶應義塾大学出版会

福澤諭吉　著

現代語訳　文明論之概略

伊藤正雄　訳

補注・解題＝安西敏三

凡例

本書は、伊藤正雄『口訳評注　文明論之概略―今も鳴る明治先覚者の警鐘―』慶應通信、一九七〇年（以下、旧版という）を、現代の読者のために読みやすさを重視して再編集し、復刊するものである。旧版から大きく変更した点は、以下のとおりである。

一、旧版では、全体を通して歴史的仮名遣いが用いられていたが、本復刊では現代仮名遣いに変更した。ただし、歴史的仮名遣いの資料を引用した箇所は旧版を踏襲した。

一、旧版の、伊藤が執筆した各章の「要旨」ならびに訳文の数段落ごとの「評説」（伊藤による簡潔な解説、所感など）は、本復刊では「要旨・評説」としてまとめ、訳文から独立させた。評説には❖1、❖2のように通し番号を振り、訳文中にもその番号を表示させることで、訳文と評説とを対照できるようにした。

一、伊藤による「注」には、算用数字で通し番号を付した。

一、旧版刊行後の研究状況を踏まえた「補注」（安西敏三執筆）は、漢数字で表示した。「補注」は、福澤諭吉が『文明論之概略』執筆の際に参照したと考えられる西欧思想からの影響を中心に、伊藤が触れなかった事項に言及し、松沢弘陽校注『文明論之概略』岩波文庫、一九九五年との重複を、原文を除いてできるだけ避けた。また、文意を損なわないと伊藤が判断し、旧版では訳出しなかった割注を、読者の参考のために新たに訳出し、「補注」に収めた。

一、旧版では訳文の前に置かれていた「文明論之概略序説」は、「解説」として、注の後に移動した。

一、旧版では岩波文庫からの引用を一九六二年版から行っていたが、本復刊では、前掲した松沢弘陽校注の一九九五年版から行った。旧版の訳文の欄外に、原文との対照のために表示されていた岩波文庫の頁数は削除した。

一、岩波書店版『福澤諭吉全集』からの引用箇所は、例えば第七巻、五六〇—五六三頁の場合、(⑦五六〇—五六三) のように表示した。

一、旧版に収められていた『文明論之概略』原著などの書影を収めた口絵は、本復刊では掲載しなかった。また、旧版に掲載されていた「《余録》『文明論之概略』と社会学」は、研究状況の進展に鑑み、掲載しなかった。

このほか、人名、地名等の表記につき、現代の読者が違和感を覚えないよう、断らずに修正した箇所がある(例:トクビル→トクヴィル)。また、伊藤による赤字が入った「訂正原本」(遺族所蔵)に拠って加筆・修正を行った箇所もある。

＊＊　　＊＊

『文明論之概略』原著の本文は、「緒言」以下、第一章から第十章までに分かれているだけであるが、訳出の際に伊藤が、各章をさらに十〜二十数節程度に分け、各節に題を付している。訳文中の( )は福澤諭吉が原著に付したものであり、〔 〕は伊藤による文章の補いである。評説、解説中などの〈 〉は、伊藤による原文の摘要(大意の引用)を示す。[ ]は、本復刊における注記である。

旧版で頻繁に引用されている、ギゾー『欧州文明史』、バックル『英国文明史』の翻訳書は、それぞれ以下のとおりである。

ギゾー著/安士正夫訳『ヨーロッパ文明史』上下、角川文庫、一九五四年。

バクル著／西村二郎訳『世界文明史』全六冊、而立社、一九二三―二四年。

なお、本書中、今日の人権感覚からすれば差別的な表現が間々含まれているが、原著ならびに訳文の歴史性に鑑み、あえて修正は行わなかった。

はしがき

『文明論之概略』（明治八年刊）は、『学問のすゝめ』（同五―九年刊）と並んで、福澤諭吉の全盛時代の著作の双璧である。『学問のすゝめ』が当時の青少年や一般大衆を対象とした純啓蒙書であったのに対して、これは知識階級に向って書かれた学問的著述であるから、その普及度は『学問のすゝめ』に及ばなかった。しかし福澤のおびただしい著作中、最も組織的・体系的なもので、思想家としての福澤諭吉を理解するには、最高の力著たること疑いを容れない。『学問のすゝめ』を福澤思想の初等読本とすれば、これは高等読本というべきものである。

この書は西洋史学の影響を受けたわが国最初の文明史論で、その日本史学史上に占める地位についても、あまねく知られるところである。しかし何よりも注目に値するのは、それが一世紀後の現代に示唆する無限の真理であり、教訓である。先年岩波文庫の中から、特に青年のために、東西古今の名著〝一〇〇冊の本〟が識者によって選定された時、本書が日本の代表的古典三十余種の一つに挙げられたことでも、その価値を知るに足りよう。日本人がより高度の理性と見識とを備えた国民に成長するため、これこそ必読の書たることを信じて疑わない。ことに次代を担う国民の自主独立精神の重要さを思うにつけ、この書の今日的意義の大きさを感ずること切なるものがある。それはあたかも今なお鳴響く明治先覚者の警鐘というも過言ではなかろう。

しかしこの書は、明治初年の有識者を相手に著わされたものだけに、『学問のすゝめ』などよりは難解である。私は多年大学の講義で、この書をテキストに用いているが、戦後の教育を受けて、文語文に縁の薄い世代にとって、読解が相当困難なことは争われない。したがって、いかにこの書を推奨しても、原文のままでは、今後の一般市民にはほとんど宝の持腐れに終るほかはあるまい。

そこで、これを真に現代人の精神の糧とするためには、どうしても平易な現代文に移し変える必要がある。中華人民共和国では、先年『学問のすゝめ』の漢訳『勧学篇』（一九五八年刊）に次いで、この書の漢訳『文明論概略』（一九五九年刊）をも刊行した。思うに、国情の相違や時代の推移にかかわらず、福澤の思想が現代中国の発展にも寄与するところ大なりと認めたからであろう。しかるに灯台もと暗し、日本ではこの貴重な古典の現代語訳もなければ、注訳も皆無である。けだし明治はすでに遠くなったにかかわらず、まだ明治文献の注解がほとんど学界未開拓の領域に属するからであろう。これは国民のために、大きな損失ではあるまいか。

拙著は、すなわちその欠を補ったものにほかならない。一言でいえば、『文明論之概略』を原文で読む人に、座右の手引書をおくるにある。また原文を読まぬ人にも、その内容を完全に理解しうる現代版を提供するにある。私は福澤精神の解明と普及とを以て一使命としている者であるが、この度の拙著が、先年公にした『学問のすゝめ講説』（昭和四十三年刊、風間書房）と相俟って、福澤精神の真面目を現代ならびに後代の同胞に伝えるのに、平坦な道を開き得たことを本懐とする。なお別著『福澤諭吉論考』（昭和四十四年刊、吉川弘文館）も、『文明論之概略』に言及したところが多いので、これまた参照されることを切望する。

巻頭掲載の写真［本復刊では省略］は、すべての慶應義塾々史資料室所蔵の資料による。その撮影について配慮を賜わった富田正文・会田倉吉両氏に対して、深く謝意を表したい。

昭和四十七年三月

伊藤正雄

目次

第十章　自国の独立を論ず

現代語訳　文明論之概略

緒　言

一——文明論とは衆心発達論なり

本書にいう「文明論」とは、人間の精神発達に関する研究である。但しその目的は、一個人の精神発達の状態を研究するのではなく、社会全体の人々の精神発達を総合的にとらえて、その全体の発達を研究するものである。それゆえ文明論とは、いいかえれば〝衆心発達論〟[一]ともいえよう。

ところが、とかく世の中では、偏狭な自国中心の利害得失にとらわれて、文明についても正しい判断を誤るものが非常に多い。また、一国の風俗習慣の古いものに至っては、ほとんどそれが天然の力〔気候風土など〕に基くものか、人為の作用から生じたものかを区別できぬことがある。不可抗的な天然の力と思っていたものが、かえって人為による習慣にすぎぬことがあるし[1]、反対に、人為の習慣と認めていたものが、実は天然の作用であることもある。文明論とは、こうした複雑な問題[二]を扱って[2]、正確な理論を立てようというのだから、甚だむずかしい研究といわねばならぬ。❖1

二——東西の文明その元素を異にす

現代西洋の文明は、西ローマ帝国の滅亡〔四七六〕以後、今日までおよそ千年余りの間に発達したものであるから、その歴史は非常に古いといえよう。[三] 一方わが日本も、建国以来すでに二千五百年[四]を経て、独自の文明が自然に進歩し、一応の到達点に達しはしたものの、これを西洋の文明に比較すれば、すこぶる趣を異にせざるを得ない。そもそも嘉永年中〔嘉永六年・一八五三〕、米人〔ペリー〕が渡来し、[五] 次いで西洋諸国と通交貿易の条約を結ぶに及んで、[3] わが国の人民ははじめて西洋の存在を知った。そうして東西文明の有様を比較して、大いに相違のあることを知り、にわかに肝をつぶして、あたかも一種の精神革命を起こしたように思われる。もちろんわが二千五百年の間、世の治乱興廃の度ごとに、しばしば人心を驚かしたことがないではないが、深く人心の底までゆさぶって、大きなショックを与えた事件は、上古、儒仏の教えがシナから伝来した時が最初で、[六] その後は特に近年の西洋との接触[4]が最大のものである。

しかも儒仏の教えは、元来アジアの精神[5]を同じアジアのわが国に移植しただけのものだから、当時の日本とシナと文明の程度に差こそあれ、日本人がこれに親しむことは、さまでむずかしくはなかった。シナ文明はわが国民にとって、新しいものではあったが、必ずしも不思議なものではなかったといえよう。しかるに最近の西洋文明に至っては、決してそうでない。地域がかけ離れ、文明の精神が根本から違い、その精神の発達の歴史を異にし、その発達の程度をも異にしたものである。そうした異質の文明に出逢って、急に親しく接近することになったのだから、わが国民にとっては、それが新しい上に不思議に映じたのはもちろん、見るもの聞くものすべて奇々怪々でないものはない。いわば極熱の火が極寒の水に接したようなもので、国民の精神に大波瀾を生じたばかりか、心の底の底まで百八十度の大旋回を起さざるを得なかったのである。

こうした人心の変化が、結果として現れたものが、すなわち先年の王政維新であり、次いで廃藩置県〔明治四年・一八七一〕であった。かくて今日に至ったのであるが、以上の政治的変革を以て、人心の変化は決して停止したわけではない。武力の騒動は数年前の維新戦争で終って、もはや跡形もないけれども、[6] 人心の変動は今も依然として、日ましに激しいといわねばならぬ。その人心の変動とは何か、全国の人民がますます文明に向おうとする努力である。日本の文明に満足せず、西洋の文明を取入れようとする熱意である。そこで人々の期待するところは、結局わが文明をして西洋の文明と同等ならしめ、これと対立するか、さらにそれを凌がなければ満足することがないであろう。しかも西洋の文明自体も、今正に発展の最中で、日に日に改善進歩しつつあるのだから、わが国の人心も、西洋の文明と活動をともにして、ついに止まる時はあるまい。[7] してみれば、実に嘉永年中米人渡来の一件は、あたかもわが民心に火を点じた如きもので、一旦燃出した以上、もはやこれを消しとめることはできないのである。

人心の変動はかくの如くで、日本の当面する事情の複雑さは、ほとんど想像を絶するくらいである。かかる時代に、東西文明の比較を論じて正鵠を得んとすることは、われわれ学者にとって、きわめて困難な問題といわねばならぬ。西洋諸国でも、学者が日々に新説を唱えて、[七] 次から次へと応接にいとまがないほど、[8] 世間を驚かすことが多い。けれども、なんといっても彼らには、〔ローマ滅亡以後〕千有余年の永い伝統があり、先祖以来の文化的遺産を継承した上で、これに磨きをかけるにすぎぬのである。したがって、いかに新奇な説でも、元来同質の精神の中から発生したものであって、全然新しく作り出されたわけではない。これを日本の今日の有様と比較して、同一に論ずることはできぬであろう。今日の日本の文明は、いわゆる火を水に変じ、無から有を生ぜんとするほどの突然の変化である。それは文明の改良〔improvement〕というよりも、文明の創造〔creation〕といっていいくらいのものである。今日われわれが文明を論ずることのきわめて困難なのも、決して故なきではない。❖2

二――あえてわが文明論を著わす所以は何ぞや

今日のわれわれ学徒は、この困難な問題に当面しているわけだが、一面、偶然の幸いがないでもない。そのわけは、わが国開港以来、学者は熱心に洋学を学び、その研究はもちろん浅薄粗漏を免れぬにしても、わずかながら西洋文明の一端はうかがい得たはずである。[9]ところが、[10]この学者らも、二十年ほど前〔嘉永以前〕には、全く日本の封建文明の中に生活して、その文明をただに見聞しただけでなく、自ら当時の事情に直面し、自らそのことに従事していた人達である。したがって、当時のことを論ずるのに、曖昧な想像や推量に陥ることが少なく、直接わが体験を以て、封建文明と西洋文明とを比較できる利点があるわけだ。この点に関する限り、西洋の学者が、すでに一体を成した欧米文明の中に居て、〔たとえばイギリスの学者がフランスの文明を批判するという風に、〕近隣の国の文明を批判するよりも、わが国の学者の体験の方が確実だといわなければならぬ。日本の学者の幸いとは、この体験[11]の一事である。しかもこの体験は、日本人でも今の一世代〔三十年を一世代とする〕が過ぎてしまえば、決して再び得られぬものだから、今のこの時期は、ことに貴重な機会というべきであろう。

考えてもみるがいい。今の日本の洋学者は、かつては皆漢学書生であり、また神仏信者でなかったものはない。いずれも封建時代の士族でなければ、封建時代の庶民であった。してみれば、今や一人で二度の人生を経験し、一人で二つの身体を持ったようなものではないか。この前後二つの人生経験を比較し、前半生に味わった封建文明と、後半生に知り得た西洋文明とを対照して、両文明がそれぞれわれわれの人間形成に及ぼした影響を省みるならば、[12]いかなる結論を得るであろうか。なんぴとも西洋文明の優秀さを認めざるを得ないであろう。今や私がわずかな洋学の力を頼りに、自ら浅学を顧みず、この書を著すに当り、単に西洋学者の原書を直訳するに甘んぜず、その大意だけをくみ取って、あえて日本文明との比較論を試みた所以もそこにある。つまり今日のわれわれ[13]だけが遭遇して、後の日本人が再び遭遇し得ないこの千載一遇の機会を利用して、われわれの所見を書残し、将来子孫の参考に備えようとする考えにほかならない。但し、その議論が不備で、誤りの多いことは、もとより自ら慚愧《ざんき》して告白せざるを得ぬところである。願わくは後進の学者諸君は、いよいよ研究を重ねて、よく西洋の諸書を読み、よく日本の事情をも明らかにして、ますます見識を広くし、ますます精密な理論を立ててもらいたい。そうして完全な文明論[八]と称すべきものを著して、日本全国の面目を一新されることを切望する。私もまだまだ老年というわけではないから、後進学者の研究の大成を将来に期待して、さらに勉強を続け、微力を後進に捧げたいと念願する次第である。❖3

四——引用書について

なお本書中、西洋の諸書を引用して、原文のまま訳したところは、その著者の名を挙げて、出典を明らかにした。けれども、ただ大意だけ取って訳したところや、幾つかの書を参考にして、それぞれの精神を探り、その精神を私の議論に応用したところは、一々出典を記すわけにはゆかなかった。いわば食物を摂って、これを消化したようなものだ。元は外物でも、一たび自分の体内に入った以上は、当然わが身の物とならざるを得ないからである。だから本書の中に、たまたま良説があるとすれば、それは私の創見ではなくて、原著がすぐれているためと思っていただきたい。

終りに、本書を著わすに当っては、度々慶應義塾の同志諸君[14]に相談して、あるいはその意見を尋ね、あるいは従前読んだ書物の説を聞かしてもらって、益を得たところが少なくない。とりわけ小幡篤次郎《おばたとくじろう》君[15]には、原稿に目を通してもらって、修正を煩《わずら》わし、大いに理論の価値を加え得たことを感謝する。

明治八年三月二十五日　　福澤諭吉記す❖4

第一章　議論の本位を定むる事

一――事物の評価には、軽重の比較が必要なり

軽重・長短・善悪・是非等の言葉は、比較から生れた観念である。軽という観念がなければ、重という観念はない。善という観念がなければ、悪という観念もない。だから軽とは重よりも軽く、善とは悪よりも善いということであって、両方を比較しなければ、軽重・善悪を論ずることはできない。[九]かように、比較して重と定まり、善と定まったものを議論の〝本位[16]〟〔基本〕と名づけてよかろう。諺《ことわざ》に、「背に腹は替えられぬ」とか、「小の虫を殺して大の虫を助ける」とかいうのもそれである。つまり人間の身体についていえば、腹の部分は背の部分よりも大切だから、どちらかを選ぶとすれば、背に傷を受けても、腹の部分は無難に守らなければならぬということである。また動物を扱うには、鶴は鰌《どじょう》よりも大きくて、貴いものだから、鶴の飼には鰌を用いてもさしつかえないというようなものだ。またたとえば、わが日本の封建時代には、大名や武士が、別に仕事もなしに威張って暮らしていたが、その制度を今日のように改めたのは、いたずらに富裕な大名や武士を倒して、貧困に陥れたように見える。けれども、日本全体の利害と諸藩の利害とを比べれば、日本国は重く、諸藩は軽いの

である。だから、藩を廃したのは、やはり背に腹は替えられぬたぐいであり、大名武士の生活を奪ったのは、鮒を殺して鶴を養うようなものである。❖5

二――事物の研究には、究極の本質を追求せざるべからず

すべて事物を研究するには、枝葉の事柄にとらわれず、あくまで問題の根本を探り、究極の原点を追求しなければならない。そうすれば、議論すべき問題点は次第に煮つまって、その本質がますますはっきりしてくる。たとえばニュートンがはじめて引力の理を発見し、[17]「すべて物は一たび動けば止まらず、止まれば動かない」という運動の法則を明らかにしてから、世界中の運動の理論は、皆これによらぬものはなくなった。かようないわゆる法則とは、すなわち道理の基本といってもよい。運動のことを論ずる場合に、もし右の法則がなければ、その議論は多岐に分れて、際限がなかろう。船についてはは船の運動で原理を立て、車については車の運動で原理を作るという風に、むやみに理論の箇条ばかりがふえて、一つの根本原理に達することができない。一つの根本原理に達しなければ、物事の本質は明確になるはずがない。❖6

三――議論には、まず基本姿勢を定めざるべからず

次に物事の議論には、まず基本姿勢を定めなければ、その論のよしあしを決することはできない。たとえば城郭は守る者のためには利があるが、攻める者のためには害があり、敵の利益は味方の損失となる。往く者の便利は、来る者に不便なこともある〔坂道とか川の流れなど〕。だから、利害得失を

論ずるには、まずだれのための利害得失かを決めなければならぬ。守る者のためか、攻める者のためか、敵のためか、味方のためか、どちらのためかの基本的な姿勢を決めなければならない。いつの時代も、とかく議論が分れて、互いに一致し難いことが多い原因は、初めから立場が全く違っているのに、その末に至って、無理に結論だけを合せようとするために、矛盾を生ずるのである。

たとえば神道家と仏教家とは、常に意見が一致しない。その主張するところは、いずれももっとものように聞えるけれども、その根本を尋ねると、神道では専ら現世の幸不幸を問題とし、仏教では来世の禍福を主眼として、議論の根本を異にするために、両者の説が結局一致せぬのである。漢学者と国学者との間にもいろいろやかましい争論があるが、要するにその論の分れる根本は、漢学者は易姓革命[18]の政体を是認するに対して、国学者は万世一系の国体を主張するところにある[一〇]。漢学者の閉口するのは、この根本の一点にほかならないのだ。

かように、まず問題の根本を不問に付して、末のことばかり論ずる間は、神儒仏の争論も決着することはない。それはあたかも戦争するのに弓矢と剣槍の得失を争うようなもので、議論に果《は》てしがないであろう。この神儒仏の争論を解消させようとするには、彼らの主張する説より、もう一段高い次元の新説〔洋学〕を示して、彼ら自身に新旧思想の得失を判断させるほかはない。弓矢と剣槍の争論も、かつて一時はやかましかったが、一たび小銃が使われ出しては、もはや世の中でそんなことを問題にする者はなくなったではないか[二]。❖7

四――結論のみを見て、論拠を速断するなかれ

また甲乙議論の根本を異にする者同士でも、結論だけは同じに見える場合がある。しかしその論を遡ってゆくと、論拠は別々で、出発点が全然違うことが多い。そこで、物事の利害を説くに当っても、両者の利とし害とする結論は同じでも、その理由を述べる段になると、両者の説は中途から分れて、同じ論拠に達することができない。たとえば、士族といわず平民といわず、頑固な保守家連中は、外国人を悪《にく》むのが常である。一方世の洋学者の中でも、少しく見識のある者は、外国人の挙動を見て、決してこれを快しとすることはない。だから、外国人の挙動を喜ばぬ気持は、頑固な保守家連中と少しも変らぬといえよう。この点では、両者の結論は一致しているように見える。しかしその外国人を喜ばぬ理由を述べる段になると、双方の意見は相違を生ずるのである。すなわち甲はただ外人を畜生同然に卑しめ軽んじて、事柄のよしあしにかかわらず、ひたすらこれを悪むばかりである。ところが乙は、もっと見識が広いから、いたずらに悪み嫌うわけではないが、〔ただ相手があまり優勢すぎるために、〕外交上生じやすい日本の不利を懸念するのだ。ことに文明人と誇る西洋人のくせに、とかくわれわれ日本人に対して得手勝手を働くのを悪むのである。つまり双方とも外国人を悪む心は同じであるが、その原因が異なるから、彼らに接する態度もまた一様ではあり得ない。すなわち攘夷家と開国家とは、結論だけは同じでも、その論のプロセスは違っていて、出発点を異にする所以である。すべて人々の趣味や遊宴の末に至るまで、外面の行動は同一に見えても、内面の動機はそれぞれ違う場合が多いものだから[19]、その行動の表面だけを見て[20]、簡単にその真意を判断することはできない。❖8

五——極端論にふけるなかれ

また物事の利害を論ずるのに、双方から極端論と極端論を持出すために、議論が始めから分れて、互いに近づけない場合もある。その一例を挙げると、たとえば人権平等の新説を唱える者があれば、保守的な人は忽ちこれを共和政治[二]論と見なして、「今わが日本で共和政治の説を主張すれば、日本の国体はどうなるか」といい、「ついには不測の禍が起るだろう」などと心配する。まるで今にも無君無政府の大混乱が起るかのように恐れるのである。最初から先の先までを心配して、肝心の人権平等とは一体どんな説なのかもただきず、その趣旨が何処にあるのかも問わず、ひたすらこれを排斥するばかりである。またかの新説家も、頭から保守家を目のかたきにして、無理やりに旧説を否定するので、ついに両者敵対の様相を呈して、議論の了解に達することがない。これは双方とも極端論を持出す結果、かかる不都合を生ずるのである。

手近に譬えていえば、酒飲みと下戸との口論のようなものだ。酒飲みは餅を嫌い、下戸は酒を嫌って、両方ともその害をあげ、相手を説き伏せにかかるとする。まず下戸は、酒飲みの説を排斥して、「餅を有害のものというならば、わが国数百年来の習慣を廃止して、正月の元旦にも茶漬を食い、餅屋の商売を止めさせて、国中に餅米を作ることを禁止する了見か。そんなことはできるわけがない」というだろう。酒飲みはまた下戸の論に反対して、「酒を有害のものとするならば、明日から日本中の酒屋を打ち毀し、酔っぱらいは厳刑に処し、薬品のアルコールにも甘酒を代用し、結婚式にも水盃をさせる気か。そんなことは行われるはずがない」というに違いない。

かように、両極端の意見を持出せば、必ず衝突して、近づくことはできない。結局、世間に不和を醸して大害を生ずること、古今東西にその例が稀ではない。こうした不和が、学者識者の間に起れば、舌や筆を振るって戦い、弁論や著書によっていたずらに空論を吐き、世の人心を惑わすことになる。また無学文盲の者は、舌や筆が使えないから、暴力に訴えて、ともすれば暗殺などを企てることが多い。❖9

六――両眼を開きて他の長所を見るべし

また世間で議論を戦わす者を見ると、互いに相手の欠点ばかり攻撃し合って、双方の本領を認識し得ないことがある。その欠点とは、長所に伴うところの弊害のことである。たとえば田舎の百姓は、正直ではあるが頑固であり、都会の町人は、利口ではあるが軽薄さを免れない。正直と利口とは人間の美徳であるが、頑固と軽薄とはこれに伴い易い弊害である。百姓と町人との議論を聞いていると、その争論の原因は、ここらにあることが多い。百姓は町人を見て軽薄な奴だといい、町人は百姓を罵って頑固な野郎だという。それはいわば両者いずれも片眼を閉じて、他人の美点には眼をふさぎ、欠点だけを見ているようなものだ。もしも彼らが両眼を開いて、片眼で相手の長所をよく見、もう一方の眼で短所を見たならば、長短両面の公平な観察ができて、そのために争論が解消することもあるだろう。または長所が短所をカバーして、争論が納まるだけでなく、やがては親しい友達になって、互いに利益を得ることがあるかもしれない。

世間一般の学者も同様である。たとえば現在の日本で思想家の種類を分ければ、伝統派と革新派との二種となろう。革新派はあらゆることに機敏で、進取の気象に富んでおり、伝統派は着実で、保守的である。保守的な者は頑固になり易い弊があり、進歩的な者は軽率に流れがちな癖がある。しかしながら、着実な者が必ずしも頑固にならねばならぬ道理はないし、機敏な者が必ずしも軽率でなければならぬ理由もない。試みに世間を見ても、酒を飲んだからとて酔わぬ者もいるし、餅を食ったからとて食傷する者ばかりではない。酒と餅は必ずしも酩酊と食傷の原因とは限らない。酔うか酔わぬか、食傷するかせぬかは、ただその調節いかんによるのである。してみれば、伝統派もあながち革新派を悪むべきでなく、革新派も伝統派を侮るべきではなかろう。

今ここに四人の者がいるとする。そうして甲は着実であり、乙は頑固であり、丙は機敏で、丁は軽率であるとする。着実な甲と軽率な丁とが相接し、頑固な乙と機敏な丙とが相対した時には、必ず反撥して、軽蔑し合うであろう。しかし着実な甲と機敏な丙とが交われば、必ず意気投合して、仲良くなるに違いない。互いに仲良くなれば、はじめて両者の本領も現われて、次第に敵意も解消するであろう。

昔の封建時代には、大名の家来で、江戸屋敷に詰めた者と、国表《くにおもて》に住む者との間に、いつも意見の対立があって、同じ藩の家来でありながら、かたき同士のような場合があった。これも双方の本領が十分認識されなかった例である。これらの弊害も、もとより人間の知識[22]が進むにつれて、自然となくなるだろうが、これをなくすに最も有効な方法は、人と人との接触である。その接触は、商売や学問上の交わりはもちろんのこと、遊芸・酒宴の付合い、甚だしきは訴訟[一三]・喧嘩・戦争による接触でもかまわない。〔雨降って地固まるの譬えもある。〕いやしくも人と人とが接触して、心に思うことを言動に発現する機会があれば、それは、互いの人情を調和し、いわゆる両眼を開いて他人の長所を見ることを可能にするであろう。民撰議院[23]や、有志の演説会[24]や、交通の便利[25]や、出版の自由[26]などについて、近来識者がその必要を唱える理由も、こうした人と人との接触を盛んならしめるために、これを重要視するのである。❖10

七――世論を憚ることなく、わが思うところの説を吐くべし

すべての議論は、人それぞれの思想を述べるものだから、もちろん一様ではあり得ない。思想が高遠であれば議論もまた高遠であり、思想が浅薄であれば議論もまた浅薄である。思想の浅薄な人間は、十分議論の根本精神をさとる能力がなくて、早計に思想高遠な人の説に反撥し、そのために両者の説が食違ってくることがある。[一四]

たとえば今、対外関係の利害を論ずるのに、甲も開国論者、乙も開国論者とすれば、一見、甲乙の説は一致するように思われる。だが、甲が次第にその意見を展開して、高遠な議論となるに従って、だんだん乙の考えと食違うようになり、ついに双方の不一致を生ずるが如きはそれである。つまり乙はいわゆる世間並の俗人だから、ただ世論に便乗して、安易に開国論を唱えるにすぎず、その認識は浅薄で、まだ問題の本質を理解することができない。そこで、にわかに甲の高遠な議論を聞くと、戸惑いを感ずるわけである。世間にこうした例は少なくない。丁度胃弱の患者に急に滋養物を与えると、消化不良に陥って、かえって病気がひどくなるようなものだ。そこでこうした事情を考えると、高遠な議論は社会のために有害無益のように見えるが、決してそうではない。識者の高遠な議論がなけれ

ば、後進の人々を高遠な文明に導くことはできない。患者の胃弱を恐れて滋養分を与えなければ、患者はやがて死んでしまうであろう。しかるに、とかく高遠の論を疎んずる世の弊習から、古今東西、悲しむべき事態を生じがちなのである。❖11

まずどの国でも、どんな時代でも、世間の人間を見渡せば、図抜けて愚かな者は少なく、図抜けて賢い者も少ない。[一五]最も多い者は、智愚の中間に居て、世間とともに推移し、〔いわゆる沈香も焚かず屁もひらず、〕大勢に順応して一生を終る連中である。この連中を世間なみの凡人というのだ。いわゆる〝世論〟とは、かかる連中の間に生じた議論にほかならない。それはまさしく当世の流行を代表するものである。かかる世俗の論は、過去を顧みて昔に帰ろうとする努力もしなければ、将来に向って進む先見の明もない。いわば現状維持に満足するのが世論の性格である。しかるに今、世間にはかかる大衆が多くて、それらの唱える世論が有力だからというので、〔時の権力者などの中には、〕天下の議論を悉くこの世論のレベルに統制しようとする者がある。そうして、少しでもその枠外にはみ出す新説に対しては、直ちにこれを危険思想として圧迫し、無理やりに世論の枠内に押込んで、天下の議論を画一化しようと考えたがる。これは、そもそもどういう了見であろうか。かくの如くならば、世の真の有識者なるものは、国家のために何の役に立とうか。国家として、将来を先見して、新文明の端緒を開くためには、果してだれの力に依頼すればいいのか。〔先覚者の創見を圧迫するが如きは、権力の座にある者の〕甚だしい不了見といわねばならぬ。❖12

考えてもみよ。古来文明の進歩は、最初はいわゆる危険思想から起らなかったものはない。かつてアダム・スミスがはじめて経済論を説き出した時は、世人は皆これを妄説として攻撃したではないか。[27]

ガリレオが地動説を唱えた時も、異端として罰せられたではないか。[28]しかるに異端論争が年月を重ねるうちに、世間大衆は、それら先覚者の影響を受けて、知らず知らずその知識のお裾分けに与《あずか》るようになった。今日の文明時代に至っては、学校の児童すら、経済学の理論や地動説の真理を疑う者はない。単に疑わぬばかりか、これらの理論を疑う者があれば、かえってそれを非常識な人間として、世人は相手にしないほどの時代になったではないか。

また近く日本の一例を挙げれば、今からわずか十年前までは、三百の大名が藩ごとに一つの政府を構え、君臣上下の身分は厳然として、藩主は人民の生命財産を自由にする権力を握っていた。その制度の厳重なことは千古不変と思われたが、一瞬に崩壊して今日の有様と変り、今ではもはや世間にこれを怪しむ者もない。しかし、もしも十年前に、諸藩士の内で廃藩置県などの説を唱える者があったならば、藩中ではこれを何といったであろうか。たちまち命が危くなったことはいうまでもあるまい。

かように昔の危険思想も、現代では通説となり、昨日までの奇説も、今日では常識となっている。[一六]してみれば、今日の危険思想も、また必ず将来の通説正論になるであろう。そこで学問に志す者は、すべからく世論の反対を憚《はばか》らず、危険思想などの譏《そし》りをも恐れることなく、勇気を振って自分の信ずる説を唱えるべきだ。また世人も、学者の新説を聞いて、[29]自己の意見に合わぬことがあっても、〔みだりに反対せず、〕よく相手の意のあるところを察して、採るべきは採り、採るべからざる説は、しばらく相手の論ずるに任せて、後日双方の意見がおのずから一致する時期を待つべきである。その時こそ、両者の議論が完全に合致する時といえよう。無理やり学者の意見をわがペースに引きずりこみ、[30]天下の言論を画一化しようなどと考えてはならぬ。❖13

八――一身の利害を以て、天下の事を是非すべからず

ともあれ右の次第だから、われわれが利害損得の問題を主張する場合には、まずそれがいかに軽重是非の問題につながるかを考慮して、その判断を誤らぬようにせねばならぬ。〔なんとなれば、自分に損か得かという問題は、理として正しいか正しくないかという問題と必ずしも一致するものではないからだ。〕わが利害損得を主張するのは、〔いわば人間の本能的・感情的作用だから、〕容易で簡単だが、軽重是非の理を判断するのは、〔より高次な理性の働きだから、〕甚だむずかしい。そこで、自分一個の利害だけで軽々しく天下の大問題を左右してはならぬ。また目先の便不便だけを論じて、国家将来の大計を誤ってもならぬ。すべからく古今の名論卓説に耳を傾け、博く世界の事情をも研究して、公平冷静[31]に最高の目標を見定むべきである。[32]〔一たび肚がきまった上は、〕あらゆる障害を乗越え、世の俗論に縛られず、高い見識を以て過去の歴史にも学び、遠く活眼を開いて後世のあり方に思いを致さねばなるまい。

❖14

九――本書の趣旨

ところで私は、以下自分の議論の根本を西洋文明の摂取におくものの[33]、その細かい方法までも明示して、天下の人にことごとく私の考え通り実行させようとするわけではない。そんなことは微力な私にできることではない。ただあえて一言読者に問いたいのは、諸君は今日の時代に、前向きの姿勢で文明の国民たらんとする気か、あるいは逆コースを取って野蛮の国民たらんと欲するかということだ。

要は進退の二字にある。もしも読者にして前進の意思があるならば、本書の議論も多少の参考にはなるであろう。但しこの前向きの精神をいかに具体的に実現してゆくかの解明は、今もいう通り本書の目的ではない。それは読者各自の工夫に任せるほかはないのである。❖15

第二章　西洋の文明を目的とする事

一――世界文明の三段階

前章で、物事の軽重是非は比較上の問題だということを述べた。そこで、文明開化という言葉も、当然比較的・相対的のものである[一七]。今、世界の文明を論ずる場合、ヨーロッパ諸国、並びにアメリカ合衆国は最上の文明国とされ、トルコ・シナ・日本等アジアの諸国は半開の国、アフリカおよびオーストラリア等は野蛮の国といわれて、これらの格付けが世界の定説となっている。西洋諸国の人々だけが、自国の文明を誇るばかりでなく、半開国・野蛮国の人々も、それを認めて、自ら半開・野蛮の名に甘んじている。あえて自国の現状を誇り、西洋諸国にまさると思う者はない。単にそう思わぬだけでなく、いくらかわけの分った連中は、わけが分れば分るほど、自国の実情を率直に認識する。そうして自国の実情を認識すればするほど、ますます西洋諸国に及ばぬことを痛感して、憂慮している。そこで彼らのある者は、西洋諸国に学んで、これに倣おうとし、またある者は、自らこれに対抗しようと努力する。アジアにおける識者の終生の悩みは、この一事にあるといえよう。（頑迷なシナ人すら、近来は練習生を西洋に送ったほどである。憂国の情を察することができよう。）

してみれば、文明・半開・野蛮の格付けは、世界の定説であって、世界中の人間の認めるところである。彼らがそれを認める理由はなぜか。それは明らかにその事実があり、動かぬ確証があるためだ。そこで次にその事情を示そう。すなわちそれは、人類の当然経過すべき発展段階であって、換言すれば文明の年齢といってもよいのである。❖16

二――三段階の特色

第一、野蛮人は、住居が定まらず、食も安定していない。便利を求めて集団を作っても、生活ができなくなれば、たちまち分れて散り散りばらばらになってしまう。または一定の住居があって、農漁に従事し、一応衣食には事欠かぬにしても、まだ器械を使用する知恵はない。文字はあっても、学問[34]らしいものはない。天然の力を恐れ、支配者の恩恵や威光に頼り、偶然の禍福を待つだけで、自己の力で工夫をめぐらす者はない。かかる状態を野蛮というので、文明からは程遠いといわねばならぬ。

第二、半開国となると、農業の道は大いに開けて、衣食の手段には困らない。方々に家が立並び、都会や村落もできて、その格好はいかにも一国家らしい体裁を備えている。しかしその中身はまだ不完全きわまるものだ。すなわち学問は盛んなようでも、実学[35]〔有益な科学〕などを研究する者は少ない。社交[36]の上では他人を嫉妬し疑う心が強いくせに、[一八]学問上の真理を探究する段になると、疑問を起して不審を明らかにする[一九]勇気がない[37]。模倣の細工は上手だけれども、創造の工夫には乏しい。旧習を大事に守るばかりで、それを改善しようとはしない。社会を制約する一定の規律は存在するが、根強い因習が支配する[二〇]ので、科学的な法則を体系づけるような創意はない。かかる状態がいわゆる半開で、まだまだ文明の域には達せぬものである。

第三、文明人は、天地間の諸現象を科学的法則に従って自在に支配するが、〔ただ科学的法則一辺倒ではなく、〕その間において、自由な意思活動を展開する。[二二] その気風は活潑で、因習に溺れることが[二三]ない。自主独立して、他人の恩恵に頼らず、威光にも恐れず、自発的に人格を養い、知識をみがく。いたずらに過去に執着せず、現在にも満足せず、目先の安楽に甘んぜずして、未来の大成を心がける。進むことはあっても、退くことはなく、達すべき所に達しても、なおそこに止まることはない。学問はあくまで実学を旨として、真理発見の基礎を培い、商工業は日進月歩して、国民繁栄の源泉となっている。知識は盛んに活用しながら、なおそのある程度は後人の開拓に委ねて、一段の向上を将来に期待するものの如くである。これすなわち今日の文明国の姿であって、野蛮・半開の有様を脱することすでに遠いというべきであろう。

三――今の西洋文明も理想の世界にはあらず

右の如く三段に区別して、その特色を記せば、文明と半開と野蛮との境界はいかにも明らかなようだが、もともとこの名称は、相対的・比較的のものだ。〔だから、必ずしもはっきり区別はできない。〕まだ今日の文明に達せぬ以前は、半開の国が、当時の最高の文明国だったといってもよいわけだ。半開国も、文明国に対すればこそ半開国だが、[38] たとい半開国でも、野蛮国に比較すれば、やはり文明国といえよう。たとえば、今シナの状態を西洋諸国に比べれば、たしかに半開に相違ないが、シナを南アフリカの諸国に比べるか、手近くはわが日本でも、上方《かみがた》など開けた地方の人間を北海道のアイヌ人と比べるときは、シナ人や上方の人は、文明人といわねばならぬ。

一方、西洋諸国を文明国というけれども、それはただ現在の世界にあってそういえるだけで、厳密にいえば、不完全なことだらけである。たとえば戦争は世界最大の悲惨事なのに、西洋諸国は常に戦争を事としている。[二三] 盗賊殺人は人間の一大悪事であるが、西洋諸国でも、盗賊殺人は珍しくない。国内に党派を作って権力を争う者もあれば、権力を失って不平を唱える者もある。まして外交の法などに至っては、ペテンと掛引の連続以外の何物でもない。ただ一般的に見て、西洋の文明は進歩改善に向う傾向があるだけで、決して現状を以て理想的だということはできまい。今後数千百年を経て、世界人類の智徳が大いに進み、平和の理想境が実現することがあれば、今日の西洋諸国の様子を顧みて、なんと哀れな野蛮国だったかと嘆くこともあるだろう。してみれば、文明には限りのないもので、もとより今の西洋諸国を以て満足すべきではないのである。❖17

四——西洋文明は現在わずかに達し得たる最高の文明なり

以上の如く、西洋諸国の文明もまだまだ満足すべき状態ではない。しかし、もしこれを捨てて取らぬ時は、日本はいかなる状態に安んずべきであろうか。半開は安んずべき地位ではなく、まして野蛮の地位はいうまでもない。この二つの地位を取らぬとすれば、また別の道を求めなければならぬ。だが、今から数千百年先のことを予想して、太平安楽の理想世界を夢みても、それは単なる空想でしかないだろう。しかも文明は死物ではなく、動いて進むものである。動いて進むものは、必ず一歩一歩順序段階を踏まなければならぬ。すなわち、野蛮は半開へと進み、半開は文明へと進み、その文明もまた今日さらに進歩の過程にあるわけだ。ヨーロッパ諸国も、その文明の由来を尋ねれば、必ずこの順序段階を経て、今日の有様に達したものに相違ない。さすれば今のヨーロッパの文明は、今の世界の人智がようやく到達し得た頂点ということができよう。さればこそ、今世界中で、たとい野蛮国であれ、半開国であれ、かりにも自国の文明を進歩させようとする以上は、やはりヨーロッパの文明を模範として、それを価値判断の基準と定めなければならぬ。そして、この基準に照らして、自国の利害得失を考えなければならぬのである。そこで、これから本書が全篇にわたって論ずるわが国の利害得失なるものも、実はヨーロッパ文明を尺度として、「この問題はその尺度に合致するから、日本の利益になる」とか、「その事柄はこの尺度と矛盾するから、ためにならぬ」とかいうつもりである。願わくは読者諸君は、本書のこの根本精神を理解してもらいたい。[39] ❖18

五――文明の外形

これに対して、ある人はこういうだろう。「世界中の国々が、互いに分れて独立国を成すからには、当然人情や習慣が異なるし、国体や政治も違っている。しかるに、自国の文明の進歩を進めるのに、利害得失をことごとくヨーロッパに範を仰ぐとは不都合ではないか。西洋の文明を取入れるとともに、わが国の人情習慣を察せねばならぬ。自国の国体や政治をも尊重せねばならぬ。そこで、日本に適するものを西洋文明から選んで取捨してこそ、はじめて調和の宜しきを得るであろう」と。しかしそれに対して、私は次のように答えたい。

なるほど、西洋の文明を取って、半開の日本に施すには、もちろん取捨の宜しきを得なければならぬ。しかし文明には、外に現われた現象と、内に存する精神との二通りの区別があることを知るべきだ。[二四] 外形の物質文明は取入れ易いが、内面的な精神文明を学び取るのは容易でない。そこで自国の文明を進めるには、そのむずかしいものを先にして、たやすいものを後にすることが肝要である。取入れた精神文明の度合いに従って、十分その深浅を測り、それに応じて物質文明をも取入れ、厳に精神文明の深浅の度合いに一致させなければならぬ。もしこの順序を誤って、むずかしい方を後回しにし、まず易しい方だけ取入れるならば、その効果がないばかりか、かえって害になることが多いであろう。

そもそも外に現われた文明の現象とは、何かといえば、衣服・飲食・器械・住居から政令・法律等に至るまで、すべて耳で聞き、目で見られるものをいうのである。もしこの外形の事物だけを文明とするならば、いうまでもなく自国の人情・習慣に従って取捨しなければならぬ。西洋各国で国境を接していてすら、その国情は必ずしも隣同士一様ではない。まして東西遠く離れたアジア諸国が、ことごとく西洋風を模倣してよかろうか。たとい模倣したからとて、これを文明国ということはできまい。たとえば、近来わが国で流行する西洋流の衣食住を文明のシンボルといえようか。散髪の男子を文明人といえようか。牛肉を食う人間を開化人といえようか。決してそうはいえまい。また近年日本の都会では、洋風の石造建築〔主として煉瓦造り〕や鉄橋を盛んに模造している。シナ人も急に軍備を改革しようとして、西洋風をまねし、巨艦を造り大砲を買うために、国家の財政も顧みず、むやみに金を使っている。こんなことは決して感心した話ではない。これら有形の物は、いずれも人の力で作れるし、金で買うこともできる。形あるものの中でも、最も典型的な、見易いものである。これらを採用する時には、もちろん前後緩急の配慮がなくてはならぬ。必ず自国の人情・習慣に従い、自国の強弱・貧富を考えねばならぬ。ある人がいうところの「人情・習慣を察して云々」とは、すなわちこのことであろう。

六――文明の精神（人民の気風）

この点については、私といえどもむろん異論はないが、ただその人は文明の外形ばかりを論ずるだけで、その精神を問題にしていないように思われる。しからばその精神[二五]とは何であろうか。〝人民の気風〟なるものがすなわちそれである。この〝気風〟こそは、他国に売れるものでもなければ、他国から買えるものでもない。まして人の力で急に作れるものでもない。その精神は、広く一国人民の間に内在していて、全国のいろいろな事実に反映しているけれども、目で見られるものではないから、その正体を知ることは非常にむずかしい。

しかし今試みに、そうした国民的気風が事実存在することを述べてみよう。読者諸君は、広く世界の歴史を読み、アジアとヨーロッパの二州を比較して見るがいい。そうして、その地理・産物や、政令・法律や、学術の巧拙や、宗教[40]の相違等はしばらく措き、もっと根本的な二州間の相違点を求めるならば、必ずそこに一種無形の何物かが存在するのを発見するであろう。その物たるや、口でいいあらわすことは非常にむずかしい。たとえば〔大気の如く〕、拡張すれば膨脹して地球の全部を蔽い、抑圧すれば縮小して影も形も見えなくなるほど、変幻自在で、しばしも動いてやまぬものといえる。ことほどさように、摩訶不思議な存在であるが、実際にアジア・ヨーロッパ二州内のさまざまな事実にあらわれている現象を見ると、はっきりその実在することが認められるであろう。そこで私は、それを名づけてかりに一国の〝人民の気風〟というのである。これを時代的に見れば、それぞれの国における〝時勢〟〔風潮〕ともいえるだろうし、その住民についていう時は、国民気質ともいえよう。その国を主体としていえば、〝国俗〟〔国の伝統〕とか、〝国論〟〔国民の輿論〕とかいうようなものでもあろう。いわゆる文明の精神とは、これらをさすのである。欧・亜二州の性格を根本的に異ならしめるものは、実にこの〝文明の精神〟にほかならぬ。そこで文明の精神とは、一国の人情・習慣といってもよいわけだ。

かように考えると、さきのある人の説に、「西洋の文明を採用するには、あらかじめ自国の人情・習慣を考えるべきだ」といわれたのは、言葉がやや曖昧で分りにくいようだが、もう少しその意味を砕いていえば、「西洋文明の外形だけを採用するのではなく、必ずまずその精神を身につけて、それを外形の文明と調和させねばならぬ」ということなのであろう。さすれば、今私がヨーロッパの文明を目的とするのも、やはり文明の精神を身につけるために、西洋に学ぼうということなのだから、まさしく同意見のわけである。ただかの人は、文明を採用せんとするに当って、その外形を先に念頭においたため、たちまち〔東西の民度の相違とか、政情の異同とかいう〕外形の矛盾にぶつかって、その解決に自ら悩んでいるのである。これに反して私の考えは、まず精神の方を重んずることによって、右の矛盾を予防し、外形の文明を取入れても弊害なからしめんとするのである。そこに考え方の相違があるのだ。結局さきの人も、西洋文明を嫌うのではないが、それを愛する精神が私ほど切実でないために、まだ認識が不徹底なのであろう。

七——人心の改革こそ先決なれ

前論で、「文明の外形を取入れるのは容易だが、その精神を求めるのは困難だ」と述べたが、念のため、さらにそのわけを明らかにしよう。衣服・飲食・器械・住居ないし政令・法律等は、皆耳で聞き、目で見られるものである。しかし政令・法律は、衣食住などに比べると、やや趣を異にする。耳で聞き、目で見ることはできても、手に握り、金で売買できる物質ではない。したがって、この政令・法律を取入れる方法もまたいささかむずかしくて、衣食住などの場合とは比較にならない。だから、鉄橋や石造建築を西洋にまねるのは容易だけれども、政令・法律を改革するのは中々むずかしいわけだ。わが国で、鉄橋や石造建築はすでにできたのに、政法の改革がまだ行われず、国会も急に開かれぬのは、そのためである。ましてさらに一歩を進めて、全国人民の気風を一度に変えるようなことは、到底困難で、一朝一夕の偶然で効果をあげられるものではない。政府の命令一本で強制することもできないし、宗教の力で説得することもむずかしい。いわんやわずかばかり衣食住などを改革したぐらいで、その外形の方から誘導することは不可能である。ただなし得る唯一の方法は、〔自由独立を欲する〕人間本来の性情を解放し、〔不自然な束縛抑圧の〕障害を除去して、自然に国民一般の知性や徳性を進歩せしめ、次第にその見識を向上させる以外にはない。かように天下の人心を一変する土台さえできれば、政令・法律の改革もやがて実現して、なんらの弊害も生じないであろう。人心が一新し、政法も改革されてこそ、真の文明の基礎は、はじめて確立したものといえるのである。かの衣食住の如き有形の物は、自然の勢に従って、招かなくてもやって来るし、求めなくても得られるに違いない。そこで重ねていいたいのだが、ヨーロッパの文明を求めるには、よろしく難を先にして、易を後にし、まず人心を改革して、次いで政令に及ぼし、有形の物は最後に回さなければならぬ。この順序に従えば、実行は容易でないが、弊害がなくて、文明の真髄に到達できる路があろう。もしもこの順序を逆にするならば、事は容易に運ぶようだが、その路は忽ち行詰って、あたかも大きな壁にぶち当ったように、動きが取れなくなる。あるいは、その壁の前でまごまごするか、もしくは一寸前進して衝突し、かえって一尺後退するような始末にもなりかねないであろう。[41] ❖19

八――文明の要は、人事を多端ならしむるにあり

しかし右は、ただ文明を求める順序を論じたのみで、有形の文明が絶対に無用だというのではない。有形だろうが、無形だろうが、また舶来だろうが、日本製だろうが、いやしくも文明に差別があるわけはない。ただその採用に当って、前後緩急の注意が必要なことをいっただけである。決して有形の文明を禁ずるのではない。〔それどころか、文明は多種多様なほど望ましいのだ。〕そもそも人間の活動には、際限がないものである。身体の活動もあるし、精神の活動もある。その範囲は非常に広く、また欲望も多端である。この人間本来の欲望が自然に文明の発展に向ってゆくのだから、少しでもその欲望を押えてはならぬ。文明に最も必要な点は、この天から授かった身心のあらゆる働きを完全に利用して、余すところなからしめることである。

たとえば、文明未開の時代には、人は皆肉体の力を重んじ、社会[42]を支配するものは肉体の力だけだったから、権力も腕力の強い者にのみ偏せざるを得なかった。人の活動力を用いる範囲が、まだ非常

に狭かったわけだ。しかるに文明[43]がやや進んで、人間の精神活動が次第に発達してくると、知力の方も自然と重きをなすに至った。そこで知力と体力とが相並んで、両者が互いに牽制し合い、平均し合って、いささか力の偏向が是正されるようになったのである。人類の活動力を用いる範囲がやや拡大したといえよう。

しかしながら、この体力と知力とを併せ用いるにしても、当初は、まだその方向が甚だ狭く、肉体の力は専ら戦闘に費やされるのみで、それ以外を顧みるいとまはなかった。衣食住の物を求めるような活動は、わずかに戦闘の余力を利用したにすぎない。いわゆる武力第一主義の風習だったのである。一方知力も、ようやくその勢力を得たとはいえ、それは野蛮な民心の統御に用いるのに精一杯であった。知能の働きを平和文化の事業に活用するには至らず、専らこれを人民支配の政略に用いるばかりであった。いわば、軍事力と政治力とが提携して幅を利かしただけで、まだ〔学問とか商工業とかいう方面に〕知力が独立の地位を占める段階には達しなかったのである。

今世界の諸国を見ても、野蛮国は無論のこと、半開の国においても、やや智徳すぐれた人物は、必ずなんらかの形で政府と結び付き、その権力を借りて、人民を支配している。稀に政府と関係なく、独立して一身の計を謀る者でも、単に時代おくれの古学などを研究するか、実用にもならぬ詩歌文章等の小技にふけるにすぎない。人間の活動力を用いる範囲がまだまだ広くないといわねばならぬ。

しかるに、人間社会の事業がだんだん繁多になり、身心の欲求が次第にふえてくると、発明や工夫も起り、工業・商業も活潑に、学問も多種多様になって、昔の単純さには満足できなくなる。そうなると、戦闘や政治や古学や詩歌などは、ただ人間社会の一部分にすぎなくなり、それだけが権力を独占することはできなくなった。無数の事業が同時に起り、ともにその成長を競い合う。結局はあらゆる力が適当なバランスを保って、ぶつかり合い、競い合い、そこから次第に人間を鍛錬し、向上させてゆくようになったのである。ここにおいて、はじめて知力が完全な権威を持ち、文明の目ざましい進歩が見られるに至った。

要するに人類の活動は、単純なら単純なほど、自然にその精神も一方に偏せざるを得ない。[二六] 精神が一方に偏すれば偏するほど、権力も一方に偏することになる。思うに、昔は人間の事業が少なくて、活動力を用いる場所が乏しく、そのために権力も一方に偏したのである。けれども時代がたつに従って、いわば無事の社会が一変して、多事の社会となり、人間の身心のために新しい活動の天地が開かれたような観がある。今の西洋諸国などは、まさに多事の社会というべきものだ。だから、文明を進めるのに大切なのは、つとめて人間社会を多事多端にして、欲求を繁多ならしめるにある。事の軽重大小にかかわらず、事業の範囲を拡大し、国民の精神活動を一層活潑にするにある。そうして、かりそめにも人間本来の自由な性情を妨げぬ限りは、社会はいよいよ多事活潑になり、欲求は日に月に多くなってゆくのが当然である。それは世界古今の実例によっても明らかであろう。[二七] これこそ人類が文明に向ってゆく自然の道であって、決して偶然ではない。実に神の意思ともいうべきものであろう。

❖20

九――支那の元素は一なり

この議論を進めて考えると、ここに一つの事実を発見するであろう。それは、シナと日本との文明の相違である。一体純然たる独裁政治〔autocracy〕、または神権政治[44]〔theocracy〕なるものでは、君主が尊厳なのは天命神授によるものだと考えられてきた。そこで、君主は〝至尊の権威〟と〝絶対の武
二八
力〟とを一手に掌握して、社会を支配し、深く人民の心を束縛して、その動向を決定したのである。そこでこの専制政治の下にいる人民は、必ず思想が他力本願主義で、自由の精神がなく、その心は常に単純にならざるを得ない。（精神活動が多端ではないわけだ。）ところが、もしそういう社会に何か変革が起って、少しでも既成の機構が破られれば、事柄のよしあしは別として、その結果は、必ず人民の心に自由の風潮を生ずることになるであろう。

シナにおいて、周の末期[45]〔紀元前八―三世紀〕に諸侯が独立して、中国全土に勢力を張り、人民は皆、周の王室の存在を知らぬほどの時代が数百年間続いた。この時天下は大いに乱れたけれども、（王室による）独裁政治の精神は非常に薄らいだのである。それだけ人民の心には、少しく余裕が生じ、自然に自由の思想が生れたらしい。そのためか、シナの文明三千年余の歴史を通じて、異説争論が活潑をきわめ、全く相反する言論学説さえ世に並立し得たのは、この周末の時代が第一であった。（老子・荘子・楊朱・墨子など、いわゆる諸子百家の説がそれである。）それらは孔子や孟子など儒家にいわせれば、異端邪説[46]ということになろうが、孔子や孟子から見ればこそ異端なので、異端の方から見れば、孔子・孟子の説もまた異端だったに違いない。今日では、当時の書物の伝存するものが乏しいので、百家の説を詳しく知るよすがはないけれども、思想が活潑で、自由の気風が盛んだったことは推察に難くないのである。

その後、秦の始皇帝〔紀元前三世紀〕が天下を統一して書物を焼いたが[47]、これはひとり孔孟の教え

だけをにくんだのではない。孔孟の説でも、楊墨[48]の説〔利己主義や博愛主義の哲学思想〕でも、百家の思想言論を一様に禁じようとしたのだ。当時、もし孔孟の教えしか世の中に行われていなかったならば、始皇帝は必ずしも書物を焼く必要はなかったであろう。その証拠には、後世にも暴君は多くて、始皇帝に劣らぬほどの者もあったにかかわらず、決して孔孟の教えを弾圧しなかった事実から明らかである。というのは、孔孟の教えだけでは、暴君の専制を妨げる力にはならなかったからだ。ところが始皇帝に限って、言論弾圧を断行したのはなぜかというと、当時は天下にさまざまな議論が活潑で、自分の専制の妨げになったためである。専制を妨げるものとはほかではない。この異説争論の間から当然発生したものは、明らかに自由の精神にほかならなかったからである。〔始皇帝には、それが邪魔だったのだ。〕

　かくて、天下の人々が、ただ一つの思想だけを守っている間は、その思想がいかに純粋善良なものでも、そこからは決して自由の気風が生ずるものではない。自由の気風は、さまざまな議論を闘わす間から、はじめて生れてくるものである。[二九] 始皇帝が一たびこの自由な議論の発生を根絶して以後、天下は再び統一されて、永く独裁政治の支配に帰し、王朝はしばしば代っても、社会一般の気風は改まることがなかった。歴代の天子は、至尊の権威と絶対の武力とを一手に握って天下を支配した。そしてその社会秩序を維持するには、儒教が最も便利なために、ひたすら孔孟の教えだけを世に普及させたわけである。❖21

十──日本の元素は二なり

ある人の説に、「シナは独裁政府だというが、それでも王朝に変化があった。日本は万世一系の国柄なので、人民の思想も一段と窮屈なはずだ」という者がある。だがこの説は、ただ表面の形式だけに拘泥して、事実を知らぬ論である。詳しく考えてみると、かえって反対の事実に気付くであろう。その理由は、わが日本においても、昔は神権政治の精神が一世を支配していたので[49]、人民の心も単純で、天子至尊の権威は、同時に絶対の武力と一体のものと信じて疑わなかった。だから、その気持が単一だったことは、もとよりシナ人と異なるところはない。しかし中古の武家政治時代になると、ようやく社会の制度が変り、至尊の天子必ずしも最強の支配者ではなく、最強の支配者必ずしも至尊の権威ではないことになった。そこで民心は、至尊者に対する観念と、最強者に対する観念とがおのずから別になり、いわば胸中に二つの物をのみこんで、両者の活動を同時に許すが如き観を呈するに至った。かように対立的な二つの思想を容れて、その自由を許すに至れば、そこにまたわずかながらも合理的な批判精神が発達してくるのは当然であろう。そこで、神権政治を尊ぶ精神と、武家政治に服する精神とのほかに、合理的な批判精神が加わってきて、その三者には、おのおの強弱の程度の差こそあれ、どの一つも無制限な力を持つことはできなくなった。そうなれば、そこに自然と自由の気風が生れないわけにいかない。これを、かのシナ人が純然たる独裁の天子を仰ぎ、至尊の天子即最強の支配者という観念を疑うことなく、ひたすら盲信してきたのに比べれば、大きな相違ではないか。この点についていえば、シナ人は思想に乏しく、日本人は思想に富んだものである。シナ人の頭脳は空虚で、日本人の精神は活潑だといえよう。精神の活動が多端で、思想に富んだ者は、迷信も自然と薄らがざるを得ないのである。

たとえば独裁の神権政府[三〇]において、天子が日蝕を恐れて席を移したり、[50] あるいは天文、すなわち日月星辰など天体現象を見て、運命の吉凶をうらなったりすれば、人民も自然その風を学び、ますます天子を神聖視して、いよいよ愚に陥るという結果になる。今のシナなどはまさにそれである。だが、日本は必ずしもそうではない。日本の人民ももちろん愚かで、迷信が甚だしいとはいえ、その迷信は本人一個の迷信であって、神権政府の弊害を受けた点は、やや少ないといえるだろう。たとえば武家時代に、日蝕があれば、天皇が〔シナ同様〕席を移したこともあるだろうし、あるいは天文を考えたり、天地の神を祭ったりすることも行われたろう。しかしこの至尊の天皇は、必ずしも最強の権力者ではなかったから、人民はおのずから朝廷の行事などは無視して顧みる者もなかったのだ。[51] また最強の権力者たる将軍は、いかにも武力は絶大で、天下を威圧するに足りたけれども、その身分を人民の目から見れば、至尊の天皇を仰ぐのとはさすがに相違があって、これを〔天皇のように〕神様扱いにはできなかった。かように、至尊者に対する観念と最強者に対する観念とが互いにバランスを保って、その間に若干の余裕があったため、わずかながら思想の自由が生じて、理性の発達する契機をなしたのは、実にわが日本の偶然の幸運といわなければならぬ。

むろん今日の時勢に、いまさら武家政治の昔に逆戻りすることなどは願うべきでない。だが、もしも過去七百年間、皇室が幕府同様の武力を持ち続けるか、または将軍家が皇室の神聖な地位に取って代るかして、至尊の権威と最強の権力とが一体となって、人民の心身を支配していたと仮定したらどうだろう。とても今日の日本の開明はあり得なかったに違いない。あるいは現在でも、かの国学者連の主張するようないわゆる祭政一致の方針で世の中を支配するならば、おそらく将来の日本の進歩は困難であろう。[52]事実そうならずにすんだことは、国民の幸いというべきである。

そこで結論をいえば、シナは独裁の神権政府を万世に伝え来ったものであり、日本は神権政府の精神に配するに、武家政権の存在を許したものである。したがって、シナ人の意識は一元的であり、日本人のそれは二元的である。この点について文明の進歩の程度を考えると、シナはもう一度脱皮しなければ、今日の日本の状態になることはできまい。西洋文明を摂取するのに、日本人はシナ人よりも容易だ、と私は考えるのである。❖22

十一——国体とは何ぞや

ところで前段に、ある人の言葉として、「おのおの自国の国体を守った上で、西洋の文明を取捨すべきだ云々」という論があった。国体のことを論ずるのはこの章の目的ではないが、西洋文明摂取の問題に当って、とかくまず日本人の心にひっかかるのは、国体との関係である。極端論に至っては、日本の国体と西洋の文明とは両立せぬかのような考え方もある。この点の論議になると、さすがの世の論客も禁句のように憚って、意見を表明しない者も多い。それはまるで戦争を開始しない前に、敵味方とも鉾《ほこ》を引きあげるようなものだから、到底意見の一致しようがない。[53]いわんや事の道理を詳しく究明すれば、論争をまつまでもなく、明らかに相互理解に達する道もあるのだから、私としてはこれを捨てて論じないわけにはゆかぬのである。そこで以下、文が長くなるけれども、ある人の言葉に対して、自分の意見を述べようと思う。

第一に〝国体〟とは何であろうか。世間の人の解釈はしばらく措き、端的に私の考えをいえば、〝体〟は〝合体〟または〝体裁〟の意味である。つまり物が集まって完全な一体となり、他の物と区別すべき体裁を備えたものをいうのである。したがって国体とは、一種族の人民が集まって団体を作り、苦楽をともにするものにほかならぬ。他国人とは自他を明らかに区別し、自分たち同士の交際は他国人よりも親しくし、相互に助け合うことも他国人に対する以上に努力する。そうして、一政府を形成して、国民自らの力で国家を支配し、他国の支配を受けることなく、自国の禍福ともに国民が責任を担って、その独立を維持する。こうしたものを国体というのである。[三二] すなわち西洋の語にいう〝ナショナリティ〟〔nationality. 国家の独立性、独立国家としての資格〕がこれに当る。だからおよそ世界中で、国を建てた以上は、必ずその国体がなければならぬ。シナにはシナの国体があり、インドにはインドの国体がある。西洋諸国もそれぞれ独自の国体を具えて、自らこれを守らぬものはない。

この国体意識の起る要因を考えると、ある場合は、人種が同じであることもあれば、宗教を等しくすることもある。また国語が同じだとか、地理的条件によるなど、その原因は一様でない。けれども、最も有力なものは、〔日本のように、〕同一人種で、歴史をともにし、崇拝すべき同一の祖先を有する場合である。[54] しかしこれらの条件と関係なしに、一つの国体を保っている国家もないではない。たとえばスイスの国体は堅固で、りっぱな一独立国だけれども、その国内の諸州によって、各々人種〔厳密には民族〕も違い、国語も違い、宗教も違うというのがその一例である。けれども、やはり人種や国語や宗教などが全部同じであれば、その人民の間にそれだけ親和感が生ずることは間違いない。ドイツの諸連邦[55]などは、それぞれ独立の形を取っているが、いずれも言語・文学を等しくし、祖先以来の歴史を懐かしむ心も同じだから、今日に至るまで、ドイツ人はおのずからドイツ全州の国体を保持して、他の国とは区別ができているのである。

国体はその国によって、必ずしも終始不変なわけではない。非常に変化のあるものである。あるいは合併し、あるいは分裂し、あるいは領土が大きくなることもあれば、小さくなることもあり、全く滅びてしまう場合もある。だが、その国が滅びたか否かは、国語や宗教などが残ったか否かを以て、判断することはできない。たとい国語や宗教は残っても、その国の人民が政権を失って、他国人の支配を受けるようになれば、これは国体が絶えたものといわねばならぬ。たとえば、イングランドとスコットランドとが合併して〔一七〇七〕、一つのイギリス政府に統合したのは、国体の合一したもので、双方ともに国体を失ったわけではない。[56]またオランダとベルギーとが分離して〔一八三〇〕、二つの政府になったのは、国体が分れた例であるが、これまた決して他国人に奪われたのではない。[57]ところがこれに反し、シナにおいて、宋の末〔一二七九〕国体を失い、蒙古族の元に国を奪われたのは、漢民族国家滅亡の始めである。後〔一三六八〕漢民族がまた元を倒して、旧に復し、大明統一の天下となったのは、漢民族の名誉というべきである。だが明末〔一六一六〕に、再び満州族に政権を奪われて清朝となったので、ついに漢民族の国体は亡びて、満清の国体が栄えることになった。今日に至るまで、漢民族そのものは、祖先伝来の言語や風俗を存し、あるいはその中にすぐれた人物があれば、清朝政府の高官にもなれるから、表面は清と明とが一体になったように見える。けれども実は、南方漢民族の国体は亡びて、北方満州民族に奪われたものである。またインドがイギリスに支配されたり、アメリカの土人が白人に追われたりしたのは、国体を失った甚だしい例である。結局、国体が残ったか亡びたかは、その国民が自らの政権を失ったか否かによるものといえよう。[三二] ❖23

十二――政統について

第二に、国に「ポリチカル・レジチメーション」[58]〔political legitimation〕[三三]ということがある。「ポリチカル」とは、政治の意味、「レジチメーション」とは、正統または本筋の意味である。今仮に政統と訳しておこう。即ちその国で行われて、広く人民に是認されている政治形態の本筋ということである。世界中の国の政統は、その国柄と時代とによって、同じではない。君主政治の方針を以て政統とする国もあれば、封建制度を以て政統とする国もある。あるいは共和政治を是認し、教会政治を正道とする国もある。[三四]

そもそも各国その政統成立の淵源をたどってみると、それらの政統がその国で支配権を持つためには、最初は必ず半ば以上武力に訴えることを免れなかった。しかし一旦支配権を握ってしまえば、もはや武力の手段を必要としないばかりか、むしろその権力の由来を武力のせいにすることは、為政者の禁句となり、それを口にすることを喜ばぬものである。どんな政府でも、その主権者に向ってその権威の淵源を問えば、必ず答えていうであろう。「自分が権力を有するのは、正しい道理に基くものであり、自分の権力には、すでに久しい歴史があるのだ」と。かように時のたつに従って、為政者は次第に武力に頼らず、道理を以て政治の立て前としない者はない。元来武力を憎み、道理を愛するのは人類の天性だから、一般国民も、政府のやり方が現に道理にかなっていれば、それで満足し、時代がたつにつれて、ますますこの政統を正しいものと思い込むようになる。昔の先祖が武力で圧服されたことなどは忘れて、現在の政府を慕い、その政治について、なんら不平を訴えるようなことはない。これが即ちその国の政統というものである。❖[24]

以上の次第だから、政統を変革する当初は、戦争による場合が多かった。シナで、秦の始皇帝が周末〔紀元前三世紀〕の封建社会を統一して、郡県制度に改めたり、ヨーロッパにおいて、ローマ帝国が衰えるに従って〔紀元四、五世紀〕、北方ゲルマンの野蛮人がこれを侵略して、後ついに封建社会を形成したりしたのもその例である。けれども文明が次第に進歩して、識者の言論が有力になり、またその国の条件がよい場合は、必ずしも兵力を用いないでも、平穏に政統を変革することがある。たとえばイギリスにおいて、今日の立憲政治を十八世紀〔十七世紀の誤か〕初期の専制政治と比較すれば、天地の相違で、ほとんど同一の国の政治と思われぬくらいであろう。しかしイギリスで政権の争いのため、革命があったのは、十七世紀の中頃から末期に至るまでのことである。[59] 一六八八年〔名誉革命により〕、ウィリアム三世が即位した後は、政権の問題に関して国内で血を流すことは全くなくなった。故に英国の政統は、近世百六、七十年の間に大いに変革したわけだが、その間に少しも兵力を用いず、自然と政治の面目が改善されたのである。だからイギリスの国民は、昔は国王の専制政治を本来の政統と思っていたが、今ではいつしか立憲政治を当然の政統と信じて疑わぬようになっているのだ。[三五]

また、もっと未開の時代にも、武力を用いずに政統を改めたことがある。昔〔七、八世紀ごろ〕、フランスで、カロリンガ家[60]の諸君主が、仏王に臣下として仕えながら、実際は王に代って政権を握っていたのがそれである。[三六] 日本で、藤原氏が皇室に代って摂関政治を行い、北条氏が鎌倉将軍に代って執権政治を執ったのも、武力によらず政権が移動した例にほかならない。

けれども政統の変革は、国体の存亡とは無関係である。政治の形式はどんなに変化し、幾度変化しても、自国の人によって政治が行われる間は、国体の傷つくことはない。昔共和政治であったオランダは、今日君主政治となり、[61] また近世フランスの如く、百年間に十余度も政体を改めた国もある[62]が、依然その国体は昔と変っていない。前条にもいったように、国体を維持するギリギリの条件は、他国の人に政権を奪われぬという一事にあるからだ。アメリカ合衆国において、大統領は、必ず自国に生れた人を選ぶ例があるのも、自国の人によって自国の政治をやってもらいたいとする自然の心理に基いたものであろう。❖25

十三——血統（皇統）について

第三に、国に「血統」ということもある。血統とは西洋の語で「ライン」[三七]〔line〕という。君主が、父から子へと位を伝えて、血筋の絶えないことである。世界中の風習により、君主の血統は男子に限る国もあり、男女の区別を立てない国もある。相続の方法も父子に限ることはなく、子がなければ兄弟を立て、兄弟のないときは範囲を広げて、親戚中の最も近親者を選ぶ習慣である。西洋諸国で、君主政治の国では、最もこれを重要視するので、血統相続の争いから戦争になった例が歴史上珍しくない。[63] また甲の国の君主が死んで子がなく、たまたま乙の国の君主がその近親者に当るときは、その人が両国の君位を兼ねて、両国が一君をいただくこともある。[64] この風習は、ただヨーロッパに行われるだけで、シナにも日本にもその例はない。しかし、両国間に一君をいただく場合でも、その国の国体や政統に変化はないのである。

右のように国体と政統と血統とは、各々別のものである。たとえば国王の血統は変らなくても、政統の変ることがある。前述の英国政治の変遷や、フランスのカロリンガ家の例がそれである。また政統は改まっても、国体、すなわち国家の独立性を失わない例は、世界中にすこぶる多い。反対に、血統は変らなくても、国体の変ってしまう場合もある。英国人やオランダ人が東洋の国々を植民地にして、従来の酋長の血統はそのまま残しながら、英国・オランダの政権で土人を支配し、同時にその酋長をも支配するのがその例である。

ところで日本では、開闢以来国体を改めたことはない。天皇の血統もまた連綿として絶えたことがない。ただ政統、すなわち政治の形式だけは、しばしば大きな変革があった。初めは天皇の親政であったが、次に外戚の藤原氏が摂政関白として政権を握った。次にその権力は源氏の将軍に移り、また移って陪臣たる執権北条氏の手に落ち、再び足利・徳川の将軍家のものとなって、次第に封建制度は完成され、慶応の末年に至ったのである。されば政権が一旦皇室を去って以来、天子はただ虚位を保っていたにすぎない。頼山陽が執権北条氏の政治を評して、「天子を視ること、あたかも一匹の豚にすぎぬ観があった」〔『日本外史』〕といったのは、[65] まさにその通りである。政統の変革はかように甚だしかったのに、それでもなお国体を失わなかったのは何故であろうか。言語風俗をともにする日本人の手で日本の政治を行い、外国に少しも政権を渡したことがないからである。

十四――皇統を保つは易く、国体を保つは難し

ところがここに、私のすこぶる不審に耐えぬことがある。それは何かといえば、世間一般の考えでは、専ら皇統の一方だけに注意して、国体と皇統とを混同し、しかもその際、皇統を重んじて国体を軽んずるきらいがあることだ。もとよりわが国の皇統が、国体とともに連綿として今日に至ったのは、外国にその例がない。真に珍しいことだから、あるいはこれを独特の国体といってもいいかも知れない。しかし、よく道理に照らして考えてみると、皇統が連綿と続いたのは、国体を失わなかった証拠というべきである。これを人間の身体に譬えると、国体は身体に当り、皇統は眼のようなものだ。眼の光を見れば、その身体の生きていることが分るが、一身の健康を保とうとするには、眼の養生ばかりに注意して、身体全体の元気を顧みないでいい道理はあるまい。全体の活気が衰弱すれば、その眼もおのずと光を失うものである。あるいは時に、肉体はすでに死んで、生命は絶えているのに、眼だけ開いている死骸を見て、これを生体と誤認する恐れさえないではない。かの英国人が東洋諸国を支配する場合のように、身体を殺して眼だけ残した例は少なくないのである。〔つまり国の独立を奪って植民地としながら、形式だけその国王や酋長などを認めておいたのがそれである。〕[66]

歴史を見ても、皇統を連綿と保つのはむずかしくないことがわかる。たとえば北条執権の時代より南北朝にかけての事情を見ても明らかであろう。[67]その時代としては、皇位の継承に順逆正閏があって、それを繞《めぐ》って争ったのだが、事件がすでに治まって今日に至って見れば、その順逆正閏などは問題にもならない。順逆正閏はただ当時だけの問題で、後世より見れば、どちらも日本の天子の血統に相違

ないのだから、その皇統の絶えなかったのを以て満足すべきである。故に皇統の順逆正閏は、その時代においてこそ最も重大な問題だったにせよ、今その〝時代〟を度外視して、今日の眼を以て昔に及ぼし、ただ皇統の存続だけを重視して、皇位継承の末梢的な方法などを問題にしないならば、忠も不忠も義も不義もあったものではない。楠木正成と足利尊氏との間に忠臣と逆臣との区別をつける必要もないわけであろう。

けれども、よくその時代の有様を考えると、楠木正成といえども、単に皇統の順逆正閏だけを目的に戦ったのではない。実は政統のために戦ったのである。[68]つまり、天下の政権を武家の手から再び皇室に取戻そうとしたのだ。彼にとっては、まずこの難問題の方が第一であって、皇位・皇統の問題はむしろ二次的だったのである。〔ところが結果的には、皇統の方は首尾よく後世まで残されたけれども、政統の方はついに武家政権を倒すことができなかったではないか。〕この例から見ても、皇位・皇統を保つのと、政権・政統を保つのと、どちらがむずかしいかは、問わずして明らかであろう。

〔ところが、皇統や政統以上にさらに重大で、しかも将来その護持に困難を覚えるのは国体である。〕古来、日本人は、口を開けば、わが国をいわゆる金甌無欠[69]の国体で、世界無比なりと称し、得意になっているようである。しかしその世界無比とは、ただ皇統の変らぬことだけを誇るのであるか。皇統を連綿たらしめるのはむずかしいことではない。北条・足利のような不忠者ですら、よくこれを連綿たらしめたではないか。しからば政統が外国に類がないのかといえば、わが国の政統は、前述の如く、昔から度々変革があって、その有様は諸外国に異ならず、これまた誇るに足りないであろう。さすればその金甌無欠とは、結局、開闢以来国体を保って、外国人に政権を奪われたことがないという一事に尽きるのである。そうだとすれば、国体は国の根本であり、政統や皇統は、これに従って盛衰をともにするものといわざるを得ない。中古以来、皇室が政権を失ったり、皇位に順逆があったりはしたけれども、いずれも外敵に無関係な国内だけの事件だったからこそ、今日にあっても、われわれ国民は威張っていられるのである。かりに昔、ロシア人やイギリス人のような外国人がやってきて、頼朝と同じようなことをやられたならば、たとい皇統はその後も連綿と伝わったにしても、日本人は現在、決して威張ってはいられぬはずである。鎌倉時代には、幸いにロシア人もイギリス人も来なかったからよかったけれども、今日はそういう恐ろしい連中が、日本の周囲にウヨウヨ集まっているのだ。古今の時勢の相違を深く考えなければならぬ所以である。❖26

そこで現代日本人たる者の義務は、ただこの国体を保つの一事しかないことが分る。国体を保つとは、すなわち自国の政権を外国に奪われぬことである。そのためには、まず人民の知力を進めなければならぬ。[三八]その方法は甚だ多いけれども、知力を盛んならしめる第一の急務は、古来の因習の〝惑溺〟束縛を絶ち切って、西洋文明の精神を取入れることである。すなわち陰陽五行[70]などという東洋の迷信を打破しなければ、科学の研究[71]はできない。社会生活についても同様だ。封建時代の旧弊を一掃しなければ、人間関係は進歩しないのである。かように、因習の束縛を脱して、国民の精神が活潑となり、全国民の知力を挙げて、一国の独立を護持し、国体の基礎が固まるならば、はじめて心配はなくなったといえよう。そうなれば、皇統の連綿を図る如きは、きわめてやさしいことではないか。そこで天下の識者に向って問いたいのだが、「諸君ははたして忠義以外に考えることはないのか」と。なるほど、天皇に忠義を尽すのもむろん結構には違いない。だが、忠義を尽すならば、すべからく大忠を行わなければならぬ。すなわち皇統の連綿を保とうとするならば、その連綿に光を増すような工夫がなければなるまい。それには、国体がまず堅固でなければ、皇統も決して光を増すわけはなかろう。前の譬えにもいったように、全身に活気がなければ、眼も光を失うのは当然である。眼を大切に思うならば、なによりも全身の健康に注意しなければならぬ。いたずらに目薬ばかりさしても、眼の光は増すものではない。かような事情を考えれば、西洋の文明はわが国体を強固にし、同時に皇統の光をも増すべき唯一の手段である。これを摂取するに何の躊躇を要しようか。断然これを取らなければならぬ。❖[27]

十五——古習の惑溺は政府の虚威を生ず

前条に古い〝惑溺〟迷信を一掃することの必要をいった。迷信という言葉は、その範囲が非常に広くて、世の事々物々につき、さまざまな迷信があるけれども、以下政治上の迷信を取上げて、政府の〝実威〟と〝虚威〟との分れる由来を示そうと思う。一体、事物の便不便は、その目ざすところの目的を定めなければ、決めることができない。たとえば、屋根は雨露をしのぐために便利であり、衣服は風寒を防ぐために便利だといったように、人間の営みには、すべて目的のないものはない。ところが習慣が久しくなると、[三九]時にはその事物の実際の便利・効用を忘れて、いたずらにそのもの自体を重んじ、これを粉飾し、愛翫する。甚だしい場合は、反面の弊害をも顧みず、後生大事にそれを守ろうとさえするものだ。これがすなわち迷信で、世に虚飾なるものの起る所以である。

たとえば、戦国の世に武士が皆双刀をたばさんでいたのは、頼るべき法律もなく、人々は自らわが身を守る必要があったためである。ところが永い習慣の結果は、江戸太平の世になっても、なおこの帯刀をやめなかった。これを廃せぬばかりか、ますますこの習慣を重んじ、財力を費やして双刀を飾り、およそ士族たる以上は、老少を問わず、刀を帯びぬものはなかった。だが、実際に刀の効用を生かしているかというと、さにあらず、外面の鞘《さや》や鍔《つば》には金銀を鏤《ちりば》めながら、中味は細身のなまくら刀のものもあった。そればかりか、剣術も知らずに、帯刀する武士が十人中八、九人というのが実状であった。さすれば刀などは、結局有害無益のものだけれども、これを廃しようとすると、今も士族の反感を買うのは何故であろうか。世の士族が、皆双刀の実用を忘れて、ただ刀剣そのものを重んずることが永い習慣となってきたからにほかならぬ。その習慣がすなわち迷信なのである。今日、明治の文明社会の士族に向って、依然刀を帯びる理由を糺《ただ》すならば、おそらく彼らは弁解して、これは祖先以来の習慣である、刀は武士の看板である、と答えるだけで、他にはっきりした理由は挙げられまい。だれがこの帯刀の実益を明らかにして、右の質問に答えられようか。すでにこれを単なる古来の習慣といい、また看板にすぎぬとする以上は、刀を廃することも可能なはずである。もしも廃すべからざる実用があるならば、その形を改めて、〔無用の装飾などはやめ、中味だけをしっかりしたものにして、〕真の功用だけを生かすがよかろう。どんな口実を構えても、刀をさすことが士族の持って生れた天然の特権だという理屈が立つわけはない。❖28

　政治においてもまたしかり。世界中どこの国でも、初め政府を立てて、一国の形態をそなえた理由は、その国の政権を全うして、国家の独立を保つためである。四〇ところで政権を維持するためには、当然政府の権威が必要となってくる。これを政府の〝実威〟というのである。政府の重要なはたらきは、ただこの実威を発揮する一事にあるのだ。ところが、人智未開の時代には、人民が皆理性に乏しく、物の外観だけに恐れ従う傾向があったから、これを統治するにも、自然その方針に従い、道理以外の威光[四一]を用いなければならなかった。これを政府の〝虚威〟というのである。これもその時代の民心を維持するためには、もとより止むを得ぬ便法であった。人民のためを考えれば、同類殺し合いを事とする畜生同然の状態を脱せしめ、どうにか秩序に従う初歩を学ばせる段階なのだから、必ずしもこれを非難はできない。けれども、人間の性質として、一旦権力を握った者は、自然その権力に溺れて、わがまま勝手を振舞う弊害を免れぬものである。[四二]

たとえば、酒飲みが酒を飲むと、酔いにまかせてまた酒を求め、ついには酒の力が人に酒を飲ませることになるようなものだ。かの権力者も、一たび虚威を張って権力を握ると、その虚威をよいことにして、いよいよ虚威を振い、やがては虚威がその人をしてますます虚威を振わしめるようになる。その習慣が永く続くと、ついに政府は虚威によって外観を固め、その外観にさまざまの飾りを施し、その虚飾が多ければ多いほど、無智な人民の魂を奪うことができる。かくて政府の実際の効用を忘れて、ただ粉飾を加えた外観だけを重んじ、これだけを唯一の貴重なものと思うようになる。そうしてこの外観を後生大事に保護するために、それ以外の利害得失などは問題にせず、あるいは君主と人民との間を全く違った生類の様に見なして、無理にその差別を立て、位階・服装や、文章の書き方、言葉づかいに至るまで、ことごとく上下の法式を定めるに至った。シナのいわゆる周・唐の礼儀[72]なるものもそれである。あるいはまた、でたらめな神秘説を唱えて、君主は直接天の命を受けたものだといったり、祖先が霊山に登って神様と言葉を交わしたといったり、霊夢だとか、神のお告げだとか、平気で奇跡を語って憚《はばか》らぬ政府もある。いわゆる神権政府なるものがそれだ。これらは皆政府が、自ら保持すべき実威の精神を忘れて、保持すべからざる虚威を濫用したこけおどしといわねばならぬ。実威と虚威との分れる所はまさにここに存するのである。❖29

十六――文明に依頼して王室の実威を増すべし

右の如き政府のこけおどしも、それが通用した上古の社会には、一時の便法だったけれども、人智がだんだん開けるに従って、もはやこんな政策は通用しなくなった。今の文明社会においては、支配者の衣冠がいかに美しくても、お役所の建物がいかにいかめしくても、世人の眼をあざむくことはできない。ただ有識者のもの笑いを招くだけである。たとい近代文明に通じた識者でなくても、現に文明の事物を見聞きしている国民大衆は、自然に知識が進んでいるから、決して[四三]昔ながらのこけおどしでだまされはしない。これらの人民を支配するには、ただ道理に基いた規約を定めて、政法の実威でこの規約を守らせるほかはないのである。いまどき七年間の大ひでりが続いたからとて、祭壇を築いて天子が雨乞いをしても、雨が降らぬことは人民が皆知っている。[73]国君が自ら五穀豊穣を祈っても、化学の法則はいかんともすることができない。〔肥料を用いなければ、〕御祈禱だけで一粒の米をも増やせぬ道理は、小学校の子供でも分っている。昔は名将が剣を海に投げて海神に祈り、潮をひかせた話もあるが、[74]今の海潮には干満の時間が決まっているから、どうにもならぬ。昔は紫雲のたなびくを見て、英雄の所在を知ったというが、[75]今の偉人は雲の中から捜し出すことはできない。これは時代によって自然の法則が変ったのではなく、古今人智のレベルが違ってきた証拠である。人民の気風が次第に進歩し、全国の知識が向上して、政府が実威を得るようになるのは、国のために祝うべきことではないか。

しかるに、政府が依然実威を捨てて虚威に執着し、外観ばかり飾ろうとして、かえってますます国民を愚民化するとすれば、不心得も甚だしいものだ。虚威を張るには、人民を愚かにして、開闢野蛮の昔に還《かえ》らせるのが上策であるが、人民が愚に還れば、政治の力も次第に衰弱するに違いない。政治の力が衰弱すれば、その国の独立は保てない。国が独立を失ったら、国体は元も子もなくなってしまう。これは結局国体を擁護しようとして、かえって政府自らこれを破壊するものである。目的と結果とが矛盾するではないか。

たとえば英国においても、昔の国王の遺志通りに、専制君主国家の旧態を守っていたならば、その王統は、今ごろはもう絶滅していたに違いない。現在英国の王室が栄えているのは、何故かといえば、王室の虚威を減らして、[四四]人民の権利を伸長したからだ。それによって、全国の政治が実力を増し、その国力の発展とともに、王室の地位も強化されたためである。これこそ王室を保護する最上の方法といわねばならぬ。そこで〔わが日本でも〕、国体は西洋文明によって決して害《そこな》われるものではない。むしろ文明の力によって、皇室の威光は増すのである。❖30

十七——世の事物は、ただ旧きを以て価を生ずるものにあらず

世界中どの国の人民でも、昔ながらの習慣にとらわれているものは、必ず伝統の古くて長いのを誇りとするものである。それが長ければ長いほど、その尊び方も甚だしい。[四五]あたかも物好きな連中が骨

董品を大事がるようなものだ。インドの歴史[四六]によると、この国初代の王は、プラザマ・ラジャ[76]〔梵天王〕という聖徳の君主だったという。この王様は、即位の時の年齢が二百万歳で、在位六百三十万年にして位を王子に譲ったが、なお十万年も経て後に世を去ったということである。また、その国には『マヌ』[77]という法典があるが[四七]、この古典が人間世界に授けられたのは、今を去るおよそ二十億年前のことだというから、すこぶる古い物に違いない。しかしインド人がこの古い本を尊重し、この古い国風を維持して、いい気になっている間に、いつしか政権を西洋人に奪われてしまった。神聖なるこの一大国も、イギリス経済の好餌となり、プラザマ・ラジャの子孫も、イギリス人の奴隷となってしまったではないか。

　しかもこの六百万年といい、二十億年と称して、天地とともに由来の長久を誇ってきた古伝説も、もちろんとんでもない法螺《ほら》である。『マヌ』の法典にしても、その歴史は実は三千年より古いものではない。しかしかりにその法螺を認めるとしても、もしインドの六百万年に対して、アフリカに七百万年のものがあり、かの二十億年に対して、こちらに三十億年と称するものが現われたとすれば、いかなインド人でも閉口しないわけにはゆくまい。結局これらは、子供同士のたわいもない言合いのようなものだ。のみならず、彼らのうぬぼれをペシャンコにできる簡単な一言がある。それは、「宇宙の構造は永遠洪大なもので、たかが知れた人間世界の古典の由来などとは、てんで時間の長短を競うに足りない。造化の神が目ばたき一つする間に、忽ち地上の億万年は過ぎてしまうのだ。かの二十億年の歳月といえども、神の目からはほんの一瞬間にすぎぬ。いたずらにこの一瞬時の歴史の長短などを争って、かえって人類文明の大計を忘れる如きは、事物の軽重を知らぬものだ」というのである。

この一言を聞くならば、いかなインド人も二の句がつげないであろう。故に世の事物というものは、ただ古いだけが取柄ではないのである。❖31

そこで前にも述べたように、わが国の皇統が、国体とともに連綿として、外国に比類のないことは確かである。これは君主と国家とが不可分一体をなした独自の国体といってよかろう。だが、たといこれを日本独特の国体だとしても、ただそれを現状のままに保守するよりも、国民がこの国体を活用して、前進するにしくはない。これを活用すれば、場合によって大いに効能があるはずである。この君・国一体の貴い由縁は、それが古来わが国固有の風習だからではない。これを維持することによって、わが国の政権を保ち、将来文明を進歩させるに役立つからこそ貴いのである。国体自体が貴いのではなく、その効用が貴いのだ[四八]。あたかも家屋の形が貴いのではなく、雨露を防ぐ効果が貴いようなものだ。もし祖先伝来の建築様式だからといって、その家屋の形だけを尊ぶのならば、紙で家の格好だけ作っておいてもいいはずではないか。そこで、もし君・国一体の国体で現代文明に適せぬ点がありとすれば、その適せぬ所以は、必ず因習の久しい間に生じた虚飾・偏向の結果である。だから、その虚飾・偏向の点は除いて、実際の用に適する点だけを残すべきである。そうして次第に政治の形を改革してゆくならば、国体と政統と皇統の三者は互いに矛盾することなく、現在の文明と共存できるであろう。

たとえば今日ロシアで直ちにその政治を改革して、明日からイギリス式の自由な政治をまねしようとすれば、実行できぬばかりか、たちまち国に大害を招くであろう。その理由は、ロシアとイギリスとは、文明進歩の度合いを異にし、その人民に智愚の差があって、今のロシアでは、今の専制政治が丁度その文明に適しているからである。しかしながら、ロシアをしていつまでもその旧式の虚飾を墨守せしめ、文明の利益をも無視して、無理やりに固有の専制政治を存続させるのは決して願わしいことではない。ただその文明の程度を察して、文明が一歩進めば、政治の形態も一歩を進ましめ、文明と政治との歩調を一致させることが望ましいのである。このことについては、次の章の終りにも論ずるはずだから、参照を願いたい。❖32

第三章　文明の本旨を論ず

一――文明とは何ぞや

前章からの続きに従えば、ここでは西洋文明の由来を述べるはずであるが、それを論ずる前に、まず文明とは何ぞやということを考えなければならぬ。そもそも文明というものは、一言で表現することが甚だむずかしい[四九]。単にむずかしいだけではなく、日本では、西洋文明の是非そのものをさえ問題にして、争うものもあるくらいだ[五〇]。しかしこの争論の原因を尋ねると、文明という言葉の意味如何にかかっている。文明という語は、これを広く解することもできるし、狭く解することもできる。狭くいえば、ただ人力を以て人間の欲望を満たし、衣食住など物質生活を派手にするだけの意味に解することができる。しかし広い意味に従えば、衣食住の安楽だけではなく、智を研き徳を修めて、人間が高尚の域に達する意味に解することができよう。文明に広狭二義のあることを知って、後者の意味に解するならば、その利益は明白であるから、わざわざやかましい争論を費やすには及ばぬはずである。

もともと文明とは相対的・比較的な言葉で、その到達するところに限度がない。要するに野蛮の有様を脱して、次第に進歩する状態をいうのである。元来人類は、互いに交わるのがその本性である。

独歩孤立するときは、才智の発達するわけがない。家族だけが集まっても、まだ人間の交際を全うするに足りない。世間が互いに交わり、人類が互いに触れ合い、その交際がますます広く、その方法がいよいよ整うに従って、人情はますますやわらぎ、知識はいよいよ開けるわけである。文明とは英語で「シビリゼーション」という。ラテン語の「キビタス」[78]から来たもので、国という意味である。従って文明とは、人間関係が次第に改まって、良い方向に進む有様を形容した語で、野蛮無法の孤立を脱し、国家としての形態を備えるという意味である。

文明というもの[五一]は、無限に範囲が大きく、重さのきわまりないもので、人間万事、この文明を目的とせぬものはない。制度でも、学問でも、経済でも、工業でも、戦争でも、政治でも、すべてにわたって、その利害得失を比較計量するには、何を標準とすべきかといえば、もっぱら文明を進歩させるものを利とし、これを退歩させるものを害とするほかはない。文明はいわば一大劇場の如きものであり、制度・学問・経済以下のものは役者のようなものであろう。役者がそれぞれ得意の芸を演じ、一幕の演技を勧めて、よくその劇の趣意にかない、真に迫って、観客を喜ばせるのを上手な役者というのである。逆に、動作が不自然で、セリフも調子外れであり、笑ってもわざとらしく、泣いても気分が出ず、折角の芝居の筋を台無しにする者は下手な役者である。あるいはまた、泣いたり、笑ったりは真に迫って上手でも、場所と時とを誤って、泣くべき所で笑い、笑うべき時に泣く者も、また下手な役者といわねばならぬ。

さらに文明[五二]は、あたかも海のようなものであり、制度・学問以下のものは河のようなものであろう。海にそそぐ水の量の多い河が大河であり、その量の少ないものが小河である。また文明は倉庫のようなものでもある。人間生活に必要な衣食の品、経済の資本、あるいは国民の生活力[79]など、皆この文明という倉庫に含まれぬものはない。社会現象のうち、忌まわしい弊害のあるものでも、いやしくもこの文明を助ける効能があれば、その欠点にはしばらく目をつぶらねばならぬ。たとえば内乱や戦争[80]の類がそれであろう。なお甚だしきは、独裁・暴政[81]の如きものすら、世の文明を進歩させる機縁となって、後世その効能が著しく顕われる時代になれば、世人は半ば往時の弊害は忘れて、だれもこれを咎めるものはない。その事情は、あたかも金を出して物を買い、その価が高すぎても、その物を用いて、便利を得ることが大きければ、買った時の苦しさを半ば忘れるようなものである。これが世間人情の常なのである。

二——不文未開の四態

今かりに幾通りかの社会を設定して、文明のいかなるものかを考えてみよう。[五三]

第一に、ここに一群の人民があるとする。彼らの生活は、一見平和で、税金は軽く、労働は少なく、裁判も公平で、罪人の処罰も適正である。一言にいえば、衣食住の状態については、その処置が宜しきを得て、問題とすべきことはないわけだ。しかしここでは、単に衣食住の安楽があるだけで、為政者は彼ら人民の智徳の発達をあくまで抑圧して、自由を与えず、人民をあたかも牛か羊のように支配する。ただ彼らが飢えたり凍えたりしないように気を配るにすぎない。その抑圧の厳しさは、上から抑えつけるばかりでなく、四方八方から封じこめるほど徹底的なものだ。昔松前藩がアイヌ人を支配したのがその例である。[82]これをはたして文明開化といえようか。かかる人民の間に、智徳の進歩を見ることは不可能であろう。

第二に、ここにまた一群の人民があると仮定する。その外観の安楽さは前段の人民に及ばないが、堪えられぬほどの苦労はない。また安楽の少ない代りに、智徳の路が全然塞がれているわけではない。人民の中には、高遠な哲学などを唱える者もあれば、宗教・道徳の思想もある程度進歩している。けれども自由の権利は全く認められず、支配者は万事人民の自由を妨げることを怠らぬ。人民の中には智徳を備えた者もないではないが、彼らがこれを得るのは、あたかも貧民が救助の衣食を恵まれるようなもので、自ら進んで獲得した知識ではない。支配者の力にたより、支配者に都合のいい学問ばかりを授けられるにすぎない。かりに道理を究めるにしても、人民自身の幸福の道を究めることはできず、支配者の利益に奉仕する研究しか許されない。アジア諸国の人民が、神権政府に自由を縛られて、活発の気風を失い尽し、虫けら同然の極端な卑屈さに陥っているのが、これである。これまた文明開化には程遠く、とても人民の間に文明進歩の痕跡は見られまい。

第三に、ここにまた一群の人民があるとする。その生活は自由自在だけれども、少しも社会に秩序がなく、人間同権の精神などは存在しない。弱肉強食、優勝劣敗、社会を支配するものは、ただ暴力だけである。たとえば、昔の〔ゲルマン侵入時代の〕ヨーロッパの情勢がそれであった。これまた、文明開化といえようか。もちろん〔自主自由の〕西洋文明の源流はここから生れたのだが、まさかこの有様そのままを文明とはいえぬであろう。

第四に、ここにまた一群の人民があるとする。彼らは全く自由で、これを妨げるものはなく、各々力を存分に発揮して、大小強弱の差別はない。行きたければ行き、止まりたければ止まり、各人権利を異にすることがない。けれどもこの人民は、まだ社会の交際というものを知らず、各自その力を自分のために費やすばかりで、社会全体の利益などには全然無関心である。国家の何たるかを知らず、社会の何たるかもわきまえない。先祖代々、生き替り死に替りしても、その生れた時の社会状態は、死ぬ時の状態と少しも進歩していない。何代たっても、その土地に人間活動の痕跡を残さぬものである。今日、野蛮人と称せられるものの社会が即ちこれである。自由同権の気風は乏しくないとしても、これも文明開化とは縁がなかろう。❖[33]

三——文明とは人の智徳の進歩なり

右四つの例は、いずれも文明と称すべきものではない。しからばいかなるものを文明と称すべきかというに、文明とは[五四]、人の物質生活を安楽にすると同時に、精神生活を高尚にすることを言うのである。言いかえれば、衣食を豊かにするとともに、人格を向上させることである。単に物質生活の安楽だけを文明といえるかといえば、そうはいかない。人生の目的は、衣食の満足だけではないからだ。もし衣食の満足だけを人生の目的とするならば、人間はあたかも蟻の如く、また蜜蜂の如きものにすぎぬであろう[五五]。これを人間として天与の使命[五六]ということはできまい。しからば逆に、精神を高尚にするだけを文明といえるだろうか。そうなると、天下の人は皆、裏だなに住み水を飲んで暮らした顔回[83]〔孔子の高弟〕のようになるほかはない。これまた天与の使命とはいえぬであろう。故に、人間の心身両面の生活が具足しなければ、文明と称することはできぬ。しかし物質生活の安楽にも、人格の高尚にも限度のないものだから、それらはいずれも目下その進行しつつある状態を以て安楽・高尚と名づけるほかはない。つまり文明とは、[五七]この物心両面の向上進歩しつつある現在のすがたを意味することになる。そしてこの安楽と高尚とをもたらすものは、人間の智徳なのだから、文明とは結局人の智徳の進歩[五八]といってよいわけだ。❖34

かように文明は至重至大なもので、人間界の万事を網羅し、その頂点は限りがない。現在はただその進歩の過程にあるにすぎない。しかるに世間には、このわけを知らないで、とんだ勘違いをするものがある。その人のいうには、「文明とは人の智徳の現われだというが、今西洋諸国の人を見ると、かえって不徳義の者が多い。ペテンの商売を行う者もあれば、他人をおどして利益をむさぼる者もあり、到底有徳の人民ということはできない。また最も文明が進んだはずの英国の支配下にありながら、アイルランドの人民は、生計の道に暗く、虫けら同然に無能力で、一年中芋ばかり食って生きているだけではないか。[84][五九]もとよりこれを智者ということはできない。これを見ると、文明は必ずしも智徳と平行するものではあるまい」と。

けれどもこの論は、今の世界の文明を見て、これを文明の極致と思いこみ、それが進歩の途中にあることを知らぬものである。今日の文明は、まだその半分にも達していない。今直ちに完全な文明を期待するのは無理というものであろう。上にあげられた無智無徳の人民の如きは、今日の文明国における疾病ともいうべき部分である。今日の世界に向って、文明の極致を要求するのは、いわば完全無欠の健康人を求めるようなものだ。世界に人類は多いけれども、からだに少しの病気もなく、生れてから死ぬまで、全然病気にかからぬという者はあるまい。医学の立場から見れば、世間で健康に見える者でも、実は多少の持病をもった健康体にすぎぬのである。[六〇]国家もまたこの人体と同様で、文明国

と称する国でも、必ず幾多の欠陥[85]があるのは当然であろう。❖35

四――政治の体裁は必ずしも一様なるべからず

ある人はまたいう、「文明は至重至大なもので、人間万事これに背くことができぬということだが、文明の根本精神は上下同権[六一]にあるというではないか。西洋諸国の様子を見ると、改革の第一着手が貴族を倒すにあることは、英仏その他の歴史を見ても、その事実は明らかである。近年日本でも、藩を廃して県を置き、士族はすでに権力を失い、華族も顔色がない。これまた文明の精神というものであろうか。この線を進めてゆけば、文明国は君主を戴いてはならぬように思われるが、はたしてそんなものだろうか」と。以下その疑問に対して答えよう。

その議論は、片方の目だけで広い天下を見るようなものだ。〔両眼を開いて、もっと視野を広くせねばならぬ。〕文明というものは、至重至大であるとともに、きわめて広くて寛容なものである。文明は至広至寛なのだ。文明国だからとて、君主を容れる余地がないわけではない。君主を載いても良く、貴族を残すのも差支えはない。上下同権などということばにこだわって、つまらぬ疑念を抱く必要はないのである。ギゾー氏の『欧州文明史』によると、[86]「君主政治は、階級制度〔カスト〕の厳重なインドのような国にも行われるし、反対に、人民の権利が平等で、はっきりした階級の差別のない国にも行われる。あるいは、専制抑圧の国にも行われるし、開化自由の国にも行われるであろう。いわば君主は一種の珍しい頭のようなものであり、その国の政治・風俗は、その胴体のようなものだ。同じ頭が、いろいろ違った胴体にくっつくことができるわけだ。また君主はあたかも一種の珍しい果実のようなもので、政治・風俗は、樹木のようなものともいえる。同じ果実でも、いろいろ違った樹木にみのる事ができるのだ」[六二]とある。まさにその通りであろう。

すべて世界中の政府は、[六三]ただその国の便利のために設けられたものだ。国の文明を進めるのに便利なものならば、〝政府の体裁〟[六四]は、君主政治でも、共和政治でも、その名にかかわらず、その実を取ればよろしい。人類の初めから現在に至るまで、世界で試みられた政府の体裁には、専制君主制あり、立憲君主制あり、貴族政治あり、共和政治がある。だが、その格好だけを見て、どれを便利とし、どれを不便とすることはできない。ただ一方だけに決めぬことが大切なのだ。君主政治も必ずしも不便ではなく、共和政治も必ずしも良いとはいえぬ。たとえば一八四八年、〔二月革命後の〕フランスの共和政治は、その名は公平に見えたけれども、その実は残酷なものであった。[87][六五]〔十九世紀前半〕オーストリアにおけるフランツ二世の時代は、独裁政治であったが、事実は寛大であった。[88]また今のアメリカの共和政治は、確かにシナの君主政治よりも良いであろうが、メキシコの共和政治[89]は、イギリスの君主政治に到底及ばない。さすれば、オーストリアやイギリスの君主政治は良いとしても、そのためにシナの君主政治にならうべきでないし、アメリカの共和政治は良いとしても、フランスやメキシコの共和政治はお手本にならぬ。だから政治は、その内容について見るべきで、体裁だけで論じてはならぬのである。政体は必ずしも一様である必要はないから、その議論にあたり、われわれは心を広くして、一方に囚われてはならない。形式にこだわって、実質を無視する弊は、古今に例が少なくないのである。❖36

五——君臣の倫は天性にあらず

シナや日本などでは、君臣の関係を以て人類の天性と称し、人に君臣の道があるのは、あたかも親子・夫婦の関係の如く、君臣の分は人類の先天的約束のように思いこんできた[六六]。孔子などさえかかる偏見を脱することができなかった。孔子の生涯の念願は、周の天子を助けて政治を行うか、その志の行われぬ余りに、せめて諸侯でも地方官でも、自分を用いてくれる者があれば、そこに仕え、とにかく土地人民を支配する君主の力を借りて、政治を行うこと以外に考えはなかったのである。結局、孔子もまだ人類の天性を深く究めるすべを知らず、ただ当時の社会情勢に眼を奪われ、当時の人民の気風のみに心をとらわれて、知らず知らず時代に支配されたのだ。そこで、国を建てるには、君臣のほかに方法がないものと勝手にきめこんで、その教えを後世に遺したにすぎない。もとより儒教で君臣の道を説いた精神は大いによろしい。君臣の関係を認める限りでは、非の打ち所がないばかりか、いかにも人間最高の道徳のように見える。しかしもともと君臣の関係は、人類の発達以後にできたものだから、これを人類の天性ということはできない。人の天性のままに備わった関係は、根本であるが、人類の発達以後に生じたものは枝葉である。事物の枝葉末節について一応の理屈が立つからといって、これによって根本の真理を動かすことはできないのである。

今これをたとえるならば、古人は、天文に関する知識がなくて、ひたすら天が動くものと信じ、天動説を根本にして、無理に四季循環の時数[90]を割出した。その天動説にも一通りの理屈が立っているように見える。けれどもこの説は、地球の根本の性質をよく知らないために陥った誤りである。その結果は、天上のもろもろの星座[91]が地上の国々の運命を支配するというようなとんでもない迷信を作り出した。その上、日蝕や月蝕の科学的原理すら説明できず、不都合なことが非常に多い。元来古人が天動説を唱え出したのは、ただ太陽や月や多くの星を見て、勝手に判断しただけのことである。けれども精しく考えてみると、問題はもともと地球と他の天体とが相対して、地球の方が動くために生じた現象だから、地動が根本であり、現象はそこから生じた末梢にすぎない。末梢の現象を本体と誤認して、事実に反する理屈をでっちあげることは不都合であろう。天動説に一応の理屈が立つからとて、その理屈を強引に主張して、地動説を否定することはできない。天動説の理屈は、決して真実の理論ではない。それは要するに、物自体の本性や法則を究めず、ただ物と物との関係だけを表面的に見て、勝手に作った説なのである。もしもこうした説を正しいとするならば、走っている船の中から、海岸が走っているように見える現象を見て、岸は動き船は動かぬといわなければなるまい。とんだ間違いではないか。だから天文について語る時には、地球がいかなる性質で、どのように動くかをあらかじめ考え、その後に地球と他の天体との関係を明らかにして、四季循環の道理をも説明すべきである。最初に物があって、その後にそれについての関係ができるのである。[六七]先に関係があって、その後に物が生ずるのではない。主観的な判断に基いて物の関係を解釈し、その関係を本にして、物自体の客観的法則を見誤ってはならぬ。❖37

〔以上は譬え話であるが、〕君臣の道についても同様のことがいえよう。君臣の道は人間と人間との関係である。この関係も、筋の通った理屈は立つにせよ、その道理はたまたま世間に君主と家来という関係が生じて以後にできたものである。さすれば、この道理を以て君臣を人類の先天的関係と断ずることはできない。もしこの関係を人類の先天的のものというならば、世界中に人間が居る限りは、皆君臣がなければならぬわけだ。しかし事実は決してそうではない。およそ人間世界に、父子・夫婦の関係がないところはなく、長幼・朋友の関係がないところもない。だからこれら四者は、たしかに人間の先天的関係で、これは人類の本性ということができよう。だが、君臣の関係はそれと違うのである。地球上のある国には、その関係のない所がある。現在共和政治の国々がそれである。これら共和主義諸国には、もちろん君臣の道はない。しかし政府と人民との間にそれぞれの義務があって、政治が非常に進んでいる国もある。「天に二日なく、地に二王なし」[92]とは『孟子』の言葉だが、現在右の如き無王の国も存在する。しかもその政治の有様は、古代シナの堯舜や三代[93]の治世を凌ぐほどのものがあるのはどういうことであろうか。かりに孔子・孟子が現代に生きていたら、どの面さげてこうした国の人民と顔が合わされようか。まさしく彼ら聖人〔孔子〕賢人〔孟子〕たちの不明といわねばなるまい。❖38

故に君主政治を主張するものは、まず人類の本性とはいかなるものかを考えて後に、君臣の義を説くことが必要である。即ちその義とは、はたして人類の本性に基くものか、あるいは人類の発達以後に、偶然の事情で君臣の関係を生じ、その関係についての約束を君臣の義といったものか、事実に拠って、その発達の前後を明らかにすべきである。冷静公平に天然の法則というものを察するならば、必ず君臣の関係は偶然にできたものであることを見出すであろう。そしてそれが偶然の約束にすぎぬことを知ったならば、次いで、その約束が便か不便かを考えなければならぬ。すべて事物について、便不便の議論の余地があるということは、その事物に修正改革を加え得る可能性がある証拠である。

修正改革の可能な関係というものは、天然の法則ではない。たとえば親子の関係などは逆にすることは不可能だし、女性を男性に変えることもできない。だから、父子・夫婦の関係は、まぎれもなく、変革し難い天然の法則といわねばならぬ。これに反して、君主は変じて臣下となることもある。かの湯武の放伐[94]はそれである。あるいは君臣の地位が全く同列になる場合もある。わが国の廃藩置県はそれであろう。これによって考えれば、君主政治は必ずしも改められぬことはない。ただそれを改めるがいいか悪いかは、要するにそれが文明のために便利か不便かを察するにあるばかりだ。[六八] ❖39

六――合衆の政治も至善にあらず

以上の論に従えば、君主政治必ずしも変革できないわけではない。しからばこれを変革して、合衆政治〔共和政治〕とするのを最高の理想とすべきであるかというと、決してそうではないのである。今北アメリカ地方に住む一族の人民は、今を去ること二百五十年前〔一六二〇〕、彼らの先祖が英国の虐政に苦しんだ結果、王室への忠誠を拒否して、本国を去り、北米大陸に移住して、千辛万苦の末、ようやく独立の糸口を作ったものである。[95]（これがいわゆるピルグリム・ファーザーズの人々である。）[六九]その独立発祥の地は、マサチュセッツ州のプリマス[96]で、その遺跡は今も残っている。その後、同志の人々が大勢あとを慕って本国から移住し、各地に住居して、ニューイングランド[97]地方を開拓した。かくて人口は次第に繁殖し、国富も増加して、〔一世紀半後の〕一七七五年にはすでに十三州の地を占めるに至り、ついに本国政府に背いて、八年間の苦しい独立戦争の結果、やっと勝利をおさめて、はじめて〔一七八三〕一独立国の基礎を築くことができた。これがすなわち今日のアメリカ合衆国である。

ところでアメリカの独立した原因は、もとより〔ワシントン以下の〕人々が、私利私欲や一時の野心に駆られたものではない。公正な天理に基き、人類の権利を護り、天賦の幸福を全うせんがためであったことは、当時の独立宣言の趣旨[98]を読んでも明らかであろう。いわんや、その昔かの百一名の先駆者〔ピルグリム・ファーザーズ〕が、一六二〇年十二月二十二日、風雪を冒してこの大陸に到着し、海岸の石上に一歩を印した時には、胸中一点の私心もあったわけはない。いわゆる虚心坦懐[99]、敬神愛人の一念のほかはなかったであろう。今にして当時の人々の精神を察するに、本国の暴君汚吏を憎むはもちろん、世界中の政府を廃止して、地球上を自由の天地たらしめんとするほどの遠大な理想さえあったかと思われる。二百五十年前すでにこの精神があり、さらに一七七〇年代の独立戦争に至っては、この精神を受けて実行に現わしたものにほかならぬであろう。戦争が終って共和政体を作ったのも、やはりこの正義の精神に基いたものに相違ない。その後アメリカ国内に行われる百般の商工業・政治・法律など、社会のすべてのあり方も、これまたこの民主的精神を目的として、その理想の方向をたどったものと考えねばならぬ。しからば合衆国の政治は、自主独立の人民が、勇気を振って自由に定めたものだから、その風俗はさぞかし純粋無垢で、人類最高の境地に達し、真の理想世界を現出しているだろうと思われる。だが、事実今日に至ってその状況を見れば、決してそうではない。

まず合衆政治の弊は、人民が集まって乱暴を行えることである[七〇]。その暴行の度合いは、専制君主の暴行となんら異なるところはない。ただ君主一人の考えによる暴行と、多数民衆の手による暴行と、そこが違うだけである。また、アメリカ合衆国の風俗は簡易を尊ぶといわれる。簡易はもとより社会の美風であるが、国民が簡易を喜べば、簡易を世間に売りものにする者も出てくるし、簡易を利用して人をおびやかし、無作法を働く者もある。丁度田舎者が、お人好しを装って人を欺くようなものである。そのほかアメリカでは、賄賂を禁ずる法律が厳重だけれども、これが禁ぜられれば禁ぜられるほど、その行われることも甚だしい。あたかも昔、日本で博奕《ばくち》を禁ずること最も厳しかったにかかわらず、その流行も最も盛んだったのと同様である。

こうした細かい問題を一々取りあげれば限りがないが、それはしばらくさしおく〔が、見のがせぬ一つの問題がある〕。世間で合衆政治を公平とする理由は、その国民全般の心で政治を行うからであろう。人口百万人の国では、百万人の心を一つにして国政を決定するが故に公平だということであろう。けれども事実をいえば、大いに矛盾がある。ここにその一例を示せば、合衆政治で代議士を選ぶ場合は、投票によって、多数の方が当選することになっている。ところが多数といえば、一票多くても多数である。だから、仮に国中の意見が甲乙二手に分れることがあって、百万の人口の中、甲が五十一万人、乙が四十九万人となって票を投ずると、当選した人は必ず一方だけの意思を代表するにすぎない。他の四十九万人の人は、最初から国議に関係することができぬわけである。またその当選した代議士の数を百人と仮定しよう。これらの人々が議院に出席し、大切な国事を議定する時に、やはり投票を用いて、もし五十一人と四十九人とに意見が分れれば、これまた五十一人の多数の方に決めなければならない。そうなるとこの決議は、全国民中の多数〔過半数〕の意見に従うことにはならず、わずかに多数中のそのまた多数の意見を以て決めるにすぎない。だからその差が非常に少ない場合は、およそ国民四分の一の意思で他の四分の三を支配する勘定になる。これは公平な措置とは言えないであろう。（以上ミル氏『代議政体論[100]』の説による[七一]。）そのほか議会政治については、非常に理論が複雑だ

から、容易にその制度の得失を断定することはできぬのである。❖[40]

また君主政治には、政府の権力で人民を苦しめる弊害があるが、共和政治には、人民の説が政府を煩わす弊害がある。故に政府がその煩わしさに堪えきれぬ時には、兵力を用いてついに大きな騒動を招くことがある。だから合衆政治に限って兵乱が少ないとはいいきれない。近くアメリカでは、一八六一年に奴隷存廃の議論に端を発して、南北の党派に分れ、百万の市民がにわかに武器をとって、古来未曾有の大戦争になった。[101] そうして国民同士が殺し合い、内乱四年の間に、国財の損失・人間の犠牲はほとんど数えきれぬほどであった。もともとこの戦争の原因は、国内の有識者が奴隷制度の旧習を憎み、天理人道のために武力に訴えたもので、その動機は実に世界の美談ということができよう。けれども、一たび戦争が起れば、問題は枝葉に発展して、天理人道と私利私欲とが錯綜し、やがて戦争の根本目的を忘れて、その結果に現われたところを見れば、結局自由国アメリカの人民同士が、互いに権力を貪り、私欲をほしいままにしたに外ならない。その有様は、あたかも天上のパラダイスで、多くの悪魔が闘ったようなものである。もし地下に眠っている先祖たち〔英本国と戦った人々〕が知ったなら、この多くの子孫が戦うのを見て、いかに嘆くであろうか。またこの戦争で戦死した者どもも、あの世へ行って、先祖に合わせる顔がないであろう。

またイギリスの学者ミル氏は、その著『経済論』[102]の中でこういっている。「ある人は、〝人類の目的は、進んで利益を得ることにある。だから、相手を踏倒し、押倒して、体をぶっつけ合っても先を争って進むことが、結局生産向上のために最も理想的な状態なのだ〟という。かように、利を争うことを人間最上の使命と思う者がないではないが、私はこれを望ましいこととは思わない。現在、世界中でこの精神を実現している所はアメリカ合衆国である。白人男子[103]が一団となって、不当な母国イギリスの束縛を脱し、新天地を開拓した結果、人口は増殖し、資財は豊富となり、土地は広くて、耕しきれぬ有様である。人民の自主自由の権利はあまねく行われ、しかも国民は貧乏の何たるかを知らぬほど生活に恵まれている。ところが、こうした結構ずくめの暮しいい国でも、社会の風俗に現われたところを見ると、必ずしも感心ばかりはしていられない。国中の男子は、年がら年中、金を求めて奔走し、国中の女性は、かかる拝金主義の男子[104]を産むことのみを一生の任務としているように見える。これがはたして社会の理想といえるだろうか。私にはそうは思われない[七二]」と。以上ミル氏の説からも、合衆国の風俗の一端をうかがうことができよう。

七——諸国の政治は、今正にその試験中なり

右に述べたところによって結論すれば、君主政治も合衆政治も、必ずしも最善のものとはいえない。政治の形態は何であれ、結局政治は人間社会の一要素にすぎないのだから、その一要素の形だけを取上げて、文明の価値を判断することはできない。自国にとって、その形態が不便ならば、改めるがよく、実際上にさしつかえなければ、改める必要はない。要するに、人間の目的は、文明社会を建設するにあるので、その目的を達するには、種々の方法があっていいはずである。試みたり改めたり、多くの実験を重ねるうちに、文明は多少ずつ進歩するものなのだから、われわれの思想は一方に偏してはいけない。きわめて寛大な精神が必要である。すべて世の中の事は、試みなければ進歩するものではない。しかも、たとい試みて進歩はしても、それがもはや最高の域に達したという話は聞いたこと

がない。してみれば、人間社会始まって以来今日まで、すべて試験の最中といってもよかろう。したがって、世界中の政治も、今まさにテスト期間なのだから、ただちにその良否を決定できないのは当然である。ただ一ついえることは、良政府とは、自国の文明に多く益するものであり、悪政府とは、それにあまり益を与えないか、あるいはそれを害するものだということだ。そこで一国の政治のよしあしを評するには、その国民の達し得た文明の程度を測った上で判断せねばならぬ。〔それぞれの文明の程度に応じて、それに相応した政治が行われているからだ。〕世界中にまだ理想的な文明国はないのだから、理想的な政治形態もあるわけはない。将来世界の文明が進歩し尽して、極度に達したあかつきには、いかなる政府も無用の存在[七三]となるかも知れない。その時には、政治の形態やその名称などは、全く問題にもならぬであろう。しかし現在の世界の文明は、まだ進歩の途中にあるのだから、政治も同様に進歩の途中にあることはいうまでもない。ただ各国間に、わずか数歩の差があるにすぎないのである。

そこで英国とメキシコとを比較して、君主国英国の文明が共和国メキシコの文明より優れているとすれば、やはりその政治も優れていることになろう。また米国の風俗があまり感心できぬとしても、シナの文明にくらべてましだとしたら、共和国米国の政治は君主国シナの政治よりはましだということになる。故に君主政治も共和政治も、〔英国と米国のように、〕良いといえばともに良いし、〔シナやメキシコのように、〕悪いといえばともに悪いのである。〔だから政体だけでその国の文明の評価を下すことはできない。〕

その上、前述の通り、政治だけが決して文明を生む根源ではなく、それはむしろ文明に伴って変化するのが実情である。しかもそれは学問や経済などと並んで、単に文明中の一要素をなすにすぎない。かりに譬えれば、文明は一頭の鹿のようなものであり、政治や学問や経済などは、各々これを追う猟人のようなものといえよう。猟人はもちろん一人に限らず、その矢を射る方法も、人によってまちまちであろう。ただその共通の目的は、鹿を射止めるにあるだけだ。鹿さえ手に入れられるなら、立って射ようと、坐って射ようと、場合によっては素手で捕えようと、そんなことは大した問題ではない。射法にばかりこだわって、肝心の矢を射あてることができず、みすみす獲物の鹿を失う如きは、狩猟[105]に拙劣なものといわなければなるまい。❖41

第四章　一国人民の智徳を論ず

一　一国の文明は、国民一般に分賦せる智徳の全量なり

前章において、文明は人間の智徳の進歩であると述べた。しからば、ここに智徳すぐれた人がいると、その人を文明人と名づけることができようか。いかにもこの人を文明人ということはできるはずである。しかしながら、この人の住んでいる国を文明国といえるかどうかはわからない。文明は、一人の人間について決すべきものではなく、国民全部の有様について計るべきもの[七四]だからである。今、西洋諸国が文明国といわれ、アジア諸国は半開国とされている。けれども、少数の人間をとりあげて論ずれば、西洋にもすこぶる愚かな人民がいるし、アジアにも智徳すぐれた人々がいる。ところが、西洋を文明国とし、アジアを半開国とする理由は何故か。西洋では、この少数の愚民がその愚かさを暴露することがないに反して、アジアでは、少数の識者がいても、その智徳を発揮できぬためである。それは何故かといえば、少数の人の智徳は問題にならず、専ら国民全体の気風がものをいうからにほかならない。だから、一国の文明の性格を知るには、まずその国を支配する気風、即ち国民性がどんなものかを察すべきである。しかもその気風は、国民全体の持っている智徳のあらわれであって、そ

の現象には時によって進退増減があり、その変化は一時もとどまることがない[七五]。それはいわば全国民活動の原動力ともいうべきものである。そこで一たびこの国民の気風を明らかにできれば、その国の社会全体の特徴〔政治・経済・文化など〕もすべて明らかとなる。のみならず、またその特徴の利害得失を判断することも、もとより袋の中の物を探す如く易々たることであろう。

　かように国民の気風なるものは、一人の気風ではなくて、国全体の気風であるから、今一ヶ所だけの現象についてこれを知ろうとしても、目で見、耳で聞くことはできない。たまたまこれを見たり、聞いたりしたとしても、各自の経験により、常に判断に食違いを生じて、真相を解明するに足らぬのである。たとえば、一つの国の山や沢を知ろうとするには、その国中にある山や沢の坪数を測り、その総計に従って、これを山国、または沢国と名づけるわけだ。わずかばかり山や沢があるからとて、直ちにこれを山国、沢国と速断することはできぬであろう。それと同様、一国の人民の気風を知らんとし、その智徳の程度を探らんとするには、その働きが相集まって、その国全体の現象にあらわれるところを見て、これを考察しなければならぬ。この場合の智徳とは、国民の智徳というよりも、むしろ国家の智徳と名づけた方が一層適切かも知れない。すなわちそれは、国中全般に広がっている智徳の総量にほかならぬからである。そうして、その量の多少が分れば、その進退増減を察し、その運動の方向を明らかにすることもむずかしくはないであろう。

　そもそも智徳の活動は、あたかも大風のようなものであり、河流のようなものともいえよう。大風が北から南に吹き、河水が西から東に流れるとすれば、その緩急や方向は、高い所から観測することによって、はっきり知ることができる。しかし一旦家の中に入れば、風が吹いているとは思われないし、また土手ぎわの水たまりを見れば、川は流れていないようにも見える。それどころか、甚だしくその水の流れを妨げるものがある場合は、全くその方向を変えて、逆に流れることもある。けれども、逆に流れるのは、それを妨げるものがあるからで、一部分の逆流を見て、河流そのものの方向を勝手に判断することはできない。必ず大所高所から見きわめなければ、本当の流れ方は分らない。

〔国の智徳も同様である。〕たとえば経済の原則として、富有のもとは正直と勉強と倹約の三箇条にあるとされている。今西洋の商人と日本の商人とを比較して、その商売の仕方を見ると、日本の商人も必ずしも不正ではなく、また必ずしも怠惰ではない。のみならず、その質素倹約の風習に至っては、西洋人の及ばぬ所さえある。しかしながら、国全体の経済上に現われた貧富について見ると、日本人の商売の有様は、はるかに西洋諸国に及ばぬことが分るであろう。またシナは、昔から礼儀ある国と自称している。それは彼らのうぬぼれのように聞えるけれども、全然その事実がないならば、そんなことばも生れるはずはない。いかにも昔からシナには、実際礼儀正しい紳士がいて、その行状の称賛に値する者が少なくなかった。今日もそういう人物は乏しくないだろう。けれども、国全体の有様を見れば、人を殺したり物を盗んだりする者が非常に多い。シナの刑法はきわめて厳しいにかかわらず、罪人の数は一向減る様子がない。その人情や風俗が卑屈賤劣なことは、全くアジア諸国の通弊を暴露したものといってよかろう。してみれば、シナは全体として礼儀ある国ではなくて、ただ礼儀ある若干の人が住んでいる国というにすぎない。❖42

二――人の心は進退変化窮まりなし

ところで、人の心は変化きわまりないもので、朝と夕とは気持が違い、夜は昼と同じではない。今日の善人が明日は悪人となることもあり、今年の敵が来年の朋友となることもあろう。心の変化は、実に応接にいとまがない。[106]幻影の如く、妖魔の如く、つかみ所のないものである。他人の心を推量できぬのはもちろんだが、夫婦・親子の間でも、互いにその心の動きを察することはできない。夫婦・親子どころか、自分で自分の心の変化を律することすらできぬのである。今日の自分は昨日の自分ではない[107]といってよかろう。それは明日の天気の予測がつかぬのにも似ている。

たとえば昔木下藤吉郎[七六]は、主人〔松下加兵衛〕の金六両を持逃げして[108]、この六両の金を武家奉公の費用として、織田信長に仕えた。そうして次第に立身するに従って、先輩丹羽〔長秀〕・柴田〔勝家〕両人の名声を慕い、〔その姓の一字ずつを取り、〕羽柴秀吉と姓名を改めて、織田氏の部将となった。その後さまざまな天下の変動に乗じて、時に勝敗はあったが、うまくチャンスを摑んで、ついに日本中を支配し、豊太閤[109]の名を以て、天下の権を掌握するに至ったのである。今日までもその功業をたたえぬ者はない。しかしいくら秀吉でも、初め藤吉郎時代に六両の金を持逃げした時から、まさか日本中を支配する気持があったわけではなかろう。信長に仕えてからでも、せいぜい丹羽や柴田の名声を羨んで、自ら姓名を改めたくらいだから、初志の小さかったことは想像に難くない。主人の金を持逃げしてつかまらなかったのは、泥棒の分際で意外な幸運というべきだ。ついで信長に仕えて部将となったのは、藤吉郎の身分として、これまた意外な幸運であった。さらに何年かの勝敗を経て、日本国を支配できたのは、羽柴秀吉の身分としては、いよいよ意外の幸運というほかはない。そこで秀吉が太閤の地位についてから、昔六両の金を持逃げした当時を回想すれば、生涯の事業は、一として偶然の幸いでなかったものはなく、全く夢のような気持だったに相違ない。[110]しかるに後世の学者は、豊太閤を論ずるのに、皆豊太閤になった時の言行を見て、若い時からの人物を評価するために、飛んだ見当違いに陥るのだ。藤吉郎といい、羽柴といい、豊太閤という名は、それぞれその人の生涯の一時期を示すもので、藤吉郎の時には藤吉郎相応の了見があり、羽柴の時は羽柴だけの志があり、太閤になった時にはじめて自然と太閤らしい抱負もできたのであろう。その心の働きは、若い時と中年と晩年との三つの時期によって、一様ではなかったはずである。なお細かにいえば、秀吉生涯の心の変化は、千段にも万段にも分れて、無数の変化があったに違いない。古今の歴史家がこの理を知らず、史上の人物を評するのに、その口癖として、「誰それは幼時から大志があった」「誰それは三歳の時に、こういう不思議な事をいった」「誰それは五歳の時に、すでにかかる変った行為をした」などといいたがる。甚だしきに至っては、生れる前に〔日輪が母親の胎内に入ったというような〕吉兆があったとか、夢で神仏のお告げがあったなど、荒唐無稽なことを記して、英雄偉人の伝記の一部を飾る者さえあるが、大間違いといわねばなるまい。[七七]

もとより人は、その天性と教育とによって、おのずから志の高い者もあれば、低い者もある。志の高い者は高い事に志し、低い者は低い事に志す。その志に大体の方向があるのはもちろんだが、今私がいいたいのは、〈大志ある者でも、将来必ず大業を成しとげるとは限らぬ。大業を成しとげた者でも、必ずしも幼少の時から生涯の成功を予定したわけではない。たとい大体の志は方向が決まっていたにせよ、その計画と事業とは、時に応じ機に従って、変化を重ねる。そのきわまりなき進退変化の末、偶然の勢に乗じて、大事業に成功したものだ〉ということである。読者はこの趣意を誤解しないでもらいたい。❖43

三――スタチスチクによれば、人心の働きに定則あるを知るべし

以上の論によれば、人の心の変化を察するのは人力の及ぶところではなく、結局その働きは皆偶然に基き、少しもルールがないものというべきだろうか。否々、さにあらず。文明を研究する学者[七八]には、おのずからこの変化を察する方法がある。この方法によって探れば、人心の働きには一定のルールがあることが知られよう。のみならず、そのルールの正確なことは、物の円いか四角かを見分ける如く、また判で押した文字を読むが如く[三]明瞭で、誤解しようにもしようがないほどのものだ。その方法はどうかといえば、社会の人心を一体のものとしてとらえ、長い時間を一単位として、できるだけ広い範囲で比較し、それが社会の現象に現われるところを検討することである。

たとえば晴雨の如きも、一日のうち、朝は晴天でも、夕方雨が降るかどうかは判断できぬ。まして数十日の間に幾日間は晴天、幾日間は雨天と、一定のルールを発見しようとしても、人智の及ぶところではない。しかし一年間を通じて晴雨の日を計算すれば、平均して、晴天は雨天より多いことが分るであろう。またこれを狭い一地域だけで計算するよりも、広く一州一国の統計を取れば、その国の晴雨の日数は毎年どのくらいということが一層はっきりしてくる。さらにこの実験の範囲を拡げて世界中に及ぼし、遠い過去数十年とその後の数十年との晴雨を計算して、その日数を比較すれば、初め

の数十年間とその後の数十年間との世界中の晴雨の日数は必ず同じで、数日の差をも見ないであろう。もしかりに百年単位・千年単位で計算すれば、前の百年と後の百年、前の千年と後の千年との晴雨の日数はピッタリ一致して、一分の差異をも見出ださぬに相違ない。

人心の作用も同様である。一人の人・一軒の家についてその働きを見れば、一向ルールらしいものは見られないが、広く一国全体について見れば、必ず正しいルールがある。あたかもかの晴雨の日数を平均すれば、前後不変、その割合に狂いがないのと同様である。ある国のある時代には、その国の智徳がこの方向に赴き、あるいはかかる原因でこの程度に進歩し、あるいはかかる故障でこの程度に後退したということが、〔統計法によって、〕有形の事物の運動を見る如くはっきりする。

英国の学者バックル氏の『英国文明史』には、次のような記事がある。[112 七九]

一国の人心を一体としてとらえると、その作用に一定のルールがあることは驚くべきものがある。例えば犯罪は人心の作用である。一人の犯罪者について見る限り、もちろんその作用にルールがあるとは思われない。しかしその国の状況に変化がない以上は、罪人の数は毎年変ることがないのである。殺人の如きは、一時の怒りに乗じて行う行為だから、個人としては、あらかじめ予定して、来年の何月何日に何人を殺そうと自ら計画する者のあるわけはない。ところが、フランス全国で人を殺した罪人の統計を取ると、毎年その数は一定している。そればかりか、殺人に用いた凶器の種類まで毎年同数なのだ。さらに不思議なのは自殺者の数である。自殺は、他人から命令されたり勧められたりしてできるものではない。だまして人を自殺させることもできないし、脅迫して自殺させることもできない。全く本人の自発的行為だから、その数にルールがあるとは思われぬ。ところが、一八四六年から一八五〇年まで、毎年ロンドンで自殺する者の数は、多い時で二六六人、少ない時には二一三人で、平均二四〇人と定まっているのだ。

これがバックル氏の説である。

また手近な一例をあげると、商売で物を売る場合、客に強制して買わせることはできない。買うか買わぬかは、全く客の自由である。しかるに売物の仕入れをする者は、大抵世間の景気を察して程よく仕入れるので、余分に仕入れることはない。米麦や反物などは腐る恐れもなく、仕入れが多過ぎてもすぐに損にはならないが、暑中に魚類や蒸菓子などを仕入れる者は、朝に仕入れて夕方までに売れなければ丸損になるであろう。ところがためしに東京で、菓子屋に蒸菓子を買いに行けば、一日で売れて夕方には全部売切れている。夜に入って残品が腐ったという話は聞いたことがない。そのお誂え向きなことは、あたかも店と客とがあらかじめ数を約束しておいたような観がある。夕方最後の品を買う客は、まるで自分の要不要よりは、菓子屋の仕入れに残品ができるのを心配して買いに行ったようにさえ思われる。まことに不思議ではないか。菓子屋の状態はこの通りだが、一方市中の一軒一軒を訪ね、お宅は一年の間にどれだけ蒸菓子を食べ、どこの店でどれだけ買ったかと尋ねても、返答のできる者はあるまい。だから蒸菓子を買う人の心の作用は、個人についてははっきり分らないが、市中の人心を一体としてとらえて観察すれば、菓子を求める心の作用には必ずルールがあって、明らかにその動きや傾向が分るわけである。

そこで社会の事情は、一事一物だけで勝手な判断を下してはならない。必ず広く事物の作用を見て、それが全般の現象に現われるところを観察し、比較研究をしなければ、真相を明らかにすることはできない。かように、広範囲に事物の実態を調査する方法を、西洋では「スタチスチク」[113]〔統計学〕と称している。これは人間の事業を観察して、その利害得失を明らかにするに欠くべからざる方法である。近来西洋の学者は専らこの方法を用いて、調査上大いに成果をあげているという。土地人口の多少・物価賃銀の高低・結婚の数・出産の数・病人の数・死亡の数など、一々その数を記した表を作り、比較対照すれば、世間の事情で真相の分らぬことも、一目瞭然となるのである。[八〇]

たとえば、英国で毎年結婚する者の数は、穀物の価格と比例している。[114][八一]穀物の価格の高い年は結婚が少なく、価格が下がれば結婚もふえる。その比率は少しも変ることがないという。日本ではまだ「スタチスチク」の表を作る学者がいないから、よくは分らないが、やはり結婚の数は必ず米麦の価格と比例するに相違ない。男女の結婚は人生の一大事として[115]、世間は皆婚礼を重視し、軽率に行う者はない。当人同士の愛情の問題もあり、身分や貧富の釣合もあり、父母の意思にも従わねばならず、仲人の言葉も聞かねばならぬ。そのほかいろいろな条件がどれもこれも旨く揃って、はじめて縁談が纏まるのだから、全くこれは偶然といわなければならぬ。男女の縁とは、実に予定せぬものが偶然の幸いで成立したといっていいほどのものだ。世間で縁は異なものといい、出雲の神様の引合せなどというのも、皆結婚が偶然から生れることを証明した言葉である。ところが実際は偶然ではない。縁談は決して当人同士の意向から成立するのでもなければ、父母の命令で調うのでもない。いかに上手な仲人口も、いかな出雲の神様の思召しでも、世の中の結婚を左右する力はないのである。当人の意向、父母の命令、仲人口、神様の思召しなど、それらのすべてを圧倒して、自由自在に結婚の鍵を握り、あるいは縁談を成立させ、あるいは不調に終らせる最も強い力は、何かといえば、米の相場以外には

ないのだ。❖44

四——事物の原因を探るの要は、近因より溯りて遠因に及ぼすにあり

八二

この趣旨によって事物を研究すれば、その作用の原因を知るのに非常な便利がある。いかなる作用にも原因のないものはない。ところが、原因には近因と遠因と二様の区別があるが、近因は見易く、遠因は分りにくいものだ。近因の数はさまざまあるが、遠因の数は少ない。近因はややもすればこんがらかって人をまごつかせるが、遠因は一旦分れば、確実で間違うことがない。だから、原因を探るに必要なことは、近因から次第にさかのぼって、遠因を究明するにある。遠くさかのぼるに従って、原因の数はいよいよ減少して、一つの原因で多くの現象の説明がつくであろう。

たとえば、水を沸騰させるのは薪の火である。また人に呼吸させるのは空気である。だから空気は呼吸の原因で、薪は沸騰の原因に違いない。だがこのことだけ分っても、まだ研究が十分とはいえまい。元来薪の燃える原因は、薪の物質中にある炭素と空気中の酸素とが化合して熱を発するためである。人の呼吸する原因は、空気中から酸素を吸収し、肺臓で血液中の過剰な炭素と結合して、またこれを吐き出すことにある。したがって、薪と空気とはただ近因にすぎず、その遠因はともに酸素にあるとせねばならぬ。だから、水の沸騰と人の呼吸とは、その目に見える作用は違い、近因も同一ではないが、一歩を進めて遠因の酸素の存在が分った時、はじめて沸騰の作用も、呼吸の作用も共通の原因に帰着して、確実な結論に達することができるのだ。かの結婚の如きも、その近因は、当人たちの意思、父母の命令、仲人の世話、その他いろいろな条件で成立するように思われるが、近因だけでは、

まだ事情を詳らかにするに足らない。かえって真相が混雑して、人をまごつかせることさえある。近因は措いて問わず、さらに遠因を探究して、食物の価格というものに思い当り、それが結婚の多寡を決定する真の原因と分って、はじめて確乎《かっこ》不動のルールが発見されたことになるのである。

また一例をあげれば、ここに酒好きの男があって、たまたま馬から落ちて腰を打ち、半身不随になったとする。これを治療するにはどうすればよいか。病気の原因は落馬だからとて、腰に膏薬を貼り、専ら打撲治療の方法を講じてよいであろうか。そういう医者がいたとしたら、それは藪医者である。結局、落馬は病気の近因にすぎないからだ。実は長年の飲酒の不養生で、すでに脊髄が衰弱し、丁度病気の起りかけた時、たまたま落馬で全身にショックを受けたため、たちまち半身不随に陥ったのである。だからその治療には、まず飲酒を禁じ、病気の遠因である脊髄の衰弱を回復させなければならぬ。少しでも医学の心得がある者なら、こうした病気の原因を知って、簡単にその処置を施すことができよう。ところが、世の文明を論ずる学者に至っては、なかなかそうはいかない。大抵は藪医者クラスである。身近に見聞する現象だけに目を奪われて、事物の遠因をつきとめる見識がない。目前の紛々たる近因にのみとらわれて、つまらぬ議論を唱え、軽率に重大な事を決行せんとする。その見当違いは、あたかも暗闇で棒を振回すようなものだ。本人のことを考えると気の毒でもあり、社会のためには恐るべきことである。警戒せねばならぬ。❖45

五――世の治乱興廃は、二、三の人の能くするところにあらず

さきにも述べたように、世の文明とは、広く国民一般に広がった智徳の現象であるから、一国の治

乱興廃も、国民全体の智徳に関係するものである。二、三人の英雄偉人の力で左右できるものではない。国民全体の動向は、留めようにも留まらず、進めるにも進められぬものだ。次に歴史上二、三の例をあげて、この事実を証明しよう。元来理論を説くのに歴史を引合いに出すと、文章が長くなって読者を退屈させる恐れがないでもない。しかし歴史を引いて説明するのは、子供に苦い薬を与えるのに、砂糖を混ぜて飲み易くするようなものだ。初学の人の頭には、無形の理論は飲みこみにくく、歴史を語りながら説明する方が速く理解できるからである。❖46

試みに和漢の歴史を見ると、古来英雄豪傑と呼ばれた大人物で、時勢に容れられた者はきわめて稀である。自ら不遇を嘆いて不平をいい、後世の学者もこれに同情して涙を流さぬものはない。孔子は時に遇わぬのをうらみ、[116] 孟子もまた然り。菅原道真は九州に流され、楠木正成は湊川で討死したが、かかる悲劇は数えればきりがない。今も昔も稀に世間で立派な功績を立てる者があれば、千載一遇というが、これは時節に遇うことのいかに困難かを示す言葉であろう。

それでは、そのいわゆる〝時〟とは一体何であろうか。周の諸侯がもし孔子・孟子を用いて国政を任せたならば、必ず天下を太平に治められるはずなのに、孔孟を用いなかったのは当時の諸侯の罪だというのであるか。道真が流されたのも、正成が討死したのも、藤原氏や後醍醐天皇の罪なのであろうか。それなら〝時に遇わぬ〟というのは、二、三の支配者の考えに合わなかったということで、〝時〟とはただ二、三の人の考えで作られるものなのであるか。もし周の諸侯が孔子・孟子を任用して、彼らの手腕を発揮させ、また後醍醐天皇が楠公の献策に従ったならば、はたして孔孟や楠公は各自の計画に成功して、今の学者たちが想像するような千載一遇の大功績を立て得たであろうか。いわゆる〝時〟とは、二、三の権力者の心と同義語なのであろうか。〝時に遇わぬ〟とは、英雄豪傑の意見と君主の考えとが食違ったという意味なのであろうか。

私の所見は全然そうではない。孔子や孟子が用いられなかったのは、周の諸侯の罪ではない。諸侯に孔孟を用いさせなかった事情があったのだ。楠公が討死したのも、後醍醐天皇が不明だったからではない。楠公を死地に陥れた原因は別にある。それは何かといえば、すなわち〝時勢〟というものだ。あるいは当時の人々の〝気風〟である。いわばその時代の人民に備わっていた〝智徳の実情〟である。以下なおこのことを論じてみよう。❖47

社会の情勢は丁度汽船が走るようなものであり、社会を支配する者は航海者のようなものである。千トンの船に五百馬力の蒸気機関を備えて、一時間に五里走るとすると、十日間で千二百里の海を航行できる。これがこの汽船の速力である。どんな航海者がどんな工夫を運らしても、五百馬力の機関を五百五十馬力に増すことはできない。また千二百里の航海を、速力を増して九日で終える方法もないだろう。畢竟航海者の役目は、ただその機関の力を妨げずに、運転の機能を十分に働かせるだけである。時には二度の航海で、初めは十五日かかり、二度目は十日ですんだとすれば、これは後の航海者が上手だったのではなく、最初の航海者が下手で、蒸気の力を妨げたからにすぎない。人間の下手には限りがないから、同じ蒸気で十五日かかることもあれば、二十日かかることもあろう。極端な場合は、全然動かせないこともあろう。だが一方、いかに人間が工夫を凝らしても、機関の本来持っている以上の力を造り出せる道理は万々ないのである。

世の治乱興廃もまたそうしたものだ。時勢の転ずる時に、わずか二、三の人間が国を支配して、人民の心を左右しようとしてもできることではない。まして民衆の心に逆らって、独り自分の意のままに従わせようとしても、どうなるものではない。その困難は、船に乗って陸地を走ろうとするのと同様であろう。昔から英雄豪傑で、天下に大事を成しとげたのは、自分の力で人民の智徳を進歩させたのではない。人民の智徳が進歩する時に、その進歩を妨げなかっただけである。考えてもみるがいい。世間の商人は、夏に氷を売り、冬に炭団《たどん》を売るではないか。[八三] これはやはり自然の人心に従ったまでである。もし冬に氷の店を開き、夏の夜に炭団を売る者があれば、人はこれを馬鹿というだろう。ところが、かの英雄豪傑に至ってはそうではない。〔時勢に逆らって、〕風雪の厳しい冬に氷を売ろうとし、買手がなければ、買わぬ者に罪を着せて、自ら不平を訴えるとはどういうわけか。不了見も甚だしいではないか。天下の英雄豪傑たる者、もし氷が売れぬのを憂えるならば、氷を貯えて夏が来るのを待ち、その間に一生懸命氷の必要性を宣伝して、世人に氷の有難味を知らせてはどうであろうか。本当にそのものに効能があるなら、時節が来れば買手もあるだろう。反対に、何の効能もなく、到底売れるめどがなければ、きっぱりその商売を止めるのが利口である。❖48

六——孔子の不遇なりしは、時勢に妨げられたるものなり

周の末世〔春秋戦国時代、紀元前八—三世紀〕に至って、天下の人心は皆王室政治の束縛を喜ばず、その束縛がだんだん緩むにつれて、諸侯[118]は天子に背くようになった。また諸侯の重臣たる大夫[117]が諸侯を支配し、さらに大夫の家臣が国政を左右するようになって、天下の政権は四分五裂、全く各地の封建貴族[119]が天下の政権を争奪する時節となった。かつて堯舜が位を譲り合った[120]ような床しい風に倣う政

治家はなくなり、天下はただ多くの貴族が勢力を張合うだけで、人民などは全く無視されたのである。そこで弱い貴族を助けて、強い貴族を制圧する実力者が、天下の民心を得て、時代の権力を握ることができた。〔春秋時代の〕斉の桓《かん》公や、晋の文公の覇道政治[121]〔紀元前七世紀〕がこれである。この時に当って、孔子〔紀元前六―五世紀〕はひとり堯舜の政治を慕い、徳義を以て天下を治める精神主義を唱えたが、もとより実行できることではなかった。当時における孔子の行動を見ると、斉の管仲[122]が桓公を助けて行った富国強兵の現実政治が、よく時勢に合致して成功したのとは到底比較にならぬであろう[八四]。

孟子に至っては、いよいよその事業は困難であった。〔春秋時代を過ぎて〕孟子の時代〔戦国時代、紀元前四世紀〕になると、封建の諸侯貴族がだんだん統合する傾向を生じ、弱国を助けて強国を制圧するかつての覇道政治は、もはや行われなくなった。むしろ強国は弱国を滅ぼして、併呑する時節となったのである。そこで蘇秦・張儀[123]というような雄弁の策士が諸国を遊説して、天下の統一を図り、あるいはこれを妨げるなど、いわゆる合従《がっしょう》・連衡[124]の争いに忙しい有様だったから、貴族でも自家の安全を保つことはむずかしかった。人民のことなど構っていられるものではなく、孟子が理想とした民生の安定[125]など保証できる段ではない。ただ全国の力を攻防の戦争に用い、君主自身の安全を謀るのが精一杯だったのである。たとい名君があっても、孟子の意見に従って、なまじっか仁政など施そうものなら、政府も危うく、わが身も危険に陥る恐れを免れなかったろう。現にかの弱小国家の滕《とう》が、強大国の斉と楚とに挟まれていた時、さすがの孟子も滕の安全を保証する名案[126]を得ず、苦しんだのがその証拠である。[127]私はあえて管仲や蘇秦・張儀を支持して、孔子・孟子を悪くいうつもりはない。ただこの二人の大先生が、この苛烈な時勢を知らず、その学問を当時の政治に用いようとして、かえって世間から嘲《あざけ》られたのみならず、後世の政治をも益しなかったのを悲しむばかりである。❖49

孔子・孟子はその時代にぬきんでた大学者であった。古来まれな思想家でもあった。もしも彼らがもう一段卓見を抱き、その時代の政治などから超越して、学問・思想の世界に独自の領域を開き、人類の本分を説いて、万代不変の真理を教えたならば、その功徳は必ず広大であったろう。しかるに生涯政治にしばられて、一歩もそこから抜け切れぬため、説くところもおのずから学問としての体系を欠き、純粋の哲学[128]というより、過半は政治論であったいわゆるフィロソフィとしては程度の低いものに終ったのである。そこで後世儒学に従うものは、たとい万巻の儒書を読んでも、政府の役人となって仕事をせぬ限りは、自分の出る幕がないように思いこんで、蔭で愚痴をこぼしているばかりである。まことにさもしい次第ではなかろうか。かかる儒学が広く世に行われるならば、天下は皆政府に仕えて政治をする役人だらけとなり、政府の下に居て政治の支配を受ける国民はなくなってしまうだろう。人間にむやみに智愚上下の差別をつけ、自分だけ智者のつもりで、愚民を治めたい一心から、政治への関心のやたらに強いのが儒者の通弊である。政治熱にとりつかれてあくせくする余り、〔親分の孔子さえ、奉公口を求めて、諸国をうろつき回り、〕疲れ切った野良犬[129]同然という悪評を免れなかった。聖人としては甚だ不面目のように私には思われるのである。❖50

また儒教の流儀を政治に応用すること自体にも大きな疑問がある。元来孔子・孟子の学問の本質は、倫理の教えである。畢竟目に見えぬ仁義道徳を論ずるもので、いわば〝心の学〟である。もちろん道徳も、純粋なものなら軽んずることはできない。個人の修養には、効果が甚だ大きいものだ。けれども、〝徳〟は要するに自分一人の心の問題で、〔〝知〟とは違い、〕周囲の社会に接する場合、必ずしも役立つものではない。ただ社会が単純で人間が蒙昧な時代には、大した事件もないから、儒教道徳でも人民を支配するに便利だったろう。だが、文明開化の時代となっては、次第にその効力を失わざるを得ない。しかるに今日なお、人間一個の精神修養の道を以て、広い社会の政治に応用し、古代の道徳で今日の人事を処理し、人情主義[130]で人民を支配しようとする如きは、不了見も甚だしいものではないか。時代と場所とを弁えぬことは、船で陸上を走ろうとし、真夏に皮の毛皮をほしがるようなものだ。とても実行できる策ではない。その証拠には、数千年来今日まで、いまだかつて孔孟の道を政治に実行して天下の治まったためしがないのを見ても明らかであろう。

そこで、孔孟の用いられなかったのは、諸侯の罪ではなく、当時の時勢に妨げられたものといわねばならぬ。後世の政治に儒教が効果を発揮できなかったのも、教えそのものの欠点ではない。これを適用する時と場所とを誤ったにほかならない。周の時代は、孔孟に適する時代ではなかったのだ。彼らはその時代に実際の仕事のできる人物ではなかった。その教えも、後世の政治に応用できるものではなかったのである。〝哲学〟(philosophy)と〝政治〟(political matter)[八五]とは大きな区別がある。今日の学者も、孔孟の道を政治の法と考えるのは間違いである。この事は、また後にもいおうと思う。❖51

七――正成は時勢に敵して敗したるものなり

楠公の死もまた時勢の然らしめたものである。日本において、政権が皇室から失われたのは、すでに古いことである。保元・平治〔平安末期、十二世紀後半〕以前から、武力の実権は全く源平二氏に帰して、天下の武士は皆これに隷属する状態であった。源頼朝が先祖の遺業を継いで関東に起るや、日本国中一人としてこれに反抗する者がなかったのは、世人が皆関東の勢力に畏服し、源氏の武力を知って、皇室の存在を認めなかった証拠である。次いで北条氏が執権となったが、頼朝以来の旧慣を改めなかったのも、源氏の余勢を利用したものだ。やがて北条氏が亡んで足利氏が起ったが、これまた足利氏が源氏の一門だった権威によるのである。北条・足利の時代に、諸国の武士が勤王の看板を掲げて挙兵したけれども、内心は幕府に反抗して武名を挙げようと企てたものにほかならない。だからこの勤王の連中が、もし実際に成功したならば、必ずまた第二の北条となり、第二の足利となったであろう。天皇にとっては、一つの災をのがれて、次の災に出くわすようなものだ。後の織田・豊臣・徳川のいわゆる勤王の正体を見ても類推されるであろう。鎌倉時代以来、天下に事を起す者は、一人として勤王を口実にせぬ者はなかった。しかし事が成功した後は、一人として真に勤王を実行した者はない。勤王はただ事を企てる間の口実にすぎず、事成って後の事実ではなかったのである。

　歴史家の口ぐせに、「後醍醐天皇は北条氏を滅ぼして後、第一に足利尊氏の功労を賞して勤王の諸将の上に置き、新田義貞を尊氏に次ぐ功労者とした。楠木正成以下の功績は無視して顧みなかったので、ついに尊氏は功に驕って野心を抱くに至り、再び皇室が衰微したのだ」という。今日もなお世間の学者は、歴史を読んでこの段に至れば、残念がって、尊氏の野望に憤慨し、天皇の不明を嘆かぬ者はない。しかしこれは、当時の情勢を知らぬ者の議論である。[131]

　この時、天下の政権は武家の手にあり、武家の根拠地も関東にあった。北条氏を滅ぼしたのも関東の武士であったし、天皇の位を復活させたのも関東の武士であった。足利氏は関東の名家で、その名声は初めから高かった。当時関西の諸族は、勤王の説を唱えはしたけれども、足利氏が天皇方に姿勢を切換えなかったら、とても建武の中興は成功しなかったであろう。中興の業が成功した時、尊氏を首勲者としたのも、天皇の意思で尊氏の軍功を賞したのではなく、時勢に従って、足利家の名声に報いたのである。この一事を見ても、当時の状態を推察できよう。尊氏は初めから勤王の心を抱いていたわけではない。またその権威は、勤王の結果得たものでもなく、足利家固有の権威であった。一時北条氏を倒すのに都合が良かったので、勤王の姿勢をとったものの、これを倒してしまえば、もはや勤王の術を用いなくても、自分の権威を失う恐れはない。これすなわち足利氏の態度に変化が多く、また鎌倉において独立し得た理由である。

ところが、正成の場合はそうではない。河内の貧弱な田舎侍から身を起し、勤王の名を掲げて、わずか数百人の兵士を集め、あらゆる苦労の結果、意外な手柄は立てたものの、なんとしても名声が乏しくて、関東の名家と肩を並べることはできなかった。足利氏から見れば、配下同然である。天皇はもちろん正成の功を知らぬわけではないが、天下の民心にそむいてまで、彼を首勲者とすることはできなかったのだ。つまり足利氏は皇室を左右する実力者であり、楠氏は皇室に左右される部将にすぎなかった。これはその時代の形勢であって、どうにもできなかった現実である。

また正成は、もともと勤王の一枚看板で権力を得た者である。だから天下に勤王の気風が盛んであれば、正成もともに羽振りが良く、もしそうでなければ、正成も困るわけだ。ところが勤王の首唱者たる正成が、尊氏などに子分扱いされて、これに甘んじ、天皇もこれをどうにもできなかったのは、当時天下に勤王の気風が乏しかった証拠であろう。しからば勤王の気風の乏しかったのは何故であろうか。これは決して後醍醐天皇の不明の罪ではない[八六]。

保元平治以来、代々の天皇を見ると、不明不徳の人物は、数え切れぬほどであった。[132]後世の歴史家[八七]がいかに舞文曲筆しても、当時の天皇たちの罪をかばうことはできぬはずである。父子相争い、兄弟相戦い、彼らが武家に依頼したのは、ただ自家の肉親を滅ぼそうとするためだけであった〔保元平治の乱〕。下って北条執権の時代になれば、北条氏は陪臣の身分でありながら、天子を立てるも廃するも自家の思いのままとなった。その際皇室の諸族は、互いに肉親を陪臣北条の幕府に讒訴《ざんそ》して、皇位を争うに至った〔両統迭立の争〕。皇室は内部の相続争いに忙しくて、天下の政治を顧みる余裕などはなく、そんな事が念頭になかったのは明らかである。天皇は天下の政治にたずさわる主人ではなく、武家の威力に束縛される奴隷にすぎなかったのだ[八八]。

後醍醐天皇は、明君ではないまでも、それ以前の諸帝に比べれば、その言行には、たしかにすぐれたところがあった。してみれば、後醍醐天皇ひとりに皇室衰廃の罪を帰するわけにはゆかない。政権が皇室を去ったのは、武家がこれを奪ったのではなく、多年の情勢によって、歴代の天皇がすでに自らその政権を放棄して、武家に拾わせたも同然だ。当時の人民が、武家の存在を知って、皇室の存在を認めず、関東の幕府を知って、京都の朝廷を顧みなかったのはそのためである。そこで、たとい後醍醐天皇がもっと聖明の天子だったとしても、また正成ほどの名将を十人集めて大将軍に任じたとしても、この多年無力な皇室の余勢を受けて、何ほどのことができたろうか。とても人力の及ぶところではなかったであろう。これによって考えれば、足利尊氏の成功も偶然ではなく、楠木正成の討死も偶然ではない。皆それ相当の理由があったのである。故に正成の戦死は、後醍醐天皇の不明によるのではなく、時代の大勢に帰すべきものであった。正成は、尊氏と戦って死んだのではなく、時勢に抵抗して、犠牲となったものである。❖[52]

八——戦の勝敗は人民一般の気力にあるのみ

右に述べたように、英雄豪傑が時に遇わなかったというのは、ただその時代に行われた一般の気風に適合せず、事が志と食違ったことをいうのである。一方、千載一遇の機会を得て成功したというのも、時勢に適して、人民の気力を十分発揮させたことにほかならない。十八世紀にアメリカ合衆国が独立したのも、その首謀者四十八人[133]の力でもなければ、ワシントン一人の戦功でもない。四十八人の人々は、ただ十三州の人民の間にみなぎった独立の気力を事実に具体化したものであり、ワシントンはその気力を戦場に利用したにすぎない。だから合衆国の独立は、千載一遇の偶然な成功ではない。たとい当時の独立戦争が敗れて、一時は失敗したとしても、必ず別にまた四百八十人の有志者が現われ、また十名のワシントンも生れたであろう。結局合衆国の人民は、独立せずにはいられなかったのである。

また最近では、四年前フランスとプロシアとの戦い[134]に、フランスが敗北した。これは皇帝ナポレオン三世の失策であり、プロシアの勝利は、宰相ビスマルクの功労だという者がある。しかし決してそうではない。ナポレオンとビスマルクとに智愚の差があったのではない。その勝敗が分れた理由は、やはり当時の時勢である。プロシアの人民は一致団結したから強く、フランスの人民は党派に分裂して弱かっただけである。ビスマルクはこの時勢を利用して、プロシア人の勇気を発揮させ、ナポレオン三世はフランス人民の動向に逆らって、民心を失ったにすぎない。

さらにこのことを証明するならば、今英雄ワシントンをシナの帝王とし、名将ウェリントン[135]をシナの将軍として、その軍勢を率いて英国の兵隊と戦わしめたならば、その勝敗はどうなるであろうか。たといシナに鉄艦大砲がたくさんあっても、英国の火縄銃[136]や帆前船に打破られるであろう。これから考えても、戦いの勝敗は、全軍を率いる将軍の力ではなく、武器の優劣でもない。ただ人民一般の気力にあることが分る。もし数万の精鋭を戦場に送って敗北することがあれば、これは兵士の罪ではない。大将の不手際のため、用兵の法を誤り、兵士の固有の勇気を発揮させ得なかった罪というべきであろう。

九――天下の急務は、まず衆論の非を正すにあり

もう一つの例をあげよう。今日わが政府で、政務のはかどらぬのは長官の無能にあるとして、専ら人材の登用を図り、さまざまな人物を抜擢任用している。けれども、一向実績は変らない。そこで、日本人だけでは駄目だというので、外国人を雇い[137]、これを教師としたり、顧問にしたりして、いろいろやってみるが、やはり成績はよくならぬ。その非能率な点を見れば、政府の役人は皆無能で、外国のお雇い教師や顧問も皆愚物のように思われる。しかし実は、今の政府の役人は、日本人中でも相当の人物であり、お雇い外国人とても、愚物ばかり選んで雇ったわけではない。してみれば、政務の能率があがらないのは別に原因がなければならぬ。それは何かといえば、政治を実施するに当って、な

んともならぬ事情に妨げられるのが原因なのだ。その事情とは、一言にいいにくいが、俗にいう多勢に無勢はかなわぬということである。政府の仕事がうまく行かぬのは、つまり無勢が多勢に制せられるためである。政府の長官とて、政治のうまく行かぬことを知らぬわけではない。知りつつ改められぬのはなぜかといえば、長官は無勢であり、人民のがわが多勢だからだ。これはなんとも手に負えぬものなのだ。人民多数の気風、すなわち〝衆論〟なるものは一体どこから生れるのか、その正体はちょっと突止められない。まるで天から降って来るようなものだが、この気風というのが恐ろしいやつで、政府の仕事を左右する力を持っている。だから政府の仕事の効果があがらぬのは、少数の役人の罪ではなくて、実はこの〝衆論〟、つまり人民の気風の罪なのだ。みだりに役人の責任ばかり咎めるのはお門違いである。古人は、まず君主が非を改めて、心を正すのを政治の要件としたが[138]、私の意見では、むしろ衆論の過ちを正すのが目下の急務だと思うのである。❖53

一方、政府の役人は、自ら政治の局に当るものだから、国を思う心も一段と深くなければならぬ。〝衆論〟の低きを憂え、百方手を尽してその非を正すのが役目のはずである。しかるに役人の中にも、自ら〝衆論〟中の一人のつもりか、時に〝衆論〟に引きずられて、これに同調する者がある。これらの連中は、国民を憂える立場にありながら、国民から憂えられる不見識な輩というべきだ。政府の政策の中に、往々自分で立案しながら、〔世論の反撃などに恐をなして、〕あとで自らぶちこわすような失態が見られるのも、これらの連中のしわざである。これも現在の日本では免れ難い通弊だから、国を憂える識者は、あくまで高尚な文明の説を主張して、相手が政府たると民衆たるとを問わず、その蒙を啓き、〝衆論〟のレベルを高めることにつとめなければならぬ。人民の気力には、天下で対抗できるものはない。〝衆論〟さえ真に向上すれば、高の知れた政府や役人などを問題にする必要がどこにあろう。政府は当然国民の気風に引摺られて、方向を改めざるを得ないのだ。だから、今の識者は、政府の無能を咎めるよりもまず〝衆論〟の愚を正すことに意を用いるべきである。❖54

十――政府の働きは外科の術の如く、学者の論は養生の法の如し

人によってはいうかも知れぬ。「この一章全体の趣意によると、天下の政治は万事人民の意思に任せて、はたから手を出すことはできぬ。社会の形勢は、あたかも寒暑の往来・草木の栄枯の如く、全然人力の加えられぬものなのであろうか。これでは、政府も国民のために必要がなく、学者も無用の長物となる。商人も職人もただ天然に任せて生きればよく、めいめい家業に励む責任もなさそうだ。これで果して文明は進歩するのだろうか」と。否々、決してさにあらず。前にも言ったように、文明に進むのは人類の使命だから、これを達成するのが人間の目的である。〔手をこまねいていていいわけはない。〕ただそれを達成するには、各自その職責を異にせざるを得ない。政府は社会の秩序を保って、当面緊急な施策を実行し、学者は時代の前後に意を用いて、将来の大計を謀る。また工商は個人の利益追求を通して、おのずから国家の富強に貢献するなど、おのおのその責任を分担しつつ、文明の進歩に一役を買うべきだ。

もちろん政府でも、時代の前後に注意する必要はあろう。学者とても、当面の問題を処理せねばならぬ。現に政府の役人も学者の中から出るのだから、役人も学者も役目は同じように見える。だが、やはり官界と民間とポストが分れ、それぞれ本務が決まって、分担がはっきりすれば、一応役人の仕

事は現在の問題、学者の使命は将来の計画という区別があるべきは当然であろう。今、国家に緊急事態が起れば、その先頭に立って、直ちに態度を決定するのは政府の職務である。けれども、平素より社会の形勢を察して、将来の用意に備え、あるいは国民の幸福をもたらし、あるいは不幸を未然に防ぐのは学者の責任である。世の学者の中には、往々このことを自覚せず、みだりに政治に熱中して自己の本分を忘れ、政治活動に狂奔する者がある。そうかと思えば、官途に仕え、役人にこき使われて、目前の利害の処置に追回され、しかも失敗して、学者の体面を傷つける者さえないではない。不見識千万というべきではないか。

いわば政府の働きは外科手術の如く、学者の議論は養生法の如きものであろう。その効能に遅速緩急の別はあるが、手術も養生も、ともに健康に欠くべからざるものである。政府と学者との効能も、一は現在、一は未来と分けられるが、その効能が大きく、国のために不可欠なことに甲乙はない。ただ大切なのは、両者互いにその働きを妨げず、互いに助け合い、互いに刺激し励まし合って、文明の進歩に少しの障害をも生ぜしめぬことである。❖55

第五章
前論の続き

一 〝衆論〟は人数によらず、智徳の量によって強弱あり

一国の文明の程度は、その国の国民全体の智徳を見て知ることができる。前章で述べた〝衆論〟とは、国民全体の意見ということで、その時代の人間一般に備わった智徳を反映したものである。だから、この〝衆論〟によって、民心の特色をうかがうことができるわけだ。だが、注意すべきは、〝衆論〟について、二つの条件がある。第一に、〝衆論〟は、必ずしもそれを唱える人の数にはよらず、人々の智徳の多少によって強弱があるということである。[八九]第二には、一人一人に智徳があっても、習慣によってそれを結合させなければ、衆論の形を成さぬということである。この章では、この二点について詳論しよう。

第一の点についていえば、一人の意見は二人の意見に勝てない。三人が同じ意見なら、二人の意見を抑えることができる。その人数が多くなればなるほど、その意見は有力となる。つまり寡は衆に敵せぬ道理である。けれどもこのことは、頭のレベルの同じ人間の間だけで通用する原理にすぎない。天下の人々を全体として見ると、その意見の力は、むしろ人数の多寡にはよらず、智徳の多少で強弱

がきまるものである。人の智徳は、その肉体の力と同様、一人で三人分を兼ねる者もあれば、十人力の者もある。だから、仮に多くの人を集めて集団を作ったとしても、その集団が有力か否かを知るには、人数の多少だけでは判断できない。その集団全体に備わった力の分量を測らなければならぬ。

肉体の力にたとえていえば、百人で千貫目の物を持上げるなら、一人の力量は各々十貫目ずつに当るだろう。しかし一人々々の力量は、必ずしも同等ではない。かりにこの百人を五十人ずつの二組に等分し、この二組にめいめい物を持上げさせるなら、一組の五十人は七十貫目を上げ、一組の五十人は三十貫目しか上げられぬこともあろう。さらにこの百人を四分し、八分してためすならば、だんだんその差がはっきりして、最高の力持ちと最低の弱虫とでは、十対一の相違があるかも知れぬ。そこでこの百人の中から、屈強な者二十人を選んで一組とし、他の八十人を一組として力較べをさせるならば、二十人の組が六十貫目を上げ、八十人の組は四十貫しか上げられぬこともあろう。これを計算してみれば、人数の比は二対八であるが、力量の比は六対四となる。だから力量は人数で決まるものではなく、その持上げる物の重量と人数との割合で分るわけだ。

智徳の力は、天秤や物差で計ることはできないけれども、その有様は肉体の場合と同じ理屈である。否、その強弱の差は、体力の差より甚だしく、一人で百人力・千人力の者もいるだろう。もしも智徳がアルコールのようなものだとしたら、人目を驚かすおもしろい結果が出るに違いない。一群の人物は、十人分を蒸溜して、一斗の智徳量が得られるのに、他の群では、百人分を蒸溜しても、たった三合しか取れぬということもあろう。一国の世論は、人々の肉体から出るのではなく、精神から出てくるものだから、いわゆる〝衆論〟なるものも、必ずしもそれを唱える人の数だけがものをいうのではない。その人々の仲間に備わる智徳の総量が多ければ、人数の不足にかかわらず、優に〝衆論〟たり得るわけである。

ヨーロッパ諸国でも、人民の智徳を概観すれば、半分以上は文字も知らぬ愚民であろう。国論とか世論とかいうものは、畢竟中流以上の識者の論で、多くの愚民はただ識者の論に盲従し、そうした有力な論に支配されて、あえて自分の愚かさを暴露せぬだけのことである。また中流以上の人々の中でも、智愚の差は際限がなく、意見の対立抗争はやむ時がない。争ってたちまち敗れ去る者もあれば、長きにわたって論陣を張り、勝負のつかぬ者もある。悪戦苦闘の末、やっとその時点で他の意見を圧倒した議論を、しばらく国論とか世論とか呼んでいるのである。外国では新聞や演説が盛んで、人々の議論が活発なのも、そのためである。結局一般人民は、識者の智徳によって刺激を受け、識者の智徳が方向を変えれば、人民も方向を転換するし、識者の智徳が分裂すると、人民の方針も分裂する。かように、国民の進退も集散も、一に識者の智徳に左右されぬものはない。[九〇] ❖56

二――維新の発端は、人民知力の発生にあり

近く日本に例をとると、先年政府は一新され、ついで廃藩置県〔明治四年・一八七一〕が断行された。大名や武士は、このため旧来の権力も収入もともに失ったが、あえて不平をいえぬのは何故であろうか。王政復古は皇室の威光によるもので、廃藩置県は明治政府の実力者の英断によったからだ、と人はいうかも知れぬ。しかしそれは時勢を知らぬ者の独断にすぎない。皇室に実際威力があったのなら、その復古はどうして慶応の末年〔慶応四年、明治元年〕まで待つ必要があったろうか。もっと早く徳

川氏を倒してしかるべきである。あるいは徳川以前、足利時代の末に皇権を取返すこともできたはずだ。王政復古の機会は、何も慶応の末年に限らぬではないか。しかるにやっと近年その業が成功し、廃藩置県の大政策が断行できたのは何故であろうか。それは皇室の威光によるのでもなく、実力者の英断によったのでもない。別に大きな原因があったのである。〔それは国民の知力の進歩である。〕

わが国の民衆は、長い間幕府の専制政治に苦しめられてきた。すべての権力は門閥によって占められ、いかに智力すぐれた者といえども、門閥の力を借りなければ、才能を発揮できなかった。それ故一時は門閥の圧力に押えられて、全国どこにも才智の働く場所がなく、社会は沈滞して、進歩の停止した観がある。けれども、やはり人智自然の発達は、停めるに由なく、かかる沈滞の時期にも、その潜勢力は脈々と生き続けた。徳川末期になると、人心はようやく門閥を嫌う風を生じたのである。その気風は、儒者や医者の中にも見うけられたし、著述家の間にも潜在し、武士や僧侶・神官の社会にも流れていた。これらの人々は、皆学問がありながら、当世に容れられぬ連中であった。彼らの門閥嫌悪の徴候は、江戸時代後期の天明・文化ごろ〔十八世紀末―十九世紀初〕から現われた。[九一]けだし当時出版された著書や詩集、あるいは通俗小説などの中に、時々それとなく不平をほのめかす風があったことから察せられる。もちろんそれらの作品は、門閥政治の非を正面から突いたものではない。たとえば国学者たちは皇室の衰微を嘆き、漢学者連中は上流為政者の奢侈を諷刺し、また一部の大衆作家は、とぼけたことをいって世間を茶化したが、その作品にも行為にも、門閥否定の一貫した主張は見られなかった。けれども時代の情勢を不満とする気分は、その間に自然と流れていたのだ。実は本人も無意識のうちに、封建体制への不満を漏らしていたのである。いわば長い持病のある病人が、はっ

きり自分の容体を説明できないけれども、ただその苦痛をしきりに訴えるようなものであった。[九二]

けれどもこれらの国学者たちとて、必ずしも皇室の忠僕というわけではなく、漢学者連とて、真実世を憂える君子人ではなかった。その証拠には、一見浮世に超然たる学者先生でも、ふだんは時世を慷慨しながら、一旦官吏に登用されると、たちまち志を変じて、不平をいわなくなってしまう。今日の尊王主義者も、相当の俸禄にありつけば、明日は幕府支持者に早変りする。昨日までの民間儒者も、お召抱えにあずかれば、今日はがらりと御機嫌になる。古今にその実例は多いのだ。[九三] だから国学者や漢学者連が、徳川末期に尊王憂国の志を著述に示し、暗に倒幕論の端を開いたとしても、多くは彼らの本音ではなく、一時尊王憂国の看板を掲げて、自己の不平を漏らしたにすぎぬのであろう。

しかしながら、今その志の純粋か否かは問わず、またその議論の公平か否かもしばらく措き、彼らの不平の原因を尋ねると、やはり時代の専制政治・門閥制度に妨げられて、自分の才能を発揮できぬのを憤慨したことは争われない。心中、専制の下に居るのを快しとせぬ痕跡は、筆端の語気に明らかである。ただ専制の暴政が盛んな時代には、そういう内心を発現し得なかったのだ。発現できるかどうかは、暴政の権力と民衆の知力との強弱如何によったのである。政府の暴力と人民の知力とは全く相容れぬもので、一方が強くなれば、一方は力を失い、一方が得意になれば、一方は失意に陥らざるを得ない。それは丁度天秤を平均させるようなものである。徳川幕府の政権は、いつも絶対の力を有し、天秤は常に一方にのみ傾いていた。だが末期に至って、人民の知力がわずかながら進歩して、始めて天秤の他の端に小さな分銅を置くことができた。かの天明・文化期ごろから現われた著述の類は、この分銅といえよう。しかしながら、この分銅はもちろんまだ軽いもので、とても幕府の権力と平均を保つまでには至らなかった。まして平均を破って重くなるなどとは、思いも寄らぬことであった。もしその後、外国の刺激による開港の問題が起らなかったなら、いつ平均を破って、人民の知力が優勢になれたろうか。識者といえども予断できなかったであろう。幸いにして嘉永年間〔嘉永六年・一八五三〕ペリーがやって来たのが、日本の改革の絶好な機会となったのである。❖57

三――維新の成功は、人民知力の勝利なり

ペリーが渡来して以来、徳川幕府が諸外国と条約を結ぶに及んで、日本人は始めて幕府の措置の拙劣さ、その弱体さを知るに至った。さらに外国人と接触して、彼らの意見を聞き、また洋書を読み、訳本を見るにつれて、いよいよ見識が広くなり、鬼神の如き幕府といえども、人の力で倒せぬことはないと信ずるようになった。たとえていえば、つんぼや盲の耳や目が急に直って、始めて声や色を見聞したようなものである。

こうして起った最初の議論は攘夷論であった。そもそも攘夷論が起った原因は、決して人々の利己的な感情ではない。自国と外国との別を明らかにし、自国の独立を守ろうとする誠意から出たものである。開闢以来始めて見知らぬ異国人と接したのだから、真っ暗で静かな深夜から、急に騒音だらけの白昼に変ったようなものだ。見るもの聞くものすべて奇々怪々で、気に食わなかったのは無理もない。攘夷家の志は、自分一個の利益のためではなく、日本と外国との優劣を自分なりに想像して、身を以て万国に冠たる祖国の運命を担おうと誓ったのだから、義勇奉公の精神といわなければならぬ。もちろん急に暗やみから明るみに飛出したような時代とて、戸惑うあまり、その思想は理路整然たる

わけにはゆかない。その行動もとかく粗暴で、無分別に陥りやすかった。要するに、愛国心としては、粗雑で未熟なるを免れなかったが、ともあれ、国に尽そうというのが目的だから、やはり無私の精神とせねばならぬ。またその論は、外敵を追っ払おうという一念だけだから、きわめて単純なものである。無私の精神で単純な議論を唱えれば、当然その意気込みはエスカレートせざるを得ない。これすなわち攘夷論が最初、力を得た由縁である。世間も一時この勢にのまれて、外国と交際することの利益は見ずに、ただ外国を憎む一方となった。天下の悪事はすべて外国との交際にありとして、少しでも国内に災害があれば、何もかも外人の所業、外人の謀略と称し、国をあげて外国との交際を喜ばぬ始末であった。たといひそかにそれを欲する者があっても、世間一般の風潮に同調せざるを得なかったのである。

ところが幕府自体は、外交の衝に当る責任者だから、外人との交渉には相当の道理を以て臨まねばならぬ。幕府の役人とて、内心外交を好む者ではなかったが、外国の圧力と理詰めの談判とに抵抗しかねて、一応外交の必要を国民に説かざるを得なかった。だが、そんな理由は、攘夷論者から見れば、いかにもいくじのない一時遁れの欺瞞にしか映じない。そこで幕府は、国民の攘夷論と外国人との板ばさみになり、進退きわまった格好である。国民の力と平衡を保つどころか、ますます体制の弱体ぶりを暴露するに至った。そこで攘夷論者はいよいよ図に乗って、その活動は天下御免の形となり、攘夷復古・尊王討幕を看板にして、もっぱら幕府を倒し、外人を追っ払うことに狂奔した。その際、殺人・放火など、識者の眉をひそめるような暴力沙汰も少なくなかったが、ともあれ倒幕という点で世論は一致し、全国の知力がすべてこの目的に集中した結果、慶応の末年に至って、ついに維新の革命

は成功したのである。❖58

しかるに、この線を進めてゆけば、当然王政復古の暁は、直ちに攘夷を実行すべきであるのに、そうはならなかった。また仇敵の幕府を倒した上は大願成就のはずなのに、さらに一般の大名や武士まで抹殺したのはどうしたことだろう。思うにそれは偶然ではない。攘夷論は単に維新の最初の段階にすぎず、いわゆる事の近因をなしただけだからである。国民の知力は、最初からその進む方向が別にあった。目的とするところは、王政復古でも、攘夷でもない。復古攘夷を名目にして、実は旧来の門閥専制の制度を退治するのが眼目だったのである。だから維新の主役は皇室ではなく、また敵役も幕府ではなかった。つまりは知力と専制との戦いで、これを遂行した原動力は、国民すべての知力だったのだ。この知力こそ、事の遠因だったのである。

この遠因たる国民の知力は、開港以来、西洋文明国の学問思想を援軍としたので、洋学の勢力は強大になった。だが、知力の戦いを進めるには、先頭を切る兵隊が要るわけだ。そこでしばらくかの近因たる尊王攘夷論を味方にして、専制門閥打倒の戦いを展開し、維新を成功させて凱旋したのである。先鋒をつとめた攘夷論は、一時大いに力を得たようだが、維新後には、次第にその理論が粗雑で、永続きできぬことが分ってきた。そこでかつての無鉄砲な攘夷家も、だんだん武力主義を捨てて、知力主義の方に転向し、今日の日本を見るに至ったのである。今後もこの知力がますます勢を得て、往時の粗暴幼稚な愛国心を周密高度の愛国心に高め、[九四]それによってわが国体を護持できるならば、無量の幸福というべきである。くり返していえば、王政復古は皇室の威力によるのではなく、皇室はただ国内の知力に尊王の看板を貸したにすぎない。廃藩置県も、維新の実力者の英断によるのではなく、彼

らはむしろ国内の知力に動かされて、国民のエネルギーを具体化しただけである。❖[59]

四——維新の指導者は、知力によって衆人を圧したる者なり

右に述べたように、全国の知力が〝衆論〟を構成し、その衆論の結果、政府が改革されて、封建制度は廃滅したわけである。しかしこの衆論に関与した人の数は、実は大変少ないのだ。日本国の人口を三千万とすると、農工商の数は二千五百万以上で、士族の数は二百万に足らない。武士のほか、儒者・医者・神官・僧侶・浪人などのインテリをかりに士族と見なしても、およそ五百万人が華族・士族階級で、二千五百万人が平民階級である。ところが昔から平民は、国事などに関心がないから、維新のことにも関係するところはなかった。だから〝衆論〟といっても、士族階級五百万人の中から生れたものといえよう。しかもこの五百万の中でも、改革を欲したものはごく少ない。第一これを一番嫌ったのは大名である。次に諸藩の重臣や家老である。また高禄の侍であった。彼らは、改革があれば損する者ばかりだから、決してこれを喜ぶはずはない。自身に才徳がないのに、家に巨万の財産を有し、官にあっては高官たり、民間においては富豪の名ある者が、わざわざ国のために正義を唱え、ことさら財産を失い、身を捨てたためしは、古来甚だ稀である。維新の際にも、そんな奇特な活動家は、士族・平民を問わず、きわめて少なかったに違いない。

これに反して、改革を喜ぶ者は、藩中でも家柄の低い者か、家柄はよくても、日の当らぬ場所で不平を抱いている者か、あるいは無位無産で、市井にゴロゴロしている貧乏書生ぐらいのものだ。いずれも何か事があれば、得こそすれ、損をせぬ連中にほかならない。要するに、改革の混乱を喜ぶ者は、

知力があって金のない手合いである。それは古今の歴史が証明するところだ。だから維新の改革を企てた者は、士族階級五百万人の中でも、わずか十分の一にも足らぬであろう。婦人と子供とを除けば、どれほどの人数でもあるまい。それがどこからともなく、ふと変った改革論を唱え出して、いつとなく世に広まったのだ。ところがその説に賛成する者は、必ず知力のすぐれた人物なので、世の人はその論に引込まれ、あるいは脅やかされて、なんとなく同調する者もあれば、やむなく従う者も出て来た。その人数が次第にふえて、到頭この議論が国民の衆論と認められるに至り、旧勢力を圧倒して、鬼神の如き幕府をも潰したのである。その後の廃藩置県にしても、華士族全体のためにはすこぶる不利なことで、この処置を喜ばぬ者は、十人中七、八人にも及んだであろう。わずか二、三人がこれを主張するにすぎなかった。しかしその七、八人の方は、いわゆる保守派で、この連中の知力は大変弱く、二、三人の改革派の知力の量に遙かに及ばなかった。保守派と改革派との人数を比較すれば、七対三乃至八対二の割合だが、知力の量は、この逆の観があった。改革派は、ひたすら知力の量の多きをたのんで人数の不足を補い、七、八割の多勢の希望を抑えつけたのである。

現在では、もはや純保守派というべき者は甚だ減り、旧士族の中にも、昔の禄位を復活したいと主張する者はない。国学者や漢学者連も、大半は説を改めて、こじつけ論で自分の旧説をごまかし、体面を繕って、改革派ぶる者が多くなった。これはいわば和睦と称して、事実降参したようなものだ。もちろん名は和睦でも降参でもかまわない。要するに新旧合体して時が経てば、ともに同じ方向に向って、文明の一途をたどるばかりだから、改革派の勢力はますます盛んになるわけだ。ただ最初に改革を唱えて、これを実現したのは、人数の多さによるのでなく、知力によって衆人を圧倒したことは確かである。だから今日でも、もし保守派の中に知力のすぐれた人物が現われ、次第に仲間を作って、保守主義を主張するならば、必ずその党派は力を得て、改革派も閉口するだろう。だが、幸い保守派には、そんな頭のある者はいない。時たまそんな人物が出て来ても、やがてはその仲間から飛出して、いつまでも保守派の力にはならぬであろう。❖60

五――十愚者の意に適せんとして、一智者の譏りを招くべからず

事の成功失敗は人数ではなく、知力の量で決まるということはこれまで述べて来た通りである。だから人間社会の事物は、すべてこの知力の存在するところを目標として処置しなければならぬ。十人の愚者に迎合して、一人の智者の非難を招いてはならない。百人の愚者からほめられるために、十人の智者の不満を買ってはならない。愚者から譏られても恥じることはなく、ほめられたとて喜ぶには足らぬ。愚者の毀誉褒貶は、わが行為の規範とはならない。たとえば『周礼《しゅらい》』[139]に記された郷飲酒《きょういんしゅ》[140]の趣旨を真似て、後世の為政者が時々人民に酒食を振舞ったことがあるが、その人民が満悦するからとて、地方の民衆がなついているなどと安心してはならぬ。かりそめにも文明の進んだ社会では、人のお情で〝ただ酒〟や〝ただ飯〟を振舞われて喜ぶのは、乞食か愚民だけである。愚民が喜ぶのを見て喜ぶ殿様は、愚民に等しい愚人にすぎないだろう。❖61

また昔の歴史に、為政者がお忍びで民間を歩き回り、民衆の口にするはやり歌などを聞いて、政情を探ったというような話がある。[141] さりとはあまりに世間知らずの間抜けな話ではなかろうか。それは昔話で、事実かどうか分らないが、今日もこれに類する例がある。それは独裁政府がよく使うスパイ

というやつだ。政府は暴政のあまり、人民が不満を持つのを恐れ、つまらぬ奴を手先に使って、世間の内情を探らせる。その報告を聞いて、政治の対策を立てようというのである。この手先をスパイというのだ。だが一体、このスパイは誰を探り、何が聞込めるのだろうか。立派な人物は公明正大で、後ろ暗いことなどするわけはない。またひそかに乱を謀る者は、スパイより役者が一枚上だから、めったに尻っぽをつかまれるはずもない。そこでスパイは、ただ金儲けのために、世間をうろつき、愚民に接して、つまらぬ情報を聞込み、それに勝手な尾鰭《おひれ》を付けて、親分に報告するくらいのことだ。実際何の役にも立たず、親分の方は、あたら無駄金を使って、識者から軽蔑されるのが落ちである。

近年、〔謀略家として有名な〕フランスのナポレオン三世も、盛んにスパイを使ったが、普仏戦争の際には、[142]国民の実情を知り得なかったためか、たちまち敗戦して、プロシア軍に生捕りにされてしまったではないか。日本の政治家も、このことをよく考えてみる必要があろう。世間の実情が知りたければ、政府は出版を自由にして、[九五]識者の主張を聞くにしくはない。著書や新聞に制限を加え、[143]識者の言論を封じながら、スパイを使って世間の動静を探ろうなどとは、まるで生き物を箱詰めにして密封し、空気の流通を絶ちながら、ひそかにその生死を探ろうとするも同然だ。卑劣千万の所業ではないか。相手が邪魔なら、一思いに打殺した方がまだましだ。焼殺すも結構だ。もし人民の知力が国のためにならぬと信ずるなら、国中の読書を禁じてもよかろう。天下の学者を穴埋めにしてもよかろう。秦の始皇帝の先例もあることだ。〔だが、スパイ政策だけは、さらに陰険である。〕ナポレオンほどの英雄でも、この陋劣な手段を弄したのだから、政治家の了見ほど下等なものはない。❖62

六——人の議論は、集まって趣を変ずることあり

さて第二の問題としては、一人一人の意見も、それが集団となると、性格が変るということである。臆病者でも、三人集まれば、平気でやみ夜に山道を歩くことができる。そうした勇気は、一人一人から出るものではなく、三人集まってはじめて出るものなのだ。反対に、十万人の荒武者が、風の音や鶴の鳴声を敵の襲来と間違えて敗走することもある。こうした臆病も、一人一人の勇士については考えられず、十万人の群集心理から起るのである。人々の知力や議論は、丁度化学変化の現象に似ている。苛性ソーダ〔水酸化ナトリウム〕と塩酸とを分離しておけば、いずれも劇烈な性質があって、金属をも溶解する力があるが、これを化合すれば、無害な食塩となる。これに反して、石灰〔酸化カルシウム〕と硇砂《どうしゃ》〔塩化アンモニウム〕とはいずれも劇烈なものではないが、これを化合して気体アンモニアとすれば、人を卒倒させるほどの毒性を生ずる。

近ごろ日本の各方面に起ってきた営利会社を見ると、その規模が大きいほどうまくゆかぬようだ。百人の大会社は十人の小会社に及ばず、十人の小会社は三人の組合に及ばない。さらに三人の組合よりも、一人の資本で、自分だけの考えで商売をする方が最も儲けが多い。一体現在会社組織で商売をする者は、大抵世間の知恵者である。旧弊な頑固おやじが、祖先以来の家風を守り、爪に火をとぼすようなけちな蓄財をしているのに比べれば、その知力の違いは比較にもならぬ。しかるにこれらの知恵者が集まって、事業を起すとなると、打って変って、奇妙な失策を演じ、世間の物笑いとなる。そればかりか、その知恵者自身さえ、失策の原因が分らず、呆然自失しているほどのことだ。

〔これは民間の会社だけではない。〕今の政府の役人にしてもそうである。彼らは皆日本では一かどの人材で、日本中の知力の大半は政府に集まっているといってもいい。ところがこれらの人材が政府に集まって政治を行うとなると、そのやり方は必ずしも賢明とは思われない。つまり多くの知恵者が結合すると、性格が一変するのである。丁度強力なソーダと塩酸とが化合すると、全く性質の違う食塩を生ずるようなものだ。要するに、日本人は、団体行動をする段になると、その個人個人に備わった知性に似合わぬ愚を演ずるわけである。

　西洋人はどうかというと、彼らとて、智者ばかりとは限らない。しかし彼らが集まって事業を起した実績を見ると、いかにも智者のしわざと思われるものが多い。国内の事業、ことごとく仲間の協議[九六]によらぬものはない。すなわち、政府も国民の申し合わせで議会を設け、商売も仲間を組んでコンパニー〔会社〕を作っている。学者の社会にも学会があり、寺院にも団体組織がある。どんな片田舎でも、村民が各々仲間を結んで公私の事務を相談せぬ所はない。一旦仲間を作れば、その仲間ごとに独自の意見が生れる。たとえば数名の友人か、二、三軒の近所同士が集まって仲間を作ると、その仲間に独自の意見ができる。それが合して一村となれば、一村の主張となり、一州・一郡となれば、また一州・一郡の主義主張ができる。そうして一方の意見と他方の意見とを総合して、多少の調整を加えつつ、その積重ねの結果、一国の〝衆論〟が決まるのである。それはいわば若干の兵士を集めて小隊とし、それを合わせて中隊、さらに大隊として行くのと同様だ。大隊の戦力が優秀で、よく敵と戦うに足りるとしても、兵士一人一人について見れば、必ずしも勇士ばかりとは限らない。さすれば大隊の力は、兵士各個人の力ではなく、隊を構成して始めて生れたものというべきである。一国の世論も、その結論を見れば、大変高度で優秀なものに見えるが、その原因は、必ずしも優秀な人物が主唱したために、りっぱな結論が生れたとばかりはいえない。この議論に参加する人々の結合がうまく行ったために、始めて全員が活発な議論を展開する勇気を生じたのである。そこで西洋諸国の〝衆論〟は、その国民個人個人の知能よりも一段と高度化し、国民は自分に似合わぬ高度な意見を吐き、素晴らしい事業をやってのけることになるのだ。❖63

七――習慣を変ずること大切なり

以上の如く、西洋人は集団をなすと、一人一人の智恵に不似合いな名説を唱え、不似合いな成功をおさめる。これに反して東洋人は、その智恵に不似合いな愚説を吐き、不似合いな失態を演ずる。その原因を考えると、結局〝習慣〟にほかならない。習慣が重なると第二の天性となり、自分でも気づかぬ事をするようになるものだ。西洋諸国の衆議の法も、数百年間の習慣が定着して、今日自然に完成を見たものである。アジア諸国はさにあらず、インドのカスト[144]〔身分〕[九七]制度などは、その著しい例であるが、〔インドに限らず、一般に東洋では、〕人間に厳しい格式を設け、社会に極端なアンバランスがあって、身分の違いにより、利害得失を異にする。各階級互いに冷淡であるのみならず、専制政府の政策上、特に徒党を禁ずる法を厳にし、人々の集会を抑えてきた[145]。人民もひたすら事なかれ主義で、徒党〔私欲の結合〕と衆議〔公益の集合〕との違いすらわきまえる[146]気力もなく、万事政府任せで、国事に関心がない。百万の人は百万の心を持って、自分の家に閉じこもり、戸外のことはまるで外国も同然、少しも心に掛けようとしない。これでは共同井戸の井戸さらえの相談すらできぬではないか。まして道普請の相談においてをや。行倒れを見れば走って通り過ぎ、犬の糞にあえば避けて通るという風である。いわゆる掛り合いを遁れたい一心だから、とても衆議どころの段ではない。そういう習慣が一般化して、ついに現在のアジア社会が出来上がったのである。いわば世の中に銀行というものがなければ、人々はみなその財を家に貯えるばかりで、貨幣が流通せず、その国に大企業が起らぬようなものだ。国内の一軒一軒を訪ねれば、資本があっても、ただその資本を寝かしておくだけでは、国家の用には役立たない。アジア人の議論もこれと同様である。一軒一軒訪ねて、会う人ごとに意見を叩けば、めいめい考えがないではないが、その意見は百千万に分れていて、これを結合する手段がないため、国全体の役に立たぬのである。❖64

世間の学者の中には、「人々が集まって議論するのは望ましいことだが、人民の無智な間は、気の毒ながら、やはり専制政治に支配されなければならぬ。人民の議会を開くのは尚早で、今少し時期を待つべきだ」という論がある。思うにその時期とは、人民に知力が備わる時をいうのであろう。だが、そもそも人の智恵は、夏の草木の如く一夜の間に成長するものではない。たとい成長するとしても、習慣の力でそれを助長しなければ、成果は見られぬのである。習慣の力は大変強いもので、[九八]これを続ければ、その影響も限りがない。時には、自分の財産を守らんとする人間本然の性さえ圧倒されるに至るのである。その例を示そう。❖65

今わが国政府の歳入のおよそ五分の一は、華族・士族の家禄に当てられているが、[147]その費用の出場所は、農民・商人の税以外にはない。[148]今華士族の禄を廃止するならば、農商階級の税は五分の一だけ減り、五俵の年貢は四俵ですむはずだ。庶民がいくら愚かでも、四と五との多少を区別する知力がないわけはない。百姓の身になって、彼らの側だけで考えれば、別に複雑な問題ではなかろう。ただ自分が苦心して作った米を縁もゆかりもない他人に与えて、これを養うのだから、いやか応かの二者択一にすぎない。一方士族の立場からいえば、〈家禄は先祖伝来の財産であり、先祖が手柄を立てて得た由緒あるものだ。その日かせぎの労働者の日当とはわけが違う。明治になって、士族が軍務を離れたからとて、何故先祖以来の特典を奪われ、財産を失わねばならぬか[149]。今は士族なんぞ無用の存在だというので、その家に付いた禄を奪われるのならば、富商・豪農の輩で、先祖のおかげで無為徒食している者の財産も没収すべきである。どうして士族だけが財産を投出して、無縁の百姓・町人を肥やさねばならぬのか〉という反論も出るだろう。こう主張すれば、これまた一理がないでもない。

ところが、現在士族の中にこんな議論を主張する者はないようだ。百姓も士族も、現に自分の財産の得失に係わる瀬戸際にありながら、とんと平気で、まるで外国の話を聞くような涼しい顔をしている。あるいは自然に降って来る禍福を待つように、ただ黙って事の成行きを静観しているにすぎない。実に不思議というべきではないか。仮に西洋諸国で、こんな事件が起ったならば、いかに世論が湧くだろうか。おそらく議論百出、たちまち大論争が展開されて、大騒動となるに違いない。私は今家禄存廃の得失を論ずるつもりはないが、ただ日本人が無口の習慣の結果、当然主張すべきところも黙って、事なかれ主義に甘んじ、いうべきこともいわず、問題とすべきことも問題とせぬのに呆れるばかりである。

利を争うのは古人の戒めであるが、必ずしもそうではない。利を争うのは理を争うことである[九九]。今わが日本は、外国人と利を争って、堂々と理を戦わすべき時ではないか。国内で利に疎い者は、外国に対しても利に疎からざるを得ない。国内で愚鈍な者は、外国に対しても活潑な議論はできぬ道理だ。国民が愚鈍で利に疎いのは、政府の専制には好都合だろうが、こんな国民に外国との交際を任せるのは心細い次第ではないか。[100]一国の国民として、祖先の地の利害を問題とする気概がなく、一個の人間として、自己の栄辱を重んずる勇気がなければ、てんで話にならない。思うにそうした気概も勇気もないのは、天性の欠陥ではない。まさしく習慣によって失ったものだから、これを回復する方法もまた習慣によらなければならぬ。習慣を変えることこそ大切だというべきであろう。❖66

第六章　智徳の弁

一——智徳に四種の区別あり

前章までの論では、〝智徳〟の二字を熟語に用いて、文明の進歩は世人一般の智徳の発達によるものだといっておいた。がこの章では、〝智〟と〝徳〟とを区別して、その性質の相違を示したいと思う。

〝徳〟とは徳義・徳性のことで、西洋の語ではモラル〔moral〕という。モラルとは心の行儀ということである。心を潔白にして、良心に恥じぬことをいうのである。[150]〝智〟とは智恵・知性のことで、西洋の語でインテレクト〔intellect〕という。事物を考え、理解し、納得する働きである。一〇一

ところがこの徳性にも知性にも、それぞれ二種の別がある。第一に貞実・潔白・謙遜・正直など、専らわが心の内だけに属するものを私徳という。第二に廉恥・公平・不偏不党・勇気など、他人に接して、社会との関係において発揮されるものを公徳と名づける。第三には物の道理を究めてこれに対処する働きを私智と名づけ、第四に人事の軽重大小を判断し、軽小を後にして重大を先にし、その時と場所とをわきまえる働きを公智という。そこで私智は、いわば〝工夫の小智〟ともいうべく、公智

は〝聡明の大智〟といってもよかろう。

ところでこの四者の中で最も重要なものは、四番目の大智である。なんとなれば、聡明英知の判断力がなければ、私徳・私智を拡めて公徳公智とすることができぬ。時には公徳公智と私徳私智とが衝突して、矛盾することさえあるからだ。昔からはっきりこの四種の区別を立てて論じた人はないが、古来学者の議論でも世上の談話でも、そのいうところを聞けば、必ずこの区別のあることが分る。例えば『孟子』に、「惻隠〔同情心〕・羞悪《しゅうお》〔自他の不善を恥じにくむ心〕・辞譲〔謙遜〕・是非〔判断力〕は人心の四端〔道徳の芽生え〕である。これを拡める時は、火がはじめて燃え、泉がはじめて吹出すようなものだ。この四者を伸ばしてゆけば、天下をも保つことができ、これを伸ばさなければ、父母に仕えることすらできぬ」といってある。[151]やはり私徳を拡めて公徳に至る必要をいったものであろう。またやはり『孟子』に、「智恵があっても、時勢を利用する方が利巧だ。鋤鍬《すきくわ》があっても、耕すべき時候を待つにしくはない」ということばがある。[152]これは時勢のよしあしを考えて、私智を拡めて公智とすることを教えたものであろう。かかる学者の説だけでなく、世間の話にも、よく「誰それは、世間の活動には申しぶんがなく、公の仕事には持って来いだが、素行はまるで成っていない」といわれる人物がある。フランスの宰相リシュリュー[153][一〇二]などはそれであろう。つまり公智公徳には欠点がないが、私徳には乏しいということである。また「誰それは碁・将棋・そろばんはもちろん、何事にも工夫は上手だが、いわゆる碁智恵〔碁だけに通用する知恵〕、算勘〔計算〕の智恵だけで、物の判断力は駄目な男だ」ということもある。これは私智があっても、公智のないのを評したことばである。かように智徳四種の区別は、学者の間にも世間一般にも認められているものだから、これを普遍的な区別とい

ってもよかろう。そこでまずこの区別を立てておいて、次にその働きを論じようと思う。❖67

二——智徳を支配するものは、聡明英知の働きなり

右に述べたように、聡明英知の判断力がなければ、私智を拡めて公智とすることができない。たとえば囲碁・カルタ・奇術等の技芸も人間の工夫である。物理学の研究・機械の操作なども人間の工夫である。精神を労することは同様だが、その事柄の軽重大小を察して、重大の方に従事し、社会を益する者は、知性の働きのやや大きいものといえよう。あるいは自ら物理の研究や機械の仕事に当らなくても、事物の利害得失を察すること、あたかもアダム・スミス[一〇三]が経済の理論を発明したように、天下の人心を指導し、社会の富源を開発する人物に至っては、知性の最もすぐれたものといわねばならぬ。ともあれ、小智から進んで大智に至るには、聡明英知の見識が不可欠である。

また一かどの人物の中にも、「天下を治めるのはわが任だが、庭の掃除なんかは顧みるに足らぬ[154]」などと豪語する者がある。つまり、治国平天下の大事業は得意のわざだが、手近な一身一家の始末には無能力な人物なのである。これに反して、模範的なまじめ人間ではあるが、一向世間のことが分らず、甚だしきは、わが身を犠牲にしながら、少しも社会に役立たぬ者もある。[155]〔一は智に長じて私徳に欠け、他は私徳のみで智の皆無なるものであろう。〕そのいずれも聡明の働きには乏しい者で、あるいは事物の順序階梯を誤り、あるいは事の大小軽重をわきまえぬために、それぞれ人格のバランスを失ったものといえよう。

だから、聡明英智の働きこそは、智と徳との両面にまたがって重要なことが分る。この聡明英知の

働きを、徳性のがわからいえば、〝大徳〟といってよさそうにも思われる。だが、世間一般の言葉の習慣によれば、やはりこれを徳とは呼びにくい。なんとなれば、古来日本人が徳という時は、専ら一人の私徳のみを考えるのが常だからである。そうした考えの根底には、古書に「温〔温順〕良〔善良〕恭〔鄭重〕倹〔倹約〕譲〔謙遜〕が君子の条件だ[156]」とか、「聖人は無為にしてよく世を治める[157]」とか、「聖人は心が安らかだから、妄想による夢を見ることがない[158]」とか、「盛徳の君子は、一見かえって愚のように見える[159]」とか、「仁徳ある者は落着いて、山のように静かだ[160]」とかいう文句がある通り、そうした穏やかな精神状態が徳の第一義とされているのである。つまり、外に現われる活動よりも、内に存する精神を以て徳と称するのみで、いわば西洋の語でいうパッシブ〔passive〕[一〇四]の状態にすぎない。自分から働きかけるのではなくて、相手に対して受身の格好になり、ただ私心を去るだけが徳の要点となっているように見える。むろん儒教の書とて、その所説は必ずしも受身の徳のみを勧めているわけではない。時に活気横溢の妙味を称《たた》えた場合もないではないが、なんといっても、その教えが全体として人に与える印象からいえば、やはり忍耐辛抱など受身の美徳のみを説いている感を免れない。儒教のほか、神道や仏教などにしても、修徳の点については大同小異であろう。こうした教えで仕込まれた日本人だから、一般に考えられる徳という語は、その内容が甚だ狭くて、いわゆる聡明英知等の働きは、この語の意味には含まれていないのである。

すべて言葉の意味を考えるには、学者の決めた定義によるより、世間一般の考え方を察し、大衆の意味するところに従う方が確実である。[一〇五]たとえば俗に〝船遊山《ふなゆさん》〟[161]という言葉がある。船で山に遊ぶとは、語源を詮索すれば矛盾した話だが、世間では、ただ船遊びのことをいうので、山に遊ぶという意味はない。〝徳〟という語も同様である。学者流に細かに詮索すれば、その意味は随分広いかも知れないが、世間一般の常識は、必ずしも学者の定義とは一致しない。たとえば無欲な山寺の老僧などを見れば、人々は高徳なお上人《しようにん》様といって尊敬するが、物理学・経済学・哲学などに造詣の深い人物に対しては、徳行の君子とはいわず、学者・知識人と呼ぶことに決まっている。また古今の大人物が大事業をなしとげれば、世間は英雄豪傑といってほめたたえる。しかしその人の徳をほめる時には、大抵私徳の点を取上げるだけで、公徳の面に一段と卓れた点があっても、往々これをその人の徳の中に数え忘れることが多いようだ。これらによっても、世人のいう〝徳〟という言葉は、〔主として私徳に限られ、〕その意味の狭いことが分るであろう。おそらく人々も、智徳に四種の別のあることは、無意識のうちには感じているのだろうが、時には意識することがあり、時には意識せぬこともあって、その自覚が甚だ曖昧な観がある。そうしてこの世間の考え方が支配的になって、とかく私徳の一方のみが偏重されるようになったのであろう。そこで私も、この世俗の風習に従って言葉を定義すれば、〝聡明英知の働き〟は、〝智〟の方に組入れ、〝徳〟と称するものは、その範囲を狭くして、専ら受身の〝私徳〟だけに限らざるを得ない。以下この第六章、および次の第七章にいう〝徳〟の語も、すべてその意味に用いるはずである。したがって、これからの議論では、知性と徳性とを比較して、「智の働きは重くして広く、徳の働きは軽くして狭い」ということを論ずるつもりである。それはいささか極端な意見に聞えるかも知れないが、智徳の語義を上述の意味に理解してもらうならば、読者の誤解を招くことはなかろうと思う。❖68

三――文明の社会は、私徳のみにて支配すべからず

そもそも未開の社会では、私徳の教えを重んじて、人民もこれに従うのが、日本だけではなく、世界中どこでも普通の現象である。けだし国民の精神が未発達で、動物に余り変らぬ時代には、粗暴残酷の行動を制止して、心を穏やかにさせ、人間らしい良心を自覚させる[162]のが精一杯だからである。それ以上に、社会の複雑な関係など考えられる段階には達していないのである。たとえば衣食住においても、未開時代には、ただ食物を手づかみで口に入れるのが関の山で、住宅や衣服のことまでは考え及ばなかったようなものだ。ところが文明が次第に進めば、社会も複雑になるから、私徳一点張りで世の中の万事が片付くわけのものではない。[一〇六]けれども、古来の習慣と、人間本来の惰性とから、昔ながらの教えを信じてこれに安んじ、今以て私徳偏重が風をなして、智とのバランスを失っている観がある。

もちろん私徳の徳目は、万世不易、世界共通の真理に相違ない。それは最も簡単明瞭な真理だから、後世からこれを変えられぬのは当然である。しかしながら、肝心なことは、社会の変遷に伴って、私徳を用いる場所を選び、これを用いる方法を考えることでなければなるまい。たとえば食物の必要なことは古今変らないが、野蛮な時代はこれを手でじかに口に運んだのが、後世ではさまざまな飲食の方法が生れたようなものである。また私徳が人心に必要なのは、いわば耳目鼻口が肉体に必要なのと同様であろう。その有用無用は問うまでもないことで、人間である以上、その必要は分り切っている。だが、耳目鼻口の価値論などは、片輪者の世界でこそ論議の対象にもなろうが、五体満足の人間の間

では、今さら論ずるにも及ばぬことである。それと同様、神儒仏の教えやキリスト教などにしても、いずれも大昔の野蛮時代に、いわば片輪者の人類相手に唱え出した説だから、その時代としては、確かに必要だったに違いない。のみならず、後世の今日でも、世界人類の十中八、九は、なお片輪者の域を脱しないから、道徳の教えも決して無用とはいえぬ。大いにこれを奨励しなければならぬ事情もあるだろう。[一〇七]しかしながら、文明の性格は、社会の複雑化に伴って進歩するものだから、いつまでも大昔の単純素朴な状態に安んずべきではない。現代人としては、食物をとるのに手づかみでは感心できぬようなものだ。耳や目や鼻や口が揃っていても自慢にならぬとすれば、私徳の修養だけで人生の能事終れりとすべきでないことも明らかではないか。

　文明の社会は複雑でなければならぬ。社会が複雑となれば、これに対処する心の働きもまた複雑とならなければならない。もし私徳一点張りで用が足りるならば、今日の日本女性の行状が理想的だということにもなろう。けだしシナや日本の良家の女性は、温良恭倹の婦徳を具えて、言行きわめて正しく、家事の経営に長じた者が少なくない。[163]しかしこれらの女性に社会公共の事業を任されぬのは何故であろうか。広い世間の仕事を処理するには、単に私徳だけでは間に合わぬからである。結局私の考えは、私徳を必ずしも些細な行為として無視しはしないが、古来の日本人が考えてきたように、この点だけを価値判断の基準にすることは賛成できない。私徳を無用視はしないけれども、それを修める以外に、さらに大切な公智・公徳の働きが必要だ、といいたいのである。知性と徳性とは、人の心の両面で、各々その一方を担うものだから、いずれを重しとし、いずれを軽しとすることはできない。両者を兼備しなければ完全な人間とはいえぬのである。ところが古来の学者の論は、十中八、九は徳性の一方を重視し、甚だしきは知性を無用視する者さえないではない。これは世のために憂うべき弊害であるが、この弊害を指摘しようとすると、ここに一つの難関がある。それは、今日知性と徳性との区別を論じて、旧弊を正すには、まず両者の役割を明らかにして、その効用の特色を明らかにせねばならぬ。しかるに考えの浅い人の目には、あたかもその論は徳を軽んじて智を重んじ、みだりに道徳を冒瀆するものの如く映じて、そのために不平を抱く者を生じかねないからである。または、その議論を軽率に勘違いして、道徳は人間に無用なりと誤解する者があるかも知れぬからである。

世の文明のため智徳ともに入用なことは、あたかも人体の栄養に、野菜・穀物と魚・鳥獣の肉と、両方要るようなものだ。そこで今、智徳の効用を示して、知性の軽視できぬことを論ずるのは、偏食の菜食主義者に向って、肉食を勧めるようなものである。肉食を勧めるには、肉食の効能を説いて、菜食の弊害を述べ、野菜も肉も併用して、ともに害のない事を証明しなければならぬ。しかるにこの菜食主義者が、言葉の片端だけを聞きかじって、急に菜食をやめ、肉食ばかり始めたら、これは大変な間違いで、誤解というほかはない。

思うに古来の識者も、智徳の区別を知らぬわけではないが、こうした世間の誤解を恐れて、あえて黙っているのであろう。しかし知りつつこれをいわなければ、誤りを正すべき時期は来ない。何事でも、道理にかなったことならば、十人が十人全部誤解するものではない。たまたま十人中二、三人は誤解するとしても、全然いわぬよりはましであろう。二、三人の誤解を憚って、みすみす七、八人の知識が啓発できるのを怠ってはなるまい。畢竟、世人の誤解を恐れて、いうべきこともいわず、あるいは言葉を繕って、不得要領のままに人を導こうとし、いわゆる人の顔色をうかがいながら、お座なりの議論をするのは、[164]同じ人類[165]を馬鹿にしたものである。いかに大衆が無智でも、ものの善悪が分らぬはずはない。同じ人類である以上、そんなにひどい智愚の差があるわけはない。自分の一了見で相手を見くびり、その誤解を予測して、事の真相を伝えないのは、他人に対する敬愛の道を失ったものではないか。識者としてあるまじき不親切である。いやしくも自ら是と信ずる事は、明白に述べて隠すことなく、是非の判断は相手に任せればいいのだ。私がここに言論に訴えて智徳の別を明らかにしようとするのも、そのためである。❖69

四――徳義は内にありて動かず、智恵は外に向って動く

第一に徳性は自分一個の心の中に存するもので、他人に対する心の働きではない。わが身を修め、独りの行いを慎むなど、すべて他人とは関係のないものである。たとえば無欲正直は徳性に相違ないが、もし他人の誹謗を恐れ、世間の悪評を憚って、無欲正直をよそおう者があれば、これは真の無欲な正直者とはいえぬ。悪評と誹謗とは、他人から加えられるもので、こうした外部の影響に左右される者は、真の徳行家とはいえないのだ。もしこれをしも徳行家といえるならば、たとい貪欲不正をあえてしても、なにかの事情で世間の非難さえ免れるならば、りっぱに道徳家として罷り通れるわけだろう。これでは偽善者と真の善人との区別がなくなってしまう。だから、徳性なるものは、一切外部の変化に関係なく、世間の毀誉褒貶《きよほうへん》をも顧みず、いかなる威力にも屈せず、いかなる不遇にもめげず、[166]確固として内に存するところの不動心をいうのである。

ところが、知性はそうではない。外的条件に応じて、常に利害得失を考える心の働きである。甲の

ことを行って不便ならば、乙の術を施し、自分には便利なことでも、他の多くの人が不便だといえば、改めなければならぬ。一旦便利と決まったものでも、一層便利なものができれば、それに乗換えざるを得ない。たとえば馬車は駕籠よりも便利だけれども、蒸気の力が一段有効だと分れば、改めて汽車を作らなければならぬ。馬車を工夫し、汽車を発明し、その利害を考えてこれを使用するのが、すなわち知性の働きというものである。かように知性は、外物に接して、臨機応変の処置を施すものだから、その性格は全く徳性と反対で、外に向う働きといわなければならぬ。徳行の君子は、ひとり家に引っ込んでいても、だれからも非難されるわけはないが、智者のくせに、もし外部と全然没交渉に、何もせずにいたら、それこそ智者どころか、愚者のそしりを免れぬであろう。❖[70]

五――徳義の功能は狭く、智恵の働きは広し

第二に、徳は一個人の行いだから、その効果の及ぶ所は、まず家庭が第一の範囲である。すなわち主人の行状が正直であれば、家内の者も自然に正直となり、父母の言行が温順であれば、子供の心も温順となる。さらに家内のほか、身近な親類朋友の間でも、互いに善を励め合えば、徳を進めることができる。[167]だが、結局忠告によって人を感化する可能性には大きな限界がある。いわゆる世間の一軒一軒、天下の一人一人をことごとく説き伏せることは不可能なのである。

智はそうではない。一旦物の法則を発明して、これを世人に伝えれば、たちまち一国の人心を動かすことができる。[一〇八]発明の大なるものに至っては、一人の力で全世界の様相を一変させることさえ不可能ではない。たとえば、ジェームズ・ワット[168][一〇九]が蒸気機関を発明するや、世界中の工業は、たちまち

その趣を一変した。アダム・スミスが経済の原理を発見するや、世界中の商売は、そのために面目を改めたではないか。かかる法則原理を世に伝えるには、言論の法もあれば、文筆を以てすることもできる。一たびその言論を聞き、その文章を読んで、これを実地に施す人があれば、それはもはやワット、スミスと同等の人物となる。昨日の無智者も今日は智者となり、世界中に幾千万のワット、スミスが生れるわけだ。知識なるものの広がり易く、普及範囲の広大なことは、一人の徳行がわずかに身辺の家族朋友を感化し得るのとは比較にならぬであろう。

人によってはいうかも知れない。「かつてトーマス・クラークスン[169][一一〇]〔英人〕は、その熱心によって、よく奴隷売買の悪法を廃止させ、またジョン・ハワード[170][一一一]〔英人〕は、その努力によって、監獄における囚人虐待の改善に成果を収めた。これらはいずれも人道上の美徳であるから、徳義といえども、効果の及ぶところは広大無辺ではないか」と。いかにもその通りである。だが、この二人の如きは、私徳を広めて公徳としたからこそ、その効果を広大無辺となし得たのである。二人とも事業の実現に千辛万苦を厭わず、工夫を重ねて、あるいは書を著わし、あるいは財を費やし、その他いかなる危難をも辞しなかった。それが世人を動かして、大業成就のもとになったのである。これは単なる私徳の功ではなく、むしろそれ以上に、聡明英知の働きというべきものだ。両人の功績は実に偉大である。だが、世人のいわゆる徳の意味に従って、その面からいえば、要するにわが身を犠牲にして、他人を救った徳行家にほかならない。けれども、今仮に一個高徳の仁人があり、幼児が井戸に落ちたのを助けるために飛込んで、幼児もろとも溺死したとしよう[171]。これをかのジョン・ハワードが、数万の罪人や病人の福祉に尽した末、自らも病に斃れたのと比べたらどうだろう。他人に対する同情心には両者甲乙はない。しかし一方は一人の幼児のために命を捨て、他方は数万人のために身を犠牲にした相違がある。前者は一時の善行にすぎず、後者は万代に功績を残したものである。他人のために身を捧げた点では、両者の徳に軽重はないが、ハワードだけが数万の人を救い、万代の後まで功績を残したのは何故であろうか。けだし聡明英知の働きを以てその私徳を活用し、善行の範囲を拡大したためにほかならない。つまりかの仁人は、私徳を有しながら、公徳公智に乏しく、ハワードは公私両面の智徳を兼備したところが大きな相違なのである。

いわば私徳は地金の如く、聡明の知力は加工品のようなものだ。地金に加工しなければ、鉄もただ重く堅い物質にすぎないが、少しく加工して、鎚《つち》や釜にすれば、鎚や釜だけの効用がある。また少し工夫して、小刀とし鋸《のこぎり》とすれば、小刀や鋸だけの作用をする。さらに巧妙に加工すれば、蒸気機関ともなるし、精密な細工を施せば、時計のゼンマイにもなる。大釜と蒸気機関とを比べれば、だれしも蒸気機関の方が効能が大きいとして尊重するに違いない。何となれば、大釜も蒸気機関も、地金は同じだが、細工が違うからだ。鉄製品としての地金だけでいえば、釜も機関も鎚も小刀も全く変りはないが、製品に上等品と安物との区別を生ずるのは、結局加工の度合いに精粗があるためである。

智徳の釣合いもまさにその通りであろう。ジョン・ハワードも、かの幼児を救おうとした仁人も、その徳行の地金には軽重大小の別がないが、ハワードはこの徳行に細工を施して、その効能を大きくしたものにほかならない。その細工というのは、すなわち知性の働きなのだから、ハワードの人柄は、単なる徳行の人とばかりはいえぬ。智徳を兼備して、特にその聡明の公智は、古今無類の人物だったというべきであろう。もしこの人に知力がなかったなら、一生ボンヤリと家に引籠り、ただバイブル三昧で生涯を終ったかも知れぬ。その徳は精々妻子を感化するにとどまるか、それすらできなかったかも分らない。どうしてあれだけの大事業を企て、全ヨーロッパの非人道的な悪風を改善できたであろうか。これから見ても、徳の効能は狭く、智の働きは広いことが分る。徳性は知性の働きをまって、効能の範囲を拡大し、その光彩を発揮するのである。❖71

六――徳義の事は古より定まりて動かず、智恵の箇条は日に増加してやまず

第三に、道徳の教えは、昔から決まっていて、変ることがない。[一二二] キリスト教の十誡[172]といえば、「一、汝の神エホバのほかに神ありと思うなかれ。二、偶像を礼拝するなかれ。三、汝の神エホバの名をみだりに挙ぐるなかれ。四、安息日を穢すなかれ。五、汝の父母を敬え。六、人を殺すなかれ。七、不潔なる言行をするなかれ。八、貧賤なりとも、盗むなかれ。九、偽証するなかれ。また詐りを好むなかれ。十、他人の物を貪るなかれ」の十箇条である。また儒教で五倫[173]〔五つの道〕というのは、「一、父子親あり〔親子は親しむべし〕。二、君臣義あり〔主人と家来は義理を尽して、不実な行いがあってはならぬ〕。三、夫婦別あり〔亭主と細君とがあまり馴れ馴れしくて、見っともないさまをしてはならぬ〕。四、長幼序あり〔年少者は万事差控えて、先輩を敬わねばならぬ〕。五、朋友信あり〔友達の間にうそがあってはならぬ〕」というのがそれである。

この十誡や五倫は、古の聖人が定めた教えの大精神で、数千年の昔から変えられぬものであった。昔から今日までりっぱな学者識者は大勢出たけれども、ただこの根本精神に説明を加えるだけで、これ以外に一箇条も新たに付け足すことはできなかった。いかに宋代の大学者でも、五倫を変じて六倫

とすることはできなかったのだ。[174]道徳には箇条が少なくて、変えようにも変えられぬ証拠である。大昔の聖人は、この箇条を皆自ら実行し、人にも教えたのだから、後世の人間がいかに気張っても、その右に出られぬのは当然である。たとえば聖人は、「雪は白い、炭は黒い」と教えたようなものだ。後の人がこれをどう変えられるものではない。いわば道徳の面では、全く古人が専売特許権を握り、後の学者はただそのブローカーを勧める以外に手はなかったのだ。これすなわちイエス・孔子の後に聖人を見ない所以である。だから道徳の教えは、後世一向進歩していない。人類発生の初めから今日まで、その徳の性格には少しも変化がないのである。

ところが智恵はそうではない。古人が一を知ったのに、今人は百を知っている。古人の恐れたものを、今人は馬鹿にしている。古人の怪しんだものを、今人は笑うばかりだ。智恵の内容はふえる一方で、その発明発見の多いことは、古来数えるにいとまがない。今後の進歩も予測がつかない。かりに古の聖人を現代に復活させて、今日の経済商売の論を聞かせ、あるいは今の汽船に乗せて大洋を渡らせ、電信で海外のニュース[175]を即時に聞かせるなどしたならば、[176]胆をつぶすこと必定である。否、彼らを驚かすには、必ずしも蒸気や電信の力を借りるまでもあるまい。紙を作って字を書くことを教え、版木に字を彫って印刷する術を示しただけでも、感服して恐れ入るだろう。なぜかといえば、この蒸気・電信・製紙・印刷などは、皆聖人が死んで以後の人の知恵で発明されたものだからである。後世の発明家は、これらの発明工夫に際して、聖人の言葉を聞いて、その道徳を実地に参考にしたことなどはさらにない。古の聖人が夢にも知らぬ創見を以てしたものばかりである。だから、智恵・知力の点からいえば、古代の聖人賢者は、あたかも今日の三歳の童子同然といってもよかろう。❖72

七――徳義は形を以て教うべからず、智恵は形を以て教うべし

第四に、道徳は、言葉や肉体などの形を以て伝えられるものではない。これを学んで真に身につけられるか否かは、ただ学ぶ人自身の心がけ一つである。たとえば儒教の経典に記された「克己復礼[177]」の四字を示して、その字の意味を教えたからとて、もとよりまだ〝道を伝えた〟とはいわれない。そこで一層詳しく内容を説明して、「克己とは私欲を抑えることで、復礼とは自分の本心に立返って、身のほどをわきまえることだ」とくり返して丁寧に説得する必要もあろう。だが、教師のなし得る限界はここまでで、それ以上は手の尽しようがあるまい。それから先は、本人の心がけ次第だ。あるいはさらに古人のすぐれた書を読み、あるいは今人のすぐれた言行に接して、自らそうした徳行を実践するほかはない。徳の会得は、いわゆる以心伝心というもので、〝徳義の風化[178]〟、つまり人格的感化以外にはない。

人格的感化ということは、もとより五感を超越したものだから、真に感化されたかされぬかは、客観的に試験する方法がない。私欲をたくましくしながら、自分では私欲を抑えていると思い、身分不相応のことを行いながら、身のほどをわきまえていると思う者もあろう。しかし本人がどう思うかは、教える人には手のつけられぬことで、本人自身の心の問題である。したがって、「克己復礼」の教えを聞いて、本当に心に悟る者もあれば、全然誤解する者もあろう。あるいはあたまから無視する者もあれば、内心理解しながら、わざと素知らぬ風をして、天邪鬼《あまのじやく》を決め込む者もあろう。その受取りかたは千差万別で、はたから真偽を判別することは非常にむずかしい。肚の中では克己復礼なんか無視

しながら、外見を装っていい格好をする者があり、または誤解して、真の克己復礼でないものをそうだと信じ込んでいる者があっても、傍から直接これを正す手段はないわけだ。この場合、はっきりした尺度でその正体をあばき出すすべがないから、ただ「天を恐れよ」とか、「汝の良心に問え」など と、遠回しな忠告しか与えられぬのである。ところが天を恐れるのも、良心に問うのも、すべて本人の心の中の働きだから、真に天を恐れたか、恐れる風を装うのか、これもはたの目にはなかなか鑑定のつくものではない。世の中に偽善者なるものの生れるのも、そのためである。

　そこで偽善者のひどいのになると、道徳の議論を知って、よくその意味が分るばかりか、自分でも道徳論を振回して、あるいは経典の注解を著わしたり、天道・宗教のお説教をしたりする。その議論はいかにも完璧無比で、その著書だけ読めば、現代に一人の聖人が出現したかと思われるばかりだ。ところがひそかにその生活をうかがえば、言行の不一致は驚くべく、心事の愚劣は笑うべきものがあるのである。昔唐の学者韓退之《かんたいし》[179]〔八、九世紀の人〕が、有名な「仏骨表」を奉って天子を諫めたのは、いかにも忠臣らしい。またそのために〔天子の憤りを買い〕、潮州の僻地に流された時、詩など作って大いに義憤を漏らしたのはいいが、その後、都の権力者へ手紙を送って、未練がましく再度の出仕を嘆願するに至っては、偽善者の親玉というべきではないか。かかる例を数えれば、古今シナにも、日本にも、また西洋にも、韓退之の亜流は少なくないのである。論語学者の中にも、いわゆる巧言令色[180]を以て銭をむさぼる者がある。キリストの正しい教えを信ずる西洋人の間にも、愚者を欺き、弱者をおどして、名声利欲を求める者がいる。こうした食わせ者どもは、無形の道徳には、品質の良否を試験すべき尺度がないのを幸い、道徳を売物にして、一時、不正の品を世間に売りつけているようなも

のだ。結局道徳というものは、幾らはたから強制してもままにならぬ証拠である。一一三 ❖73

智恵、すなわち知力はこれと全く事情が違う。世間全体に知識のレベルが高ければ、教育をまたずして、だれもが周囲から学び、自然に知識を身につけることができる。その点は道徳が周囲を感化するのと違わないが、知力は必ずしも徳性のように、人格的感化によらなければ増進せぬというものではない。知識の学習は、適切な方法を以てしさえすれば、簡単明瞭にその効果をあげることができる。たとえば加減乗除の算術を学べば、直ちに加減乗除の計算ができる。また水を沸騰させて蒸気とする原理を教わり、機関を製造してこの蒸気の力を応用する法を習えば、たちまち蒸気機関を作ることができる。かくして一旦作られた機関の効能は、ワットが作ったそれと全く同じ働きをするわけだ。こうした客観的教育は、いわば〝有形の智教〟〔形而下の科学教育〕ともいえよう。

かかる知的教育には、客観的な教育法があるのだから、したがってその成績を試験するにも、客観的な法則手段がある。もし知的技能を授けても、実地の応用について本人の腕が頼りないと思ったら、実地に試験してみるがいい。試験して未熟だったら、改めて応用の手順を教えてやればいい。科学の世界では、客観的な手段で教えられぬことは一つもないのである。たとえば算術を教えたとする。生徒がこれを実地に応用できるかどうかを試すには、十二個の玉を与えて、これを二等分させてみれば、本当に算術が分ったかどうかは、たちどころに証明できよう。生徒がもし間違って、玉を八個と四個とに分けたならば、まだ分っていない証拠だから、もう一度説明し直せばよい。その上で十二の玉を等分させて、今度は六個ずつに分けられたら、この算術の教育は一段落ついたことになる。こうして一たび生徒が身につけた算術の力は、この点に関する限り、もはや教師と同等で、いわば天地の間に二人の教師ができたようなものだ。その教育効果が速く、試験の結果の明白なことは、耳目を以て直ちに認識できるのである。同様に、航海術を試験するには、船に乗せて航海させてみればいいし、商売の術を試験するには、物を売買させて損益を見ればいい。医術の上手下手は、病人が癒ったか癒らぬかで分るし、経済学の知識の程度は、その人の貧富の状態で実証できる。かように一々証拠を見て、その術を会得したかどうかを確かめるのを〝智術有形の試験法〟〔知識技能の客観的テスト〕といってよかろう。万事こういう風だから、知能に関しては、外見を飾って人目をごまかすわけにはゆかない。不道徳な人間でも、道徳家の仮面をかぶることはできるが、知能の低い人間が、学者の真似をしおおせるものではない。世間に偽善者は多いが、偽智者の少ないのはそのためである。

もっとも世の中には、国家社会の経済を論ずる経済学者で、一家の生計を営む法を知らず、理論に達した航海者で、実際の航海はできぬというような例も少なくない。これらはいかにも偽智者〔なま半可なもの知り〕というべきものであろう。だが、言論と実行とは本来一致すべきものである。〔もし言行が一致せぬとすれば、それは偽善者か偽智者だからにほかならない。〕ただ道徳の場合は、偽善者の言行不一致を見抜くのに、動かぬ証拠がつかみにくいが、知識の場合は、偽智者が現われても、その正体を見きわめる手段がある。もし航海者が航海できず、経済学者が生計に拙いとすれば、それはやはり真の知力が未熟なためか、あるいは修得した知能を活用できぬ原因があるか、どちらかである。（たとえばその経済学者が贅沢にふけって、産を顧みぬとか、また航海者が腕は確かでも、身体虚弱で、海上生活に耐えぬなどの類がそれである。）そうしてそれらの知能の未熟さとか、手腕の発揮できぬ原因などは、いずれも耳目で見聞できる事だから、実態の調査実験によって、真智者か偽智者かを見分けるのは、大してむずかしいことではない。もし偽智者たることがはっきりすれば、第三者が助言して指導することもできるし、あるいは本人自ら工夫して人から教わることもできる。だから結局、知識の世界では、偽智者の存在する余地はないといってよかろう。

要するに、道徳は言葉や肉体などの形で教えられるものではなく、また形を以て真偽を試験する方法もない。ただ以心伝心で人を感化し得るだけである。これに反して知識技術の方は、形で教えることもできるし、形を以て真偽を見分ける方法もある。但し一面、知識や技術の修得といえども、指導者の人格的影響によって進む場合もあり得ることもちろんである。❖74

八――徳義は一心の工夫にて進退すべし、智恵は学ばざれば進むべからず

第五に、徳性は、自分の心がけ一つで進歩もすれば、退歩もするものである。[一一四] たとえば二人の青年があって、ともに田舎に生れ、純朴な点は少しも変りがないとする。そしてこの二人は商売か学問のために都会に出て、初めは自らよい友を選んでこれに交わり、よい師を選んでこれに学び、都会の人情の軽薄なのを見ては、ひそかに眉をひそめるほどまじめであった。ところが、半年過ぎ、一年たつうちに、一人は旧来の田舎魂を失って、都会の贅沢に慣れ、道楽の味を覚えて、生涯を誤ってしまった。これに反して、他の一人はますます身を謹み、終始一貫、田舎魂を失わなかったので、二人の身持は天地の懸隔を生ずることになった。かかる実例は、現在東京に遊学している学生たちの中にも珍しくないであろう。もしこの二人の青年が、いつまでも故郷にとどまっていたならば、二人ともまじめな人物として、年を経るに従い、老練な地方の名望家となるはずだったのに、都会に出たばかりに、

一人は不徳に陥り、一人だけが身を全うすることになったのである。その原因を尋ねれば、二人の生れ付きが違うわけではない。交わった友人も同じであり、学んだ学問も同じだから、教育の相違ともいえぬ。なぜその人柄にかかる懸隔が生じたかといえば、一人は徳性が一変して堕落し、一方は旧態を守って、変らなかったためである。つまり外部の影響ではなく、本人の心がけの相違で、一方は失敗し、一方は成功したわけだ。

また若い時には道楽者で、窃盗傷害など、あらゆる悪事を重ね、親類朋友にも見放されて、広い世間に身のおき所のないほどの者でも、急に心を入れかえて前非を悔い、将来の禍福を考えて、身を謹み、まじめな後半生を送る者もある。その生涯の了見は明らかに前後二段に分れ、一生のうちに二つの人生を経験したようなものだ。丁度桃の木の台に梅の芽をついだところ、生育の後には、梅の花だけが人目について、台になった桃の木はだれも気がつかぬようなものである。世間を見ても、昔の博《ばく》奕《ち》打ちが今では熱心な後生《ごしょう》願いになり、名うての悪党が堅気の商人に生れ変ったというような実話は珍しくない。これらの連中は、他人の指図に従って改心したわけではなく、自分一人で了見を入れかえたのである。昔熊谷直実が平敦盛を討って、にわかに無常を観じ、仏門に帰した[181 一二五]とか、ある猟師がはらんだ猿を撃ち殺したことから発心して、生涯猟師を廃めたとかいうのもこの類であろう。熊谷も仏門に入ればもはや念仏行者で、昔の荒武者ではない。猟師も鉄砲の代りに鋤《すき》を取ることになれば、心のやさしい百姓で、昔の殺生人ではなくなる。そしてこの荒武者から念仏行者に変り、殺生人から百姓に移るのも、他人から教わる必要はなく、自分の心一つですぐさま宗旨替えできるわけだ。つまり徳と不徳との入れかわりは突然の変化で、そこには何らの時間も要しないのである。

知性に至っては、これと全く事情を異にする。人間は生れた時には無智であって、学問をしなければ知識は進まない。生れたばかりの赤ん坊を無人の山に捨てたならば、かりに命は助かったとしても、成人の後、その無智はほとんど動物と変らぬであろう。鶯が自然に巣を営むような巧妙な技術は、そうした無智な人間の一生の間には発明されそうもない。だから、人の知性は、教育によらなければ養われるものではない。また教育すれば、無限に進歩するものである。しかも一旦進歩した以上は、退歩することはないのである。二人の若者の素質が同等であれば、教育によって同等に進歩させることができる。もし双方の進歩に遅速を生ずるとすれば、その素質が違うか、教え方が同じでないか、あるいは二人の勤怠が一様でないためである。いかなる事情があっても、自分の一了見だけで急に知識が開けることはあり得ないのだ。徳性の場合は、昨日の博奕打ちが今日は殊勝な後生願いに早変りすることもあるが、知性は外部の影響なしに、一日の間に変化向上するようなことはあり得ない。また反対に、去年の模範青年が、今年は放蕩に身を持崩して、昔の謹厳な徳性を失い尽すということもあるが、知識の方は、一旦身についた以上は、健忘症にでもかからぬ限り、絶対に失われることはないのである。

孟子は「浩然の気[182]（天地正大の気）を養え」といい、朱子は「カラリと心が目ざめるような修養をせよ[183]」と説き、禅宗の坊主は「悟りを開け」などと教える。しかしこれらは皆無形の心に無形の修養をするだけで、はたして本人がどのくらいの境地に達したものか、はたから証拠をつかむことはできない。知識の世界では、いわゆるカラリと悟りが開けた結果、孟子の浩然の気の如く、目ざましい効能が現われたというようなことはあり得ない。ワットが蒸気機関を発明したのも、アダム・スミスが経済論を編み出したのも、独り坐っていて、急にカラリと悟りが開けたというようなものではない。永年の間、実証的な学問[184]を研究して、その効果が次第に実を結んだものである。いかに達磨大師が、〔面壁九年どころか、〕面壁九十年間座禅を組んでも、[185]蒸気や電信の発明は不可能であろう。今の和漢学者連が、和漢の経典万巻を読み、無形の恩恵や威力を以て人民を支配する妙案を工夫しても、現代の文明世界の政治や経済に直接応用できるものではない。だから、知性はあくまで客観的な学習によって進むものであり、学習によらなければ進まぬものである。しかも一旦学んで得た上は、絶対に退歩することがない。これに対して徳性は、他から教えることがむずかしく、人から学び取ることもむずかしい。そして自分の了見次第で、急に進歩もすれば退歩もするものだといえよう。❖75

九——徳義の極端論に偏するなかれ

〔以上が徳と智との相違の諸条件であるが、〕世の道徳家はいう、「道徳は万事の根本で、人間の事業は道徳によらなければ成功するものはない。徳を修めれば成功せぬことはない。だから道徳は教えなければならず、また学ばなければならぬ。社会のことは、何を捨ててもまず徳を修めて、しかる後に万事を謀るべきである。世に道徳がなければ、暗夜に灯火がないようなもので、是非善悪の方向を知る尺度がない。西洋文明の進歩も道徳のおかげであり、アジア文明の半開も、アフリカの未開も、その原因は道徳の程度如何によるのである。道徳はいわば温度の如く、文明は寒暖計のようなものだ。温度が増減すれば、寒暖計の目盛りも上下するように、人民の道徳が一度だけ増せば、その国の文明も一度だけ上昇するのである」と。こういう論法で、国民の道義の低さを慨嘆する余り、あるいはキリスト教を入れようとか、神道の衰微を回復しようとか、仏教を盛んにしようとか、今やいろいろな議論が出ている。儒者にも意見があり、国学者にも説があって、まさに議論百出、国を憂え世を嘆くありさまは、あたかも水火の難の襲来に備えんとするものの如くである。だがそれは、あまりにもあわてた態度ではあるまいか。私にいわせれば、多少違った考えがあるのである。

すべて極端な意見を持出せば、上乗の結論に達することはできない。今、不善不徳義の極端な社会を想定して、その不徳義だけを正そうとすれば、たしかにそれは目前の急務のように見える。だが、ただこの弊害だけを除去したからとて、人間の能事終れりとはいえない。いわばかの未開社会において、やっと手づかみで不自由なく食物の食える段階に達したからとて、それで人間の生活文化は十分だといえぬようなものだろう。〔もっと高度な文明に目を着けなければならぬ。〕もしなんでも極端な状態を以て最高の善とすべきものならば、道徳の教えもやはり人生に無意義といわざるを得ない。かりに道徳だけを文明の根本と考えて、世界中の人民にバイブルばかり読ませ、それ以外一切の仕事を禁じたら、どうなるか。また禅宗の修行に文字なんかは不用だというので、[186]天下の人民が全部文字を忘れ去ったらどうなるか。『古事記』や四書五経[187]ばかり暗誦して、忠義や修身の道にのみ没頭し、衣食の法を顧みぬ者があったら、はたして文明人といえようか。五官〔目・耳・鼻・舌・皮膚〕の欲を去って、よく肉体の苦しみに耐え、人間生活の何たるかをわきまえぬ者があったら、これまた開化の人物といえようか。世上よく道ばたに三匹の猿[一一六]を彫った石像があって、一匹は目をおおい、一匹は耳をおおい、また一匹は口をおおっている。それは見ざる・聞かざる・言わざるの教えを示したもので、堪忍の徳を表わしたものであろう。この精神からすれば、人の耳目口は不徳の媒体ということになる。

つまり神は人間を作るのに、わざわざ不徳の道具を授けたようなものだ。耳目口が害ありとすれば、手足も悪事の手段となるだろう。そうなると、盲や聾《つんぼ》や唖《おし》すらまだ完全な人間ではなく、手足の働きまで奪う方が一層理想的ということになる。いっそこんなつまらぬ生物を作っておくよりも、世界中の人類を抹殺してしまった方が最上の策ということにもなろう。はたしてこれが神の意志というものだろうか。〔極端論の矛盾は、これでも分るであろう。〕私は、神の意志はそんなものではないと思う。

だが、バイブルの教えを信じたり、禅の不立《ふりゅう》文字に帰依したり、忠義修身の道を尊んだり、五官肉体の欲を去って修行したりする連中は、いずれも道徳の教えを信じ込んで疑わぬ者どもである。あくまで教えを信じて疑わぬ者は、たとい無智のそしりは免れなくても、悪人として咎めるわけにはゆかない。無智を咎めるのは、知識のがわの問題で、道徳には無関係だからである。そこで、極端にいうと、世の道徳家たちは、〔無智なお人善しの肩を持つ反面、〕少しでも私徳に欠けた人間を、あたまから悪人扱いにする。そして道徳家の目標は、ただこの私徳に欠けた悪人の数を減らす努力だけに集中しているように思われる。けれども、よく人間の心の働きを観察して、その社会の現象に現われるところを検討するならば、道徳上の悪人を減らしただけでは文明社会といえぬことが分るはずである。

今田舎の百姓と都会の市民とを比較して、私徳の量を計れば、どっちが多いか。はっきり証明はできぬとしても、世間の常識では、まず田舎の風俗の方が質朴だとしてほめるであろう。たといほめぬまでも、田舎の人情が軽薄で、都会人の方が親切だという者はあるまい。古代と近世とを比較し、子供と大人とを比較しても同様である。ところが文明の程度を論ずれば、都会の方が文明であり、文明は近世に至って進歩したといわぬ者はなかろう。してみれば、文明はただ悪人の多少だけで決めるわけにはゆかない。文明の根本が私徳一方に存するものでないことも明らかであろう。しかるに世の道徳論者は、最初から極端な道徳万能主義で、思想に余裕がなく、甚だ窮屈である。文明が洪大複雑で、絶えず動き、絶えず進むものであることを知らない。人心の働きの多様なことも知らず、智徳に公私の別のあることも知らず、公私の智徳が互いに相牽制し相平均する作用をも知らない。社会の現象を総合的にとらえた上で、大局的な利害得失を判断しようという能力もなく、ただ一心不乱にこの世の悪人を減らすことばかり考える。その結果は、現代世界の人民をして古代の民[188]の如くならしめ、都会人をして田舎者の如くならしめ、大人をして子供の如くならしめ、人間をして石の猿の如くならしめんとする偏見に陥るのである。もちろん神儒仏の教えにしても、キリスト教にしても、その教義の本質はそれほど窮屈なものではないだろうが、なんとしても世間一般の習慣で、それらの教えを受け伝えするうちに、おのずから人心を支配する作用は、やはり右のような偏向を生ぜざるを得ない。丁度ひどい胃病患者[189]には、どんな御馳走を与えても、消化できず、栄養がとれぬようなものだ。これは御馳走が悪いのではなくて、病気の罪である。人々はこの点に注意しなければならぬ。❖76

また道徳論者がむやみに世の不徳を憂える由縁は、畢竟人間を全部悪人と見なして、これを正そうとするのであろう。その御親切は有難いとしても、衆生を罪業深き凡夫と名づけるのは、いわゆる人を見て法を説く坊主などの方便で、実際は必ずしもそうではない。人類は生涯の間、いつも努力して悪事ばかり働くものではない。世界古今のいかなる善人でも、絶対に悪行がないとは断言できぬと同様、いかなる悪人でも、善行がないとは限らぬのである。[一七] まず人の生涯の行状を平均すれば、善悪差引きして、善の方が多いといえるであろう。一般に善行の方が多かったからこそ、人類の文明も次第に進んだのである。しかしその善行は、全部教育の力のみで生じたものではない。人を悪事に誘惑しようとしても、百パーセントの成功が不可能なように、逆に人を善に誘導しようとしても、期待通り成功できぬことも明らかであろう。してみれば、人間の善悪は、各自の心一つにあるので、第三者が自由に左右できるものではない。だが、教育の行届かぬ古代の人民にも善人があり、知力の未発達な子供にも正直な者が多いのを見れば、やはり人の性は概して善であるといってよかろう。さすれば、道徳教育に最も必要なのは、ただその善心〔良心〕の発育を妨げぬことにあるわけだ。家族朋友の間で互いに善を勧め合うのも、相手の天性にないものをはたから与えるのではなく、自分で善心の障害に打克つべき方法を教え、本人の工夫で自己本来の善に立帰らせるにほかならない。つまり徳性は、はたから教育の力だけで作れるものではなく、本人の自覚によって生れるものである。

且つ徳行という場合、その多くは、本章の初めにもいったように、受身の私徳をさすものである。それは結局、私欲を去り、財に執着せず、名を貪らず、盗むことなく、詐《いつわ》ることなく、精神[190]を潔白にして、至誠のためには一命をもなげうつことをいうのである。一言にしていえば、忍び難きを忍ぶ心にほかならない。この忍苦の精神も、もちろん大切でないとはいえぬ。かの財を貪り、金を惜しみ、人を詐り、盗みを働くような貪吝《たんりん》詐盗《さとう》の大悪無道の不徳義に比べれば、同日の談ではない。しかし人間の人格には、この忍苦の善心と、この不徳の悪心との間に、なお千種万様の智徳の働きがあるはずである。さきに智徳の種類を便宜上四つに大別したが、細別すれば、その種類や段階はほとんど際限がない。丁度最善最悪を極暑極寒にたとえれば、両極の間に春もあり、秋もあり、薄暑の時候もあれば、向寒の季節もあって、寒暖の度に限りがないようなものだ。もし人類をしてその天性の智徳両面を完全に発達させたならば、〔智の力で、〕極端な悪心などはおのずから抑制されて、はるかに高度な人格に達し得るはずではないか。さすれば、盗みや偽りの不徳を犯さないからとて、直ちにこれを美徳というほどのことはなかろう。盗まず偽らずという程度のことは、特に人間の善行に数えるほどのものではない。かの貪吝詐盗などの大悪無道なる者は、人の皮をかぶった畜生も同然である。そんな不了見を心に抱く者は、世間から軽蔑され、そんな悪事を犯す者は、社会の法によって制裁を受けるに決まっている。すなわち因果応報、勧善懲悪の理は明白で、懲悪の手段は社会に備わり、勧善の作用は本人の知性に存するというべきである。しかるに、ただ私徳の一方のみを熱心に教え、万物の霊長たる人類をして、わずかに畜生同然の不徳義から免れしめることにつとめて、それのみを人類至上の使命とするが如きは何たる不見識であろうか。かかる消極的な教育によって社会を支配することを考え、人間の持って生れた大事な知性を退化させるのは、畢竟人類を軽蔑し、人類を圧迫して、自然の性情を妨げる行為といわなければならない。

一旦心に圧制を受けた国民は、容易に心の自由を回復することができない。一一八 かの一向宗〔浄土真宗〕の信者は、自ら凡夫たることを認めて、他力本願で極楽往生を願い、ひたすら阿弥陀如来を信じて、南無阿弥陀仏を唱えるほか、なんの工夫もない。儒学者は孔孟の道に心酔して、経書を読返す以外に智恵がなく、国学者は神道を信じて、古典を詮索するほかには分別がない。洋学者がキリスト教を信仰して、最新の学問をそっちのけにし、一冊のバイブルを読む以外に思案がない如きも、皆かの一向宗徒の同類であろう。もちろんこれらの連中も、自ら信ずるところを信じて、心の修養につとめ、自然に世の風俗を改善する効能は、社会に対する一つのプラスだから、これを無用視するわけにはゆかない。今、文明の事業を智と徳との振分け荷物にたとえて、人々はこの二つの荷物を担ぐべきものとすれば、世の徳行家は、片荷だけを担ぐ者である。一方の責任は果たしているわけだが、自分の信ずるところを信ずるのみで、もう一方の働くべき事業を怠っている罪は免れ難い。いわば人体に脳だけあって神経がなく、頭だけあって腕を失ったようなものである。結局、人類の本分を達してその天性を全うしたものとはいえぬであろう。❖77

十——キリスト教の有力なるも、文学技芸を以て世の文明を助くればなり

以上のように、私徳は他人の力で容易に作られるものではない。たとい作ったにしても、知性にささえられなければ、役に立たぬものである。徳は智により、智は徳により、互いに持ちつ持たれつのものだ。無智の徳義は無徳に等しいとさえいえる。[一一九] 次にその一つの証拠をあげよう。

今、日本の識者は、今日の文明社会にはキリスト教が便利だとして、神儒仏を時代おくれだという。そもそもそれは何故であろうか。その教義に優劣の別があるからだろうか。はたして優劣の別ありや否やは、私にはよく分らないし、それをいうのは本書の趣旨でもないから、しばらく措くとしよう。ただ民心への影響・効果からいえば、キリスト教必ずしも常に有力だとはいえまい。ヨーロッパの宣教師が、東洋諸島をはじめ、未開の各地に布教して、土人を改宗させた例は少なくないが、今日まで土人はやはり元の土人で、その文明の程度は依然ヨーロッパと比較すべくもない。夫婦の別も弁えぬほどの赤裸の土人が教会に集まって、一妻多夫の間に生れた子供にキリスト教の洗礼を受けさせたところで、ただ形だけの改宗にすぎない。まれには未開の土地に文明の端緒が開けて進歩を示した例も

ないではないが、その文明は、実は宣教師の伝えた学問技術とともに進歩したもので、ただ宗教だけの効果ではない。宗教は文明を進める表向きの儀式にすぎなかったのである[二〇]。一方、神儒仏の教えを受けてきた日本の人民はどうか。これまた文明人の域には遠いにしても、その精神においては、全部が悪人というわけではない。正直者も非常に多いのだ。してみれば、神儒仏が徳育上無力で、キリスト教の方が有力だとは必ずしも断言できまい。しからば何故キリスト教が文明社会に便利で、神儒仏が時代おくれといわれるのだろうか。識者の説は矛盾しているように思われる。

だが、今かかる議論の起った由縁を探り、その意見の源を考えると、キリスト教は西洋の文明国に行われたものだから、おのずから文明とともに並存してきた。これに反して神儒仏は、東洋の未開国に行われてきたために、文明〔西洋に発達した文明〕と並存すべき資格を欠いている。そこでこれが時代おくれとされ、キリスト教の方が便利だと考えられた理由であろう。しかし現在キリスト教が流行し、神儒仏が振わない所以は、必ずしも教義そのものに優劣があるのではあるまい。それよりも、その教義を修飾して、これを権威あらしめるところの智恵の働きに、東西巧拙の差があるためであろう。

けだし西洋諸国でキリスト教を奉ずる人は、大抵文明国民である。ことにその宣教師などは、ただバイブルだけを勉強するのではなく、必ず相当の学校教育を受けて、学問技術の心得のある人物である。だから前年は宣教師として遠国を布教した者が、今年は本国に帰って法律家となることもある。また今日は教会で説教していた者が、明日は学校の教師になることもある。宗教家と俗人との二つの能力を兼備して、宗教[191]のみならず、学問技術をも教授して、人を知識の世界に導くことができる人物だ。だからこそ、宗教が文明と並存両立して、その間に矛盾を生じないのである。

そこで今日日本の知識人がキリスト教を重んずるのも、ただ十誡の教義のみを信ずるのではない。宣教師自身の言行が迂遠でなく、よく現代の文明に適合するがために、おのずから宗教をも信仰するわけだ。今もし彼ら宣教師が無学無能で、わが国の山寺の坊主同然だったら、たといその行状が正しくて聖者の如くであっても、また新旧約聖書を暗記して、朝晩これを唱えても、文明を愛する日本の識者は、だれがキリスト教なんぞ信仰しようか。もし信ずる者があれば、それは無学な田舎の爺さん婆さん連中で、数珠を撫でて阿弥陀を拝む手合いばかりであろう。こういう連中の目には、イエスも孔子も釈迦も大神宮も、区別がつくわけはない。手を合わせて拝むものなら、狐も狸も神仏同様有難いのである。意味も分らぬ読経を聞いて有難涙を流す愚夫愚婦には、何を教えてどれだけの効果があるか分ったものではなかろう。いかなキリスト教でも、日本の文明に何の役に立つものではない。現に西洋の宣教師がわが愚民の中に入りこみ、無理やりキリスト教を広めようとして、盛んに宣伝活動をやっている。甚だしきは、銭まで与えて愚民を誘いこみ、だんだん信者がふえてきたが、これは結局、仏法の中にキリスト教と称する一派ができたようなものだ。こんな状態は、決してわが識者の満足するところではあるまい。識者は、必ず博学多才なキリスト教の宣教師を招いて、宗教とともに西洋の学問技術を学び、日本の文明を進めたいと念願するに相違ない。

しかし考えてみれば、学問技術は知識に属することだから、これを教わるには、必ずしもキリスト教の宣教師に限ったことはない。知識のある西洋人なら、だれに就いて学んでもいいわけだ。そうなると、神儒仏は時代おくれでキリスト教が便利だといった最初の識者の意見などは、むしろ要らざる論ではなかろうか。もちろん私とて、キリスト教の宣教師をみだりに排斥するつもりはない。知識さえあれば、俗人の教師だろうが、宣教師だろうが、好き嫌いはいわぬ。ただ博学多才で、行状の正しい人物なら結構なのだ。もし世界中で、宣教師以外に正しい人物がいないというなら、むろんこれに就いて何もかも学ばねばならぬ。だが、まさかキリスト教だけが正しい人間の一手販売所ということもあるまい。広い世界には、宣教師のほかにも、博学正直の紳士がいるに違いない。それを選ぶのは日本人の目利き次第である。何もキリスト教の名義にこだわる必要はないだろう。

要するに、教義の本体は、西洋の教えでも東洋の教えでも便不便はないはずだ。ただこれを信ずる人民の智愚によって、値打ちが変るだけである。イエスの教えも釈迦の教えも、愚人の手にかかれば愚人の役にしか立たない。今の神儒仏の教えも、今の日本の神官・僧侶・儒者の手中にあって、今の人民を相手にするからこそ時代おくれだが、もしこれらの神官・僧侶・儒者連中が——あまり期待はできないにせよ——、万一発奮して大いに勉強し、将来新しい知識学術を以てその教理を修飾して、現代の文明社会の識者にも堂々と説明できるようになったら、必ずその教えの値打ちは百倍するであろう。時には外国のキリスト教徒が羨むようにさえなるかも知れぬ。そこでたとえていえば、徳義の教えは刀の如く、その教えの行われる国の人民は刀工のようなものだ。いかに地金のいい刀でも、まずい刀工の手にかかったのでは台無しである。たといりっぱな道徳でも、程度の低い人民の社会では、文明の進歩に役立たぬのである。かのキリスト教道徳礼賛の識者たちは、刀工の腕のよしあし〔人民の智愚〕に気がつかず、それをひたすら刀の地金のよしあし〔教えの優劣〕と勘違いしているものにほかならない。要するに、徳は智によって光を放つものであり、智は徳を導いてその効用を確実ならしめるものといえよう。知性と徳性とが両々備わらなければ、世の文明の進歩は期待すべくもない。

❖78

十一――宗教を入るるは焦眉の急にあらず

新たに西洋の宗教を入れることの得失を論ずるのはこの章の本旨ではないが、筆がこの問題に触れてきたから、ついでに一言したいと思う。すべて物を求めるとは、自分に無いものか、または不足しているものを手に入れることである。ほしいものが二つあって、その順序を決める場合には、まず自分の手の内を考えて、全く無いものか、著しく欠けているものを求めなければならぬ。それは一方が必要で、他方が不要だというのではない。二つとも必要だけれども、求める順序に区別があるだけである。ところで文明は一国人民の智徳の現われだとは、前にも述べた通りである。そして日本の文明が、西洋文明に及ばぬことも、世間一般の認めるところであろう。しからば日本がまだ文明に達しないのは、人民の智徳の不足のためだから、文明に進むには智と徳と両方が必要なわけである。今わが国は、この二つのものを求めなければならぬ。したがって、文明を欲する識者は、広く日本中を見渡して、国民の智と徳との分量を計り、どっちが多く、どっちが少ないかを察するのでなければ、その求める順序もはっきりしないわけだ。しかるに、いかなる認識不足の批評家でも、日本人は全体として、徳義が不足し、知識があり余っていると判断する者はあるまい。その証拠とすべき事例はあまりにも多く、且つ明白だから、かぞえるいとまもなく、またその必要もなかろうが、念のため一、二例をあげよう。

そもそも日本に行われる道徳は、神儒仏であり、西洋はキリスト教である。キリスト教と神儒仏とでは説き方は違うが、善を善とし、悪を悪とする根本精神には変りがない。日本で白い雪は西洋でも白く、西洋で黒い炭は日本でも黒いようなものだ。その上、道徳に関しては、東西の学者がしきりに自家の説を主張して、あるいは書を著わし、あるいは他の説を駁しなどして、争論のやむ時がない。この争論の絶えぬこと自体が、東西の道徳にさまでの優劣がない証拠ではなかろうか。およそ物の力量は、ほぼ同等でなければ、争論の起るわけがない。牛と猫とが喧嘩したためしはなく、力士と子供とが土俵で争った話も聞かぬ。争論が起るのは、力がドッコイドッコイの場合に限るのである。キリスト教は、西洋人の知性で磨き上げられてきた宗教だから、その教えの精密さは、神儒仏の及ぶところではないかも知れぬ。しかし西洋の宣教師が日本に来て、しきりに布教し、神儒仏を排斥して、自分の足場を固めようとするに対して、神儒仏の専門家も、及ばずながらそれぞれの説を主張して、キリスト教に対抗している。双方とにかく対立の格好を保っているのは何故かといえば、西洋の教えが必ずしも牛と力士の如く強くなく、日本の教えが必ずしも猫と子供の如く弱くなくて、双方の勢力がまさにオッツカッツのためであろう。どちらに幾分の優劣があるかは、私のよく知るところではないが、わが日本人とて、古来相応の教えを信じて、その道徳を身につけたものだから、私徳の分量からいえば、西洋人を凌がぬまでも、わずか一歩の差にすぎぬであろう。あるいは教理を別として、実行の段になれば、かえって未開の日本人の方に有徳の士が多いかも知れない。そこで日本人の徳の分量は、たとい国民全体として十分ではないにしても、目前第一の入用でないことは明らかである。

ところが知力に至っては、全く事情を異にする。日本人と西洋人との知力を比較すれば、学問・技術・商売・工業など最大のことをはじめ、それ以下最小のことにわたって、一から百、千に至るまで、何一つとして西洋にかなうものはない。この点で西洋に対抗し得る人間はなく、対抗しようと企てる者すらない。よほどの馬鹿でない限り、日本の学術商工が西洋と対等だと信ずる者はなかろう。どこに日本の大八車〔二、三人でひく大型の荷車〕を汽車の便利に比べ、日本刀を小銃の効果に比べる者があろうか。日本人が相変らず天地万物を陰陽五行〔木火土金水〕の理で説明しているのに、西洋ではすでに六十の化学元素が発明されている。[192]日本人は天文を考えて吉凶を占ってきたが、西洋では彗星《すいせい》の周期が明らかにされ、太陽や月の実体も観測されている。[193]日本人は動かぬ大地に住んでいるつもりだったが、西洋人は地球の動く原理を発見した。日本人は自国だけを神聖な神の国と信じていたが、西洋人は世界中を経《とおり》めぐって、至る所に土地を開き、国を建てた。しかもその政治や経済の進歩していることは、日本を凌ぐ所が多い。これらの点では、日本の現状として、西洋に威張れるものは何もない。日本人の威張れるのは、自然の産物か、自然の景色だけで、人間の力で造ったものは、何一つないのである。日本人の方で競争する気持がないから、西洋人も競争しようとはしない。外国人はよく自分の国のことを自慢するものだが、汽車の便利を主張して、大八車の不便を攻撃したものはなかろう。畢竟日本人と西洋人との知力の相違は、牛と猫のようなものだから、論争すべき種がないのである。これを考えれば、日本が早急に求めなければならぬものは、西洋の道徳より、まず知識であることが分る。人々はこのことをよく考えるべきであろう。

ここにもう一つの例をあげるならば、今、ある田舎に旧藩時代の一士族がいるとする。廃藩以前には、二、三百石の禄を取る相当の武士であった。君には忠、父母には孝、夫婦別あり、長幼序ありの五倫を守ることはきわめて厳である。借金は必ず返し、付合いにも義理を欠かず、不義不徳なことは一切しない。まして人をだましたり、物を盗むなどにおいてをや。時には百姓町人に威張って、これを悩ましたことはあるが、それは身分の当然だから、省みて疚《やま》しいとは思わない。生活は節倹をきわめ、一身は勤勉を旨とし、弓馬剣槍の武芸にも一つとして達せざるものはない。ただ学問に疎いのが欠点だが、まずは典型的な侍といえよう。そこで今、この種の典型的・平均的な旧士族の将来のためには、はたしてどうしてやるのが得策だろうか。新たに徳義を与えるのがいいか、それとも知識を授けるのがいいか。もしこれに徳を与えようとして、いきなりキリスト教の十誡を授けるならば、彼は何というだろう。十誡のうち第四誡までは、〔西洋の神に関する心得で〕これまで聞いたこともない箇条だから、あるいは感心して聞くかも知れない。しかし第五誡以下については、必ずこういうであろう。「自分はこれまでにも父母を敬ってきた。人を殺す気持などはもちろんない。姦淫や窃盗など、なんでするものか〔今さらこんなことは、教わるまでもないことだ〕」と反論して、一向感心しないであろう。もとよりイエスの教えは、この十誡の本文[194]だけに尽きるわけではなく、必ず深い意味があるに違いない。父母を敬うにも敬う法があり、人を殺さぬにも殺さぬ趣意があり、姦淫せぬのも窃盗せぬのも、それぞれの意味があるだろう。だからそれを説くには、さらに丁寧にくり返してその精神を徹底させる必要があろう。そうすれば、旧士族といえども納得するかも知れない。しかしともかく道徳に関しては、新しい宗教をまつまでもなく、旧来も士族自ら日常生活において、少なくともその初歩は実行してきたといえよう。

ところが一方、彼の知識の内容を見ると、全身無一物といってもいいくらいのものだ。五色の区別はどうにか知っているが、自然の七色[195]〔赤、橙、黄、緑、青、藍、紫〕の理はもちろん知らない。寒暑の挨拶はするが、寒暖計の昇降の理も知らない。食事の時刻は間違えなくても、時計の用法すら解らない。[196]生れた土地のことは知っていても、日本全体のことは知らず、日本のほかに外国のあることも知らない。まして国内の政情や、外交の状態など知るわけがあろうか。古風を慕い、古法を守り、わが一家だけが唯一の天地で、その目の届く所は一家内にとどまっている。戸外に一歩出れば、世界の万物、暗闇《くらやみ》同然である。今や廃藩の一事によって、彼らの小天地はひっくり返り、途方に暮れている真最中だ。要するにこの種の士族は、愚直人種と評するほかはないものであろう。

しかもかかる愚直の人種は、旧藩士族に限らず、世間にその数は非常に多い。これは周知の事実で、世の識者や政府が等しく憂えているところであろう。しかるにかの道徳論者たちは、なおもこの愚直の国民に向ってキリスト教を勧め、道徳の向上ばかりに骨を折って、知識の有無は捨てて問わぬつもりなのだろうか。キリスト主義者の目には、愚にして不正直な国民だけが映ずるらしいが、世間には愚にして正直なる者も甚だ多いのだ。これら愚直の国民をどう扱うつもりなのか。正直者を一層正直者にするばかりで、その愚はいつまでも愚のままに放置するつもりなのであるか。これは、さきにもいったように、物を求めるのに順序を誤ったものというほかはない。いやしくも洋学者を以て任ずる人々は、常に和漢の古学を時代おくれとして非難しているではないか。その理由は、仕事に知力の働きがないのを非とするのであろう。しかるに、〔折角西洋のことを学びながら、キリスト教に心酔して、道徳論ばかり振回すのは、〕他の非を咎めながら、自ら同じ欠点に陥ったものではないか。自分で築いたものを自分でぶちこわすようなものである。不了見も甚だしいといわざるを得ない。❖79

十二——文明進歩すれば、宗教も道理に基かざるを得ず

そもそも宗教というものも、文明進歩の度合いに従って、その性格を変えるものである。西洋におけるキリスト教の起源はローマ時代である。ローマは文明の盛んな時代ではあったが、今から見れば、やはり無智野蛮な時代だったといわなければならぬ。したがって当時のキリスト教も、専ら迷信臭いことばかり唱えていたが、それが当時の人間の知力に適合したから、世間から非難されることもなく、怪しまれることもなかった。そうして数百年間、社会と歩みをともにして、次第に信仰を拡大し、自然と権力を握って、民心を左右したのである。いわば専制政府が専制を以て民衆を支配したようなものだ。しかしやがて人智の発達は、大河の流れの如き勢となり、これを妨げようとした教権は、かえって民心に逆らって、名声を失墜するに至った。すなわち十六世紀に始まった宗教改革がこれである。この改革は、ローマのカトリック〔旧教〕を排斥して、プロテスタント〔新教〕を生んだのである。それ以来新旧両教が党派を分って対立したが、現在では新教の方が次第に有力になっているようだ。けだしこの両教派は、もともと一つのキリスト教から出たものだから、信仰の目的は双方ともに変ることはない。ただ新教が盛んとなったのは、宗教の儀式を簡素化し、昔の迷信臭い所を除いて、近世の人情に従い、人民の知識進歩のレベルに歩み寄ったからである[二二]。いわば旧教は物々しくて野暮臭いが、新教は垢抜けがして気軽なところがある。社会文化の古今の相違が、宗教の上にも反映したものといえよう。

ところが、もしそうだとすれば、ヨーロッパ諸国で、文明の進んだ国は必ず新教を信じ、後れた国

は必ず旧教に従いそうなものだが、あながちそうでもない。たとえばスコットランドやスウェーデンの人民は迷信に溺れ易くて、フランス人の活潑で頭のよいのに遙かに及ばない。前者は文明に後れたものであり、後者はりっぱな文明人だといわなければならぬ。しかるに、かえってフランス人はカトリックを信じ、スコットランド人やスウェーデン人はプロテスタントである。これから考えると、カトリックもフランスでは、その教風を改めて、おのずからフランス人の性質に合致したものになっているのか、あるいはフランス人はもはや宗教を度外視しているのかも知れぬ。一方、プロテスタントも、スコットランドやスウェーデンでは、その性格を変じて、その人民相応のレベルに下がっているのでもあろうか。要するに宗教は、文明の程度に従って性格を変えるものといってよかろう。

日本でも大昔の修験道《しゅげんどう》や、天台・真言の教えなどは、むやみに不思議な説を唱え、相性《あいしょう》などをやかましくいい、[197]まじない祈禱の霊法などを行って、人心を引きつけた。大昔の人間はこうした迷信を信仰したが、中世〔十三世紀〕に一向宗が起ってからは、不思議な説を唱えたりすることは減り、その教風が万事簡易淡白になって来た。これが中世の文化に適合し、他の宗派を圧倒して、勢を占めるに至った所以である。社会の文明が進歩すれば、宗教も必ず簡素化され、多少とも理性的にならざるを得ない証拠である。

かりに今日弘法大師〔真言宗の祖。九世紀の人〕が再誕し、昔の人を引きつけたような不思議な説を唱えても、明治の人間でそれを信ずる人は甚だ少ないであろう。結局今日の日本人は、まさしく今日行われている宗教と一体のものなのだ。宗教のがわも人民のがわも、それで折り合いがついているのである。もし日本の文明が今より進んで、一向宗も迷信だとして信じなくなったら、必ず第二の一向宗が出てくるであろう。あるいは西洋のヤソ教をそのまま採用することになるかも知れぬ。結局宗教のことは、放任しておくほかはない。学者が骨を折っても、政府が権力を以てしても、どうなるものではない。〔それは人智の進歩とともにおのずから推移するのだから、〕自然の成行きに任すべきである。学者が書を著わして宗教の是非正邪を論じたり、政府が法を設けて宗教を支配しようとしたりするのは、全く意味がない。[一二三] ❖80

十三――智恵なければ、善人必ずしも善をなさず。智恵あれば、悪人必ずしも悪をなさず

思うに、徳のある善人でも、必ずしも善事をするとは限らず、不徳の悪人でも、必ずしも悪事ばかりするものではない。昔西洋諸国で、宗教のために戦争を起し、人を殺した例は歴史を見ても明らかである。その最も甚だしいものは、パーセキューション〔persecution. 宗教的迫害〕と称するもので、つまり自分と違った宗教の信者を迫害して殺すことである。古来フランスやスペインには特にその例が多い。有名なフランスのバーソロミューの大虐殺[198]〔一五七二〕では、八日間に罪もない人間五千人が殺されたという。(『西洋事情』二編フランスの歴史の条参照。)その残虐さは沙汰の限りだが、殺人を行った当事者は、ひたすら宗教のためにやったのだから、信仰については天地に憚るところがなく、なんら良心に恥じざる善人たちだった。この善人が何故かかる大悪事を行ったかといえば、信仰の私徳に乏しかったわけではなく、聡明の知性が欠けていたためにほかならない。愚人が権力を握って、一つ事に信念を持つと、どんな大悪事をしでかすか分らない。[一二四] 世間にとって最も恐るべき悪魔といわなければならぬ。しかしバーソロミューの惨事以後、西洋諸国の文明が次第に進むに従い、今日では

もはやそうしたひどい宗教的迫害は跡を絶った。これは古今の宗教に異同があるのではなく、文明の進歩の然らしめるものである。同じキリスト教でも、昔は宗教のために人を殺し、今は宗教を以て人を救うのは何故であろうか。人間の知性発達に原因を求めるほかはあるまい。だから、知性は徳性の光を増すのみならず、徳性を保護して、悪事を免れしめるものである。❖81

現にわが日本でも、幕末時代、水戸藩内にいわゆる正党と奸党〔不正の党〕との争いというものがあった。[199]その経過はここに記す必要はないが、結局、忠義の二字をめぐって、党派が対立した政治闘争である。その事情は、丁度宗教上の争いに変らなかった。正党・奸党といっても、名称そのものに決まった定義があったわけではない。互いに自分の方を正党、相手を奸党と称したにすぎない。両党ともに忠義の信念を実行したので、一人一人の言行を見れば、胸中無量の赤誠[200]を抱く烈士が多かった。決して偽善者の類でなかったことは、彼らが事成らずして死に臨むや、堂々として、少しも悪びれなかったことからも察せられる。しかしその結果、近年において、イデオロギーの対立から、罪もない人間を多く殺したのは、水戸藩が第一であった。これまた善人が、知性の不足から、悪事を行った一例であろう。❖82

これに反して徳川家康は、乱世の後をうけて、多年戦場に辛苦を嘗め、万難の末、三百年の太平を開いて、日本の平和を確立した。今日に至るまでその功績を称えぬ者はない。実に足利時代の末、国内混乱の時に、織田・豊臣の力を以てしても、天下統一の基礎を固めることができなかった。もしこの時に家康が出なかったならば、いつ太平が実現できたろうか。まさしく家康は、三百年太平の生みの親ともいうべき英雄である。しかし翻ってその私徳を見れば、破廉恥な行動が少なくない。なかんずく、秀吉臨終の際、委託を受けた豊臣家を保護する誠意もなく、特に託された遺児秀頼を輔佐するどころか、かえってこれを遊惰暗愚に仕立て上げた。しかも早く除くべき石田三成をわざと一時生かしておいて、後日豊臣氏を滅ぼすべき手段に利用した如きは、[201] 腹黒いことこの上なしというべきだ。かかる行為については、家康には一点の徳義もなかったように見える。しかるにこの不徳の人物が、三百年の太平を開き、全国民を戦乱の苦しみから救ったのは不思議というべきではなかろうか。家康に限らず、頼朝でも信長でも、私徳私行からいえば、残忍刻薄、ペテン・裏切りなど、甚だ卑しむべき行為が多かった。しかし彼らが当時の戦乱を鎮め、天下に流血の惨事を少なくしたのは何故であるか。悪人の行為、必ずしも不義のみとは限らぬ証拠ではないか。畢竟かかる英雄たちは、私徳にこそ欠陥はあれ、聡明英知の働きを以て、大きな善事を成しとげたものといえよう。一点の瑾《きず》だけを見て、宝石全体の価値が決められぬようなものである。❖83

十四——私徳を以て文明に益することあるは、偶然の美事のみ

以上この章に述べてきたところを要約すれば、次の如くである。

一、道徳は一個人の行為で、その影響の及ぶ範囲が狭く、知識は人に伝わることが速くて、且つ伝わる範囲が広い。

二、道徳の教えは、大昔から定まっていて、変化することがないが、知識の働きは、絶えず進歩してやむ時がない。

三、道徳は、一定の具体的な方法で人に教えることができない。それを身につけるか否かは、本人

自身の心がけ次第である。これに反して、知識は試験する適切な方法がある。

四、徳性は、本人の心がまえ一つで、急に進歩もすれば堕落もするが、知識は一旦身についた以上は、なくなることがない。

五、知性と徳性とは互いに助け合って、その効果を発揮するものである。知性がなければ、善人も悪をなし、知性があれば、悪人も善をなすことがある。

ところで、道徳を人に授けるには、具体的な方法がなく、またその忠告はわずかに親族朋友の間にしか徹底せぬことは前述の通りである。けれどもその自然の感化の及ぶところは、甚だ広い。遠い外国で出版された本を見て、大いに悟りを開くことがあり、古人の言行を聞いて、自ら心に工夫し、やがて了見を入れ替える者もあろう。古語に「伯夷の行いを聞いて発奮する」[202]とあるのはこのことである。さすればいやしくも人間として、社会を害する心のない限りは、わが徳性を磨かなければならぬ。それは名利のためではなくて、人類たるものの責任である。自己の悪心を防ぐには、あたかも勇士が敵に向って戦うが如く、専制君主が人民を押えつけてグウの音も出させぬほどの強い力が必要である。また善事と知ってこれを行うのは、守銭奴が銭を貪って飽くことを知らぬ如く熱心でなければならぬ。すでにわが身を修め、家族を感化して、さらに余力があれば、広く他人に及ぼしてこれに説諭し、人々を徳義に導いて、一歩でも徳化の範囲を広げることが肝心である。

これらのことは、人間の大事な勤めで、その文明を助ける効能はもとより大きい。世間に宣教師・教導職など[203]の職業があって、専ら徳育に従事するのも結構なことに違いない。だが一方、道徳一辺倒で世界中を支配せんとし、あるいは一教派の主張を以て他の教派を排斥し、自分の一派だけで世間の徳育を独占した上、知育の領分にまで侵入しようと図る如きは、以ての外である。人生の使命は道徳の修養だけに尽きるように考え、しかもそれは一教派の教えによらねばならぬように決めこんで、人間の思想を束縛して自由を与えず、かえって人々を無智無能に陥れて、現実の文明を害するに至っては、到底賛成できることではない。

単に消極的な私徳だけで社会の文明を助け、世人に感化を及ぼすのは、やはり偶然の功徳というべきものだ。いわば自分の地所に家を建てたのが、期せずして隣の家にも手ごろな垣根の用をなしたようなものである。隣家のためにも好都合だろうが、もともと家を建てたのはあくまで自分のためで、隣家のためではない。図らず隣家の役にも立っただけのことである。私徳の修養も、自分一個のためで、他人のためではない。もし他人のために徳を修める者があれば、それは偽善者で、真の道徳家から見れば、にくむべき不徳であろう。だから、徳義の本質は、どこまでもわが一身を修めるにある。それが世間に役立つことがあるのは、偶然の影響にすぎない。偶然を当てにして社会を支配しようとするのは、大きな間違いではなかろうか。

十五――無限の精神を以て、天地間の事物を包羅するに至るべし

元来人間としてこの世に生れた以上、わずかに一身の徳を修めただけでは、まだ人類の使命を全うしたとはいえまい。道徳論者は、考えてもみるがいい。諸君の毎日衣食する品はどこから来るか。〝天にましますわれらの神〟の恩恵は確かに広大であろうが、[204]さりとて衣服は自然と山から出てくるわけもないし、食物も天から降っては来ない。まして世の文明が次第に進めば、その便利は衣服飲食

のみにはとどまらない。蒸気電信の便利もあれば、政治経済の恩恵もある。みんな人類知力のたまものではないか。人間同権という文明の精神に従えば、〔義務も当然同等だから、〕ただ坐ったなり、他人の恩恵だけ受けていていいわけはあるまい。もし道徳論者の諸君が、まるで夕顔棚からぶら下がった瓢箪[205]のように、物も食わずに、ブラブラしているだけなら、それでもよかろう。だが、いやしくも飯を食い、着物を着、蒸気電信を利用し、政治経済の恩恵を受けている以上は、社会に報いる責任がなければならぬ。

のみならず、今日われわれ人類の物質的便利は豊かになり、精神的道徳も恥かしからぬレベルに達したとはいえ、まだまだこの状態で甘んずべきではなかろう。物心ともに進歩したといっても、ただ今日の世界文明の段階での話にすぎない。まだその極致に達したものでないことはもちろんである。思うに人類精神の発達は無限であって、将来とどまる所を知らない。一方、この天地宇宙の機能や構造には、ますます何一つ法則のないものはない。だから、われわれ人類は、この無限の精神力[一二四]を以て、この宇宙有限の法則を究め尽さなければならぬ。やがては形而上・形而下の別なく、天地宇宙間のあらゆる現象・あらゆる問題を、人間の精神によって解決し支配する時代が到来するであろう。そうなれば、もはや一部の智や徳の相違を論じて、その区別を争う必要などはなくなってしまう。それこそ人間の智徳と天地宇宙の法則とが完全一体になる時代である。遠い将来には、必ずそういう日も来るに違いない。❖84

第七章　智徳の行わるべき時代と場所とを論ず

一――事物の得失を論ずるには、時代と場所とを考えざるべからず

物事の便不便・利害得失を論ずるには、時代と場所とを考えなければならぬ。陸では便利な車も、海では不便である。昔便利だったもので、今日は不便となったものもある。逆に、今日は便利至極なものでも、大昔には当てはまらぬものも多い。時代と場所とを考えなければ、どんな物でも、どんな事でも、便利でないものはなく、不便でないものもない。だから、物事の得失・便不便を論ずるのは、結局その行われる時代と場所とを考える以外にはない。時代と場所とに適合さえすればよいので、それ自体一概に損とも得ともいえぬものなのだ。

中古に発明された長柄《ながえ》の槍《やり》は、中古の戦いには便利だったが、明治年間に用いることはできない。東京の人力車は、東京市中では便利だけれども[206]、ロンドンやパリに持出すことはできない。戦争は悪事だけれども、敵に対しては戦わねばならぬ。人を殺すのは非道だけれども、戦いの時には殺さねばならぬ。君主専制の制度は悪政だが、ロシアのピョートル大帝[207]の政治は必ずしも非難できない。忠臣義士の行状は感ずべきだが、全然君主を持たぬ合衆国を野蛮国だとはいえまい。いずれもその時と場

所とによるもので、唯一万能の原理などというものはあるはずがない。[208] 時と場所とに従って、それぞれの道を選ぶほかはないのである。

ところが時を察し、場所を判断することは容易ではない。古来の歴史上、人の失敗というのは、皆この時と場所とを誤ったものであり、成功盛業といわれるものは、時と場所とをつかんだものである。それを見抜くことがむずかしいのはなぜかというに、〝場所〟には混同し易いものが多く、〝時〟には前後緩急のチャンスというものがあるからだ。たとえば〝場所〟についていえば、実子と養子とを混同して、実子と同様の筆法で養子を扱うと、飛んだ間違いを起すことがある。馬と鹿とを混同して、馬を飼う方法で鹿を飼って失敗することもある。神社と寺とを混同し、提灯と釣鐘とを混同し、あるいは騎兵を沼地に用い、重砲を山地に引入れるなど、何れも場所を誤ったものである。東京とロンドンとを混同して、ロンドンに人力車を持込もうとすれば大変な認識不足であるが、この種の失策は数えるにいとまがないであろう。

また〝時〟についていえば、中古の戦争と今の戦争とを混同して、中古に便利だった長柄の槍を現代の戦争に用いることはできない。一体世間で、〝時節到来〟という時は、大抵手遅れの場合が多い。たとえば食事の時というのは、飯を食う時刻のことで、飯はそれ以前に炊けていなければならぬ。飯を炊かずにいて、空腹を感じ、〝時節到来〟といっても、それは飯を食うべき時で、炊くべき時ではない。また寝坊して、昼近くに起出し、起きた時刻を朝だと思っても、真の朝は日の出の時刻をいうのだから、その時刻はすでに寝ているうちに過ぎている。だから、場所はよく選ばなければならず、時節はチャンスを誤ってはならぬ。❖85

二――野蛮不文の時代を支配するものは徳義のみ

さて前章では、〝智〟と〝徳〟との区別を示して、その働きの違う点を論じたが、さらにこの章では、智と徳との行われるべき時節と場所とについて述べたいと思う。人類始まって後、まだ野蛮を脱せぬ時代には、人民の知力が未熟で、いわば子供同然であった。その心には、恐れと喜びとの感情しかなかったのである。地震・雷・風雨・水火の難など、皆恐ろしいものばかりだった。山を恐れ、海を恐れ、旱魃《かんばつ》を恐れ、飢饉を恐れ、すべてその時代の人智でどうにもならぬものは、すべて天災として恐れるばかりであった。あるいは覚悟していた天災が来ないか、来ても速く去ることがあれば、天の恵みとして喜ぶだけである。たとえば旱《ひで》りの後に雨が降ったり、飢饉の後に豊年があったりすれば、大喜びであった。しかもこの天災にしても天恵にしても、その往来は全く人間の予想できぬものだったから、ひたすらこれを偶然と考えて、少しも人力でこれを左右しようと努力したものはない。すべて偶然の作用で禍福に遇うとすれば、人情としてその原因を人類以上の威力と考えざるを得ない。ここに神霊という観念の生じた所以がある。禍の原因は悪神の所為であり、幸福の原因は善神の恩恵だと考え、天地間の現象、ことごとくこれを支配せぬ神はないということになる。日本でいえば八百万《やおよろず》神の如きがそれである。そこで善神には幸福を授かることを願い、悪神には災厄を下さぬように願う。しかしはたして願いがかなうかかなわぬかは、自分の努力ではなくて、神の力以外に何物もない。その力を神力と称し、神力の加護を願うことを祈りという。昔行われた祈禱というものがそれであった。

❖86

ところが、昔の人民たちの恐れたり喜んだりしたのは、自然の天災や天恵だけではない。社会の人事についても同様であった。道理の乏しい時代だから、力の強い者が武力で弱い者を苦しめても、理性に訴えてこれに反抗することはできず、ただ恐れるばかりであった。それはほとんど天災と変るところはない。そこで多くの弱者は、ある強者に隷属して、他の強者の暴力を防ぐほかはなかった。この多数の弱者に頼られた強者の親玉が、すなわち酋長《しゅうちょう》〔蛮族のかしら〕である。酋長は武力の上に、多少は知力や徳望も備えて、他の酋長の暴力に対抗し、部下の弱者を保護する。そしてその保護が厚ければ厚いほど、人望も高まり、ついには一種の特権を握って、時にはこれを子孫に伝えるようにもなった。世界中どこの国でも、未開時代の状態は皆そうしたものである。日本で、王朝時代に天皇が国を支配し、中古に至って関東に源氏が政権を専らにしたのもその一例である。

しかし酋長が一旦権力を握っても、無智な人民がいつ寝返りを打つか分らないから、民心をしっかりつかんでおくことはなかなかむずかしい。高尚な道理や、遠い将来の利益など説き聞かせても、分るわけはない。そこで民心の方向を一定し、一種族の団結を保つためには、人間の本能的な恐れや喜びの感情を利用して、目の前に災禍や幸福を見せる以外にはない。ここに〝君主の恩威〟というものの生じた所以がある。〔すなわちシナ風にいえば、礼楽《れいがく》と征伐とがこれである。〕シナの支配者は、始めて礼楽なるものを制定したが、礼〔礼儀〕はすべて目上を尊敬する精神を通じて、自然と君主の尊厳を知らしめ、楽〔音楽〕は無言のうちに愚民の心を和らげて、自然と君徳を慕う感情を培った。しかも礼楽で民心をつかんだ上に、征伐〔軍事力〕の威力で人民の肉体を支配して、知らず知らずのうちに彼らの心身を安定に導いたのである。そして善人には賞を与えて、喜びの心を満足させ、悪人は処罰して、良民の不安を除いたから、君主の恩恵と威厳とは並び行われて、当時の人民はなんらの不満も感じなかったように見える。❖87

しかしながら、右の賞罰は、いずれも君主の心で決定されることだから、人民はただこの賞罰を受けて、喜んだり恐れたりするだけで、なぜ賞罰を受けたかの理由をただすわけにはゆかない。いわば天災や天恵が降って湧いたようなもので、すべて予期せぬ偶然の現象にほかならない。つまり一国の君主は、偶然の禍福の源泉だから、人民がこれを仰いで人類以上の存在と考えざるを得ないのも当然である。シナで君主を天子、すなわち神の子と尊称するのも、そのためであろう。たとえば昔の歴史に、往々百姓の年貢を免除したという話がある。いかにも美談のようだが、政府がいくら倹約しても、君主以下諸役人まで、多少の生活費と政治上の費用とが必要なはずではないか。しかるに幾年かの間、年貢を取らずに諸入費がまかなえるというのは、すでにこれまでの租税がきびしくて、余分の溜込みがあった証拠であろう。だから、きびしい税を取られ過ぎても、その理由を知らず、急に何年間か無税になっても、これまたその理由の分らぬのが人民の立場だったのだ。きびしい時は天災と恐れ、寛やかな時は天恵と喜ぶほか手はない。災害も幸福もただ天子から天降ってくるもので、天子はいわば雷と避雷針との二役を勤めたようなものだ。雷が鳴り出すのも天子の力一つであり、雷をやめさせるのも天子の命令一下である。人民はただ天子に向って禍福を祈願するほかはなかった。彼らが天子を神の如く尊敬したのも故なきではない。

現代人の目から見れば、これは甚だ不都合のように思われるが、これも時勢の然らしめたところで、決して非難することはできない。なんとなれば、当時の無智な人民に向っては、知的な話合いをするわけにはゆかなかった。規則の取決めもできなかったし、政治上の契約も取交わせなかった。太古未開の堯舜時代に、今の西洋の法律を用いようとしても、法律の趣旨を理解して従う者はなかったであろう。従う者がないのは、人民が不正だからではなく、法律の趣旨を理解する知力がないからである。かかる無智な人民たちを、もし放り出して勝手なことをさせたら、どんな悪事を仕出かして、世間を害するか分らない。そこで酋長が、独りよく時勢を察し、恩を施してこれを喜ばせ、威を張ってこれを嚇《おど》し、仲間の人民を見ること一家の子の如くする必要があった。人民を保護して、大は生殺与奪の刑罰から、小は日常家計の細事までも、君主の関知せぬことがなかったのも無理はない。いわば社会は一つの家庭の如く、また一つの学校の如きもので、君主は天下の父母でもあれば、教師でもあった。その権威と恩恵との広大なことは、むしろ神様同然でさえあった。だから君主一人の働きは、まさに父母と教師と神様との三役を兼ねたともいえよう。

こういう有様で、君主がよく私欲を制し、己れを虚《むな》しゅうして徳を修めれば、たとい知力は乏しくても、仁君・明天子の誉を得た。これを〝野蛮の太平〟〔専制政治による平和〕といってよかろう。その時代としてはむろんやむを得ぬことで、これまた結構な御時世だったのだ。シナのいわゆる唐虞三代〔堯・舜と夏・殷・周の三代〕の治世なるものがそれである。もし反対に、君主が私欲をたくましゅうし、徳を施さずに威力ばかり濫用すれば、すなわち暴君であって、その時代は〝野蛮の暴政〟ということになる。人民は生命すら安んずることができなかったのである。結局、野蛮の世には、社会を支配する原理は、〝恩威〟の二字しかなかったわけだ。支配者の恩徳か暴威かいずれかである。仁恵でなければ、強奪である。このほかに、智恵の働き・知性の作用というものは全く存在する余地がなかった。古書〔孟子〕に、〔孔子の語として〕「道二つあり、仁〔仁徳〕と不仁〔不徳〕とのみ」[209]とあるが、まさにこのことを立証する文句であろう。

こうした風は、ただ政治上に行われただけでなく、個人の私行についても同様であった。仁と不仁とを極端に対照して、その差別ばかりをむやみにやかましくいった[一二六]。和漢の古書を見ても、経書で人間の道を説き、史書で古人の言行を評する場合、常に徳性だけを問題にしている。仁か不仁か、孝か不孝か、忠か不忠か、義か不義かを窮屈に対照して、伯夷の如き聖人君子でなければ、盗跖《とうせき》[210]の如き大悪人と決め、忠臣でなければ賊臣であると、簡単にレッテルを貼ってしまう。その間に、智恵・知力の価値などは認めようとしない。たまたま知的な事業で成功した者があっても、それは末梢的な細事と片付けられて、一向正当に評価されなかった。畢竟野蛮未開の時代には、社会を支配するものは、単純な道徳ばかりで、そのほかには何も必要とされなかった証拠である。

三――仁政は野蛮不文の世にあらざれば用をなさず

しかし文明が次第に進み、人智が発達するにつれて、人間には〝懐疑の精神〟[一二七]が生れてきた。天地間の事物を軽々しく見のがすことなく、物の作用を見れば、必ずその原因を突止めようとする。たとい真の原因は突止められなくても、一旦懐疑の精神が起った以上、その物の利害を考えて、利を採り、害を避ける工夫を運らさざるを得ない。風雨の災害を避けるには家屋を厳重にし、河海の水害を防ぐには堤防を築き、水を渡るには船を作り、火を防ぐには水を用いる。あるいは薬を作って病を直し、水路を開いて旱魃に備えるなど、多少とも知力にたよって、生活の不如意を解決するようになってきた。すでに知力を以て生活の安定が得られる段階になれば、天災を恐れる無智な感情は次第に薄らぎ、これまで頼みにしていた神への信仰などは、半ば消滅せざるを得なくなる。そこで知力が一歩進めば、勇気も一段と進み、知力の進歩とともに、勇気も無限に湧き出してきたわけである。

今、西洋人の文明についてこの点を考えると、彼らは身辺の万物、五官に感ずる限りのものは、ことごとくその性質を探り、その作用を調べ、さらにその作用の原因を研究する。そして少しでも利のあるものは利用し、害のあるものは除去し、現代におけるあらん限りの知力を用い尽して余すところがない。たとえば水火を利用して蒸気を作り、〔汽船を発明して、〕太平洋の波も乗切れるようになった。高大なアルプス山も、これを拓いて、車が走られるようになった。避雷針が発明されてからは、雷もその威力を発揮できなくなったし、[211] 化学の研究〔土性の分析や肥料・農薬の発達など〕が次第に効果を示して、飢饉で人の死ぬことも減ってきた。電気の力は恐ろしいが、これを活用すれば、〔電信によって〕飛脚の代役をさせることができる。光線の性質は複雑だが、その映し出すかたちを撮影して、写真を作ることも可能になった。風波の恐れがあれば、港を作って船を護り、流行病の危険があれば、防疫の策を講じて近寄せぬのが現状である。これを要するに、人の知力を以て自然の力を征服し、次第に自然界の奥に踏込んで、造化の秘密を暴露し、その勝手な働きを押えて、自由に暴れさせぬようにするのが近代の文明なのである。知力に伴って発する勇力は、その向う所、天地に敵なし、いわば人間の力で天をこき使うといってもよかろう。すでに人間が自然を支配して、自由に利用するとなれば、これを恐れて崇《あが》め奉る必要がどこにあろうか。山を祭ったり、川を拝んだりする者がどこにあろうか。山沢河海、風雨日月の類は、文明人にとっては奴隷となったも同然である。❖88

さて自然の威力を人間が支配して、わが掌中に収めたからには、社会の支配者の権力を恐れて小さくなっているのも、不合理なことになる。[一二七]そこで人民の知力が進むに従い、社会現象についても、その作用や作用の原因に疑いを抱き、これを軽々しく見のがさなくなってきた。古代の聖賢の言葉も全部が全部は信用せず、昔の経書やバイブルの教えをも疑うようになる。堯舜の政治も羨《うらや》むに足らず、昔の忠臣義士の行いも手本にはならぬ。古人は昔にあって昔相応のことをしただけだ。われわれは現代において現代相応のことをすればよろしい。古人を真似して現代に施す必要がどこにあろうか、というわけだ。満身これ自在、天地間に一つもわが心の自由を妨げる存在を許さぬような気風が起ってきたのである。

精神が自由になると、[一二八]肉体の束縛も拒否するに至るのはこれまた当然の勢であろう。武力が次第に権威を失って、知力がこれに取って代れば、支配者の威力と人民の知力とは到底両立することができなくなる。社会に、これまでの如く偶然の禍福を甘受する者は減少せざるを得ない。横暴な君主が出れば、人民は道理を以てこれに対抗し、相手が言う事を聞かなければ、大勢の力でこれを抑えつけることもできるようになった。道理を以て上の者の横暴が抑えられる時勢になれば、元来暴威から発生したいわゆる上下の〝名分〟〔君臣主従等の階級倫理〕なども当然力を失ってしまう。畢竟、政府といい、人民というのも、ただ名前が違い、役柄が別なだけで、地位に上下の階級があるなどとは認められなくなった。政府が人民を保護して、良民を助け悪人を罰するのは当然の役目で、特別の手柄というわけではない。ただ分業の精神を実行するまでのことだというのである。あるいは君主が自ら徳を修め、礼楽征伐を以て恩威を施そうとしても、〔簡単にはゆかない。なぜなら〕人民は、君主とはいかなる者か、恩威とはいかなるものか、その本質をはっきり見ぬいているから、いわれのない政府の私恩は受けず、理不尽な暴威に恐れ入ることもない。たとい相手が君主だろうが、不合理な物は一切もらいもしなければ与えもせぬ。ひたすら〝道理〟だけを目標にして、わが身の進退を誤るまいと心掛ける外はない。知性を備えた人間は、自分の責任で自分を支配し、わが身に恩威を課するだけで、他人の恩威をあてにする了見なんかないわけだ。たとえば、善を行えば、良心の満足という報償があって、善は当然なすべきものと知っているから、進んで善を実行するだけである。他人に媚びるわけでもなければ、古人の真似をするのでもない。また悪事をすれば、良心の呵責《かしやく》という不快の処罰を受けて、悪事はなすべからざるものと知るが故に、自ら悪事を行わぬのである。他人を憚《はばか》るのでもなければ、古人を恐れるのでもない。〔これが識者の心事というものだ。〕他人の意思に基く偶然の恩威を気にして、いたずらに恐れたり喜んだりする必要がどこにあるか、とこういう時代になった。

現在、政府と人民との関係について、西洋諸国の文明人に気持をたずねたならば、おそらく次のように答えるであろう。「君主でも同じ人類である。偶然生れた家柄によって位に即いたか、または一時の戦争に勝って支配者になったにすぎない。代議士だってわれわれ人民が選挙した国の公僕ではないか。彼らの命令に従ってわれわれの主義主張を曲げてたまるものか。政府は政府、われわれはわれわれだ。個人のことについては、髪の毛一本政府から干渉される理由はない。軍備・法律・警察すら、元来はわれわれに無用のものだ。そのために税金を出すのは、われわれの義務ではないが、なにぶん悪人が多い世の中で、これと雑居するから、やむなく一応税金で役人を雇っておくのだ。してみれば、悪人に税金を恵んでいるようなものである。〔実につまらぬ失費というほかはない。〕その上に政府が、教育や宗教を支配したり、農工商の方法を人民に押付けたりするいわれはなかろう。まして政府が人民の日常生活の事にまで口ばしを入れ、われわれに向って、〝お前らに善を勧め〔教育や宗教〕、生計の法〔農工商その他〕を教えているから、その費用をよこせ〟といっても、そんな金を出す理由がどこにあろうか。無駄使いも甚だしいものだ。だれがわざわざ政府に頭を下げて、〝どうか私に善を勧めて下さい〟と依頼する者があろう。だれがわざわざ銭を出して、無智な役人どもに、〝生活の法を教えて下さい〟と嘆願する者があろう〔教育や宗教は政府が関係せず、一切民間に任せておけばよい。農工商のことも日常生活のことも、政府は干渉せず、万事国民の自発的努力にまつべきものだ〕」というに違いない。西洋の文明国人の気持を察して記せば、およそこうしたところであろう。こういう自主精神の旺盛な国民に向って、君主が無形の徳化を及ぼしたり、個人的な恩威を以て導こうとしたりしても、無益なことは分り切っているではないか。❖89

もちろん今の世界の段階では、地球上どの国を見ても、国民全部が知力に富んでいるとはいえない。しかし人類始まってすでに久しい以上、いずれの国も、特に何かの事情で文明が退歩したのでない限り、人民の知力は必ず進んで、全般的に上下の知力が平均に向っているはずである。したがって、たとい一見国民が保守的で、今なお君主の恩威を仰ぎ、民衆の気力が不活潑と思われる国でも、何かの機会があれば、やはり民衆は君主に対して疑念を抱かざるを得ない。たとえば世に君主を称して聖明〔天子の尊称〕というけれども、その実聖明〔神聖明徳〕でない君主の出る場合もある。また「君は民を愛すること赤子《せきし》〔自分のあか子〕の如し」[212]などという文句があるが、実際は父母たる君主と赤子たる人民とが租税の多寡を争い、父母は赤子をおどかし、赤子は父母への税金を誤摩化して、見るに忍びぬ醜態を演ずることもある。こういう場面を見ては、いかに中流以下の愚民たちでも、君主の言行に矛盾を感ぜぬわけにはゆくまい。たといこれに反抗はせぬまでも、その処置を疑わざるを得なくなるだろう。一旦人民の間に君主を疑う念を生ずるや、旧来の尊敬の念は消滅するから、これを支配するのに、もはやいわゆる徳化の奥の手は利かなくなる。その証拠は歴史に明らかであろう。

日本でも、シナでも、また西洋諸国でも、いわゆる仁君なる者が現われて、よく国が治まったのは、上古に限られている。日本やシナでは、近年に至るまでしきりに仁君を作り出そうと骨を折ったが、結局成功しなかった。西洋諸国では、十七、八世紀ごろからだんだん仁君が少なくなり、今や十九世紀に入っては、仁君どころか、智君すら種切れになってきた。これは世界中の君主に限って、徳が衰えたわけではない。人民一般に智徳のレベルが上がったために、君主が仁徳を発揮する余地がなくなったのである。いわば現代の西洋諸国では、仁君が出ても、月夜に提灯をとぼしたように、213 さっぱり影が薄いわけだ。結局、君主の仁政は野蛮の世でなければ通用せず、仁君は野蛮の民に接しなければ、有難味がない。つまり君主の私徳は、文明が進むに従って、次第に権威を失わざるを得ないのである。

❖ 90

四――文明の進むに従って、私徳は公徳に変ぜざるを得ず

右の如く、道徳の支配力は、文明が進むにつれて、次第に権威を失うのは確かである。しかし世間全体に道徳の量が減るわけではない。文明が進めば、もちろん智も徳もともに豊富となるが、その際、私智・私徳は性格を変じて、公智・公徳となる。そうして公智・公徳が世間一般に普及すれば、おの

ずから社会は平和に向わざるを得ない。〔智徳が常に公共のために活用されるからだ。〕かくて平和のための手段はますます進歩し、闘争の現象はいよいよ減少して、最後には、土地を争う者もなく、財を貪る者もないようになるであろう。まして支配者の地位を狙って争うような馬鹿げたことは跡を絶つであろう。君だの臣だのという階級的な言葉も全く消滅して、子供同士の冗談にすら口にする者はあるまい。[一二九]戦争もなくなるだろうし、刑法なども要らなくなるだろう。政府はもはや社会の悪事を取締まる必要がなく、単に社会の秩序を整頓して、人民の無益な時間と労力とを省《はぶ》くだけの機関になってしまう。世間に約束を破る人間がなくなるから、貸借の証文も、ただお互いのメモを取交わすだけで、後日訴訟のための証拠にするわけではない。泥棒もいなくなるから、窓や戸などは、雨風に備え、犬猫の入込むのを防ぐだけが目的で、錠前などは必要としない。道に落ちた物を拾って着服するような人間もないから、[214]巡査[215]は落し物を片端から拾っては、落し主を捜すのに追回される始末。戦争が跡を絶つから、大砲の代りに望遠鏡を製造し、罪人がいないから、刑務所の代りに学校ばかり建てる。そのころになれば、兵士や罪人などは見た人もなく、わずかに昔の絵で知るか、芝居で見る以外には想像もできなくなるだろう。家庭内の礼儀が行届いて、宣教師のお説教など聞く必要はない。全国が一家庭のようになり、どの家も寺院のように清潔で、父母は本山の法主《ほっす》の如く、子供はその信徒のようになる。全世界の人民は、ことごとくエチケットの大気に包まれ、モラルの大海に浮かぶようなものだ。[一三〇]これこそまさしく〝文明の太平〟といってもよかろう。

だが、果して幾千万年たてば、かかる理想の時代が来るのかは分らない。夢のような空想であるが、もし人間の力でこうした平和の極致に達し得るとすれば、道徳の効能も広大無辺といわなければならぬ。そこで私徳は野蛮未開の時代にその効能が最も著しいが、文明が進むに従い、次第にその権威を失って、公徳に変ってゆく。そして数千万年後の文明社会の極致を想像すれば、公徳の作用は非常に大きいことが察せられる。❖91

五――家族の交わりには規則を要せず、徳義によって風化の美をなす

以上は徳義の行われる〝時代〟を論じたのであるが、次にその〝場所〟について考えてみたい。〝野蛮の太平〟〔専制政治による平和〕は、もとよりわれわれの欲するところではないが、さりとて数千万年後の〝文明の太平〟〔理想的な絶対平和〕を期待するのも現実的ではない。そこで今の文明の段階においては、道徳の行われ得る場所、つまりモラルの通用する範囲と、それ以外の領域とを区別することが、文明の研究にとってきわめて大切である。一国の人民が、野蛮時代を遠ざかり、文明に赴くに従って、この区別は当然はっきり認識されなければならぬ。ところが頭の旧い連中は、ややもすればこの区別を知らず、その目標を誤って、昔ながらの少数支配者による〝野蛮の太平〟を維持しながら、直ちに理想的な〝文明の太平〟に到達できるかのように考えたがる。古い和漢学者連が、今なお古代の聖賢の世を慕うのも、右の区別や順序をわきまえぬためであろう。彼らの理想の実現不可能なことは、木に縁《よ》って魚を求めるが如く、梯子を用いずに屋根に登らんとする如きものだ。その理想が常に現実と食違うために、彼らは自分の意見をはっきり人に語ることもできず、自分の胸に問うても自ら解答することができない。なんら解決の法が考えつかぬままに、一生チンプンカンプンで、マゴマゴして終るばかりである。あたかも自分で建てた物を、建てるそばから毀《こわ》し、自分で主張したこ

とに、あとで自ら反対するような矛盾だらけだ。その生涯の活動を総決算すれば、差引ゼロに等しい。なんと情ない次第ではないか。これらの連中は、道徳を実行する者ではなくて、道徳にこき使われる奴隷といってもよい。今その次第を述べてみよう。

夫婦・親子が一家をなすものを家族という。家族の間を結ぶものは、愛情のみである。家族間では、持物にもきまった持主はなく、やるにももらうにも規則はない。やったからとて惜しいと思わず、もらったからとて喜ぶこともない。互いに失礼を咎《とが》めるでもなければ、失敗を恥じることもない。妻や子供の満足は、そのまま夫や親の喜びとなり、夫や親の苦しみは、妻や子供の心配の種となる。わが身を詰めても相手に手厚くし、その喜ぶのを見て自ら満足するのが夫婦・親子の情というものだ。たとえば愛児が病気で苦しむ時、もしこの病気を親の自分が引受けて、子の苦しみを軽くできる手段があるならば、世の親たる者は、必ずわが健康をも顧みず、子を救うであろう。かように家族の間では、自分の持物を用心する必要もなければ、体面を繕うことも要らず、わが生命を重んずる心さえない。だから、家族間の交わりには、規則も要らず、約束も要らず、いわんや智恵才覚などはなんの必要があろう。これを用いようにも用いる場所がないのだ。智恵の働きは、ただ生活設計に一部の役に立つだけである。一家の交際は、全く徳義、すなわち愛情で完全に結びついているのである。❖92

六――骨肉の縁遠ざかれば、徳義の行わるる所甚だ狭し

ところが、身内の関係が少し遠くなれば、事情も少し変ってくる。兄弟姉妹は夫婦・親子よりは遠く、叔父と甥[216]とは兄弟よりも遠く、従兄弟《いとこ》に至っては、他人の始まりといってもよい[217]。肉縁が遠くな

るに従って、情合も薄くなるのは当然である。だから、兄弟も成長して各々独立すれば、財産も別になる。叔父と甥や従兄弟同士の場合は、いうまでもない。時に朋友の間でも情合が働くことがある。世に刎頸《ふんけい》の交わり〔首を切られても変らぬ親交〕[一二一]とか、莫逆《ばくげき》の友〔逆らうことなき親友〕[一二二]とかは、その親しさがほとんど親子・兄弟に変らぬものをいうのである。しかし今の文明の段階では、まだその範囲が甚だ狭い。数十人の友達が集まって、最後まで莫逆の交わりを続け通したという例は、古今の歴史にもないであろう。

また世間には君臣の関係というものがあって、その交わりはほとんど家族肉親同様、艱難生死をともにし、純忠の臣に至っては、親子・兄弟を殺しても、君に尽す者さえある。古来世人は、この行為を〝君臣交情〟の結晶とのみ感じて、その他の原因を考えないのが常である。しかしながらこうした見方は、一面的な立場から、君臣という美名のみにとらわれたもので、事実に徹した見解とはいえない。もし他の面から見直せば、必ず別に大きな原因があることに気づくであろう。その原因は何かといえば、一つは人間の本能ともいうべき〝党派心〟であり、[一二三]もう一つはその時代共通の〝時代精神〟[一二四]と、この二つである。

君臣の関係も、初め人数が少なくて、たとえば北条早雲《そううん》〔戦国時代、十五、六世紀の人〕が、わずか六人の家来を率い、孤剣飄然《こけんひょうぜん》、東国に現われた時は、君臣の交情は必ず深く、親子・兄弟より親しかったに違いない。[218]しかしすでに一国一城のあるじとなり、家来の数もだんだん増えて、北条家の格式が世襲の風になると、もはや君臣の交わりは形式化して、初めのようではあり得なかったであろう。こうなると、〔ひとり北条氏に限らず、〕君臣ともにただ先祖のことを昔語りに聞伝えるだけである。

ただ旧来の因縁で、主君は家来の力によって家を守り、家来は主家の血筋を尊んでその家に仕え、そこに自然と一種の〝党派〟を形成するに至るのだ。そうして一旦戦争でもあれば、家来は力を尽して主家を守り、同時にわが一身をも保護して、時には意外な幸運にありつくこともあった。またその時代の風習として、槍一筋で天下に功名をとどろかす機会もあったから、主家のために一身をなげうつほどの働きをしたのである。しかし必ずしもその時、君臣の間にいわゆる刎頸の交わりがあったわけではない。だから忠義をやかましくいった古人さえ、時には「国は重く、君は軽い」[219]と称して、役に立たぬ人物と思えば、その家に掛替えのない主君でも、非常手段で犠牲にしたことがある。これでは情合の深い関係とはいえぬであろう。

　また戦場で討死したり、落城の時切腹したりした者でも、多くはその時代の〝時代精神〟として、一命を捨てなければ武士の面目にかかわるので、自分の名誉に殉じたか、または逃げても逃げおおせる見込みがないため、やむを得ず命を捨てたにすぎない。『太平記』[220]によると、鎌倉で執権北条氏が〔新田義貞に攻められて〕滅亡した時、元弘三年〔一三三三〕五月二十二日、東勝寺〔葛西ヶ谷。泰時の創建〕で北条高時とともに自殺した将士は八百七十余人で、そのほか、これを伝え聞いてあとを慕って死んだ一族や家来筋の者が、鎌倉中に六千余人もあったという。北条高時が、かりにいかなる仁君だったとしても、この六千八百人の家来全部と交わって、親子・兄弟の如き交情があったといえようか。とても考えられぬことであろう。〔まして高時は、仁君どころか、ひどい暗君だったのだから、なおさらのことだ。〕これを見ても、討死や切腹の人数だけで君徳の厚薄が判断できるものではない。暴君のために死のうが、仁君のために死のうが、本当に君臣の情に耐えかねて命を捨てた者は存外少なかったであろう。死んだ原因は、今いったように、別のところにあったのだ。だから、道徳の効能は、君臣の間でも行われる範囲が甚だ狭いものといわねばならぬ。❖93

また世間で、救貧施設や慈善病院などを建てて窮民を救うことがある。これはいかにも徳義・情合に基く行為であるが、もともとこれは窮民と計画者との個人的交情から発したものではない。一方は金持で、他方は貧乏人だから企てられたまでのことである。ところが、計画者はたしかに金持の上に、情け深い有徳の士に相違ないが、相手の連中は貧乏人だと分っているだけで、どんな人柄やらさっぱり分らない。われわれは、素姓も分らぬ人間とむやみに付合える道理はなかろう。だから、こうした窮民救済事業の規模を拡大して、社会全般の公共事業にすることは考えものといわねばならぬ。ただ情け深い金持だけが、余った私財を投じて、自分の気持を満足させればいい程度のものだ。その人の内心を洗ってみれば、他人のためというよりは、むしろ自己満足のためにほかなるまい。それももちろん結構なことには相違ないが、ただこうした事業があまり大げさになり、その施しが長期にわたると、窮民たちは必ずこれに慣れっこになる弊害がある。そうしてその恩恵に感謝するどころか、むしろ当然の権利の如く心得て、もしその待遇が以前より悪くでもなれば、かえって当事者を恨むことになる。そうなると、折角金を使いながら、人の恨《うら》みを買うようなものではないか。西洋諸国でも、救貧事業のあり方については、識者の間に議論が区々で、その得失には結論が出ていない有様である。結局、人に物を恵むには、相手の状態と人物とを一人一人よく調べ、自らその人に接して、手ずから与えるというきめ細かい方法以外に適切な手段はない。〔十把一からげの救貧慈善のやり方では、かえって前述の如き弊害や逆効果を生じかねないのだ。〕つまりこれも、道徳の対象があくまで個人的なもので、

社会全般にその感化を及ぼすことのむずかしい一証とするに足りよう。❖94

以上のことから考えても、道徳・人情の力が十分行われて少しの遺憾もない場所は、家族間しかないことが分る。一歩外に出れば、もはやモラルの感化は効力を発揮し難いと観念すべきであろう。しかし家族の親しみは世界平和のモデルだという説[一三五]もあるから[221]、数千万年の後には、あるいは世界中が一家のようになる時期もあるかも知れぬ。また世の中の現象はすべて活動してやまぬものだから、今日の文明の活動状態を考えると、やはり進歩の過程にあることは疑いない。しからばたとい人類の前途は迂遠で、現段階は千里の路をわずか一歩踏出した程度にすぎぬとしても、一歩でも前進は前進である。前途の長いのに辟易《へきえき》して、自らあきらめ、前進をやめてしまう理由はなかろう。今西洋諸国の文明と日本の文明とを比較すれば、ただ一歩の前後があるにすぎない。学者の議論もただこの一歩の差を争うにほかならぬのである。❖95

七――規則と徳義とはまさしく相反して、相容れざるものなり

そもそも道徳は、人情の世界〔いわゆる共同社会〕ではじめて行われるもので、規則法律の社会〔利益社会〕では通用しないものである。もちろん規則法律の効能も、おのずから愛情と同様の結果を生むけれども、その働きの現われ方は、決して同じではない。むしろ人情道徳と、規則法律とは正反対で、両々相容れぬものともいえよう。もっとも規則という中にも区別があって、ただ物事の秩序を整えるための規則と、人間の悪事を防ぐための規則と二種類ある。前者を守らぬのは単なる過失であるが、後者を犯すのは悪心である。今ここで取上げようとするのは後者の方で、人の悪事を防ぐための

規則を指すのだから、読者は誤解しないでもらいたい。

たとえば家族の生活を規律正しくするために、家内の者は朝六時に起きて夜十時に床に就くと規則を定めるのは、家内の悪心を防ぐためではない。この規則を犯したからとて、犯罪者とはいえまい。ただ家内の便利のために申し合わせたまでである。だから、一々文章に明記する必要もなく、家族がめいめい心がけて実行すればいいだけだ。そのほか、本当に親しい親類や友達同士の金の貸し借りなどもその例であろう。しかしこれに反して、今世間で行われている証文とか契約書[222]、または政府の法律、国際間の条約書などはどうだろう。もっとも法律の中にも民法や刑法などの区別があって、中にはただ物事の秩序を整えるためだけの法律もないではないが〔ことに手続法など〕、一般に法律の役目は、人の悪事を防ぐための手段でないものはない。こうした規則法律の趣旨は、利害を一対に並べて人に示し、どちらを採るのが有利かを、本人の利己心に訴えて選択させることにある。たとえば千円盗んだ者は懲役十年とか、これこれの約束を十日延ばしたら罰金百円とかいう場合がそれである。千円の金と十年の懲役、あるいは十日の違約と百円の罰金を左右に並べて、どちらか自分に利益な方を、本人の利己心に従って選ばせる趣向なのだから、そこにはもはや徳義も愛情もあったものではない。いわば腹の減った犬や猫の前に食い物を置き、棒を振上げて、「食ったらなぐるぞ」とおどし付けるようなものだ。その形から見れば、決して情愛の表現といわれぬであろう。❖96

今徳義人情の行われる場合と、規則法律の行われる場合との区別を説明するために、さらに例をあげてみよう。ここに甲乙の二人が金を貸し借りするとする。互いに親しい仲なので、乙は貸してもらっても甲に恩義を感ぜず、甲は乙が借りたまま返さなくても咎めもせず、ほとんど両者財産を共有するかの如き状態であれば、これはまさしく情愛の深いもので、その交際は、全く徳義に基くものといわねばならぬ。時に返済の期限と利息の割合とを取り決め、心覚えのために紙に書いて貸主に渡したとしても、その交際はまだ徳義の範囲を出ない。けれどもこの書付に印を押して、証票の印紙を貼り、あるいは保証人を立てたり、抵当を取ったりすれば、それはもはや徳義の範囲を出て、双方とも法規に頼る関係となる。この場合は、借手の人格に信頼がおけないから、一応これを不正な人物と仮定して、もし返金されなければ、保証人に請求する。それでも埒《らち》が明かなければ、政府に訴えて裁判沙汰にするか、あるいは抵当を取ろうという趣向である。つまりこれは、さきにもいったように、利害を一対に並べて、サァ、どちらを採るかと迫る筆法で、例の棒を振上げて犬をおどすのと同じやり方だ。だから法規に頼って物事を処置する場合には、もはや道徳が顔を出す余地はないのである。

これと同様、政府と人民との間でも、会長と会員との間でも、売主と買手との間でも、貸方と借手との間でも、あるいは授業料を取って学問技術を教える教師と生徒との間でも、およそ規約だけで結びついた関係は、徳義上の交わりとはいえない。たとえばある官庁に、二人同役の役人がいるとする。甲は誠心誠意仕事熱心で、帰宅後も夜眠られぬほど骨を折る。一方乙は、酒を飲み色にふけり、役所のことなど一向気にもかけないが、朝八時に出勤して、午後四時に退庁するまでは、勤勉につとめて、その働きは少しも甲に変らない。いうべきことはいい、書くべきことは書き、公務に少しも支障をきたさぬとすれば、どうだろう。この場合、乙を非難することはできないし、甲の誠意も光を放つに由がないのである。〔なんとなれば、勤務時間だけ、決まった仕事をするのが、政府と役人との間の規約だからだ。〕

また人民が租税を納める場合でも、もし政府が催促しなければ、納めるべきものを納めなくてもかまわない。納める場合に贋金《にせ》[223]を使っても、そのまま受取ったら、受取った役人の方が落度になる。うっかり多く納め過ぎても、納めた以上は、納めた人民の損になる。売物に掛値をしても、そのまま買えば、買手の方が馬鹿である。釣銭を渡し過ぎても、一旦渡したからには、渡した方の失策である。金を貸しても、証文をなくせば、貸方は泣寝入りだ。金札《きんさつ》〔濫発の紙幣〕と公債との引替え[224]にも、その日限を過ぎれば、金札を持った者の損である。物を拾ってこれを隠しても、だれも知らなければ、拾った者の得になる。それどころか、泥棒をしても、見つかりさえしなければ、泥棒の儲けである。こういう有様を考えれば、今の社会は全く悪人の寄合いで、道徳などは一かけらも見られぬくらいだ。ただ冷やかな法律規則だけを頼りに、最小限度の秩序が維持されているだけである。悪事をしたいのは山々だが、法の制裁がこわいので、実行を見合わせ、法律の許すギリギリの線に踏みとどまっているさまは、まるであぶない刃《やいば》の上を刃《は》渡りするようなものだ。実に驚き入った世の中ではないか。

❖97

八——今日世の文明を進むるには、規則のほかに方便あることなし

人心のあさましいことは右の通りで、法規の無情なことも以上で分るであろう。卒然その外形を一見すれば、嘆かわしい世の中のようだが、しかし一歩を進めて、こうした規則や法律の生れてくる原因と、その効能とを考えてみると、決してこれも無情とのみはいえない。むしろこれこそ今の社会では最適のものなのである。なんとなれば、法規は悪事を防ぐためのものだが、世の中の人間が全部悪

人だから法を設けるのではない。善人と悪人とが雑居していて見分けがつかぬから、法を作って善人を保護するのである。悪人の数はたとい一万人中に一人しかなくても、必ずないとは請合えぬから、万人共通の規則は、一応悪人を取締まる目的で制定されなければならない。これはたとえば贋金《にせがね》を見分けるようなものだ。一万円の中にたとい一円でも贋金があるかも知れぬ時は、一万円全部に目を光らせなければならぬ。要するに規則や法律は、善人保護が目的なのだから、この社会でいかに規則が日ましに増えて、一見無情なように感ぜられても、決してこれを軽んじてはならない。あくまで法を厳重にし、ますますこれを守らなければならない。現代の社会となっては、文明を進める手段は、もはや規則法律を除外しては、他に方法が考えられぬのである。その外形を嫌って、実際の効果を考えないのは得策とはいえまい。悪人の悪事を防ぐために法規を作るのだが、それは善人が善事をするのになんら妨げとなるものではなかろう。だから、規則のいくらうるさい世の中でも、善人は自由に善を行えばよいではないか。ただ人類将来のことを考えると、いよいよ規則は細かにして、その後はだんだん規則の要らぬ時代に持ってゆくことが理想的なのである。とはいえ、そんな時代が来るのは、おそらく数千年も後のことであろう。数千年後のことを当てにして、今から規則を作らずにおくわけにはゆくまい。時代の進歩を一足飛びに考えてはならぬのである。❖98

昔未開野蛮の時代には、君民一体、天下は一家の如く、法規はわずかの条文で足りた。[225] 仁慈深き君主や賢才ある大臣が誠意を以て人民を愛し、忠臣義士は命を捨てて君に尽した。人民もそうした風に感化されて、上下ともにその地位に安んじていたのである。これらは法規によらず、人情[226]を主とした社会で、徳を以て太平をもたらしたものといえよう。一見羨むべき社会のように想像される。しかし当時のことを考えると、実は法規を馬鹿にして作らなかったのではない。かりに作っても、社会が単純すぎて、適用する事件がなかったのである。これに反して、人智が次第に発達すれば、社会の事情[227]も次第に複雑化する。事情が複雑化すれば、規則も当然増加せざるを得ない。また人智が進むにつれて、法を破る手段も自然巧妙になるはずだから、これを防ぐ法も精密とならざるを得ないのである。

今一例をあげれば、昔は政府が法を設けて人民を保護したのが、今の文明社会では、人民が法を設けて政府の専制を防ぎ、自分たちの権利を保護するようになった[一三六]。昔の頭で考えれば、まさに天地がさかさまになって、上下の秩序がなくなったように見えるだろう。しかし頭を冷静にして、見方を広くすれば、それはやはりチャンと理屈に合っているので、政府も人民もそのために顔がつぶれることはないのである。今の世界において、一国の文明を進め、その独立を保つためには、どうしても人民が自ら法を作って、政府の専制を防がなければならないのだ。❖99

時代が移るにつれて人智の発達するのは、丁度子供が成長して大人となるようなものだ。子供の時には自然子供らしい生活をして、喜怒哀楽の情も大人とは違っている。だが、年月を経て大人になれば、昔喜んだ竹馬も、今は嬉しくない。昔こわかったお化けの話[228]も、こわくなくなるのが自然の道理である。子供の心は無智とはいえ、これを咎めるには当らない。子供は子供の時に子供らしいことをするだけで、もとより柄相当のことなのだから、それ以上の多くを求めるのは無理というものだ。ただ子供ばかりで、大人のいない家は、無能力で、他家と対等の付合いができない。だから、子供が成長して大人になるのは、その家のため、何より望ましいことではないか。しかるに、以前子供だったからという過去にこだわって、一人前の大人を無理やり子供扱いし、いつまでも竹馬で喜ばせ、お化けの話でおどかそうとするのは、了見違いである。それどころか、子供同然の古代人の言行を記録したものを、大人となった現代人の聖典と崇《あが》め、その古臭い説に従わぬ者を危険思想呼ばわりするに至っては、まさしく〝智徳の行わるべき時代と場所〟を認識せず、かえってその家の力、すなわち国家の独立を危くするものといわねばなるまい。❖[100]

九――規則無情なりといえども、無規則の禍に比すれば同年の論にあらず

かりにまた規則法律の精神は無情なもので、これを守る人間の心もあさましいものだとしても、やはり法が社会を益することは大きいものがある。たとえば物を拾って、これを落し主に渡せば、半分は拾った者がもらえるという規則があるとする。そこで物を拾って、ただ半分の分け前をもらうのを目当てに落し主に返す者があれば、その了見はまことにさもしいものといわねばならぬ。けれどもそういう了見がさもしいからとて、その規則を廃《や》めたら、世間の落し物はなかなか落し主の手には返るまい。してみれば、この山分け主義は、道徳の目から見ればあまり感心したことではないにしても、やはり今日の文明には必要な規則でなければならぬ。

また商売上、目前のわずかな利益に目がくらんで、破廉恥なことをする者がある。いわゆる商人の不正行為である。たとえば最近日本商人が、生糸や蚕卵紙《さんらんし》の製品に不正を犯して、一時の暴利を貪った。[229] しかしやがて国産品の評判を落して、永く全国の大きな不利を招き、本人も結局損失を蒙った。かくの如きは、名誉も利益もともに失った例である。これにひきかえ、西洋諸国の商人は、信用本位の取引を心がけ、相手を欺くことがない。小さな見本だけ見せて、数万反《たん》の織物を売っても、少しも

見本と違った品物は売らぬ。買手の方も、一々箱の中を検査せずに、安心して荷物を引取るのが常である。これを見れば、いかにも日本人は不正直で、西洋人は正直のように見える。しかしよくその内幕を察すると、必ずしも西洋人が心から誠実で、日本人が不誠実だというわけではない。西洋人は販路を広めて、将来永く大きな利益を得ようという魂胆《こんたん》にすぎないのだ。取引を誠実にしなければ、後日の差支えとなって、自分のふところにも響く恐れがあるから、やむを得ず不正を働かぬだけのことである。心底《しんそこ》からの誠実ではなくて、打算的な誠実なのだ。いいかえれば、日本人は小さな欲張りで、西洋人は大きな欲張りだという違いである。しかしながら、西洋人の誠実は欲のためだから尊敬に値せぬといって、日本人の露骨な不正を真似ていいわけはなかろう。たといわが身可愛さのためにしても、やはり誠実を尽して、商売上の規則契約は守らなければならぬ。それを守ればこそ、商売も順調に行われて、文明の進歩に役立つのである。結局今の人間社会では、家族と親友以外は、政府も、会社も、商売も、貸し借りも、万事規則によらぬ関係はあり得ない。規則なるものの外見は、冷たいように思われるが、全然規則のない不便に比べれば、同日の談ではないだろう。❖101

十——規則を以て大徳の事を行うものというべし

今西洋諸国の有様を見ると、人智が日に進んで、進取活潑の精神が高まる一方である。[一三七] およそ天地の間、自然現象といわず、社会現象といわず、人類の考え及ばぬものはないようにさえ見える。自由に事物の理を究め、自由にこれに対処する方法が工夫されるようになった。ことに自然現象については、すでにその性質と作用とを知って、その性質に応じて利用する法則を発見したことがすこぶる多い。社会現象についても、ほぼ同様である。今や人類の性質と働きとを研究して、次第にそれを貫く原理を求め、その性質と働きとを明らかにして、社会の諸問題を解決する方向に向いつつある。

その成果の一、二の例をあげれば、法律が完全になって、昔よりも無実の罪に泣く者が減った。商売の方法が明らかにされて、便利が多くなった。会社の組織がりっぱになって、大企業が増えてきた。租税の法が整って、財産を失う者が少なくなった。戦争技術の進歩は、人命を害することが大きいようだが[230]、かえって戦術の改革で、無用の殺生は減ったといえよう。国際法[231]はまだ不備で、抜け道はあるものの、幾分は無意義な戦争を減らすのに役立っている。議会制度は政府の専制を押えることができるし、著書や新聞が権力者の横暴を防げるようにもなった。また近日国際会議なるものがベルギーの首府〔ブリュッセル〕で開かれて、全世界の平和を論議するという噂もある[232]。これらは皆社会における〝規則〟の発達を示すものである。その効果の大きいことは、いわば〝規則〟が〝最高の道徳〟の働きをなすものといってもよかろう。❖102

第八章

西洋文明の由来

一――西洋文明の特色は、社会に諸説並立して互いに和することなきにあり

今西洋の文明について、その歴史を詳しく述べることはこの小著のよくするところではない。そこで、ここではフランスの学者ギゾー氏の『欧州文明史』をはじめ、その他の諸書によって、ほんの大要を紹介するにとどめよう。

西洋文明が世界の他の地方と異なるところは、[一三九] 社会における人々の意見が一様でなく、いろいろな思想が並び行われて、相譲らぬことである。たとえば政治を第一とする考えもあれば、宗教優先の考え方もある。あるいは君主政治〔monarchy〕、あるいは宗教政治〔theocracy〕、または貴族政治〔aristocracy〕、民主政治〔democracy〕など、各人その好むところに従い、いいたいことを主張する。そうして互いに対立はするが、ついに他を圧倒する力はない。完全に勝ち切る者もなければ、全く敗れ去る者もない。勝敗が久しく決せず、相対立するとなれば、不満ながら同時に共存せざるを得ぬわけだ。そうして共存してゆくうちには、たとい敵対同士の間柄でも、自然相手の内情が分ってきて、向うの立場をも認めざるを得なくなる。一方だけが完全に勝利を得ることができず、他方の立場をも認

めるとなれば、めいめい自己の立場を守りながら、ともに文明の一面には寄与しているわけだ。いつかは双方完全に理解して、手を握り合う機会にも達するであろう。以上の過程が、西洋の社会に自主自由の精神の発達した所以である。❖[103]

二――民族大移動の時代（西ローマ帝国滅亡より十世紀まで）

今の西洋の文明は、西ローマ帝国滅亡の時〔四七六〕を発端とする。[一四〇] これより先、四世紀ごろからローマ帝国の勢力が次第に衰えて、五世紀にはいよいよ甚だしくなった。そうして蛮族が四方から侵入したため、もはや帝国の威力を保つことは不可能に陥った。この諸蛮族のうち、最も有力だったのはゲルマン〔Germane〕民族で、フランク〔Franks〕というのも、この中の一部族である。この諸蛮族がローマ帝国を荒らし回り、ローマ時代の数百年にわたる旧文化を破壊し尽したので、当時の社会を支配するものは暴力だけであった。無数の蛮人が群を成して、至る所で侵略強奪をほしいままにしたのである。一方に国を建てる者があれば、他方には併合される国もあるという有様であった。

八世紀の末に、フランク王国の王シャルルマーニュ[233]〔Charlemagne〕が、今のフランス・ドイツ・イタリアの地方を占領して、西ローマ皇帝と称し、一大帝国を建てて、ややヨーロッパ全土統一の形勢を示したことがある。しかしその死後は再び国が分裂して、統一の業は完成しなかった。大体この時代は、フランスにしてもドイツにしても、それぞれ国の名はあっても、まだ独立の国家の形を成さず、人々は自分の武力をたのんで、したい放題のことをやったにすぎない。そこで後世この時代を野蛮時代とか、暗黒時代とかいっている。それはまずローマ時代の末から、十世紀まで約七百年間のことで

ある。❖104

三――自由独立の気風は、ゲルマンの蛮族より起る

但しこの野蛮暗黒の時代にも、キリスト教の教会は、独立の形を備えて、りっぱに存在することができた。[一四一]元来、ローマ帝国滅亡後は、教会も当然滅びそうなものだが、決してそうではなかった。教会は蛮族の間に雑居して存在し続けたばかりか、かえってこれらの人民を感化して、わが宗教の縄張りに引入れようとつとめたのである。これはまことに大胆巧妙な試みというべきであった。だが、無智な蛮族を導くには、高尚な理論は役に立たない。そこで専ら盛んな儀式を行い、こけおどしの外観で人心をひき付けて、理屈抜きにだんだん信仰を起させるような方法を執ったのである。これは後世からいえば、迷信で人民を惑わしたという譏《そし》りを免れないだろうが、当時の無秩序な社会で、多少とも天理人道の貴いことを知っていたのは、キリスト教の一派だけである。もしこの時代にキリスト教がなかったならば、ヨーロッパ全土は、畜生同然の世界だったといってもよかろう。だからキリスト教の功徳も、当時としては決して小さかったとはいえない。宗教が権力を握ったのも偶然ではないのだ。要するに、当時人民の肉体を支配したものが武力だとすれば、精神を支配したものは宗教の権威で、俗権と教権とが並立した格好である。のみならず、教会の僧侶が俗事に関係して、社会公共の事にまで指導権を持つのは、ローマ時代からの習慣だから、この時代になってもそうした俗権を失わなかったのだ。後世まで、議院に僧侶の出席する風が残ったのは、かかる大昔からの伝統によるものである。[234]（以上は教会の権力が強かったという経緯である。）

ところが、初めローマの建国は、幾多の都市が合して一つの帝国をなしたので、ローマの支配する範囲は、都市でなかった所はない。この多くの都市は、皆独立の法律を持って、独自の政治を行いながら、ローマ皇帝の命を奉じて、一帝国を構成したのであった。そこでローマ滅亡後も、市民会議の風は依然として残り、これが後世文明の源流となったわけである。（つまり民主政治の基礎はここに築かれたのである。）〔一四一〕

また一方、ローマ帝国は滅亡したとはいえ、かつて数百年間ローマを帝国と称し、その君主を尊んで皇帝といった昔の夢は、その後も永く人々の記憶を去らなかった。皇帝陛下という名称を忘れぬ限り、専制独裁への郷愁もこの名称とともに遺伝せざるを得ない。後世君主政治を主張する意見は、おそらくここらに胚胎するのであろう。（これが君主政治の要因である。）

〔かように中世の野蛮時代にも、なおローマ時代の名ごりを伝えて、僧侶・市民・君主の各勢力の伝統が並存した。〕ところでこのローマ滅亡後十世紀ごろまでに欧州全土を横行した蛮族たちは、記録によってその性格気風を明らかにすることは困難だが、当時の事情から想像すると、豪気粗暴で、人情を知らず、無智暗愚なことは、ほとんど動物に近いものだったらしい。しかし一歩進んで、細かに彼らの内情を吟味してみれば、暗愚粗暴のうちにも、おのずから不正を憤る勇気や自由独立の精神が潜んでいた。思うにこの気風は、知識によって得たものではなく、むしろ人間本来の持前から生じたものであろう。自ら一個独立の男子を以て任じ、そこに誇りを感ずる態度である。男子の意気といってもよかろう。自主自由の志は自ら押えるにも押えられぬ勇気である。昔ローマ時代の市民にも自由を守る精神はあったし、ヤソ教徒の間にも自主独立の主張はあった。しかしそれは他の市民や教団に対する自己の集団的独立の要求であって、自分一個の自由を主張したものではない。わが一身の自主独立を唱えて、わが志を伸ばそうとする精神は、実にゲルマンの蛮族において、はじめてその源流が認められるのである。後世のヨーロッパ文明において、現在まで唯一無二の生命とされる自由独立の精神は、まさにゲルマン民族のたまものといわなければならない。[一四二]（以上は、自由独立の精神がゲルマンの蛮族から生れたことを述べたのである。）❖105

四――封建時代（十世紀より十六、七世紀まで）

野蛮暗黒の時代がやっと終り、民族の移動が一段落するに及んで、諸侯が各領地に割拠する時代となった。この情勢は、十世紀に始まって、十六、七世紀に終りを告げたものである。この時代をフューダル・システム〔feudal system〕、すなわち封建の時代という。この時代には、フランスとか、スペインとか、国の名称は存在して、それぞれの国王もないではなかったが、国王は名前だけで、実力はいうに足りない。国内の諸侯が各地に割拠して、一つの市邑を作り、山を利用して城を築き、城下に家臣を集めて、民衆を勝手にこき使い、自ら貴族と称していた。各諸侯は明らかに独立の勢力を備えて、だれ憚《はばか》ることなく、互いに武力を以て攻伐を事とするばかりであった。かつての野蛮時代には、前述の如く、各人が自主自由の権を持っていたが、封建時代になると、事情が変って、自由の権はただ土地人民の支配者たる貴族一人の手に帰してしまったのである。その権力を制限するための法律もなければ、これを非難する民衆の世論もない。諸侯はその領内においては、絶対の尊貴を誇ったのである。ただ彼らの専制を妨げるものは、敵国の侵略か、もしくは彼ら自身の武力の不足しかなかった。

当時ヨーロッパの諸国は大概こういう有様だったから、どの国の人民も、皆貴族だけを知って、国王の存在を知ったものはない。かのフランス・スペインの如きも、まだフランス国・スペイン国と称し得るだけのまとまった形を備えるには至らなかったのである。[一四三]（これが封建割拠の時代のすがたであった。）

五――宗教の権力、人心を籠絡す

以上によれば、封建時代には貴族だけが威張っていたように見えるが、独裁の権力を振って、ヨーロッパ全土の形勢を左右したのは、決して貴族ばかりではない。教会は、すでにかの野蛮時代から人心をつかんで、信仰を集めていたが、十二世紀から十三世紀にかけては、全盛をきわめるに至った。その理由は、決して偶然ではない。そもそも人間社会を眺めると、世の風雲に乗じて、一代の名声を博する者がある。武力があれば百万の敵を滅ぼすこともできるし、才能があれば天下の富を独占することもできよう。しかしいかんせん、人間生死の大事、死後の世界の事に至っては、どうにも解決できぬ唯一の問題である。この死後の問題にぶつかると、いかにシャルルマーニュの武力でも、秦の始皇帝の猛威でも、全く歯が立たない。人類だれしも不安に襲われて、意気消沈し、富貴も浮べる雲の如く、人生は朝露の如しの嘆を抱かざるを得ない。人間の泣き所はここにある。戦争の防備にたとえれば、守備のない要害の如く、人身にたとえれば、最も鋭敏な急所のようなものだ。一たびここを衝かれると、たちまち参ってしまって、自分の弱点を暴露せぬ者はない。ところが宗教の役目は、この死後の問題を扱い、神の摂理を明らかにすると称して、人心の不安に解答を与えるものである。生きとし生ける者、これに心をひかれぬ者はないわけだ。しかも当時は、まだ文化が開けず、知識の幼稚な社会だったから、いい加減な迷信でも疑う者もなく、天下はことごとく宗教の信仰に傾くばかりであった。また教会は、ひたすら教義の信仰を押しつけるばかりで、自由な批判などは一切許さなかったから、その専制の勢力は、まさしく王侯貴族が暴政を以て庶民を苦しめたのと変るところがない。そこで当時の社会を一言でいえば、人民はその一身を精神と肉体との二部に分けて、肉体の活動は貴族の政権に左右され、精神の活動はローマ法王の命令に委ねたようなものである。つまり俗権は形而下の肉体社会を支配し、教権は形而上の精神世界を支配したのである。

　かくて教会は、形而上の精神世界を支配して人心をひきつけ、王侯の俗権に対立したけれども、なおこれに満足せず、さらにこういい出した。「精神と肉体とはいずれが大切か。肉体は末で、精神は本である。肉体は表面で、精神こそ核心ではないか。教会は人間の根本をとらえて、人心の内部を支配しているのだ。世俗の面にも無関係でいられるわけはない。是非とも宗教の力で政治をも支配しなければならぬ」と。かくて次第に教会の勢力は、王侯の政治権力にも取って代るようになった。ローマ法王は、あるいは王侯の国を奪い、あるいはその位を剝いで、あたかも教権と俗権との独占者のような形になったのである。ゲルマン〔神聖ローマ帝国〕皇帝ハインリヒ四世が、法王グレゴリウス七世の怒りに触れ、厳冬風雪の中を、裸足《はだし》でローマ〔実はカノッサ〕の城門に立つこと三日三夜、法王に泣きついて、ようやく破門の許しを得たというのも、この時代〔十一世紀〕の出来事である。[235-一四四]（以上は宗教全盛時代の状態である。）

さて蛮族横行の時代が過ぎて、封建割拠の時代となり、各地に城を築き家を建てて、人々が安住するようになれば、人心はただ衣食の安定だけに満足することはできなくなる。次第に文化的要求が起ってくるのは当然だ。美衣美食を欲し、さまざまな需要がにわかに増大して、もはや昔の原始的な生活に甘んずる者はなくなった。かくて需要が盛んになれば、これを供給する者も起らざるを得ない。ここにはじめてわずかながら商工業の道が開けてきたのである。そこで各地に商工都市が出現して、市民の中には巨富を築く者も現われるようになったいわばローマ時代の後、この時に至って都市が復活したものといえよう。

やがてこれら市民階級は、集まって団結を固めるようになるが、その当初はそれほど有力なものではなかった。なぜそれが次第に有力化したかといえば、それには理由がある。すなわちかつての蛮族の子孫たる諸侯たちは、先祖の時代を懐古するにつけ、往時の乱暴掠奪の愉快さがなつかしくてたまらない。けれどもいかんせん、社会は一応落着いて、よその土地へ遠征に出かけるような機会はなくなった。そこでいきおい手近な所で掠奪できる相手といえば、ただ一つ、市民階級があるばかりだ。そうなると、市民の目から封建の貴族武士を見れば、物を売る時はお得意様だが、掠奪される時は泥棒にほかならない。だから商売上では貴族武士と付合うけれども、一方には彼らの暴行を防ぐ用意をしなければならぬ。そこで都市の周囲に城壁を作り、城中の市民は互いに助け合って外敵を防ぎ、運命をともにする体制を固めたのである。市民の総会には鐘を鳴らして集合し、何れも二心のないことを誓い合って、相互信頼の情を示した。且つこの総会の時に、一同の中から数人を選挙して代表者とし、城中の軍備・軍政の衝に当らせることが習慣となったのである。この代表者たちは、選挙に当選して、実権を任された以上は、その権力の強大なこと、ほとんど専制国家の君主と変るところはなかった。ただその違うところは、市民の選挙によって、他の代表者と首がすげかえられるという制約があったことである。

かように市民が団結して、独立の形をなした都市をフリー・シティ〔自由都市〕と称した。これらの市民たちは、時に帝王の命を拒み、時には貴族の軍と戦い、争乱の絶えるいとまがなかったのである。[一四五] 自由都市の成立は、十一世紀ごろから、ヨーロッパ諸国に目立ってきた。その有名なものはイタリアのミラノ〔Milano. イタリア北部〕・ロンバルディア〔Lombardia. 同〕などであるが、ゲルマン〔ドイツ〕では、特にハンザ〔Hansa〕同盟[236]といって、十三世紀の初めからリューベック〔Lübeck. 北ドイツ〕・ハンブルグ〔Hamburg. 同〕などの市民が集まって同盟を結んだ。ハンザ同盟の勢力は次第に強大となり、一時は八十五の都市が連合したので、王侯貴族もその勢力を押えることができず、ついに条約を結んで、その独立を認めるに至った。すなわち各都市が城を構えて軍備を持ち、法律を作って政治を行うことが認められたから、自由都市は完全に独立国の観をなしたのである。[一四六]（これが後の民主政治の要因となった。）❖106

七――十字軍の効果

これまで述べてきたように、四、五世紀ごろから、教会・君主・貴族・庶民などがいずれも成長を続けて、それぞれある程度の権力を獲得し、まさに人間社会に必要な各階級は全部出揃ったように見える。しかしまだこれらの各階級を打って一丸として、一国を作り、一政府を建てる時期には至らなかった。人々の争うところは、おのおの自己の階級的利害だけに止まり、国家全体の利害には考え及ばなかった。

ところが一〇九六年、〔回教徒がキリストの墓のあるエルサレムを奪ったことが原因で、〕十字軍の事件が起った。これはヨーロッパ人が、キリスト教保護のために団結して立ちあがり、小アジアに遠征した事件で、いわば全ヨーロッパが一体となってアジアと戦ったわけである。これを契機に、はじめてヨーロッパ人の心には、ヨーロッパとアジアとの内外の区別が認識され、全欧共同の歩調を取る姿勢が生れた。と同時に、ヨーロッパ各国内でも、自国全体の大事件であるから、全国民が同一の歩調を取り、自国全体の利害に関心を持つようになった。だから十字軍の一件は、ヨーロッパ人にはじめてヨーロッパを自覚させ、各国の国民にはじめて自国を認識させた端緒といえよう。この十字軍は、一〇九六年から始まり、断続して、前後八回〔通説は七回〕の遠征を行った末、全く終結したのは一二七〇年であった。

十字軍の事件は、元来宗教的情熱に発したものであるが、二百年の永きにわたって片付かぬとあっては、さすがに人心は倦怠せざるを得ない。各国の君主も、宗教の戦争より政権の争いの方が大事なことを痛感するようになった。わざわざアジアまで出かけて土地を獲得するより、ヨーロッパに居て自国の領土を拡げる方が得策だと悟るに及んで、次第に遠征熱はさめてしまった。一般国民も、だんだん知識が向上するに従い、自国の産業を起すことの重要性に目を向けて、これまた遠征などに乗気にならぬのは当然である。そうした結果、当初の宗教熱は、いつの間にかウヤムヤのうちに消滅して、十字軍の壮挙も、竜頭蛇尾の終幕となったのである。まことにその成行きは、馬鹿らしいといえばいえるだろう。だが、ヨーロッパの庶民までが、従軍のおかげで東洋文明の実情を目撃し、これを自国に輸入して、自然に西洋文明の進歩を助けたことは争われない。また東西両洋接触の結果、前述のように、全欧人がヨーロッパ・非ヨーロッパの区別を認識し、同時に各国民が自国の国家体制を確立するに至ったことは、これまた十字軍の収穫というべきである。[一四七]（したがって、十字軍の効果も大きかったとせねばならぬ。）❖107

八――絶対王権の端緒（十五世紀）

封建時代には、前述の通り、各国の国王はただ看板だけで、実力がなかったけれども、もちろんそれに満足していたわけではない。また一方庶民階級も、次第に知識が向上するにつれて、いつまでも諸侯の束縛に甘んずることはできなくなった。ここにおいて、また社会に一種の変化を生じて、諸侯を制圧する端緒が開かれたのである。

その一例をあげれば、十五世紀の末にフランス王ルイ十一世〔Louis XI. 1423-83〕が諸侯の勢力を奪って、王権を回復した如きがそれである。後世からルイ十一世の事業を見れば、権謀術数、甚だ卑しむべきものがあったようだが、必ずしもそうではない。やはりそこに時勢の進歩というものを考えるべきであろう。昔は天下を制圧するのは武力だけであったが、今や知力がこれに取って代るようになったのである。ルイ十一世は、暴力よりも狡猾さ、暴威よりもペテンを武器に、巧みに諸侯に対して説得や誘惑などの工作を行った。その腹黒さはもちろんながら、その目ざすところはやや遠大で、武力よりも知力を重視する傾向があったことは認めなければならぬ。

しかもこの時代に王室に権力が集中したのは、ひとりフランスだけではない。イギリス・ドイツ・スペインなどの諸国も同様である。それらの国の国王が、そのために努力したこともいうまでもない。また庶民階級も、王室の権力を借りて、多年の仇敵たる諸侯を倒そうと謀った。そこで国王と庶民とが一体となって、その中間の諸侯を挾み撃ちする格好となり、一国の政治がようやく統一されて、一国一政府の体裁を取るに至ったのである。

またこの時代には、火薬・銃砲の用法が普及したので〔十四、五世紀〕、弓馬の武技は次第に廃れ、もはや個人的な武勇などは役に立たなくなった。同時に印刷術が発明されて〔十五世紀〕、まさに人間社会に新たな情報の通路が開発されたような観がある。かように人智がにわかに発達した結果、秩序の転換や価値の変化が生じたわけだ。知力が優勢となって、武力は後退し、封建貴族は日に権威が下落して、その立場を失い、国王と庶民との間で孤立するの余儀なきに至ったのである。要するにこの時代の大勢は、国内の権力が漸く中央政府に集中する気運に向ったといえよう。[一四八]〔つまり国家統一の時代となったのである。〕❖108

九——宗教改革と宗教戦争（十六、七世紀）

一方教会は、久しく特権を独占して憚《はばか》らず、そのさまは時代遅れの悪政府が依然存在しているようなものであった。その内部は腐敗し切っていたが、ひたすら旧習を固守して、改革を図ろうともしない。ところが社会の方は、人智が進むにつれて、昔日の如く無条件に教会を盲信する者ばかりではなくなった。学問はひとり教会人の独占ではなくて、俗人にも読書人が現われてきた。本を読んで知識を求めるようになれば、既成の事物に疑いを抱かざるを得ない。しかるにこの懐疑の精神は、教会にとっては何よりの禁物で、懐疑と信仰とは全然相容れるものではない。ここにおいて宗教改革の大事件が起ったのである。

一五二〇年に有名な改革の首唱者ルター〔Luther〕が、はじめてローマ法王に叛《そむ》いて革新説を唱え、天下の人心を動かして、その勢はほとんど当るべからざるものがあった。しかしローマ法王も、病気のライオンの如く、その活動力は衰えたりとはいえ、ライオンはライオンに相違ない。そこで旧教はライオンの如く、新教は虎の如く、その勝敗は容易に決しなかった。そのためヨーロッパ各国は、〔十六世紀後半から十七世紀前半にかけて、約百年間の宗教戦争の時代を現出して、〕犠牲者の数は測り知ることができない。結局、プロテスタントの一派が開かれて、新旧両教ともその勢力は維持されることになった。さればルーテルの苦心も無駄にはならなかったが、戦争の惨禍を考えると、宗教改革の犠牲は少なかったとはいえまい。

しかし犠牲の多少は別問題として、この宗教論争の意義を考えると、双方ともキリスト教の教義の是非を論じたというより、批判の自由を認めるか認めぬかの問題を争ったものといえる。つまりキリスト教そのものの是非善悪論ではなくて、その本質は、ローマ法王の教権をめぐる争いだったのだ。さすればこの論争は、やはり人民の自由の精神が発露したもので、これまた文明進歩の現われといえよう。一四九（宗教改革も、文明の一徴候とすべきである。）❖109

十——イギリス立憲政治の成立（十七世紀）

十五世紀の末から、ヨーロッパ各国には次第に中央集権の政府ができたが、当初人民は、皆王室を敬うだけで、自分自身政治に関与する権利があるとは自覚しなかった。国王も、貴族を倒すには人民の力を借りなければならなかったから、一時の便宜のために、国王と人民とは共同して、互いに利用し合った格好である。そこで自然人民の地位も向上し、時には国王の方から、進んで人民に権力を与えたこともある。その結果、十六、七世紀になると、封建諸侯は次第に跡を絶った。また新旧両教の争いも、まだ解決はしなかったものの、やや鎮静に向ったから、国家の大勢は、ほぼ国王と人民との二つに固まった観がある。けれども権力を握ると、必ずその権力を独占したくなるのが通例で、ヨーロッパ各国の国王もその例外ではない。そこで今度は、国王と人民との間に争いが起ってきた。その発端となったのがイギリスである。

この時代には、英国王室の権威も強かったが、その人民も、商工業に励んで財産を作り、あるいは貴族の土地を買って、地主となった者も少なくない。かように人民が、土地財産を所有して産業につとめ、国の内外に商売の手を広げて、国家経済の担い手になれば、もはや黙って国王の専制政治を許しているわけにはゆかなくなる。一世紀昔にローマ法王に抵抗して宗教改革を断行し、英国国教会を作ったイギリス国民[237]は、今や国王に対して政治の改革を迫る時勢となったのである。宗教と政治との相違はあるが、英国民が自主自由の気風を発揮して、文明の進歩を促した点は、前後軌を一にする。かつてのフリー・シティの市民精神が、ここに漸く実りを見せたものともいえよう。

一六二五年チャールズ一世の即位後は、人民は政権の主張のほかに、宗教上でも国王に反対し、そのために議会が開かれたり閉鎖されたりして、国論が大いに沸騰した。その結果、一六四九年ついに国王を廃して、一時〔クロムウェルによる〕共和政治がしかれたが、これも永続しなかった。再び王制に復し、その後さまざまな紛争の末、一六八八年〔オランダから迎えた〕ウィリアム三世が位に即くに及んで、はじめて政府の方針は面目を一新し、人民の自由を大幅に認めた君民同治〔limited monarchy〕、すなわち立憲君主政体が確立して、今日に至ったのである。[238][一五〇]

十一――フランス王権の極盛とフランス革命（十七、八世紀）

フランスでは、十七世紀の初め、ルイ十三世の時に、大臣リシュリュー〔Richelieu〕がこれを輔佐して、ますます王室の威光を輝かした。[239]ついで一六四三年ルイ十四世〔十三世の子〕が位に即いた時は、まだ五歳で、政治を執ることなく、しかも内外多事の時代であったが、国力を落すに至らなかったのは、リシュリューの余光である。ルイ十四世は、成長するに及んで、天資英邁《てんしえいまい》で、よく祖先以来のブルボン家〔Bourbon〕の遺業を継ぎ、王威を以て国内支配に成功した。その上、しばしば外国〔英・独・蘭など〕と交戦して、勝たぬ時はなかった。在位七十二年〔一六四三―一七一五〕の間、王威は輝き渡り、フランスで王権の強大なことは、この時代が絶頂と称せられる。

しかしその晩年には、フランス軍の力もいささか振わず、政治の秩序も乱れて、なにとなく王室衰微の傾向を示し始めたように見える。けだしルイ十四世が老いこんだのは、ただ王だけが老いこんだのではなく、ヨーロッパ全体の王権が老衰期に入ったものといえよう。次のルイ十五世〔十四世の曾孫〕の在位時代〔一七一五―七四〕になると、いよいよ政府は腐敗をきわめて、乱脈の極に陥り、これをそれ以前の時代に比べれば、フランスは全く前後別々の国のような観を呈した。

けれども一方、この国の文化の状態を見ると、政治腐敗のこの十八世紀ぐらい、文化の発達したことは未曾有だったといえよう。これ以前、十七世紀〔ルイ十四世時代〕にも、学者の論に自由の思想がなかったではないが、[240]まだそのとらえた問題の分野が広いとはいえなかった。ところが十八世紀になると、一だんと面目を改め、[241]宗教も政治学も哲学も科学も、その研究は広汎な発展を示した。〔いわゆる啓蒙思想家が輩出して、〕あらゆる問題に疑いを抱いてこれを究め、一々調べては試してみるという風で、思想はきわめて自由活発となり、到底これを抑止することは不可能なありさまとなった。一言にこの時代の事情を要約すれば、王室の政治は泥沼のように腐敗し切っていた間に、人民の知力は目ざましい進歩をとげて生気を増したのである。

そこで王室と人民との間には、当然衝突が起らざるを得ない情勢となった。十八世紀の末〔一七八九〕に起ったフランス大革命は、この衝突が事実となって現われたものである。王権と民権との争いが革命となって爆発したのは、イギリスでは、前述の如く十七世紀の中ごろ〔一六四九の清教徒革命〕だったが、フランスでは十八世紀の末に起ったわけだ。その間に前後百年余りの差があるけれども、事の原因と結果〔王の絶対専制と、それに反抗する人民の勝利〕とが相一致した点では、英仏両国全く同じ筋道をたどったものというべきであろう。一五一

以上が西洋文明の由来のあらましである。詳しいことは、世間に文明史の翻訳書が出ているから、[242]それらに譲りたい。もし読者がその書の全体を見渡して、くり返し熟読し、史上の事実に就いて、原

因と結果とをよく照らし合わせて考察するならば、過去の歴史から現代の教訓を学ぶことは必ず大きいに相違ない。❖110

第九章　日本文明の由来

一――自由は不自由の際に生ず

前の章にいったように、西洋の文明は、社会に多くの違った見解が対立し、それが次第に歩み寄って、一つの調和に達したもので、そこに〝自由〟が生れたのである。たとえば、金・銀・銅・鉄などの諸要素を溶かして、一つの塊《かたまり》とした場合、そこに金・銀・銅・鉄とは違った一種の新しい混合物を生ずるが、その諸要素が自然にバランスを失わず、相互の特色を保ちながら、一体となっているようなものだ。

ところが日本の有様を見ると、これとは大きな相違がある。日本文明の場合も、その社会にいくつかの階級があるのはもちろんだ。すなわち君主・貴族・僧侶・平民などが、皆昔から存在して、それぞれの階級をなし、各階級ごとに独自の見解がないではなかった。だがその見解は、同じ力で対立することができず、歩み寄ることもできず、調和して一体となることもできなかった。たとえば金・銀・銅・鉄の諸要素はあっても、これを溶かして、新しい一塊の金属とすることができないようなものだ。たとい溶けあって一つとなったように見えても、その実は諸原料の割合を平均して混ぜたものではなく、必ずそこにひどい軽重のアンバランスがある。そのために、一方の要素が他方の要素を滅ぼしてしまい、その特質をあらわすのを不可能ならしめたのである。丁度金銀の貨幣を造るのに、十分の一の銅を混合しても、銅はその特質をあらわすことができず、できあがったものは、純然たる金銀の貨幣にすぎないのと同じ道理だ。これをわが国における〝事物の偏重《へんちょう》〟〔アンバランス〕といってよかろう。

大体、文明社会の自由というものは、他人の自由を犠牲にして獲得せらるべきものではない。各自の権利を許し、各自の利益を認め、各自の意見を容れ、各自の力を発揮させ、そうした全体の対立と調和との間からもたらされるものが、真の自由に外ならないのだ。そこで言い換えるならば、〝自由は不自由との境目に生れる〟といってもよかろう[一五二]。

だから社会において、政府でも、人民でも、学者でも、官吏でも、その地位のいかんを問わず、いやしくも権力を有する者に対しては、たといそれが知力にせよ、武力にせよ、その力なるものにはどうしても歯止めがなければならぬ。なぜならば、すべて人類が有する権力なるものは、決して公平無私ではあり得ないからだ。必ず権力は、自然と濫用される危険があるものである。あるいはその人物が卑怯なために、〔陰険な手段で〕悪事を行い、あるいは人物が過激な場合には、〔暴力によって〕他人に害を与える。それは天下古今の実例の示すところであろう[一五三]。まさに〝権力偏重〟の弊害というものだ。そこで権力者は、常に自ら反省しなければならぬ。わが国の文明を西洋の文明と比較して、その特色の違うところは、実にこの権力の偏重という点にはっきり見られるのである。❖111

二――日本にては〝権力の偏重〟至らざる所なし

日本では、この権力の偏重が広く社会の中に浸透していて、至らぬ隈もない。本書の第二章で、各国の国民性のことを論じておいたが、この権力の偏重も、日本の国民性の一つの現われである。現在、わが国の学者は、権力について論ずる場合、ひたすら政府と人民との関係だけを取上げて、あるいは政府の専権を憤《いきどお》り、あるいは人民の横暴を咎《とが》める者が多い。だが事実を仔細に吟味すると、この偏重は、社会の極大なるものから極小なるものに至るまで、その大小を問わず、また政府と民間とにかかわらず、あらゆる社会を通じて、その現象を発見するであろう。たとえていえば、仮に日本国中に無数の天秤を掛けるとすると、その天秤は大といわず小といわず、すべて皆一方に偏して、平衡を失うようなものだ。あるいは、三角四面〔三角形で四面体〕の結晶物を砕いて、千分の一とし、万分の一とし、ついには細粉としても、その一分子は依然として三角四面の形を失わず、またその細粉を合わせて小片となし、さらに合わせて一塊としても、やはり三角四面の形が変らないのにも似ている。権力の偏重が、あらゆる社会の隅々にまで行渡っている有様は、まさにこの通りである。しかるに識者があまりこれに注目しないのはなぜか。思うに政府対人民の場合は、その関係が最も大きく、且つ公然として、著しく人目につき易いために、識者の議論も、とかくこの官民間の権力の不平均だけを問題とするにほかならぬ。

そこで、現在日本の社会において、権力の偏重がどういう所に行われているかを考えてみると、まず男女の間にも男女の権力の偏重があり、親子の間にも親子の権力の偏重があり、兄弟の間にもあれば、長幼の間にもある。家族だけでなく、世間一般を見渡しても同様で、師匠と弟子、主人と家来、貧人と富者、貴人と賤者、先輩と後輩、本家と分家、いずれの社会にも、皆そこには権力の偏重が存在する。さらに一歩を進めて、人間が多少の集団や階層をなしている所を見ても、封建時代の大藩と小藩をはじめ、寺の本山と末寺、神社の本社と末社という風に、いやしくも社会的関係があれば、必ずそこに権力の偏重がないところはない。政府の中でも、役人の地位階級に従って、この偏重があることは、最もひどいものだ。役人が平民に対して威張る有様を見ていると、いかにも偉そうに見えるが、この役人が役所の中で上役から威張られることは、平民が役人に対するよりも、なお甚だしいものがある。たとえば、地方の小役人などが村の名主〔村長〕どもを呼出して、応対する時の傲慢な態度は、実に不愉快千万だが、この小役人が上役に接する有様を見ると、笑止というほかはない。名主が小役人にむやみに叱られる有様は、気の毒に思われるが、村に帰って小百姓を叱りとばす有様は、これまた見るからに憎々しい。かように甲は乙に抑えられ、乙は丙に虐げられるという風に、圧迫抑制の堂々めぐりはとどまるところがない。[一五四] まことに奇妙な光景というべきではないか。もとより世界中、貴賤貧富・知愚強弱の相違は、人間それぞれの実状に応じて、際限もないのは当然で、たといその相違があったからとて、社会になんらさしつかえはない。けれども日本では、身分や能力などの相違に伴って、基本的な人権にまで相違を生ずる場合が多い。[一五五] これを私は、わが国における権力の偏重と名づけるのである。❖112

三――〝権力の偏重〟は政府のみの事にあらず

今、日本社会の事情を表面的に観察すると、権力者はいかにも政府ばかりのように見える。しかしよく政府の性格なるものを吟味して、なぜそう見えるかの理由を掘下げてみると、いささか別個の、より精確な見解に達するであろう。というのは、政府といえども、結局は日本人自身が集まって政治を行う機関にすぎない。この機関にある一部の日本人が、君主や官吏、即ち権力者と呼ばれるまでのことである。〔日本人以外に、政府族という特別の種族があるわけではない。〕しかもこの君主・官吏といえども、生れてすぐに政治の衝に当るのでないことはもちろんである。[一五六] たといわが封建時代には、大名や門地ある武士が高位高官を世襲するのが常だったとしても〔生れた時は白紙で、何の意識もない〕、実際に政治の要路に立って、権力者になった者は、多くは〔それら世襲の名門の中から〕、たまたま〔成人後、才能や運命などにより〕、機会に恵まれて、その地位に就いた人物に外ならない。ところでこうした日本のエリートたちは、はたして権力の座に就いた瞬間から、はじめて了見が一変して、専制者に早変りしたのだろうか。そんなわけはなかろう。彼らが政権の地位に就いて、専制をほしいままにし始めるのは、後天的な教育習慣によって専制心を養われた結果、今まで隠れていた地金を暴露しただけのことである。〔つまり日本人なら、だれでもそういう地金を内蔵しているのだ。〕

その証拠には、封建時代でも、稀には平民の有能な人物を登用して、一藩の重要な役人に任じた例がないでもないが、これらの人物の所業を見ると、決して一般の役人と変ったところはない。〔平民出身だから、平民らしくふるまうかといえば、さにあらず、〕ただその政治のやり方が、これまでの政府の慣習に従いながらも、多少巧妙だというにすぎない。その巧妙とは、つまり専制の方法が上手だということである。すなわち、人民を懐柔して愚民政策を取るか、これを威圧して縮みあがらせるか、そうした手腕に長じているだけのことである。だから、仮にこういう人物に、民間で仕事をさせたら、やはり民間において専制を行うだろうし、村にいたら村で、町にいたら町で、必ずボス的勢力となるにちがいない。さすれば、権力の濫用は、結局わが国民全体の避け難い持病のようなもので、右の人物に限って例外だということはありえないわけだ。ただ政府の役に就いた場合は、その仕事が特に派手で、人目につくために、自然世間の批判をも受けやすいにすぎない。

以上の次第だから、日本では決して政府ばかりが専権の発生地なのではない。むしろ権力病の患者を招き寄せる集会所だというべきだろう。いわば政府は権力病者に場所を提供して、日頃の地金を存分に顕わし、盛んに権力をふるわせるのに最も適当な舞台だというわけである。もしさもなくて、専権の発生が政府だけにあるとしたら、日本人はただ役人である間だけ、この流行病にかかって、それ以外の時は果して無病なのであろうか。そんな道理はあるまい。もちろん権力を揮《ふる》いたがるのは実力者一般の通癖だから、一旦政権の座に就いて勢力を握ると、自ら眩惑されて、ますます権勢を弄《もてあそ》ぶ弊害はあるだろう。また支配体制の立場として、権力を以てしなければ治まりがつかないという事情もあるだろう。けれども、もしも一般日本人の教育や習慣そのものの中に、全然そうした専制の要素がないならば、たといだれが政府の地位に就いたとて、急に権勢欲が生じて、これを政治に行うということは、絶対にあり得ないはずである。〔日本の教育や習慣の中に、専権者を生み易い非民主的下地があることは、明らかであろう。〕❖113

この議論に誤りがないとすれば、権力を濫用して、その偏重の弊があるのは、決して政府だけではなく、日本人全体の国民性といわなければならない。この気風こそ、西洋諸国とわが日本とを区別する著しい相違点だから、その原因を求めねばならぬ。だが、それは非常にむずかしい。西洋人の著書によると、アジア州に専制政治の行われる原因は、気候が温暖で、土地が肥沃なために、人間が増殖して労働人口が多すぎるからだとか、地理的に山が険しく、海が広大で、自然が厳しすぎるために、〔無抵抗主義になり、〕迷信や恐怖の念が甚だしいからだとかいう説もある。[243 一五七] しかしこれらの説をそのまま日本の有様に当てはめ、それによって疑問が解決できるかどうかはわからない。たといそれで疑問が解決できるとしても、その原因はすべて地理風土という自然現象だから、人力によってはどうにもならぬ。だから以下私は、〔その原因の追究はしばらく措き、〕ただ過去の歴史事実を説明して、専制が行われてきた経過だけを明らかにしようと思う。その経過が明らかになれば、これを矯正する方法もわかってくると思うからだ。❖114

四――治者と被治者と相分る

さてわが日本も、初めは世界中の他の国々と同様、わずかの人民が一群をなし、その一群の中から武力が一番強く、知力も最もすぐれた者が酋長〔蛮族の首領〕となって、これを支配したか、あるいは他の地方から来た者が、この一群を征服してその酋長となったのであろう。歴史によると、神武天皇が九州に兵を起して、東征したことになっている。[一五八] ともあれ、一群の人民を支配するのはもちろん一人の力では不可能だから、その酋長に従属して、これを助ける腹心の家来がなければならぬ。その人物は、あるいは酋長の親戚、あるいは親友の内から選ばれて、ともに力を合わせ、自然と政府の形を成したのであろう。一たび政府の形を成すや、この政府にある者は支配者となり、人民は当然その支配を受ける者となるわけだ。ここに始めて支配者と被支配者との区別が生れ、支配者は上に立って君主となり、政治の当局者となり、被支配者は下にいて隷属者となり、局外者となる。かくて、上下・主従・官民の区別がはっきりできあがってしまった。そこでこの二者は、日本の社会において最も著しい対照をなし、いわばわが国の文明の二元素というべきものである。古往今来《こおうこんらい》、社会を構成する者は少なくないけれども、つまるところはこの二元素となり、双方とも独立して自己の本領を維持することはなかったのである。❖115

五——国力王室に偏す

ところで、人を治めるのはもちろん容易なわざではない。すべて支配者の資格を得るには、必ず武力と知力と、その上に多少の財力を兼ね備えていなければならぬ。武力と知力の上に財力をも兼ねる時、はじめて支配者たる実力を得ることになる。そこで世の支配者たるには、必ず実力者でなければならない。わが皇室は、さらにこれらの実力者〔豪族〕たちの上に君臨し、彼らの力を集めて国内を支配し、戦えば必ず勝ち、遠征すれば必ず敵を降すという風であった。また被支配者たる人民も、皇室の伝統が古いことから、ますますこれに服従した。かの神功《じんぐう》皇后の三韓征伐以来、しばしば外征による国力の発展もあり、国内には恩威並び行われて、内憂のなかったことは推して知るべきであろう。やがて文明が次第に開け、養蚕・造船の技術や、紡績・農耕の道具や、医学・儒道・仏法の書など、その他文明の諸要素が、あるいは朝鮮から伝来し、あるいは自国で発明して、国民の生活状態は次第に進歩した。けれどもこの文明の諸要素を駆使運用する権利は、すべて政府の一手にあって、人民はただその指揮に従うにすぎなかった。その上、全国の土地や人民の身体までも、皇室の私有でなかったものはない。この有様を見れば、被治者は治者の奴隷同然であった。後世までも、日本の事を御国《みくに》、天下の田地を御《ご》田地、全国の農民を御《お》百姓などと称したが、この「御」の字は、政府を尊敬したことばで、いわば全国の田地も、人民の身体も、皆皇室の私有物だという意味にほかならぬ。仁徳天皇は民家に炊煙《すいえん》のあがるのを見て、「自分は今や富むことができた」と喜ばれたという[244]。これも、結局は人民を愛する誠意から出たもので、人民が富むのは自分が富むのと同様だとの意味であろう。いかにも公平無私な仁君といえそうだけれども、反面から見れば、やはり国家を自分の家のように見なして、これを私物視する心理は見のがせない。こうした有様で、天下の権はことごとく皇室に集まり、力は常に皇室にのみ偏して、王朝の末〔平安末期〕に至ったのである。わが国の権力の偏重は、前にいったように、極大のものから極小の物に及び、社会の種類を千万に分けると千万種の偏重があり、それを集めて百種とすれば百種の偏重があるが、今、皇室と人民との二つの関係に絞れば、偏重もまたこの両者の間に生じて、皇室側の一方にのみ権力が偏したといえよう。❖116

六――政権武家に帰す

源平二氏が起るに及んで、政権は武家の手に移り、そのために皇室との権力が平均して、社会の形勢が一変したように見える。だが決してそうではない。源平にしても皇室にしても、皆結局支配者の中の一部分であって、政権が武家の手に渡ったのは、支配階級中の甲から乙へ権力が移動したにすぎない。支配者と被支配者との関係は、依然として上下主客の形のままで、少しも今までと相違があるわけではない。単に相違がないだけではなく、はるかそれ以前、光仁天皇の宝亀年中〔奈良朝末〕に、天下に令をくだして、兵と農とを分けた。そうして人民の内から、富んで武力に長じた者を選んで兵役に用い、力の弱い者を農に就かせたという。[245]この政令の趣意を見ると、人民の富んで強い者は、武力によって弱い者を保護し、貧しくて弱い者は、農業に励んで武人に奉仕することになったわけだ。さすればその後、貧弱な者はいよいよ貧弱に陥り、富強な者はますます富強に進み、治者と被治者との区別は一層はっきりとして、権力の偏重はさらに甚だしくなったに違いない。

ものの本によると、頼朝は日本国総追捕使《そうついぶし》となって、国毎に家臣を守護〔幕府の代官〕として配置し、荘園〔貴族社寺の私有地〕には地頭〔やはり幕府の代官〕を任じ、それによって王朝以来の国司〔地方官〕や荘司〔荘園の管理者〕の権力を奪った。[246]それ以後、もと朝廷から配属されていた諸国の守備兵[247]の中でも、家柄が良く、部下をも持っていた者は、幕府に従属して、守護・地頭に任ぜられた。またそれ以下の身分の者も、やはり御家人[248]と称して、守護・地頭の支配を受け、皆幕府の輩下に属することになった。御家人たちは百日交代で鎌倉を警衛する例[249]もあったという。〔源氏の正系が絶えて〕、北条執権の時代になっても、おおむね同じ有様で、国中武人のいない所はなかった。承久の乱で北条泰時が、わずか十八騎で鎌倉を京都に向って進発したのは〔承久三年・一二二一〕五月二十二日のことであるが、同じ月の二十五日までの三日間に、東国の兵がことごとく集まって、十九万騎となったともいわれる。[250]これから考えても、諸国の武士は不断から出陣の準備に忙しく、もちろん農業に励む暇はなかったから、必ず一般庶民の労働に頼って生活したことは明らかであろう。兵農の別がいよいよはっきり定まって、人口の増加に従い、武人の数も次第にふえたに違いない。頼朝の時代には、ほとんど鎌倉に出仕していた武士を以て諸国の守護に当て、三年か五年で交代することとしていたのが、その後いつとなく代々世襲の職となった。〔いわゆる守護大名となる。〕そうして北条氏が滅んで足利氏の時代になると、この守護なる者が互いに併呑《へいどん》しあって、ある者は栄え、ある者は滅び、あるいは土地の豪族に追われ、あるいは家来に領地を奪われなどして、次第に日本全土が完全な封建体制を成したのである。

そこで王朝以来の有様を概観すれば、日本の武人は、初めは国内の各地に分散して、一人一人が権力を振い、皇室の支配に服していたが、鎌倉時代に至るまでに次第に合併して、幾つもの小集団を成した。いわゆる大名・小名がこれである。足利時代になると、さらにそれらの集団が合体して、全国に有力な大大名が幾つもできたが、まだ天下を統一するまでには至らなかった。応仁の乱以後の群雄割拠の乱世がそれで、武士の活動の最も盛んな時代である。しかし武士の社会には、かように離合集散があり、栄枯盛衰があったにかかわらず、庶民の社会には、何ら変化があったことを聞かない。ただ農業に励んで、武士階級に奉仕していただけである。だから庶民の目から見ると、皇室も武家も区別があるわけはない。武人の社会に治乱興亡があるのは、人民にとっては、あたかも不可抗力の天気や時候の変化のようなもので、ただ黙ってその成行を傍観しているばかりであった。❖117

七――日本国の歴史はなくして、日本政府の歴史あるのみ

新井白石の『読史余論』の説に、「天下の大勢が九変して武家の時代となり、武家の時代がさらに五変して徳川の世となった」とある。[251]ほかの諸学者の説も大同小異である。だがこうした説は、単に政権を執る人物が新旧交代した事実を見て、幾変と論じたにすぎない。今まで日本人の手に成った歴史なるものは、ただ皇室の系図を詮索しただけのものか、君主や大臣や役人の政治上の得失を論じたものか、または戦争の勝敗の物語を記したいわば講釈師の軍談のようなもので、大抵これらの範囲を出なかった。まれに政府に関係のない歴史といえば、坊主どもの怪しげな迷信談にすぎず、[252]これまた見るに足らない。一言でいえば、日本国の歴史はなくて、日本政府の歴史があっただけだ。学者の不見識であるとともに、わが国の一大欠点といわねばならぬ。『読史余論』なども、結局はこの種の歴史である。「天下の勢変」といっても、実際は天下の大勢が変ったわけではない。天下の大勢は早くも王朝の時代に定まって、支配者と被支配者との二要素に分れ、さらに兵農が分離するに至って、ますます区分がはっきりして、今日までこの有様の変ったことは一度もないのである。❖118

八――政府は新旧交代すれども、国勢は変ずることなし

だから、王朝時代の末に藤原氏が政権を握ったり、あるいは上皇が院政をしいたりしたといっても、そんなことは、皆皇室内部の事件にすぎず、もちろん社会の形勢に関係があったわけではない。平家が亡んで源氏が起り、新しく鎌倉に幕府を開いても、北条が執権となって国政を左右しても、[253]足利が

南朝と戦って逆賊呼ばわりされても、一般国民には何の関係もなかった。あるいは織田や豊臣や徳川が、それぞれ日本中を征服して、これを支配したにしても、これまたその方法に上手下手があっただけで、天下の形勢には何の変化もなかったのだ。そこで、北条や足利の幕府が喜んだことは、徳川幕府も同様に喜び、彼が憂いとしたことは、これもまた憂えるという風で、喜憂に対処する方法にも、少しの相違もなかった。たとえば、北条や足利の政府が五穀豊穣・人民柔順を喜ぶ気持は、徳川幕府とても同様だったし、北条・足利の政府の恐れたところの謀叛人《むほんにん》の種類は、徳川の時代となっても変るところはなかったのだ。〔つまり同じ武家なかまの反逆者が一番恐ろしかったのである。〕

ところが、一方ヨーロッパの有様を見ると、全く勝手が違う。国民の間に宗教改革の運動が起れば、政府もまたそれに伴って処置を施さなくてはならぬ。また昔の国王は、ひたすら封建諸侯だけを恐れていたのが、社会に商工業が次第に発展して、市民階級が勃興してくると、国王は諸侯の没落を喜ぶ半面、市民の勢力を恐れざるを得なくなった。

かように、ヨーロッパでは、国の大勢の変動に従って、政府もまた態度を変えねばならなかったが、日本はそうではない。宗教も学問も商業も工業も、すべて政府が一手に抑えていたから、人民の動きなどは心配する必要もなければ、恐れることもなかった。もし政府の気に入らないものがあれば、すぐさまそれを弾圧してしまえばよかったのだ。ただ当時の武家政府にとって唯一の心配は、同じ武士階級の中から反旗をひるがえす者が出てきて、政権を奪い取られはしまいかということだけであった。だから建国二千五百有余年の間、日本の政府は同じことを繰返すばかりで、その有様は、たとえば一冊の本を何度も読みかえし、同じ外題の芝居を何度も催したようなものである。新井白石が、天下の大勢が九変したとか、五変したとかいったのも、つまりは一つ芝居を九回、あるいは五回催しただけにすぎない。ある西洋人の著書に、「アジアの諸国においても革命や内乱があったことはヨーロッパと違わないが、その変乱のために国の文明が進んだことはない」という説がある。[一五九]いかにも理由なしとしない。

九——日本の人民は国事に関せず

右のように、日本では政府は時として変革交代することがあっても、国勢は少しも変らなかった。権力はいつでも一方に偏っており、いわば支配者と被支配者との間に高大な障壁があって、その間の通路が絶たれていたようなものだ。有形の武力も、無形の文化・学問・宗教なども、皆支配者のためのものだったから、武人も学者も宗教家も、治者の息のかかった者同士が結束して、各自の権力を伸ばそうとした。そこで富貴も、才能も、名誉[254]も、良識も、すべてこの階級だけが専有するところとなり、それらの権威がはるかに社会の上流に君臨して、庶民を支配したのである。だから治乱興廃も、文明の進退も、万事支配階級だけのあずかり知るところで、被支配者は絶えて国事に関心をはらうことなく、平気な顔で路傍の出来事を見聞きするような格好であった。

たとえば古来、日本にたくさんの戦争があった。あるいは甲越〔武田と上杉〕の合戦といい、あるいは上方と関東〔豊臣と徳川など〕の争いという。その名を聞けば、いかにも両国が互いに敵対して戦ったように見えるけれども、実際はそうではない。ただ両国の武士と武士だけの争いであって、人民はまるで関係するところがなかったのだ。元来敵対国とは、国中の人民が一心一体になって敵視し合う国のことである。たとい自ら武器を取って戦場に出ぬまでも、自分の国の勝利を願い、敵国の不幸を祈り、些細なことにも敵味方という精神を失わないことこそ、真に相敵対する両国といえよう。人民の報国心というのも、このへんのことをいったものだ。しかるに日本の戦争では、古来こうした例を見ることがない。[一六〇] 戦争は武士と武士との戦いで、人民同士の戦いではなかった。支配者同士の家の争いで、国全体の争いではなかった。両家の武士がいくさを始めても、民衆はそれを傍観しているばかりだけで、敵味方にかかわらず、ただ強い方を恐れるだけであった。だから、双方の形勢次第で、きのうは味方の軍需品を運んだ者が、きょうは敵の兵糧を運ぶこともあったろう。勝負が決まって戦争が終れば、民衆は騒ぎが治まって、領主が交代するのを眺めるだけである。[255] 自国が勝っても名誉とするわけでもなければ、負けても恥辱とするわけではない。もしも新しい領主の政令が寛大で、年貢米の高でも減らしてもらえれば、それをもっけの幸いとするくらいのことであった。

その一例を示せば、後《ご》北条[256]の領土は関《かん》八州〔関東八ヶ国〕であったが、一旦豊臣と徳川との連合軍に敵対して滅び去ると、直ちにその八州を領有した者は、北条氏の仇敵徳川であった。しかしいかに徳川家康が抜群の英雄だったとしても、〔もし北条氏の百姓町人までが敵だったら、〕一時に関八州の敵を征服できるわけはない。ところが、八州の百姓町人は、元来敵でも味方でもなく、ただ北条と豊臣との戦争の見物人だったにすぎない。そこで徳川が関東に移った後、敵の残党を鎮撫征討したというのは、実は北条の遺臣を討ったまでのことで、百姓町人などの処置に至っては、手で頭を撫でただけで、すっかり手なづけてしまった[257]というようなわけである。

こんな例を数えてゆくと、古来枚挙にいとまがない。今日に至っても、まだこうした状況が変った様子は見えない。だから日本は、昔からいまだに真の国家の体をなしていないといってもよかろう。今、もし国中をあげて外国に敵対せねばならぬような事態が起ったら、どうだろうか。たとい武器を持って出陣しない人民でも、戦争のことを心にかける者を戦者と名づけるならば、この戦者の数と、いわゆる見物人の数とを比べて、今の日本にどちらが多いかは、予測に難くないであろう。かつて私は、「日本には政府だけがあって、国民がない」[258]〔『学問のすゝめ』四編〕といったことがあるが、それもこの意味である。もちろんヨーロッパでも、戦争によって他国の土地を併合することはよくあるが、それは決して容易なわざではない。非常な兵力でおさえつけるか、でなければ、その土地の人民と条約を結んで、幾分かの権利を与えるのでなければ、その土地を領有することはできないといわれる。東西の人民の気風の相違は、これによっても知ることができよう。❖119

国民その地位を重んぜず

だから、日本では、たまたま民間に才能のある者が出ると、自分の所属する身分の中では才能を用いる方法がないため、自然、その身分から抜け出して、上流社会の仲間入りをしないわけにはゆかなくなる。そこで、きのうの平民がきょうは将軍・宰相となったというような例は、昔も今も少なくない。一見すると、階級間の障壁がないようだが、実はこの人物は、ただわが本来の身分を抜け出して、他の階級に鞍替えしたにすぎない。いわば低湿の土地を避けて、高燥の土地に移ったようなものだ。自分一人のためには具合が良いに違いないが、元の湿地に自分で土を盛って、高燥の土地に変えたのではない。だから、元の湿地は、いつまでも元の湿地で、今の自分が移り住んだ高地に比べてみれば、その間の障壁はそのまま残り、上下の隔たりは少しも変らないのである。

たとえば、昔尾張の国の木下藤吉郎は、太閤[259]にまで出世したけれども、尾張の庶民は元の百姓のままで、その状況は一向に改善されなかったようなものである。藤吉郎は百姓の仲間を脱走して、武士の仲間に入っただけのことだ。その出世は藤吉郎一人の出世で、百姓一般の身分が良くなったわけではない。これはもちろんその時代の大勢だったので、今からとやかくいってもはじまらないが、もし藤吉郎が、かの中世ヨーロッパの自由都市[一六一]〔本書一九四―一九五頁〕に生れていたら、その市民たちは絶対にこの英雄のやったことを喜ばなかったに違いない。またもし現代に藤吉郎を出現させて、彼の昔やった通りのことをさせ、かのヨーロッパの自由市民を生きかえらせて、太閤の所業を批評させたなら、必ずやこの市民たちは、藤吉郎のことを不人情な奴だというだろう。「わが祖先の地を顧みず、仲間の百姓を見捨てて、自分だけ武士に寄生して、わが身の名利を貪るような者は、ともに語るに足らぬ奴だ」といって罵倒するだろう。結局藤吉郎とこの自由市民たちとは、根本精神が違うのだ。たとい両者の行為の粗野で勇猛[260]な一面は似ているにせよ、古今を通じ、いつの時代のいかなる状勢下に生れたとしても、両者の主義は絶対に相容れぬものである。

思うにヨーロッパにおいて、十三、四世紀のころ盛んであった右の独立市民などは、その所業はもとより乱暴過激で、あるいは頑固無知な点もあった。けれども、決して支配者の権力に依存することなく、本職としては商売に励み、わが商業を保護するために軍備を具えて、自己の社会的地位を強化したのである。また近世に入っては、イギリス・フランスそのほかの国々において、中産階級の人民が次第に富をふやし、それに伴って品格も向上して、議会などで活潑に論議を展開する。しかし、これまた必ずしも政権を争って自ら支配者となり、人民を圧迫する力を貪ろうというのではない。ただわが身分の利益を確保して、政府の圧迫に抵抗するための努力にほかならない。その身分の利益とは、地域的には「ローカル・インタレスト」であり、職業的には「クラス・インタレスト」である。即ちその住む地方や職業を共にする関係上、団結して自分たち仲間の意見を主張し、自分たちの共同利益を護ろうとするもので、そのためには、命を捨てた者さえ無いではない。こうした有様に比べると、古来日本人が自分の階級を重んぜず、有利な側につき、支配者の力に頼って自己の権力を高めるか、または支配者に取って代って、自ら支配者となり、わが暴力を以て人の暴力に替えようとするが如きは、実に卑劣きわまる了見ではないか。ヨーロッパの独立市民とは、雲泥の差といわねばなるまい。

昔シナにおいて、楚の項羽は、〔若き日に〕秦の始皇帝の行列を見て、「われこそ彼に取って代ってやろう」と豪語した。また漢の高祖も、〔貧乏時代に〕同じく始皇帝の行列を見て、「男子たるもの、まさにこうなくてはならぬ」と発奮したという話がある。[261] 今この二人の心の中を察すると、自分たちの身分を守るために秦の暴政を憤《いきどお》ったのではなく、むしろその暴政を絶好の機会として、自分たちの野心を遂げ、始皇帝に代って同様のことを行おうと望んだに違いない。あるいは彼らの暴虐は、始皇帝ほどではなかったにせよ、それは政治のやり口が幾分巧妙なために、人望を買っただけのことだ。専制を以て人民を支配した点に至っては、始皇帝も高祖も相違のあるわけはない。わが国にも、昔から英雄とか豪傑とか称するものが少なくないが、その所業をみると、必ず項羽か高祖のたぐいであった。日本始まって今日まで、わが国民は、かのヨーロッパの独立市民のようなことは、夢の夢にも考えたことはあるまい。❖120

〔そこでまず目を日本の宗教に向けて見ると、〕宗教は人々の心の内部に働きかけるもので、最も自由且つ自立のものである。信仰は、少しも他人の支配を受けず、少しも他人の力を頼まずに存在すべきものである。[一六二]だが、日本ではそうではない。元来わが国の宗教は神仏両道があるという者があるが、神道はまだ宗教の資格を完備していない。たとえ古代に神道思想があったとしても、その後仏教の中に取込まれてしまって、何百年の間、本来の面目をあらわすことができなかった。近年〔王政復古以後〕少しばかり神道が日の目を見るに至ったようだが、これはたまたま政府変革の時機に際会して、皇室の威光を借りて、わずかな活動〔仏教排斥の〕を始めただけのもので、一時偶然の出来事に過ぎない。私の考えでは、これをはっきり宗教と認めることはできない。とにかく在来日本に行われて、文明の一環をなした宗教といえば、仏教だけであろう。ところがこの仏教なるものも、発達の当初から支配階級に属していて、政府の力に依存しないものはなかった。古来、名僧智識といわれた者には、あるいはシナに渡って法を求め、あるいは自国に居て宗派を開いて、人を教化し、寺を建てた者が多い。けれども、彼らも大概皆天皇・将軍などの庇護を求め、その威光を借りて法を広めようとする者ばかりであった。それどころか、政府から爵位を受けるのを光栄とする輩《やから》さえ出てきた始末である。

僧侶が朝廷から僧正・僧都〔とにも僧官の最上級〕などの地位を与えられた例は非常に古くからあった。『延喜式』に、「僧都以上は三位《さんみ》に准ずる」とあり、[262]また後醍醐天皇建武《けんむ》二年〔一三三五〕の宣《せん》旨《じ》〔朝廷から下す公文書〕には、「大僧正を二位の大納言、僧正を二位の中納言、権僧正《ごんのそうじょう》を三位の参議に準ずる」ともある。[263]（『釈家官班記《しやっけかんぱんき》』[264]による。）これから見ると、当時の名僧も朝廷の官位を受け、朝廷の群臣と席次の上下を争い、わずかな席次の前後によって、栄辱を問題視したことが分る。

　こんな有様だから、日本の宗教には、古来その宗門の教えはあっても、自家独自の宗教政策があったという例を聞かない。今日その実証を得ようと思えば、全国の有名な寺院に行って、その由来記を見るがよい。〔奈良時代には、〕聖武天皇の天平年中〔天平十三・七四一〕に国ごとに国分寺〔各国の中心の大寺〕が建立《こんりゅう》された。〔平安初期に入っては、〕桓武天皇の延暦七年〔七八八〕に伝教大師《だいし》〔最澄〕が比叡山を開き、根本中堂〔中心の本堂〕を建てて、京都の鬼門〔東北の方角。不吉とする〕の鎮護とし、ついで嵯峨天皇の弘仁《こうにん》七年〔八一六〕には弘法大師〔空海〕が高野山を開き、勅許[265]をたまわって、大伽藍を建立した。そのほか、奈良や京都の諸大寺をはじめ、中古には鎌倉の五山〔代表的な禅宗の五寺院〕、江戸時代には上野の寛永寺・芝の増上寺《ぞうじょうじ》〔ともに徳川将軍の菩提寺〕などができたが、こうした大きな寺は、いずれも朝廷か幕府の力に依存しなかったものはない。そのほか、歴代の天皇が自ら仏教に帰依されたとか、あるいは親王が僧となられたとかいう例は非常に多い。白河天皇に八男があって、六人まで僧となったという。[266]こうしたこともまた宗教が権力を得た一つの要因であった。

　ただ一向宗だけは、やや自主独立に近い庶民的宗教だが、それさえやはりこの弊害を免れなかった。というのは、足利時代の末、大永《たいえい》元年〔一五二一〕実如上人《じつにょしょうにん》〔本願寺主九世〕の時、天皇〔後柏原天皇〕に御即位の資金を献じ、その褒美に永世准門跡《じゅんもんぜき》という、法親王に准ずる位を授かったことがある。[267]皇室の衰微貧困に同情して、有り余った金を献上したのは、僧侶の身にふさわしい功徳《くどく》のようだけれども、本心はそうではない。西三条入道[268]〔三条西実隆〕の周旋により、金銭で官位を買ったのである。これまた卑劣な根性といわねばならぬ。

だから、古来日本国中の大寺院と称するものは、天皇・皇后の思し召しによってできたものか、さもなければ将軍・執権の力で建立したものである。結局、大抵は政府御用の寺だったといわざるを得ない。そうした寺の由来を聞くと、御朱印地[269]は何百石で、住職の格式は何々だと、まるで大身《たいしん》の武士が自分の家柄を誇るのと少しも変らない。聞いただけでも不愉快極まるではないか。寺の門前には下《げ》馬札《ばふだ》を立て、坊主が門を出る時は大勢の供を召連れ、人払いをして通行人を追いのけるという風で、その威勢は封建大名よりもなお盛んなるものがあった。しかしこうした仏教の威勢の根源をたずねてみると、それは宗教自身の力によるのではない。ただ政府の威勢を笠に着ただけのもので、要するに俗権の一部分に過ぎないのだ。仏教が盛んだといっても、その教えはみな政権に隷属しているのである。[270]衆生《しゅじょう》をあまねく照らすものは、仏教本来の光明ではなくて、政府の威光だといえよう。こんなざまだから、寺院に自主独立の宗教政策がなかったのも怪しむに足らない。信者に真の信仰心がなかったのも驚くに当らぬわけだ。

論より証拠、古来日本では、宗教だけが原因で戦争が起った例がごく稀なのを見ても、信者の無気力さが分るだろう。宗教の信仰が人目につく現象としては、せいぜい無智無学の田舎の爺さん婆さんが、わけも分らず有難涙を流して仏を拝むぐらいのものだ。こんな有様を見ると、仏法はただ文盲社会を救う一手段で、最低の人間を安心させる方便に過ぎない。そのほかは何らの効能もなければ、何らの勢力もなかったのだ。

仏教に勢力のなかった甚だしい例をあげると、徳川時代に破戒の僧というのがあった。[271]それは世間一般の法的犯罪〔殺人窃盗など〕を犯したわけではなく、ただ宗教上の戒《かい》〔邪淫戒〕を破っただけのものである。だが、〔それすら宗門自らが罰せずして、〕幕府が直接犯人《ぼんにん》をとらえて、市中に晒《さら》し、あるいは流刑《るけい》に処する習わしであった。こうしたことから見ても、〔宗教に自律性がなく、〕僧侶は政府の奴隷にすぎなかったといってもよかろう。近年〔明治五年〕に至って、明治政府は全国の僧侶に肉食《にくじき》妻帯を許すという令を下した。[272]この令から見ると、従来僧侶が肉食せず、婦人を近づけなかったのは、宗教上の主義を守るためではなくて、政府の許しがないため、やむを得ず謹慎しただけのものであろう。こうした有様を見ると、僧侶は単に政府の奴隷だったばかりでなく、日本国中に全く宗教が存在しなかったとさえいえよう。❖121

十二——学問に権なくして、かえって世の専制を助く

宗教でさえかく無力だったから、まして儒道などの学問においてはいうまでもない。わが国に儒書が伝わって後、すでに長い年月がたっている。王朝時代には博士[273]を置き、天皇自身も漢書を学ばれたが、嵯峨天皇の世には大納言藤原冬嗣《ふゆつぐ》が勧学院[274]を建てて一族の子弟を教え、宇多天皇の世には中納言在原行平が奨学院[275]を設立するなど、〔各貴族が自家の子弟のために学校を作って、〕漢学が次第に開けた。また、和歌の道も古くから盛んであった。しかしこの時代の学問は、すべて貴族の子弟に門戸が開かれていただけで、書物もことごとく朝廷の力に成ったものであった。もちろん印刷の方法もまだ発明されていなかったので、民間にまで教育の普及する手段があるわけもなかったのである。

鎌倉時代には、大江広元[276]や三善《みよし》康信[277]らが、儒学によって幕府に登用されたけれども、これまた支配

者の御用を勤めたものにすぎず、民間に学者が存在した例はかつてなかった。承久の乱〔承久二・一二二一〕に、北条泰時が宇治・勢多まで攻入った時、[278] 後鳥羽上皇の院宣が届いたけれども、従兵五千人余りの中で、この院宣の読める者を捜したところ、武蔵の国の住人藤田三郎という者ただ一人しかいなかったという。世人一般が無学だった事実は、これによってもわかるであろう。この後、室町時代の末に至るまで、学問は全く僧侶の手中に握られ、学問を修める者は、寺院の力に頼るほかはなかった。後世、文字を習う生徒を寺子と呼ぶのもそのためである。ある人の説に、日本で版本のできたのは、鎌倉時代の五山版を始めとするという。[279] そのへんが事実かも知れない。

徳川時代の始めに、初代の将軍家康がまず第一に藤原惺窩《せいか》[280] を召し、次いで林道春《どうしゅん》[281]〔羅山〕を登用した。以来、太平が続くままに、立派な儒者が輩出して近代に至ったのであるが、以上の如く、儒学の盛衰は終始世の治乱と歩みをともにし、いまだかつて独立の権威を保つことがなかったわけだ。戦国争乱の数十百年間、儒学が全く僧侶の手に任されていた如きは、学問にとって不名誉なことで、この一事を見ても、儒者が仏徒に及ばなかったことが明らかであろう。

もっとも、戦乱の社会に学問が衰微したのは、日本だけの現象ではなく、世界各国皆そうであった。ヨーロッパでも、中古の暗黒時代から封建時代までは、学問の権威が完全に僧侶の手に握られていた。一般社会にようやく学問の道が開け始めたのは、近く十七世紀以後のことであるから、昔の日本だけをとやかくいうことはできない。また東西の学風には、その傾向に大きな相違があって、西洋諸国は実証主義の科学を主とし、日本は孔孟の哲学を喜ぶという風だ。その学問の客観性と主観性との別は、もとより同日に談ずることはできないけれども、これまた一概に日本の学問をとがめるわけにはゆかない。ともかくわが国の人民を未開社会から引上げて、今日の文明社会に導いたのは、やはり仏教と儒教との恩恵としなければならぬ。特に近世に儒学が盛んになって、俗世間に行われていた神道・仏教流の迷信を排斥し、人心の惑いを一掃したのは、〔西洋の科学精神を受入れる階梯として、〕その功績が決して少なしとしない。こうした一面から見ると、儒学もその価値大なりというべきであろう。そこで今は、東西の学風の優劣問題はしばらくおき、ただ学問の行われてきた状態だけについて、著しい両者の相違を詳らかにして、ここにそれを記そうと思う。

そもそも両者の相違点は何であるかというと、戦乱の後、〔近世の学問が起ったのは、東西ほとんど時代を同じくしているが、〕その学問の復興に当って、それが西洋諸国では人民一般の間から起り、わが日本では政府の内部で起ったという一事である。すなわち、西洋諸国の学問は、純然たる学者の事業であって、たといその研究に政府の力を借りようが、または民間だけの研究であろうが、学問はあくまで学者社会だけの独立自由のものであった。〔政治の介入は受けなかった。〕ところが、わが国の学問は、いわゆる支配階級に奉仕する御用学問であって、いわば政府内の仕事の一部分にすぎなかった観がある。その証拠に、徳川の治世二百五十年の間、およそ国内に学校と名のつくものは、幕府が創立したもの〔昌平校など〕か、もしくは大名の建てた藩校であった。有名な学者がないわけでもなく、大規模な著述がなかったわけでもないが、その学者は必ず幕府や大名の家臣であり、彼らの著書は必ず幕府か藩が刊行したものである。あるいは浪人者の学者もあったろうし、民間の出版物もあったであろう。だがその浪人は、仕官を願いつつ、志を得なかったものであり、民間の出版物も、要は、政府の出版物[282]たることを望みながら、望みがかなわなかったものにすぎない。わが国には、西洋のような学者の研究団体〔いわゆるアカデミーなど〕もなければ、論文や新聞などの出版があることも聞かない。技芸を教育する私立の学校もなければ、学術会議の如き習慣もないという風で、すべて学問については、全く民間の事業というものが存在しなかったのである。

たまたま、立派な学者が私塾を開いて人を教える例があったとしても、その門人はやはり士族に限られ、主君から禄をもらって奉公する片手間に学問を学ぶ者ばかりであった。したがってそこに行われる学風は、これまた支配者流の学問〔それが儒教の本質だが〕たる看板にそむかず、専ら人を治める道ばかりを研究するものであった。だから、たとい数千百巻の書物を読みあげたところで、結局役人にならなければ用をなさなかったであろう。あるいはまれに隠逸《いんいつ》の学者と称する先生もないではないが、これも心から満足して隠遁していたのではない。ひそかに不遇の身を嘆いて、他人の出世をねたむ者か、さもなければ浮世を忘れた腑抜けの変人にすぎなかった。そこで、いわば日本の学者は、いずれも政府という籠の中に閉込められ、その籠を自分の天地として、この小さな天地の中で一生齷《あく》齪《せく》していたものというべきである。幸いその当時は、世の中に儒教の教育がまだあまり普及しておらず、学者がさほど多くなかったからよかったようなものの、もしも先生方の理想通りに、もっと多くの学者が生れていたらどうだろう。ただでさえ狭い籠の中は一層窮屈になり、わが身を容れる場所もなく、相互の嫉妬心はますます募り、各自の煩悶はいよいよ甚だしからざるを得なかったであろう。気の毒千万な有様ではないか。

かように小さな籠の中に大勢の学者が生活し、籠の外にも住むべき広い社会があることを知らぬ連中ばかりだから、自分たち独自の天地を開拓する手段などはもちろん考えも付かなかった。ひたすら時代の権力者に依存するばかりで、どんなにひどい軽蔑を受けようが、まるで恥じることを知らぬ。たとえば、徳川時代に学者として志を得た者は、幕府や諸藩の儒官であるが、名はいかめしい儒官でも、実はいわゆる長袖《ちょうしゅう》の身分であって、大して世の尊敬を受けたわけではない。当局者は、彼らをただ一種の〔字引代りの〕道具のようにこき使って、当人の本領とする政治上の実務などには関与させず、わずかな禄を与えて、若い者に読み書きを教えさせるにすぎなかった。文字を知る者が少ない世の中だったから、ただその不自由を補うために、学者を利用しただけのことだ。いわば革細工に限ってえたに命じたようなものである。卑屈愚劣の極みといわねばならない。こうしたいくじのない学者輩に向って、何が要求できようか。どんな責任を負わせることができようか。こんなわけだから、学者間に独立の結社がなかったのも怪しむに足らないし、しっかりした見識が無かったのも驚くに当らないのである。

もっとも、少し気力のある学者の中には、政府が専制で、人民の自由を束縛することを憂え、しばしば政府に向って、不平を抱く者もないではなかった。けれども、よくその根本を考えれば、これも実は、当人自ら専制の種をまいて、これを育て、その苗が成長したため、かえって自分が苦しめられるようなものである。〔自業自得というものだ。〕なんとなれば、そもそも政府に専制を教えたのは誰か。たとい政府そのものの本質に、専制の要素があったにしても、その要素の発達を助けて、その理論的裏づけを与えたのは、ほかならぬ儒者流の学問ではないか。古来日本の儒者で最も能力があり、最も治績の多かったといわれる人物は、すなわち最も専制が巧みなため、最も重く政府に用いられた人々であろう。この点においては、むしろ儒者が先生で、政府は門人だったといってもよかろう。

不幸にも、今のわれわれ日本人は、誰一人、古来の日本人の子孫でない者はない。さすれば、今の世にあって、治者が専制を行い、人民が専制に苦しめられるという現象も、単に現代の日本人の罪ばかりではない。むしろ遠く祖先から受けついだ共通の遺伝病というべきであろう。しかもこの病毒の勢を助けた者は誰かといえば、儒者先生もまた責任大なりとせねばなるまい。❖122

十三——学者の弊は、古人の支配を受くるにあり

前段でいったように、わが国で、儒教は仏教とともにそれぞれ文明の一部分を担当して、今日に至るまで貢献して来たけれども、結局どちらも後ろ向きの弊を免れなかった。もっとも、宗教の役目は人間の内心を支配するもので、その教えに時代の変化があるべきものではないから、僧侶や神官が数千百年昔のことを説教して現代人を教化するのも無理はない。しかし儒教は宗教と違い、社会生活の道理を論じ、礼楽以下六芸〔礼・楽・射・御・書・数〕などの教養をも説いたもので、半ば政治に関する学問である。ところがこの学問までが、時代に応ずる改革前進の精神を弁《わきま》えないのは残念なことではないか。

そもそも人間の学問は、日進月歩すべきものである。昨日の利点は今日では欠点となり、去年の是は今年の非とならねばならぬ。あらゆる事に疑問を発し、あらゆる問題に不審を起し、検討に検討を重ね、不断の発明や改革によって、子弟は父兄に優り、後輩は先輩を追越さねばならぬ。一六三 人類は年々歳々経験を積んで、百年以前を顧みれば、いかに昔の文明が粗野未開で、憐れむべき欠陥が多かったかを感じてこそ、文明の進歩、学問の発達というべきであろう。

ところが、『論語』ではこういっている。「若い者は末恐ろしい。どうして将来後輩たるわれわれに追いつかぬと保証できようか[284]」と。『孟子』にもこう書いてある。「〃舜は何者であろうか。古代の聖人舜といえども、人間ではないか。自分も同じく人間である。舜のような聖人になれぬはずはない[285]〃〔と孔子の高弟顔淵がいったという〕。いやしくも事をなさんとする人物は、この顔淵の気概を持たねばならぬ」と。また同じく『孟子』に、〔賢者公明儀の言として、〕「周公は、〃父文王こそわが模範とすべき人物だ〃と申された。この聖人周公の言葉は、私を裏切るはずはない〔だから自分も文王を模範としよう〕」といった言葉も見える。この数言によっても、儒教の尚古精神をうかがい知ることができるだろう。『論語』にいう「若い者は末恐ろしい云々」とは、「後輩でも努力すれば、あるいは先輩が到達した境地に達することもあろうから、油断できない[286]」という意味である。してみれば、後輩が努力して達し得る極限は、せいぜい現代人のレベルにすぎないことになる。しかも現代人そのものが、すでに古の聖人に及ばぬ末世の人間なのだから、たとい今後後輩がわれわれ先輩のレベルに達したところで、あまり自慢になる話でもあるまい。また『孟子』によれば、末世の学者たち〔顔淵や公明儀など〕が奮発して、声を大にして叫んだ[287]理想は、結局数千年以前の舜の真似をしたいとか、あるいは周公の言葉を信頼して、及ばずながら、自分も古の文王を見倣おうとかいうまでのことである。そのありさまは、不器用な子供が先生から習字の手本をもらって、御手本通り書こうと苦心するようなものだ。初めから先生には及ばぬものと覚悟をきめているから、最高にできたところで、先生の筆跡を真似たまでのことで、それ以上に出ることは思いもよらない。

儒教の系統は、堯《ぎょう》・舜《しゅん》から禹《う》・湯《とう》・文王・武王・周公・孔子へと伝わったが、孔子以後はもはや聖人の種も切れて、シナでも日本でも、再び聖人が出現したためしを聞かない[288]。孟子以後、宋の時代の儒者[289]、あるいは日本の大学者先生にしても、後世に向っては威張ることもできようが、孔子以上の古代の聖人に対しては、ぐうの音も出ない。ひたすら古聖を学んで、なお及ばぬのを嘆くばかりであった。そうなると、仁義道徳は、後世になるほど悪くなり、次第に人々の智徳は衰えて、悪人の数がふえ、愚者の数も増した勘定である。もはや末世の現代に至っては、とっくに禽獣の世界と化しているはずなのは、十露盤《そろばん》に照らしてみても明白ではないか。しかるに、幸いにも人智進歩の法則は自然と世の中に行われて、儒者が考えたような結果とはならなかった。むしろ往々古人に優る人物も生じたせいであろう、今日ここまで文明が進歩して、儒者たちの計算通りに行かなかったことこそ、われわれ人類の幸福というべきであろう。かように古を信じ昔を慕って、少しも自己の創意を加えず、いわゆる〝精神的奴隷[290]〟(mental slave)[一六四]となって、自己の精神を古の道にささげ尽すのが儒教の流儀である。現代に生活しながら、古人の精神的支配を受け、それをそのまま世にひろめて現代を支配し、広く人間社会に沈滞不活潑の気風を蔓延させたのは、一に儒学の罪といわねばならぬ。❖123

しかし、一方からいえば、もし過去の日本に儒学というものが無かったならば、今日の状態にすら達することはできなかったであろう。西洋の〝リファインメント〟〔refinement〕[一六五]ということばのように、人柄を洗練して上品にする点では、儒学の功績も決して少なくはなかった。ただ、昔は功績があっても、現代にはもはや通用しないというだけのことだ。物の不自由な時節には、破れた筵《むしろ》でも夜《よ》着《ぎ》になるし、糠《ぬか》すら食料になるくらいだから、まして過去において、儒学の効用の大きかったことはいうまでもない。いたずらにその弊害のみを論《あげつら》うことはできない。私の考えでは、儒学を用いて昔の日本人を教育したのは、いわば田舎の娘を御殿奉公に出したようなものだろう。御殿に居る間に、起居振舞《たちいふるまい》は自然と上品になり、頭の働きも気が利《き》くようになったかも知れない。だが、撥剌《はつらつ》とした気力は失い尽して、所帯のやりくりなどには、無能な婦人となってしまったようなものである。昔は娘を教育する学校などがなかったから、御殿奉公も不必要ではなかったが、今日では、その利害得失を考えて、別に方針を定めねばなるまい。

十四――乱世の武人に、独一個の気象なし

古来日本は義勇の国と称して、武人の勇猛にして果敢、忠誠にして率直なことは、アジア諸国においても及ぶものがなかろう。中でも室町時代の末年には、天下が大いに乱れ、群雄が至る所に割拠して、戦乱のやむ時がなく、およそ日本の歴史上、武勇がこの時代ほど盛んなことはなかった。一敗地にまみれて国を亡ぼす者もあれば、一挙に敵を敗って家を興す者もある。家柄や由緒にはお構いなく、功名は実力次第、富貴も瞬時に手にすることができた。時代の前後により、文明の程度に相違はあったが、[291]これをローマの末期に北方ゲルマンの蛮族[292]が侵入した時代〔四―六世紀ごろ〕と比べてみると、そっくりだといえよう。[一六六]こうした実力主義の時代には、日本の武人にも自然と独立自尊の気風が生れ、丁度ゲルマン族が自主独立の精神を後世のヨーロッパに遺した如く、[293]わが国民の気風もこのころから一変してよさそうに思われる。にもかかわらず、実際はそうではなかった。この章の初めにもいったように、権力の偏重は開闢の最初から社会の微細な部分にまでしみ込んで、いかなる世の変動があっても、これを破ることができなかったのである。

この時代の武人は、いかにも活潑勇敢だったように見える。けれどもこの一見活潑勇敢な気風も、決して真の独立の気概から発したものではない。自分を一個の独立男児と自覚し、[一六七]裸一貫で、わが自由を満喫しようという心意気だったのでもない。彼らの勇気は、必ず外的な権威に誘われて発生したものか、でなければ、外的な権威の助けを借りて発生したものであった。何を外的権威というかといえば、先祖のため、君のため、父のため、あるいはわが身分の名誉のため、といったものがそれである。すべてこの時代の戦争で、彼らの掲げる理由は、必ずこうした名目に頼らなかったものはない。もし先祖も家名も君父も身分もない場合は、わざわざもっともらしい名義をでっちあげて、わが行動の口実に用いるといった具合であった。いかに智恵と武力とにすぐれた英雄豪傑も、その智恵と武力とだけをたのんで戦争を企てた者は聞いたことがない。今、歴史の事実に現われた一、二の例をあげてみよう。

室町時代の末には、地方の豪傑で、主人を放逐《ほうちく》したり、君父《くんぷ》の仇《かたき》を報いたりするため、または、祖先の家を再興し、武士の面目を全うせんがためなど、種々な理由で仲間を集め、他人の土地を横領した者が多い。いわゆる群雄割拠の形勢をなしたが、彼らの目ざすところは、ひとしく上洛の一事にあった。しからばこの上洛の目的は何かといえば、天子や将軍にまみえて、その名義を借りて、天下に号令しようとするにほかならなかった。上洛の手段の利かぬ場合は、はるかに皇室から官位を受け、この官位を利用して自分に箔を付け、それによって人心を得る方便とした者もある。かかる方法は、古来日本の武人間に行われた常套《じょうとう》手段で、源平の首領〔平清盛や源頼朝など〕とても、その例外ではなかった。[294]執権北条氏に至っては、直接、最高の官位を求めることを避けて、看板だけの将軍を上置きに据《す》え、執権自身は五位の位に甘んじながら、天下の実権を握った。[295] これは、単に皇室を道具に利用するだけでなく、同時に将軍までも利用したものである。表面だけ見ると、いかにも清廉で、且つ政治の妙を得ていたようだが、[296] 内幕を詳しく観察すれば、やはり権威主義を利用した卑劣な政略である。実に卑しむべく憎むべき精神を含んだものといわざるを得ない。〔下って南北朝時代となり、〕足利尊氏が赤松円心の進言を用いて、〔賊名を避けるために〕後伏見天皇〔実は後伏見の子光厳天皇の誤〕の宣旨を申請し、その皇子〔光厳の皇弟の誤〕光明《こうみよう》天皇を立てて北朝の天子としたに至っては、[297] だれが見ても、尊王の真心から出たものとは認められない。さらに〔戦国末期に、〕織田信長は、〔自分が天下に号令する手段として、〕初めは将軍足利義昭を擁立しながら、将軍の権威が天子の権威に及ばぬのを悟るや、やがて義昭を追放して、直接天皇〔正親町《おおぎまち》〕を看板に担いだ。[298] これまた彼の忠誠心が厚かったからだとはいえまい。以上いずれの場合も、あまりに策略が見えすいていて、およそ常識のある人間なら、彼らの内心を見抜けぬはずはなかろう。しかるに、なお且つ彼ら武人が表面では忠信節義を唱え、子供だまし同然の大義名分を口実にして、自らそれをすぐれた策と思い、世人もそれに疑いを容れなかったのはなぜだろう。つまりは、そうすることが、武人の仲間では上下ともに都合がよかったからである。

日本の武人は、開闢の最初から、社会の慣習に従い、権力偏重の中で養われて、常に人に屈従することを恥としなかった。ヨーロッパの人民が自己の地位を重んじ、自己の身分を尊んで、おのおのが権利を主張したのに比べると、両者の間に著しい相違が認められよう。だから、戦国争乱の世でさえ、この社会慣習は変ることがない。一族の頭に大将があり、大将の下に家老があり、次に騎士、その下に徒士《かち》、さらには足軽小者《こもの》[一六八]に至るまで、上下の身分がはっきりしていた。またその身分の相違とともに、権利をも異にし、一人として目上から圧制を蒙らぬものはなく、目下に向って圧制を加えぬ者もなかった。無理に抑圧され、また無理に抑圧し、一方に向ってへいこらすれば、他方に向ってはふんぞり返るというありさまである。たとえばここに甲乙丙丁等々の十名がいるとする。かりに乙は甲に対して御無理御尤もと、一見忍びがたいほどの恥辱に甘んじても、丙に対する時には意気揚々として威張れる愉快さがあろう。かように、前の恥辱は後の愉快によって償われ、それによってわが不満足の差引きをするわけだ。丙も丁から償いを取り、丁は戊《ぼ》から代りを求めるという風に、この循環は順繰りに続いて果てしがない。いわば西隣へ貸した金を東隣へ催促するようなものだ。また、これを物質にたとえれば、西洋人の権力は鉄の如くで、それを膨脹させることも収縮させることも甚だ容易でない。日本の武人の権力はゴムの如くで、その相接する物に従って伸びたり縮んだりする。下に接すれば大いに膨脹し、上に接するとたちまち収縮するのである。かように伸び縮みが甚だしいが[299]、そうした武人の権をひっくるめて〝武家の威光〟と称した。その圧迫を受けて犠牲となるものは、どこに苦情の持って行き場もない、あわれな庶民階級であった。庶民のためには気の毒千万だったけれども、この〝お武家様の御威光〟こそ、武人の社会にとっては、上は大将から下は足軽小者《こもの》に至るまで、上下を通じて大きな利益であったといわねばならない。

　単に武人が一体となって、わが階級の利益を謀ったばかりでなく、その上下の関係はよく整って、りっぱな秩序〔武家道徳〕を保っていたように思われる。その秩序とは、武家の仲間同士では身分の上下に従って卑屈な陋習を示しはしたものの、武家全体の威光を以てあえてわが面目とした。そして個人の独立自主は捨てて問わず、かの偏縮偏脹の醜態をも意とせず、別に一種の階級的道徳を形成して、それを誇りとしたのである。古来武人は、この習慣の中に養われて、ついにその封建道徳が第二の本性となり、いかなる事態に当面しても動揺することがなかった。いわゆる威武もこれを屈すること能わず、貧賤もその志を奪うこと能わず、[300]という厳然たる武家の気風をそこに見ることができるのである。そこで〔大局を離れて〕、ただ武家社会内部の部分的行動や、ある場合の働きだけについて見れば、まことに羨《うらや》むべく、慕うべき事例も多かった。たとえば、江戸時代に、三河武士が譜代の主君徳川家に尽した忠勤などもその一例である。

かような権力主義の制度によって成り立っていた武人の社会であるから、その社会を維持するためには、これを統率すべき一種の精神的な権威がなくてはならぬ。その権威の最高のものといえば、なんといっても皇室である。けれども人間世界の権威は、やはりその人物の実際の智徳が根本になるから、いくら天皇でも、実際の智徳がなければ、本当の権威を掌中に納めるわけにはゆかない。そこで武人たちは、天皇の名目ばかりを残して皇室に空位を抱かしめ、実権は武家の首領が握る策略をめぐらした。これすなわち戦国時代に、各地の群雄が上洛の一事に熱中し、子供だましに等しい大義名分をことさら掲げて、それを利用した所以である。結局、その根本を考えると、日本の武人に自主独立の気象[302][一六九]がないために、かような卑劣な行いを恥としなかったのだ。❖124

十五――偏諱《へんき》を重んずるは、卑屈賤劣の風というべし

古来、人々がうっかり見過して、関心を持たなかったことだけれども、今それをとりあげていえば、

日本の武人がいかに自主独立の気風に欠けていたかを証明するに足りる実例がある。それは何かといえば、人の姓名のことである。元来、人の名前は父母から付けられたもので、成長の後、改名することがあっても、赤の他人の差図を受ける筋合のものではない。衣食住に関する事柄は、一見、個人の好み次第で、自由自在のようだけれども、その実、多くは社会の影響を受け、自然と時代の流行に支配されるものだ。しかし人の姓名は、衣食住の事柄と違って、それを付けるのに、他人の差図を受けぬのは勿論、たとい親戚朋友の間柄でも、こちらから相談せぬかぎりは、人からくちばしを入れられるべき事柄ではない。だから、姓名は人間社会の現象のうちで、最も自由なものといえよう。法律で改名を禁ぜられている国では、もとよりその法に従うのも、個人の自由の侵害とはいえないが、いやしくも改名自由の国では、源助という名を平吉と改めるか、[302] 改めぬかは、完全に個人の意思に任されているのだ。夜寝る時に、右を枕にしようが、左を枕にしようが自由であるのと同様で、全く他人から干渉される筋合はない。

しかるに古来わが日本の武家社会には、主君から偏諱《へんき》[303]〔名前の二字のうち一字〕を賜わったり、臣下に姓を許したりする例があった。これは、卑屈愚劣の風習というべきであろう。かの上杉謙信ほどの英雄でも、その例に漏れず、将軍足利義輝の偏諱を拝領して、輝虎と改名したことがある。[304] なお甚だしいのは、関ヶ原の合戦の後、天下の政権が徳川に帰するや、豊臣氏から姓を許されていた大名が、ことごとく元の姓にもどり、中には松平〔徳川氏の本姓〕の姓を拝領した者さえあった。かように姓を変えることは、自ら進んで願い出た場合もあり、上命によって賜わった場合もあろうが、どちらにしろ、事柄自体まことに賤しむべき行為といわざるを得ない。

人はいうかも知れぬ。「名を改め、他人の姓を名のることは、当時一般の風習で、人々がとりたてて気にしなかったことだ。今さら問題にすべきほどのことではない」と。だが決してそうではない。他人の姓名を付けられるのを快《こころよ》しとしない気持は、今も昔も変らぬはずだ。その証拠には、室町時代、永享六年〔十年の誤、一四三八〕に、鎌倉の管領足利持氏の男子が元服した際、義久と名づけた。その時、持氏の重臣上杉憲実《のりざね》は、慣習に従って、室町将軍の偏諱を拝領すべきだと諫《いさ》めたが、持氏は聴かなかった、という話がある。[305] けだしこの時持氏は、将軍にそむいて、独立する肚《はら》を決めていたのである。その了見の良し悪しは別としても、他人の名をもらうのは賤しいことだという自覚のあったことが分る。また徳川時代に、細川家〔熊本藩主〕に松平の姓を与えようとした時、細川家ではこれを辞退したので、[306] 民間ではそれを美談として語り伝えている。話の虚実は明らかではないが、そうした態度を潔《いさぎよ》しとする人情は、今も昔も変らぬ明白な証拠であろう。以上に記した姓名のことは、もとよりそれほどの大問題ではないが、古来、義勇で知られたわが国の武人も、その実は思いのほか卑劣であったことが知られよう。また一方、権威を握った政府の力は恐ろしいもので、人心の内部までも占領して、それを完全に支配していた事実を示すために、数言をここに費やした次第である。❖125

十六――偏重の政治は、徳川家より巧みなるものなし

以上、各条に論じてきたように、日本社会は上古から支配者と被支配者との二階級に分れて、権力の偏重を形づくり、現代に至るまでその傾向に変化がなかった。人民の間に自己の権利を主張する者がいなかったのはもとよりのことである。宗教も学問も、すべてが支配階級に独占されていて、絶え

て自立することがなかった。戦国乱世の武人には、義勇があったように見えるが、それも結局は自主独立の精神を知らぬものであった。乱世にも治世にも、社会の至大なものから極微なものに至るまで、権力偏重の行われなかった所はない。また権力の偏重によらなければ、いかなることも行われなかった。丁度、どんな病気にも、ただ一種類の薬を用いるように、専制という万能薬の効能によって支配階級の力を強め、さらにその力を最高権力者の手に集中させるという政治形態だったのである。すでに述べたように、王朝時代の政治も、鎌倉幕府の政治も、北条・足利の政策も、徳川の政策も、決して本質を異にしたものではない。ただ一方を他方よりも善政とし、他方を一方よりも悪政とする相違は、この専制のやり方の上手下手を見て、その政治の得失を判断するだけのことなのだ。巧妙に専制の方策を施して、最高の権力を支配者の手に掌握することができれば、万事大成功で、それ以上いうことなしであった。

古来の習慣に〝国家〟[307]という言葉がある。この〝家〟という語は、人民の家を指すのではなくて、支配者の家族または家名という意味であろう。そうだとすれば、国は即ち支配者の家であり、支配者の家は即ち国と一体というわけだ。甚だしきは、政府を富ませることを、〝御国益〟などと唱えるに至った。こうなると、国全体が支配者一家の中に姿を埋没した形である。こうした考えで政治の根本を定めようとしたから、そのやり方は、常に専制の権力を支配者一家の手に集めようとするばかりであった。頼山陽は、『日本外史』の中で、足利幕府の政治を批評して、「尾大《びだい》ふるわず」〔下の者が強すぎて、上の者が動けぬ〕といい、いわゆる下剋上の現象をその大失策と論じた。[308]だがこの論も、結局、専制が完全に行われなかったために、足利将軍に権力が集中しなかったことを難じたものである。専制時代の儒者の考えとしては尤もではあるが、要するに支配者の家の存在しか認めず、肝心の国の存在に思い至らなかった議論である。

もし足利の〝尾大ふるわず〟を失策と咎めるならば、その反対に、徳川の〝首大偏重〟[309]〔頭でっかち〕に満足せねばならぬことになろう。そもそも権力偏重の政治にかけては、古来、徳川氏ほど巧妙且つ完全なるものはない。天下統一の後は、しきりに幕府のために土木事業を起して、諸侯の財を費やさしめた。その一方では、諸藩の城砦《じょうさい》をこわし、築城をとどめ、大船の建造を禁じ、鉄砲が江戸に入ることを許さなかった。また大名の妻子を江戸に人質にして、盛んに大名屋敷を造らせ、自然と江戸風の贅沢へ導いて、社会の有益な事業からは遠ざからせた。それでもなお余力がある大名には、幕府の工事の御手伝いとか、幕府の守備警固とか、種々な名目を設けて、奔走にいとまなからしめた。幕命一下、どんなことでも服従実行させずにおかなかったことは、まず人の手足をくじいた上で、力競《ちからくら》べをいどんだようなものである。権力偏重の政治としては、全く至れり尽せりの模範とすべきもので、徳川家のためには、策略の巧妙をきわめたものといえよう。

もちろん、政府が立行くためには、中央に権力を握って、全体を支配しうるだけの力のバランスがなければならない。このバランスを必要とするのは、日本だけではなく、世界万国、いずれもそうでない国はない。野蛮未開な古代日本ですら、この道理を知っていたからこそ、数千百年の昔から、専制の精神だけは忘れなかったのではないか。いわんや文明が次第に開けて来た後の世において、政府の権力を奪い去り、〔無政府状態にした上で、〕然る後に文明を期待しようなどという者がどこにあろうか。中央の権力が必要なことは、学校の児童でも知っているであろう。しかしながら、西洋の文明諸国では、その権力の源が一箇所に限定されていない。政令は政府という一機関から出るにしても、それは国民の総意を代表したものか、たとい完全には総意を代表せぬとしても、世論に基いて、ある程度の手直しを加え、各階層の意見を総合した上で、一つの政府から公布したものである。ところが、古来日本においては、政府と国民とは、ただに主従の関係にあるだけでなく、むしろ敵対関係にあったとさえいえよう。たとえば徳川幕府が諸侯に財を費やさしめたのは、敵に勝って賠償を取ったようなものであり、国民に造船を禁じ、大名に築城を止めたのは、戦いに勝って敵国の砲台をこわすのと異ならぬではないか。これらは、とても同国人に対する所業とはいえないのである。❖126

十七――文明に初歩と次歩との区別あり

すべて世間の事柄には、第一段階と第二段階との区別がある。最初の第一歩を踏出す時から、それを次の第二歩の前提とする用意がなければならぬ。一七〇 いいかえれば、第二歩はあらかじめ第一歩の踏出し方を規定するともいえよう。たとえば諺に、〝苦は楽の種〟とか、〝良薬は口に苦《にが》し〟とかいう。苦痛を単なる苦痛と見てそれを避け、苦い薬をただ苦いといって嫌うのは、人情の常である。事物の第一段階にばかり気を取られると、それを忌み嫌うのももっともだ。だが、次の第二段階で得られる安楽や、病気の回復のことを考えれば、最初の苦痛は我慢せねばなるまい。

そこで権力の偏重にしても、一時国内の人心を安定させ、社会の秩序を整えるためには、やむを得ぬ勢であって、決して人間の悪意から生れたものではない。文明の初歩としては、必要な処置だったのだ。しかも権力偏重の巧妙な場合には、一時世人の喝采を博するほどの成功をおさめることもある。

しかしいかんせん、いざ第二段階に進む時になると、やはり過去の弊害が馬脚をあらわし、初歩で方向を誤った結果が出てくるのである。そう考えると、専制政治は巧妙なほど、かえってその弊害が甚だしく、太平が久しければ久しいほど、後世に残す病根も深くなるわけだ。それは国民永久の遺伝病となって、容易に抜くことができなくなるように思われる。徳川時代の太平などは、全くそのよい例だ。今日、日本の文明を改革し、社会の第二段階に進もうとするに当って、きわめて困難な事情があるではないか。その困難な理由は何かといえば、徳川幕府の専制が巧妙をきわめた余り、太平の時代が長きに過ぎたためといわねばならぬ。

私はかつて卑近なたとえをもって、その事情を評したことがある。「専制政治の完備に骨折るのは、丁度ひまな隠居が瓢簞《ひょうたん》を愛してそれを磨くようなものだ。朝晩苦労して、いくら磨いたところで、やっぱり元のままの丸い瓢簞で、せいぜいつやが増すにすぎない。今や時勢が変化して、文明の第二段階に進もうとするのに、依然として古い秩序や古い文明を慕って、大勢の変化を知らず、もはや求めても望みのない封建の遺風に執着して、いたずらに妄想を描き、それを再現しようとして煩悶する如きは、瓢簞がすでにすり減って穴があいているのも知らず、なおもそれを磨くようなものではないか。愚にもほどがある」というのである。あるいはこのたとえ話の通りではあるまいか。いずれも第一段階ばかりに執着して、第二段階のあることを知らず、初歩に止まって次歩に進もうとしないものである。第一歩が第二歩を妨げているのだ。そうなると、結局、初歩の権力偏重によって社会の秩序を整え得たといっても、それは真に秩序を整えたのではなく、〔人心を袋小路に追いやって、〕社会を枯死させたものというべきだ。社会を枯死させた点では、頼山陽のいわゆる足利幕府の〝尾大ふるわず〟も、徳川幕府の〝首大偏重〟も、どっちが良いか、にわかにその得失をきめることはできまい。要するに山陽なども、ただ世の中の第一段階だけに目をつけて、隠居が瓢箪を磨くような考えを抱いていたにすぎない。

十八――権力偏重なれば、治乱共に文明は進むべからず

今、徳川太平の天下を見ると、人民はこの権力偏重の政府を上に戴き、一方、世間を眺めて、人々の気風はどうかといえば、日本中幾千万の人間は、幾千万の箱に閉込められ、幾千万の壁に隔てられていたようなもので、寸分も動きがとれなかった。士農工商、それぞれ身分が違うのはもちろん、同じ士族間でも、先祖伝来の禄高や官職を世襲し、甚だしきは、〔幕府や大名お抱えの〕儒者・医官など専門職に至るまで、世襲の家がきまっていて、代々職を変えることが許されなかった。農民にも家柄があり、商工者にも株式〔営業独占の権。ギルド〕があった。かくて、身分の障壁の堅いことは鉄の如くで、いかなる力を用いてもそれを破ることはできなかった。有能な人材でも、自ら進んで事業を起す希望が持てないから、ただ消極的に保身の方策を求めたにすぎない。数百年の長い習慣がついに国民の通性となって、いわゆる進取の精神を失い尽すに至ったのである。

たとえば日本では、貧乏人が無知文盲で世の軽蔑を受け、年々歳々、貧しさを加えて、その苦痛は人間社会に比類がないほどひどくても、自ら困難を冒して事をなそうという勇気がない。彼らは、不測の災難には辛抱強く我慢するが、自ら困難を覚悟して、未来の幸福を追求しようとはしない。単に貧乏人だけでなく、学者も商人も同様である。いわば日本人には、一般の人類に当然備わっているは

ずの一種の活動力が欠けていて、不活潑のどん底に沈んだものというべきだ。これがすなわち、徳川の治世二百五十年の間、この国に大事業を企てた者が少なかった原因である。最近、廃藩の一大変革があったけれども、全国の人間、急にはその本性を変えることができず、支配者と被支配者との世界は今なお判然と分れていて、少しもその趣を改めることがないのも、そのためである。その根元を尋ねると、やはり権力の偏重から来たもので、社会進歩の第二段階に認識を持たないための弊害というべきだ。だからこの弊害を悟って、権力偏重の遺伝病を除くのでなければ、天下の治乱を問わず、文明の進歩を期することはできぬであろう。しかし、この病気の治療法は、目下、なんといってもまず政治家自身の実行すべき問題で、〔すなわち政治家自らが権力偏重の姿勢を正さなければならぬのだから、〕その法を論ずるのは本書の目的ではない。私はただこの国民的遺伝病の容体を指摘するまでである。

もちろん、西洋諸国の人民でも、貧富強弱は一様ではない。富強者が貧弱者を扱うには、冷酷残忍なこともあろう。傲慢無礼なこともあろう。貧弱者もまた名利のために、富強者におべっかを使うこともあろうし、相手をペテンにかけることもあろう。その関係の醜《みにく》さは、決してわが日本人と異なることはなく、あるいは日本人以上かも知れない。しかしその関係の醜さの中にも、西洋人には自然と胸に独立自主の気象があって、精神の自由を保っているのである。たとえば富強者の冷酷傲慢は、ただわが富強そのものを力としているためで、ほかにたのみとする権威があるわけではない。貧弱者のおべっかやペテンにしても、ただわが貧弱そのものが唯一の原因で、その他に恐れはばかる権威があるわけではない。しかも富強といい、貧弱といい、絶対不変の天然現象ではなく、人の知力によって、左右できるものである。知力によって貧弱者も富強者になれる希望がある以上、たといそれが実現できなくても、人々は自力を信じて、独立進取の道を歩むであろう。

試みに西洋諸国の貧民に向って彼らの考えをただせば、口に出してはいわぬまでも、心には次のように答えるに違いない。「自分は貧乏のため、しばらく金持に服従し、貧乏の間だけ彼らに支配されているのだ。自分の従順なのは、貧乏が消えるとともに消えるだろうし、金持に支配されることも、自分が金持になれば、当然なくなるだろう」と。つまり精神の自由とは、こうした実力主義の気象を指していうのである。これに反して、わが日本人は、開闢以来、世間流行の権威主義の精神に支配されて、人に接するのに、相手の貧富強弱に関係なく、知愚や賢不賢をも顧みず、ただ身分階級だけを価値判断の標準にしてきた。そして相手の格式によって、あるいは〔平民の場合は〕軽蔑し、あるいは〔貴族武士の場合は〕畏怖《いふ》して、少しも独立自主の気魄《きはく》がなく、ひたすらわが階級の殻に閉籠っていたのである。西洋人に比べると、まさしく雲泥の相違ではないか。❖127

十九——権力の偏重は、経済にも大害あり

さて、この権力の偏重が、日本全国の経済に影響したことも見のがせぬ問題である。一体、経済の理論は非常に複雑なもので、それを理解するのは容易なことではない。各国の事情や時勢によって、一律にはいえないから、西洋諸国の経済論をそのままわが国に当てはめられないのはもちろんである。しかしどの国にも、どの時代にも、普遍的に通用する二つの重要な原則がある。

まずその第一からいえば、一面において財を蓄積し、他面においてこれを消費するということである。しかもこの蓄積と消費との相互の関係は、最も近密で、決して分離してはならぬものなのである。

すなわち、蓄積は消費の手段で、消費は蓄積の手段でなければならぬ。〔たとえば、種を播《ま》くのは、秋穀物を収穫する手段であり、衣食住のために財を消費するのは、身体の健康を保って活力を養い、それがまた衣食住の物資を生み出す手段となるようなものだ。〕

ところが、この蓄積と消費とに当って、時には消費するばかりで、蓄積のできぬ場合がある。火災・水難などの損害がそれである。あるいは勝手気ままに贅沢にふけり、財産を浪費して何も後に残さぬ場合も、これまた水火の災難と違わない。経済の要点は、決して消費を禁ずることではなく、消費した後に、得たものが多いか少ないかを見て、その結果の良し悪しを判断するのである。すなわち、その得るところが消費より大きかった場合は、それを利益と呼び、所得と消費とが等しければ無益と名づけ、所得が消費より少ないか、全く所得がない時には、損失、あるいは丸損というのである。経済家の目的は、常にこの所得を消費より多からしめ、不断に蓄積と消費とを繰返して、全国の富を豊かにするにある。だから、この蓄積・消費の二つの作用は、どちらを手段とし、どちらを目的とすることもできず、いずれを先にし、いずれを後にすることもできない。前後緩急の別も、難易軽重の差もなく、全く同一の働きに属し、ひたすら一体の気持をもって処置すべきものなのだ。なんとなれば、蓄積するばかりで消費する方法を知らぬ者は、結局多く蓄積することはできないし、消費するばかりで蓄積する働きのない者も、やはり多くを消費することができぬからである。そこで国を豊かにする根本は、要するに、この蓄積と消費とをともに盛大にすることにほかならない。その働きの盛大な国が富国と呼ばれるのである。これから考えると、国財を蓄積するも消費するも、すべて国民全体の意思に従って行われなければならない。すでに、〝国財〟という名称がある以上は、〝国心〟という名称があってもよいと思うが、〝国財〟はまさしくその〝国心〟によって扱われなければならぬはずである。政府の歳入・歳出ももとより国財の一部分だから、西洋諸国で政府の会計を〔議会を通じて〕、国民に諮《はか》って決めるのも、こうした精神に基いているのである。

次に経済の第二の原則は何かといえば、財を蓄積し、またそれを消費するには、その財の処置に適した知力と習慣とが必要なことである。つまり、経済的手腕と経験とが大切なのである。それがないと、たとえば金持の道楽息子が身代をつぶし、博奕《ばくち》打の悪銭が身につかぬようなもので、金が持主の知力や経験と釣合わぬために、永持ちしない。知力もなく、経験もない者に身分不相応の金を持たせるのは、ひとり財を失うばかりでなく、子供によく切れる刃物を持たしたような危険がある。かえってその身を滅ぼし、人を傷つける災《わざわい》を招くであろう。古今にそうした例は非常に多い。❖128

二十――国財は農工商によって蓄積せらる

そこで右の二原則が正しいとするならば、それに拠って、古来わが日本に行われた経済の良し悪しは明白となるであろう。古代のことはしばらくおき、〔武家時代のことを考えると〕、星野葛山《かつざん》先生の『田制沿革考』[310]に、次のようなことが記されている。

源平の乱の時代になると、徴税が公の国府によって行われず、〔土地の豪族・武士が勝手に取立てたから、〕人民はどこに租税を納めてよいのかわからなくなった。一つ土地で、一部は朝廷に納め、一部は平氏に、または源氏にと、二重三重に取立てられる。その上、しばしば匪族《ひぞく》[311]の類に食糧を奪われることもあったから、訴えどころのない人民たちは、無類の苦しみに陥った。[312]やがて源氏が天下を取ったので、国々に守護を置き、荘園に地頭が置かれたが、王朝以来の国司や荘司も依然続いていたから、人民はまるで二人の主人を持っていたようなものだ。（中略）足利将軍が全国を支配するようになると、決まった政令もなく、国・郡・郷・荘をことごとく部下の将士に割き与え、租税は彼らの自由に任せ、別に年貢の五十分の一を課して、それを将軍家の収入とした。たとえば、年貢米を五十石出す土地があるとすれば、別に一石を出させて、京都に運送し、これを将軍家の御手元金[313]に当てたのであるが、それが場合によっては二十分の一にふえた年もある。一方、守護地頭は守護地頭で、勝手に支出に応じて収入の道をはかったから、[314]人民にとってはまさに二重の負担であった。（中略）そのほか、段銭《たんせん》[315]・棟別《むねわけ》[316]、倉役《くらやく》[317]などという賦課もあって、これらは時を選ばず、臨時の費用に取立てたものである。段銭とは、土地の段別によってかける税で、今いう高掛《たかがか》り[318]〔収穫高に応じてかける税〕と同じものだ。棟別とは、家ごとに割当てて取るもので、今の鍵役《かぎやく》[319]〔かまどごとに課する税〕に当る。倉役とは、倉を持った富民豪商に専ら割当てるもので、今の分限《ぶげん》割〔分限者、即ち金持だけの税〕のようなものだ。その倉役が、義満公〔三代将軍〕の代には四季に課せられ、義教《よしのり》公〔六代〕の代には一年間十二度に及び、さらに義政公〔八代〕の時になると、ある年の十一月には、一ヶ月間に九度、十二月には八度という事さえあった。そこで百姓は土地や家を棄てて逃散し、商人[320]は家を閉じて商売をやめたということが、『応仁記』[321]に出ている。また、豊臣氏が天下統一の後、文禄三年〔一五九四〕に至り、定法としたところは、全国の租税は、三分の二を領主が取り、残り三分の一を百姓自身の所有とすることにしたという。[322]次いで徳川幕府が開かれるや、[323]豊臣氏[324]の税法が重すぎたことに省み、三分の一を減らして、四公六民の法を定め、それで庶民の苦しみを救ったのである。[325]
この『沿革考』の説によると、古来わが国の租税がいかに重かったかは明らかであろう。徳川の始めに、少し緩《ゆる》められはしたものの、年月を経るに従い、いつとなくまたもや〔五公五民またはそれ以上の〕重税に逆戻りしてしまったのである。[326]
また、昔から識者と称する人の中には、「農民は国の本であるが、[一七〇]工商階級が、ろくに租税も出さず、悠々と無為徒食するのは不合理千万《せんばん》だ[327]」といって、盛んに工商を非難する者もある。しかし、事情を深くきわめるならば、工商も決して無用の民ではないことが分る。稀には大商人で遊んで暮らす者もあろうが、それは財産のおかげで生活しているので、丁度豪農が広大な田地を持って楽に暮らすのと変りはない。〔町人だけの罪をとがめることはできぬ。〕それ以下の小商人となれば、たとい直接政府に税を納めなくても、その生業の苦しさは農民と全く同じである。そのわけは、日本では古来、工商に税をかけることがなかった。そのために、工商を業とする者が自然と増加したわけだが、そこにはやはり必ず限界がある。その限界はどこかというと、農業の利益と商工業の利益との丁度平均する線であろう。たとえば、農民が四公六民の税地を耕すのは、もちろん割がいいとはいえないけれども、平年ならそれでも妻子を養って、飢えや寒さを凌ぐことができる。一方商工業者が都市に住んで、無税の生業を営むのは、農民に比べて割がいいようではあるが、それでも衣食に困る者が多い。なぜかといえば、仲間同士の競争があるからだ。つまり、全国の工商の仕事には量の限度があって、ある程度の人員があれば十分な所へ、仕事の量はふえないのに、人員ばかりがふえれば、十人でできる商いを二、三十人の手に分け、百人で分配すべき労賃を二、三百人に分配しなければならなくなる。三割の利潤を得べき商売も一割に減り、二貫文取れる賃金も五百文に下がってしまう。かように仲間同士の競争のため、自然に工商の利潤は薄くなり、つまりは消費者に有利な結果となって、農民もまた低物価の利益に与《あずか》るわけだ。

だから職人も商人も、表面は無税であるが、実際は有税の農民と変りはない。もしも商工業者の方に利益の多い場合があるとすれば、その原因は、政府が学者などの意見を用い、種々な条件を設けて、百姓が商人に転職するのを妨げるためである。[328] そうなると、商工業者の人数の比率が農民より少ないから、商工者に利益を独占させることになる。だが、以上の事情から考えれば、農と工商とは、まさにその利害を共にし、共に国内有用の事業をなすものだから、表面上、有税と無税との区別があっても、どちらも無用の民ではない。双方とも国財を蓄積する大切な人民である。

二十一——士族は国財を費散するにその道を知らず

そこで、さきに社会を支配階級と被支配階級とに区別したのを、今経済の上で分ければ、生産者と非生産者との二種にすることができよう。つまり、農工商以下の被支配階級は国財を生産する者で、士族以上の支配階級は生産せぬ者である。あるいは、前段の言葉を用いて、一方を蓄積階級と呼び、他方を消費階級といってもよい。この二つの階級の関係を見ると、その苦楽・損得の有様は、もとより公平ではないが、人口が国家の資本以上に多く、人々互いに争って職業を求める段になると、〔労働力が安く得られるから、〕上流の者には有利となり、下層の者は苦労せざるを得ない。しかしこれはわが国だけのことではなく、世界共通の弊害で、どうしようもないのだから、深くとがめるわけにはゆくまい。一方、士族以上の支配者側を不生産階級、または消費階級とはいうものの、彼らが政府の役人として、文武に関する事務〔教育、軍備など〕を扱い、社会秩序の維持に従事するのは、国民の経済活動を助ける根本だから、それら政府の経費を以て一概に無益の失費というわけにもゆかないのである。ただわが国の経済において、特に他の文明国と違う不都合な点は、当然表裏一体をなすべき国財の蓄積と消費とが、一体の心を以て運営されていないという一事にある。

古来わが国の定法として、人民は常に資財を蓄積し、かりに四公六民の税法とすれば、六割の所得でどうにか父母・妻子を養い、残りの四割は税として政府に納めることになっていた。ところがわが国の人民は、税が一たびわが手を離れると、それがどこへ行くのか、何のために使われるのかをさっぱり知らず、余っているのか不足しているのかすら知らない。一言でいえば、蓄積することだけを知って、消費の方法は知らないのが日本の人民であった。一方政府もまた、税がわが手に入るが最後、それがどこから来たかを忘れ、どういう方法で生じたのかも弁えぬ。まるで天からの授かりもののように思って、それを消費することは、全く勝手放題の観があった。一言でいえば、消費だけを知って、蓄積の道を知らないのが日本の政府である。

さきにあげた経済の第一原則によれば、蓄積と消費とは全く表裏一体の行為であり、したがって、一体の心を以て処置すべきはずのものである。ところが、今日本の有様を見ると、一体の行為をするのに二種類の心を以てしている。たとえば一つの文字を書くのに、二人の人が偏と旁《つくり》とを分担して書くようなものだ。これではどんな能書家でも、立派な字が書けようはずがない。かように支配者と被支配者との心は二つに分れ、各々その利益とするところを異にし、互いに没交渉な立場にある。没交渉どころか、相互の行動に不信感をいだき合うようにさえなっているのだ。どうして経済の不都合を生じないわけがあろう。費やすべきところに費やさず、費やすべからざるところに費やすのだから、到底国家の経済に調和が得られるはずはない。

今、歴史にその例を求めるならば、足利将軍義政は、応仁の乱の最中に、銀閣寺を建てたり、花の御所〔室町御所、将軍の邸宅〕の建築に、瓦は金銀珠玉を飾って、六十万緡《びん》〔一緡は百文〕もの銭を使ったり、高倉御所〔将軍の母の邸宅〕の腰障子一間《いっけん》ごとに二万銭を費やしたりするほどの贅沢にふけった。[329]そのために、諸国の人民からは段銭《だんせん》や棟別銭《むねわけ》を取立て、しかも政府には一銭の余財もなくなった。これは上下の階級とも貧困に陥った時期というべきである。また豊臣秀吉は、戦国の乱世を統一した後、大坂城を築き、次いで朝鮮を征伐して、外戦には兵馬を浪費し、国内では宴楽の驕《おご》りをきわめた。しかもなお金馬の貯えがあったのだから、これは、下は貧しく、上は富んでいた時期といえよう。これに反して、歴代の支配者中でも賢君の名が高い北条泰時以下、時頼・貞時ら北条執権の諸君主は、生活がいかにも質素倹約だったらしい。[330]下って徳川時代でも、その初期には明君賢相が輩出して、幕府の政治には少しも非難すべき余地がなかった。これらをさきの足利義政の時代などと比べれば、もとより同日の談ではない。けれどもそうした北条・徳川の善政の時代でさえ、その割に民間人で大金をかせいで、大事業を起した者を聞かないのはなぜであろうか。今日、北条氏や徳川氏の遺物として伝わったものの中、最も著しいのは、鎌倉の五山〔北条氏の信仰があった〕や、江戸城・名古屋城〔家康が建てた〕・日光山〔家康を葬る〕・東叡山寛永寺・三縁山増上寺〔両寺とも将軍の菩提寺〕などであろう。いずれも盛大なものであるが、不思議にたえないのは、当時の日本で、なぜかように盛大な工事が興せたかということである。はたしてこれは全国の経済力に適していたものだろうか。私には決してそうは信ぜられない。

現在日本に、城郭はもちろん、神社・仏閣の古跡として、大仏・大鐘《おおがね》、あるいは大伽藍など、壮大なものがたくさん遺っている。だがこれは、大概皆、神道・仏教が盛んだった証拠ではなくて、当時の独裁君主の勢力が盛んだったことを意味するにすぎない。稀には水道や運河など、人民のためになる工事が行われたこともあるが、それも決して人民自身の意思から生れたものではない。所詮時の為政者・官僚の厚意から、人民の悩みを察して[331]、その便利をはかったものばかりである。もちろん人民の無知な時代だから、政府が専断であらゆる事業を行ったのも当然のことで、あえて怪しむには当らぬであろう。故に、現代から当時の政府のやり方をとやかくいう筋合はない。けれども、国財の蓄積と消費とが別途に分れたために、経済上限りない不都合を生じ、明君賢相の世であれ、暴君汚吏の時であれ、ともにその弊害を免れなかったことは疑う余地がない。そこで今日、いやしくもこの道理を知る者は、再び古人の過ちを繰返してはならぬのである。

明君賢相は、必ず有用の事に財を費やしたに違いない。しかしそれも、つまりは彼らの立場から有用と考えたものなのだから、その人の主義によって、武事を有用とする者もあれば、文事を有用とする者もあったろう。また真に有用な事を有用としたこともあろうが、無用の事を有用と考えた場合もないとはいえない。たとえば、足利義政の時代に、幕府が命令して、世上一切の借金を棒引きにし、それを徳政[332]と呼んだことがある。徳川幕府の時にも、これに似た例がないではなかった。これらも幕府にいわせれば、債務者に対する恩徳といえるかも知れない。[333]〔しかし債権者からみれば、明らかに暴政であろう。」ともかく日本の蓄積者〔被治者〕は、消費者〔治者〕[334]の経済的措置に少しも干渉できない風習だったから、政府は支出の予算を立てて収入の枠を決めるわけではなく、支出・収入とも限度がなかった。ただ庶民の生計を考慮して、取立てを従来以上にふやさなければ、それが最高の御仁政とされるほかはなかった。毎年同じ事を繰返して、人民が蓄積すれば政府は消費し、丁度一つの文字を二人で書くような状態で、数百年後の今日に及んだのである。顧みて古今を比較し、日本経済の歴史を考えれば、進歩の遅々たること、まことに驚くべきものではないか。

その一例をあげれば、徳川の治世二百五十年の間、国内に少しの戦乱もなかったのは、古今東西に比類のない太平の時代といえよう。かように世界に比類なき太平の世だったから、たとい当時の人民は無知で、製造工業が未発達だったとしても、また蓄積の速度が遅かったとしても、二百五十年の間には、経済上著しい進歩を示すべきはずである。しかるに事実そうでなかったのはなぜか。それはただ将軍や諸大名の不徳のせいばかりではない。たとい彼ら支配者の不徳不才に基く不幸だったとしても、その不徳不才は、必ずしも彼らの個人的過失ではない。支配者の地位にあれば、国財を浪費せざるを得ないのが当時の情勢だったから、その大勢に引きずられたのである。だから、経済の一点から見れば、いわゆる明君賢相も案外たよりにならず、天下太平も存外功能が薄かったといわなければならぬ。

ある人の説に、「戦争は実に恐るべく憎むべき禍ではあるが、国家経済に影響するところは、いわば人体の刀傷のようなものである。一時は大きなショックだけれども、急所をはずれさえすれば、案外速やかに直るものだ。経済上特に恐るべきは、戦争という刀傷ではなくて、結核のように、徐々に衰弱する慢性の浪費病である」といっている。そう考えると、日本の経済も、権力偏重の結果、蓄積者と消費者との二派に分れ、両者の間に連絡がないのが最もいけなかった。そのために経済は、月に日に衰弱しないまでも、歳に月に同じ状態にとどまり、あるいは数百年間に多少は進展したにしても、到底盛大活潑の域には達しなかった。かくて徳川二百五十年の治世にも著しい進歩を見なかったのは、経済上の結核病だったというべきであろう。[一七二]

❖129

二十二――理財の要は、士族の活潑敢為と平民の節倹勉強とを調和するにあり

さて、経済の第二原則としては、財の生産および消費には、その処置に適応する知力と習慣とがなければならぬ、といっておいた。一体経済の要点は、活潑敢為の行動と、倹約勤勉の努力とにある。この二つの働きが宜しきを得て、相互の統制調和がよくとれた場合、始めて蓄積と消費との盛大をもたらし得るのである。もしそれが一方に偏り、敢為の働きがなくて倹約のみに傾くと、貪欲吝嗇《どんよくりんしょく》の弊害を生ずる。反対に、倹約の心掛けを忘れて敢為の働きばかりをたくましくすれば、浪費濫用の弊害を免れない。いずれも経済の原則に背くものといわなければならぬ。しかるに前段にいったように、全国民が蓄積者と消費者との二階級に分れ、その差別があまり極端になると、それぞれの階級の気風が必ず一方に偏《かたよ》らざるを得ない。すなわち甲の階級〔蓄積者〕は、倹約勤勉の精神を持っていても、敢為の働きを失って、吝嗇の弊に陥る。乙の階級〔消費者〕は、活潑敢為の精神に富んでいても、倹約の精神を失って、浪費の弊に陥らざるを得ないであろう。

日本にはまだ教育が普及していないにしても、わが国民は天性それほど愚かではないから、経済に

関してだけ特に無能力な道理はない。ただ社会古来の因習のために、分離すべからざる経済活動を分離して、各階級それぞれの習慣を形成し、ついにその気風までも異にして、不都合な事態に陥ったのである。日本人の気風は、素質的には決して悪いわけでない。適当にこれを調整すれば、敢為活潑と同時に倹約勤勉の性格を生じて、経済のために理想的な働きができるはずである。しかるにその働きができずに、政府は浪費濫用に流れ、人民は貪欲吝嗇に傾いたのは、結局国民の素質が悪かったのではない。蓄積と消費との調和が宜しきを得なかったのだ。たとえば酸素と窒素とを調和すれば、空気を生じて、動植物の生存に欠くべからざる効用をなすが、二元素を分解して別々にするならば、効用がないばかりか、かえって万物の生命を害するようなものであろう。

古来わが国の経済の有様を見ると、金銭を費やして事業を起す者は、常に士族以上の支配階級であった。政府で土木工事を興し、文武の事業を企てるのはもちろんのこと、〔個人的にも、〕すべて書を読み、武道を習い、あるいは技芸を研《みが》き、風流を楽しむなど、実用向きの修業にしろ、趣味娯楽のたしなみにしろ、単なる衣食住以外に余裕を持って、多少とも高尚な文化生活に心を用いる者は、必ず士族以上に限られていた。したがって、その気風も自然と鋭敏活潑になり、進んで事を為す気力も乏しくなかった。彼らは実にわが国の文明の中心をなすべき人物である。ただ残念ながら、経済の一事については、数千百年の習慣に従い、支出の法は知っても収入の道を知らず、消費は知っても蓄積を知らなかった。有る物を費やすことは知っていても、無い物を生み出すことを知らなかった。その結果は、自然と浪費濫用の弊害を免れない。そればかりか、長い因襲のため、それが武家社会独自の風俗となり、金銭のことを口にするのは士君子〔紳士〕にあるまじきこととされた。それを知らぬのを恥としないばかりか、かえって知るのを恥とさえした。典型的な士君子と、経済に無知な者とは同義語の観をなすに至ったのである。世間知らずも甚だしいものというべきではないか。

一方、農商以下の被支配階級を見ると、上流の階級とは明確な差別があった。あたかも庶民だけの別世界を形づくって、人情風俗を全く異にしていた。武士に頭を押えられて、その軽侮を受け、言葉使いや座席にも上下の別があれば、[335] 衣服にも制限があり、[336] 法律上にも差別された。[337] それどころか、生命の権利までも武家に握られていたのである。徳川幕府の法令には、「足軽ふぜいの者でも、卑しい町人百姓の分際の者から、無法な悪口雑言《ぞうごん》など、無礼な仕打ちを受けて、やむを得ず切捨てた場合は、調査の上、相手の無礼に相違なければ、罪に問われない」と規定してあった。[338] この切捨御免の法律によると、百姓町人は常に幾千万人の敵に接しているようなもので、無事で生きられるのがまぐれ幸いといっていいくらいのものだ。かように生命すら安んずることができないのに、どうしてそれ以上のことまで顧みるいとまがあろう。廉恥心や功名心などあろうわけはなく、学問や技芸などに志す心の余裕も生ずるわけはない。ただ、政府の命令に従って、その費用の租税を差出すのが精一杯で、身心ともに全く自由を失っていたというべきである。❖130

しかしながら、人間の天性として、心の働きは、どんな手段を用いても完全に抑圧束縛しきれるものではない。それはどこかに隙間《すきま》を求めて、自由のはけ口[339]を見出ださねばやまぬものである。そこで百姓町人たちの身分は、もちろん進退不自由だったけれども、ただ金をためて身代《しんだい》を作ることだけは、心の働きを伸ばせる活路であり、それを妨げられる障害も少なかった。ここにおいて、少し気力のある百姓町人は、蓄財に専念した。千辛万苦をものともせず、倹約に努めて、しばしば巨万の富を築いた者がないでもない。しかし、もともとこれらの連中は、ただ富のために富を築いた者にすぎず、ほかに目的があったわけではない。つまり富を求めたのは、なんらかの目的を達成する手段ではなく、それ自体が生涯無二の目的だったように見える。だから、この世に富の外に貴《たっと》ぶべきものはなく、富を措いてこれに代るべきものはなかった。学問をはじめ、社会の高尚な部分に属する事柄は、一切顧みないばかりか、かえって贅沢の一部としてそれを退け、武士階級の生活を見て、ひそかにその迂遠さをあざわらう始末であった。当時の事情としては無理もないことながら、その気風が卑しくして、進取の精神に欠けていたことは、全く唾棄すべきものであった。

今、日本中の富豪といわれる家の由来や、その盛衰の有様を調べてみると、明らかに右の実証を見ることができよう。古来豪商豪農で家を興した者は、決して学者識者の階級ではない。百人中九十九人までは、無知無学の下人であった。恥ずべきことを恥じず、我慢できぬことも我慢し、ただ吝嗇《りんしょく》一方で富を積んだ者ばかりだ。また逆に、家を亡ぼした者を見ると、気力に乏しくて蓄積を怠ったか、酒色遊宴などの欲望に溺れて身代をつぶした者に外ならない。同じ貧乏するにしても、士族たちが、浮世に超然として生活を顧みず、好むところの学問や風流などを事とし、その志を曲げずして、あくまでわが理想に殉じ、自ら清貧に安んじていたのとは比べものにならない。もちろん肉欲にふけって家をつぶすのも、浮世に超越して家をつぶすのも、家をつぶす事実に変りはないが、志の高下に至っては、非常な相違があろう。士族にはやはり智徳の働きを愛するという長所があり、百姓町人には金銭を好み、官能の欲に耽るという一事しかなかったように思われる。両者の気風の差異は大きいといわねばなるまい。

以上の次第で、被支配階級の倹約勤勉は、形を変えて貪欲吝嗇《どんよくりんしょく》となり、支配階級の活潑敢為は、質を変えて浪費濫用となった。両者ともに経済の活動に適せずして、今日に至ったのである。大体わが日本は貧乏国だといわれるけれども、必ずしも天然の産物が乏しいわけではない。特に農耕の技術〔集約農業〕にかけては、世界万国に対してさえ誇るべきものが多い。さすれば、決して天然の貧乏国ということはできぬ。あるいは税が重すぎるかといえば、たとい重いとしても、その税金を集めて海に捨てるわけではない。やはり国内にとどまって、国の資産の一部分となるのである。ところが、現実にわが国の貧しいのはなぜかといえば、結局財が乏しいのではなく、その財を運用する知力が乏しいのにほかならない。否それよりも、その知力が二つに分れていることにある。活潑敢為の知力と、節倹勤勉の知力とが一体とならず、上下の階級が各々その一方面しか担っていないのが原因である。いわば日本国の財は、開闢の始めから今日に至るまで、いまだにそれを運営するに足りる知力に出会っていないものというべきであろう。

思うに、この知力の二分されたものを融合して一体とし、実際に役立たせることこそ、日本経済の急務である。けれども、これも長年の習慣となっているために、一朝一夕の努力で改善できる事柄ではない。維新後の最近になって、やや士民両者の相接近する兆しが見えてきたようだが、双方相互の長所を学ばず、かえって短所ばかりまねる傾きが多い。[340]〔たとえば、士族は百姓町人の卑しい気風に染まって私腹を肥やし、町人は士族の特権に便乗して、暴富をはかるといった風である。〕かくて蓄積と消費との不調和は、依然免れ難い日本の大勢であるが、必ずしも個人の罪とはいえない。流れてやまぬ天下の大勢は、上古から今日まで変ることなく、すべての国民を支配して、人々はその流れに身を任せているばかりなのだ。今急にこの大勢に抵抗することができないのも、やむを得ぬ次第であろう。

❖ 131

第十章　自国の独立を論ず

一——わが国の文明は、今正に自国の独立を謀るにあり

前の第八章・第九章で、西洋諸国と日本との文明の由来を論じてきたが、総じてその有様を比較すれば、日本文明は西洋文明よりも後れているといわざるを得ない。文明の進歩に前後があれば、先進国は後進国を支配し、後進国は先進国に支配されるのが当然である。[一七三] 昔の鎖国時代には、わが国民は西洋諸国というものすら知らなかった。しかし今日では、もはやその存在を知り、その文明の情況を知った。それを日本と比較すると、進歩に前後があることも分り、わが文明がかれに及ばぬことも分ったのである。しかも、後進国が先進国に支配される道理をも知った以上、人々がまず感ぜねばならぬのは、自国の独立をいかにして達成すべきかという一事であろう。

大体、文明というものはきわめて範囲の広いもので、およそ人知の極限までこれに含まれぬものはない。だから、外国に対して自国の独立をはかることなどは、もちろん文明論中最も些細な一問題にすぎない。けれども、本書第二章にいったように、文明の進歩には段階があるから、その進歩の度合いを計って、それ相応の対策を講じなければならぬ。今日、われわれ日本人が自国の独立の達成を念

願して、心を労するのは、とりも直さずわが国の文明の現状が、自国の独立を心配する段階にあるからだ。われわれの関心の及ぶ所もこの一点にとどまって、それ以上の問題を考える余裕がないためである。そこでこれから本書の末章として、自国独立の一事を取上げるのも、要は日本人一般のレベルに従って、現在われわれの関心を持つべき問題だけについて、論議を進めるのである。最高の文明とは何ぞや、というような問題を取上げて、詳しく究明するが如きは、将来の後進学者に任せたいと思う。

二——封建時代の階級的秩序

昔の封建時代には、君臣主従の関係というものが世の中を支配した。幕府や諸藩の士族が、その時の主人に忠義を尽すのはもちろん、遠く先祖以来の由緒をも忘れず、一生懸命主家のためを思うのが常であった。禄を頂く以上は、主君のために死すべきものと心得て、[341]自分の一命さえ主家に捧げて怪しまず、自ら律すること甚だ厳しいものがあった。また主君は、自ら国の父母と称して、臣下をわが子のように愛したから、恩義の二字によって上下の関係は円満親密に保たれ、今から見てもその間柄の美しいことは、羨《うらや》むべきものさえないではない。真の忠臣義士でないまでも、一般に忠義を貴《たつと》ぶ習慣だったから、この習慣に従い、人々は自然と人格を高尚に保つこともできたであろう。たとえば士族社会では、子供を戒める際に、必ず身分とか家柄とかいう言葉を用い、侍の身分柄、卑劣なことはできぬとか、先祖以来の家柄に対して相すまぬとか、主君に申訳がないとかいったものだ。〝身分〟や〝家柄〟や〝主君〟などは、まさに士族が従うべき大道であって、生涯の人格を維持する綱のようなものであった。西洋でいう「モラル・タイ」〔moral tie. 道徳的支柱〕[一七四]なるものである。

この習慣は、武士と主君との間に行われただけではない。広く日本全国の民間にしみ込んで、町人・百姓の間でも行われ、えた[342]・非人[343]の社会ですら行われた。およそ社会関係の存在する所では、至大から極小に至るまで行渡らぬ所はなかったのである。たとえば、町人・百姓には本家・分家の道があり、えた・非人にも親分・子分の別があって、その義理の堅いことは士族の君臣の場合と同様であった。

この風俗を君臣の義とか、先祖の由緒とか、上下の名分とか、本末の差別とか、色々な名称で呼んでいたわけだが、いずれにせよ、ともかく日本開闢以来現代に至るまで社会を支配して、今日の文明を達成したのは、この風俗習慣の力によらぬものはなかった。

三——維新後の世変

ところが、最近外国人との交際が開けるに及んで、わが国の文明とかの国の文明とを比較してみると、外形にあらわれた技術工芸の優劣はいうに及ばず、精神文明においても、全く段違いなことが分った。西洋諸国の人民は知力が活潑で、自主的に己れを支配し、その社会はよく整って、秩序に富んでいる。大は一国の経済から、小は一身一家の生活に至るまで、現在の情況では、とてもわが日本人の企て及ぶところではない。要するに、西洋諸国は文明の域に達しており、日本はまだ未開の段階にあることが、今や始めて明らかになった。なんぴともそれを認めぬわけにはゆかないのである。

そこで日本の指導者たちは、わが国の未開の原因を求めて、まず古来の習慣のよくないことに気がついた。そこでこの古い風習を一掃しようとして、専らその改革に着手し、廃藩置県を始め、万事旧物の廃止を断行したのである。その結果、昔の大名は華族と改まり[344]、侍もいわゆる貫属〔士族の異名〕と変り[345]、言論は自由となって[346]、人材は自由に登用される御時勢となった。昔は五千石取の御家老様も、今は一兵卒となる[347]かと思えば、一人扶持をとった足軽が、県知事閣下になり上がった[348]。数代伝わった豪勢な両替屋も破産するかと思えば[349]、一文なしの博奕打で堂々たる御用商人となった者もある[350]。寺が神社になり、僧侶が神官に変った[351]のも御時勢というものだ。富貴も幸福もただ本人の働き次第で、いわゆる功名自在、一奮発さえすれば、いかなる功名も手に入る[352]時節となった。開闢以来わが人民の心の底までしみ込んでいた恩義・由緒・名分・差別などの観念は次第になくなって、実力一辺倒の世の中である。あえて善意を以て表現すれば、人心は頓《とみ》に活潑化し、世にいう〝文明駸々乎《しんしんこ》〔速やかなさま〕として進む〟の有様となったのである。

四――古きモラル廃れて、新しきモラル未だ興らず

だが、この功名自在、文明駸々乎ともいうべき有様を以て、世の指導者は、はたして注文通りの目的を達したであろうか。この文明の進歩を真の進歩と認めて、もはやこのほかに求めるところがないであろうか。決してそうではあるまい。識者は今の文明を以て必ず満足するわけではなかろう。なぜなら、今の社会の有様がわが人民の気風に与えている影響を見ると、丁度先祖伝来の重荷を下ろして、しかもまだそれに代る新しい荷物を担わず、目下休息の最中のように見えるからである。そのわけはどうかというと、廃藩の後は、大名と藩士との間にもはや君臣の義はなくなった。あえてひそかにこ

の義を守ろうとする者があれば、かえって時代遅れと笑われても仕方があるまい。昔の足軽が今の軍隊の隊長となって、昔の上役に号令をかければ、上役も今ではその号令に従わねばならぬ。万事昔とは地位が逆になった。だが、新時代の規則は厳重なようだけれども、その昔の上役殿でも、金さえ出せば、兵役を免れることもできるのだ。[353]だから、かつての足軽が得意になって隊長顔をすれば、昔の上役もまた得意になって、悠々閑日月を楽しむことができる。博奕打《ばくちうち》が御用達となって威張るかと思えば、破産した豪商も、御時勢の罪とあきらめて、わが身を責めることもない。これまた気楽にその日を送っている有様だ。神官がわが世の春をことほげば、僧侶も公然と妻帯できて、御満悦の体である。[354]畢竟今の時節は、上下貴賤ともに御機嫌の時代で、貧乏の不如意を別にすれば、身心を束縛される何物もない。昔と違って、討死も損なれば、敵討《かたきうち》も無駄な話。戦争に出れば危いし、腹を切れば痛いから、すべて真っ平御免というわけだ。学問も仕官もただ銭のためで、銭さえ持てば、何の勉強も必要がない。銭の向う所は天下に敵なしという有様で、今や人品の上下も、銭の高によって値打が決まるように見える。この有様を昔の窮屈な時代に比べれば、全く気楽なものといわざるを得まい。そこで、今の人民は重荷を下ろして、まさに休息中だといったわけである。

しかしながら、休息とは何も仕事のない時の話である。仕事が一段落ついたか、すべき仕事がないとかいう場合は、休息ももっともだけれども、わが国の現状を見ると、決して無事太平なわけではない。むしろ事態は、昔と比べて一段と困難な時節なのだ。世間の識者もそれに気付かぬではなく、休息すべからざる時勢であることを知らぬでもない。そこでつとめて人心を有益な方向に導くために、学者は学校を建てて人に教え、翻訳家は原書を訳して公にする。政府でも民間でも、専ら学問技術の奨励に努力しているのである。しかし一般人民の気風には、まだはかばかしい成果は見られない。学問に従事する青年の様子を見ると、必ずしも学業に努めぬのではないが、真剣な気持で、今こそ国のために財産も生命もなげうつべき時節だという大切な覚悟に至っては、とんと忘れ去ったように見える。とかく心を煩《わずら》わすこともなく、甚だ気楽な境涯といわねばならない。❖132

五――皇学者流の国体論は、人心を維持するに足らず

ある人々はここに注目して、今日の人情は軽薄だといい、その罪は皇国の古を忘れたところにあるとして、大義名分論〔君臣の義・忠君の思想〕を強調し、復古主義を主張する。[355] そこで彼らは古道を唱え、神代の昔を証拠に持出して、国体論[356]なるものを主張し、この理論によって人心を維持しようと企てる。いわゆる国学者がこれである。その教えも道理のないものではない。君主国で君主を崇《あが》め、政治の権をこれに付与するのは、もちろん当然で、政治上最も重要なことである。だから尊王の説も決して否定すべきものではない。けれども国学者は、そこからさらに一歩を進めて、国民が君主を崇拝する理由は、単に政治上の利害得失にあるのではなく、日本人としての懐古の至情にあるのだと主張する。それどころか、彼らは、いたずらに天皇を一枚看板に祭り上げるに熱心で、その実際の効用を忘れ、形式ばかりを尊ぶという弊害さえないではない。

大体、人民自然の感情は、〔王政復古の如き〕一時の政治的変革によって、急に変えられるものではない。そこで〔国学者のいうように〕、今日の国民の感情にたよって尊王の主義を実現するためには、まず人情そのものから改造し、旧幕時代のことを忘れさせて、新時代一辺倒に向わせなければならぬ

〔が、そんなことはできる相談ではない〕。なんとなれば、わが国の人民は、数百年間、ほとんど天皇の存在すら知らず、わずかに昔の歴史のイメージとして記憶してきたにすぎないからだ。[一七五] 維新の政変によって、政治体制は数百年前の王政に復したとはいえ、現在皇室と人民との間に、密接な人情の交流があるわけではない。その間に新たに生じたものは、政治上の支配関係だけである。人情の親疎からいえば、今の人民は鎌倉時代以来、封建君主に支配されて来たのだから、皇室に対するよりも、封建時代の旧主に対する感情の方が親しいに相違ない。天下に君たる者は天子一人のみ、という大義[357]名分の理屈は成り立つにせよ、実際は必ずしも注文通りにはゆくまい。今日の成行きでゆけば、人民もやがては昔を忘れて、封建君主を思う気持は次第に薄らぐであろう。さればといって、急に皇室を慕う感情を造り出して、国民をしんから天皇の子供のように仕立てるのは、現代の日本の人心や文明の有様から見て、非常に困難で、ほとんど不可能であろう。❖133

ところが人によれば、「王政復古・明治維新は、人民の懐古の情に基くもので、人情が幕府を嫌って皇室を慕った結果である[一七六]」と主張する。だが、それは事実を知らない者の説にすぎぬ。もしはたしてその説のように、人情が本当に旧を慕うものならば、数百年来民心にしみ込んでいた封建制をこそ慕わねばならぬはずである。なぜならば、大体当今の士族その他の社会で、先祖伝来の遺風などといわれるものは、大抵遠く鎌倉時代以来の習慣に淵源するもので、封建制度の伝統は甚だ古く、且つその影響も広いものだからである。あるいは逆に、明治維新は、人情が古きを忘れて新しきを喜ぶ結果だという論があるかも知れぬ〔が、これも間違いである〕。王政の行われたのは封建制以前の最も古いことだから、両者のいずれを忘れるかといえば、必ず最も古い王政の方を忘れるのが道理ではないか。

❖134

そこで第三には、「人心が皇室に向ったのは、時代の新旧によるのではなく、国民が〝大義名分〟を自覚した結果にほかならぬ」という説が出てくる。けれども〔これも怪しい。なんとなれば〕、大義名分という以上は、〔時間を超越した〕真実無妄、絶対不変の真理でなければなるまい。絶対の真理である以上は、〔いかなる時代にも〕人間にとってしばしも忘れられぬ道であるはずだ。[358] しかるに、現に鎌倉以後、ほとんど七百年間、人民は皇室の存在を知らずに過ぎたのである。ところが、この七百年の歳月はどんな時代であったか。右の大義名分論者に従えば、〔彼らは大義名分を狭く尊王心だけに限定するから、〕この七百年間は、人民が皆正道を踏外し、大義名分が全く跡を絶った野蛮暗黒の世だった、ということになろう。もちろん天下治乱の歴史は、一年乃至数年の短い出来事で簡単に評価はできない。〔したがってある時点では、たしかに野蛮な事態もあったであろう。〕だが、かりそめにも良識を備えたわれわれの祖先が、自ら正道に反すると知りつつ、どうして七百年の長きにわたって、正道に背き続けることができたであろうか。〔そんなことは常識上到底考えられぬことだ。〕のみならず、論より証拠、この封建時代七百年間は、決して〔いわゆる大義名分論者の考えるような〕道義の頽廃した暗黒社会ばかりではなかった。むしろわが国現代文明の十中七、八までは、実にこの武家時代に源を発して、成長発達を遂げ、今日に恩恵を遺したものといえよう。❖135

右のように考えると、王政一新の原因は、人民が中世以後の幕府を嫌って、古代の皇室を慕う人情から起ったものではない。[359] また古い封建制を忘れて、新しい天皇制を望んだのでもない。また、多年忘却していた大義名分を急に思い出したためでもない。〔皇室の存在には必ずしも関係なく、〕ただ目前の幕府の政治に愛想を尽かして、これを変更したいという一念から起ったまでのことである。〔皇室は、たまたま目前の道具に利用されたにすぎないのだ。〕明治維新の事業がすでに成功して、天下の政権が皇室に帰した以上は、日本の国民としてこれを尊敬するのは当然の義務である。だが、人民と皇室との間にあるものは、ただ政治上の結び付きにすぎない。精神的な繋がりは、決して急激に造られるものではない。強いてそんなものを造ろうとすれば、その目的を達するどころか、かえって世の中に偽善者の類をふやし、ますます人情を軽薄に導くばかりであろう。だから、国学者流の国体論は、今の人心を維持して、その人格を高尚に導く手段とはし難いといわねばならぬ。❖136

六――イエスの教えも、一国の独立を守ること能わず

また、ある種の学者は、今の人心の軽薄さを憂え、さりとて国体論をふりかざしても効果がないので、人の霊魂に期待して、キリスト教の布教で人心を改めようと考える。宗教で安心立命の境地を与え、民衆の精神を統一して、人類の向うべき大目的を定めようとするのである。この考えも決して軽率な意図から生じたものではない。その根拠はといえば、その学者は次のように考えるのであろう。「今の日本人を見ると、百人が百人、皆志すところを異にする。政治上の問題について共通の見解がないのはもちろん、宗教に関しても、神によるべきか仏によるべきか決まらない。それどころか、中には無宗教の者さえある。人間として最も重要なわが霊魂のよるべさえ知らずに、どうして社会の道徳など顧みる余裕があろう。天道・人倫を知らず、親子・夫婦の倫理をも弁えない。まさにこの世は地獄同然の有様だから、世を憂える者は、まずこの有様を救わねばならぬ。裏返していうと、宗教に

よって一たび人心の維持に成功したならば、民衆にとって人生の目的も始めてはっきりする。それを拡大して政治の上に施したならば、一国独立の土台ともなるであろう」といった考えである。

　これまた決して軽率な妄説とはいえぬであろう。キリスト教によって今の国民を教化し、精神の誤りを正して徳の門に導き、[360] たとい悟道の境地には達せずとも、親子・夫婦の道を明らかにし、孝行・貞節の心を励ますのは結構なことである。子弟の教育が父兄の義務たることを認識させ、妾を囲ったり漁色に耽ったりすることの悪事たるを弁《わきま》えさせるなどは、文明を助ける効果が最も大きいから、もちろんとやかくいうべきことではない。しかし、今わが国の現状に当てはめて得失を論ずるならば、私は必ずしもこの意見に同意することはできない。なぜならば、〔キリスト教そのものは結構だとしても、〕キリスト教の道徳を政治にまで及ぼし、神への信仰によって一国独立の土台を打立てようとする一部学者の見解については、少しく意見を異にするからである。

　元来キリスト教は、永遠の天国を目標とするものだ。わが幸福安全も死後の世界に期待し、この世のわざわい苦しみも来世での償いを予想する。現在の罪よりも来世の罪を恐れ、今生の裁判よりも未来の神の裁きを重んずる。[361] つまり現在のこの世と未来のあの世とを並立させて理論を立て、説くところは常に高遠で、他の学問とは趣が全然違う。神の前では人間は皆兄弟だというのだから、この地球は丁度一つの家のようなもので、親近感に厚薄の差別があるべきわけはない。世界がすでに一家なのだから、どうして世界の内に国境を作ったりする必要があろう。ところが現実には、この地球は幾つかに分れ、〔国家という〕狭い囲いの中に仲間を組んで、これを一国の人民と称し、その仲間の便利を図るために政府を設けている。しかも時には、兇器を携えて他国の兄弟を殺し、他国の領土を奪い、あるいは互いに貿易の利を争う。こうしたことは、決して宗教の趣旨にかなっているとはいえぬではないか。かような悪行を見ると、来世の神の裁きどころか、この世の制裁ももっと必要だといわねばならぬ。キリスト教から見れば、まさに罪人の所行というほかはあるまい。

しかしながら、今の世界の有様を見渡すと、どこを見ても国家のないところはない。また国家のもとに政府のないところはない。政府がよく人民を保護し、人民がよく商売に励み、政府がよく戦い、人民がよく利を得るならば、それを富国強兵という。その国民自ら誇るのはもちろん、他国の者もそれを羨《うらや》み、その富国強兵を見習おうとして努力するのはなぜであろうか。宗教の精神には背いても、世界の大勢としてやむを得ぬからである。だから今日の文明の段階で、世界各国相互の関係を考えれば、なるほど個人同士の交わりは、あるいは遙かな異国の人と、一見たちまち旧友の如く親しくなる場合もあるだろう。だが、国家同士の交際はそうはいかない。そこにはただ二つの原理があるだけだ。すなわち、平時は物を売買して互いに経済上の利益を争い、一旦緩急あれば、武器を執って殺し合うばかりである。要するに、現在の世界は、商売と戦争との世の中というほかはない。もちろん戦争にも種類が多く、中には戦争をやめるための正義の戦争もあろう。貿易も、もともと世界の一方に有る物と他方に無い物とを交換するのだから、最も正当な行為である。だから、戦争も貿易も、その本質は一概に悪いとばかりはいえまい。しかし、現在の世界各国の戦争や貿易の実情を見ると、キリスト教の高邁《こうまい》な愛他精神に基くものとはとても思われぬのである。

しかしながら、右のように、キリスト教の見地から判断すれば、ひたすら貿易や戦争に熱中するのは、甚だ殺伐で賤しむべき行為かも知れないが、現在の社会情勢から見れば、決してそうとばかりはいえぬ。なぜならば、貿易は利益を争うものではあるが、武力だけで成功するわけはない。必ず知力の要る仕事なのだから、今の国民に対してはやはり奨励せねばならぬ。且つ外国と貿易しようと思えば、当然国内でも勉強が必要である。だから貿易が盛んなことは、とりも直さず、国民の知識が高く、学問技術が発達して、その光が国外に反映したもので、国家繁栄のしるしにほかならない。戦争もまた同様で、単にこれを人殺しの方法だと片づけるならば憎むべきことのようだけれども、必ずしもそうばかりではない。たとえば今、急に理不尽な戦争を起そうとする国があれば、たとい現在の不十分な文明の段階でも、不十分なりに条約の明文もあれば、談判による解決法もある。国際公法もあれば、学識者の批判もあるというわけで、無茶な戦争は容易に許されないのである。また、あるいは自国の利益のためばかりでなく、国家の名誉や正義のために起す戦争もないわけではない。だから、戦争は殺人争利の手段といえば、いかにも宗教の精神に反して穢《けが》らわしく思われ、宗教の敵という汚名は免れ難いけれども、今の文明の段階では、これもやむを得ぬことである。戦争は独立国の権利を伸ばすための方法であり、貿易は国の威勢を示すシンボルだといわねばなるまい。

　自国の権威を伸ばし、自国の民を富まし、自国の智徳を進め、自国の名誉を輝かそうとして勉める者を愛国者といい、その精神を愛国心というのである[一七七]。その目的は、他国に対して自他の差別を作り、たとい他国を害する意思はなくとも、自国を重んじて他国を軽んじ、自国本位の立場で独立を全うすることにある。だから愛国心は、個人的に私欲をほしいままにするわけではないけれども、国家の私利をはかる精神なのである。つまり、この地球を幾つもに区分して、その区域単位に党派を結び、自己の党派〔国家〕の便利を謀って、自国の私利をたくましくする不公平な心構えなのだ。そこで、〝報国心〟〔愛国心〕と〝偏頗《へんぱ》心〟〔えこひいき〕とは、〔一は美しく、一は不快な言葉だが、〕言葉は違っても、内容は同一のものだといわねばならない。こうなると、神の前では人間皆兄弟だというキリスト教の精神と、尽忠報国・国家独立の精神とは、全く相容れぬことが痛感されるではないか。したがって、宗教の趣旨を拡大して政治に及ぼし、それによって一国独立の土台を打立てようという説は、論理を誤ったものといわなければならぬ。宗教は個人的な徳義に役立つだけで、国家独立の精神とは方向を異にするものである。[一七八] だから、たとい宗教によって人心を維持することはできても、国民こぞって国を守るという一事に至っては、結局大した効果は期待できない。要するに、世界各国の現状とキリスト教の精神とを比較すると、宗教は広大過ぎ、高尚過ぎ、理想的過ぎ、公平過ぎるに対して、各国対立の現状は、偏狭過ぎ、低俗過ぎ、現実的過ぎ、不公平過ぎるのだ。両者は到底一致できないものである。❖[137]

七――余輩の憂うるところは外国交際にあり

またある種の漢学者は、見識がやや広くて、国学者連のようにただ懐古の情に依存するだけではないが、その目的は、政府の定めた礼楽刑政[362]によって人民を支配することである。つまり、君主の恩情と政府の法律との二本立てで民心を維持しようとするのだから、これも現在の社会には適しない。もしこの主義通り実行すれば、人民は政府の力だけを知って民衆自身の力を悟らず、官権を知って人民の権利に目ざめない。かえってますます卑屈に陥り、国民全般の品位を高める結果とはならぬであろう。この事に関しては、本書の第七章・第九章に述べたから、再び繰返さない。

以上のように、当今のわが国の情勢は至極困難である。しかるに人民は、一向この困難に気づいていない。むしろ旧来の束縛を遁れて、気楽になったのを喜んでいるようである。そこで心ある識者は深くこれを憂えて、国学者は国体論を唱え、洋学者はキリスト教を奨め、一部の漢学者は聖人の道を主張する。いずれもどうにかして民心を維持し、その目標を定めて、わが国の独立を保とうと努力しているのである。しかし今日に至るまで、一つも成功したものはなく、将来も成功しそうな気配はない。まことに憂うべき事態ではないか。そこで私も多少意見を述べざるを得ない。

まず物事を論ずるには、初めにその題目と性質とを明らかにしてこそ、それに対処する方法も見付かるであろう。たとえば火事を防ぐには、第一に火の性質を知り、火は水で消されることが分って後に、はじめて消防の方法が決まるようなものである。そこで今、わが国の情勢は困難に陥っているといわれるが、その困難とは一体どんな問題を指すのだろうか、それを明らかにすることが前提である。目下政府の命令が行届かぬわけでもなければ、国民が租税を怠っているわけでもない。また、明治になって、人民が急に馬鹿になったわけでもなければ、役人が皆暗愚に陥って不正を行うわけでもない。こうした方面を眺めて見れば、日本は昔ながらの日本で、特に変化したわけではなく、そこに少しも憂うべき問題はなさそうである。それどころか、明治以前の有様と比較すれば、かえって日本の面目は一新して、改善されたといってもよかろう。しかるに、わが国の事態を明治以前と比べて、一層心配がふえたとは、一体どんな問題を指し、どんな困難事を憂えるのであるか、その点をはっきりさせねばならぬ。

私の考えでは、その困難事とは、祖先伝来の疾患ではなく、必ず近来にわかに発した病気である。

しかもその病毒は、すでにわが国の生命の急所を冒していて、除くにも除かれず、治療するにも医薬が乏しい。到底わが国従来の生命力を以てしては回復し難いほどの難症である。けだし日本が昔のままの日本で、客観情勢になんらの変化もないならば、われわれは安心していられるのだが、今や国家の現状を憂えなければならぬのはなぜか。必ず〔客観情勢が変化して〕、新しく憂うべき病が生じた証拠である。世の識者がこぞって心配するのもこの病にあることは疑いない。識者たちはこの病をどう名づけるか知らないが、私はこれを〝外国交際〟すなわち対外関係だといいたいのである。❖138

八——貿易の損亡恐るべし

世の識者は、はっきりこの病を名づけて対外関係と呼ばぬにせよ、憂えるところはまさに私と同様で、やはり今の対外問題の困難を案ずるに相違ない。そこでまず問題の題目は決まったわけである。次はその問題の性質を明らかにせねばならない。一体、外国人が日本に来るのは、ただ貿易が目的である。そこで今、日本と外国との間で行われている貿易の有様を見ると、西洋諸国は物を製造する国で、日本は物を生産する国である。物を製造するとは、天然の物に人工を加えることで、たとえば綿を織物に変え、鉄を刃物とすることなどがそれである。物を生産するとは、天然の力に依存して、原料を生み出すことをいうのだ。日本で生糸を産し、鉱物を掘出すのがその例である。そこで、仮に西洋諸国は〝製物の国〟、日本は〝産物の国〟ということができよう。もちろん製物国・産物国の両者にはっきり線を引くことはむずかしいけれども、要するに前者は人力を用いることが多く、後者は天然に依存することが多いという相違である。

ところが経済上、一国の貧富は、天然資源の多寡に関係することは案外少なく、実際には専ら国民の知力の多少と、その活用の巧拙《こうせつ》とによるのである。土地が肥沃なインドが貧しく、天然資源の少ないオランダが豊かなのが良い例だ。だから、製物国と産物国との貿易というのは、甲は無形無限の知力・労力を用い、乙は有形有限の原料を提供して、人間の力と天然の物とを交換することにほかならない。詳しくいえば、産物国の人民は、使うべきわが心身の働きを使わずに、製物国の人を海外に雇っておき、自分の手足や智恵の代役をさせて、その労力への代償として自国に産する天然資源を与えている勘定である。

たとえば、禄高[363]三百石、家族十人の侍があって、気楽に懐手《ふところで》して日を送り、朝夕の飲食は仕出し屋から取り、夏冬の衣服は呉服屋から買い、生活に必要なものは一から十まですべて商人の作ったものを買って、その代金として、毎年三百石の米を払うようなものだ。三百石の米は、いわば天然の産物に当るわけだが、年々の支払いに追われて、とてもこれを貯蓄する余裕はあるまい。目下のわが日本と外国との貿易の有様をいえば、およそこれと同様で、結局わが国の損失といわざるを得ない。

❖139

九——外債の利害を察せざるべからず

また現在西洋諸国は、たくさんの物を製造して金持になり、しかも文明の目ざましい進歩によって、人口は年々増加した。中でもイギリスの如きは、まさにその極度に達したものといえよう。アメリカ合衆国の人民も、イギリス人の子孫だし、オーストラリアに住む白人も、イギリスから移住したものである。インド[364]にもイギリス人が居れば、西インド[365]にも居て、その数はほとんど計り知られない。かりに今、世界各地に散在するイギリス人や、数百年来他に移住した英人の子孫を全部集めて、その本国たる大ブリテン島とアイルランド島とに帰らしめ、もとからそこに住む三千余万のイギリス人といっしょに住まわせたらどうなるか。この島国全土に産する物資で衣食をまかなえぬのはむろんのこと、平地の大半は住宅で埋まってしまうに違いない。文明が次第に進んで、生活条件がよくなれば、人口の増加することはこれでも分るだろう。子を生むという点では、人間も鼠も変ることはないが、鼠は自分の身を保護できぬから、飢えや寒さで死ぬこともあり、猫にも取られて、それほど繁殖はできない。ところが人間の方は、もし生活条件がよくて、飢寒・戦争・流行病の災難さえなければ、その繁殖はいわゆる鼠算の割合でふえてゆく勘定だ。だから、ヨーロッパ中の古い国では、今やこの人口問題の解決に悩んでいるのである。

　そこで、西洋の経済専門家の意見によると、このふえてゆく人間を食わせる対策には三つの方法がある。その一つは、自国の工業製品を輸出し、土地の豊かな国から衣食の原料を輸入することだ。その二は、自国の人間を海外に移民することである。しかし第一策には、おのずから限界があって、問題の完全な解決にはならない。第二策も費用がかかり過ぎて、必ずしもうまく行くとは限らない。そこで第三策としては、外国に金を貸付けて、利子を稼ぎ、それで自国の経済を豊かにする方法が考えられる。というのは、人民を海外に移すには、すでに開けた地方を選ぶのがいいにきまっているが、開けた土地には、当然独立国の政府があり、その人民も固有の習慣や風俗を持っている。他国者がその国内に入込んで雑居し、便利を得ようとしても、そうは問屋が卸さない。そこで移民の唯一の手掛りは、相手の国が、まだ商工業が進まず、富も少なく、資本が乏しくて、労働人口の多い土地に限られる。そういう国では、〔国土開発や国民の生活維持などのため、多くの金を必要とするので、〕金利が高いから、本国に余った金をこの貧乏な国に融資して、濡手《ぬれて》で粟《あわ》の儲けができるのである。いわば、人間を移民するのではなくて、金を移民させるわけだ。生きた人間は、風俗習慣の相違で、雑居同化が容易でないが、金ならどこの国の金でも、見た目に変りがない。これを使う者は、ただ利子の高いか安いかを問題にするだけで、喜んで他国の金を借り、知らぬ間に他国の人に利足を払うことになる。これは貸手の国からいえば、まことにうまい話ではないか。今日日本でも、すでになにほどか外国から借金している[366]のだ。外債の利害得失は、よくよく考えなければならぬ。

そもそも文明国と未開国とを比較すれば、国民の生活状態は、全く雲泥の相違である。文明国は、文明の度が進むにつれて、〔国民生活が向上するから、〕国民の生活費も、次第に膨脹する。そこで人口増加の問題はしばらく別にしても、当然国民の日常生活費の一部は、他国から稼がなければならぬ。これを稼ぐ先は、もとより海外の下等な未開国にほかならない。そうなると、世界中の貧乏神が未開国に集結するといってよかろう。未開国が文明国の金を借りて、高い利子を払うのは、すなわち貧乏神にたかられた紛《まぎ》れもない証拠である。それで分るように、文明国と未開国との金の貸し借りは、必ずしも文明国の人口増加だけが唯一の原因ではない。〔文明国の生活の向上ということも、必然的な背景をなすわけだ。〕ただここで特に人口の問題を取上げたのは、読者が理解し易いように、西洋人が他国に融資して利益を貪《むさぼ》らねばならぬ有力な原因の一つとして、それを指摘したまでである。❖140

十――外国人の妄慢《ぼうまん》、厭悪《えんお》するに堪えたり

以上は、先進国との交際の実態を示して、後進国の経済上の損得如何を論じたのだが、次にこの外国人との関係が、日本国民の人格気風を支配する事情を述べたいと思う。近来は日本人の様子も大いに変って、人民同権の観念は、ほとんど全国に滲透し、あえて異論を唱える者もないようだ。だが、人民同権とは、ただ一国内の人間同士が同権だというだけではない。この国民とかの国民との間も同権であり、この国家とかの国家との間も同権だという意味である。たとい国によって貧富強弱の差はあっても、権利は必ず同一でなければならぬというのが、その精神である。[一七八] ところが、外国人が日本に来て通商を始めて以来の様子を見ると、その条約書の表面では、彼我同権の明文あるにかかわらず、実際の関係は、決してそうなっていない。わが慶應義塾の同志小幡篤次郎君が、『民間雑誌』第八編に載せた文章にも、次のようにいっている。[367]

（前略）米国がはじめてわが国に交際を求めた時には、海軍司令官ペリーに命じて、艦隊を率いて、日本の内海に遮二無二突入[368]させた。そうして有無をいわさず通商貿易を強要したが、その理由は、「アメリカ人も日本人も、天地をともにする神の子で、同一の人類ではないか。しかるに日本だけが外人を拒否して入れぬならば、それは神に対する罪人である。たとい戦争に訴えても、通商貿易をさせずにはおかぬ」というのであった。なんと口先は、〔神様を引合いに出して、〕りっぱだが、そのやり方は乱暴千万ではないか。言行不一致も甚だしいものだ。言葉の飾りを除いて、談判の中味だけをズバリといえば、「アメリカと商売しない奴は殺してやるぞ」というに

尽きるのである。（中略）

さて今日、東京市中の様子を見るがいい。馬や車にふんぞり返って、道行く人を追いのけて通るのは、大抵西洋人にきまっている。たまさか巡査[369]や、通行人や、あるいは馬車の御者《ぎょしゃ》・人力車夫などが、彼らと口論でもすれば、傍若無人に日本人をなぐったり蹴ったりする。ところが、いくじのない日本人は、それに抵抗する気力がなく、西洋人にはかなわぬものと虫を殺して、法廷にも訴え出ぬ者が多い。時には、商売上の取引などで、外国人の不正を訴えることがあっても、わざわざ五港の地まで出かけて行って、相手の国の領事に裁判される[370]御時勢だから、結局、〔敗訴になるが落ちで、〕自分の無罪を証明することはできない。そこで人々は、「なまじっか訴え出て、二度の濡衣《ぬれぎぬ》を着せられるより、虫を殺して我慢する方がましだ」と、泣寝入りする体たらくである。まるでうら若い花嫁が、意地悪い姑婆のそばにいるようなものだ。

外国人は、現にこれだけの勢力を持っている上に、金持の本国から貧乏な日本にやって来て、気前よく金を使う。だから、日本人で金に目のない連中は、争って外国人の機嫌を取り、わがふところを肥やそうとかかる。その結果、外国人の行く所は、必ず温泉場でも、宿泊地でも、茶店でも、料理屋でも、一種の軽薄な気風ができてしまった。事のよしあしは問わず、銭儲けにさえなればいいという風だから、元来人を人とも思わぬ外国人どもを、ますますのさばらせることになった。見るからに不愉快千万《せんばん》というほかはない。

というのである。以上は小幡君の意見であるが、まことに同感至極である。このほか外国人との関係については、居留地存廃問題[371]もあれば、外国人の国内旅行可否の問題[372]もあり、お雇い外国人過剰の問題[373]もあれば、関税自主権回復の問題もある。[374]これらの諸問題について、たとい表向きは各国対等・彼我同権の体裁は取っていても、実際日本は外国に対して、同等同権の実を挙げているとはいい難い。対外同権の実を挙げ得ず、しかもこれに注意する人間もいないとすれば、わが国民の気風は、日ましに卑屈に陥らざるを得ない。❖141

十一——外国の交際について、同権の説を唱うる者少なきは何ぞや

前にいったように、近来は四民平等の説を唱える者が多い。すなわち、「華族・士族の族称をやめて、平民の名称一色とすべし。それによって全国に四民同権の精神を徹底させ、平民の自尊心を促して、旧来の卑屈な気風を一掃すべきだ」などと主張する者もある。その議論はいかにも勇ましく、聞く者をして痛快ならしめるが、ただ対外関係については、こうした同権説を唱える者の少ないのが不可解である。華族・士族も、平民も等しく日本の国民ではないか。それすらその間に〔族称など〕権力の不平均があれば、これを害ありとして、平等化が主張されているのである。まして利害を異にし、気風を異にし、言語・風俗・顔色・骨格までも相違する遠い海外の異国人に対して、権力の不平均を憂えないのは、一体どういうわけであろうか。不可思議千万[375]といわざるを得ない。その理由は必ずいろいろあろうが、私の考えでは、最も著しい理由を二つ挙げることができる。その一つは、世間の同権論者が、自分の議論にまだ徹底した自覚がないことである。その二は、対外関係が始まって日の浅いために、その弊害がはっきり現われていないことである。そこで以下、その事情を説明しようと思う。

第一に、今の世に人民同権の必要を唱える者は少なくないが、それは大抵皆知識階級の人で、すなわち士族である。つまり国内の中流以上の人物で、かつては特権を持っていた人々である。権力がなくて人からいじめられた平民階級ではなく、権力を握って平民をいじめた連中である。そのために、人民同権の必要を唱えるにしても、多かれ少なかれ不徹底のきらい[376]を免れない。〔それはただ西洋の学問から教えられた学者の机上《きじょう》論にすぎぬからだ。〕たとえば物の本当の味は、自分で食ってみなければ分らぬし、牢屋《ろうや》の本当の苦しみは、牢に入った経験のない者には語られぬようなものだ。今仮に日本中の百姓町人に知力を授け、昔権力者にいじめられて骨身にこたえた恨《うら》みのほどを語らしめ、その時の細かな事情を彼らの口から聞けるならば、それこそはじめて本当に下から盛上がった痛切な同権論といえるだろう。しかしながら、無智で臆病な百姓町人どもは、昔から怒るべきことに出遭っても、怒るべき道を知らず、内心では怒っても、口に出して人に語るすべを知らなかった。だから、傍からその事情を知る手がかりは甚だ少ない。昔ばかりか、現今でも、世の権力不平均に怒りや恨みを抱く庶民が多いに違いないが、その気持も依然はっきりはつかめない。ただわれわれのがわから、ひそかに彼らの内心を想像するほかはないのである。結局、今日流行している人民同権論は、〔平民自身の痛切な体験から生れたものではなく、〕私同様、中流以上の士人階級の想像に基く観念論にすぎない。

　そこで世の識者にして、もし同権なるものの本質を探って、精確な議論を立てようとするならば、他人のことより、まず自分の身を顧み、少年の時から現在まで親しく味わったわが経験[377]を思い出して見るがよかろう。どんな身分の人でも、たとい華族であれ、士族であれ、仔細に自分の経験を振返れば、生涯のうち必ず権力不平均の事件にぶつかって、不快を感じた覚えがあるに違いない。その不快の実感は、もとより他人には分らず、自分の身に問うてみるよりほかはないものである。
　現に私自身の経験を挙げると、私は生来、旧幕時代に無力な徳川譜代の小藩[378]〔中津藩、奥平氏〕に仕えた下級武士であった。その藩にいたころ、歴々の重臣や大身の武士に接すると、常に鼻であしらわれて、子供心に不平でたまらなかった。だがこの不平の実感は、身分の低いわれわれ軽輩なかまでなければ分らなかったのだ。かの歴々の重臣や大身の武士だった者は、今日でもおそらく当時の私の気持を想像することはできぬであろう。また藩地を離れて旅行に出た時、公家や、幕府の家来や、御三家〔水戸・尾張・紀伊の三藩。徳川の親藩〕の家来などに出逢えば、宿場では駕籠《かご》を独占され、渡し場では先を越されてしまう。宿屋でも相宿《あいやど》が許されず、一旦泊った宿屋を夜中に追出されたことさえある。これらの苦い経験は、今日でこそ一場の笑い話にすぎないが、その当時のくやしさは、今もはっきり思い出すことができるのだ。しかしこのくやしさも、やはり微力な譜代大名の家来たるわれわれだけの実感である。このくやしさを与えた公卿や、幕吏や、御三家の家来などは、うっかりして気付かなかったに違いない。たといううっかり見過さぬにせよ、そのくやしさはただ頭で想像できるだけであろう。だが考えてみれば、私もまた当時の日本人中では、ともかく中流以上に属する武士の一人だったのだ。わが身分以上の人には不平を抱いたけれども、身分以下の百姓町人には、必ず不愉快を与えたことがあるに相違ない。しかしそれは私には分らない。世間は万事こうしたもので、自分で経験せぬことは、肌に感ぜられぬものなのだ。❖142
　こうしたことから考えると、今の同権論も、その説は正確なようでも、当の被害者たる平民自らの主張ではなく、被害者のために想像をめぐらした第三者の意見[379]にすぎぬことが分る。したがって、精確な事情[380]に基いたものとはいえず、権力不平均の害を述べるに当っても、おのずから粗漏迂遠《そろううえん》のそしりを免れぬであろう。かように、国内問題についてすら、その同権論には欠陥が多いのだ。まして目を対外関係に向け、内外人が権力を争う場合の困難さに至っては、だれもまだ想像していない。だが、今後もし国民が、なお広く外人たちと接触し、彼らと直接権力を争う機会が生じた際、あたかも昔の町人百姓が士族にいじめられ、譜代小藩の家来が公家・幕吏・御三家の家来に辱かしめられたような軽侮を受けたならば、その時こそはじめて人々は、今の同権論が迂遠なことを悟るであろう。外国との権力不平均こそ、最も厭《いと》うべく、憎むべく、怒るべく、悲しむべき大難事であることを思い知るに相違ない。

　のみならず、昔の公家や幕吏や上流武士などは、たとい無礼傲慢でも、要するに同じ日本人なかまである。しかも大した智恵もない連中だったから、平民はこれに対していい加減に敬遠主義を執り、うわべはヘイコラしながら、ひそかに銭儲けの種に利用する手もないではなかった。もとよりそれは卑しい所行には違いないが、いくらか腹癒《はらいせ》の方便にはなったわけである。ところが、今の外人どものずるくて猛々《たけだけ》しいことは、とても昔の公家や幕吏の比ではない。人をだます智恵もあれば、鷺《さぎ》を烏《からす》といいくるめる弁才もある。人と争う勇気もあれば、人と闘う実力もある。智弁勇力を兼備した一種無法な華・士族といってもよかろう。万々一も、日本国民が彼らに支配されて、その束縛を受けるようなことにでもなれば、その悲惨さは想像に絶するであろう。いわば空気の流通まで停められるようなもので、日本人は窒息[381]するほかはあるまい。〔そうなれば、日本人同士の同権論議などは、コップの中の嵐のようなものになってしまう。〕今からそのことを想像すれば、思わずぞっとして、全身の毛がよ

だつ思いがするではないか。❖143

十二――殷鑑遠からず、インドにあり

今、わが日本の戒め[382]として、インドの例を見よう。英人がインド地方を支配する政策の無情残酷なことは、実にいうに忍びぬものがある。その一、二を示せば、インドの政府が役人を採用するには、英人もインド人も同様の資格で、学問才能を試験して採用する規則になっている。しかしインド人の採用試験には、十八歳以下という制限があり、しかも試験の条件は、もちろん英書が読めて、英国の事情に精通していなければならぬ。そこでインド人は、十八歳までに、まず自国の学問を修めた上、英学をも勉強して、英学の力で英人との競争に打勝たなければ、合格できない。もし一年超過して、十九歳で学業ができあがっても、年齢に制限があるから、才学・人物を問わず、不適格とされ、役人となって地方の政治に関係することは一切許されない。しかも英国政府は、かかる無情苛酷な規則でなお満足せず、試験の場所を英本国のロンドンと定め、わざわざインド人を遙か海外のロンドンまで出張させる規則を設けた。だからインド人は、たとい十八歳で受験に合格できる学力があっても、莫大な金を使って遠路を往復しなければ、役人にはなれない。財産がない者は、その条件に縛られて、学力の深浅にかかわらず、役人になるすべはないわけだ。たまたま奮発して旅費を使い、ロンドンまで出かけて試験を受けても、不幸落第すれば、ただ財産をなくすのが落ちである。その不都合なことは、たとえようもない。英国の暴政は、実に巧妙をきわめたものではないか。

また別の一例をいえば、インドの政府で裁判を行うのに、陪審員[383]にはインド人を入れず、必ず英人

に限る規則になっている。[一七九]ある時、一人の英人が、インドのある地方で、鉄砲でインド人を打殺した事件があって、訴訟となった。ところが被告の言いぶんは、「何か一匹の動物を見かけ、猿と思って発砲したのだが、さては猿ではなくて、人間だったのか」という返答だった。そこで陪審員の連中は、皆それに異議なく、被告人は無罪になったという話である。

近来ロンドンで、数人のイギリスの学者が、民間で結社を作り、インドの政策を改革しようと尽力しているという。右に掲げた訴訟の話は、一八七四年〔明治七〕の春、あるインド人からこの結社に送った書面の中に記してあったそうだ。私は当時ロンドンに留学中[385]だった旧友馬場辰猪《たつい》君[384][一八〇]から、〔帰朝談として、最近〕聞いたのである。馬場君は、現にこの英人の結社にも出席して、親しくこうした実例を見聞したが、こんな例は数限りもないという。❖144

十三――わが国の人民、未だ外国交際の大害を知らず

〔さて以上は、まず第一に同権論が、国内よりも対外関係に適用せらるべきことの認識を、読者に促したのであるが、次に第二の問題として、まだ外国との交際が日の浅いため、日本人自身その弊害を十分知らぬ点について指摘しておきたい。〕外国人が日本と交際を始めてから、わずか二十年にしかならぬ。その間、五つの開港場を設けたが、輸出入の品も少なく、外国人の集まる所も、横浜が第一で、神戸がこれに次ぎ、他の三港〔長崎・新潟・函館〕はいうに足りない。条約面の約束に従い、五港には外国人専用の居留地を設けて、内外人住居の境界を区別し、外国人の旅行範囲は五港の四方十里〔四〇キロ〕以内と定めた。この制限外の所には、特別の許可がなければ、出かけられぬことになっている。このほ

か、不動産の売買[386]や、金銀の貸借[387]などにも、法を設けて、内外人の取引を制限している。だから、今日に至るまで、双方の交際はだんだん盛んにはなったものの、まだまだ接触の程度は少ない。たとい交際の結果、損害を受けて不平を抱く日本人があっても、それは大抵皆開港場付近の少数の人民だけで、日本全体の噂にのぼるような事件は甚だ稀である。〔だから、一般国民が対外関係に無関心なのも無理はない。〕

その上、幕末開港の当初から、政治に関する外交上の事務は、一切政府だけの担当で、人民はその実情について、全く知らされていない。しかしかの生麦事件[388]の時は十万ポンド、下の関戦争では三百万ドルの賠償金[389]を、幕府は外国に支払ったのである。またこれも旧幕時代に、幕府はアメリカに軍艦を注文し[390]、あるいはフランス人と条約を結んで、その力で横須賀に造船所[391]を開いた。明治になっても、新政府は砲艦を外国から買入れ、〔外国人技師に依頼して〕灯台を作ったり[392]、鉄道の敷設《ふせつ》[393]や、電信線の架設[394]なども行った。その間、外債を募り[395]、外人を雇う事業も多くて、内外の交際は甚だ複雑となったのである。その際、日本が完全に一杯くわされて被害を受けたことはないまでも、思わぬ契約上の手違いで、損失を蒙ったことはあるに違いない。要するに、外国側に万々損害の憂えのなかったことは確かで、それに引きかえ、日本側が十分の利益と名誉とを得たか否かは、まことに疑問である。しかしこうした対外関係は、専ら政府だけが引受けてやってきたので、人民にはさっぱり内情が分らない。ひとり下々の庶民が知らぬばかりではなく、学者・知識人から、政府の役人さえ、直接そのことに当る者以外は、その消息を知る手がかりもない有様だ。だからわが国民は、外国との関係につき、内外の権力がはたして平等なのかどうかも分らず、日本が損害を与えられたのかどうかも分らない。利害得失一切分らぬだらけで、まるで他国のことを見るように平然としている。日本人が外国人に対して権利を争わぬ一因は、けだしここにあるだろう。事実を知らされぬ者は、心配しようにも仕様がないからだ。❖145

十四――欧人の触る所は、あたかも土地の生力を絶つが如し

そもそも外人が日本に来てから、まだ日が浅い。その上、今日までそれほどひどい損害を与えられたり、日本の名誉を傷つけられたりしたこともないから、国民はあまり感じていないようだ。けれども、いやしくも国を憂える真心がある者は、視野を広くして、世界古今の歴史を考察しなければならぬ。今のアメリカは、元来だれの国であったか。その国の主人公たるインディアンは、白人のために追放されて、主客その地位を変えてしまったではないか。今日のアメリカの文明は、白人の文明であって、アメリカ本来の文明とはいえまい。そのほか東洋の国々[396]、および大洋州諸島[397]の有様はどうであるか。ヨーロッパ人が手を出す先々には、はたして一国の権利と利益とを保ち、真の独立を全うしている国が存在するだろうか。ペルシア[398]はどうか。インド[399]はどうか。シャム[400]〔タイ〕はどうか。ルソン[401]・ジャワ[402]はどうか。サンドウィッチ島[403]〔ハワイ〕は、一七七八年英国のキャプテン・クック[404]の発見にかかり、その開化は、近傍の諸島より急速だといわれる。しかし発見の時は、人口三、四十万もあったのが、一八二三年にはわずか十四万人に減ったという。五十年間に人口の減ること、毎年百分の八である。人口の増減にはいろいろな原因もあろうから、しばらく問わぬにしても、その開化とはどういうことかといえば、ただこの島の土人が人肉を食う悪習をやめて、白人のよき奴隷となったとい

うにすぎない。シナの如きは、国が広いから、西洋人もまだ内地まで入込むことはできず、その足跡は、ただ海岸地方にとどまっている。[405] けれども、今後の成行きを察すれば、シナ帝国もまさしく西洋人の荘園となるよりほかないであろう。

白人の行く先々は、まるで土地の生気を絶たれた有様で、草木も成長できぬほどの観がある。甚だしきは、土着の人種が絶滅させられる場合さえないではない。これらの事実を認識して、わが日本も東洋の一国であることを知るならば、たとい今日までの対外関係で、それほどひどい被害がなかったにせよ、後日の禍は恐れなければならぬ。❖146

十五――全国人民の間に独立心あらざれば、文明もわが国の用をなさず

以上記したところに誤りがなければ、わが日本の対外関係は、国家経済の利害の上からも、国家独立の権利の上からも、非常に困難な事態にある。前述の如く、国の心臓部を冒された重病というべきだ。しかもこの重病は、全国民に共通の病気なのだから、国民自らその療法を考え出さなければならぬ。病の進むも自分の責任だし、病の退くも自分の努力によることだ。利害得失、ことごとく国民各自で処置すべき問題で、他国を当てにすることはできない。〔また、政府の処置をも傍観しているべきではない。〕

思慮の浅い人は、最近世の有様の変化を見て、これを文明と名づけ、わが文明は外国との交際のたまものだから、その交際が盛んになればなるほど、日本の文明も一層進歩するものと楽観している。しかしその人のいわゆる文明は、ただ外観だけの文明にすぎず、もとより私の願うところではない。

たといその外来文明は、いかに高度なものであっても、全国民の間に確固たる独立心がなければ、その文明は日本の役に立つものではない。それはもちろん真の日本の文明とはいえぬのである。

地理学では、土地や山川を以て国と称するけれども、私の考えでは、土地と住民とを合せたものを国というのである。住民が団結して祖国を保護し、自己の権利と名誉とを全うしてこそ、一国の独立、一国の文明と称することができる。その住民には無関係なものとすれば、今のアメリカの白人文明は、原住民のインディアンにとっても喜ばしいはずではないか。〔しかし事実は、インディアンにとっては、悲しむべき文明なのだ。〕あるいはわが日本でも、政治や学術などの一切を西洋の文明人の手に一任し、日本人はその奴隷となってこき使われたら、はたしてどうか。日本の山川草木にはなんの影響も変化もなくて、しかも今の日本よりはるかに優秀な白人文明の一独立国となるわけだ。〔しかしそうなったら、もはや日本人の文明とはいえぬではないか。〕そういう国民不在の文明が不都合千万《せんばん》なことはいうまでもあるまい。❖147

十六——世界中に国のある限り、国民の私情は除くべからず

またある学者の意見では、「各国の交際は、天地の公道、すなわち世界共通の正義に基くものだ。互いに害し合うのが目的ではないから、自由に貿易し、自由に往来し、万事自然に放任するがよい。もしそれによって日本の権利がそこなわれ、わが国の利益を失ったならば、その原因は国民自ら反省すべきだ。自ら反省せずして、他国に多くを要求するのは無理である。今日すでに諸外国と交際する以上は、あくまで誠意を尽して、親交を重ねなければならぬ。決して他国に不信の念を抱くべきでは

ない」という。

なるほど、この意見はもっとも千万《せんばん》で、一人と一人との私交ならば、まさにこの通りであろう。しかし国と国との交際は、個人の交わりとは全くわけが違う。昔封建時代の日本における各藩の関係を見るがいい。各藩の人間は、必ずしも個人的にはエゴイストではなかった。けれども、藩と藩との付合いの場合は、常に自藩の利益を謀らざるを得なかった。その自藩優先主義は、他藩に対しては〝不公平〟となったが、自藩に対しては〝忠義〟だったといわなければならぬ。いわゆるその藩における〝御家の事情〟というものであった。この〝御家の事情〟は、天地の公道というような一片の理想で取除くことはできない。藩のある限りは、藩とともに存して、永久に続くべきものであった。数年前廃藩が行われたので、はじめて藩の対立が解消され、今日では次第に昔の諸藩の人間も、かつての旧弊を脱しつつあるようだ。だが、藩の続いた間は、その対立感情は決して非難はできなかったのである。

わずか日本国内の諸藩ですらこの通りではないか。しかるに、東西隔絶した遠境の外国人との交際に、ひたすら天地の公道を期待するとは、いかなる了見なのだろう。事実に即せぬこと甚だしいものではないか。お人好しの議論というほかはあるまい。天地の公道、世界正義はもとより願わしいことに相違ない。もし西洋諸国が、この公道に則ってわが国と交わるならば、日本も喜んでその態度で接するのが当然である。あえてそれを拒否する理由はない。しかしそうなるためには、まず世界中の政府を解体して、日本が旧藩を廃したように、世界を一国とせねばなるまい。世の学者は、果してその可能性を信ずるのであろうか。もしその見込みがなければ、やはり世界中に国が対立して、それぞれの政府が存在するわけだ。それぞれの政府が存在する限りは、国民の国家的エゴイズムを除く方法もあり得ない。それを除く方法がないとすれば、われわれ日本人も、あくまで日本の利益を中心にして、外国と交際する以外に手はなかろう。〔前にもいった通り、〕〝偏頗心〟と〝報国心〟とは、名を異にして、実を同じくする所以である。❖148

十七――外国人を憎むに趣意を誤るなかれ

以上のように、対外関係はわが国の一大難病で、これを癒《いや》すのは、国民自身の力以外にはない。その責任は重大だといわねばならぬ。そこでこの章の初めに、「わが国は決して無事太平の日ではない。むしろ事態は昔に比べて一段と困難だ」といったが、それはこの対外関係の難症をいったのである。また、「今こそ一個の真剣な気持で、財産も生命もなげうつべき場合だ」といったのも、この対外問題にほかならない。してみれば今日の日本人たる者は、どうして気楽に日を送ることができようか。いたずらに休息していてよかろうか。昔は、君臣の義理や、先祖の由緒や、上下の名分や、本家末家の区別などが何よりの問題であった。しかし今や、祖国への忠誠や、祖国の歴史や、祖国の名誉や、祖国の独立ということに、問題は大きく移ったのである。それだけわれわれの責任は、幾倍も重大になったわけではないか。

かつて旧幕時代に、薩摩の島津氏と隣国日向《ひゅうが》〔宮崎県〕の伊東氏とは、古くからの敵同士であった。[406]そこで伊東氏の家来は、深く薩摩を憎み、毎年元日に家来たちが登城すると、まず第一声に、「薩摩への恨《うら》みを忘れまいぞ」と戒め合ってから、年頭の祝儀を始めるのが例だったという。またヨーロッパでも、フランスのナポレオン一世の時〔十八世紀末—十九世紀初〕、プロイセンはフランスに破られて、未曾有の恥辱をこうむった。それ以後プロシア人は深く恨《うら》みを抱き、復讐の念を忘れなかった。これがため国民は、刻苦勉励《こつくべんれい》するのはもちろん、国内の寺院や人々の集まる場所には、さきにフランスに大敗を喫して、やるかたなき恥辱を受けた情景を描いた額を掲げるなど、あらゆる手段を尽して、国民精神をあおり立てた。かように民心を統一して復讐を図り、ついに一八七〇年、普仏戦争でフランスを破って、昔の恨みを晴らしたといわれる。

　これらの話は、いずれもあまりにあさましい執念を示したもので、大してほめたことではないかも知れぬ。けれども、国を守ることがいかに困難で、報国の苦心がいかに大きいものかはこれでも分る。わが日本は、対外関係において、まだ伊東氏やプロイセン人のような苦い経験は嘗《な》めていない。だが、インドその他の先例を見ると、やはり伊東氏やプロイセン人の如き警戒は、確かに必要ではないか。あるいは年一度の元日だけでなく、毎朝国民同士戒め合って、「対外問題に油断しまいぞ」と挨拶してから、朝飯を食うがよいくらいのものだ。

　こう考えると、日本人は今や、先祖伝来の重荷を下ろした代りに、別の荷物を担《かつ》がなければならぬ。その荷物は、現に頭の上にぶら下がっていて、しかも元の荷物より幾百倍も重いのだ。われわれはそれを担ぐ責任があり、昔に比べて幾百倍もの力を出さなければならぬ。昔の国民の任務は、ただ封建制度の窮屈さを辛抱すればよかった。だが、今の任務は、外国の圧力の窮屈さを辛抱するばかりでなく、外国と競争するための活発な力が必要なのだ。国民の人格気風を向上するには、窮屈に耐える修養に兼ねて、活潑な勇気[407]と才智とがなければならぬ。しかるにこの大責任を抱えながら、これまで安閑としていたのは、国民としての責任の実体と、その重要性とがまだ認識されなかったためである。また認識しても、その責任を果たす方法を誤っていたのである。たとえば、世間に外国人の横暴を憎む者はないではない。しかし〔正々堂々たる手段でこれと太刀打《たちうち》することを知らず、〕これを憎む目的を誤り、憎むべき事柄を憎まずして、憎むべからざる事柄を憎んだりする。そのために、単なる猜疑心や嫉妬心から、目先のつまらぬ事件に憤慨の余り、あるいは〔気に入らぬ内外人を〕暗殺したり、あるいは攘夷運動に熱を入れたりして、かえって日本の利益を害《そこな》うものがある。これらの手合いは、一種の気違いで、大病国中の大病人というべきものであろう。❖149

十八――今の外国交際は、兵備を盛んにして維持すべきものにあらず

また一種の憂国者は、右の攘夷家に比べれば、多少見識が高いので、みだりに外国人を追っ払おうとはしないが、外国との関係の困難な原因を、ひたすら軍備の不足にあると考える。そこで日本も軍備さえ充実すれば、海外列強に対抗できるとして、陸海軍の費用を増額しようとか、大きな軍艦や大砲を買入れようとか、砲台を築こうとか、兵器庫を建てようなどと主張する。その気持を察すると、イギリスに千隻の軍艦があるから、日本にも千隻の軍艦があれば、必ず対抗できるものと思っているらしい。しかしこれは、物事のバランスを考えぬ論である。イギリスに千隻の軍艦があるのは、ただ軍艦ばかり千隻あるのではない。千隻の軍艦があれば、万隻の商船もあるだろう。万隻の商船があれば、十万人の航海者もあるに違いない。十万人の航海者を作るには、学問も盛んでなければならぬ。学者も多く、商人も多く、法律も整い、商売も繁昌して、社会の条件が万事完備し、千隻の軍艦に相応する

国力があってこそ、はじめて千隻の軍艦も存在の価値があるのだ。兵器庫も、砲台も皆その通りで、社会の諸条件、即ち国の経済・学術などとバランスが取れていなければならぬ。バランスが失われていれば、いかに軍備だけ充実しても、国家の役には立たない。たとえば、裏表に戸締まりもなく、ふしだらな家の門口《かどぐち》に、二十インチの大砲一門だけを備えたところで、泥棒の用心にはならぬようなものだ。

軍備を偏重する国では、とかく前後の見境もなく、むやみに軍備に金を費やし、外国からの借金のために、国力の衰微する例がないではない。けだし巨艦大砲は、巨艦大砲の敵とは戦えるが、借金という敵には勝てぬからである。今日本でも、軍備を充実するには、大砲軍艦はもちろん、小銃軍服まででも、百に九十九は外国品に頼らなければならぬ。わが製造技術が幼稚なためだというが、製造技術が幼稚なのは、すなわち国の文明が未熟な証拠なのだ。その未熟な文明の中で、ただ軍備だけ充実させようとしても、物事のバランスを失って、実際の役には立たぬであろう。だから今の対外関係は、軍備を充実したからとて、力の平等が維持できるものではない。❖150

十九——日本の独立を保つの法は、西洋文明のほかに求むべからず

右のように、暗殺や攘夷の沙汰などはもちろん問題にもならないし、一歩を進めて、軍備増強の案も実用には適しそうもない。そうかといって、前に述べた国学者の国体論や、キリスト信者の宗教論や、漢学者の儒教論も、ともに国民精神を維持するには足りない。とすれば、どうしたらいいか。結局私の考えでは、目的をはっきりさせた上で、西洋の文明を積極的に摂取する以外にはないと思う。その目的とは何かといえば、内外の別を明らかにして、祖国の独立を保つ一事である。そしてこの独

立を保つ手段には、やはり西洋文明以外にはないのである。

要するに、今の日本国民を西洋文明の域に導くのは、日本の独立を保つためである。国の独立が目的であって、西洋文明の知識は、この目的に達する手段なのだ。すべて社会の事柄は、その目的と、これに達する手段との間に無数の階梯がある。たとえば、綿を紡《つむ》ぐのは、糸を作る手段であり、糸を作るのは、木綿を織る手段である。木綿は衣服を製する手段となり、衣服は防寒の手段となる。これらの多くの階梯は、互いに方法となり、目的となって、結局は、人体の温度を保護し、健康を保つ最終の目的に役立つわけだ。かくの如く、この章の議論も、つまるところは、自国の独立を最後の眼目にしたものである。私は本書の冒頭〔第一章〕で、「すべて事物の利害得失は、その目標・基準をはっきりさせなければ、問題にならぬ」〔つまり、何のために利があるか、何にとって害があるかという〝何〟をはっきり決めなければ、議論は決着しない〕といっておいたが、それをこの場合も考え合せてもらいたい。〔西洋文明の摂取は、自国独立の目的のためにこそ利益がある、と私はいいたいのだ。〕❖151

人によってはいうであろう。「人類の使命は、ただ自国の独立のみを以て目的とすべきではない。別に高遠の理想を目指さなければならぬ」と。いかにもその通りである。人間の智徳の極限を考えれば、もとよりその理想は、高遠でなければならぬ。一国の独立というような低い次元でうろついている[408]べきではなかろう。わずかに他国の侮《あなど》りを免れるだけで、文明国と威張るわけにゆかぬのはもちろんだ。しかし今の世界の水準を考えると、国と国との関係は、まだまだこの高遠の理想を語る段階には達していない。もしそんな話を持出す者があれば、現実に遠い空論というほかはあるまい。ことに日本の現状を見れば、いよいよ事態の緊急なことが痛感されて、とても国の独立以上のことを考えるいとまはないのである。まず日本の国家と、日本の国民とが存続して後にこそ、より高度な文明を話題にできるのだ。日本の国家も国民もなくなってしまったら、〔どんな高度な文明が入って来ても、〕それはわが日本の文明ということはできない。今私が議論の範囲を狭くして、単に自国の独立を以て日本文明の目的と主張するのは、このためである。だから本書の議論は、今の世界の状況を考え、今の日本のためを謀り、今の日本の急務に応じて立論したもので、もとより高遠な文明の理想を論ずるものではない。読者は、早まって、私のいうところを文明の本質と誤解せぬよう願いたい。そうした誤解から、文明そのものを軽蔑し、文明という語の名誉を傷つけぬようにしてもらいたいのである。

また私は、日本の独立が目的だと断じたが、国民全部が政治運動家になって、毎日政治運動をやることを奨励するわけではない。人はめいめい仕事が違うし、また違わなければならぬ。あるいは高遠な学問に志して、超越的な理論に没頭し、[409] 思索を重ねて、研究の喜びに寝食を忘れる者もあろう。あるいは活潑な営業に従事して、日夜暇もなく、東奔西走、家庭を顧みぬほどの者もあろう。これらの仕事も、それぞれ非難すべきでなく、これまたわが国文明中の一大分野として称賛に値するものだ。ただ私の希望するところは、たとい学者が研究に寝食を忘れ、商人が営業に家庭を顧みぬ際にも、一たび日本独立の瀬戸際の問題にぶつかった時は、あたかも蜂が尻尾《しりお》[410]の針に触れたように、鋭敏[411]な感覚を以て、奮い立たねばならぬということである。❖152

二十——国の独立とは、独立すべき勢力を指していうことなり

また、ある人がいうには、「今までいわれたように、そんなに自国の独立が大切ならば、いっそ外

国との関係を絶つ方が利益ではないか。外国人の来ない昔は、日本は文明国ではなかったにせよ、ともかく完全な独立国であった。今、独立が目的だとするなら、鎖国の昔に返るのが上策であろう。今日こそ独立についての心配もあるだろうが、嘉永年間ペリーの渡来する前までは、だれもそんな心配をする必要はなかったのだ。わざわざ国を開いて国の独立を心配するのは、自分で病気を求めて、自分で心配しているようなものではないか。病気が心配だというなら、無病の昔に返るがいいわけだ」と。

しかし私にいわせれば、決してそうではない。私のいう独立とは、独立できる実力を備えて独立するのをいうのである。偶然独立している格好だけをいうのではない。外人渡来以前に日本が独立していたのは、本当に実力を備えて独立していたのではない。ただ外国との交渉がなかったため、偶然独立できただけのことだ。いわば風雨に逢ったことのない建物のようなものである。はたして風雨に逢っても倒れぬかどうかは、まだ一度も経験がないのだから、証明できない。風雨が来るかどうかは外部のことであり、建物がしっかりしているかどうかは内部のことで、全く別の問題である。風雨が来ないのを見て、その建物が大丈夫だとはだれが証明できよう。風雨がなければ倒れぬのは当然だが、たといいかなる大風雨が到来しても、ビクともしなくてこそ、本当にしっかりした建物といえるのである。私のいう祖国の独立とは、わが国民が外国と交際して、さまざまな試練を重ね、あくまでひけを取らずに、あたかも大風雨に耐えられる建物のようになることをさすのである。いまさら恐れをなして鎖国の昔に逆戻りし、〝偶然の独立〟をあてにして、得意がっていられるものではない。そればかりか、今日の対外関係は、適当にこれを利用すれば、国民精神を活潑にするにふさわしい刺激となるのだから、これによって積極的に日本の文明を推進すべきである。要するに私の目的は、進んで独

立の実力を養うにあるのだ。退いてただ独立国の虚名に満足するが如きは、決して願うところではない。❖153

二十一――国の独立は目的なり。独立を離れて文明なし

そこで話を前に戻していえば、あくまで国の独立が目的であり、今のわが国の文明は、独立を達成する手段にほかならない。この「今の」という語は、特に意識的に用いたのだから、読者は見のがさぬよう願いたい。本書の第三章では、「文明は無限に範囲が大きく、重さのきわまりないもので、人間万事、これを目的とせぬものはない」といい〔五五―五七頁参照〕、人類の到達し得る文明の極致を目指して論を立てておいた。しかしここは、そうではなく、われわれの視点を現在の日本に絞り、議論の範囲もわざと狭《せば》めて、ただ自国の独立達成の手段を仮に文明と名づけたのである。だから、「今のわが国の文明」とここでいうのは、それが文明の本質だというのではない。ただ今日の場合、まず文明の第一段階として自国の独立を目標とし、それ以上は第二段階として、将来さらに高次の文明に進みたいという意味である。

そこで、右の如く議論の範囲を限定するならば、国の独立が即ち文明であり、文明〔西洋文明〕によらなければ、日本の独立は保てぬことになる。つまりここでは、「独立」も「文明」も同じ意味になるわけだが、「独立」という語を用いた方が、読者に与える印象が一層はっきりして、分り易いであろう。もし漠然たる「文明」の語を用いるならば、自国の独立や自国の文明とは無関係に、文明というものがあるような錯覚を与える。それればかりか、自国の独立や自国の文明を害しても、なお別に

一個の文明が存在し得るような誤解さえ生じかねない。〔しかしそれは、もとより真の文明とは似ても似つかぬものである。〕

その一例を挙げると、今日本の開港場には、西洋各国の船艦が停泊し、陸上には広大な外人商社が並んでいる。その有様は、ほとんど西洋諸国の港と変らない。一見、まことに盛観というべきだ。そこで思慮の浅い日本人の中には、この盛観を見て、今や五大州の人民は、この国法寛大なるわが国を慕い、争ってわが皇国に集まって来たのだと速断し易い。「わが国の貿易の盛大、文明の進歩の速やかなるは、開港場の有様を見ても明らかだ」などと、得々たる向きもないではない。しかしこれは飛んだ誤解ではなかろうか。外国人は、決してわが皇国そのものを慕ってやって来たのではない。ただ日本の茶と生糸とがほしくて、集まって来るだけなのだ。[412]開港場の盛大なのは、たしかに文明の一現象には相違ないけれども、港の船は外国船であり、陸上〔居留地〕の商社は外国人の住居ではないか。日本の独立と文明とになんの関係があろう。あるいは無資本の山師が、外国人の資本の力で、国中に取引の手を広げている者もあるが、旨《うま》い汁はすっかり資本家の外人に吸われて、ただ表面上、港の商売の景気がいいように見えるだけだ。[413]あるいは外国の金を借りて、その金で外国の資材を買入れ、それを国内に配置して、文明らしい格好を示している場合もある。石造建築・鉄橋・汽船・軍艦・銃砲などの類は、すべて外資のおかげでできたものである。してみれば、日本は、文明の本家ではなくて、単に文明の寄留地〔仮住まい〕にすぎない。結局この見掛け倒しの商売の景気や、文明らしい格好よさは、かえって日本の貧乏を招いて、遠い将来には、必ず祖国の独立を害するに相違ない。私がここに「文明」といわず、特に「独立」の語を用いたのも、そうした誤解を避けたいためである。❖154

二十二——今の人心を維持するには、自国独立の四字あるのみ

かようにわれわれの最後の目的は、自国の独立にありと決定しよう。さて全国民すべての営みをその目標に統一し、あらゆる事業を自国の独立達成の手段とする時は、その手段は実に際限もなく多いわけだ。すなわち国の制度も、学問も、経済も、工業も、皆この手段とならぬものはない。そればかりか、一見、たわいもない瑣末《さまつ》な俗事や、一場の娯楽[414]遊戯すら、よくその性格をきわめて、究極の効果を考えると、やはり〔国の独立につながる〕文明の一要素となる場合も多いであろう。

およそ人間社会の現象は、その利害得失を決定するのに、ただその現象の一部分ずつを観察したのでは、正しい判断は下されない。たとえば、昔から学者がいろいろな説を吐く。質朴倹約の気風を美徳とする者もあれば、優美華麗の風俗を礼賛する者もある。専制独裁を有利だとする論者があるかと思えば、自由放任を主張する学者もある。意見百出、百家争鳴、甲が左から論ずれば、乙が右から反《はん》駁《ばく》するという風で、天下の議論はほとんど尽きる所がない。それどころか、なんら定見もなく、ただその場その場で自分に都合のいい議論を立て、いつでも自分の立場と議論とが釣合うように、変り身の早い日和見主義者もある。[415] さらにひどいのは、まず政府に仕えて、保身のとりでを固めた上、くだらぬ政府の権力を笠に着て、わが持論を押通そうとする御用学者だ。彼らは自分の説が社会の利害得失に、はたしていかに作用するかを反省しようともせぬ。これらに至っては、まことに卑劣千万《せんばん》な連中というほかはない。

ともあれ、以上さまざまな議論を形容すれば、的のない所を射るが如く、裁判所のない所に訴え出

るように、いずれも是非善悪の基準がないため、その見境が立たない。甲論乙駁、とんと児戯《じぎ》同然のたわいない次第というべきだ。[416] しかしながら、考えてもみるがいい。すべて天下のことは、部分だけ見れば、必ず取柄もあれば欠点もある。たとえば質朴倹約の気風は、粗野殺伐《そやさつばつ》の傾きを免れないが、個人の生活では、やはりこれを奨励しなければならぬ。優美華麗の風俗は、奢侈放埓《しゃしほうらつ》に流れ易いが、全国民の生活向上を考えれば、これまたその推進を願わなければならぬ。頑固な国体論は、民権伸張のためには大いに不都合なようだが、今の政治の基礎を固めて、行政の秩序を維持するには、これもすこぶる有効であろう。過激な民権論は、君主政治のために大害があるようだけれども、人民卑屈の旧弊を一掃する手段としては、甚だ大切である。その他、忠臣義士の道徳論も、キリスト教徒の宗教論も、儒者の言も、坊主の説も、つまらぬといえばつまらぬし、もっともだといえばもっともだ。ただそれを施す時と場合によって、よくもなれば悪くもなるのだ。そればかりか、かの暗殺狂や、攘夷論者すら、その行為こそ無法なれ、その気持を酌《く》んでみれば、必ずそこになんらかの愛国心があることは認められよう。そこでこの章の初め〔二〕にいった君臣の義、先祖の由緒、上下の名分、本末の区別など、封建的遺風の如きも、わが国民の人間形成に尊重すべき一要件であろう。やはりわが文明を推進すべき一手段だから、これまた一概に排斥するわけにはゆかない。ただこの手段を用いて、益があるか害があるかは、その用い方如何によることだ。およそ国民として、国を売るような悪人でない限り、必ず国家の利益を考えぬ者はあるまい。もし不幸にして国家に害を与えたとすれば、それは用法を誤ったための偶然の過失にほかならぬであろう。[417]

すべて社会の事柄は、多くの手段が総合されて完成するものである。したがってその手段は、多いことが必要であり、また多くあるのが自然であろう。ただそれらの手段を用いるのに、用法を誤らぬことが肝要である。たとえば「この手段は、はたしてこの目的にかなうかどうか、もしかなうならば、どの方向から着手すべきか」と考える。あるいは「直接その目的を実現すべきか、他の手段をクッションとして、段階的に実現に向うべきか」と考える。あるいは二つの方法がある時は、「どれが重く、どれを先にすべきか、どれが軽く、どれを後にすべきか」と考える。かようにさまざま工夫をめぐらして、あくまで最後の最高目的を忘れぬことが肝心であろう。将棋[418]をさすのに、無数の手はあっても、結局の目的は、自分の王将を守って、相手の王将を取ることにあるようなものだ。もし誤って、王将より飛車を大事にする者があれば、ヘボ将棋といわなければならぬ。

そこで今この章の眼目たる「自国独立」の四字をモットーとして、まず内外の別を明らかにし、国民の目標をはっきり示すならば、はじめてなすべきことの軽重も分り、緩急も決まるであろう。軽重緩急がはっきりすれば、昨日怒ったことも、今日は喜びの種となり、[419]去年楽しかったことが、今年は新たな憂えともなる[420]であろう。往時の得意は現在の心配となり、楽しい日本も、苦しい日本に変るかも知れぬ。しかしかかる国民的自覚に立ってこそ、挙国一致、昔の怨敵《おんてき》も現在の朋友となり、赤の他人も親しい兄弟となり、国家の喜怒哀楽をともにして、共同の目的に邁進《まいしん》することができるに違いない。私の考えでは、今の日本の人心を維持するには、ただこの国家独立の自覚を促す以外にはないと思う。❖155

要旨・評説

緒言

一――文明論とは衆心発達論なり

❖1　文明論とは、衆心発達の研究である、と福澤はいう。つまり少数の英雄偉人などの事跡を論ずるものではなくて、社会民衆（国民）の精神発達の状態を研究するものであることをまず明らかにしている。これはいうまでもなくバックルの『英国文明史』によった思想である。

次に文明研究の困難さについて二つの事情をあげた。一つは、人々がとかくお国自慢的心理にとらわれて、自国他国の文明の優劣に正しい判断を失いがちなことである。西洋人は自国の立場から東洋文明を軽んじ、東洋人は自国の立場から西洋文明を異端視する如きがそれである。もう一つは、文明の古い国では、その文明の伝統が単に天然の支配力による現象か、あるいは国民の知恵創意から生れた習慣か判明せぬことが多いので、それによってその文明の評価にも相違が生ずるわけである。たとえば、日本人の入浴好きは、湿気が多いという風土（天然）の作用か、清潔を重んずる知恵（人為）の産物か、人によって解釈が分れるであろう。文明は人為の加わるほど進歩の状態にあるといえるわけだが、かように一つの現象も、解釈の相違によって、当然評価の開きができるのである。そこで福澤は、読者に対して虚心坦懐に世界東西の文明を認識することを希望するとともに、以下展開する文明論も、福澤自身の単なる一家言で、必ずしも正確を期し難いことの諒解を、予めここに求めたわけである。

二――東西の文明その元素を異にす

❖2　福澤はここで、現代が日本の歴史始まって以来の文明の大転換期であることをいい、東西文明の根本的な異質性が、現時点における学者の文明研究をしてますます戸惑いを感ぜしめる原因であることを明らかにしている。しかし実は、その困難な事実こそ、福澤が国民のために、本書を執筆する契機だったことはいうまでもない。

なお彼は、封建制の崩壊・王政復古・廃藩置県を、すべてペリー渡来以後の人心変革の結果に帰している。厳密にいえば、いささか一面的史観にすぎるであろうが、洋学者の福澤としては、西洋文明の影響に重点をおくのは自然の心理であろう。後年の福澤の維新史観においても、尊王思想の感化などはあまり重視されず、主として洋学先人の功績が力説されたのである。

三――あえてわが文明論を著わす所以は何ぞや

❖3 この段に本書執筆の目的が端的に示されている。緒言中の眼目というべき段である。学者として、東西文明接触の空前絶後の好機に際会し得た喜びと使命感とが躍如としているではないか。〈本書は議論粗鹵にして、誤謬の多きこともちろんであるから、〃文明の全大論〃ともいうべきものは、後進学者の勉強に期待する〉という最後の文句は、本書の脱稿を報じた明治八年四月の島津復生あて書簡に、「マ、ヨ浮世は三分五厘、間違たらば一人の不調法、六ヶ敷事は後進の学者に譲ると覚悟を定めて、今の私の智恵丈相応の愚論を述べたるなり」（解説四八二頁にも引用した）とあるのとまさに符節を合する観がある。はたせるかな本書は、百年後の現代日本人が、困難至極な国際情勢に対処して、冷静に自他を諦視し、正しく生きぬくための絶好の指針となった。私が『文明論』の福澤に何より惹かれるのは、時代に生きる学者としてのやむにやまれぬ使命感の強さと、先見の明とにある。

何はともあれわれわれは、自分たちが人類の歴史のどんな時代に生きているかをよく認識することが大切であろう。それとともに、自己の生きた時代の〃体験の歴史〃を忠実に記録して、後世子孫に遺す義務がある。それは未来社会の〃よりよき歴史〃を作るための貴重な遺言だからである。福澤のここの文章は、現代のわれわれにとっても、示唆に富んだ教訓とすべきであろう。

但し本書執筆当時の福澤には、西洋文明に対するいささか素朴な過信・過褒的姿勢、言換えればわが封建文明乃至東洋文明に対する過小評価があったことは、明治啓蒙期の風潮として否まれない。このひずみは、後年彼自身の言論によって、ある程度修正されることになるのである。（本書出版の翌年明治九年七月刊行の『学問のすゝめ』第十五編「事物を疑って取捨を断ずる事」あたりから、早くも東西文明調和への姿勢が見え始める。解説五二六―五二七頁参照。）

四――引用書について

❖4　本書に限らず、福澤の著書・文章は、（初期の純翻訳・紹介書時代は別として）、洋書を利用するのに、なまのまま引用する場合は稀であった。大抵原書の趣旨を消化して、自家薬籠中にした上、自説として再生産するのを常とした。『学問のすゝめ』などにもその特徴は著しい。そこに彼の応用の才と、主体的性格とがあったといえよう。いたずらに外国の書名や人名を羅列して、博学を衒うが如きは、彼の主義ではなかった。この点同時代の啓蒙学者でも、純学究的な西周や加藤弘之などとは著しく対照的である。

第一章――議論の本位を定むる事

要旨　この章は、緒論に続いて、やはり『文明論之概略』全体の序論と見るべき部分である。保守的な読者から多くの反対論の起るべきことを予想して、読者への心の準備を要望したものである。すなわち他人の論説を聴くにはいかなる用意を以て臨むべきか、また自分の論を立てるにはいかなる心構えが必要か、などを述べている。その内容はおよそ次の如くである。

一、すべて物事を考えるには、価値の軽小と重大とを比較して、軽小を捨て重大に就く判断力を持つことが肝要である。

二、物事を論ずるには、枝葉末節の現象にとらわれず、問題の本質にさかのぼり、根本の原因や、全体を貫く原則を発見しなければならぬ。

三、自分は何を目的として、だれの利益のために論じているのか、自分の拠って立つ立場を明らかにせねばならぬ。

四、一見、他人の意見が自分と同説のように思われる場合でも、実は論拠の全く違う場合があるから、単に結論だけで他人の真意を速断することはできぬ。

五、他人と議論するのに、双方が極端な場合のみを仮定して論じ合ったのでは、一致するわけがない。イデオロギー一辺倒の空論は戒むべきである。

六、他人の欠点ばかりに目を着けてはいけない。長所も認めて、長短両面を公平に観察する寛容さが大切である。

七、大衆の世論というものは、概して現状維持的で、変化を好まぬものである。新説や創見には耳を貸さぬばかりか、むしろこれを異端邪説とし易いものだ。しかし社会の進歩は、少数先覚者の新説創見によってこそもたらされるものなのだから、われわれは世論を憚らず、大胆に自己の説を発表すべきである。為政者もみだりに言論の弾圧や統制などを考えず、虚心に学者の意見に耳を傾けなければならぬ。

この第一章は、あるいは第二章以下全部を書終って後に、緒言とともに書加えたのではないかとも思われるが、ともあれ、福澤の物の考え方を最もよく示した点で重要な部分である。従来この章は、あまり福澤研究家の間に注意されなかったが、丸山真男氏がその著名な論文「福澤諭吉の哲学」(『国家学会雑誌』第六十一巻第三号、昭和二十二年九月)において、『文明論』を大きく取上げた際、特にこの章の重要性に注目して、次のようにいわれたのは犀利《さいり》な見解であった。

この書の数多い読者も第二章「西洋の文明を目的とする事」あたりから以下は注意して読んでも……第一章はややもすると軽い前置きの様なつもりであっさり読過してしまう。……しかし実は『概略』のなかで展開せられているさまざまの論点の伏線は悉くこの第一章に張られているのであり、……ある意味では福澤の全著作に共通する思惟方法を最も簡潔に要約しているのである。

この丸山氏の指摘は、確かに適切なものといえよう。氏の説は、なお後にも引用するつもりである(解説四九七—四九八頁参照)。さらにまた、ここの条々は、福澤自身の問題と切離しても、現代のわれわれが広く物を論じ、人の言を聴く場合の心得として、服膺すべき真理とするに足りる。

一——事物の評価には、軽重の比較が必要なり

❖5　福澤はきわめて現実的な思想家であるから、すべて物事を相対的に考え、現在の条件のもとに、比較的よりよきものを選び、よりよき方向へ漸進するという主義であった。抽象的に理想状態を空想し、一足飛びにその実現を期待するような単純な観念論者ではなかった。この文章には、そうした彼の思考法の特質がよくうかがわれる。丸山真男氏は、本書第一章中でも、特にこの冒頭の一段を重視して、〈その劈頭のテーゼは、あたかも〝天は人の上……〟の句が『学問のすゝめ』全体の精神の圧縮的表現であるのと同様に、『文明論之概略』を貫く思惟方法の要約である〉といい、この「価値判断の相対性の主張」「その時々の現実的状況に対する処方箋」「プラグマティックな流動性」こそ、福澤の言論姿勢に終始一貫する特性である、と断ぜられた。まさにその通りで、彼がプラグマチックな思想家であるとともに、しばしば功利主義者と評される所以である。

福澤は第二章「西洋の文明を目的とする事」以下で、東西の文明を対照して、西洋文明も現段階ではもとより完全なものではなく、欠点も少なくないが、東洋文明より比較的優秀なことは確かであるから、やはり日本はそれを一応の模範としなければならぬという議論を展開する。それがすなわち本書全体の眼目であるが、ここは主としてその伏線と見ることができよう。

二――事物の研究には、究極の本質を追求せざるべからず

❖6　この段は、特に第四章「一国人民の智徳を論ず」と関連するところが大きいようである。第四章は、バックルの科学的史観の影響の著しい部分で、〈一見偶然と見える社会現象や歴史的事件も、それを科学的に探究してゆけば、自然現象と同様の必然的法則が発見されるものだ〉ということを強調している。「そもそも事物の働きには、必ずその原因なかるべからず。而してこの原因を、近因と遠因との二様に区別し、近因は見易くして遠因は弁じ難し。近因の数は多くして遠因の数は少なし。近因は動もすれば混雑して人の耳目を惑わすことあれども、遠因は一度びこれを探得れば確実にして動くことなし。故に原因を探るの要は、近因より次第に溯《さかのぼ》って遠因に及ぼすにあり。その溯ることいよいよ遠ければ、原因の数はいよいよ減少し、一因を以て数様の働を説くべし」(84–85［松沢弘陽校注、岩波文庫、一九九五年の頁数。以下、算用数字は同じ］)といっている如きは、まさしくこの段と照応するものであろう。福澤はそこから、〈歴史を動かすものは、少数の英雄偉人の偶然の成

敗ではなく、動かし難い〝衆論〟、すなわち大衆のエネルギーである〉という歴史論を展開するのであるが、第一章のこの段は、その要約の如き観がある。

三――議論には、まず基本姿勢を定めざるべからず

❖7　西洋文明を摂取するということは、保守的な一部の国民にはたしかに不利益を与え、また和漢学者などには不快を感ぜしめるかも知れない。また西洋文明の摂取によって日本が東洋の強大な文明国になれば、西洋諸国にとっても脅威となるかも知れない。しかし今、日本の独立達成という事を至上の基本と定めるならば、西洋文明の摂取は、他のだれに不利益を与えようとも、日本人全体のために絶対必要なことは明白になる。一部の神儒仏者流が束になって、いかなる理由で反対しようとも、そんな低い次元の論は、歯牙にかけるに足らぬはずだ。福澤がここで、議論にはまず〝だれの利益のためか〟という姿勢をはっきりさせることが根本だ、といっているのは、後の第二章・第十章などで、そうした自国独立論を展開する伏線の意味があるのであろう。

四――結論のみを見て、論拠を速断するなかれ

❖8　福澤は往々西洋文明万能論者のように見られたが、実は強硬なナショナリストで、本書第十章「自国の独立を論ず」では、外交上の不平等・欧米人の傍若無人を切歯扼腕している。しかしその憤慨は、もとより攘夷論者が、自ら神州清潔の民などとうぬぼれて、外国人を夷狄視したような、無謀な排外論と同一ではない。彼がここに甲乙二人の例を挙げて、自己の立場（乙に当る）を明らかにしたのは当然というべきである。第十章中に、「譬えば世に外国人を悪む者なきにあらず。されどもそのこれを悪むや趣意を誤り、悪むべきを悪まずして悪むべからざるを悪み、猜疑嫉妬の念を抱て眼前の細事を忿《いか》り、小は暗殺、大は攘夷、以て自国の大害を醸す者あり。この輩は一種の癲狂にて、あたかも大病国中の病人と名くべきのみ」（295–296）といっているのは、すなわちこの条と照応する。

五――極端論にふけるなかれ

❖9　福澤が保守論者から最も悩まされたのは、〈西洋主義は日本の天皇制を否定して、国体を破壊し、共和政治

に導くものだ〉という誤解であった。彼はそうした世上の極端論者から憎まれ、身辺に危害を加えられる恐れさえ多かった。彼が民衆の蒙を啓くキイ・ポイントの一つは、この誤解を解くことにあったのである。第二章・第三章でこの事はさらに詳論されるが、ここにもその一端が示されている。今日［一九七二年現在、以下同じ］の保守政党と革新政党との関係などにも、多分にこうした極端論の対立が見られるであろう。イデオロギー過剰の学者・評論家・政治家などに対する現実主義者福澤の苦言と見るべきである。

なお第六章九などでも、旧式な道徳論者の極端な徳義一辺倒論を痛烈に批判している。

六――両眼を開きて他の長所を見るべし

❖10　人間同士が相敵視することなく、つとめて交際を広くして相互の理解を深め、各々の長所を学んで融和をはかることの必要は、この文章と前後して、『学問のすゝめ』第十三編（明治七年十二月刊）にも、「怨望の人間に害あるを論ず」の題下に、大きく取上げられており、また後に、同書第十七編「人望論」（九年十一月刊）にも社交の重要性が力説された。それらの文章には、いずれも封建の閉鎖社会に育ったために、社交の習慣がない日本人の陰湿性が痛論されているのである。

後年彼がいわゆる官民調和論を以て持論とし、政府と人民との依怙侍な一方的姿勢の矯正緩和に力めたのも同じ気持にほかならない。丸山真男氏はこうした福澤の態度を評して、「日本にくまなく見られる社会と精神のしこりを揉み散らす事をもって、日本近代化（開化）の具体的課題となし、このいわばマッサージ師の様な役割を自らに課したのである」といっている。

七――世論を憚ることなく、わが思うところの説を吐くべし

❖11　ここでは、前の四とは反対に、二人の開国論者甲乙を挙げて、その立場の相違を示している。乙は単に貿易その他、外人相手の商売によって私利を得ることを目的とした現実的開国主義者にすぎない。甲は開国こそ日本の独立とわが文明の進歩とのために必須の道であり、さらに根本的には、天理人道に従う所以であると確信する経世論的乃至理想論的開国主義者であろう。乙の如きは、福澤にとって最も警戒すべき開国論者でなければならなかった。

❖12　この文章は、バックルの『英国文明史』第一編総論第四章中に、時代時代によって社会の通念があることをいい、〈世間には時代の通念を超越した者もあれば、それに到達しない者もあるが、それらはともに例外で、大多数の者は、善もなく悪もなく、中庸の状態にあるものだ。非常に愚かな事もせぬ代りに、大して才能もなく、唯々諾々として輿論に迎合し、彼らの住む時代と国家との普通の道徳や知識の標準に盲従しているにすぎない。そこで国民に人気のある輿論は、時代とともにおのずから変化してゆくもので、ある時代には逆説や異端として攻撃されたものが、他の時代には真理として歓迎され、それがまた次の時代には新しいものに取って代られるようになるものだ〉（西村二郎訳書第一巻、二三三―二三五頁）と論じているのによったものと思われる。

福澤はここで漠然たる一般論として述べているが、それは暗に日本の為政者に対する忠告であることというまでもあるまい。けだしこの執筆当時は、漸く高まってくる民権論に対して、明治政府が民間識者の言論に弾圧を加えつつあった時である。福澤の筆には、そうした政府の方針に対する諷意がこめられていたと見てよかろう。

❖13　バックルもしばしば〈政治の改革は、いつの時代にも、統治者によって行われたことはない。すべて卓越した思想家の先導により、永い歳月を費やして構成された衆論が、ついに為政者をして改革に踏切らせるのだ〉（第一編総論第四章・第五章。西村訳書第一巻、二七〇―二七四・三六八―三七二頁）といっている。（後の条は、明治七年五月刊『明六雑誌』第七号にも、箕作麟祥によって抄訳されている。）

衆論はおおむね愚論であり、民主政治はしばしば衆愚政治に堕し易い。福澤が人権の平等を重んじながら、最も憂えたところは、そこにあった。その弊を救うには、天下の識者が、世間の俗論や、権力者の圧迫を恐れず、堂々と創造革新の説を吐いて、社会の蒙を啓かなければならぬ。文明の進歩はそれによってはじめて期せられるのだ、というのがこの条の精神である。先覚者福澤の面目を躍如たらしめる一段であろう。これまた本書の読者に向って、〈みだりに成心を以てこの書を読むことなかれ〉と警告する意図をはらんでいる。当時の政府の言論統制に対する諷意のあることも明らかであるが、表現にはかなり気を使っている跡が認められる（注29参照）。このころの福澤は、『学問のすゝめ』第七編（明治七年三月刊）の楠公権助論で古来の忠臣義士を冷嘲したため、世論の反撃や政府の非難を受けた直後だったから、筆致の露骨にわたらぬよう、自ら警戒したのではなかろうか。〈衆論必ずしも正論ならず〉とする思想は、後に第四章の末段に反復され、また〈衆論を指導して向上せしめるものは少数識者の力である〉とは、第五章の前半にも縷説されるのである。（解説四九五・五〇八―五一一頁参照）。

○福澤は本書執筆と前後して、『民間雑誌』第三編（明治七年六月）にも、「人の説を咎むべからざるの論」⑲（五一二―五一五）の一文を掲げて、ここの論と同一の趣旨を強調している。その大要を紹介すれば、「下戸、牡丹餅の議論を主張すといへども、その力よく天下の酒屋を禁ずるに足らず。上戸、酒屋に左袒すといへども、その議論を以て全国の餅屋を廃すべからず。人間万事皆かくの如し」といい、「天下の議論を一様ならしむるは、むしろ初めより議論なきに如かず」として、言論自由の必要を力説した。そして「学者は国の奴雁なり」という警句を掲げて（「奴雁」は「雁奴」が正しいであろう）、〈奴雁とは、群雁野にあって餌を啄むとき、その内に必ず一羽は首を揚げて四方の様子を窺い、不意の難に番をする者のことであるが、その如く、学者はよろしく国家の危機を警戒し、国民にその利害得失を示す使命に任ぜねばならぬ。学者の議論は、現在その時に当っては功用少なく、多くは後日の利害に関わるものだから、たとい世人の耳に逆らって、虚誕妄説のそしりを招くことがあろうとも、恐れることなく勇敢に自説を吐くべきだ〉といい、最後に、〈世の人、もし学者の自由な言論を封じ、著書を禁ぜんとすれば、かえって一般の注目をひいて、絶版の書の流行する如き逆効果を生ずるのみならず、天下の人心を導いて表裏相反する偽善を行わしむるものである〉と断じた。けだし民権論流行に手を焼いた政府の言論弾圧に対して、その非を警告したものに相違ない。直接「政府」という字句を避けて、「世の人」という漠然たる表現をとったのは、これまた当局の忌諱に触れぬための配慮であることというまでもあるまい。

八――一身の利害を以て、天下の事を是非すべからず

❖14　第一章全体の結論とも見るべき段である。〈人間はとかく自己の利害得失の念に掩われて、事の軽重是非の判断を誤り易いが、いやしくも学者たるものは、常に大所高所に立って将来を先見し、国家百年の大計を誤らぬようにせねばならぬ〉というのである。社会の指導者た

るべき学者の使命の重大さを特筆大書したもので、原文は対句を駆使し、いかにも力強い名文といえよう（解説五一〇頁参照）。

同時に、ここも抽象的な表現を用いてはいるが、やはり言論の自由を阻止したがる専制政治家や、西洋嫌いの保守的士族連への苦言と見るべきである。特に本書は、頑固な旧時代のインテリを洗脳するために著わされたものであるから、ここの言葉は、一面、彼らに対する頂門の一針でもあった。

九――本書の趣旨

❖15 章末に至って、本書著述の態度をはっきり断っている。次章「西洋の文明を目的とする事」で明らかなように、福澤の議論の根本精神（本位）は、あくまで〝範を西洋文明に取れ〟ということであるが、しかしそれをいかなる方法で学び取り、またいかなる方面に活用してゆくべきかという具体論は、本書のよくするところではない。専ら〝文明の精神とは何ぞや〟だけを概観するのが主眼だ、というのである。けだし『文明論之概略』と題した所以であろう。

第二章――西洋の文明を目的とする事

要旨

この章以下が〝文明論〟の本論と見るべきである。〈現代の世界はなお進歩の途上にあって、完全な文明というものはない。しかし、少なくとも現段階において、最高の文明国とすべきは西洋諸国である。日本はまだ半開国の域を出ないのだから、やはり西洋文明を一応の目標として、これに学ばなければならぬ〉というのがこの章の根本精神である。そうしてそれについて、左の諸点を注目すべきだ、としている。

一、西洋文明を摂取するには、その外形の模倣よりも、まず文明の精神（人民の気風）を学ぶことが肝要である。前者は入るるに易く、後者は学ぶに難いが、この順序を逆にすると、弊害を免れない。

二、未開の時代は、人間の心理が単純で、軍事力あるいは政治力のみが重んぜられたが、文明が進むにつれて、学問（特に科学）や商工業等が独立の価値を持つようになった。文明の進歩は、この社会人事の複雑多端な点にある。

三、右の点からいうと、シナは古来独裁天子が同時に武力の権を握って、少しも変ることがなかった。これに対して日本では、中古以後、至尊の権威を保つ天皇と、至強の武力を握る将軍とが並立する形になった。したがって、その間おのずから人民に自由な批判精神を生じたので、それだけ日本人の方が、シナ人よりも西洋文明を入れ易い態勢にある。

四、西洋文明を日本に入れる場合に、とかく保守主義者の間に問題となるのは、万世一系の国体を危くするのではないかという懸念である。しかし国体とは、元来洋語のいわゆる〝ナショナリティ〟(国家の独立性)のことだから、わが国は西洋文明を入れて、国力を強化することこそ、国体を維持する所以である。のみならず、万世一系の皇統も、それによってはじめて安泰を期し得るであろう。国を文明に導かずして、ひたすら皇統のみを連綿たらしめんとするのは、不可能な相談にすぎない。迷うことなく西洋文明を摂取しなければならぬ。

この章には、ギゾーの『欧州文明史』の影響が少なくないが、その箇所については、後述する。

一——世界文明の三段階

❖16　福澤は明治二年刊の前著『掌中万国一覧』(②四六三―四六五)・『世界国尽』(②六六三―六六五)に、世界を「蛮野」「文明」に二大別し、さらに四類に分けて、「一、渾沌。二、蛮野。三、未開(または半開)。四、文明(開化)」として、それぞれの説明をしている。この段はそれを書替えたものである。河端春雄氏の「『文明論之概略』における歴史観の問題」(『新文明』第十巻第四号)という論文は、この点について、次のように述べている。

文明、半開、野蛮という歴史発展の図式が、どんな文献によって明治初期の知識人に常識化されたかは、直接当時読まれた洋書、またはその翻訳によって指摘することは困難である。が、この見解は、A・ファーガスンの『市民社会史論』(*An Essays on the History of Civil Society*, 1767.)によって図式化された、啓蒙期における所産であって、十九世紀の資本主義勃興期のヨーロッパの歴史書に、多かれ少なかれ共通している思想であり、それが明治初期の歴史の変転期にあって、鮮明に浮かび出て来たものと考えられる。

三――今の西洋文明も理想の世界にはあらず

❖17 現世界において、ヨーロッパ文明が最も優秀なことは疑いないが、元来文明は駸々乎として進歩をやめぬものであるから、決して現時の文明を以て満足すべきでないとは、ギゾーが『欧州文明史』の冒頭（第一章。角川文庫、上、三五頁）に説いたところである。彼は、〈人類文明は甚だ若く、今まで歩いて来たとは比較にならぬ遙かな前途に向わねばならぬ〉ということを強調している。福澤のこの段は、ギゾーの論にヒントを得たかと思われる。

後年、『福翁百話』中の「天道人に可なり」にも、現在を未熟の世界と観じ、人類の無限の前進を信じて、「開闢以来の歴史僅かに五、六千年の今日、人間の智徳の未熟幼稚なること、喩へば人寿を百年として、今正に二、三歳の小児に異ならず。この小児輩が、地球面の各所に群を成して随意に働くことなれば、破廉恥乱暴は、もとよりその処にして、毫も怪しむに足らず。……世界の各国群をなして、群児と群児との喧嘩、これを称して戦争と云ふ。到底児心に免るべからざる所にして、唯我輩は、眼界を広くして千万年を期し、天道に任じて、小児の成長を待つものなり」（⑥二一四）といった。この種の発想は、福澤にすこぶる多く、彼があくまで現実的にしてしかも楽天的な思想家だったことをよく示している。

四――西洋文明は現在わずかに達し得たる最高の文明なり

❖18 福澤はここにおいて、第一章冒頭に掲げた「鶴は鯔よりも大にして貴きものゆえ、鶴の餌には鯔を用うるも妨げなし」という例の相対的価値判断の立場から、少なくとも現時点においては、より優秀な西洋文明を採用する必要があることを主張し、「西洋の文明を目的とする事」をはっきり標榜したわけである。すなわち西洋の価値体系に合するものが、今後の日本の進歩と独立とに役立つものであり、然らざるものは役に立たぬものだ、という信念を最も明白に打出した。いわば『文明論之概略』は、〝西洋文明〟を物指しにした日本文明批判の書にほかならぬことを表明したのである。但しこの単純率直な価値観は、前述の如く、やがて一年後には、かなり修正されることになる（解説五二六―五二七頁・評説3参照）。❖

七――人心の改革こそ先決なれ

❖19 以上五・六・七は、福澤がかねて首唱する西洋文明主義が、とかく世上に皮相的にのみ受取られて、軽薄な欧米追随の風潮をもたらしたことを心外とし、強く〝文明の精神〟の重要性を主張したものといえよう。これと同じ論旨は、すでにこれよりやや早く、『学問のすゝめ』第五編「明治七年一月一日の詞」の中にも見える。それは慶應義塾の人々に向って、官の力に頼らず、専ら民間において事業を起すことの必要を力説した詞であるが、その一節に次のようにいっている。

国の文明は形を以て許すべからず。学校と云ひ、工業と云ひ、陸軍と云ひ、海軍と云ふも、皆これ文明の形のみ。この形を作るは難きにあらず。唯銭を以て買ふべしといへども、ここにまた無形の一物あり。この物たるや、目見るべからず、耳聞くべからず、売買すべからず、貸借すべからず、普く国人の間に位して、その作用甚だ強く、この物あらざれば、かの学校以下の諸件も実の用をなさず、真にこれを文明の精神と云ふべき至大至重のものなり。けだしその物とは何ぞや。人民独立の気力、即ち是なり。近来我が政府、頻りに学校を建て、工業を勧め、海陸軍の制も大いに面目を改め、文明の形、ほぼ備はりたれども、人民未だ外国へ対して我が独立を固くし、共に先を争はんとする者なし。ただにこれと争はざるのみならず、たまたま彼の事情を知るべき機会を得たる人にても、未だこれを詳らかにせずして、まずこれを恐るるのみ。他に対してすでに恐怖の心を抱くときは、たとひ我にいささか得る所あるも、これを外に施すに由なし。畢竟人民に独立の気力あらざれば、かの文明の形もつひに無用の長物に属するなり。（③五八―五九）

『文明論』の方が、文章ははるかに詳しいが、肝心の文明の精神の内容については、説明がない。むしろ『学問のすゝめ』の方が、「人民独立の気力、即ち是なり」と端的に道破していて、趣旨が明快であろう（解説五〇七―五〇八頁参照）。

八――文明の要は、人事を多端ならしむるにあり

❖20 この段はギゾーの『欧州文明史』によって書いたものである。〈古代の文明は単一で、ヨーロッパでも、アジアでも、その他の地方でも、唯一の絶対的な原理

〈権威〉が支配していたが、近代ヨーロッパ文明に至っては、原理が多様化し、種々な要素の並存が許されるようになった。そこに近代社会の進歩がある。それは神の摂理であって、ヨーロッパは今まさにその神の意思に従って進歩しつつあるのだ〉とギゾーはいっている。（第二講冒頭。角川文庫、上、四一―四五頁）。福澤がこのギゾーの史観に拠ってこの段を書いたことは明らかであろう。最後に、「世界古今の実験に由て見るべし。これ即ち人生の自から文明に適する所以にして、けだし偶然にはあらず。これを造物主の深意というも可なり」(36)といっているのも、ギゾーの筆致に学んだことを思わせる。

○武人や政治家のみが権力を揮う社会は、まだ文明に達せぬもので、商工業や学問（特に科学）などが独立の地位を保つに至って、はじめて文明社会といえるのだ、というのが福澤が近代の西洋から学んだ不動の信念であり、また抱負でもあった。つまり〝価値の多元化〟が文明の条件だというのである。彼の『覚書』（明治八―十一年）の中にも、「文明は多事の際に進むものなり。多事なれば各種の元素互ひにその権力の平均を得べし」（⑦六五七）、「文明の要は人事の分離に在り。大人論は不文未開の徴なり」（⑦六六六）、「政府はただ人事の一小部分たり」（⑦六五九）などの文句が反復されている。武人専制の封建体制、およびその変形ともいうべき官僚万能の明治藩閥政治に対する抵抗精神、活潑な市民社会の発達を庶幾する自由精神がそこに窺われる（解説四七二―四七六頁参照）。

九――支那の元素は一なり

❖21　文明は社会の複雑化・権威の多様化によって進歩するというギゾーの史観にヒントを得ながら、それを直ちに身近なシナと日本との比較問題に応用したところに、福澤の明敏な頭脳を見るべきであろう。

十――日本の元素は二なり

❖22　ここの議論はなかなかの卓見と思われる。〈シナでは王朝は変っても、支配者が政治と武力との両面にわたって、最高至上の独裁専制の権を掌握する体制が変らなかったため、人民に批判の精神が発達しなかった。故に、〝支那は一たび変ぜざれば、日本に至るべからず〟〉とする福澤の結論は、現代の中国についてもすこぶる示唆的ではあるまいか。

元来『文明論』は、社会における権力の偏重偏軽（アンバランス）が日本古来の最大欠陥であったということを眼目とし、後の第九章「日本文明の由来」で特にその点を力説するのであるが、ここではむしろシナと比較すれば、まだしも日本の方がましだとする。ここにもやはり福澤の相対的価値観が見られよう（解説五一七—五一八頁参照）。

○日本における武家政治の効果については、古く十四世紀にできた北畠親房の『神皇正統記』（延元四年・一三三九成立）にも肯定された。親房は南北朝時代、南朝の重臣で、『神皇正統記』は、歴史によって、日本の神国たる所以と皇室の尊厳とを証明し、天皇政治の回復を主張した史論である。しかしその『正統記』さえ、王朝末期の政治の腐敗によって、武家政権がこれに代ったのは因果の当然であると見ている。「頼朝といふ人もなく、泰時といふ者もなからましかば、日本国の人民いかがなりなまし。このいはれを能く知らぬ人は、故もなく皇威の衰へ、武備の勝ちにけると思へるは謬りなり。——君〔天皇〕は尊くましませど、一人〔自分だけ〕を楽しましめ、万民を苦しむることは、天も許さず、神も幸ひせぬいはれなれば、政の可否に従ひて、御運の通塞〔幸と不幸〕あるべしとぞ覚へ侍る。……わが国は神明の誓ひ著しくして、上下の分定まれり。しかも善悪の報ひ明らかに、因果の理空しからず、且は遠からぬ事〔近い先例がある事〕どもなれば、近代の得失〔政治の善悪〕を見て、将来の鑑誡〔天皇のいましめ〕とせらるべきなり」（巻之五）という文句がそれを示す。皇室の至尊といえども、その権威は絶対でなく、天の道理には屈しなければならぬ、というのである。

こういう武家の覇政を是認する史観は、もちろん後世の江戸時代の学者の史論にも継承された。福澤が、〈至尊と至強との考えのほかに、おのずから一片の道理の考えが国民の間に発達し、それが日本に幸いした〉といっているのは、そうした先人の史論にヒントを得たものであろう。思うに彼は、今日、日本人が西洋文明を受容し得るに至ったのも、右の如き道理を重んずる批判的精神が存在したからだと考え、そこに過去の武家社会存在の価値、換言すれば日本文明の二元性の効果を認めたわけであろう。武家時代を国史上の汚点と考えたり、明治の王政復古の理想を古代の祭政一致に求めたりするような尊王史家や国学者流の思想とは全く相容れぬことというまでもない。

○日本は古来至尊の天子と至強の将軍とが並存したことによって、おのずから力の平均が行われ、シナの如き支配者の絶対専制を免れたというのは、これより後福澤の得意の持論となり、再三反復されることになる。明治二十三年十二月執筆の『国会の前途』においては、特にこのことが詳論された。この論説は同年十一月第一回帝国議会が開会されたについて、その前途を祝福した文章であるが、その冒頭まず日本の歴史より説き起し、「至尊必ずしも至強ならず、至強また至尊を望むべからず。……されば古来の武門政治〔幕府政治〕を専制なりと云ふといへども、上に帝室の在るありて、名分のために多少の会釈〔皇室に対する遠慮〕なきを得ず。自家〔幕府〕の興廃は唯人心を得ると得ざるとの間に在りて存することなれば、いやしくも国事を等閑に附することなく、常に自から抑制して、民に厚ふしたるこそ偶然の妙機〔有効な作用〕なれ。帝室はあたかも武門政府のために一種間接の刺衝物となり、武門をして絶対君治〔絶対専制〕の事を成さしめざりしものと云ふも可なり。即ちこれ日本の歴史に秦の始皇・隋の煬帝を見ざる所以なり」（⑥三九―四〇）といっている。そうして、〈今や日本が国会を開いて、東洋唯一の立憲国家となり得たのも、右の如き公武二元の政体に加えて、徳川幕府の政治が国内諸勢力の均衡に意を用い、人民に自治を許したので、すでに立憲政治をしくべき素地が明治以前に養われていた結果である〉と論断した。これは暗に当時の伊藤博文らを中心とする藩閥政府の横暴を諷戒する意図を以て書かれたもので、現在の藩閥政府に比較すれば、むしろ幕府政治の方がましだった、というこれまた相対的価値判断が働いたものと思われる。ともあれ、封建政治に対する福澤の評点が、後年になるほど寛大になったことは争われない。

○元アメリカ駐日大使ライシャワー氏は、日本の封建社会の歴史をきわめて高く評価する一人である。氏もまた明治の日本が近代化に成功したのは、その封建時代において、北京宮廷や朝鮮の中央政府のように、中央集権的政府一辺倒でなく、権威の多様化が行われたのが一大原因だとしている。つまり自主的に物事をなしとげる責任感ある指導者を養成するに役立ったというのである。（昭和三十八年三月『中央公論』所載「日本と中国の近代化」。昭和四十三年九月二日『朝日新聞』特集「明治百年」参照）。ライシャワー氏は大の福澤研究家であるから、あるいは福澤の史観に若干の示唆を得たのではないかとも思われる（解説五一八頁参照）。

十一──国体とは何ぞや

❖23 「国体」という熟語はシナの古典にもあって、由来の古い語であるが、意味は多様で、一つに固定していない。国の状態、国の体裁、国の体面などいろいろの意味がある。しかし江戸時代、尊王思想の発達に伴って、〈万世一系の天皇を戴く日本独自の優秀な国柄〉という特殊な価値概念として一般に用いられるようになった。そこで西洋文明が流行するに及んでは、とかく保守的な国学者・神道家・儒学者などは、洋学は日本の神聖な国体を破壊するかの如く考えて、これを嫌悪した。洋学者も、真正面から国体論を持出されて、乱臣賊子扱い、非国民呼ばわりをされては、迷惑至極である。ここにおいて福澤は、保守派連の誤解をとくために、「国体」の語を〝ナショナリティ〟と同義に解釈し、〝独立国家としての統一体〟という新しい定義を下した上で、彼一流の国体論を展開したのである。すなわち彼は、皇国万能論者の独断的国体観の迷妄を覚ますために、国体は各国の事情によって差異があり、一概に価値の上下はつけられぬことをいうとともに、日本の天皇制的国体を護持するためにも、西洋文明は必須不可欠の手段であることを説こうとする。ここはその第一段である。ひとしく〝国体〟の語を問題としながら、従来の統治者・主権者を眼目とした国体観とは全く次元を異にし、あくまで国民を主体とした新しい国体観を打出したところに、民主的ナショナリストたる福澤の面目を見ることができよう。

十二──政統について

❖24 この一段は、全くギゾーが『欧州文明史』（第三講冒頭。角川文庫、上、七〇─七二頁）にいっているところをそのまま借用したものである。要するにこの段は、君主政治・封建政治・共和政治・宗教政治など、いわゆる政体（forms of government）の由来を説いたのであるが、わざわざ「ポリチカル・レジチメーション」（political legitimation）というようなあまり耳なれぬ熟語を持出したのは、ギゾーの『文明史』の用語に拠ったためにほかならない。但し福澤が利用したヘンリー英訳本の該当箇所には、すべて“political legitimacy”となっていて、“legitimation”の語は見出だされぬ由、小沢栄一博士（東京学芸大学教授、史学者）の示教を得た（legitimation も legitimacy も、ともに正当、正統の意）。

○なお『文明論』で「ポリチカル・レジチメーション」即ち「政統」の語が用いられたのはこの第二章だけである。第三章になると、「政統」に該当する文句はすべて「政府の体裁」となっている。即ち今日いうところの「政体」であって、その方がはるかに分り易い。

❖25　やはりギゾーの文明史に基く政統論の続きであるが、引用の例は翻訳を離れて、福澤独自の発想となっている。

○福澤はここに「国体」と「政統」との区別を説いているが、本書よりも少し早く公刊された加藤弘之の代表的著作『国体新論』（明治七年十二月刊）には、「国体」と「政体」という対照語で、ここと関連あることが述べられている。即ち同書第七章「国体ト政体ト相異ナルノ理、並ニ政治ノ善悪公私必ズシモ政体ニ由ラザルノ理」がそれである。加藤は、「国体」とは人民が安寧幸福を得る国家の状態をいうので、これが最大の眼目であるが、「政体」はこの眼目に達する手段であるから、「国体ハ万国必ズ一ナルヲ要スト雖モ、政体ハ必ズシモ一ナルヲ要セザルナリ」と結論している。加藤がここに「国体」と「政体」とを対照語として用いたのが契機になって、明治中期以後の国法学者の間に、「国体」と「政体」とのより厳密な概念規定が行われるようになる。一方福澤が試みた「政統」という訳語は、一向普及せずに終った。

十四──皇統を保つは易く、国体を保つは難し

❖26　福澤は前にも述べた如く（三一二頁参照）、『学問のすゝめ』第七編（明治七年三月刊）にいわゆる楠公権助論を書いて、南朝忠臣の死を権助（下男）の首くくり同様、無意義なものと論じた。それは封建道徳を否定する余りのいささか脱線的奇語であったが、それがいたく世の非難を買ったため、同年十一月、慶應義塾五九楼仙万という仮空の人物の名に託して、「学問のすゝめの評」という弁明の長文を新聞に発表した。それは丁度この『文明論』執筆と同じ時期であって、その中にもやはりここと同様、皇統を保つは易く、国体を守るは難し、という論を強調している。

> 元弘正平の政権は尊氏に帰したれども、明治の日本には尊氏あるべからず。今の勁敵は隠然として西洋諸国にありて存せり。……仮に今日魯英の軍艦をして兵庫の港に侵入することあらしめなば、楠公は必ず湊川の一死を以て自から快とする者にあらず。……楠公決して匹夫にあらず。今日に在らば、必ず

事の前後に注意し、元弘正平の事に傚はずして、別に挙動もあり、別に死所もあるべし。概して云へば、元弘正平の事は内なり、明治の事は外なり。古の事は小なり、今の事は大なり。是即ち公の働きの元弘と明治とにおいて異なるべき所以なり。故に楠公の人物を慕ふ者は、仮にこれを今の世に模写し出し、この英雄が明治年間にありてまさに為すべき働きを想像して、その働きに則らんことを勉むべし。（①四三—四四）。

けだし福澤は、楠公権助論によって、世間からともすれば共和主義を主張する者と速断されがちだったので、そうした誤解を解くためにも、この種の弁論が必要だったと思われる。

❖27　この第十四段は、条理を尽した名文で、狭量な国体論者の蒙を啓くに十分である。後の第十章「自国の独立を論ず」で、海外勢力の圧迫に対抗すべく国家独立の最大急務なる所以を縷々強調するのであるが、まずここにその覚悟の一端を示した。〝国体の護持〟、すなわち〝国家の独立〟のためにこそ、「西洋の文明を目的とする事」の必要且つ正当なる事を指摘して、説得力に富んでいる。けだしこの第二章中の大眼目とすべきであろう。健康と眼光の比喩の巧みさも称するに足りる。

十五——古習の惑溺は政府の虚威を生ず

❖28　常に物事の本質・目的をはっきり見定めて、その枝葉末節や形骸化を極度に警戒する福澤の精神がいよいよ面目を発揮してくる（解説五〇八—五〇九頁参照）。

○福澤はここに士族佩刀の例をあげているが、士族の帯刀が禁ぜられたのは明治九年三月の廃刀令以後であるから、まだこの時代には帯刀が認められていたのである。もっとも形式主義の大きらいな福澤自身は、早くから双刀を脱して丸腰となり、「文明開国の世の中に、難有さうに兇器を腰にして居る奴は馬鹿だ。その刀の長いほど大馬鹿であるから、武家の刀はこれを名づけて馬鹿メートルと云ふがよからう」などと放言していた（『福翁自伝』。⑦一八六）。明治二年には森有礼が、同じ精神から、佩刀禁止の議を公議所に提出したが、まだ時勢が早かったため採用されず、四年八月にようやく脱刀自由が布告されるところまで進み、さらに九年に至って、はじめて廃刀令の実現を見たのである。しかしそれを直接不満の動機として士族が反乱を起したのが、かの熊本の神風連の乱であった。ここの文章は、そうした時代の背景を頭において読むべきである。

❖29　この条は、『西洋事情』外編（慶応四年刊）巻之一「政府の本を論ず」（チェンバーズ『経済読本』の翻訳。①四一七―四一八）を換骨奪胎したけはいがある（拙著『福澤諭吉論考』一六三―一六七頁参照）。

またこの条と関連が考えられるのは、例の加藤弘之の『国体新論』である。『国体新論』は、主として当時の国学者連の固陋な国体観・天皇観の蒙を啓くために著わしたもので、その動機においても、福澤が漢学老人の洗脳を目的として『文明論』の筆を執ったのと好一対であるが、内容的にも類似するところが少なくない。ことに同書の緒論には、

国学者流ノ輩、愛国ノ切ナルヨリ、頻ニ皇統一系ヲ誇称スルハ誠ニ嘉スベシト雖モ、惜イ哉、国家君民ノ真理ヲ知ラザルガ為ニ、遂ニ天下ノ国土ハ悉皆天皇ノ私有、億兆人民ハ悉皆天皇ノ臣僕ナリトナシ、随テ種々牽強附会ノ妄説ヲ唱へ、凡ソ本邦ニ生ジタル人民ハ、只管天皇ノ御心ヲ以テ心トナシ、天皇ノ御事トサヘアレバ、善悪邪正ヲ論ゼズ、唯甘ジテ勅命ノ侭ニ遵従スルヲ真誠ノ臣道ナリト説キ、是等ノ姿ヲ以テ、我国体ト目シ、以テ本邦ノ万国ニ卓越スル所以ナリト云フニ至レリ。其見ノ陋劣ナル、其説ノ野卑ナル、実ニ笑フベキ者ト云フベシ。（『明治文化全集』自由民権篇一一二頁）。

といい、さらに古代は、日本のみならず、どの国でも神権政治（theocracy）が行われたことを指摘して、

又支那ヲ始メ、総テ開化未全ノ国ニテ、動モスレバ国家上ノ事ニテ天神ヲ引合ヒニ出ス事常ニシテ、或ハ神勅ヲ唱へ、或ハ天命ヲ説ク等ノ事多シ。是レ或ハ天神ヲ畏敬シ、国事ヲ貴重スル心ヨリ出タル事モアルベケレドモ、多クハ其君主、知識蒙昧ノ人民ヲ駕馭センガ為メノ権謀ヨリ起リシ風習ナルベシ。支那ニテ人君ヲ天子ト称シ、君主ノ位ヲ天位ト称シ、……何レノ国モ太古開化ノ進マザル時ニハ、総テ天神ヲ引合ヒニ出ス事常ナリキ。斯クテ万事天神ヲ引合ヒニ出ス国ヲ西洋語ニテテオカラチートト云フ。即チ訳シテ神政治又ハ代天政治ノ国ト云フ。凡ソ此政治ノ国ニテハ、国家ノ大主ハ天神ニシテ、人ニアラズ。人ニ仮リテ、之ニ代リテ政治ヲナス者ナリト云フノ説ヲ唱フ。甚ダ荒唐無稽ノ説ト云フベシ。（一一三頁）。

といっている。これは『文明論』のこの条と偶合かも知

れないが、文章が酷似しているので、あるいは『文明論』の一ヒントとなったのではないかとも思われる（前者の方が後者より数ヶ月早く出版された）。

なお、福澤晩年の著『福翁百話』の「政論」⑥三六二―三六八）中にも、ここと同趣旨の論が反復されている。

十六――文明に依頼して王室の実威を増すべし

❖30　国家が進歩して、前近代的なゲマインシャフト（Gemeinschaft. 共同社会）から、近代的なゲゼルシャフト（Gesellschaft. 利益社会）に発展すると、非合理な要素を含む感情的結合よりも、当然合理性に立脚した規約的結合にならざるを得ない。ここはそのことを教えたものである。『学問のすゝめ』第十一編「名分を以て偽君子を生ずるの論」（明治七年七月刊）にも、そのことを説いて、「政府と人民とはもと骨肉の縁あるにあらず、実に他人の附合なり。他人と他人との附合には、情実を用ゆべからず。必ず規則約束なるものを作り、互ひにこれを守りて厘毛の差を争ひ、双方共にかへって円く治まるものにて、これすなはち国法の起りし由縁なり」（③九八）といい、儒教流の古風な人情主義・徳治主義の原理では、もはや近代の政治は行われぬことを指摘している。封建意識の覚めやらぬ明治初年の国民に、これらの言葉は大きな啓蒙的意義を持つものであった。

○「今世七年の大旱に壇を築て雨を祈るも、雨の得べからざるは、人皆これを知れり」から、「古は紫雲のたなびくを見て英雄の所在を知りたれども、今の人物は雲の中に求むべからず」（52）までは、福澤一流の皮肉である。『文明論』は、知識層相手の学術書であるから、『学問のすゝめ』などよりユーモアや皮肉の要素は乏しいが、それでも往々こうした所に福澤らしい面目をのぞかせている（解説五一九―五二一頁参照）。

十七――世の事物は、ただ旧きを以て価を生ずるものにあらず

❖31　福澤は東洋文明の未開野蛮をいう場合、大抵シナを槍玉にあげるのが普通で、インドについていうことは稀である。しかるにバックルの『英国文明史』は、西洋文明と東洋文明とを比較対照する時、シナには触れず、インド文明を東洋の代表として取上げるのを常とした。この段も全くバックルの説の援用である。すなわちバックルが、インド人は自然の地理的環境や気象条件などか

ら、過度の想像力に耽る弊があることを強調して、〈インド人の想像力は、法外な古代崇拝癖をもたらした。それは理性とは全く相容れぬものである。この国の法律の一大集纂たる『マヌ』の法典の如きは、三千余年以前のものと思われるが、インド人はそのくらいの年代では満足せず、今を去る二十億年以前に神から啓示されたものだとしている〉(第一篇総論第二章。西村二郎訳書第一巻、一四六—一五〇頁)と指摘しているのは、福澤のこの文章の粉本《ふんぽん》にほかならない。

なお『学問のすゝめ』第十二編「人の品行は高尚ならざるべからざるの論」(明治七年十二月刊。③一〇七)にも、いたずらに自国の歴史の古きのみを誇って近代文明の摂取を怠ることの危険を戒め、インドとトルコとの例を挙げている。インドは古来の文国、トルコはかつて武勇の大国であったが、近世に至ってともに国勢が衰微し、英仏等の侵蝕にあい、独立を害されたのは、国民が旧文明に溺れて、改進を忘れた不明の罪であるとしている。

❖32 福澤は大なる愛国者であった。しかし彼の愛国は、もとより保守的な国学者や尊王論者のそれとは全く選を異にしたものである。彼が皇統の存続を必要視したのは、それが日本固有の伝統だからではなく、封建社会に代る近代統一国家の建設にとって、国民統合のため有要な作用をなしたからにほかならない。「物の貴きにあらず、その働きの貴きなり」と力説した所以である。天皇は〝天子様〟なるが故に有難いのではなく、国家の統一と独立とを維持して、国民の文明を進める上に有効だからであった。したがって、将来国民の文明の進歩に伴って、天皇制のあり方は、絶対不変ではあり得ない。福澤に絶対不可欠のものは、国民の統合体たる〝国体〟の独立で、〝皇統〟の存続は、副次的たるを免れなかった。

第三章——文明の本旨を論ず

要旨　この章は、大体において、前章の特に後半、国体論・政統論・皇統論の補足の如きもので、西洋文明摂取による天皇制の崩壊を恐れる保守主義者に向って、重ねてその蒙を啓こうと力めたものである。その論旨はおよそ次の如くである。

〈文明とは何ぞやといえば、衣食を豊かにするとともに、人間の品格を高めることである。一言にしていえば、〝人の智徳の進歩〟ということに帰する。それについて、ある人は不安を抱いていうであろう。「文明の本旨は上下同権だというではないか。それから推せば、君主制を認めず、共和制を理想とするものではないか」と。しかしそれは杞憂である。文明の度合いと政治の形態とは必ずしも関係はない。世界中にいろいろな政治の形態があるが、それはその国それぞれの便利のためにできたもので、文明の程度と常に相応ずるものではない。シナや日本では、古来〝君臣の倫〟ということをやかましくいって、国には必ず君主がなければならぬように考えていたが、それは共和制の国を知らなかったための浅見である。しかしそれだからとて、共和国が君主国より必ず政治がよいとは断言できない。君主国イギリスの政治の方が、共和国メキシコのそれよりも遥かに進んでいるのでも分る。アメリカ合衆国の共和制でさえ、決して万全のものではない。合衆政治は多数の横暴に流れやすく、人民の圧力が政府を煩わす弊もある。要するに政治の形態は一長一短があって、にわかに優劣は決め難い。人類開闢以来、世界の政治はまだ〝試験中〟（テスト期間）の段階を出ないのだから、その国々の事情により、自国の文明を進めるのに便利な政治形態を採ればよいのだ〉。

この章にも、前章同様、ギゾーの『欧州文明史』の一節を借用した部分があるが、またJ・S・ミルの『代議政体論』および『経済論』の書名を明記して引用した部分もある。その他、全体にわたって、福澤が最も早くから親しんでいたイギリスのチェンバーズ版『経済読本』の影響があるように思われる。この啓蒙的小冊子は、彼がすでにその前半「ソーシャル・エコノミー」の部分を翻訳して、『西洋事情』外編（慶応四年刊）として出版したものであるが（前述。三二四頁参照）、その巻之二

「政府の種類」「国法及び風俗」（①四一九―四三三）の両章の趣旨が、『文明論』のこの章に換骨奪胎されているようである。右の両章は、イギリスの立憲政治の美をたたえ、フランスの革命主義的国風を斥けるとともに、〈政治の方式には万国に普遍妥当な最善のものはないから、それぞれの国の風俗や習慣等に応じて、自ら適する方式を採用するほかはない〉ということを強調したものである（拙著『福澤諭吉論考』一五二―一五六頁参照）。

二――不文未開の四態

❖33　この段は、ギゾーの『欧州文明史』巻頭（第一講。角川文庫、上、二一―二三頁）の文章をほとんどそのまま借用したものである。ギゾーはこの四つの社会を仮定し、いずれもそれは〝文明〟という語に含まれる〝進歩・発展〟という概念に相当しないものだ、として否定している。

三――文明とは人の智徳の進歩なり

❖34　「文明とは、人の物質生活を安楽にすると同時に、精神生活を高尚にすることを言うのだ」という言葉も、ギゾー『文明史』のヘンリー英訳本の脚注によったものであることが、津田左右吉博士によって指摘されている。（旧版岩波文庫本解題二八八頁）。

❖35　ここも、〈現在の世界文明はまだ弱齢で、まさに進歩成長の過程にあるので、その未熟不完全は言を俟たぬ〉とするギゾーの史観をふまえて、第二章冒頭の所論を再び駄目押ししたものと見るべきである。

「文明とは、結局人の智徳の進歩と云ひて可なり」という言葉は、おそらくバックルの『英国文明史』によったものであろう。バックルは、〈文明の進歩とは何であるか。その解答はきわめて簡単である。曰く、道徳的および理智的の二重の進化にほかならぬ。この両者の結合が密接なほど、その調和は大きい〉（第一篇総論第四章。西村二郎訳書第一巻、二二九―二三一頁）といっている。このバックルの論は、次の第四章以下において、大きなテーマとして展開されることになるのである。

四――政治の体裁は必ずしも一様なるべからず

❖36　第二章では、政治の形式（政体）を「政統」と表現していたが、この章ではその語を引っ込めて、「政府の体裁」と記している。「政統」よりも「政府の体裁」の方が一般に通じ易いからであろう。福澤は言語の定義などにはあまり拘泥しない人であるから、彼の文章に用語の不統一は珍しくない。

○フランスの二月革命およびオーストリアのフランツ二世時代についての評言は、『西洋事情』外編巻之二「政府の種類」の章の「オーストリアの如きは、その政府の体裁、ほとんど立君独裁に似たるものなれども、仁君の名ある第二世フランツ帝の時代には、その政、かえってフランスの共和政治よりも寛大なり。これ即ち政治の名実相齟齬する一例なり。千八百四十八年フランスの共和政治は、国中の人民これを好む者少なくして、その事情甚だ困難なりしと云ふ」(①四一九)とあるのを転用したのであろう。

五——君臣の倫は天性にあらず

❖37　この後半は、一つの比喩であるが、非常に適切な比喩である。科学に関心の深かった福澤の面目を躍如たらしめる(解説五二四―五二五頁参照)。「物ありて然る後に倫あるなり。倫ありて然る後に物を生ずるにあらず。臆断を以て先づ物の倫を説き、その倫に由つて物理を害するなかれ」という最後の文句は、超越的な儒教哲学に反撥する福澤の客観精神・実学精神を端的に表現した名句といえよう。

❖38　共和政治の国を唐虞三代の理想国家よりすぐれているようにいったのは、もとより過褒であるが、儒教の古風な王道思想に一撃を加えるために、あえてこうした極端な筆致を用いたのである。西洋の共和政治も必ずしも理想の形態でないことは、すぐ次の段で説く通りである。

❖39　明治初年はまだ天皇制の基礎が固まっていなかったから、政治形態に対する議論も、かくの如く自由であり得た。天皇の権威が確立した明治中期以後になると、到底かかる言論の自由はなくなったのである。

六——合衆の政治も至善にあらず

❖40　ミルと同時代のフランスの政治家トクヴィル(Tocqueville. 1805-59)は、一八三一年政府の命を受けてアメリカを視察し、つぶさに国情を調査して、『アメリカのデモクラシー』(一八三五・四〇年)を著わした。アメリカ民主主義の特質を詳述したのみならず、一般に民主主義そのものの性格を解明した名著として重視されるものである。その中にも、すでに民主主義の通弊として、多数の圧制、民主的専制主義が先見されているのは注目すべきである。福澤はその英訳書一八七三年（明治六年）版*Democracy in America*を読んだことが、自筆書入れのある蔵書の存在によって明らかである。『文明論』の執筆時には、まだそれが参照されたと思われないが、明治十年ごろの『覚書』の中には、それを読んだ備忘記事が散見するので、ついでながらここに付記しておく（⑦七一六―七一七参照）。

七――諸国の政治は、今正にその試験中なり

❖41　政治の形態は、まだ世界各国で実験中であるから、一方に偏ってはならぬ。ベストはあり得ないから、ベターを採るべきだ、とするのが福澤の一貫した政治姿勢である。そこにあくまで経験主義的な客観精神の特徴があった。バックルも『英国文明史』の中で、〈政治学はまだ科学の域に達していないばかりか、あらゆる学問のうちで最も遅れているものだ。だから政治家の任務は、固定観念に囚われることなく、ただおのが時代の要求に沿って、目前の事態を修正するのみだ〉（第一篇総論第七章。西村二郎訳書第二巻、二〇七―二〇八頁）といっている。こうした柔軟な考え方こそ、とかくイデオロギーにのみ傾き易い現代日本の知識人の反省にも資すべきものであろう（解説五〇〇―五〇二頁参照）。

しかも福澤にあっては〝政治（政府）は単に人事（社会）の一小部分にすぎず〟とするのが、不断の信念であった。彼は政治の形態や政府の性格にさまでの重要性を認めず、むしろ国民の学問や経済の向上が、おのずから政治をも改善に導くものであるとし、政治・学問・経済が三拍子揃った時に、はじめて一国文明の進歩があると考えていた。文明こそ至重至大の最高目標で、政治以下のものは、文明に達する一手段であるとは、本章のはじめにも力説されたところで、この章末の鹿と猟人の比喩は、それと首尾照応するものである（解説五〇二―五〇三頁参照）。

第四章——一国人民の智徳を論ず

要旨　〈文明は智徳の進歩であるが、一国のうち少数の人だけ智徳がすぐれていても、それは文明国とはいえない。国民全体の智徳を高め、国全体の気風を改めなければ、文明国にはならぬのである。

ところで世の中の現象は、偶然に見えるものも、実は偶然ではなく、そこに一定の法則が働いている。自然現象でも、一年中の晴雨の日数がほぼ一定しているように、社会現象でも、殺人犯の数や自殺者の数は毎年大体変らない。また英国で毎年結婚する者の数を調べてみると、穀物の価格の高低に比例するという事実が分っている。これらのことを研究するのが、〝スタチスチク〟即ち統計学である。日本にはまだその学問が発達していないが、学者は単に目先の一事一物だけの現象で判断せず、永い時間にわたって統計を取り、偶然の奥にひそむ必然の法則を発見して、それによって利害得失を考えなければならぬ。

またあらゆる事件には近因と遠因とがあるが、近因だけに眼をつけては真相は分らない。さかのぼって遠因を探ることによって、はじめて真相を発見するのが学者の任務である。

さて一国の文明は、前述の如く国民全体の智徳の働きであるから、これを過去の歴史に及ぼして見ると、世の治乱興亡は決して二、三の個人の力によるものではなく、やはりその時代の人民に分賦せる智徳の有様によって左右されることを知らねばならぬ。すなわちそれを〝時勢〟といい、〝その時の人の気風〟というのである。史上の偉人で成功したものは、時勢の流れに沿って、人民の智徳の進歩を妨げなかった者であり、失敗者はこれに逆行した者にほかならない。孔子・孟子が周の世に用いられず、楠公が湊川に敗死したのは後者の例である。

しかし一面、人民の気風は、とかく低きに就き易い弊がある。〝衆論〟は愚論につながりがちだ。今日の日本を顧みても、政務の実があがらないのは、必ずしも少数官吏の罪ではない。むしろ人民一般のレベルこそが問題なのだ。そこで識者は、いたずらに政府を咎めず、また大衆に媚びず、衆論を指導して、国民の智徳の向上につとめることを任とせねばならぬ〉。

以上がこの章の大意であるが、〈文明は国民全体の智徳の総合である〉とか、〈偶然と見える社会現象の奥にも、科学的な法則があって、それは統計的操作によって判明する〉とか、〈歴史を動かすものは少数の英雄偉人ではなく、人民一般の気風である〉とかいう思想は、すべてバックルの『英国文明史』によったものである。さればこの章は、ほぼバックルの文明観や歴史観を下敷として、それを和漢の歴史や日本の現実問題等に適用したものといってよい。これまた当時の日本人には、前代未聞の耳新しい見解に映じたことはもちろんであろう。

一――一国の文明は、国民一般に分賦せる智徳の全量なり

❖42　福澤の著書の体裁は、多くの場合、章の初めに一応前章の所論を要約反復して、読者の記憶を確かめ、しかる後に次の論に筆を進める風があった。やはり懇切な啓蒙的用意というべきであろう。ここでも、第二章六「文明の精神」（人民の気風）・第三章三「文明とは人の智徳の進歩なり」などの論を繰返して、以下の論への導入部としている。

二――人の心は進退変化窮まりなし

❖43　この段は、この章全体から見ると、筆がやや脇道に入りこんだ感がないでもないが、木下藤吉郎の例話には、軍談好きだったらしい福澤の面目がしのばれる。また、とかく英雄偉人を途方もなく粉飾しがちな世人への諷刺も感ぜられて、福澤の人間理解力の深さを思わせるものがあろう。

○彼自身、晩年になって、わが生涯を顧み、その成功は結局偶然の幸運だったので、当初から精密な計画があったのではない、ということをしばしば語った。明治二十八年の「還暦寿莚の演説」（⑮三三三―三三七）の中で、〈自分が三、四十年前に唱えた洋学の説などは、とても実現できるとは思わず、ただ〝一時の漫語放言〟、自ら慰むるに過ぎなかったのだ。しかるにそれが着々実現して、文明駸々乎として進み、明治日本の盛時を見るに至ったことは、望外の仕合せである。〝今日より見れば、その空論空ならず、大言大ならず、法螺もまた吹当てたるものなり。愉快にあらずして何ぞや〟〉と告白している如きは、その一例である。われわれが福澤を論ずる場合にも、あまりに前後の辻褄を合わせすぎることは、かえって真実に遠ざかることになりかねない。

三——スタチスチクによれば、人心の働きに定則あるを知るべし

❖44 『文明論』は、この段に至って、バックルの『英国文明史』の影響を最もはっきり示してきた。〈社会の現象や歴史の推移などは、すべて統計調査によって解明される〉とするバックルの数理主義的史観が、福澤に新しい史眼を開かせたのである。その点で注目すべき段といえよう。バックルの説を引用しながら、蒸菓子の売行きや米麦の相場など、日本人に親しみ易い例を敷衍してきたところが、やはり福澤流の啓蒙的手腕である。ことに最後の「あるいは世の縁談を整わしめ、あるいはこれを破れしむるものは、世間ただ有力なる米の相場あるのみ」(84)という一句の如きは、事の真否はともかく、読者を圧服するような筆致の強さがある。かかる徹底した唯物史観は、当時の日本人にはかつて夢にも思い及ばなかったところで、これらの字句がいかに人心を驚かしたかは想像に難くない。

四——事物の原因を探るの要は、近因より溯りて遠因に及ぼすにあり

❖45 この段は、第一章二の「事物の研究には、究極の本質を追求せざるべからず」と照応するものといえよう。そこではニュートンの運動の法則を例に引いていたが、ここでは酸素の化合を引例している。自然科学の原理を社会人事に潜む法則に適用するのは福澤の常套手段である。近年の大学紛争の原因やその対策の如きも、「近く耳目の聞見する所に惑溺して、事物の遠因を索るを知らず、……寸前暗黒、暗夜に棒を振うが如し」(86)の感が深い。「比々皆庸医の類のみ」(86)ではなかろうか(解説五〇六—五〇八・五〇三—五〇五頁参照)。

五——世の治乱興廃は、二、三の人の能くするところにあらず

❖46 これまで、社会の現象には目に見えぬルールが潜在することを説いてきたが、これからさらに筆を進めて、歴史の動向も、旧来の歴史家が説くように少数の英雄豪傑の行動で左右されるものでなく、民心の推移変化によって決定されるものであることを明らかにしようにする。

すなわち偉人の伝記中心の歴史を否定して、国民史・社会史・文化史の重要性を力説するのである。これまたバックルの文明史観によって開眼されたものであることはいうまでもない。

❖47 第二章六「文明の精神」（人民の気風）の中でも用いた〝時勢〟〝人民の気風〟の語を再びここにくり返して、時代の風潮、民心の動向がいかに歴史の決定的要因であるかをいおうとするのである。

❖48 〈政治家の要訣は、時代の動向をとらえて、その要求に沿って行くにある〉とするバックルの思想と史観とに相関連するものであろう。それにしても、天下の英雄豪傑を氷屋や炭団売りに比較したのは、例によって福澤一流の奇抜な比喩である。しかも英雄豪傑を氷屋や炭団売りより目先の利かぬボンクラ扱いしたところに、『学問のすゝめ』の楠公権助論同様の皮肉が感ぜられる。

六――孔子の不遇なりしは、時勢に妨げられたるものなり

❖49 福澤は、あくまで現実的・功利的・主知的・合理的な思想家だったから、儒教の観念的・理想的・精神主義的な政治論は、迂遠きわまるものとしか映じなかったのである。乱世には乱世に処する具体的な力の政策が必要で、孔孟の理想的な徳治論などは何の価値もなかったとする。これは苛烈な国際環境の中に投出された明治日本の国民に対する警告の声だったことを思うべきである。

❖50 ここには政治偏重の儒教の弊、およびその儒教に培われた古来のシナ人・日本人の政治偏重主義に対する福澤の強い警告がある。「文明の要は、人事を多端ならしむるにあり」（第二章八）と確信する福澤にとって、政治偏重の儒教は、到底文明の教えとするに足らなかったのである。この段は『学問のすゝめ』第四編「学者の職分を論ず」（明治七年一月刊）などの趣旨と関連し、さらに『文明論』第九章十二などにも詳しく反復されることになる。

❖51 古代のゲマインシャフト時代の政治は、儒教の徳治主義・温情主義でも間に合ったかも知れぬが、近代のゲゼルシャフト時代になっては、当然法治主義に依らねばならぬ、とする論は、すでに第二章十六にも示されていた。このことは、後の第六章「智徳の弁」・第七章「智徳の行わるべき時代と場所とを論ず」に至って、さらに大きなテーマとして取上げられることになる。概して福澤の儒教批判は、ややドライに過ぎて、公平を欠いた傾きがあるが、当時のインテリの慢性病たる儒教惑溺症へのショック療法を狙ったものといえよう。

七――正成は時勢に敵して敗したるものなり

❖52　この福澤の楠公論・尊氏論は、まさしく確論と称するに足りる。さきに第二章十において、国史上における武門政治の必然性とその功徳とを認めたが、ここはそれをさらに具体的に証明した形になっている。王朝政治の腐敗・搢紳社会の堕落が民心を離反せしめ、武家政治に傾かしめたのは当然なりとし、建武中興の業が敗れ、正成が戦死したのも、時勢の必然だったとする。湊川の敗戦は、兵力や作戦の如何は末梢的な近因にすぎず、根本的な遠因は、歴代王室の不徳と民心の離反とにあったというわけだ。従来の勤王史家たちの大義名分論を机上の観念論として斥け、「けだし時勢を知らざる者の論なり」と一蹴したのである。史実の細部についての精確さはしばらく措くも、福澤の結論は今日から見ても至当の見解で、彼の史観の確かさを思わせる。「保元平治以来、歴代の天皇を見るに、その不明不徳は枚挙に遑《いとま》あらず。後世の史家、諂諛《てんゆ》の筆を運らすも、なおよくその罪を庇うこと能はず。父子相戦い、兄弟相伐ち、その武臣に依頼するものは、ただ自家の骨肉を屠らんがためのみ。……天子は天下の事に関る主人にあらずして、武家の威力に束縛せらるる奴隷のみ」(94–95) の一条の如き、特に筆致辛辣をきわめている。明治中期以降の窮屈な皇国史観に比して、明治初年の国史観には、いかに自由な批判精神が存在したかを知るべき典型的な実例といえよう。けだしこの一段は、『文明論』中でも、最も精彩を放つ部分とするを憚らない (解説五一二―五一五・五三一―五三二頁参照)。

なお武家の実力者が、事を企てるごとに、必ず〝勤王〟を看板に掲げる慣例があったことは、後の第九章「日本文明の由来」十四にも指摘されている。古来の英雄豪傑さえ、かかる区々たる名分に拘泥するを免れなかったのは、日本人に独立心の欠けた証拠である、というのが福澤の持論であった。

○明治の民間史論家の白眉山路愛山は、明治末年『足利尊氏』(明治四十二年刊) を著わした。これは愛山の数多い史論中でも重きをなす名著であるが、尊氏を専ら武家勢力の代表者としてとらえた客観的な人物論で、さすがに勤王史学者の窮屈な順逆論的史観から免れている。愛山は福澤に強い関心を持っていた人であるから、彼の史観になにほどか福澤の影響があったことは推察に難くない。

九――天下の急務は、まず衆論の非を正すにあり

❖53　明治政府が国民の先頭に立って、いかに新しい開明政策を実行し、これを奨励しても、当時の民衆は多年の封建的因習に泥んで、狐疑逡巡する傾向を免れなかった。福澤はその無気力を陋としたので、ここではむしろ政府がわに同情した筆致を示している。これよりさき、『学問のすゝめ』第四編「学者の職分を論ず」（明治七年一月刊）・第五編「明治七年一月一日の詞」（同月刊）などにも、ここと同様、無気力な国民を鞭撻したことばが見られる。

❖54　〝衆論〟の力は天下の政治を左右するほど根強いものだが、その弊は、〝衆愚論〟に傾き易いことだ。大多数の人間は、可もなく不可もなく、平々凡々、現情に甘んじて、思考に怠惰なるものである。そこで愛国の志ある者は、自ら艱苦を冒して、〝衆論〟の向上につとめなければならぬ、というのが福澤の大精神である。このことはすでに第一章七にも痛論されたところであった。〝衆論〟のエネルギーを尊重しながら、いたずらにこれに媚びず、それを正しく指導するところに、かね合いのむずかしさがあり、識者の苦心が存するのである。この条は、近ごろの大学問題に対する当事者の姿勢などにも思い合わされることが多い（解説五〇八―五一一頁参照）。

それにしても、「衆論の向う所は天下に敵なし、奈何《いかん》ぞ政府の区々たるを患うるに足らん。奈何ぞ官員の瑣々たるを咎るに足らん。政府は固より衆論に従て方向を改るものなり。故にいわく、今の学者は政府を咎めずして衆論の非を憂うべきなり」（98）という結語は、庶民の指導者・国民教育の父たる福澤の真骨頂を鮮やかに示した快文字といえよう。

十――政府の働きは外科の術の如く、学者の論は養生の法の如し

❖55　この末段は、衆論が衆愚論に陥らぬための学者の重要な使命を、重ねて力説したものである。福澤のいわゆる「学者は国の雁奴なり」（第一章七参照）の精神を、例によって外科手術と養生法との通俗的な比喩によって、政府の使命と対照的に強調している。「世の学者、あるいはこの理を知らずしてみだりに事を好み、自己の本分を忘れて世間に奔走し、甚だしきは官員に駆使されて目

前の利害を処置せんとし、その事を成す能はずして、かえつて学者の品位を落す者あり。惑へるの甚だしきなり」とあるのは、一方に民権運動に狂奔する政治書生などを諷するとともに、他方政府に仕えてその御用を勤める官僚学者を冷評したものと見るべきであろう。『学問すゝめ』第四編（明治七年刊）や、『学者安心論』（明治九年刊）などとほぼ同趣旨の論である（解説四七三―四七四頁参照）。

第五章――前論の続き

要旨

前章では、バックルの説に従って、人民一般の智徳、すなわち〝衆論〟がいかに社会や歴史を動かす原動力であるかを論じたが、この章では、これに二つの但し書きを加えた形になっている。

〈第一に、衆論は必ずしも人間の数にはよらず、いつの時代も、むしろ少数識者の意見から発生する。つまり無智な民衆は、人数は多くても、智徳の総量が少ないに反し、識者は人数の少ないにかかわらず、智徳の総量が多い。そのために、よく民心を指導して、有力な衆論を構成するに至るのである。わが明治維新や廃藩置県にしても、もと江戸時代後期に、一部の学者や文人などの間に、ひそかに専制政治を厭う知力の発生を見、それが幕末のペリー渡来を契機に、急速にエスカレートして、政治改革に成功したのである。尊王や攘夷は単に看板にすぎず、実は専制政治を厭う人民知力の具体化にほかならなかった。しかもそれは、三千万国民中、わずかに一部少数士族の運動に基いたのであるが、彼らの智徳が抜群であったために、多数保守家の勢力を圧倒して、よく改革の大業を成就したのである。

第二に、一人一人の意見は、これを集めると、性格を変ずることがある。例えば日本人は、個人的には卓れた考えを持っていても、集まって衆論を成すと、愚論化する傾向がある。これに反して西洋人は、集まると、個人個人の持前以上の有力な衆論を作り出す能力がある。この相違はどこから来るかといえば、祖先以来の習慣にほかならない。日本人は古来ひたすら権力に盲従するのみで、衆議を尽す習慣がないため、その消極性が習い性となったのである。されぱかかる習慣を改めることが急務でなければならぬ〉。

というのが本章の要旨である。これらの論にも、もちろんバックルの影響は見のがせないが、ここには福澤独自の見識が目立つように思われる。ことに〝衆論〟を構成する人間の質を大きく問題にし、人間の頭数よりも、その質（換言すれば、智徳の総量）が物をいうことを強調したのは卓見というべきである。けだし真の衆論は、決して衆愚論と同一ではなく、少数先覚者の先見によって指導された〝前向き〟の民意にほかならぬとする。ここに独立自尊の強い個性を第一義とした自由主義者福澤諭吉にふさわしい発想があったといえよう。

ヒントを洋書（この場合はバックル）に仰ぎながら、必ずしもそれのみに終始せず、自主的に理論を発展させるのが福澤の常套手段で、この章もそうした特色のよくうかがわれる例である。

――〝衆論〟は人数によらず、智徳の量によって強弱あり

❖56　一山三文の衆愚の知力よりも、一騎当千の識者の知力の方が、総計において多量だから、それが文明推進の原動力たり得るのだという論を、例によって卑近な比喩を用いて説明している。もちろん智徳の量など客観的に測定できるものではないから、一種の仮定論にすぎないが、社会現象をも自然科学的に解釈しようとする福澤は、かかる〝智徳総量説〟ともいうべき仮説を設けて、彼独自の〝衆論〟の意義付けを試みたのである（解説五二四―五二五頁参照）。
社会を指導する力は、「中人以上の智者」、すなわち中流のインテリ層・市民階級にある、というのが福澤の終始変らぬ持論であった。『学問のすゝめ』第五編（明治

七年一月刊）にも、「国の文明は、上政府より起るべからず、下小民より生ずべからず。必ずその中間より興りて、衆庶の向ふところを示し、政府と並び立ちて、はじめて成功を期すべきなり」といい、西洋諸国における「ミッヅル・カラッス」の諸大家が、「智力を以て一世を指揮したる」功績を激賞している。『文明論』のこの条と相まって、福澤が、いかに中等階級・市民社会の健全な発達を重視したかを察すべきである。彼は無識なプロレタリアートには同情が薄く、あくまで有識有産の市民社会の育成に生涯を賭けた思想家であった。

二――維新の発端は、人民知力の発生にあり

❖57　江戸時代後期の学問や文芸などに、おのずから封建体制打倒への萌芽があったとする福澤の史眼は、傾聴に値しよう。しかもふだんは反体制的姿勢を執る和漢学者も、「一旦官途に抜擢せらるれば忽ちその節を変じて不平の沙汰を聞か」(105)なくなるのを指摘したのは、例の福澤の皮肉で、後の第九章「日本文明の由来」十二にも、具さに反復されることになる。

三――維新の成功は、人民知力の勝利なり

❖58　幕末の際、政治責任のない民間の青年客気の徒が、景気のいい単純な攘夷論一本槍で、大衆の敵愾心をあおり、外交の衝に当る政府の責任者が窮地に立って、態度を明白にし難かったという事情は、いつの時代にも当てはまることであろう。今日の安保反対・沖縄基地全廃などを正面に掲げた反体制運動と、それに対する政府の煮え切らぬ内政外交方針の如きは、まさしくその好典型にほかならない。

❖59　明治維新の原動力は、要するに「知力と専制との戦争」にあり、「国内一般の知力」が「旧来の門閥専制」を征伐したものにほかならぬ、というのが福澤の結論である。そうしてこの知力の発達には、「開港以来西洋文明の説」が大きな援軍となったとする。この福澤の維新史観は、歴史の下部構造たる経済関係への考察を欠いているために、社会史観としては抽象的に過ぎるかも知れないが、自らその時代を体験してきた洋学先覚者らしい自覚と、大局的な時代批判とがある。けだし明治人による維新史観中、早期に現われた最も注目すべき史論たることは疑いを容れぬであろう（解説五一四―五一五頁参

照）。

四――維新の指導者は、知力によって衆人を圧したる者なり

❖60　維新の指導者は、志を得ぬ一部下級士族であったとして、「概してこれをいへば、改革の乱を好む者は、智力ありて銭なき人なり。古今の歴史を見て、これを知るべし」と断じたのは、言い得て妙の感が深い。後年の著『民情一新』（明治十二年刊）の第二章「人間社会の種族中、孰れか保守の主義に従ひ、孰れか進取の主義に従ふ者ぞ」において、都会人と地方人、智者と愚者、少壮者と老成人、貧人と富者、官吏と人民とを対比した結果、「進取の主義に従つて新奇変動を企望する者は、都会の状態を熟知して、智術に逞しく、年齢少くして、家貧なる人民の中にこれを見るべし。政府は富人と老成人とに依頼して、田舎の愚民を味方に取り、以て保守の主義を維持するものなり」（⑤二三二）と論じたのは、『文明論』のこの条の敷衍たる観がある（解説五二六頁参照）。

五――十愚者の意に適せんとして、一智者の譏りを招くべからず

❖61　この段は、〝衆論は人数によらず〟というこれまでの長い議論の結びである。単に世間一般の気受けだけを機械的に尊重すれば、いきおい衆愚に付和雷同する結果となって、社会の向上には役立たない。〈世間に愚者は多く、智者は少ないものだから、むしろ自ら少数派の智者たらんことを力むべし〉というのが福澤の精神で、彼は常にその精神で教育に当ったのである。いわば真の民主主義のリーダーを作るのが、慶應義塾の大方針だったといえよう。「十愚者の意に適せんとして、一智者の譏りを招くべからず」とはまさしく至言で、独立自尊の志の必要なる所以である。今日政治家も学者も教育家も、とかく衆愚論に振回されて、この勇気を欠くのではなかろうか（解説五〇九―五一一頁参照）。

❖62　福澤はここに筆を転じて、スパイ政治の非を論じてきたが、これはいささか唐突の感がないでもない。思うに、幕末維新の政治の激動期に、当然大小無数のスパイが暗躍し、その流弊の目に余るものがあったのを憤ったためであろう。福澤自身も、もとより一種の危険思想

家として絶えず間諜につけ狙われ、暗殺の危機に直面したことさえ多かった。〈スパイの陰険なる行動は、秦の始皇帝の公然たる焚書坑儒よりはるかに悪質だ〉とまで極言しているところに、「鄙劣」を厭う福澤の男性的な性格が躍如としている。

　宮武外骨の『明治密偵史』（大正十五年刊）は、明治時代のスパイの歴史を考証した珍しい文献であるが、明治専制政府の犬使い（スパイの利用者）の主な連中は、岩倉具視・大久保利通・大木喬任・山県有朋・山田顕義・川路利良・三島通庸らの面々であるとし、福澤のこの文章を引用して、次のようにいっている。

　明治文化の開拓者を以て自任せし福澤諭吉先生の所論、新政府に警告せる侃諤剴切の論である。これは新政府が幕府の旧習を踏襲して間諜を使用するのに呆れ、其誤れる愚策たることを道破したものであるが、当路者も亦間諜同様の小人が多かつたので、此警告を服膺することもなく、反つて福澤先生を奇激論者と目して、先生に密偵を附けた事もあつた。笑ふべき陋事ではないか。新政府の当路者が此警告に顧みて政治的密偵を廃止し、これに代るに言論自由の路を開放したならば、多くの政治的犯罪を製造することもなく、又明治の文化は少なくとも十年以上早く進歩したであらうと察する。然るに当路者は言論の自由を許さないのみでなく、此年新聞紙条例を改訂し、讒謗律を制定して言論を圧迫し、加之、志士を捕へて苛酷残虐の重刑に処したのは、文化史上に於ける明治政府の大失態であった。（同書四〇—四一頁）

六――人の議論は、集まって趣を変ずることあり

❖63　〝衆論〟なるものの第二の性格として、ある場合にはそれが衆愚化し、ある場合には衆智化する事実を指摘している。そうして「日本の人は仲間を結て事を行うに当り、その人々持前の智力に比して不似合なる拙を尽す者なり」（114）とし、西洋人はその逆であると断じた。つまり日本人は自分のことしか考えず、社会性の乏しい事実を鋭く警告したのである。これよりさき『学問のすゝめ』第四編（明治七年一月刊）の中にも、このことは痛論された。日本人は官民ともに、「これを散ずれば明なり。これを集むれば暗なり」「あたかも一身両頭あるが如し」となし、畢竟、「政府は衆智者の集まる所にして、一愚人の事を行ふものと云ふべし」というのが福

澤の断案である。けだし現代にもそのまま通用する箴言といえよう。

七――習慣を変ずること大切なり

❖64　ここに東西の気風の相違が、古来の〝習慣〟によることを説いてきたのであるが、東洋人が衆智を結集することに無自覚なのを評して、「戸外はあたかも外国の如くして、かつて心に関することなく、井戸浚の相談も出来難し。いわんや道普請に於いてをや。行斃を見れば走て過ぎ、犬の糞に逢えば避けて通り、俗にいわゆる掛り合を遁るるに忙わしければ、何ぞ集議を企つるに遑あらん」(116)という叙述などは、いかにも福澤の筆致の具体性と通俗性とをよく示している。銀行の比喩も説得力に富んだものといえよう。

❖65　当時、民撰議院(国会)開設の可否が朝野の問題となりつつあった。官僚学者の加藤弘之の如きは、時期尚早論の急先鋒で、いわゆる「無智の人民は、気の毒ながら専制の下に立たざるを得ず。故に議事を始むるには時を待つべし」とする論の代表者格であった。福澤がここにそうした尚早論を批判している観があるのは、暗に加藤らを念頭においてのことかと察せられる(拙著『福澤諭吉論考』所載「〝福翁百話〟の著者と〝貧叟百話〟の著者」二七二―二七六頁参照)。

❖66　士族の秩禄存廃について、利害の相反する士族・農民間のいずれにも議論が乏しいのを評して、「恬として他国の話を聞くが如く、天然の禍福を待つが如く、唯黙坐して事の成行を観るのみ」といったが、もとより士農ともに大きな関心事だったことはいうまでもない。ただ福澤としては、日本人が西洋人に比べて、久しく忍従の習慣に馴らされた結果、主張すべき権利をも主張し得なくなった無気力無責任さを警告したかったのである。「内にいて澹泊なる者は外に対してもまた澹泊ならざるを得ず、内に愚鈍なる者は外に活潑なるを得ず。士民の愚鈍澹泊は、政府の専制には便利なれども、この士民を頼て外国の交際は甚だ覚束なし」(118)とは、彼の常に憂慮してやまなかったところで、特に『学問のすゝめ』第三編「一身独立して、一国独立する事」(明治六年十二月刊)などに痛論された。

第六章――智徳の弁

要旨

第四章・第五章においては、国民の智徳の進歩が文明の推進力であることが説かれたが、智徳のうちでも、特に智に重点の置かれたことは、すでにそれらの文章中に彷彿していた。この章に至っては、いよいよ智と徳とを比較対照して、智の重要性をはっきり打ち出し、文明を進める決定的な力は人類の知識・知性・知力にほかならぬと断じた。〈道徳の教えは人類始まって以来変化がないが、知識の内容は不断に進歩してやむ時がない。また徳の影響する範囲は時間的にも空間的にも狭いが、知識の普及する範囲はきわめて広い。されば智の進歩こそ、文明発達の原因でなければならぬ〉というのである。この論旨は全くバックルの『英国文明史』の智徳対照論（主に第一篇総論第四章）によったもので、バックルの原文に近い文辞も随所に散見する。

かくて福澤は、バックルの科学的史観を武器として、従来の封建日本の道徳中心主義に真っ向から挑戦した。彼は、〈東西の道徳を比較した場合、キリスト教の道徳も、神儒仏の道徳もさまでの優劣はないが、知力（科学的知識）においては、東西雲泥の相違である。だから、現代日本の急務は、西洋のキリスト教道徳を入れることより、まず科学的知識を入れることでなければならぬ〉と主張する。徳よりも智を重視するあまり、多少論理の強引さを思わせる所もないではないが、儒教道徳で頭脳の硬化していた当時の知識人に対するショック療法を意図したものと思われる。徳と智との働きの相違を逐条的に叙述した所など、一応バックルに粉本を仰いだとはいえ、筆法きわめて懇切で、博引旁証、まことに力めたりという感を禁じ得ない。要するにこの章は、福澤の主知的文明観の最も鮮明に発露した部分といえよう。

一――智徳に四種の区別あり

❖67　四種の区別は、福澤独自のものかどうか分らないが、ここにあげられた例の中には、いささか曖昧・不適当と思われるものがあり、純学問的には問題のある叙述であろう。しかし厳密な倫理学の体系を作る如きは、もとより福澤の関心外であったから、ここもおよそ常識的な目安と考えておくべきである。

二――智徳を支配するものは、聡明英知の働きなり

❖68　儒教に培われた旧来の日本人は、なんといっても〝徳〟(徳育)を第一義として、〝智〟(知育)を二の次とする習性があった。この章は、この価値の順位を逆にして、〝智〟の重要性を説くのが眼目で、この段はその序の口とも見るべき所である。まず〝徳〟の意味を世俗一般の用例に従って、私徳の意に限定した上で、次の論を進めようとする。『論語』その他の文句を幾つも引用したのは、今日にはいささか縁遠いかも知らぬが、福澤の時代には国民共通の常識だったから、その引用こそ、読者を説得する上に有効適切な用意だったのである。

○「すべて言葉の意味は、学者の決めた定義よりも、世間一般の通用に従うべきだ」というのは、ギゾーが『欧州文明史』の冒頭にいっている言葉によったのである。ギゾーは〈文明という語には広狭さまざまの意味があるが、すべて言葉は、厳密な科学的定義よりも、世間の常識的意義の方が広くて且つ真実性がある。文明の語も然りである〉(角川文庫、上、二〇―二一頁)といっている。福澤はそれを応用したと思われる。

三――文明の社会は、私徳のみにて支配すべからず

❖69　この段は筆がややくどきに失した感があるが、徳義一辺倒に固まった当時の読者を洗脳するためには、これほど丁寧反復の駄目押しを必要と考えたのであろう。

四――徳義は内にありて動かず、智恵は外に向って動く

❖70　智が外に向って働く性質に富むのはもちろんであるが、外部と関係なしに、ひとり思索考究する智の働きもあるから、「智者もし無為にして外物に接することなくば、これを愚者と名るも可なり」(128)という結論は、いささか極端であろう。ただ大体の傾向として、智徳の別をいったものと見るべきである。

五――徳義の功能は狭く、智恵の働きは広し

❖71　この段は、バックルの「理智的作因は永続する」と題する次の文章から着想されたものと思われる。

理智による収穫は、周到な注意を以て長く保存され、一定の法式を以て記録され、且つ専門的用語を用いることによって保護される。そしてこれらの智的収穫は、容易に一時代から次の時代へと伝えられ、

人類の至宝・天才の遺産として長く後世子孫に遺される。しかるに道徳的善行は、それほどの移伝の能力がなく、隠密的な性格を帯びている。しかもそれはおおむね自己修養・自己犠牲の産物で、各個人が自分自身のために行うものだから、その経験を後世の道徳家のために貯えておくわけにゆかない。各人が新規蒔直しに出直すことになる。最も積極的に行われた慈善行為でも、また最も偉大にして私心なき親切でも、その効果は比較的命が短い。これに接触し、その恩恵に浴し得る個人の数もきわめて少なく、その善事を目撃体験した時代より後まで効果が残存することは甚だ稀である。(西村二郎訳書第一巻、二三七―二三八頁)

ともあれこの論には、事功を尊重する福澤の実利主義的・能率主義的思考がきわめて鮮明である。クラークスンやハワードの規模壮大な博愛事業に比して、東洋流の〝仁人〟の単純な精神主義の迂遠さを諷したところにも、彼の面目がうかがわれよう。

六―――徳義の事は古より定まりて動かず、智恵の箇条は日に増加してやまず

❖72 この段もバックルに拠ったことは明らかである。バックルは、〈理智に対して、道徳が文明の進歩に影響することはきわめて僅少である〉として、

道徳上の諸体制を形作るそれらの教義位殆んど何等の変化も受けなかったものは他に一寸見当らないからである。他人には善事を為すべし、他人の為めには自己の欲望を犠牲に供すべし、汝自身のやうに汝の隣人を愛せよ、汝の敵を宥せ、怒るのを慎むべし、両親は尊むべし、師は敬ふべし、其他曰く何、曰く何、此等は何れも諸道徳の本質であるが、しかも数千年の昔から定まってゐることで、如何なる道徳家も、神学者も、其説教や訓誨や教科書によって、之に一点一項の追加をも為してゐないのである。(西村二郎訳書第一巻、二三四―二三五頁)

といい、かかる徳の〝静止的〟性格とは反対に、理智の方面は、「昔では、如何に大胆な思想家と雖も、夢想だもしなかった諸科学が、近代に至って創造されてゐるのである。」「理智の原則は活動力と適合能力とをもってゐ

るのであって見れば、数世紀に亙って、ヨーロッパが異常な発展を遂げ来った理由を明らかにして余りあるのである」（同二三六頁）として、知識の不断の発達を礼賛した。

福澤がこのバックルの文章を下敷きにしたことは疑いを容れないが、その筆致は、全く福澤独自の自在で、しかも皮肉なものとなっている。「宋儒盛んなりといえども、五倫を変じて六倫と為すを得ず」「徳義の道に就ては、あたかも古人に専売の権を占められ、後世の人はただ仲買の事を為すより他に手段あることなし」「智恵を以て論ずれば、古代の聖賢は今の三歳の童子に等しきものなり」（132–133）など、いずれも儒教に対する福澤の辛辣な批判を示している。後の第九章「日本文明の由来」十三は、この段の延長ともいうべきものであろう（解説五一九―五二二頁参照）。

七――徳義は形を以て教うべからず、智恵は形を以て教うべし

❖73　ここにも、儒教の形式的精神主義が偽善者を作り易いことを憂える福澤の本音がよく出ている。『学問のすゝめ』第十一編「名分を以て偽君子を生ずるの論」（明治七年七月刊）と密接に関連する文章である。また「無智を欺き小弱を嚇し、名利を併せて両ながらこれを取らんとする者は、耶蘇の正教を奉ずる西洋人の内にあり」（135）という言葉は、多分東洋に来て、弱小民族（日本を含めて）を苦しめる西洋人の傍若無人ぶりを特に意識して書いたのであろう。

なお韓退之に関する福澤の評は、いささか酷に失するようだが、けだし韓退之は、『古文真宝』『唐宋八大家文』『文章軌範』などの教科書を通して、シナ随一の文豪という印象が永く日本人の間に定着していたから、福澤はことさらその偶像を破壊することで、儒教への不信を強く読者に印象づけたのかと思われる。

❖74　直観的・非合理的な東洋流の道徳学よりも、客観的・経験的な西洋の科学を重視する立場をはっきり打出している。

八――徳義は一心の工夫にて進退すべし、智恵は学ばざれば進むべからず

❖75　智と徳との差異を説くために、筆法が多少極端に傾いた観はあるが、奇警な論旨というを憚らない。「達磨大師をして面壁九十年ならしむるも、蒸気・電信の発明はあるべからず」などは、福澤一流の警句で、読者の噴飯を誘うに足りる。後年の文章にも、科学教育の必要を力説して、「人学ばざれば智なし。面壁九年よく道徳の蘊奥を究むべしといへども、たとえ面壁九万年に及ぶも、蒸気の発明は、とても期すべからざるなり」（明治二十二年「文明教育論」⑫二一九）といっている。福澤得意のサワリ文句だったことがうかがわれよう（解説五一九—五二〇頁参照）。

九——徳義の極端論に偏するなかれ

❖76　この段は、四・五・六・七・八で智徳の性質の異同を論じたあとの一応の結論と見るべきところで、重ねて徳義一辺倒の不可なる所以を明らかにしたのである。すべて極端論・一辺倒論の真理に遠いことは、第一章五にも力説されたところである。

❖77　「人の性は平均して善なりといはざるを得ず。徳教の大趣意は、その善の発生を妨げざるにあるのみ」といい、「この教へ〔徳教〕のみを施して、一世を籠絡せんとして、かへって人生天禀の智力を退縮せしむるは、畢竟人を蔑視し、人を圧制して、その天然を妨ぐるの挙動といはざるを得ず」というところに、福澤の楽天的な性善思想・積極的な人間解放の精神がうかがわれ、また旧来の徳育偏重主義が人間本来の知性と自由精神とを抑圧して来たことへの反撥がある。

○福澤が明治七、八年ごろバックルの科学主義的文明観を鼓吹するに及んで、それまで慶應義塾の学生間に行われていたバイブル研究熱が廃れて、バックル信者がふえたと伝えられる。

明治八年以後三、四年間の福澤の備忘録『覚書』に、次のような文章が随所に散見するのでも、彼の主知的傾向を察するに足りよう。

> 囲碁・将棋・三絃にても苦しからず。精神は多方に用ひざるべからず。世の中に困りものは、かの無芸無言無事無識なる摺子木野郎なり。（⑦六五七）
>
> 智は穎敏ならざるべからず。愚直先生は、冥々の際に賄賂を投与せられて、これを知らざることあり。（⑦六六五）
>
> 色と博奕と何れか高上なるやと云はば、博奕と答へざるを得ず。色は性なり、獣類とこれを共にす。博奕は人の働きなり。これを学ばざれば能はず。（⑦六七七）
>
> 地方に良民のみあるも、全国の力を増すに足らず。

良民とはいはゆる結構人〔お人よし〕のことなり。アメリカの盛んなるは、結構人の多きがためにあらず。甲斐〳〵しき活物の多きがためなり。（⑦六七八）

十――キリスト教の有力なるも、文学技芸を以て世の文明を助くればなり

❖78　ここに福澤は、東西の宗教道徳の比較を説いてきた。しかしあくまで現実的・合理的思想家で、信仰には無関心だったから、東西宗教の本質的価値論などは、全く問題外であった。彼はキリスト教に対しても、生涯その教義自体を評論したり、批判したりしたことはない。早くから多くの在日外人宣教師を知り、身辺にそうした人々が少なからずいたわけだが、彼が彼らの存在を重視したのは、キリスト教の宗教性のためではなくて、キリスト教をささえる西洋の学問や技術を学ぶためにほかならなかった。この段には、そうした彼の主知的立場が非常にはっきり出ている点が注目される。

十一――宗教を入るるは焦眉の急にあらず

❖79　現代と違って、封建時代の儒教や武士道などでしつけられた当時の士民には、相当厳しいモラル意識（特に秩序の観念）があった。むしろ憂うべきは〝愚にして直なる国民〟であると福澤がいったのは、当時としてはけだし誣言ではあるまい。〝智にして直ならざる者〟の横行する一世紀後の現代から顧みると、隔世の感なきを得ない。

十二――文明進歩すれば、宗教も道理に基かざるを得ず

❖80　この段の記事は、これまた全くバックルの『英国文明史』の説（第一篇総論第五章）をそっくり借用したものにほかならない。バックルは、そこで新旧両教の比較を試みて、

〈キリスト教がヨーロッパの既成宗教となって以降、永い間国民の無智のため、迷信に堕していた。十六世紀に至って、ようやく新教が生れたが、それは迷信的な奇跡や荒唐無稽な伝説や、煩雑な儀式などの少ない、より簡易なもので、国民の理智的活動力の発達に応じて有力となったことはいうまでもない。そこでもし当時の為政者が人民の信仰に干渉せず、宗教の自由を認容したならば、ほとんど百五十年にわたる不幸な宗教戦争や宗教的虐殺・迫害は行

われずにすんだであろう。しかし多くの場合、政府や教会の権威が、信仰に干渉を加えたため、国によっては、自然の発達の順序をふまず、文明の国でも旧教を、未開の国でも新教を国教とした例がある。フランスは前者の例、スコットランドやスエーデンなどは後者の例である。しかし優秀な宗教でも、文明の程度の低い国民の間に国教として制定されると、その宗教本来の優秀性は消滅して、迷信に低下してしまう。だから、宗教如何によって一国の文明が進退すると考えることはできない。国民の程度に適せぬ宗教は、いかに政府が保護しても効果はない。政府が宗教を保護しようと努力するのは、愚の骨頂であるのみならず、最大の誤りである〉。（西村二郎訳書第一巻、三五二―三六〇頁）。

と言っている（この条は、明治七年七月刊『民間雑誌』第四編に、当時の慶應義塾生那珂通世が「教法論」と題して抄訳している）。福澤はこの記事の要を採り、それに日本の例を挟んだものであることが分る。

〈政治は上古未開の時代ほど虚威虚飾を以て人民を圧服し、宗教も同様に虚誕妄説を以て愚民を蠱惑した。しかし文明が進歩するにつれて、政治も宗教もこけおどしをやめて、人民の理性に訴えざるを得なくなる。宗教は形式の簡易なほど進歩したものだ〉というのが福澤の持論であった。彼は自分の家の宗旨が一向宗だった関係もあり、仏教中でも特に庶民的で簡易を旨とする一向宗に好意を持ち、最も進んだ仏教と考えていたようである。晩年の『福翁百話』などにも、そうした精神が認められる。

十三――智恵なければ、善人必ずしも善をなさず。智恵あれば、悪人必ずしも悪をなさず

❖81　この段も、バックルが「無知人の為す迫害悪徳」（第一篇総論第四章のうち）と題して論じたところの襲用である。

〈無知文盲の者は、善良な意志を有しながら、善行以上に遙かに悪事を行うものだ。しかもその動機が熱烈で没我的であり、その力が広大である時ほど、これを阻止することが困難だから、害悪もまた甚だしい。宗教的迫害の歴史がこれを立証して余すところがない。他人の信仰を圧迫し、輿論を根絶しようと図る如きは、最も愚劣きわまることであるが、これを敢えてした人々は、大部分清浄純粋な道徳家で

あったこと疑いを容れない。彼らは悪人ではなくて、無知だったのだ。ローマ帝国時代における初期キリスト教への迫害や、スペインにおける宗教弾圧の歴史などは、その好い実例である。後世かかる弊害が減少したのは、人間の知能の進歩にほかならない。だから無残な宗教的迫害を抑止した要因は、仁愛にあらずして、実に知識であった〉。（西村二郎訳書第一巻、二三八―二四五頁）

というのがバックルの意見である。バックルは、福澤のようにバーソロミューの大虐殺の例は挙げていないが、スペインの宗教的迫害については、〈ヨーロッパの中で、スペインぐらい宗教的感情が勢力を揮った国はない。この国ぐらい多くの殉教者を生んだ国はなく、また迫害者を出した国はない。この国では宗教の保護が最大の政策で、そのために国をあげての宗教裁判所が出来、しかもこの野蛮な機関を支持したのは、偽善者ではなくて、熱心な信者であった。異教を嫌うことが国民の誠実な義務だったのである〉と特筆大書している。

❖82　幕末水戸藩の党争は周知の事であるが、今、戸川残花の『幕末小史』（明治三十一―三十二年刊）の一節を引用すれば、次の如くである。

実に水戸一派の党争は、殆んど宗教的戦争に似て、勝敗利害の外に、自信する所ありしが如し。故に正党の奸党を見るは極悪々人と心底より信ぜしにて、奸党を見るも亦、御家に不忠の臣と思ひしなり。当時諸藩に党争ありしと雖も、未だ曾て水藩に於けるが如き惨酷を極めたる挙動はあらざりしなり。（今日水藩出身の名士少なきは、正奸の争ひの為めに、互に殺し尽ししなりと云ふ。豈亦惨ならずや）。正党派と云へるは勤王派にして、遠くは西山公、近くは景山公の遺志を奉ずると唱へ、奸党と云ふは佐幕派、否徳川家の宗族として御家大事、御本家を大切と考へたる者なり。（私情は混ぜしと雖）。……其結果たるや、徒党を起し、干戈を弄し、良民を苦しましめしに止まり、憐むべし、有為の士民をして反名を負ひ、極刑を受くるに至りて了りぬ。

○福澤は、『文明論』以後の著作においても、水戸藩の党争を折にふれて引用したことがある。明治十六年刊『学問之独立』の中にも、学者同士が政治上の見解の対立をそのまま教育に持込むことの危険を戒めて、「近世日本の水戸藩において、正党奸党の騒乱の如きは、何れも皆教育家にして国の行政に関わり、学校の朋党を以て政治に及ぼし、政治の党派論を以て学校の生徒を煽動し、遂にその余毒を一国の社会に及ぼしたるの悪例なり云々」（⑤三七四）といっている。けだしイデオロギー教育の弊・教育の中立性の必要を論じたものである。この水戸藩の内ゲバの悲劇は、現代の大学問題をはじめ、社会のあらゆる問題にも示唆するところがきわめて大きいといえよう（解説五一一―五一二頁参照）。

❖83　ここの家康論は、まず穏当の観があるが、後年福澤の家康観は著しく礼賛的となった。特に明治二十三年執筆の『国会の前途』の中では、世界に類のない徳川二百数十年の太平をもたらした家康こそは、古今東西絶倫無比の英雄であるとしたのみならず、忠孝節義の三河武士の美風も、全く家康の薫陶のたまものだから、「日本の徳川家康は、ただに一政府の祖にあらず。わが世教中興の教主と称するも過言にあらざるべし」（⑥五二）とまで最大級の賛辞を呈している。これは明治の為政者への諷意をこめて書かれた文章のせいもあるが、また以て福澤の家康観の推移を知ることができよう（解説五二八―五三〇頁参照）。

十五――無限の精神を以て、天地間の事物を包羅するに至るべし

❖84　事功主義・実学主義の立場を重ねて強調して、この章の結びとしている。

〈人間の精神の発達は無限であり、これに対して、天地間の法則は、自然・人事両面を通じ、いかに複雑でも、畢竟有限のものである。だから将来人類の能力は、必ずこの天地間のあらゆる法則を発見し尽して、自在にこれを駆使する理想時代が来るだろう〉というのが、福澤の不断の信念であった。「人の精神の発達するは限あることなし、造化の仕掛には定則あらざるはなし。無限の精神を以て有定の理を窮め、遂には有形無形の別なく、天地間の事物を悉皆人の精神の内に包羅して洩らすものなきに至るべし。……天下後世必ずその日あるべし」（164）という結語は、実に壮大な発想で、科学のはてしなき前進に満幅の信頼を託した啓蒙思想家福澤の面目を遺憾なく示しているではないか。

バックルの根本思想は、〈ヨーロッパの文明が、他の地方にまさる優秀性を示すに至ったのは、自然の勢力を人間の知性が侵蝕した結果である。自然の物的法則の勢

力が減退して、人間の心的法則の勢力が増進したことが、ヨーロッパ文明の進歩した原因である〉（第一篇総論第三章の「ヨーロッパ文明と他の諸文明との根本的相違点」の項以下）というにあった。福澤の文明観が、このバックルの思想に共鳴したものであることはいうまでもない。「束㆓縛《スル》化翁《ヲ》㆒是《レ》開明」とは、彼が好んで筆にした標語である。造物主を自由に駆使するのが文明開化だということで、つまり自然の法則を発《あば》き出すところに文明の進歩があるという意味である。また、「与《ト》㆓化翁㆒争《フ》㆑境《ヲ》」ともいった。造物主と人間とが領分争いをするのが文明だというのである。こうした発想に成る所論は、後年まで枚挙にいとまないが、この『文明論』の一節は、この種のうち、早期のものとして注目に値する。

　晩年の『福翁百話』には、この種のテーマの文章が幾つもあるが、なかんずく「人事に絶対の美なし」の中で、「世界の人事に絶対の美なしといえども、ただ今日の人文において然るのみ。千万年後の絶美は我輩の確かに期する所にして、その道筋の順序は、まづ器械的に有形の物理を知るにあり。物理を究めて歩々天工の領分中に侵入し、その秘密を摘発し、その真理原則を叩き、これを叩き尽して遺す所なく、あたかも宇宙をもって我が手中の物となすの日あるべし。即ち天人合体の日にして云々」（⑥三八三）といっている如きは、まさしくこの『文明論』第六章末尾の文章を、二十年後に再び反復した観がある。

第七章——智徳の行わるべき時代と場所とを論ず

要旨

この章は、第六章の補遺とも見るべき部分である。前章では、智と徳との性質の異同、およびその効用の相違を論じたが、この章では、いかなる時代といかなる範囲とに徳が行われ、いかなる時代と範囲とに智が行われるかを明らかにしたものである。福澤によれば、〈野蛮未開の時代には、人民の知力が幼稚で、権威に依頼する心が強いから、徳義が政治・社会を支配した。すなわち仁君が徳をもって治めれば、人民はこれに従い、天下太平であった。しかし時代が下って、知力が進むと、人民の心に疑いを生じ、すべて既成の事物を批判するようになる。そうなると、もはや単純な徳義では治まりがつかない。だから、徳が効力を持つのは未開時代に限られるのである。また徳の行われる範囲についていえば、夫婦・親子・親友などの狭い交際内では、完全に徳化が行われるが、関係が疎遠になるほど、その効力は稀薄にならざるを得ない。そこで結局、時代が進み、また社会の交際範囲が広まれば、当然〝徳〟に代って、〝智〟の必要性が絶対のものとなる。すなわち万事規約や法規がものをいう世の中になり、〝情愛〟の社会から〝規則〟の社会に移るのである。規則は無情で煩多の感があるけれども、文明の世の中は、法を完備してその秩序を維持し、相互の安全幸福を図るほかはない〉というのである。やはり彼の主知的立場から、旧来の徳義中心の儒教主義に終始強い反撥を示したものであることはいうまでもない。換言すれば、この章は、いわゆる共同社会（ゲマインシャフト）から利益社会（ゲゼルシャフト）への発展、および両者特色の相違を明らかにしたものといえよう。

この章にも、もとよりバックルの影響は見のがすべくもない。すなわち、〈未開人は自然の脅威に無力だから、社会的にも力強い者に依頼する心理が強い〉とか、〈文明の進歩に必要なものは〝懐疑心〟であって、時代が下るにつれて、人心は強い者への無条件の信仰から、理知的な批判精神へ変化してゆく〉とかいう論は、バックルに示唆されたものである。しかしこの章では、発想のヒントをバックルに得ただけで、文章の上で明白な類似は認められないようである。

一――事物の得失を論ずるには、時代と場所とを考えざるべからず

❖85 これだけは、この章の前置きである。事物の是非得失・便不便は絶対のものでなく、時と場所とによって決まるものだとするところに、やはり福澤流の相対的価値判断の特色がよく出ている。この段は、いわば落語のマクラを思わせるようなユーモラスな例がふんだんに駆使されているといえよう。本書は『学問のすゝめ』と違って、識者相手の著書だから、概してユーモアの味は稀薄であるが、ここにはそれがかなり豊富に感ぜられる（解説四九六―四九七・五一九―五二六頁参照）。

二――野蛮不文の時代を支配するものは徳義のみ

❖86 バックルは、〈古代のインドなど熱帯地方には、自然の脅威が大き過ぎたから、人々はひたすら超自然的なものを恐れて崇拝するばかりであった。その社会にはびこるものは、極端な宗教的感情・迷信ばかりであり、ヨーロッパの温帯地方の人民の如く、自然を探究するような理性が発達しなかったのだ〉（第一篇総論第二章。西村二郎訳書第一巻、一三八―一四二頁）といっている。

❖87 『西洋事情』外編巻之一（チェンバーズ『経済読本』の翻訳）の「政府の本を論ず」の章に、

草昧の始めに政府を建て、法を設けし形勢を察するに、その概略左の如し。身体強健にして心力勇壮なるものを首長と為し、年長にして事物に熟練せし者を謀主と為して、日に戦闘を事とし、小弱未熟の少年は、その首長に事へて礼を尽し、以て他人の侵掠強奪を遁れしことにて、……ヨーロッパ諸国の歴史を按ずるに、国君と称する者、その始めはただ一種族の酋長にて、次第に土地を押領し、遂に一国人民の上に立ちて政を施すものなり。

右の如く国君の起立〔起原〕は、その事情曖昧なれども、数百年の間、世々相伝へて自ら門閥の名を取り、就いてはなほまた牽強附会の説を立てて、ますますその威光を燿かさんとし、あるいはこれを天与の爵位と称せり。（①四一七）

とある。けだしこれらを参酌したところがあろう。

三――仁政は野蛮不文の世にあらざれば用をなさず

❖88 バックルは『英国文明史』（第一篇総論第七章「第十六・七・八世紀英国の理知史」）の中で、「疑惑がなけ

れば進歩もない」と喝破し、懐疑主義こそ、ヨーロッパが近世の三百年間に、世界の他の地方にない新しい文明を生んだ原動力だと力説している。ずなわち政治上の専制・科学上の軽信・宗教上の偏狭、この三大誤謬を正したものは懐疑精神のたまものにほかならぬとするのである〈西村二郎訳書第二巻、六〇―六七頁〉。福澤がこの精神に共鳴したことは、『学問のすゝめ』第十五編「事物を疑って取捨を断ずる事」〈明治九年七月刊〉にもよくうかがわれるが、ここにもその一端を示してきた。

❖89 この段には、福澤がその愛読書ウェーランドの『修身論』などから学び取った社会契約論の思想が見える。〈政府と人民とに上下の差別はなく、ただ持場が違うだけだ。人民は金を出して政府の役人を雇い、わが身の安全を依頼する。政府は人民の委託を受けて、その責任を尽すことを契約したまでで、政府が貴く、人民が賤しいという理由はない。いわんや政府から個人の自由を束縛されるいわれもない。もし政府の処置に不都合があれば、遠慮なくそれを論じて、非を改めさせるべきだ〉というのである。福澤はこの事を『学問のすゝめ』〈特に初編・二編・六編・七編等〉の中で再三再四反復したが、ここにもその精神がうかがわれよう。

最後の条には、明治政府が教育や、宗教や、殖産興業等に保護育成、あるいは指導命令の手を出したことに対する辛辣な諷意が感ぜられる。当時は国民が一般に無智だったから、日本の急速な近代化のために、政府による保護干渉政策が必要だったことは確かだが、自由主義者の福澤には、その行過ぎの弊害が目に余ったので、西洋文明国人の口吻を藉りて、わが国の官僚政府に対し、思うさま鬱憤を漏らした観がある。

❖90 〈西洋の近代には、仁君も智君も乏しくなった。また人智が進めば、仁政の必要もなくなった〉というのは、もとより福澤一流の極論である。ただ歴史の大勢としてそういい得るのみであろう〈解説四九一頁参照〉。

四――文明の進むに従って、私徳は公徳に変ぜざるを得ず

❖91 この段は、本章の前半〝智徳の行わるべき時代〟の論の結びと見るべき条である。これまでとかく文明社会における智の重要性のみを強調して、徳を無用視するかの印象を与えたから、但し書を加えたのである。徳も文明の進歩に重要な役割を果たすが、それには私徳が公徳に変ずることが必要だというのである。公徳というの

は、第六章冒頭に福澤自ら規定するところによると、「廉恥、公平、正中、勇強等の如き、外物に接して人間の交際上に見わるる所の働」（119）であるから、（その定義はいささか不明確ではあるが、）単なる正直・律義といった「一心の内に属する私徳」よりは、社会性・公共性・積極性・活動性があり、それだけ知的色彩を帯びたものともいえよう。福澤がここに「公徳」の事を取上げながら、一面、「公智公徳云々」と一連に扱っているところに、やはり彼の主知的傾向が暗示されているように思われる。

福澤は、徳教の性質・徳目などは古今不変で、静止的なものと考えたが（第六章六）、人間の徳義の量は、やはり時代とともに豊富となり、徳性のレベルは全般的に上がるものと信じたのであろう。さればこそ、ここに見るような楽天的な未来図も描き得たのである。だが、一世紀後の現代から見ると、遺憾ながら、こうした見通しはあまりに甘い感を免れない。全世界の知識の進歩は、福澤の予想通り、あるいはそれ以上に目ざましいが、人類のモラルにはいささかも進歩の徴候が認められない。むしろ智と徳との極端な不均衡が、今後人類の危機を将来するのではないかと憂慮される。

五――家族の交わりには規則を要せず、徳義によって風化の美をなす

❖92 福澤はここに「親子・夫婦」といわず、「夫婦・親子」と書いている。夫婦の関係の方を親子より上位においた点を注目すべきである。彼は明治三年の「中津留別の書」の中にも、「人倫の大本は夫婦なり。夫婦ありて後に、親子あり、兄弟姉妹あり云々」（⑳五〇）といっている。夫婦を家族の首位におく精神は、旧来の親子第一主義の封建道徳とは対蹠的な西洋伝来のもので、福澤の生涯を一貫する倫理思想であった。

ところでこの一段は、福澤が『西洋事情』外編に訳出したチェンバーズ『経済読本』の「家族」の章の左の一節を思わせる。

> 人間の交際は家族を以て本とす。男女室に居るは人の大倫なり。子生れて弱冠に至るまで、父母の膝下に居て、その養育を受くるもまた普通の大法なり。かくの如く夫婦・親子団欒一家に居るものを家族と云ふ。およそ世間に人情の厚くして、交はりの睦じきは家族にしくものなし。……
>
> 人、その子を養育し、またこれを保護し、その無

病安全を祈りて、子のために働き、子のために苦労し、これを導きこれを教ふるには、その煩はしきこと限りなしといへども、嘗てこれを憚ることなく、子に対して少しも彼我の差別なきは、人の至情、天の大道なり。（①三九〇―三九一）

思うに『文明論』のこの条には、右の訳文が影を引いているのではなかろうか。但しチェンバーズの筆は、右の文にすぐ続いて、「およそ外物に交はるに、人として相競ふの心あらざる者なし。あるいはこれをその私欲といふも可なり。然るに今家に入れば、家族の間、相競ひ相争ふの痕跡をも見ざるは何ぞや。思ふに造物主の深意にて、家族の睦じき情合を推し広め、四海の内を一家族の如くならしめんとするの趣旨なるべし」とあるように、夫婦・親子の情愛を広めて、天下万人に交わる必要を説いてくるが、福澤は逆に、その不可能な所以をこれ以下に力説しようとするのである。

六――骨肉の縁遠ざかれば、徳義の行わるる所甚だ狭し

❖93　例によって、封建的君臣道徳に対する福澤の暴露戦術である。『学問のすゝめ』第七編の楠公権助論や、第十一編「名分を以て偽君子を生ずるの論」などと関連するところが深い。

❖94　救貧事業は善行に相違ないが、なかなか善意が相手に正当に理解されにくく、真の徳化が及び難い。のみならず、一歩手段を誤り、度を失すると、かえって他人の恵与に依存して、勤労意欲を持たぬ乞食根性の人間を養成する結果になる。だから、あまり道徳の感化力を過信して、慈善事業の規模を拡大することは考えものだ、というのがこの段の趣旨である。

〝独立心〟を何よりも重視する福澤は、慈善事業にはあまり積極的熱意を持たなかった人である。自労自活を主義とした彼は、〝貧民には、食を与えるよりも職を与えよ〟という事を生涯の持論とした。この精神は、若い時分から親しんだウェーランドの『経済論』『修身論』、チェンバーズの『経済読本』『修身読本』等から学んだ点が多いと思われる。『学問のすゝめ』第十四編「世話の字の義」（明治八年三月刊）の中でも、〈相手の人物や、貧乏の原因もきわめずに貧民に米銭を恵与するのは、保護の度を越えたものだ〉として、怠け者の増長を警戒し、「英国などにても、救窮の法に困却するは、この一条なりと云ふ」（③一二一）と言っている（詳細は拙著『福澤諭吉論考』一二一―一二五頁参照）。

❖95　この段は、骨肉の縁が遠ざかれば、徳義の力は発揮できなくなるというので、〃徳義の行わるる場所〃の論の結語と見るべきである。しかしそれならば、「然りといへども、人の説に家族の交はりは天下太平の雛形なりと云ふことあれば、数千万年の後には世界中一家の如くなるの時節もあらんか。且つ世の中の事物は活動して常に進退するものなれば云々」以下は、ややこの場の論旨からは逸れた贅疣《ぜいゆう》の観があろう。論理のカッチリした福澤の文章としては、いささか不似合いな脱線ではなかろうか。

七——規則と徳義とはまさしく相反して、相容れざるものなり

❖96　前段までで〃徳義の行わるる時〃と〃徳義の行わるる場所〃との論は一応終ったので、この段以下は、さらに筆を進めて、〃時〃が進み、〃場所〃が広まれば、〃徳義の時代〃〃徳義の場所〃は、当然〃規則の時代〃〃規則の場所〃に変らざるを得ないことを説いてくる。ここはその初段である。

❖97　ここでは〃徳義〃と〃規則〃との本質的差別を幾多の例をあげて、懇切丁寧に教えている。いわば共同社会と利益社会との特色の説明であるが、旧来の日本人の頭にほとんど無いことを説明するのだから、例によってことさら極端な筆致を用いたのであろう。

八——今日世の文明を進むるには、規則のほかに方便あることなし

❖98　やはりここにも、〈現在は未開時代から最高の文明社会への過程にあるのだから、現段階相応の必要措置を執らねばならぬ。ベストを望まず、ベターを選ぶべきだ〉とする福澤の現実主義が明瞭に看取される。

❖99　日本も欧米先進国に学んで、議会制度をしく必要のあることを暗示したと見るべきであろう。

❖100　『学問のすゝめ』第十一編「名分を以て偽君子を生ずるの論」（明治七年七月刊）は、この一段と同じテーマを扱った文章である。儒教がむやみに君臣の名分をやかましくいい、君臣主従の関係を親子の如くしようとするのを迂遠きわまる空想論だと冷笑して、「政府と人民とは、もと骨肉の縁あるにあらず、実に他人の附合なり。他人と他人との附合には、情実〔人情〕を用ゆべからず。必ず規則約束なるものを作り、互ひにこれを守りて厘毛の差を争ひ、双方共にかへって円く治まるものにて、こ

れすなわち国法の起りし由縁なり」（③九八）といっている。まさしくこの段と照応するものといえよう。

九――規則無情なりといえども、無規則の禍に比すれば同年の論にあらず

❖101 明治八年一月刊『民間雑誌』第五編に、福澤は「未来平均の論」の一文を載せ、ここにも日本人が目前の小利に迷わず、永遠の大利を心がくべきことを切論した。

試みに見よ、西洋の商人は二、三寸ばかりの見本を示し、一万反の織物を輸入するに、これを引取りてその品柄に間違ひあることなし。こは西洋人の律儀なるにあらず。その慾の大にして、眼前の小利に眼を着けず、永久の損徳を平均して、未来の利を謀るなり。その志は慾にても、その事柄において正しきことは、これを学ばざるべからず。かのいはゆる奸商なる者が、油に水を交へ、蚕卵を糊付けにし、頭を隠して尻を露はすが如きは、その所業あたかも猿に似たれば、余輩はこれを奸商とはいはずして、猿商と名づくるなり。（⑲五一七）

という結語は、『文明論』のこの条と全く同趣旨である。

十――規則を以て大徳の事を行うものというべし

❖102 ここにも西欧近代の自然科学の目ざましい進歩に対する絶対的信頼、およびそれに次ぐ社会科学の著しい発達に寄せる無限の期待がうかがわれる。〈社会現象にも、自然現象と同様の理法が潜在し、それを発見すれば、当然それに対処する客観的な方法や〝規則〟も決めることができる。その方法や規則を完全にすれば、将来あらゆる社会の難問題は必ず解決する〉というのが福澤の考え方であろう。ここにもやはりバックル流の文明観の色彩が濃厚である。あまりに〝知〟に偏し、〝規則〟を過大評価した感を免れないが、十九世紀の啓蒙思想家福澤の面目をよく示す結論である。

但し後年には、福澤自らその姿勢を緩和して、規則一辺倒の政治・社会を戒め、人情の重要性を力説するようになる（解説五三三―五三五頁参照）。

第八章――西洋文明の由来

要旨

第三章の冒頭に、「前章の続きに従へば、今ここに西洋文明の由来を論ずべき場所なれども、これを論ずる前に、先づ文明の何物たるを知らざるべからず」といって、「文明の本旨」を論じた。その後、議論が多岐にわたったため、「西洋文明の由来」を説くことは、ついに第八章まで延び延びとなったのであろう。

この章では、冒頭に自ら明記しているように、ギゾーの『欧州文明史』などの要を摘んで、西洋文明の流れを簡潔に紹介している。仔細に見ると、必ずしもギゾーにのみ拠ったのではないことが分るが、やはりギゾーが代表的な種本であることは争われない。それにしても原著の中から、その急所急所を撮って、きわめて明快にヨーロッパの各階級（僧侶・国王・諸侯・市民）の消長の跡を明らかにした筆致は感嘆に値する。物の要領をつかむことの非凡な福澤の頭脳を思わせるものがある。

なお慶應義塾に現存する福澤手沢本ヘンリー英訳のギゾー『文明史』（一八七〇年版）には、数十ヶ所にわたり、福澤自らによる鉛筆の書入れがあり、小沢栄一氏の『近代日本史学史の研究、明治編』（昭和四十三年、吉川弘文館）には、右の書入れと『文明論』本文との詳しい対照表が載せてある。「西洋文明の由来」がギゾーの記事に学んだ経過を具体的に追跡しようとされたものである（同書一六九―一七六頁）。

一――西洋文明の特色は、社会に諸説並立して互いに和することなきにあり

❖103 これだけがこの章の序の部分で、同時に西洋文明の特色に対する福澤の結論である。そうしてこの所論は、ギゾーの『欧州文明史』第二講の冒頭の所説を要約したこと明らかである（角川文庫、上、三八―四五頁。本書第二章八参照）。

二――民族大移動の時代（西ローマ帝国滅亡より十世紀まで）

❖104 西洋文明の由来をローマ滅亡から説起したのは、やはりギゾーの『文明史』の叙述にそのまま倣ったのである。

三――自由独立の気風は、ゲルマンの蛮族より起る

❖105 以上が、中世初期の十世紀ごろまでの叙述である。そうしてここは、全くギゾー『文明史』の第二講（角川文庫、上、四五―六五頁）の要約にほかならない。〈古代のローマにも、市民としての自由、キリスト教徒としての自由を守ろうとする精神はあったが、それはあくまで団体的自由であって、個人の自由を守ろうとする意識はゲルマンの蛮族から起り、それが近代文明の揺籃となった〉というのも、ギゾーの論（角川文庫、上、六一―六三頁）で、福澤の創見ではない。

六――中世自由都市の発達

❖106 この段は、ギゾー『文明史』の第七講（角川文庫、下、一五以下）に拠った形跡が見られる。

七――十字軍の効果

❖107 この段は、ギゾー『文明史』の第八講と照応する。特に十字軍の効果に関する結論は、文章もギゾーのそれ（角川文庫、下、五一―五三頁）を利用した跡が著しい。但しギゾーは、〈十字軍の収穫の一つとして、東邦の文化、たとえば羅針盤・印刷術・火薬等が西洋に伝来したことを挙げる多くの学者の説は、なお疑うべき点がある〉として、断言を保留しているが、福澤は通説に従って、断定的に記したのである。

八――絶対王権の端緒（十五世紀）

❖108 ルイ十一世は、フランスにおける絶対王制（absolute monarchy）の成立に功労のあった王で、貴族の勢力を殺ぐため、種々の権謀を弄し、離間策を用いて、王領の拡張に成功した。一方、学問の奨励・学校の建設・商工業の振興など、文化面に果たした治績も大きい。ここの文章は、『西洋事情』二編巻之三「仏蘭西、史記」中に、「第十一世ロイスに至って、王威ますます盛強を致せり。ロイスの人となり、狡猾にして偽計に富めり。多方に策略を運らして貴族を殺し、……その領地全く王室の版図に帰したり。この時代に至って、火器の用法世に弘まり、弓馬の道次第に廃棄して、封建世禄の貴族等、また昔日の顔色なし。……これより封建の制度俄に破れ、英国においては国の権柄下に帰して、自由寛大の政体を立て、フランスにてはその権威上に集まり、一君親裁の政府を固くしたり」（①五六四―五六五頁）とある記事の応用

であろう。

九――宗教改革と宗教戦争（十六、七世紀）

❖109　宗教改革が、ヨーロッパにおける自由探究の精神の先駆となり、それがやがて俗界の専制権力打倒の気運にもつながってゆくことは、ギゾーも『文明史』第十二講（角川文庫、下、一四〇頁）に論じたところである。

十一――フランス王権の極盛とフランス革命（十七、八世紀）

❖110　この段は、明らかにギゾー『文明史』の第十四講（最後の章。角川文庫、下、一六三―一八八頁）の要約である。ギゾーは、〈最も沈滞し衰弱し切った政治と、最も活発な自由探究の知性とが、前代未聞といえるくらい極端な対立を示し、それが衝突した結果、新しい社会を出現したのが、十八世紀フランスの特色である〉といっている。ボルテール・ディドロ・ルソー、その他不世出の啓蒙思想家が輩出して、それがフランス革命の思想的基盤をなしたことをいうのである。福澤がフランス革命以後の十九世紀の西洋文明に言及しなかったのは、種本のギゾー『文明史』に従ったためにほかならない。

第九章――日本文明の由来

要旨　この章は、第八章の「西洋文明の由来」のあとを承けて、〈日本文明が西洋のそれと異なるところは、日本には古来自由な勢力の対立がなく、社会のあらゆる面に〝権力の偏軽《へんけい》偏重《へんちょう》（アンバランス）〟の弊があったことだ〉とし、それが日本文明の発達を妨げた根本原因であることを歴史によって証明しようとした。その所論には、東西文明の相違を強調せんとする余り、史実を強引に割切り過ぎたきらいがあり、史論としては必ずしも精確なものではない。また明治初期には、日本の史学そのものが未発達だったから、福澤が立論のおもな典拠とした史料は、新井白石の『読史余論』や頼山陽の『日本外史』『日本政記』など、坊間に流布する少数の史書にすぎなかったのもやむを得ない。その面からも、不備を免れなかったのは当然である。要するに今日から見れば、素人の歴史論というべきかも知れない。しかしそれにもかかわらず、〈社会の文明は、諸勢力の対立抗争の間からのみ発達する〉というギゾーの史観や、〈懐疑の精神こそ、文明の源泉である〉とか、〈真の歴史とは、少数偉人の事業の記録ではなく、民衆の精神発達の証明でなければならぬ〉とかいうバックルの所論を踏まえた国史観は、従来全く類例のない日本文明史の端を開いた。『文明論』がわが国の史学史上に大きなエポックを画した所以である。そこには現代のわれわれをも教えるに足りる鋭い示唆がきわめて多い。その意味で、本章は『文明論』中でも、特に重きをなす部分であり、また福澤の全著作を通じて、最も史論の代表的なものといえよう。

一――自由は不自由の際に生ず

❖111　前述の如く、ギゾーが『欧州文明史』（第二講）の中で、〈近代ヨーロッパの文明は、あらゆる権力の不断の対抗の間から発達した。多くの権力が対立共存するのが近代ヨーロッパ文明の特色である〉と強調したのにヒントを得て、ここにヨーロッパと対蹠的な日本の社会における〝権力の偏重〟という発想を打出したわけである。「自由は不自由の際に生ず」という言葉は、まさしく民主主義の鉄則とするに足りよう（解説五〇五―五〇六頁参照）。

二――日本にては〝権力の偏重〟至らざる所なし

❖112　このあたりは、『学問のすゝめ』第二編「人は同等なる事」（明治六年十一月刊）などの趣旨と照応している。武士階級内部の甚だしい権力の偏重については、後に『旧藩情』（明治十年稿。⑦）などに詳述された（解説四八五―四八六頁参照）。

三――〝権力の偏重〟は政府のみの事にあらず

❖113　バックルが、〈一国の統治者は通例その国の人民で、その国の学問で教育され、その国の伝統に育まれた人である。時代によって作られた人で、時代を作る人ではない。したがって、政治は国民の文明の反映にほかならぬ〉（西村二郎訳書第一巻、三六八―三六九頁）といった論に拠ったのであろう。

❖114　この段までが、第九章の総論と見るべき部分である。以下、日本の歴史を通して、〝権力偏重〟の事実を具体的に証明しようとするのである。

〈アジア州に専権の行われるのは、地理風土の影響だ〉という西洋人の説は、注釈にも記したように、バックルの説である。バックルの文明史の一大特徴は、地理風土などの環境が文明の発達に決定的な原因となるとする史観である。彼は、ギリシア文明の流れを引くヨーロッパ文明が世界中で最も理性的で優秀なのは、温帯の自然条件に恵まれたからだということを前提に、英国文明史、広くいえば世界文明史を説いた。しかし福澤は、バックルの書に多くの示唆を受けたにかかわらず、この自然環境と歴史との有機的関係については、あまり同調した形跡がない。ここでもその問題は棚上げしている。けだし自然条件は、日本もヨーロッパにさまで遜色がないから、バックル流に割切るのには抵抗を感じたのであろう。また彼自身もここでいっているように、自然条件をいくら論じても、日本が当面する問題の解決には役立たないから、それに触れることを避けたわけである（解説四九四―四九五頁参照）。

四――治者と被治者と相分る

❖115　この一段は、『西洋事情』外編「政府の本を論ず」（チェンバーズ経済読本の翻訳）の文章を換骨奪胎したものであろう。それは前にも一度引用したが（三五四頁参照）、「草昧の始めに政府を建て、法を設けし形勢を察するに、その概略左の如し。身体強健にして心力勇壮なるものを首長と為し、年長にして事物に熟練せし者を謀主と為して、日に戦闘を事とし、小弱未熟の少年は、その首長に事へて礼を尽し、以て他人の侵掠強奪を遁れしことにて、……ヨーロッパ諸国の歴史を按ずるに、国君と称する者、その始めはただ一種族の酋長にて、次第に土地を押領し、遂に一国人民の上に立ちて政を施すものなり」（①四一七）とあるのを、そのまま日本の歴史にも適用したのである。神武天皇を蛮族の「酋長」と同一視しているのであるから、日本の天皇制を万邦無比と考えるような皇国史観からは甚だ遠いというべきである。

五――国力王室に偏す

❖116　歴史家松本芳夫氏は、論文「福澤史学について」（『福澤諭吉全集』第六巻附録）において、『文明論』を取上げ、その画期的意義を認められながらも、「『文明論之概略』は、文明論であって、文明史ではないから、そこになされている史論には、誤解もあれば、認識不足とおもわれるところがあって、その所論にことごとく〔は〕賛同しがたいうらみがある」として、その不備な点を指摘されている。皇室の権力についても、「古代には神権政治が行はれ、全国の土地人民がすべて皇室の私有であり、天下の権力がことごとく皇室に帰したように言っているけれども、古代の氏族制度のもとにあっては、皇室領にはかぎりがあって、皇室の権力が直接及びうるのは、そのかぎられた範囲内にすぎず、その他の土地人民は豪族の私有であり、また天皇の地位は至尊ではあっても、実際政治においてはかならずしも至強とはいえなかったのである」と批判された。しかし福澤が、特に皇室の権力の絶大なことを強調したのは、松本氏も付言された如く、「日本史の研究が、当時はまだ十分でなかったからであろうし、たとえ先生〔福澤〕が気づいている事項があっても、論旨〔権力偏重の〕をつよめるために、それらを無視して、ことさらつよく議論をすすめられたことがあったかもしれない」のである。

六――政権武家に帰す

❖117　武士階級が興って、政権が皇室から武家の手に移ったのを、福澤は「皆是れ治者中の部分にて、……治者中の此の部分より彼の部分に力を移したるのみ」と軽くいっているが、これも必ずしも妥当ではなかろう。松本芳夫氏が、やはり前掲論文「福澤史学について」の中で、こうした福澤の所論の欠点を指摘して、次の如くいわれたのは当然である。「国民が治者と被治者とにわかれ、治者が一般に権力者であることは、今日までの歴史におけるかぎり、いつの時代においても、いずこの国家においても、つねにみられる普遍的事実であって、わが国だけのことではない。肝要なことは、治者である権力者がどういう階級であったかということである。しかして歴史の明かに証するように、或る一つの階級が、いつまでも治者の権力を保持した事実はないのである。……貴族から武士へ、武士から平民へという社会の階級的発展は、日本史においても重大な意義を有するのである。先生〔福澤〕が一方で文明の進歩という考をもちながら、社会の階級的発展の意義をみとめられなかったのは、まことに遺憾のきわみである。『門閥制度は親の敵で御座る』といわれたほどに、封建制度の桎梏をつよく感じられた先生には、権力に対する異常な反感があって、それが権力偏重の論旨をつよめた一因をなしたようにおもわれる」（圏点伊藤）。

七――日本国の歴史はなくして、日本政府の歴史あるのみ

❖118　バックルは『英国文明史』の巻頭に、「歴史家の弱

点」を説き、〈従来の歴史家は、詳しい研究を部分的に行ってきたにかかわらず、なんらこれを総括して、そこに歴史の法則を発見しようとする努力をしなかった。これが近代の自然科学に比して、歴史学の著しく遅れている所以である。歴史家は単に諸般の事実を羅列して、時々若干の道徳的・政治的省察を加えれば能事終れりとする観があるが、これは彼らの思索上の怠慢か、総括能力の欠如を示すものであろう〉（第一篇総論第一章。西村二郎訳書第一巻、四―七頁）といい、また同書「歴史家の通弊」の条にも、〈不幸にして歴史なるものは、今日に至るまで、必要な研究材料がほとんど収集されていないといっていいくらい、無能な歴史家によって書かれてきた。世の歴史家の大部分は、例えば国王や宮廷人の個人的逸話とか、何処何処の戦役とか包囲戦とか、冗長で些細なくだらない事を延々と書いている。そのために、従来の歴史では、重要でもない史料が保存され、重要な事実が閑却されるという奇観を呈している〉（西村訳書第一巻、三一二―三一三頁）といっている。福澤のこの条は、このバックルの言に拠って、その議論を日本の史書に応用したものであること疑いない。

『読史余論』や、頼山陽の『日本外史』『日本政記』などは、いずれも江戸時代の代表的史書であるが、それらは皆政治史、乃至戦争史であって、社会史・文化史・国民史ではなかった。バックルの文明史観に眼を開かれた福澤が、それを不満として、「日本国の歴史はなくして、日本政府の歴史あるのみ」と喝破したのは自然である。

彼は明治十一年に「読《ム》レ史《ヲ》」と題する詩を作った。「史家《ノ》心匠不二公平《ナラ》一、片眼唯看《ル》政《ト》与《ト》レ兵、兵事政談毎《ツネニ》喋々《スルモ》、不レ知《ラ》衣食頼《リテ》レ誰《ニ》成《ルカヲ》」と言うのである。まさにこの段の注解とするに足りよう（解説五一三頁参照）。

九――日本の人民は国事に関せず

❖119 『学問のすゝめ』第三編（明治六年十二月刊）にも、「独立の気力なき者は、国を思ふこと深切ならず」と題して、桶狭間の合戦の時、大将今川義元が織田信長の勢に討たれるや、義元勢は忽ち潰走して、さしもの今川の政府も一朝に亡んだ腑甲斐なさをいい、近く普仏戦争の際、すでに皇帝ナポレオン三世が敵に囚われたにかかわらず、パリー市民が数ヶ月にわたって勇敢にパリーを死守した自主独立の態度を、対照的に称賛している。国民各人に独立自尊の心がなければ、一国の独立はおぼつかないというのが、福澤の持論であった。

十——国民その地位を重んぜず

❖120　日本人が西洋人に比べると、概して権威に対して卑屈であり、特に庶民層に自尊心の乏しかったことは蔽い難い事実である。しかし日本にも、中世ヨーロッパの自由都市の如きものが全然なかったわけではない。室町末期の泉州堺などは、たとい一時期とはいえ、進歩した独立市民社会の典型たる観があった。もちろん明治初期までの日本には、まだ産業革命によって発達した欧米のブルジョア社会のようなものはなかったから、福澤の眼に東西文明の程度が格段の相違に映じたことは無理もない。しかしわが封建時代の庶民社会や庶民の意識をあまり低く考えることも妥当ではなかろう。現に福澤自身、本書第二章では、天皇政治の後に武家政治の起ったことが人民の間におのずから知力の発生を促したことを注目し、第五章でも、江戸時代の社会に封建専制を厭う風潮の発生したことをいっている。この第九章は、日本人の事大性を指摘するため、あえて楯の一面のみを強調するを免れなかった。

○家永三郎氏は、「啓蒙史家」と題する論文（明治文学全集『明治史論集』（一）所収）の中で、『文明論』の「日本文明の由来」について、次の如く特筆された（同書四二三頁）。

福澤が、人民の生活に全然向上の迹のないかのごとく考えたことは、たとい緩慢であれ微弱であれ、長い歴史を通じて明らかに看取される人民の生活の発展を明らかに無視したものであって、それは、彼が以て「日本国の歴史」にあらずして単に「日本政府の歴史」に過ぎないとした旧来の歴史書に彼自らの知識を依存させた矛盾からも来ているし、究極的には彼が権力側に立つ思想家であったことにもとづくのかもしれないが、それにしても、日本文明の基本的な一面として福澤の指摘したごとき「権力の偏重」の見られることはたしかであって、実に前人未発の卓見と称せらるべきであった。彼の日本の歴史に関する具体的知識は、必ずしも、当時の知識人として豊かな方であるとはいえないが、その豊かでない知識を材料として、博聞多識を誇る専門史家が夢にも想到することのできなかった鋭い認識に達し得たのは、開化主義者としての実践的熱情に負うものであったことを考えねばならないのである。

十一――宗教権なし

❖121 この段以下福澤は、日本古来の宗教家・学者・武人など、どの階層を見ても、独立自主の精神が乏しかったことを力説する。そこでまずこの段は、宗教家を槍玉にあげたのであるが、やはりここも自説を強調するために、やや論が極端になった傾きがある。日本の仏教といえども、必ずしも官権に頼ったものばかりではなく、また日本に宗教戦争がなかったわけでもない。なかんずく中世時代は、仏徒のレジスタンス精神や、その活動がすこぶる旺盛であった。たとえば「法然、親鸞、日蓮のごときは、はげしい法難にも屈しなかったし、道元のごときは時の権威の優遇をしりぞけたほどであり、また僧兵の乱暴や、宗教一揆や、石山合戦は、仏教徒の時の権威に対する反抗であり、信長の叡山焼打は、その反抗の結果であったから、彼等が政府に阿附したとばかりは言えないのである」(松本芳夫氏)。

しかしながら、当初最も庶民的な仏教として発生した真宗が、後に朝廷と結んで、「准門跡」の称を自宗に独占し、「門跡様」といえば本願寺の通称となったほど、貴族化した如きは、たしかに福澤の指摘したように、「政権の中に摂取せられ」たそしりを免れないであろう。福澤がこの段にいっているところは、主として江戸時代になって、幕府の保護政策によって甘やかされ、無気力化した仏教の状況(それこそ福澤自身が親しく直面していた現実であった)に焦点をおいた立論である。近世の沈滞した仏教や、古く王朝の特権的貴族仏教に関する限りでは、福澤の批判はほぼ当っているといえよう。

十二――学問に権なくして、かえって世の専制を助く

❖122 福澤は学問(学者)の権威を非常に重んじた人で、政治の力のみが強い国は決して文明国ではない、と常に主張していた。学問(学者)と政治(政治家)との価値はあたかも車の両輪の如く、いささかの軽重もあるべきではない、というのが彼の不動の信念であった。ここではそうした見識に立って、日本古来の学者がひたすら治者に奉仕したのを腑甲斐なしとしたのである。たしかに大勢としてはその通りであった。しかし中には、伊藤仁斎・東涯父子の如く、諸侯の聘を辞して、どこまでも堀川の古義堂を守り通した純然たる民間の大儒や、大阪の懐徳堂の諸儒の如く、町人のために聖賢の教えを講じた学者もあった。儒者以外では、国学者の本居宣長の如き

典型的な町人学者の例もあるから、この場合も、福澤の言葉がもとよりすべてを蔽うわけではない。

けれども彼が、「国内に学者の社中あるを聞かず、……衆議の会席を見ず」といったように、学者の世界に連絡提携の機関の乏しかったことは事実であった。日本科学史の研究家故三枝博音氏は、『文明論』のこの条に触れて、「（昔の日本には）学者社会がなかった。だからこそ、昌益〔安藤〕は隠されていなくてはならなかったし、仲基〔富永〕や蟠桃〔山片〕も彼らの識見を他にひろくつたえることがなかった。……平賀源内、杉田玄白、司馬江漢、富士谷御杖などの傑出した思想家たちが、相互影響をもち得なかった」（同氏著『日本の唯物論者』福澤諭吉の条）と指摘されたことがある。

わが国の学者に、事大主義の弊の強いことは、これより早く『学問のすゝめ』第四編「学者の職分を論ず」（明治七年一月刊）・第五編「明治七年一月一日の詞」等にも強調されたところで、それらの文章を併看すれば、この段の福澤の精神を一層理解することができる（解説五〇三―五〇四頁参照）。

○なお福澤は、ここに近世儒学流行の功として、「神仏者流の虚誕妄説を排して」、国民の合理的精神を培ったことを挙げ、これが近代の西洋文明を受け容れる有力な素地となったことを認めている。これはいうまでもなく、儒教が現実主義の教えで、『論語』の「子不レ語《ラ》二怪力乱神《ヲ》一」（述而）とか、「季路問《フ》二鬼神《ヲ》一、子曰《ク》、未《ダズ》レ能《ハ》レ事《フル》レ人《ニ》。焉《ンゾ》能《ク》事《ヘン》レ鬼《ニ》。敢《ヘテ》問《フ》レ死《ヲ》。曰《ク》、未《ダズ》レ知《ラ》レ生《ヲ》。焉《ンゾ》知《ラン》レ死《ヲ》」（先進）とかいう孔子の態度が示すように、宗教的な霊の世界を不問に付していたのが、福澤の合理精神に共鳴を呼んだのである。この点に儒教の価値を認めるのは福澤の持論で、後年の言論でも、随処に反復された。

○福澤はここでは、幕府や諸藩の儒官が政治に参画を許されぬことを「卑屈賤劣の極」と罵倒したが、後年の『学問之独立』（明治十六年刊）では、この事実を引用した上、さきの評価を翻し、「徳川の制度慣行こそ当を得たるものと信ずるなり云々」（⑤三七二）と称賛した。けだし明治十年代は、いわゆる自由民権時代で、学者が政治運動に狂奔する弊が目に余ったから、彼はその時弊に顧みて、幕府の林大学頭をはじめ、諸藩の儒官が政治から隔離されていた封建時代の慣習を高く評価し直したのである（解説五三〇―五三一頁参照）。

十三――学者の弊は、古人の支配を受くるにあり

❖123 バックルも、〈神学者は何と言おうとも、人類は大体として悪行より善行を好む者だ。もしさもなければ、人類はとっくに滅びていたであろう〉といって、近代の知性の進歩を礼賛した（西村二郎訳書第一巻、二七九―二八〇頁）。福澤の論はこれに示唆を得たかも知れない。

十四――乱世の武人に、独一個の気象なし

❖124 薩長二藩が尊王を掲げて幕府を倒し、天皇制を利用して明治の藩閥政府を形作ったのも、やはり例外ではあるまい。福澤のここの論には、暗にそうした諷意も含まれているのではあるまいか。

十五――偏諱《へんき》を重んずるは、卑屈賤劣の風というべし

❖125 この偏諱論は、独立自尊主義に立つ福澤らしい犀利な史眼というべきであろう。

十六――偏重の政治は、徳川家より巧みなるものなし

❖126 この段は、次の十七とともに、これ以前の各段の結論ともいうべき条である。前段までの趣旨を重ねて強調したものである。

福澤はここに頼山陽の『日本外史』における史論を批判しているが、彼はいわゆる大義名分に立脚する山陽の史観が大嫌いであった。特に『福翁百話』中の「史論」の一文の如きは、いわば反山陽史論の典型ともいうべきものである。

十八――権力偏重なれば、治乱共に文明は進むべからず

❖127 この第九章は、冒頭以来、権力偏重が日本の社会や文化を毒したことを縷々論じて来たが、それはこの段で一段落を告げた。これ以下は筆を転じて、これまで触れなかった経済問題と権力偏重との関係に論及するのである。本章をかりに前半と後半とに分ければ、これからが後半ともいい得る。

○なおこの第九章は、全体として、わが封建社会の権力の偏重偏軽のみに焦点を当てて論じているが、それは国民をして旧時代への執着を断ち切らしめる必要からであった。後年人々が旧時の長所までも忘れ、また明治政府の官権主義や為政者の専制的気風が募るに及んでは、かえって〈封建時代の社会には〝力の平均〟がよく行われた〉という、逆の議論を展開するようになる。それは前にも述べたが、明治十五年の『時事新報』の論説「時勢問答」(⑧一八〇—二〇〇)あたりに始まり、二十三年の『国会の前途』(⑥三一—七〇)において最も詳しく力説された。後者は、帝国議会開設の時に当って、わが立憲政治の前途を祝福した文章であるが、その冒頭に、〈日本には、シナや朝鮮と違い、古来すでに立憲政治の基礎ができていたのだ〉といい、その根拠として、至尊の天子と至強の将軍との並存、禄高くして位低き大名と禄低くして位高き公家との並存をはじめ、武家社会内部における力の均衡政策や、市民自治の制度慣習等を縷説して、〈かかる立憲政治の基礎となった徳川二百数十年の太平を開いた徳川家康公こそ、〝世界古今絶倫無比の英雄〟である〉とまで絶賛している。けだし国民をして過去の歴史の価値を認識せしめるとともに、当時の藩閥政治家の反省を促す意味があったのである。かように封建社会に対する福澤の評価は、時代情勢に応じて、大きな変化があった(第二章十、解説五二八—五三〇頁等参照)。

❖128

十九——権力の偏重は、経済にも大害あり

この条以下、章の終りまでは、権力の偏重が、古来わが国の財政において、大きな弊害をもたらしたことをいっている。すなわち人民の納めた税が、全く政府によって勝手に使用され、納税者にはなんらの発言権もなかったために、貴重な財貨が不当に濫費されたことを痛論しているのである。この条は、福澤がかつて『西洋事情』二編巻之一に、ウェーランド(Wayland)の『経済論』(*The Elements of Political Economy*)の末章"Of Public Consumption"を「収税論」と題して訳載した、その趣旨を応用し敷衍したものにほかならない。この「収税論」の根本精神は、〈西洋の民主国家においては、税はあくまで国民の幸福のためのものであり、政府は単に国民に代って、その金を有効に使用する権を与えられているにすぎない。だから国民は、政府がその貴重な公金を濫用せぬよう、常に税のゆくえを監視せねばならぬ〉ということである(①五〇三—五〇七)。ウェーランドの『経済論』は、福澤の経済思想の根幹を培った重要な書物であるが、『文明論』に直接影響したのは、この一段だけのように思われる(拙著『福澤諭吉論考』所載「福澤の筆に投影したウェーランドの経済論」四参照)。

二十一――士族は国財を費散するにその道を知らず

❖129 刀傷（金創）と結核（労症）との比喩の引用は、四例によって適切である。未曾有の敗戦を喫しながら、四半世紀後には早くも立直った日本の現状へのいみじき予言であり、同時に箴言でもあるとの感を禁じ得ない（解説四九五頁参照）。

二十二――理財の要は、士族の活潑敢為と平民の節倹勉強とを調和するにあり

❖130 切捨御免の法については、『学問のすゝめ』第二編（明治六年十一月刊）にも、封建時代の武士と平民との権利の相違を述べて、「あるいは切捨御免などの法あり。この法に拠れば、平民の生命は我が生命にあらずして、借物に異ならず」と言い、同六編（七年二月刊）にも、同様の趣旨を反復している。しかしいかに封建時代でも、人一人を殺せば、それ相当の厳重な取調べがあったから、切捨御免がそれほど多く行われたわけではない。『学問のすゝめ』や『文明論』では、往時の権力の偏重偏軽を立証するために、ことさら極端な表現を敢えてしたのである。後年、福澤は封建時代の価値を認識し直すに及んで、旧論を翻し、〈切捨御免は、ほとんど有名無実で、法としては存在しても、実例は稀であった。武士も平民も常識に立脚して、社会の安全がよく保たれたのである〉（明治二十三年『国会の前途』⑥四六―四七）といっている。

❖131 以上、十九以下の長い経済論は、封建専制社会における経済の病根を完膚なきまでに抉った明快な確論というべきである。福澤自身旧時代の社会的矛盾をまざまざ体験しただけに、筆致にすこぶる精彩があり、説得力に富んでいる。国富増強のためには、西洋先進国流の自由主義経済と議会制民主主義との必要な所以が、言外に示唆されていることというまでもない。

第十章――自国の独立を論ず

要旨

この章は、本書全体の結論である。われわれ日本人が西洋文明を学ぶのは、あくまで手段にすぎず、その目的は、一に自国の独立にあることを強く主張したものである。〈文明という語はきわめて広大な意味を持つものであるが、日本の現段階では、まず自国の独立を図る以上に、文明ということは考えられない。そこで自国の独立を図るに最も必要な条件は何かといえば、弱小民族、特に東洋諸国民に対する西洋先進国の圧力がいかに強く厳しいものかという事態を、わが国民が真剣に認識することでなければならぬ。日本は開国以来日が浅いので、国民はそれほど外国からひどい目に会った実感が乏しいけれども、実は政治上にも経済的にも著しい不利益をこうむっているのである。一歩を誤れば、インドやシナの如く、独立を侵される危険がないとはいえない。そこで西洋人と接触し、その文明を摂取するにも、常に、国の独立が目的であり、文明はその手段である、という自覚を寸時も忘れてはならぬ〉というのが本章の精神である。いささか熱っぽ過ぎるくらいに、その点を反復力説しているのであるが、当時いかに国家的危機感が福澤の脳裏を支配していたかが察せられる。本書全体の体系からいうと、前章までの論と直接の関連性はやや乏しく、これだけ独立の論文に近い観もあるが、警世愛国家たる福澤の面目を躍如たらしめた大文章というべきである。それとともに、今や敗戦を体験して、新たに独立国として再出発しつつある現代日本の国民にとっても、温古知新の活教訓でなければならない。

四――古きモラル廃れて、新しきモラル未だ興らず

❖132 この段は、めぐりめぐって現代の昭和元禄の世相人情をさながら彷彿たらしめるではないか（解説五三九―五四〇頁参照）。

五――皇学者流の国体論は、人心を維持するに足らず

❖133 福澤は純粋な愛国者ではあったが、必ずしも熱心な忠君論者ではなかった。むしろ王政復古の原動力の一つとなった旧式の尊王思想が、今後の文明進歩の障害となることを警戒したのである。この段は、当時の福澤の天皇観がきわめて冷淡なものであったことをよく示す。「我が国の人民は、数百年の間、天子あるを知らず云々」

という文句は、今日から見ると、ちょっと奇異の感があろうが、ある程度の誇張があるにしても、これが明治初年までの庶民の実情に近かったのであろう。当時の天皇は、〝あこがれの象徴〟でもなんでもなかった。〈日本は古来、終始一貫して、皇室と国民とが親子のような関係にあったのだ〉というような国体観が広まったのは、実は明治以後の官製教育に負うところが大きい。それは世界の後進国たる日本が、急速に中央集権的統一国家となるための必然の要請であったといえよう。

❖134 この辺の新旧論議は、単なる論理のトリックにすぎない観がある。けだし読者を説得するための一種の詭弁たるを免れぬであろう。

❖135 「大義名分」とは、普通臣下として守るべき節義・分限の意味である。その意味では、たしかに江戸時代の国学者や一部の儒者などが唱えた大義名分論が、国民の尊王心を培うのに大きな力となったのは争われない。福澤が「大義名分」の語を、ことさら「真実無妄の真理」という漠然たる抽象概念に置きかえた上で、世間の大義名分論者に反撃を加えたのは、例によってかなり強引な論法である。福澤は国学者嫌いだったから、この段の議論には、概して詭弁的色彩が強い。

❖136 この段は、第五章二・三の明治維新論と関連が深い。福澤はここで、「人民と王室との間にあるものは、ただ政治上の関係のみ。その交情に至りては、決してにわかに造るべきものにあらず」といったが、それはいささか見込み違いであった。幸か不幸か、その後明治政府は、意外に早くそうした国民感情を培養するに成功したのである。そこで福澤も、やがてこの国民感情を尊重することが、国家の安寧と発展とに必要であると信ずるようになった。後年の『帝室論』(明治十五年刊)・『尊王論』(同二十一年刊)などは、そうした立場から皇室の重要な所以を力説した著作である。しかしその結果は、やはり彼の予言通り、「世間に偽君子の類を生じて」、偏狭な忠君愛国論の横行を許し、昭和年代に至って、ついに国家の運命を誤ったのである。したがって、この段の彼の予想は、半ば外れ、半ばは当ったといえよう(解説五〇一―五〇二頁参照)。

六――イエスの教えも、一国の独立を守ること能わず

❖137 ここに福澤のキリスト教批判と、彼のナショナリズムとが強く打出されている。バックルは、〈戦争は無智の産物で、欧州の文明国ではもはや好戦熱は下り坂に向っている〉（西村二郎訳書第一巻、二四九―二五四頁）と楽観したが、福澤はそんな甘い見通しには同調しなかった。彼のナショナリズムはこれ以後一層烈しくなり、明治十一年の『通俗国権論』を経て、十四年の『時事小言』において高潮に達した。『時事小言』第一編「内安外競之事」に、「天然の自由民権論〔人権平等論〕は正道にして、人為の国権論〔ナショナリズム〕は権道〔方便〕なり。あるいは甲〔前者〕は公にして、乙〔後者〕は私なりと云ふも可なり」といい、〈耶蘇教の人々が口に世界平和を唱えるのも、天然の自由論と同様、一見天下の正論のように思われるが、世界の現実を見れば、激烈な兵戦・商戦の時代である。安閑として空想的な自由論や宗教論に酔っていることはできない。国内の勢力を結束し安定して、海外の圧迫に対抗するのが緊急の要事で、国民はしばらくこの権道に従わなければならぬ〉と痛論したのは、まさに『文明論』のこの条の発展である。そうして『時事小言』最後の第六編「国民の気力を養ふ事」では、「外教の蔓延を防ぐ事」の一項を設けて、〈日本人の気力を旺盛にするためには、キリスト教の流行を防止せねばならぬ〉と主張するに至った。そこでは『文明論』時代よりも、さらにキリスト教に対決する姿勢が厳しくなっている。

もっとも福澤のキリスト教排斥は、これを頂点として、後年はまたずっと寛大になった。けれども〈立国の目的のためには、天然の公道も顧みるにいとまはない〉とする立場は、二十四年執筆の『瘠我慢の説』などにも重ねて力説された。

ただ彼のナショナリズムは、あくまで現段階における権道にすぎぬという自覚に貫かれていたので、後年のウルトラ・ナショナリストのそれのように、美辞麗句で絶対化されたことはない。そこに彼の徹底的な功利主義的立場とともに、やはり極端な原理に溺れない常識性がうかがわれる。

七――余輩の憂うるところは外国交際にあり

❖138　以上一から七までは、この第十章の緒論と見るべき部分である。「自国の独立を論ず」という章名にふさわしく、〝外国交際〟の重要性を力説して来るのは、これから以下の段である。これまでをこの章の前半、これ以後を後半とすることもできるであろう。

福澤はこの段以下、〝外国交際〟の語を頻繁に用いるが、それは今日の〝外交〟（政府機関による外交）よりも広義で、広く国民を含めた〝対外関係〟を意味しているのである。

八――貿易の損亡恐るべし

❖139 一世紀を経た現在の日本は、「産物の国」ではなく、「製物の国」となったが、明治初年は、西洋先進国に対して、専ら産物（主として生糸と茶）の国であったことはいうまでもない。

〇禄高三百石の侍の比喩は、いかにもこの時代の人の耳には理解しやすい巧妙な引例であろう。封建時代の生活は、武士・平民を問わず、現代よりもはるかに自給経済的で、食料でも衣料でも自家生産の場合が多かった。したがって、毎日仕出し屋に食事を注文したり、衣服を常に呉服屋から買うなどということは、当時としては、よほど特殊な贅沢と見るべきである。

九――外債の利害を察せざるべからず

❖140 外国が日本に金を貸してくれるのは、決して恩恵ではなく、外人自身の増加する人口問題解決のため、また向上する国民生活維持のための必要手段にほかならぬことを指摘し、日本人の警戒心を要請したのである。英国の例を特に詳しく挙げたのは、当時英人の日本に対する勢力が最も強大だったからであること、いうまでもない。

十――外国人の妄慢《ぼうまん》、厭悪《えんお》するに堪えたり

❖141 さきにまず貿易および外債による外国勢力の進出を警告した福澤は、この段では、さらに内外権力の不平等が、国民精神に及ぼす悪影響を指摘したのである。この段は、これよりさき『学問のすゝめ』第三編として執筆した「国は同等なる事」（明治六年十二月刊）の所論の反復・敷衍の観がある。そこでも福澤は、国家の権利は、貧富・強弱にかかわらず、世界中同一であるといい、「然るに今、自国の富強なる勢を以て、貧弱なる国へ無理を加へんとするは、いはゆる力士が腕の力を以て、病人の腕を握り折るに異ならず。国の権義において、許すべからざることなり」と力説しているのである。

〇小幡篤次郎の名は、前にも出ていたが（本書八頁参照）、福澤最古参の高弟で、終始己れを空しゅうして恩師に奉仕した君子人である。福澤の華やかな活動の蔭には、常に女房役小幡の地味な内助の功があった。『文明論』をはじめ、福澤の著書には、小幡の助力によってできたものが少なくないらしい。また福澤は、しばしば自説を門弟の名で発表したこともあるので、『民間雑誌』に載せたここの文章も、あるいは小幡自身の発想というより、福澤の意を受けて書いたか、または福澤が小幡の名を借りて自ら執筆したのではないかという匂いがする。小幡は、いわば福澤の影武者に甘んじた人である。それはともあれ、この文に指摘された外人の出入する温泉場などの気風は、まさに昭和戦後の米軍駐留時代の光景を彷彿させるものがあるではないか。

○福澤はここに、不平等条約による日本の危機を国民に力強く警告しているが、井上清氏の『条約改正』(岩波新書)中に、次のような文章があるのを、参考までに引用しておく。

不平等条約は日本をこのように「殆ど半独立国の一種」(馬場辰猪)の地位に置いた。しかし明治初年には人民はまだこれをよく知らなかった。……しかもその政府は、外人の横暴、日本人の屈辱と不利の事実については、できるかぎりこれを人民に秘密にした。……

とはいえ、福澤がこの「自国の独立を論ず」を結論とした『文明論之概略』を出版したこと、そしてそれがたちまちにして数十万人の国民に愛読されたということは、このときすでに近代的な民族の自覚が、封建攘夷主義でなく、自国の完全独立をたたかいとろうとする精神が、わが国民の間にうつぼつとしておこりつつあることを示していた。一枝の梅花もよく春を告げる。『文明論之概略』は、まさに民族のめざめの信号であった。

……それは、現実に民族の成長があり、万人の胸に直覚的に感じられている民族の意識を一人の天才が自覚して理論にまで高めたものである。(同書六二―六三頁)

十一――外国の交際について、同権の説を唱うる者少なきは何ぞや

❖142 福澤はここで、このころの同権論は、百姓町人は与らず、専ら士族間に流行するものであることをいっている。確かに明治初年には、百姓町人は知的水準が低かったから、言論によって自己の思想を発表するような自覚は乏しかった。いわゆる自由民権論も、後年には社会の各層に叫ばれたが、明治十年ごろまでの初期の民権論は、主として士族の間に行われたものにすぎない。

○福澤が中津藩の小身者のため、上等士族によって屈辱感を味わわされたことは、明治十年に稿した『旧藩情』に詳しく叙述されている。また、道中において、傍若無人の幕吏のために、弱藩士族の無勢力を痛嘆させられたことは、明治十五年に執筆した「圧制も亦愉快なる哉」という文章中に左の如き具体的な記事がある。

　当時我輩は弱藩の士族にして、道中に出れば頼む所のものなし。払暁に雨雪を冒して大井川の畔に至り、早く渡らんとして待つこと二時ばかり、漸く順番の近きを察して悦ぶこと甚だし。時に首を回らして後の方を見れば、下に居ろ下に居ろの声と共に、何か荷物の来るあり。これは是れ公儀の御判物《ごはんもの》〔幕府の重要文書〕にして、才領〔宰領。監督〕の役人整々堂々、我輩はあたかも蜘蛛の子を散らすが如くにして四方に避け、先づ御判物の御越しを見送りて、次ぎに川を渡れば、払暁より空しく時を費やすこと三時余り、誠に無力至極、残念千万なることにして、今尚これを記臆《(ママ)》して忘るること能はず。弱藩士族の無勢力なることかくの如し。(⑧六五)

❖143 　日本人同士の同権を叫ぶよりも、強大な海外勢力との同権に力める方が重要問題だというのが、福澤の根本精神である。彼は〝士族の同権論〟にあまり信頼をおかなかった。それは肝心の百姓町人からは浮上がった皮相な同権論にすぎぬとするのである。明治六年の征韓論を契機として盛上がった士族流の自由民権論〔民撰議院設立論〕を、福澤は一応は支持しながらも、それは平民のための民権論というより、むしろ士族間の勢力争いだとする見解に立っていた。明治八、九年ごろの『覚書』というメモの中に、

　民権を唱ふる学者が、ただ一心に民撰議院を企望すれども、もしこの議院が出来たらば、議院が権を恣にするやうになるべし。……今の民撰議院論は、人民の領分を広めんとするにあらずして、政府の権を分ちて、共に弄ばんと欲するに過ぎず。(⑦六七〇)

とか、「在野の青書生等が、民権とか何とか云ひ立てて騒ぐこそ可笑しけれ」(⑦六五九)とかいって、冷眼視しているのでも、彼の態度の一端がうかがわれよう。

　福澤が国内の民権論より、海外との権力均衡を先決としたことは、明治十一年の『通俗国権論』以下の諸著作に顕著である。なかんずく、明治十一年の「門閥論」(『再刊民間雑誌』所載の論文。⑲六四二―六四四)の中

で、〈明治維新で国内の旧い門閥は倒れたが、今や西洋キリスト教国という新しい門閥が、日本人の自由・権利を侵しつつある。この大門閥に疑いを入れて、その勢力を打破しなければ、日本の真の独立はおぼつかない〉と力説している如きは、まさしく『文明論』のこの段の発展の観がある。

十二——殷鑑遠からず、インドにあり

❖144 インドにおける英国の政策の狡猾苛酷なことは、世界の植民史上紛れもない。福澤は、これ以下、アジア諸国をはじめ、世界の未開地方において、西洋人がいかに横暴をきわめているかを実証し、日本人がその轍をふまぬよう警告を続けるのである。

十三——わが国の人民、未だ外国交際の大害を知らず

❖145 日本の独立は、国民の知らぬところで徐々に侵害されつつある。政府はもっと外交の実態を国民の前に率直に公開し、国家の喜憂を国民とともにすべきだ、というのが福澤のいいたいところである。けだし現代にも適切な言葉であろう。

十四——欧人の触るる所は、あたかも土地の生力を絶つが如し

❖146 この文章と前後して、『学問のすゝめ』第十二編(明治七年十二月刊)にも、アジアの古国インド・トルコが、近代において欧州諸国の勢力に圧せられて、その独立を侵されたことを指摘し、「洋商の向ふ所は、アジアに敵なし。恐れざるべからず。もしこの勁敵を恐れて、兼ねてまたその国の文明を慕ふことあらば、よく内外の有様を比較して、勉むるところなかるべからず」といっている。福澤がいかに白人勢力の進出を警戒していたかを察するに足りよう(評説❖31参照)。

十五——全国人民の間に独立心あらざれば、文明もわが国の用をなさず

❖147 この段は、『学問のすゝめ』第五編「明治七年一月一日の詞」や、本書第二章「西洋の文明を目的とする事」(五・六・七)の中で、西洋文明の摂取には、外形よりもまず精神を重んずべきことを力説し、「畢竟、人民に独立の気力あらざれば、彼《か》の文明の形も、遂に無用の長物に属するなり」(『学問のすゝめ』)と教えた趣旨を、さらに具体例を挙げて深切に反復したものにほかならない（解説五〇七—五〇八頁参照）。

十六——世界中に国のある限り、国民の私情は除くべからず

❖148　すでに本章六でも、キリスト教的世界同胞主義への反駁が試みられたが、ここでも再び現実主義的ナショナリズムの立場から、〝偏頗心〟と〝報国心〟とが異名同実なる所以を反復している。現代日本の国際環境にも示唆多き発言であろう。

十七——外国人を憎むに趣意を誤るなかれ

❖149　本章四に、「今の……人民はあたかも先祖伝来の重荷を卸し、いまだ代りの荷物をば荷わずして休息する者の如くなればなり」(266–267)と言ったのに照応する段である。「国民たる者は、毎朝相戒めて、外国交際に油断すべからずというて、然る後に朝飯を喫するも可ならん」(295)という語は、例によって福澤一流の警句というべきであろう（なお第一章四参照）。

十八——今の外国交際は、兵備を盛んにして維持すべきものにあらず

❖150　この福澤の論は、実に至言である。昭和の戦前に、この教訓が日本の軍部によって守られていたら、無謀な戦争は起らずにすんだであろうと、まことに感慨に耐えない。

〇この段は、文章もすこぶる精彩がある。「裏表に戸締まりもなくして、家内狼藉なるその家の門前に、二十『インチ』の大砲一坐を備ふるも、盗賊の防禦に適すべからざるが如し」とか、「巨艦大砲は、以て巨艦大砲の敵に敵すべくして、借金の敵には敵すべからざるなり」とかいうユーモラスな警句は、読者を納得させるにきわめて有効適切だといえよう。

〇但し福澤も、後年の『時事小言』（明治十四年刊）以後、『時事新報』所載の論説では、すこぶる強硬な軍備拡張論者となり、富国を第二にしても、強兵を第一にすべし、と主張するようになる。けだし世界の帝国主義競争と、日本の国際環境との現実が然らしめたものである（解説五三五—五三八頁参照）。

十九――日本の独立を保つの法は、西洋文明のほかに求むべからず

❖151　福澤は、重ねてここに、西洋文明摂取の目的が、日本の独立のためであることを強調している。特に「〔日本の人心を維持するには、〕目的を定めて文明に進むの一事あるのみ。その目的とは何ぞや。内外の区別を明にして、我本国の独立を保つことなり。而してこの独立を保つの法は、文明の外に求むべからず」(297)という言葉こそ、本書全体の大眼目というべきである(福澤が単に「文明」という場合、「西洋文明」の意であることが多い。ここもそれである)。

❖152　この段は、本章の冒頭一に、「そもそも文明の物たるや、極めて広大にして、およそ人類の精神の達する所は、悉皆その区域にあらざるはなし。外国に対して自国の独立を謀るが如きは、固より文明論の中に於いて瑣々たる一ヵ条に過ぎざれども、……今、我が人民の心に、自国の独立如何を感じて、これを憂ふるは、即ち我国の文明の度は、今正に自国の独立に就て心配するの地位におり、その精神の達する所、あたかもこの一局に限りて、いまだ他を顧るに遑あらざるの証拠なり。……尽く文明の蘊奥を発して、その詳なるを究るが如きは、これを他日後進の学者に任ずるのみ」(263–264)といった精神の繰返しにほかならない。前後重複の感がないでもないが、福澤がいかに抽象的な理論よりも、現実的な時務を重んずる思想家だったかをよく物語っている。

二十――国の独立とは、独立すべき勢力を指していうことなり

❖153　当時まだ多く残っていた旧弊な保守主義者・鎖国主義者の頂門に一針を加えたのである。「独立とは独立すべき勢力を指していうことなり。偶然に独立したる形を見ていうにあらず」(300)とは、まことに適切な至言である。風雨と家屋の比喩も、例によって巧妙というべきであろう。この段には、福澤の軒昂たる気魄が感ぜられる。

二十一――国の独立は目的なり。独立を離れて文明なし

❖154　少々くどいくらいに、またもや、さきの十五や十九などの趣旨を反復しているが、こうした再三再四の説得によって、文明(西洋文明)と祖国独立との不可分の関係を強調した。祖国の独立を離れては、〝文明〟の存

在が許されぬ所以を解明しようとする熱意が磅礴している。あくまで文明主義者であるとともに、強硬なナショナリストであった福澤の面目を躍如たらしめる段というべきである。

「外国人は皇国に輻湊したるにあらず、その皇国の茶と絹糸とに輻湊したるなり」とか、「我日本は文明の生国にあらずして、その寄留地と云ふべきのみ」(302)とかいう言葉は、いつもながら福澤一流の辛辣な警句と感嘆される。

二十二――今の人心を維持するには、自国独立の四字あるのみ

❖155 「自国独立」の四字が本書の主眼であることを重ねて宣言した。と同時に、その実現への途は多端であり、いずれも一概に捨去るべきものではないことを以て結論としたのである。但しこの段の筆致は、いささか煩冗散漫に流れたようである。〈世の中には絶対の是もなければ、絶対の非もない。時と場合によって、是ともなれば非ともなるものだ〉というのが、福澤の哲学の重要な特色の一つである。それは第七章(一など)にも主張されたが、ここにもそれが反復された。しかしその結果、前に一度否定したものを、再び取上げて、その半面の価値を見直しなどしたため、かえって論旨が締まらず、読者をして多岐亡羊の感を抱かしめるようである。

概してこの第十章の後半は、議論の反復・重複が多くて、読者の倦怠を招く憾みがあるのではなかろうか。大詰の幕が長過ぎて、千両役者の熱演にもかかわらず、少々だれ気味になった観がある。もっと約筆して然るべきだったように思われる。

注・補注

緒言

一　文明論とは衆心発達論なり

1▼果して習慣なることあり―――この「果して」は、予想通り、案の定の意ではなく、かえって、案外の意に用いてある。かかる用例は福澤に少なくない。〇本書第二章に「よく事実の在る所を詳にすれば、果して反対を見る可し」（34-35）などとあるのもその一例である。

2▼この紛擾《ふんじょう》雑駁《ざつぱく》の際に就て―――「際」は境目。このこんがらかった問題の見分けに関して。

一▼衆心発達論―――バックル文明史（Henry Thomas Buckle, *History of Civilization in England*, Vol.I, New York: D. Appleton, 1873. 福澤手沢本）の"the progress of mankind"（p.3）, "the laws of mental progress"（p.125）及びギゾー文明史（François Pierre Guillaume Guizot, *General History of Civilization in Europe*, Ninth American from the Second English Edition, With Occasional Notes by Caleb Sprague Henry, New York: D. Appleton, 1870. 福澤手沢本）の"the general opinion of mankind, the state of a people advancing in civilization"（p.21）, "the notion of a people advancing, of a people in a course of improvement and melioration"（p.23）, "the progress of society; the melioration of the social state; the carrying to higher perfection the relations between man and man"（p.23）, "the development of individual life, the development of the human mind and its faculties–the development of man himself"（p.24）"the intellectual nature of man distinguishes itself by its energy, brilliancy, and its grandeur（p.25）, など参照。

二▼この紛擾雑駁……―――バックル文明史"This expectation of discovering regularity in the midst of confusion is so familiar to scientific men"（Buckle, *Ibid.*, I, p.5）またギゾー文明史の"What, let me ask, can be more difficult than to seize the real point of unity in the midst of such diversity, to determine the direction of such a widely spread and complicated movements, to sum up this prodigious number of various and closely connected elements, to point out at last the general and leading fact which is the sum of a long series of facts; which characterizes an era, and is the true expression of its influence, and of the par it has performed in the history of civilization?"（Guizot, *Ibid.*,p.248）参照。

二　東西の文明その元素を異にす

3▼通信――今日のコレスポンデンスの意味より広く、通交、修好（amity）の意に用いた（245, 251等にも用例がある）。

4▼外交――政府による外交だけではなく、国民全体が外国と接触するに至ったことをさす。

5▼元素――本質、根本精神の意。

6▼兵馬の騒乱は数年前にありて既に跡なしといえども――明治二年五月、五稜郭の榎本武揚らの降伏を最後に、一応維新の戦争は終結した。

7▼消息――元来「消」はきえる、「息」はそだつ意味で、「消息」とは変化の意であるが、福澤は消えて息《やす》む意に用いたらしい。すなわち終熄と同義に使用したのである。

8▼その説随て出れば随て新にして――「随て……随て……」という表現は、漢文の慣用法で、順々に種々の現象の継起する意味をあらわす。ここは一つの説が出ると、また別の新説が生れるということ。

三▼今の西洋の文明は……――ヘンリーはギゾー文明史に、荒廃した時代の年表として五〇七年から八一四年までを（Guizot, *Ibid.*, pp.71-72n.）、また十字軍の年表として一〇九四年から一二九一年までを、それぞれ解説を付けて脚注としている（pp.189-192）。さらに"Table of the Contemporary Sovereigns of England, Scotland, France, Germany, Russia, and Spain and of the Popes. [From Sir Harris Nicholas's "Chronology of History"]"及び"The Lesser European States, From 1699 to 1838."を付している。そこには紀元八〇〇年から一八三七年まで一〇三七年間の年表が記載されている（Guizot, *Ibid.*, pp.307-316）。ちなみに西ローマが滅亡したのは四六七年、フランス革命が起きたのは一七八九年で、その間一三二二年ある。

四▼建国以来既に二千五百年を経て――『日本書紀』における神武天皇即位から数える皇紀で明治五年に定めたもの。西暦にすれば紀元前六六〇年が元年であるから、明治八年即ち西暦一八七五年は単純計算で皇紀二五三五年となる。

五▼嘉永年中米人渡来――嘉永六年（一八五三）七月八日、米国東インド司令長官ペリー、軍艦四隻を率いて浦賀に来航、翌三月三十一日、日米和親条約調印。以後イギリス、ロシア、オランダと和親条約調印。安政五年（一八五八）七月二十九日、日米修好通商条約調印、以後オランダ、ロシア、イギリス、フランスと修好通商条約調印。尚、福澤は「ペルリ寄航抜粋訳」として所謂『ペルリ提督　日本遠征記』の一部を邦訳している（⑦五六〇―五六三）。

六▼上古、儒仏の教を……――儒教は四〜五世紀頃（『日本書紀』によれば応神天皇一六年百済の王仁が経典などをもたらしたと読める記事があるが、確かな伝えは継体七年六月の条に五経博士が百済の領土拡張に伴う返礼として貢上したとの記事から、これ以降とされる。仏教は六世紀半ば頃（五三八年説と五五二年説とがある）伝わった。

七▼日新の説――『大学』第二章三「苟に日に新なり、日日に新にして、又日に新なり」（道春訓点）とある。朱熹によれば間断なく日々道徳的に修養する意味である。なお『学問のすゝめ』九編に「西洋諸国日新の勢を見るに……」（③八八）とある。ここはギゾー文明史第二講にある文明の急速な進展を説明するのに用いた"from day to day"（Guizot, *Ibid.*, p.39）を『大学』の用例を援用して訳したのであろう。

三　あえてわが文明論を著わす所以は何ぞや

9▼彷彿《ほうふつ》として窺《うかが》い得たるが如し――「彷彿」はぼんやりの意。かすかながらもということ。次の段落にある「余が彷彿たる洋学の所見」とあるのも、不確かな知識の意。

10▼また一方には――この副詞句は、「此学者なるもの」の一句を隔てて、下の「二十年以前は純然たる日本の文明に浴し」にかかる。

11▼実験――今日では、「経験」（experience）と「実験」（experiment）とは、通常別義であるが、この時代は同義に用いている。

12▼その形影の互に反射するを見ば云々――形があれば必ずそれと同じ影が映し出される如く、原因があれば必ずそれにふさわしい結果を生ずる。ここは、東西両様の文明（形）が、いかなる影響（影）をわが人生に与えたか、そうした新旧文明と人生への影響との密接な相関関係を考えてみるならば、いかなることを感ずるであろうか、という意。「観を為す」はかんがえを持つ意。

13▼余輩――われわれ現代人。この語は複数と単数と両様に用いられる。ここは複数である。

八▼文明の全体論――ギゾー文明史に“For my part, I feel assured that human nature has such a destiny; that a general civilization pervades the human race; that at every epoch it augments; and that there, consequently, is a universal history of civilization to be written.”（Guizot, *Ibid.*, pp.18-19）とある。

四　引用書について

14▼社友――福澤は特に慶應義塾関係者をこう呼んでいる。

15▼小幡《おばた》篤次郎君――福澤の最古参の門人で、生涯慶應義塾にあって、福澤のよき女房役を勤めた功労者。篤学の士で、英学の力はむしろ福澤よりすぐれていたようである。彼自身の著書も多いが、福澤の著書・文章中には、彼が助力したものが少なくないと思われる。明治三十八年没。数え年六十四歳。

第一章　議論の本位を定むる事

一　事物の評価には、軽重の比較が必要なり

16▼本位――この章で福澤は、基準、基本、あるいは本質、根本、原点等の意に用いている。

九▼軽重長短……――「物により、事により、時にしたがひて、よしあしのかはることも有り。たとへば矢さきは物をよくとほすをよしとし、甲冑はとほさぬをよしとす」（本居宣長『源氏物語玉の小櫛』）参照。

二　事物の研究には、究極の本質を追求せざるべからず

17▼初て引力の理を発明し――「発明」は発見の意。今日の「発明」（invention）よりは広義に用いた。

三　議論には、まず基本姿勢を定めざるべからず

18▼湯武の放伐――古代シナで、殷《いん》の湯王が暴虐な夏《か》の桀《けつ》王を伐ってこれを放逐し、夏に代って殷の天下を開いたが、その子孫紂《ちゅう》王が悪政のため、周の武王に殺され、殷は滅んで、周の天下となった。かくの如く、徳を失った君主は、これを討伐し放逐するのを是認するシナの革命観をいう。易姓《えきせい》革命（王朝を変えて政治を一新する）の思想。

一〇▼一系万代……――天皇家の万世一系を以て日本の国体としたのは、「和学者」、すなわち国学者のみならず、「漢儒者」である水戸学者においても唱えられた。

一一▼割注――「神官の話しを聞くならば、神道にも神式の葬儀の仕方があるので来世の禍福を説いているといい、また僧侶の説くところを聞くならば、法華宗などには加持祈禱の慣わしもあるので、仏教においても現在の吉凶を重んずるものであるといい、必ず込み入った議論を述べようとする。しかしながらこれらはすべて神仏習合が長く続いたことによっているので、僧侶が神官の真似をしようとし、神官が僧侶の職分に立ち入ろうとしただけであって、神道と仏教の大まかな目的をいうならば、一方は来世を主眼とし、他方は現世を主眼とすることは、千数百年の習慣を見れば明らかである。したがって今日しきりに意見を戦わせているそれについての議論は聞くに値しない」。

四　結論のみを見て、論拠を速断するなかれ

19▼都《すべ》て人間万事遊嬉宴楽のことに至るまでも云々――同じく遊戯遊宴に興ずるにしても、人によって単に肉体の快楽を目的とする者もあれば、気分転換を図って、明日の活動に備える者もあろう。外観は似ていても、志は必ずしも同一ではないのである。

20▼皮相して――表面だけを見るという動詞。福澤に用例が多い（注296参照）。

五　極端論にふけるなかれ

21▼人間の不和を生じて――「人間」は世間の意。

一二▼合衆政治――この時期、民主政と共和政を区別することなく「合衆政治」と表現する場合がある。一般に共和政は君主を置かない場合の用例であり、民主政はそうではない。

六　両眼を開きて他の長所を見るべし

22▼智見――知識の意。knowledge の訳語。

23▼人民の会議――国会や府県会の類。明治七年初頭から、民撰議院（国会）開設論が俄然盛んとなった。

24▼社友の演説――明治六、七年ごろから福澤が首唱して、慶應義塾を中心に、大いに演説会を盛んにした。日本における演説（スピーチ）の風習はこの時代から始まる。

25▼道路の便利――福澤は明治七年十一月、「豊前豊後道普請の説」(⑳一二八―一三〇)という文章を執筆して、地方道路の改善によって地方人の交際・交流を盛んにし、封建時代の閉鎖的敵対意識を解消すべき必要を論じている。

26▼出版の自由――当時免許制であった出版を自由化することが、識者間の大きな輿論となっていた。小幡篤次郎訳・トクヴィル著『上木自由之論』(明治六年刊)や、津田真道の「出版自由ならんことを望む論」(明治七年『明六雑誌』第六号)などはその表われである。その結果、明治八年九月、出版条例改定により、免許制が届出制に改められた。

一三▼公事――「公事」のみで訴訟の意味があるが、「公事訴訟」も単に訴訟の意味がある。「公事」と「訴訟」とを分ければ、「公事」は政務を指す。伊藤の解釈に従えば「公事訴訟」を訴訟としている。

七　世論を憚ることなく、わが思ふところの説を吐くべし

27▼アダム・スミスが始て経済の論を説きしときは云々――イギリス経済学の元祖Adam Smith(1723-90)の名著『国富論』(*The Wealth of Nations*, 1776)は、徹底的な自由経済を主張し、人間の利己心を大胆に肯定した点で、資本主義勃興期のイギリスの社会情勢に適応するものであったから、本書の出現は多数の歓迎を受けた。しかしこの説が発表された当初は、イギリス議会の保守派に大きな衝撃を与え、強い抵抗が起った。バックルは『英国文明史』(第一篇総論第四章『国民の富』の影響条)に、この事を記して、〈アダム・スミスの学説は、下院において少数の有識の議員に採用されたが、祖先伝来の智恵や古聖の教えしか信用しない多数保守派議員を驚かした。そこで彼の自由貿易の原則およびそれより起る結果の諸点につき、上下両院の大多数は、非常に強い抗争を試みたが、ついに失敗のやむなきに至った〉(西村二郎訳書第一巻、二七二―二七三頁)といっている。福澤が「世人皆これを妄説として駁したるに非ずや」といったのは、これらによったものであろう。

28▼ガリレヲが地動の論を唱えしときは云々――イタリアの天文学者・物理学者Galileo(1564-1642)は、地動説を唱えたために、キリスト教の教理に反する者として、ローマ法王の圧迫を受け、投獄や監禁の憂き目にあって、悲惨な晩年を送った。

29▼あるいはまた他人の説を聞て云々――この主格は前

のセンテンスの続きからいうと、「学者」とも見られるが、むしろ「世人」（暗に政府の権力者）と見た方が適切なように思われるので、そのように口訳しておいた。福澤が主語をわざとぼかして書いたのは、当局の忌諱を憚ったのであろう。

30▼籠絡《ろうらく》――統一、統合の意。必ずしも自分の手の内にまるめ込むという意だけではない。

一四▼意見高遠なれば……――ミル『代議政治論』（John Stuart Mill, *Considerations on Representative Government*, 1861）第一五章に見られる、優れた、あるいは最良の精神の持ち主が劣った精神ないし低級の精神と接触することの必要性を説いている箇所（同書につき注100も参照）、また、同『自由論』（*On Liberty*, 1859）第三章にある「世論の圧制」（the tyranny of opinion）に抗する「思想的に卓越した」（the higher eminences of thought）人々の個性（individuality）の役割の強調（*Collected Works of John Stuart Mill*, Vol. XIX, Toronto: University of Toronto Press, 1977, pp.538-538, *Ibid.*, XVIII, pp.268-269）を参照。またミルに影響を及ぼし、福澤も後に精読するトクヴィルの『アメリカのデモクラシー』（Alexis de Tocqueville, *Democracy in America*, Translated by Henry Reeve, New York: A. S. Barnes, 1873. 福澤手沢本）第一巻下の第七章に見られる「多数者の全能」論（福澤赤の付箋貼付。Tocqueville, *Ibid.*, p.109）参照。

一五▼何れの国にても……――バックル文明史の"An immense majority of men must always remain in a middle state, neither very foolish nor very able, neither very virtuous nor very vicious, but slumbering on in a peaceful and descent mediocrity, adopting without much difficulty the current opinions of the day, making no inquiry, exciting no scandal, causing no wonder, just holding themselves on a level with their generation, and noiselessly conforming to the standard of morals and of knowledge common to the age and country in which they live."（Buckle, *Ibid.*, I, pp.128-129）参照。

一六▼昔年の異端……――バックル文明史の、"what in one period is attacked as a paradox or a heresy, is in another period welcomed as a sober truth; which, however, in its turn is replaced by some subsequent novelty."（Buckle, *Ibid.*, I, p.129）参照。

八　一身の利害を以て、天下の事を是非すべからず

31▼虚心平気——公平無私の心情をいう。「平気」は心を静かに落ちつけること。虚心坦懐に同じ。

32▼至善の止《とど》まる所——『大学』の「大学之道ハ、……在リレ止マルニ二於至善ニ一」の句による。

九　本書の趣旨

33▼けだし議論の本位を定めて——この一句は、一応ここで句切れをおいて読むべきで、下の「固より余輩の企る所に非ず」に掛けて解釈すべきではない。〝議論の本位を定める〟のは、もとより〝本書の企てる所〟であって、それは福澤によれば、〝西洋の文明を目的とする事〟にほかならぬのだから（第二章で明白となる）、口訳では原文を補って、そのつもりで訳しておいた。

第二章　西洋の文明を目的とする事

一　世界文明の三段階

一七▼文明開化の字も……——ギゾー文明史のヘンリー脚注 “Civilization is properly a relative term” (Guizot, *Ibid.*, p.18n.) 参照。以下の文明三段階説は Erasmus Peshine Smith の福澤宛書簡（㉑三五七—三五九）、『掌中万国一覧』や『世界国尽』において援用した Samuel Augustus Mitchell, *Mitchell's New School Geography*, Philadelphia: E. H. Butler, 1866, Michell's School Gergraphy, Philadelphia: E. H. Butler, 1866. Sanah Sophie Cornell, Cornell's *High School Geography*, New York: D. Appleton, 1866（②四五六、四六三—四六五、六六三—六六四）参照。

二　三段階の特色

34▼文学——広く学問の意。今日の文学の意ではない。

35▼実学——この語は、福澤にあっては、実益になる学問の意と、実証的な科学の意との両方に使われた。しかも両義を兼ねて用いられた場合が少なくない。ここも社会の実益になる諸科学（自然科学や経済学など）をさしたものであろう。

36▼人間交際——この「人間」は世間の意。ここの「人間交際」は社交の意であるが、当時はしばしば society（社会）の訳語に用いられた（注42参照）。

37▼事物の理を談ずるときには、疑を発して不審を質《ただ》すの勇なし——バックルの『英国文明史』に、文明の進歩は、既成の事物に疑いをいだくことに基く、とあるのにヒン

トを得た発想であろう。

一八▼猜疑嫉妬の心……――ミル代議政論第三章にある"The most envious of all mankind are the Orientals." Mill, *Ibid.*, XIX, p.408 参照。

一九▼疑いを発して……――注37に触れられているのは以下の箇所。バックル文明史の"Yet it is evident, that until doubt began, progress was impossible. ...because without doubt there will be no inquiry, and without inquiry there will be no knowledge. ...The more we examine this great principle of scepticism, the more distinctly shall we see the immense part it has played in the progress of European civilization"（Buckle, *Ibid.*, I, pp.242-243）参照。

二〇▼習慣に圧倒せられて――ミル自由論第三章にある以下の議論参照。"The despotism of custom is everywhere the standing hindrance to human advancement, ...The greater part of the world has, properly speaking, no history, because the despotism of Custom is complete. This is the case over the whole East. Custom is there, in all things, the final appeal;..."（Mill, *Ibid.*, XVIII, p.272）

二一▼自から活動を逞うし――ミル代議政論第三章の"Thus the active, self-helping character is not only intrinsically the best,..."（Mill, *Ibid.*, XIX, p.409）参照。

二二▼惑溺――バックル文明史にある"credulity"（Buckle, *Ibid.*, I, pp.96, 196）参照。なお、丸山真男「福澤における「惑溺」」（松沢弘陽編『福澤諭吉の哲学　他四編』岩波文庫、二〇〇一年、所収）参照。

三　今の西洋文明も理想の世界にはあらず

38▼この文明も半開に対すればこそ文明なれども――この一句は、おそらく筆者の誤りで、「此半開も文明に対すればこそ半開なれども」でなければ、下の句に続かない。口訳は右の如く訂正して訳しておいた。

二三▼戦争を事とせり――バックル文明史に"The second greatest evil known to mankind–the one by which, with the exception of religious persecution, most suffering has been caused–is, unquestionably, the practice of war."（Buckle, *Ibid.*, I, p.137）とある。

四　西洋文明は現在わずかに達し得たる最高の文明なり

39▼学者その大趣意を誤る勿れ――「学者」は、広く学問に志す青少年学徒までも含めていったので、今日の如く専門学者だけをさしたのではない。ここは読者諸君の意。

五　文明の外形

二四▼文明には……――福澤はギゾー文明史のヘンリーの以下の脚注を援用している。"Civilization may be taken to signify merely the multiplication of artificial wants, and of the means and refinements of physical enjoyment. It may also be taken to imply both a state of physical well being and a state of superior intellectual and moral culture. It is only in the former sense that it can be alleged that civilization is an evil."（Guizot, *Ibid.*, p.18n.）

六　文明の精神（人民の気風）

40▼宗門《しゅうもん》――宗教に同じ。福澤は宗教を「宗旨」と表現した場合も多い。いずれも今日の各宗派の意ではない。

二五▼その［文明の］精神……――ギゾー文明史の"the development of individual life, the development of the human mind and its faculties–the development of man himself.（Guizot, *Ibid.*, p.24）"the progress of society, the progress of individuals; the melioration of social system, and the expansion of the mind and faculties man"（Guizot, *Ibid.*, p.25）参照。

七　人心の改革こそ先決なれ

41▼あるいは寸を進めんとしてかえって激して尺を退くることあるべし――漢文の「寸進尺《せき》退」の熟語によったもの。得るところ少なく、失うことの多いたとえ。『老子』に「不㆓敢進テ㆒寸而退ク㆑尺ヲ」とある。「激して」は遮られてぶつかる意。

八　文明の要は、人事を多端ならしむるにあり

42▼人間の交際――人間社会（society）の意。そのすぐ次の「交際」も社会の意。単なる付合い（intercourse）ではない。

43▼文化――culture の訳語として「文化」という語が流行しはじめたのは大正以後であるが、福澤時代からすでに文明開化の意味で用いられた実例が少なくない。「文明」（civilization）と同義である。

二六▼都て人類の働は……――ギゾー文明史"Thus, while everywhere else the predominance of one principle has produced tyranny, the varity of elements of European civilization, and the constant warfare in which they have been engaged, have given birth in Europe to that liberty which we prize so dearly."（Guizot, *Ibid.*, p.39）参照、同様な議論が p.40 にもあり（補注二七・二九参照）、ギゾーはこれを摂理、神の意図とする。"Let it not, I beseech you, be forgotten–bear in mind, as we proceed with these lectures, that it is this diversity of elements, and there constant struggle, that the essential character of our civilization consists."（Guizot, *Ibid.*, p.40）には青の付箋が貼付されている。

二七▼造物主の深意――ギゾー文明史"European civilization has, if I may be allowed the expression, at last penetrated into the ways of eternal truth–into the sheme of Providence; –it moves in the ways which God has prescribed. This is the rational principle of its superiority."（Guizot, *Ibid.*, p.40）参照。

九　支那の元素は一なり

44▼神《しん》政府――神権政治（theocracy）。宗教上の主宰者が、同時に政治上の支配者である政治。祭政一致。古代国家の多くは、神の名において政治が行われ、神権政治であったといえよう。

45▼周の末世――周は紀元前十二世紀から紀元前三世紀まで。ここに周の末世といっているのは、春秋（紀元前八―五世紀）・戦国（紀元前五―三世紀）の約五百年をさす。

46▼異端――もと儒者が儒教以外の諸子百家の学を称したことば。聖人の道以外の異説。仏徒が仏教以外の道を外道《げどう》といったのと同じ。

47▼秦の始皇、天下を一統して書を焚たるも云々――紀元前三世紀、始皇帝は周末の乱世を統一して、秦朝を建てたが、学者の言論を封殺するため、医薬・卜筮・種樹以外の天下の書を焚き、また数百人の儒者を穴埋めにして殺した。焚書《ふんしょ》坑儒という。

48▼楊墨――楊朱や墨子（墨翟《ぼくてき》）。楊朱は戦国時代の思想家で、為我縦欲を唱へた利己的快楽主義者。墨子は春秋時代の思想家で、兼愛攻利（博愛平等を以て天下の人の利をはかる）の説を主張した。楊墨の説は、当時はむしろ儒教以上の勢力を持ったといわれる。

二八▼至尊の位と至強の力――ギゾー文明史のヘンリーの脚注に"the throne as the center of all authority and the source of all dignity"（Guizot, *Ibid.*, p.43n.）とある。また

「賈誼、過秦論」に「履至尊而制六合」とある。帆足万里『東潜夫論』に「王室は長く至尊の位を失ひ給はじ」とある。なお、万里は将軍家を「覇府」、諸大名を「諸侯」としている。後に福澤も読み「帝室論」を著すのに参照したバジョット『英国憲政論』（Walter Bagehot, *The English Constitution*, 1878）には「尊厳的部分」（the dignified parts）と「実践的部分」（the efficient parts）と英国憲政を区分している。なお本章における中国文明、第九章での日本文明の特質を著わすにあたって、福澤はギゾー文明史第二講にあるギリシア・ローマ・アジアにおける文明の単一性原理、特に「一箇の排他的権力」（one *exclusive* power）が支配的であるとの議論（Guizot, *Ibid.*, pp.35-37）を補注二九とともに参照している。ここには青・赤・桃色の付箋が七箇所に貼付されている。

二九▼自由の気風は……――ギゾー文明史"While in other civilizations the exclusive domination, or at least the excessive preponderance of a single principle, of a single form, led to tyranny, in modern Europe the diversity of the elements of social order, the incapability of any one to exclude the rest, gave birth to the liberty which now prevails.... Thus, while everywhere else the predominance of one principle has produced tyranny, the variety of elements of European civilization, and the constant warfare in which they have been engaged, have given birth in Europe to that liberty which we prize so dearly.... Why just that very same diversity, that very same variety of elements, that very same struggle which is so strikingly evinced in European civilization"（*Ibid.*, pp.39-40）参照。なお、この最後の文章には福澤によると思われる鉛筆によるチェックがある。

十　日本の元素は二なり

49▼我日本にても古は神政府の旨を以て一世を支配し云々――古代日本において、実際いかなる程度に神権政治が行われたかは、今日歴史家の間に議論があるが、『古事記』や『日本書紀』などの記事をそのまま認める限りにおいては、やはり福澤のいう通りであろう。福澤の時代は、まだ古代史の研究が発達していなかったから、専門の史学者でもない彼が、一応記紀の記事に準拠して立論したのは当然である。

50▼日蝕《にっしょく》の時に天子席を移し――昔は日蝕を不吉として忌み恐れ、その光に当ることを避けたのである。日本の宮中でも、蓆《むしろ》を以て御殿を蔽う故実のあったことが『禁秘抄』等に見える。幕末の随筆『思ひの儘の記』（勢多章甫著。近世禁中の状態を記したもの）にも、日蝕の記事の中に、「清涼殿・常御殿等に莚を掛く。御殿を覆ひつつむ意也。其蝕にあたらざる為也。是古の礼にて、其形の遺りし也」とある。

51▼この至尊の天子に至強の力あらざれば、人民は自《おのず》から之を度外に置て顧るものなし——福澤はこういって、朝廷の行事の民間への影響が少なかったことをいっているが、必ずしもそうとはいえまい。日本の民俗に、朝廷の行事との関連が一貫して深い事は否定すべくもない。

52▼あるいは今日に至て、彼《か》の皇学者流の説の如く云々——明治維新は王政復古であったから、当初政府は神武創業の昔に帰り、祭政一致の古制に復すべく、明治元年神祇官を再興して、大いに神祇政治を実現せんとした。しかし程なく文明開化の大勢に抗し得ず、祭政一致の理想の如きは、時代おくれの一部国学者の夢として顧みられなくなった。維新当時、政府に働きかけて、祭政一致主義を唱導したのは、主に平田派の国学者で、大国隆正・平田鉄胤《かねたね》（篤胤の養子）・玉松操・矢野玄道《はるみち》らがその代表的な思想家である。

三〇▼独裁の神政府——ギゾー文明史第二講冒頭にエジプト、インドの神政的原理（the theocratic principle, theocracy）について、また力の原理（the principle of force）、民主的原理（the democratic principle）についての議論があり、青の付箋が二箇所、赤の付箋が一箇所貼付されている（Guizot, *Ibid.*, pp.35-36）。

十一　国体とは何ぞや

53▼和戦——戦を和する意で、和睦のこと。平和と戦争の意ではない。

54▼瑞西《スイス》——ドイツ系（七割）、フランス系（二割）のほか、少数のイタリア系の住民から成る。言語も主にドイツ語とフランス語とが用いられ、宗教も新教と旧教とが行われる。

55▼日耳曼《ゼルマン》の諸国——ドイツ連邦のこと。ドイツは十世紀から十九世紀初めまで神聖ローマ帝国と称したが、一八〇六年ナポレオンの侵略により、神聖ローマ帝国は解体した。ナポレオン失脚後のウィーン列国会議（一八一四—五）により、ドイツ連邦が組織され、一八七〇年の普仏戦争の勝利により、翌一八七一年（明治四年）プロイセン王ヴィルヘルム一世がドイツ皇帝の位に即いて、ドイツ帝国の統一が完成された。したがって『文明論』

の書かれた時は、統一直後だったのである。

56▼英と蘇格蘭《スコットランド》と相合して一政府を共にしたるは云々――― イングランドとスコットランドとは、古来独立の王国で、しばしば抗争をくり返したが、一六〇三年イングランドのエリザベス女王の死するや、スコットランド王ジェームズ六世がイングランド王を兼ねて、ジェームズ一世と称し、その後一世紀を経て、一七〇七年にスコットランドはイングランドと合併した。

57▼荷蘭《オランダ》と白耳義《ベルギー》と分れて二政府と為りたるは云々―――ベルギーは周囲の諸大国の圧迫により、その歴史は複雑である。十八世紀末、フランス革命以後、ベルギーは一時フランス領になっていたが、ウィーン会議の結果、オランダと合併して、ネーデルランド王国を創設した。しかし民族・言語・宗教・習俗等の相違により、ベルギー側にオランダの横暴に対する不平が高まり、一八三〇年分離独立した。

三一▼国体とは何物を指すや。……―――ミル代議政論第一六章にある "A PORTION OF MANKIND may be said to constitute a Nationality, if they are united among themselves by common sympathies, which do not exist between them and any others–which make them co-operate with each other more willingly than with other people, desire to be under the same government, and desire that it should be government by themselves or a portion of themselves, exclusively. This feeling of nationality may have been generated by various causes. Sometimes it is the effect of identity of race and descent. Community of language, and community of religion, greatly contribute to it. Geographical limits are one of its causes. But the strongest of all is identity of political antecedents; the possession of a national history, and consequent community of recollections; collective pride and humiliation, pleasure and regret, connected with the same incidents in the past. None of these circumstances however are either indispensable, or necessarily sufficient by themselves" (Mill, *Ibid.*, XIX, p.546) の援用である。

三二▼国体の存亡は……―――ミル代議政論第一六章にある "This is merely saying that the question of government ought to be decided by the governed." (Mill, *Ibid.*, XIX, p.547) 及び同第一八章にある "The governmentt of a people by itself has a meaning, and a reality; but such a thing as government of one people by another, does not and cannot exist.”（Mill, *Ibid.*, XIX, p569）の援用である。

十二　政統について

58▼ポリチカル・レジチメーション——評説❖24に記したように、ギゾーの文明史に拠ったことばであるが、ヘンリー英訳本には political legitimacy とあって、legitimation とはない由、小沢栄一博士の示教を受けた。legitimacy は政治学上の専門語となっており、「正統性」と訳されている。平凡社『政治学事典』の「正統性」の項などに詳しい説明がある。

59▼同国〈英国〉にて政権の事に付き内乱に及びたるは云々——国王チャールズ一世の王権神授説に反対するクロムウェル一派の議会勢力は、数年間の内乱を経て、一六四九年ついに国王を死刑に処した。いわゆる清教徒革命である。それから一時クロムウェルが護民官として共和制をしいたが、その死後（一六五八）、王政が復活した。しかし、依然相つぐ王の専制は人民の不満を買い、一六八八年議会は国王ジェームズ二世の廃位を決定して、オランダよりオレンジ公ウィリアムを迎えて王としたので、ジェームズ二世はフランスに亡命した。無血の改革が成功したので、世に名誉革命という。ウィリアムは王位を継いで、ウィリアム三世となったが、即位に当り、議会の〝権利の宣言〟を承認して、人民の生命財産の保護や、言論の自由などを約束した。これによってイギリスの立憲政治の基礎が確立され、英国は世界の議会政治の父と呼ばれるに至る。

60▼カラウヒンジヤ——中世フランクの王朝カロリンガ家のこと。ピピン（Pépin）が六七八年フランク国の宮相となって以来、国政の実権は彼の手に帰し、国王は名目的存在にすぎなくなった。その孫の同名ピピンの時、七五一年実権なき国王ヒルデリック三世の王位を奪い、フランク王となった。ここにおいてメロビンガ朝は亡びて、彼がカロリンガ朝の祖となった。その子が有名なカール大帝（シャルルマーニュ）で、カロリンガ朝の黄金時代を作った。

61▼往古合衆政治たりし荷蘭は、今日立君の政を奉じ——オランダ（ネーデルランド）は、かつてスペインの支配下にあったが、一五七二年、この地方の人民はスペインとの間に戦争を起し、一五八一年独立して、ネーデルランド共和国を建設した。オランダというのは、ネーデルランド七州の中、最も栄えた州の名に基く。十七世紀はオランダの黄金時代で、ヨーロッパの商権をほとんど独占した観があるが、十八世紀末葉のフランス革命時代から十九世紀初頭のナポレオン時代には、フランスの圧迫を受けて、国威振わず、一八一〇年には一時フランスに併合されるに至る。ナポレオン失脚後、一八一五年ウィーン列国会議の結果、ベルギー地方を合せて、ネーデルランド王国と称し、再び独立して、爾来王制をとる。

62▼近くは仏蘭西《フランス》の如き、百年の間に政治の趣を改ること十余度に及び――およそ次の如くに見ることができよう。一、ブルボン王朝時代（十六世紀末以来）。二、フランス大革命時代（一七八九―九五）。三、総裁政府時代（一七九五―九九）。四、ナポレオン執政時代（一七九五―一八〇四）。五、ナポレオン帝政時代（一八〇四―一四）。六、ナポレオン失脚時代（一八一四―一五）。七、ナポレオン百日天下時代（一八一五）。八、ブルボン王朝復活時代（一八一五―三〇）。九、七月革命によるルイ・フィリップ王政時代（一八三〇―四八）。十、二月革命による第二共和制時代（一八四八―五二）。十一、ナポレオン三世帝政時代（一八五二―七〇）。十二、第三共和制時代。

三三▼国にポリチカル・レジチメーションということあり……――ギゾー文明史第三講にある “the idea of political legitimacy; an idea which has played a considerable part in the progress of European civilization.（Guizot, *Ibid.*, p.63）This disavowal of violence made by every system, proclaim, as plainly as facts can speak, that there is another legitimacy, the true foundation of all the others, the legitimacy of reason, of justice, of right. It is to this origin that they seek to link themselves. ....The first characteristic, then, of political legitimacy, is to disclaim violence as the source of authority, and to associate it with a moral notion, a moral force-with the notion of justice, of right, of reason. This is the primary element from which the principle of political legitimacy has sprung forth.”（Guizot, *Ibid.*, p.65）の援用であるが福澤はギゾー英訳の “political legitimacy” を “political legitimation” としていることは評説❖24、注58のとおりである。なお、p.65には赤の付箋貼付とサイドラインが施されている。

三四▼あるいは立君の説……――ギゾー文明史にあるtheocracy, monarchy, aristocracy, democracy（Guizot, *Ibid.*, pp.61, 63, 68）の分類を参照したものである。ヨーロッパ文明における統治形態であるが、福澤は貴族政を封建割拠と同一視しているが、ギゾーを読んでそのように表現したのであろう。ギゾーも封建的貴族政(feudal aristocracy)との表現を使用している（*Ibid.*, p.288）。

三五▼譬えば英国にて……――Guizot, *Ibid.*, pp.278-288における英国革命の意義についての叙述を参照にしたのであろう。

三六▼往古仏蘭西にて……――Guizot, *Ibid.*, p.69 の叙述及びCarlovingian 朝の始祖小ピピンから遡って五〇七年にメロリンガ朝を創設したクロビス以降、六二八年のダゴベルト一世の治世時に行政長官が王権を制御し、六八七年に大ピピンが行政長官につき、七五二年から七五七年に小ピピンがカロリング朝を起こしたとのヘンリーが付した年譜による（Guizot, *Ibid.*, pp.71-72n.）。

十三　血統（皇統）について

63▼血統相続の争論よりして師《いくさ》を起したるの例は歴史に珍らしからず――ヨーロッパでは、両国の元首同士が親子・夫婦であったり、親族・姻戚であったりする場合が珍しくないから、自然継承をめぐる戦争があった。たとえば百年戦争（一三三九―一四五二）はその一つ。フランスでカペー王統が絶え、ヴァロア王統が王位についた時、イングランド王エドワード三世が、王位継承権を主張してフランスに侵入したため、百余年にわたって英・仏間に戦いが間歇的に行われ、結局ジャンヌ・ダルクの出現によって、イングランドの敗北に終った。その他、スペイン継承戦役（一七〇一―一三）とか、オーストリア継承戦役（一七四〇―四八）とか、史上に顕著な継承戦争が少なくない。

64▼あるいはまた、甲の国の君、死して子なく云々――たとえば前掲の如くイングランドで、一六〇三年エリザベス女王が死んだ時、子がなかったので、スコットランド王のジェームズ六世が、骨肉の縁を以てイングランド王を兼ねて、ジェームズ一世と称した（その一世紀後両国は合併したが、それまでは各々独立国であった）。また一七一四年イギリスのアン女王が死んだ時も、後嗣がなかったので、ドイツのハノーバー侯ジョージ（前記ジェームズ一世の曾孫）が、近戚の故を以てイギリス王の位について、ジョージ一世となった。かように、一人にして両国の君主を兼ねる場合をpersonal union という。

65▼山陽外史、北条氏を評して、万乗の尊を視ること孤豚《ことん》の如しといえり――頼山陽の『日本外史』の「新田氏前記　楠氏」の条に、「北条氏ニ至リテハ、将門ノ属隷〔将軍の家来〕ヲ以テシテ、坐《ヰ》ナガラニ朝廷ヲ制ス。天下ノ事、復言《マタ》フニ忍ビザルナリ。……万乗ノ尊ヲ視ルコト、啻《タダ》ニ孤豚ノ如キノミナラズ。嗚呼、八洲ノ生民、誰カ先王ノ遺沢ヲ被ラザラン云々」（原文漢文）とあるによる。頼山陽（一七八〇―一八三二）は江戸時代後期の最も著名な勤王史家。外史とは民間の史家の称。「万乗の尊」とは天子の意。古代シナの制で、天子は一万の兵車を動かしたによる。「孤豚」は一匹の豚で、きわめて卑しいもののたとえ。

三七▼血統とは……――バックルの“lineage”、“a long line of emperors”(Buckle, *Ibid.*, I., pp.478, 568)、及び“a line of sovereigns”(Buckle, *History of Civilization in England*, Vol. II, New York: D. Appleton, 1872, p.31. 福澤手沢本）における用法を参考にしたのであろう。

十四　皇統を保つは易く、国体を保つは難し

66▼誤認る――「あやまりしたゝむ」と岩波文庫本［一九六二年版］にルビがあるが、「あやまりみとむ」の方が一般的なよみ方であろう。但し「したたむ」でも、みとめる意味がある。

67▼北条の時代より以降、南北朝の事情を見て知るべし云々――鎌倉中期（十三世紀中頃）、北条執権の時代に、大覚寺・持明院両統迭立の争いに端を発し、それが後に南北両朝の対立争乱（十四世紀中―末頃）に発展したことをいう。両統のいずれから天皇が立つのが順か逆か、また南北両統の天皇のいずれが正統か閏位かということが、当時の政争の中心であった。

68▼楠氏はただ血統を争うにあらず云々――正成が南朝（大覚寺系）の後醍醐天皇にあくまで忠義を尽して、北朝（持明院系）の天子光厳天皇（初代）や光明天皇（二代）を認めなかったのは、単に皇統の順逆正閏そのものを問題にしたのではない。後醍醐天皇による天皇親政の政体を目的としたもので、北朝の天子を名目だけにかかげた足利氏の武家政治の存在を否定したものにほかならなかった、というのである。

69▼金甌《きんおう》無欠――きずのない黄金のかめのように、外国から侵略されたことのない完全堅固な国体をいう。

70▼陰陽五行――古来のシナの哲学で、日本にも広く流行した。一切の万物は陰陽の二気によって生じ、木火土金水の五元素（五行）から成るとし、天地の災祥、人事の吉凶等をすべてこれによって解釈するもの。

71▼窮理の道――西洋の物理学、あるいは広く自然科学をもさす。ここは後者の意。

三八▼人民の智力を進めざるべからず……――ミル代議政論第二章にある「国民自身の知徳(the virtue and intelligence)の向上」がすぐれた統治の第一要素であって「被治者の優れた資質の総体を集合的かつ個別的に増大させるのに役立つことを優れた統治の一つの基準と看做してよい」(Mill, *Ibid.*, XIX, p.390) を参照している。なお補注五八参照。

十五　古習の惑溺は政府の虚威を生ず

72▼周唐の礼儀――シナ周代の礼法の整斉していたことは、「礼儀三百、威儀三千」(『中庸』)というような形容でも知られる。礼儀の箇条はおよそ三百、細目は三千あるという意。唐代はシナ史上あらゆる制度の完備した時代で、古代の朝鮮・日本は、範をこれに仰いだ。

73▼七年の大旱に壇を築て雨を祈るも云々――殷の湯王が、七年の大旱に祈禱を以て大雨を降らしたという故事(淮南子等)による。「禹十年水、湯七年旱」という成句もある。

三九▼習用の久しき――ミル自由論にある“the despotism of custom”(慣習の圧制)参照(Mill, *Ibid.*, XVIII. pp.272-274)。なお、中村正直訳では「風俗規矩之威権」となっている。「慣習の圧制」がミルにとっては進歩の障碍であり、東洋の特徴でもある。

四〇▼政府もまたかくの如し。……――Chambers's Educational Course, *Political Economy for Use in Schools, and for Private Instruction*, London and Edinburgh: William and Robert Chambers, 1852., pp.20-24 参照。

四一▼理外の威光――「理外の便利」(①四一七)“dignified historical relation towards the people” (Chambers, *Ibid.*, p.23) 参照。「政府の実威」と「政府の虚位」との福澤の区分は前記「至尊の位」と「至強の力」との区分に相応。

四二▼人類の天性に於て権力を有する者は……――ミル代議政論にある“of men's being corrupted by power” (Mill, *Ibid.*, XIX, p.445) 参照。

十六　文明に依頼して王室の実威を増すべし

74▼往古は剣を海に投じて潮の退たることありしが――元弘三年(一三三三)、勤王の兵を挙げた新田義貞が鎌倉攻めの時、稲村ヶ崎で佩剣を海に投じて、海神に祈ったため、にわかに潮がひいて敵の軍船が遙かに沖に流され、義貞の軍勢は干潟を渡って、首尾よく鎌倉に攻めこみ、北条高時を滅亡させたという故事。『太平記』巻十「稲村崎成《ル》二干潟《ト》一事」の条に見える。

75▼古は紫雲のたなびくを見て英雄の所在を知りたれども――紫雲は古来シナで瑞雲とし、盛徳の君子がいる時現われるものとされた。

四三▼道理に基きたる約束を定め――福澤は後になっても「元来政治法律は道理部内の事」（⑥一七、⑤二七九―二八〇）と主張している。

四四▼王室の虚位を捨てて――虚と実との区別の問題は、後にバジョット『英国憲政論』などを念頭において『帝室論』として展開される。

十七　世の事物は、ただ旧きを以て価を生ずるものにあらず

76▼プラザマ・ラジャ――インド神話の創造神 Pratahma（梵天）。没羅含摩とも書く。ラジャ（rāja）は梵語で王の意。この記事はバックルの『英国文明史』（西村二郎訳書第一巻、一九八頁）の踏襲である。

77▼メヌウ――いわゆるマヌ（Manu）法典。紀元二、三世紀ごろ成立したと推定される古代インドの法律書で、十二章に分けて、詩歌体で叙述され、宗教的色彩が強い。

四五▼古習に惑溺する者は……――バックル文明史第五章にある不明瞭にして神秘的言語（obscure and mystical language）を使用した文芸を学べば学ぶほど無智に陥り、惑溺（credulity）を助長するとの議論が念頭にあったのであろう（Buckle, *Ibid.*, I, pp.194-196）。なお、バックルの本段落の冒頭には赤の付箋が貼付されている。

四六▼印度の歴史にいえることあり……――Buckle, *Ibid.*, I, pp.97-98, p.98 の note 217, p.97 の古代インドの王の治世の箇所に白の付箋が貼付されている（*Ibid.*, I, p.97）。

四七▼割注――「インドに古くから伝えられている歴史によると、マヌ法典は造化の神であるブラマの子であるマヌから授かったものであるので、そのように名づけられたといわれる。西暦一七九四年にイギリス人ジョーンズ卿（Sir William Jones）が、それを英文に翻訳した。書中の趣意は神道専制の説を巧に記したものであるが、徳を修める箇条では極めて厳正であって議論も高度であり、その述べるところの教えはキリスト教と符号するところが多く、その教えのみならず文章も類似している。たとえばマヌの文章に、人を見る場合は心を痛めるようにして不平を訴えてはいけない、行為によって人を傷つけてはいけない、また心によって人を傷つけてはいけない、人を罵ってはいけない、人に罵られても、堪え忍び、立腹するはめになっても立腹で報復してはいけない、云々と。またキリスト教の『旧約聖書』詩篇とマヌの文とはそれぞれ文言が似ているものがある。詩篇に、愚かな者は自らその心のうちに「ゴッドなし」というと。マヌの文に曰く、悪人は自らその心に問て誰も己を見ていないというけれども、神は明らかにこれを見分けて胸のうちもきっと御存知であると。それらがぴったりと合うことは以上の通りである。以上ブランド編著の事典からの抄訳」。これは W.T. Brande and G.W.Cox, *A Dictionary of Science, Literature and Art*, New Edition, 3 Vols (London, 1865-1867) 第三巻、p.495 からの引用である。

四八▼物の貴きにあらず、その働の貴きなり――『学問のすゝめ』初編（③三〇）、『童蒙教草』第一巻のフランクリンの項に「天は万物を人に与えずして働きに与ふるものなり」（③一八三、Chambers's Educational Course, *The Moral Class–Book*, London and Edinburgh; William and Robert Chambers, 1871, pp.39-40）とある。

第三章　文明の本旨を論ず

一　文明とは何ぞや

78▼シウヰタス――civitas. 国家とか市民層とかいう意。

79▼生々《せいせい》の気力――「生々」は生活・生存の意。動詞にもいう。

80　81▼内乱戦争、独裁暴政――フランス大革命・アメリカの独立戦争・ナポレオン大帝の独裁政治などがそれに該当するであろう。

四九▼そもそも文明は……――ギゾー文明史に“The difficulty of describing it [civilization], of recounting its history, is apparent and acknowledged; but its existence, its worthiness to be described and to be recounted, is not less certain and manifest.”（Guizot, *Ibid.*, p.17）とある。

五〇▼文明の字義は……――ギゾー文明史中の以下のヘンリー脚注に依拠している。“This dispute turns upon the greater or less extension given to the term.

Civilization may be taken to signify merely the multiplication of artificial wants, and of the means and refinements of physical enjoyment.

It may also be taken to imply both a state of physical well

being and a state of superior intellectual and moral culture.

It is only in the former sense that it can be alleged that civilization is an evil.

Civilization is properly a relative term. It refers to a certain state of mankind as distinguished from barbarism.

Man is formed for society. Isolated and solitary, his reason would remain perfectly undeveloped. Against the total defeat of his destination for rational development God has provided by the domestic relations. Yet without a further extension of the social ties, man would still remain comparatively rude and uncultivated–never emerging from barbarism. In proportion as the social relations are extended, regulated and perfected, man is softened, ameliorated, cultivated. To this improvement various social conditions combine; but as the political organization of society–the STATE–is that which first gives security and permanence to all the others, it holds the most important place. Hence it is from the political organization of society, from the establishment of the STATE, (in Latin *civitas*,) that the word civilization is taken.

Civilization, therefore, in its most general idea, is an improved condition of man resulting from the establishment of social order in place of the individual independence and lawlessness of the savage or barbarous life." (Guizot, *Ibid.*, p.18n.)

五一▼文明の物たるや……———ギゾー文明史の以下の論に依拠している。"Is it not indeed clear that civilization is the great fact in which all others merge; in which they all end, in which they are all condensed, in which all others find their importance? Take all the facts of which the history of a nation is composed, all the facts which we are accustomed to consider as the elements of its existence–take its institutions, its commerce, its industry, its wars, the various details of its government; and if you would form some idea of them as a whole, if you would see their various bearings on each other, if you would appreciate their value, if you would pass a judgment upon them, what is it you desire to know?" (Guizot, *Ibid.*, p.19)

五二▼文明はあたかも……———ギゾー文明史の以下の論に依拠している。"These are, as it were, the rivers of whom we ask how much water they have carried to the ocean. Civilization is, as it were, the grand emporium of a people, in which all its wealth–all the elements of its life–all the powers of its existence are stored up. It is so true that we judge of minor facts accordingly as they affect this greater one, that even some which are naturally detested and hated, which prove a heavey calamity to the nation upon which thy fall–say, for instance, despotism, anarchy, and so forth,– even these are partly forgiven, their evil nature is partly overelooked, if they have aided in any considerable degree the march of civilization."（Guizot, *Ibid.*, p.19）

二　不文未開の四態

82▼松前より蝦《え》夷《ぞ》人を取扱いしが如き云々———北海道松前地方は、室町時代末より江戸時代にわたって松前氏が領有し、福山に城を構えて、蝦夷地経営の根拠地とした。文化年間、一時幕府直轄地となったが、再び松前氏に返されて、維新に至る。明治以後函館に繁栄を奪われたが、かつては松前三千軒と謳われ、アイヌ搾取の中心地であった。

五三▼今仮に数段の問題を設て……———ギゾー文明史の以下に始まる四つの仮定に依拠している。"I shall commence this investigation by placing before you a series of hypotheses. I shall describe society in various conditions, and shall then ask if the state in which I so describe it is, in the general opinion of mankind, the state of a people advancing in civilization–if it answers to the signification which mankind generally attaches to this word" 以下税制、自由の不在、無秩序と不平等、社会性の欠如について論じ、"I could easily multiply these hypotheses; but I presume that I have gone far enough to show what is the popular and natural signification of the word civilization."（Guizot, *Ibid.*, pp.21-22）と結んでいる。

三　文明とは人の智徳の進歩なり

83▼顔回———孔子の第一の門人。顔淵ともいう。『論語』（雍也）に「子曰《ク》、賢《ナルカナ》哉回《ヤ》也。一簞《ノ》食《シ》、一瓢《ノ》飲、在《リ》二陋巷一。人《ハ》不レ堪《ヘ》二其憂《ヘニ》一。回《ヤ》也不レ改《メ》二其楽《シミヲ》一。賢《ナル》哉回《ヤ》也」とある。

84▼アイルランドの人民は云々———アイルランドは十二世紀以来イギリスに征服されて、その支配下にあったが、住民の大部分はケルト族で、旧教を奉じ、大ブリテン島の住民がアングロサクソンで、新教を奉ずるのと異なっている。産業も彼の商工業に対して、これは農業立国で、民度も低い。アイルランド人は被征服民として、常にイギリスの圧迫に苦しんだ（現在［一九七二年］では完全な独立国エール Eire 共和国となっている）。バックルの『英国文明史』（西村二郎訳書第一巻、七九―八一頁）に、「アイルランドと馬鈴薯」の一項があり、アイルランドは馬鈴薯の生産が豊富過ぎるため、人口の増殖が甚だしく、したがって労働賃銀が安くて、民度の低いことを論じている。福澤のこの記事は、バックルに示唆されたものと思われる。

85▼許多の欠点――原版本「缺典」とあるのは、当時の慣用。

五四▼文明とは……――Guizot, *Ibid*., pp.23-25 の援用であるが、"...if we look a little deeper, we discover that, besides the progress and melioration of social life, another development is comprised in our notion of civilization; namely, the development of individual life, the development of the human mind and its faculties–the development of man himself. ...Two elements, then, seem to be comprised in the great fact which we call civilization;–two circumstances are necessary to its existence–it lives upon two conditions–it reveals itself by two symptoms: the progress of society, the progress of individuals; the melioration of the social system, and the expansion of the mind and faculties of man."（Guizot, *Ibid*., pp.24-25）が特に重要。

五五▼人間はただ蟻の如きのみ……――ギゾーの "the human race would be little better than the inhabitants of an ant-hill or bee-hive;"（Guizot, *Ibid*., p.23）の援用。

五六▼天の約束――ギゾーの "man is formed for a higher destiny"（Guizot, *Ibid*., p.23）の援用。

五七▼文明とは……――補注五四の Guizot, p.25 記述と補注五〇にあるヘンリー脚注の記述の援用。

五八▼文明とは結局……――補注五七のギゾーの論やヘンリーの脚注にバックルの以下の議論を援用して要約したものである。"If, in the first place, we ask what this progress is, the answer seems very simple: that it is a twofold progress, Moral and Intellectual; the first having more immediate relation to our duties, the second to our knowledge .... This double movement, moral and intellectual, is essential to the very idea of civilization, and includes the entire theory of mental progress")（Buckle, *Ibid*., I, pp.125-126）。なお "moral" と "virtue" との違いはあるが、ミル代議政論第二章の以下の議論も念頭にあったと思われる。"The first elements of of good government, therefore, being the virtue and intelligence of the human beings composing the community, the most important point of excellence which any form of government can possess is to promote the virtue and intelligence of the people themselves."（Mill, *Ibid.*, XIX, p.390）

五九▼アイルランドの人民は……――バックル文明史の"In Ireland the labouring classes have for more than two hundred years been principally fed by potatoes, which were introduced into their country late in the sixteenth, or early in the seventeenth century"（Buckle, *Ibid.*, I, p47）の知見による。注84も参照。

六〇▼十全健康……帯患健康……――フェーランド著・緒方洪庵重訳『扶氏経験遺訓』（阿部泰蔵直話、高橋義雄編『福澤先生を語る　諸名士の直話』岩波書店、昭和九年、一一五頁）参照。

四　政治の体裁は必ずしも一様なるべからず

86▼ギゾー氏の文明史にいえることあり――この引用文は、同書第九講冒頭（角川文庫、下、五六頁）に見える言葉である。今、永峰秀樹訳『欧羅巴文明史』巻之九「王権政体」の条の訳文を引けば、次の如くである。「之ヲ譬フレバ王権政体ハ恰カモ一個ノ頭顱ニシテ、之ヲ善悪諸人ノ頭顱トナスベク、之ヲ善人ノ身軀ニ戴カシムレバ此頭顱モ亦タ善ニ、之ヲ悪人ノ身軀ニ戴カシムレバ此頭顱モ亦悪トナルナリ。又之ヲ譬フレバ一個ノ菓実ニシテ、臭気堪ヘ難キノ毒花ニモ実ヲ結ビ、又芬芳愛スベキノ美花ニモ実ヲ結ベリ。故ニ王権政体ハ其国情ノ美悪ニ随ガヒ、仁慈トモナルベク、又暴虐トモナルベク、善悪普通変化極マリナキノ政体ナリ」。〇なお福澤は、この『文明論』にのせたと同じ訳文を「学問のすゝめの評」（①四六―四七）にも引用している。

87▼千八百四十八年仏蘭西の共和政治は云々――いわゆる二月革命による第二共和制時代。一八三〇年フランスの王位についたルイ・フィリップは、当初中産階級の支持を得て、自由主義的改革を断行し、一時国民の人気を博したが、一八四〇年ギゾーの内閣組織以来、保守主義政策を採り、その金権政治のため、一般国民、特に労働階級の不平が高まった。その上、外交上の失態も続出して、一八四八年二月、革命が勃発。軍隊の発砲により五十余名の市民が殺され、パリ市内は一時戦場と化した。いわゆる二月革命である。ギゾー内閣は崩壊し、王はイギリスに亡命して、フランスは第二次の共和制時代になった。しかし共和政府成立と同時に、有産市民階級と無産労働階級との対立抗争が激しく、前者は後者を排撃して、著しく国情不安に陥った。その混乱に乗じて、イギリスより帰国した野心家ルイ・ナポレオン（ナポレオン一世の甥）は、大統領に選ばれ、やがてクーデターの断行により、反対派を一掃して、一八五二年十一月には、皇帝ナポレオン三世となり、再びフランスは帝政時代（一八七〇年彼の失脚まで）に入るのである。されば二月革命が全ヨーロッパの自由革新勢力に与えた波紋はきわめて大きかったにしても、フランス自体の第二共和制は、党派の争いに終始し、惨憺たる失敗に終ったのである。

88▼墺地利《オーストリア》にて第二世フランシスの時代には云々——フランツ二世（Franz II. 1768-1835）は、十八世紀初期のオーストリア皇帝。ナポレオンと戦って敗れ、女のマリヤ・ルイザをナポレオンの皇后に納れて、フランスの圧迫を緩和した。一八一四年ナポレオン失脚後は、平素信頼せる大臣メッテルニヒ（Metternich. 1773-1859）に国政を一任したので、彼の在位時代は、実質的にはメッテルニヒ執政時代というべきである。メッテルニヒは、一八一四年ナポレオン没落後の善後措置を講ずるウィーン列国会議を指導して、ヨーロッパ全土の旧秩序回復を図った。彼は典型的な保守政治家で、ウィーン会議後約三十年にわたり、内治外交に敏腕を揮った。すなわち外交的には欧州列国を糾合して、革命的風潮の阻止に全力をあげ、国内では自由主義勢力の弾圧につとめた。さればこの時代のオーストリアの政治を「寛大の実あり」と称するのは寛大すぎる感を免れないが、ともあれ一面には国民生活の改善にも努力し、一時的ながら革命の危険を回避した功績もあるので、かくいったのであろう。元来福澤のこの文章（フランスの第二共和制・対・墺のフランツ二世の帝政に関する評価）は、チェンバーズ版『経済読本』の記事に拠って書いたものであるが（第三章の要旨、評説❖36参照）、革命ぎらいの英国人の著だけに、フランスの革命政治に対しては評価が厳しく、保守政治に対しては好意的な評価を下したものかと思われる。

89▼メキシコの共和政——メキシコは十六世紀以来スペインの植民地となり、スペイン系混血人が、原住民インディアンとともに住んでいる。一八二一年独立して共和国となったが、事実上は独裁政治が続き、アメリカやフランス等に侵されて国威を失墜し、国情不安定をきわめた。

六一▼文明の本旨は上下同権――ギゾー文明史にみられる多様性の問題と第九講にみられる君主政論、さらに境遇の平等化を文明化と理解可能な Tocqueville, *Ibid.* の問題意識を参照しての意見か。

六二▼ギゾー氏の文明史にいえることあり……――明治七年十一月七日に記した「学問のすゝめの評」においても同一箇所を翻案して公表している(①四六―四七)。以下がその原文である。"In some places despotic and oppressive; in others favorable to the progress of civilization and even of liberty; it is like a head that may be placed on many different bodies, a fruit that may grow from many different buds." (Guizot, *Ibid.*, pp.194-195).

六三▼都て世の政府は……――Chambers's, *Ibid.*, pp.21-24, 及び『西洋事情』外編(①四一六―四一八)参照。またミル代議政論第二章にある "government altogether being only a means" 及び "the best government is that which is most conducive to Progress .....Conduciveness to Progress, thus understood, includes the whole excellence of a government." (Mill, *Ibid.*, XIX, pp.383, 387-388)参照。

六四▼政府の体裁……――『西洋事情』初編「備考」(①二八九・四一九)参照。

六五▼千八百四十八年……――①四一九―四二〇、Chambers's *Political Economy*, pp.24-25. 参照。

五　君臣の倫は天性にあらず

90▼四時循環の算――シナで発明された太陰暦で、一年を二十四気、七十二候に分けるなどをいう。

91▼星宿分野――「星宿」は星座。昔シナで地球を中心として、天を二十八に区分し、二十八宿と名づけた。「分野」とは、やはり古代のシナで全土を天の二十八宿に配当し、各地方をつかさどる星宿を定めたもの。

92▼天に二日なし、地に二王なし――『礼記』に「天無《ニク》㆓二日㆒、土無《ニシ》㆓二王㆒」、『孟子』(万章上)に「天無《ニク》㆓二日㆒、民無《ニシ》㆓二王㆒」とある。ともに孔子の語として出ている。君主は一人に限るということ。

93▼唐虞《とうぐ》三代――「唐」はシナ古代の聖人堯、「虞」は同じく舜。「三代」はそれに続く夏・殷・周の三王朝。いずれも後世のシナ人が理想と仰いだ上古の時代。

94▼湯武の放伐――易姓革命(注18参照)。

六六▼支那日本等に於ては……――いわゆる五倫五常の儒教倫理を指す。「父子有親、君臣有義、夫婦有別、長幼有序、朋友有信」(『孟子』籐文公上)、「君臣と、父子と、夫婦と、兄弟と、朋友と、此五の間は、古も今も、天地の間にあるものなり。此道あらたまることなきゆえに、達道と名づく」(林羅山『三徳抄』)。これに比し荻生徂徠は「君臣朋友の道に至りては。聖人之立玉へるによりてこそ人是を存候へ」(『徂徠先生答問書』下)としている。

六七▼**物ありて然る後に倫あるなり……**——荻生徂徠「先王の教へは物を以てし理を以てせず」(『弁道』)参照。

六八▼**割注**——「ある西洋学者の説に、君臣は中国日本に限らず、西洋にもマスターとサーヴァントの称号があって、これはつまり君臣の意味ではないかというものがあるけれども、西洋の君臣と中国日本の君臣とはその意味は同じではない。西洋のマスターとサーヴァントに相当する文字がないから、仮にそれを君臣と訳したまでのことであって、この文字に拘泥されてはいけない。私は古来和漢の人心に認められている君臣を君臣というのである。たとえば昔、我が国でも主人を殺した者は磔刑にし、家来を手ずから斬ってもよかったといわれている。この場合の主人と家来の関係が即ち君臣である。たとえば封建時代における大名と藩士との関係は明らかに君臣というべきである」。

六　合衆の政治も至善にあらず

95▼**亜米利加《アメリカ》の北方に一族の住民あり云々**——一六二〇年信教の自由を求めた人々が、英本国からMayflower号(一八〇トンの帆船)に乗って、アメリカ東北方のMassachusetts州に来着した。いわゆるPilgrim Fathersである。

96▼**マッサチュセットのプリマウス**——Plymouthは、ボストンの東南約六〇キロ。ニューイングランド最古の都市で、プリマス湾に臨む。メイフラワー号の移民が最初上陸した所。今その記念碑や記念の建造物がある。

97▼**ニウエンゲランド**——New England. マサチュセッツ州以下六州の総称。

98▼**独立の檄文《げきぶん》**——一七七六年ジェファソンの起草にかかるアメリカの独立宣言。福澤は『西洋事情』巻之二「亜米利加合衆国、史記」(—三二三以下)の中にその全文を載せている。すべての人類は神より平等に作られ、生命・自由、および幸福追求の諸権利は何人からも奪われることのできない天与のものだ、という冒頭の文句は特に有名である。

99▼**本来無一物《むいちもつ》**——仏教の常套語であるから、「所謂」

といった。万有はすべて仮有《けう》であり、実有ではないということ。禅宗で悟道の極致とすることば。ここでは一切の私心我欲がない意に用いた。

100▼**ミル氏代議政治論**——イギリスの代表的自由思想家John Stuart Mill（1806-73）の主著の一つ*Considerations on Representative Government*, 1861。ミルの時代、すなわち十九世紀中葉のイギリスは、労働者階級の勢力増大に伴い、労働階級に選挙権を付与すべきことの可否が大きな問題となっていた。本書はミルが自由主義の立場から、労働者の参政権の必然性を認めながら、無知な多数者の支配による危険性をいかにして防止すべきかを論じたもので、そのために比例代表制・選挙資格の一定の制限・複数投票制等の必要を説いている。明治初年に広く読まれた書の一つで、全十八章中、最初の四章だけが、いち早く永峰秀樹によって訳され、『代議政体』（明治八—十一年）と題して出版されている（『明治文化全集』政治篇所収）。

101▼**近くは千八百六十一年、売奴の議論よりして云々**——一八六一年より一八六五年に至る南北戦争。北部出身の大統領リンカーンが、人道主義に立って、南部の奴隷制廃止を主張した事をきっかけに戦争は起ったが、奴隷廃止は必ずしも人道問題のためばかりではなく、南北の経済事情の相違から来ていた。つまり南部が農業地域で、多くの奴隷を必要としたのに対して、北部は工業が発展しつつあったので、奴隷を解放して、自由労働者とし、北部の製品の購買者とすることが有利だったからである。また奴隷制の存廃問題だけではなく、貿易についても、北部は保護貿易を有利とし、南部は自由貿易を有利とするという利害の衝突もあった。福澤が「理と利と相混じ、道と慾と相乱れ云々」といったのは、人道主義の美名の裏に、そういう利己的な経済上の対立があったことをいったのである。

102▼**英国の学士ミル氏著述の経済書**——一八四八年初版の『経済学原理』（*Principles of Political Economy*）で、福澤がここに引用したのは、第四篇第六章の一部分である。但し右のうち、「アメリカの中部と北部とは、非常に恵まれた環境にある文明の舞台の標本である。すなわちそこでは、コーカサス人種にありがちな、また男性の陥り易い社会的不正や不公平を脱却しているように見える。しかも資材や土地に対する人口の割合は、その社会に属するすべての屈強な人々に対して、本人が不行跡によって自らそれを失わぬ限りは、豊かな富を保証していたかの観がある。彼らはチャーティズムの六箇条を保有している。彼らの間に貧困はない。だが、これらの好条件が彼らに果たす役割はどうかといえば、すべての男性の生活は、専らドル稼ぎに費やされ、すべての女性の人生は、そういうドル稼ぎの男性を生んで養育することに捧げられる結果になった」（拙訳）という文句は、一八六五年の六版以後は、全然別の文句に取替えられた（岩波文庫『経済学原理』第四分冊一一〇頁参照）。したがって、福澤はそれ以前の旧版によって引用したことが分る（この項については、関西学院大学の大学院でミルを研究されている長谷川隆彦氏の教示を得て明らかとなったもので、同氏の御厚志を深謝する）。なお「学士」は学者の意で、大学卒業者の肩書ではない。

103▼コウカス人種――Caucasus. コーカサス地方（黒海と裏海との中間にある区域）の住民が白皙美貌で、白色人種の典型であるところから、原文割注にあるように白色人種の総称とする。

104▼逐円の男子――金銭を追回す男。ミルの原文では dollar-hunters とある。いわゆる有財《うざい》餓鬼。

六九▼割注――「その人々は百一人であり、イギリスを去ったのは一六二〇年のことである」。

七〇▼合衆政治は人民合衆して……――ミル代議政論第七章にある“collective despotism”=“a single despot”=“an aristocracy”の問題（Mill, *Ibid.*, XIX, p.460）、またミル自由論第一章の“the tyranny of the majority”の問題（Mill, *Ibid.*, XVIII, pp.219-220）、またトクヴィルデモクラシー論第一巻第二部七章（福澤手沢本付箋貼付）（Tocqueville, *Ibid.*, p.275）参照。

七一▼ミル――『代議政治論』第七章にある議論の援用（Mill, *Ibid.*, XIX, pp.449-450）。

七二▼英国の学士ミル氏……――Mill, *Ibid.*, III, p.7543.

七　諸国の政治は、今正にその試験中なり

105▼田猟――「田」もかり（狩）の意。田狩ともいう。

七三▼何らの政府も全く無用の長物――後に読了することになるスペンサー『第一原理』（Herbert, Spencer, *First Principles*, New York: D. Appleton, 1875. 福澤手沢本）を福澤は明治九年五月一〇日に読み始めるが、そこには政体論よりも人民の領分の方がより重要であることを、確認して「文明ノ進ムニ従テ君臣ノ義ヲ唱ルモノナシ」と書き込み（p.6）、『覚書』において再確認している（⑦六六九―六七〇）。さらにスペンサー『社会学研究』において、文明化された人間は道徳律に従うため政府は無用になるとの論旨の箇所に「初ハ主人、次ハ奉行、次ハ人ノ政府。次ハ政府ノ法ニ次ハモラルローニ従フニ至ル可シ」（Herbert Spencer, *The Study of Sociology*, New York: D. Appleton, 1874, 福澤手沢本、p.196）と書き込んでいる。

第四章　一国人民の智徳を論ず

一　一国の文明は国民に分賦せる智徳の全量なり

七四▼**文明は、一人の身に就て論ずべからず……**――バックル文明史の "the surrounding opinions, knowledge, associations, in a word, the entire mental atmosphere" 及びそれに続く議論が念頭にあったか（Buckle, *Ibid.* I, p.128-129）。

七五▼**気風は……**――バックル文明史の "if we look at mankind in the aggregate, their moral and intellectual conduct is regulated by the moral and intellectual notions prevalent in their own time." (Backle, *Ibid.*, I, p.128) による。

二　人の心は進退変化窮まりなし

106▼**その機変いよいよ出《いず》れば愈奇なり**――「機変」は心機（心のはたらき）の変化。「愈出れば愈奇なり」は、「いよいよ出でていよいよ奇なり」と同じく、意外なことが次々に現われて応接にいとまがない意。

107▼**今吾《きんご》は古吾に非ず**――宋の学者王淵の詩句に、「心事今吾非《ハズ》二故吾《ニ》一」とあるによる。「今吾」は「キンゴ」または「コンゴ」。

108▼**昔木下藤吉主人の金六両を攘《ぬすみ》て出奔し**――『甫庵太閤記』等によって広く知られた伝説であるが、真偽のほどは疑わしい。

109▼**豊臣太閤**――関白の隠居したものをすべて太閤という。秀吉は晩年関白を養子秀次に譲ったから、この称があり、今では秀吉だけの異名のようになった。

110▼**夢中また夢に入るの心地なるべし**――秀吉の辞世「露とおき露と消えにしわが身かななにはの事も夢のまた夢」をふまえた修辞。

七六▼**昔、木下藤吉……**――ギゾー文明史のクロムウェルに関する以下の論を参照にしたものである。"Men are formed morally in the same way as they are physically. They change every day. Their existence is constantly undergoing some modification. The Cromwell of 1650 was not the Cromwell of 1640. It is true, there is always a large stock of individuality; the same man still holds on; but how many ideas, how many sentiments, how many inclinations have changed in him! What a number of things he has lost and acquired! Thus, at whatever moment of his life we may look at a man, he is never such as we see him when his course is finished.”（Guizot, *Ibid.*, p.140）

七七▼**割注**――「世の中に知られている正統とされる史書によれば、太閤秀吉の母は太陽が懐に入るのを夢見て妊娠し、後醍醐天皇は南木《なんぼく》の夢を見たところから楠木氏を起用することができたといい、漢の高祖は竜の瑞《しるし》を得て生まれたので、その顔が竜のようだという。この種の嘘偽りの作り話を数え上げれば、日本や中国の歴史のなかでは枚挙に遑《いとま》がない。世の中の知識人はこの説を唱えて、たんに他人を誑《たぶら》かすのみならず、自らそれに惑溺して、信じているようである。気の毒というほかない。つまるところ昔を慕うという治ることなき持病によって、勝手に古人を尊敬し崇拝するために、その人物の死後、その事業を実際以上に見て、それを普通とは違うものと見なし、現在の人々が達することのできない事業のように見せかけるために、都合のいいようにこじつけ解釈して作った話しに過ぎない。これを非科学的な占師の妄言といってもよい」。

七八▼**偶然の勢い**――新井白石『読史余論』に秀吉の立身出世は「ただ時の運に乗ぜられしによるか」（岩波文庫、一九三六年、二九九頁）との記述がある。

三　スタチスチクによれば、人心の働きに定則あるを知るべし

111▼**版に押したる文字を読むが如く**――判（印判）で押した文字を読むようだ、の意で、物事の一定して、分り切った譬え。

112▼**英人ボックル氏の英国文明史にいわく云々**――以下の犯罪者および自殺者の例は、同書第一篇総論第一章中の「犯罪者の画一的反覆性」「自殺と自然の法則」（西村二郎訳書第一巻、三一―三七頁）の条に出ている。

113▼**スタチスチク**――もとオランダ語で、英語のstatistics. 統計学のことである。幕末時代に洋学者西周・津田真道・杉亭二らによって伝えられたが、訳語が一定せず、明治初年には、統計学のほか会計学・国政学・国務学・政表学等々、さまざまな名称があり、一般にはむしろ原語のまま呼ばれた場合が多い（『明治文化史』学術編、五六三―五六五頁）。

114▼**譬えば、英国にて、毎年婚姻する者の数は云々**――この例は、バックル『英国文明史』の「画一性の勢力」

（西村訳書第一巻、四一頁）の条に見える。

115▼**男女室に居るは人の大倫なり**――『孟子』（万章上）に「男女居《ルハ》レ室《ニ》、人之大倫也」とあるによった。男女のモラルを尊重する福澤は、好んでしばしばこの語を用いた。

七八▼**文明を論ずる学者**――偶然史観批判であってバックルのいう歴史における法則性の問題を指摘したもの。Buckle, *Ibid.*, I, pp. 17-21 参照。

七九▼**英人ボックル氏の英国文明史にいわく……**――バックル文明史の以下の叙述を援用したものである。"The unfortunate peculiarity of the history of man is, that although its separate parts have been examined with considerable ability, hardly any one has attempted to combine them into a whole, and ascertain the way in which they are connected with each other. In all the other great fields of inquiry, the necessity of generalization is universally admitted,"（Buckle, *Ibid.* I, p.3）及び Buckle, *Ibid.*, I, pp.17-21. 参照。なお注112も参照。

八〇▼**故に天下の形勢は……**――バックル文明史の"Statistics have been so sedulously cultivated, that we have the most extensive information, not only respecting the material interests of men, but also respecting their moral peculiarities; such as, the amount of different crimes, the proportion they bear to each other, and the influence exercised over them by age, sex, education, and the like."（Buckle, *Ibid.*, I, p.2, ここに付箋貼付跡がある）及び"It will be observed, that the preceding proofs of our actions being regulated by law, have been derived from statistics;"（Buckle *Ibid.*, I, p.24）の援用である。

八一▼**英国にて……**――バックル文明史 Buckle, *Ibid.*, I, pp.23-24 の引用であって手沢本には付箋貼付跡が見られる。なお注114参照。

四　事物の原因を探るの要は、近因より溯りて遠因に及ぼすにあり

八二▼**近因と遠因**――バックル文明史第一巻第一四章小見出しに"PROXIMATE CAUSES OF THE FRENCH REVOLUTION..."（Buckle, *Ibid.*, I, p.599）また第二巻に"remote and general causes"（Buckle, *Ibid*, II, p.120）とあり、そこに福澤は「騒動ハ無学也且短気ニシテ決シテ一般ノ深キ原因ヲ吟味シ能ハサルモノ、狂気ラシキ挙動ナリ　革命ハ国人ノ所為ニテ最貴重ナル美顕ナリ何如トナルハ災害ヲ因テ生シタル怒リノ修身質ス迄前見兼ニ集合ノ才力ヲ加フル故ナリ且暴君汚吏ヲ罰シ無辜ノ民ヲ助ケ二重ノ益ヲナセムナリ」と和紙に書き込んで貼付している。また"Adam Smith, therefore, though he failed in grasping the remote cause of the rate of wages, clearly saw that the proximate cause was, not the generousity of human nature, but its selfishness,"（Buckle, *Ibid.*, II, p.358）とある。また後に精読するスペンサー社会学研究に"proximate causes"と"remote causes"があり、後者を"ultimate standard"として"proximate standards"と比較して、福澤は「事物ノ原因ハ遠キ所ニ求メザル可ラズ若シ然ラサルトキハ良策ト思ヒシモ必ス失策ナルコトアラン」と余白に書き込んでいる（Spencer, *Ibid.*, pp.67-71）。なお、この近因遠因論は後に皮錫瑞『経学歴史』（一九二九）にも「凡そ事には近因あり、遠因あり」と使用している。

五　世の治乱興廃は、二、三の人の能くするところにあらず

116▼**孔子も時に遇わず**——『孔子家語』在厄篇「孔子曰《ク》、遇不遇者《ハ》時也。賢不肖者《ハ》才也。君子博学深謀《クビクリテ》　而不《ル》レ遇《ハ》レ時者《ニ》衆《オホシ》矣。何独丘《ソリノミナランヤ》　哉」。『史記』儒林伝「仲尼干《モトメテ》二七十余君《ニ》一無《シ》レ所《ニ》レ遇《フ》」。『徒然草』にも「才《さえ》ありとて頼むべからず。孔子も時に遇はず」（二一一段）とあって、後世一つの諺のようになっている。

八三▼**世間の商人……**——本居宣長『源氏物語玉の小櫛』に「夏のあつき日には、ひややかなるをよしとし、冬の寒き時には、熱きものをよしとす」とある。

六　孔子の不遇なりしは、時勢に妨げられたるものなり

117▼**大夫《たいふ》**——諸侯の臣下で、士より身分の重いもの。日本の大名の家老・重役に当る。

118▼**陪臣国命を執る**——「陪臣」は大夫の臣。「国命」は国政の意。国政は国の運命のかかるところであるからいう。この句は、『論語』（季氏）の「陪臣《ニシテ》　執《ルハ》二国命《ヲ》一、三世　希《ニシテマレナリ》レ不《ルハ》レ失矣」の成句による。

119▼**封建の貴族**——君主直轄の公領以外の土地を多くの貴族（諸侯）が分割支配するのが封建制度。周の政治はそれであった。

120▼**唐虞《とうぐ》辞譲**——シナ古代の聖人堯（陶唐氏）と舜（有虞氏）との時代。「辞譲」は謙遜して譲ること。堯が臣下舜の有徳を見込んで、丁重に天子の位を譲ったこと。シナ古代の伝説的理想時代とされる（注93参照）。

121▼**斉桓晋文《せいかんしんぶん》の覇業《はぎょう》**——斉の桓公と晋の文公で、ともに紀元前七世紀の覇者。いわゆる春秋五覇の中に数えられる。「覇業」とは、諸侯の一人がその旗がしらとなって、他の諸侯を従え、武力を以て天下に号令すること。
122▼管仲――斉の桓公の名臣で、よくこれを助けて富国強兵の実を挙げ、覇業を成さしめた賢相。孔子も管仲の政治的手腕を高く評価したことは『論語』の中に散見する。
123▼蘇秦張儀――蘇秦も張儀も紀元前四世紀の代表的雄弁家。戦国時代(紀元前五―三世紀)に入り、シナ全土はいわゆる戦国七雄(秦・趙・魏・韓・燕・斉・楚)の七箇国となったが、秦が特に強かったので、蘇秦は雄弁を以て他の六国を遊説して同盟(合従《がっしょう》)を結ばせるに成功し、自ら六国の宰相となった。しかし六国は秦と戦って敗れ、合従策は永続しなかった。張儀はもと蘇秦の友人であったが、秦に仕えて宰相となり、蘇秦の合従策に反対して、秦以外の六国をそれぞれ秦に結ばせるために各国を遊説した。いわゆる連衡《れんこう》策であるが、これも六国相互の利害関係から、十分成果を収めずに終った。
124▼合縦連衡――「合縦」は「合従」と書くが普通。縦(たて、南北)に合する意で、南北の六国が攻守同盟を結んで秦に対抗すること。蘇秦の説をいう。「連衡」の「衡」は横(東西)の意で、東方の六国がそれぞれ単独に最も西の秦と結ぶこと。張儀の策をいう。

125▼五畝《せ》の宅《たく》――シナ周代の井田法で、一人の成年男子に与えられた宅地。畝は百歩で、一歩は六尺四方。『孟子』(梁恵王)に、政治の要道として民生安定の急務を力説して、「五畝之宅、樹《ウウルニ》レ之《ニ》以《テセバ》レ桑《ヲ》、五十者《ノ》可《シ》二以《テ》衣《キル》レ帛《ヲ》矣云々」(五畝の宅地に桑を植えれば、蚕を養って、五十歳の老人は絹の着物が着られる)とある。「五畝之宅」は、支配者が民生の安定を保証して与える土地の意。福澤はここに孟子の言を引用して、その民定安定策などは、実現不可能な空論にすぎなかったことを諷したのである。
126▼滕《とう》の斉楚《せいそ》に介《はさ》まりて、孟子に銘策なかりしも云々――『孟子』(梁恵王)に、「滕ノ文公問ウテ曰ク、〃滕ハ小国ニシテ斉ト楚トニ間《ハサ》マル。斉ニ事《ツカ》ヘンカ、楚ニ事ヘンカ〃ト。孟子対《コタ》ヘテ曰ク、〃コノ謀ハ吾ノ能ク及ブトコロニアラズ。已《ヤ》ムナクンバ、一ノテダテアリ。コノ池ヲ鑿《ウガ》チ、コノ城ヲ築キテ、民トトモニコレヲ守リ、死ヲ效《イタ》シテモ民去ラズンバ、コレヲ為スベキナリ〃ト」とあるによった。けだし滕は山東省の小国で、東北に斉、南方に楚という両大国をひかえて、独立を脅やかされていた。滕の文公は孟子を信頼して、その言に従って政治を実行しようとしたから、この質問を発したが、さすがの孟子も解決策に窮したのである。ただ善政をしいて民心を得、民とともに国家の独立を死守する以外はない、というのがその答えであった。しかしこれではあまり理想主義に過ぎて、苛烈な列国競争に適せぬことというまでもない。

127▼銘策――「名策」の当字。福澤には「銘策」「銘案」などの用例が多い。

128▼理論――ここは理学（哲学）の論の意で、哲学論のこと。単なる議論・学説ではない（123等にも用例がある）。但し単に議論・学説の意に用いた例も多い（13・16等）。

129▼喪家《そうか》の狗《いぬ》――家を喪《うしな》った野良犬。一説に、喪中の家で、悲しみのために食物を与えることを忘れられた痩せ犬の意ともいう。孔子が郷国魯に容れられず、諸方を周遊して、鄭に行った時、そのやつれ果てたすがたを世人が評して、「纍《ルイ》々《トシテ》若《シ》二喪家之狗《ノ》一」といったと、『孔子家語』に見える。

130▼情実――人情主義。今日いう「情実」（私情による不公平な処置）の意ではない。

八四▼孔子は独り……――孟子に「智慧ありといえども、勢いに乗るに如かず」（公孫丑章句上）とある。

八五▼理論家の説と政治家の事――福澤の割注の「ヒロソヒ」と「ポリチカルマタル」のこと。

七　正成は時勢に敵して敗したるものなり

131▼史にいわく、後醍醐天皇、北条氏を滅し云々――後醍醐天皇が足利尊氏の功を首位に置き、それが尊氏を増長せしめて、中興の業の破れる原因となったとは、古く『神皇正統記』が強調したところである。「そもそもかの高氏、御方に参いりし、その功は誠に然るべし。すゞろに寵幸ありて、抽賞せられしかば、偏に頼朝卿天下を鎮めしまゝの志にのみなりけるにや。……たとひ頼朝が後胤なりとも、今更登用すべしとも覚えず。況むや久しき家人〔源氏の臣〕なり。さしたる大功もなくて、かくやは抽賞せらるべきと、怪しみ申す輩もありけるとぞ」（同書巻之六）といっている。新井白石も『読史余論』で建武中興の恩賞を論じて、「功臣においては正成を以て第一とすべし。……この人かく王家の御為に勲労なからましかば、新田・足利・赤松等の人々も其志を立つる事叶ふべからず。さてその次は義貞の功最も大なり。是ぞその巨魁〔北条氏〕を亡ぼせしが故なり。……尊氏の功は称すべきところなきにや。……然るにこの人を賞せらるるに第一の功を以てせられし事、心得ぬ事なり」

（同書巻八）として、論功の不公平をあげた。頼山陽も『日本外史』で、「ソノ勤王ノ功ハ、余《ワレ》楠氏ヲ以テ第一ト為ス」「帝〔後醍醐〕ノ復辟《フクヘキ》スルヤ、爵ヲ疇《ムク》い、職ヲ任ズル、宜シク公〔楠公〕ヲ以テ首ト為スベシ。而モ纔《ワズカ》ニ結城・名和ノ輩ト肩ヲ双ブルノミ。ソノ挙措ヲ失スル、以テ中興ノ成ル無キヲ知ルニ足ル」（新田氏前記）と論じた。しかし福澤は、これら旧来の史観を否定したのである。

132▼**保元平治以来歴代の天皇を見るに云々**――保元の乱（保元元年一一五六）は、崇徳上皇とその弟後白河天皇との争いが根本の原因であり、平治の乱（平治元年一一五九）も、後白河上皇とその皇子二条天皇との不和が一因であった。そしておのおのそれに、朝臣同士の確執や源平武士の野心がからみ合って、醜悪無残な内乱となり、これ以後皇室の権威は地に落ちて、やがて頼朝の武家政権の確立する俑《よう》をなした。

八　戦の勝敗は人民一般の気力にあるのみ

133▼**其謀主四十八士**――独立した十三州の代表者四十八人。一七七六年の独立宣言にこの人々が調印した。

134▼**近くは四年前仏蘭西《フランス》と孛魯士《プロシャ》との戦**――一八七〇年（明治三）七月より約半年にわたる普仏戦争（独仏戦役）。プロイセン（ドイツ）は、宰相ビスマルク（Bismarck. 1815-98）の大きな指導力と、参謀総長モルトケ（Moltke）のすぐれた作戦とにより、開戦以来フランス軍をしきりに撃破し、ナポレオン三世をセダンに包囲して、これを捕虜とし、大勝を博して、やがてドイツ帝国統一の大業を実現した。

135▼**ヱルリントン**――Wellington（1769-1852）。イギリスの将軍、政治家。一八一五年ナポレオン一世がエルバ島を脱出し、再起を図るや、列国軍の総司令官として、これをワーテルロー（ベルギー中央部）に破って、不朽の武名を輝かした。後年は首相となる。

136▼**火縄筒《づつ》**――火縄で火を導火線につけ、弾丸を発射する装置の鉄砲で、最も原始的な銃。戦国時代に種子島に伝来し、江戸時代を通じて行われた鉄砲は、ほとんどこの火縄筒であった。雨の日には火縄が湿って使用の困難なような欠点があった。「英の火縄筒と帆前船」といったのは、もとより仮定で、この時代の英国がすでに火縄筒や帆前船の時代を脱していたのはいうまでもない。

八六▼**独り後醍醐天皇の不明に由るにあらず……**――昭和六年（一九三一）五月三十日に『文明論之概略』の岩波

文庫版が刊行され、その第二刷が昭和十一年十二月二十日に刊行されたが、そのときに削除された箇所は「独り後醍醐天皇の不明に由るにあらず」から「王室自らその権柄を捨て、他をしてこれを拾わしめたるなり」まで、それに「天皇をして聖明ならしむるも」及び「後醍醐天皇の不明に因るにあらず」である。

八七▼後世の史家……――バックル文明史に"Indeed, the French, dazzled by the brilliancy of their prince, must have felt great interest in learning how superior he was to all other potentates, ... To obey, and to believe, were the fundamental ideas of a period,..." (Buckle, *Ibid.*, I, p.568) とある。

八八▼割注――「伏見帝は密に北条時貞に勅旨して亀山帝の後継を立てることが時貞の利にならないことを説いて、自らの皇子を立てて後伏見帝としたところ、伏見帝の従弟である後宇多上皇が貞時に訴えたので、貞時は後伏見帝を廃して後宇多帝の皇子を立てることがあった」。頼山陽『日本外史』巻之四に依拠している。

九　天下の急務は、まず衆論の非を正すにあり

137▼なおこの人物を不足なりとして乃《すなわ》ち外国人を雇い云々――明治十年ごろまでは、いわゆるお雇い外国人が日本の文明の完全な指導者であった。梅渓昇著『お雇い外国人』（日経新書）等参照。

138▼古人は先ず君心の非を正だすを以て緊要事と為したれども――孔子の「政者《ハ》正也。君為《セバ》レ正《ヲ》、則《チ》百姓従《フ》レ政《ニ》矣」（『孔子家語』）など、これに類する語はきわめて多い。

八九▼衆論は……――ミル自由論第三章にみられる「世論の支配体制」（*régime* of public opinion）あるいは「国における世論の優位」（the ascendancy of public opinion in the state.）などの議論（Mill, *Ibid.*, XVIII, pp.274-275）が念頭にあったと思われる。

第五章　前論の続き

一　"衆論"は人数によらず、智徳の量によって強弱あり

八九▼衆論は必ずしも人の数に由らず……――後に読むトクヴィルデモクラシー論第二巻に「真理は数についてまわる訳ではない」とのことを人民は理解できない、との見解に福澤は付箋を貼付して着眼している（Tocqueville,

Ibid. II, p.9)

九〇▼割注――「世間に書画等を鑑賞して楽しむ人は中流以上の字を知っている趣味人である。それを嗜む理由は古い器の歴史に思いを馳せ、書画運筆の上手さを比較して楽しむものであるけれども、現在では、古器書画を貴ぶ風習は広く世間に見られて、一文字も知っていない愚民でも少し金銭のあるものは必ず書画を求めて床の間に掛け物を掛け、珍しい器や古い物を収蔵して得意になっているものが多い。笑うべきまた怪しむべきというけれども、つまるところそうした愚民も中流以上の趣味に雷同して、識らず知らずそれをしているのである。そのほかに流行の衣装や染物のデザインなども皆、他人の創意に雷同して悦んでいるのである」。

九一▼天明文化の頃……――十八世紀後半から十九世紀初頭、この間に寛政異学の禁が一七九〇年に出された。その結果、本居宣長『秘本玉くしげ』、熊沢蕃山『大学或問』の売買が禁止され、山東京伝は手鎖処分になり、林子平『海国兵談』は絶版処分となった。筆禍事件を起こした式亭三馬の滑稽本『浮世風呂』などが発行された。

二　維新の発端は、人民知力の発生にあり

九二▼割注――「徳川時代の初頭、徳川政権が栄えている時代はすべて世の中の著述家はその御威光に圧倒され、少しもその時代を批判しないで、むしろ幕府政治におもねるものがいた。新井白石の著書、中井竹山の『逸史』などを見れば理解できる。その後、文政の頃になって著された頼山陽の『日本外史』は専ら王政の衰退を憤り、書中の語気はあたかも徳川家に向かってその罪を責めているようである。現在にあってその理由を考えると、白石や竹山は必ずしも幕府の奴隷ではなかったし、山陽は必ずしも天皇の忠臣ではなかった。これらは皆時勢がそのようにさせたのである。白石や竹山は一時の勢いにコントロールされて筆を運ばざるを得なかったのであり、山陽は多少そうした束縛から解放されて当時行われていた専制政治に怒り、『日本外史』を執筆することによって怒気をもらしたまでのことである。そのほか和学、小説、狂言、狂文等が盛んになったのは特に天明文化以降を頂点とする。本居宣長、平田篤胤、滝沢馬琴、太田蜀山人、平賀源内などの人たちは皆、志ある士君子であるけれども、その才能を活かす地位になく、文筆に身を委ねることで、それに托して、尊王を唱え、忠臣義士の有

様を記し、あるいは狂言を放って世を嘲笑し、強いて自らの不平を慰めたものである」。

九三▼世の陰君子なる者……――「貧乏人ガ金持ニ向テ不平ヲ唱ヘレドモ己ガ金持ニ為テ見ロ却テキツイコトヲスルニ非スヤ今ノ民権家ガ政権ヲ握タラバドウダロウ新聞記ハ新聞条ヲ拵ル奴ダロウゾメッタニ判断ヲスル勿レ」と福澤は後にスペンサー社会学研究（Spencer, *Ibid.*, p.247）に書き込んでいる。

三　維新の成功は、人民知力の勝利なり

九四▼彼の報国心の粗なる者をして密ならしめ――福澤は後に読むトクヴィルデモクラシー論にある「天稟の愛国心」（the instinctive patriotism）と「推考の愛国心」（the reflecting patriotism）（ともに小幡篤次郎の訳）に付箋を貼付して着眼している（Tocqueville, *Ibid.*, I, p.262）。

五　十愚者の意に適せんとして、一知者の識りを招くべからず

139▼周礼《しゅらい》――周代の官制を記した書で、周公旦の作と伝えられるが、後人の増益したものであろう。古くは「周官」といった。「儀礼《らい》」「礼記《らい》」とともに、古来三礼と称せられた。

140▼郷飲《きょういん》――周代に、地方で三年の学業を終えた者のうち、優秀者を君主に推薦した。その時郷大夫（その地の長官）が主催して、送別の宴を開いた。それを「郷飲酒」という。

141▼国君微行して民間を廻《めぐ》り、童謡を聞て云々――帝堯が天下を治むること五十年に及んだが、天下が治まっているか否か、億兆（庶民）が己れを戴くか戴かざるかを知らず、すなわち微服（しのびの服装）して康衢（にぎやかなちまた）に遊び、童謡（流行歌、わざうた）を聞いたところ、庶民が己れに悦服して、いわゆる鼓腹撃壌（太平を謳歌）しているのを知ったという『十八史略』などの記事を思い寄せたのであろう。

142▼孛魯士《プロシャ》と戦争のときには――普仏戦争（注134参照）。

143▼著書新聞紙に制限を立てて――明治初年は、出版条例によって、すべての出版物は、免許制になっており、政府の免許を得なければ発行できなかった。また新聞も、政治外交等に関する記事の取締りが特にやかましかった事はいうまでもない。したがって識者の間には、出版の自由を望む声が強く（注26参照）、『学問のすゝめ』第十三編などにもその一端がうかがわれる（拙著『〃学問のすゝめ〃講説』五二二―五二三等参照）。

九五▼政府もし世間の実情を知らんと欲せば……――文明論を著すにあたっての第一の協力者であった小幡篤次郎は、福澤も付箋を貼付して着眼しているトクヴィル『アメリカのデモクラシー』リーヴ英訳版の第一巻第二部第三章「合衆国における出版の自由について」を重訳して『上木自由論』と題して文明論に先駆けること二年前の明治六年に刊行している。

六　人の議論は、集まって趣を変ずることあり

九六▼仲間の申合わせにあらざるはなし――ミル『経済学原理』第四巻第一章に文明人に特有な性質として協業能力を挙げているし（Mill, *Ibid.*, III, p.708）「文明論」でも文明の進歩の指標として「協同の力」（the power of co-operation）の進歩を挙げており（Mill, *Ibid.*, XVIII, p.122）、福澤署名本にはサイドラインが引かれてある（Mill, *Dissertations and Discussions*, Second Edision, Vol., I, London: Longmans, Green, 1875, p.165）。

七　習慣を変ずること大切なり

144▼カステイ――caste. 今も続くインドの厳重な身分制度。僧侶・王族および武士・平民・奴隷の四種類から成り、職業・交際・結婚・慣習などに厳しい差別がある。

145▼暴政府の風にて、故《こと》さらに徒党を禁ずるの法を設て云々――江戸幕府は、庶民が集団行動を取って政府に反抗することを恐れたので、その当初から徒党を禁じた。ことに明和七年（一七七〇）より、徒党札を各地に立てて、「何事によらず、よろしからざる事に百姓大勢申合を徒党ととなへ、徒党してしひて願事企るを強訴といひ、或は申合せ村方立退くをてうさん〔逃散〕と申す」と規定し、これを犯す者を罰したのである。

146▼徒党と集議との区別を弁論する気力もなく――福澤自身さえ、幕末時代ヨーロッパに旅行した時は、かの地の政党と徒党との差別が分らず、自由党とか保守党とかいう徒党のようなものがあって、盛んに政論を闘わしながら、私交上では互いに親しく会食などしているのを見て、さっぱりわけが分らなかった、ということを『福翁自伝』（⑦一〇八）で告白しているくらいである。

147▼今、我国にて政府の歳入、およそ五分の一は華士族の家禄に費し――明治維新後、大名・士族は一応家禄を失ったが、政府はその生活を維持し得るよう、旧来の家禄を減額したものを支給しつつ、次第にその整理を図る方策を採った。家禄制度が全廃されて、いわゆる金禄公債証書に切換えられたのは明治九年であるから、福澤のこの文章が書かれたころは、まさにその過渡期であった。明治初期数年間は、華・士族の家禄の総額が、財政支出の三分の一にも達し、乏しい政府財源にとって、最も大きな負担だったのである。

148▼その銭穀の出《いず》る処は農商より外ならず――当時の国税の負担者は、主として農民で、その貢租、いわゆる年貢米が歳入の中心であった。(明治六年の地租改正により、金納となる)。明治中期以後、近代産業が発達してから、所得税の収入が次第に大きな財源となったが、それ以前は、封建時代同様、大部分農民の負担において国費は賄われたのである。

149▼今我輩に兵役あらざればとて云々――封建時代には、軍務に従事する者は武士に限られたが、明治五年の徴兵令によって、身分の別なく兵役に服することになり、武士の特権は失われた。元来武士は不生産者であるが故に、一旦事あれば、軍務に服する責任があるために、その家禄に衣食する意義もあったが、四民皆兵の時代となれば、もはや家禄を受ける名目がなくなったわけである。

九七▼カステイ――バックル文明史福澤手沢本のカースト制度の説明箇所には付箋が貼付された跡がみられる(Buckle, *Ibid.*, I, pp.56-57)。

九八▼習慣の力は頗る強盛なるものにて――ミル自由論第三章にある「慣習の圧制」(the despotism of custom)の議論が念頭にあったのであろう。ミルによればそれは東洋世界の特徴でもある(Mill, *Ibid.*, XVIII, pp.272-274)。補注三九も参照。

九九▼利を争うは即ち理を争うことなり――『孟子』に「王、何ぞ必ず利を曰ん。亦仁義有るのみ」(梁恵王章句上)に朱熹は「仁は心の徳、愛の裡。義は、心の制、事の宜しき也」(道春訓点)と注をしている。朱子学者において理は最も基本的な観念にして重視するものであるが、利はその対極にあるものともいえ、福澤はその点を念頭において記していると思われる。

一〇〇▼独一個の栄辱を重んずる――ミル自由論の基本的命題である“individuality”、それにミルにも影響を与えたギゾー文明史第二講の“individual”論が念頭にあったのであろう。なお、補注一六九参照。

第六章　智徳の弁

一　**智徳に四種の区別あり**

150▼**屋漏《おくろう》に愧《はじ》ざるものなり**――「屋漏」とは室の西北隅で、人目につかぬ奥まった場所をいう。人目につかぬ場所でも恥かしい行いをせぬ。○『詩経』（大雅）に「尚不レ愧《ヂ》二于屋漏《ニ》一」とあるのが出典。

151▼**孟子に惻隠《そくいん》、羞悪《しゅうお》云々**――公孫丑篇に「惻隠ノ心ナキハ人ニ非ザルナリ。羞悪ノ心ナキハ人ニ非ザルナリ。辞譲ノ心ナキハ人ニ非ザルナリ。是非ノ心ナキハ人ニ非ザルナリ。惻隠ノ心ハ仁ノ端ナリ。羞悪ノ心ハ義ノ端ナリ。辞譲ノ心ハ礼ノ端ナリ。是非ノ心ハ智ノ端ナリ。人ノコノ四端アルハ、ナホソノ四体〔頭、胴、手、足〕アルガ如シ。……凡ソ我ニ四端アルモノ、皆拡メテコレヲ充タスコトヲ知ラバ、火ノ始メテ然《モ》エ、泉ノ始メテ達《イタ》ルガ如クナラン。苟モヨクコレヲ充タサバ、以テ四海ヲ保ツニ足リ、苟モコレヲ充タサズンバ、父母ニ事《ツカ》フルニモ足ラズ」とあるのを引用した。

152▼**智慧ありといえども勢に乗ずるに如《し》かず**――公孫丑篇に「雖《モ》レ有《リト》二智慧一、不レ如《カ》レ乗《ズルニ》レ勢《ニ》。雖《モ》レ有《リト》二鎡基《ジキ》一、不レ如《カ》レ待《ツニ》レ時《ヲ》」とある。「鎡基」は土を掘起す農具の名称。

153▼リセリウ――Richelieu（1585-1642）．十七世紀前半期のヨーロッパにおける代表的政治家。ルイ十三世を助けてフランス王権の確立に成功し、後のルイ十四世の黄金時代の基礎を築いた。しかしその極端な独裁専制政治と、横暴専恣な生活とは、国民の憎悪を買ったところが多い。『西洋事情』二編巻之三「仏蘭西、史記」中に、福澤は「リセリウの為レ人、残忍にして権謀多く、且つその一身の行状も傲慢無礼、見るべきものなしといえども、国歩艱難の時に当たりて、政府の大権を執り、その事を行ふに至りては、規模常に洪大にして、成功美ならざるはなし。遂に立君独裁の政体を固くし、王威赫奕の基を開きしは、その功業また大なりと云ふべし」（①五六九）と記した。

一〇一▼**徳とは……智とは……**――mental progress を智徳としてそれを徳＝Moral と智＝Intellectual とに区別しているのはバックル文明史第四章の影響である。バックルは両者の働きを文明観念にとって本質的としている。義務を遂行しようとするのが道徳的部分であって、どのようにそれを遂行するかを認識するのが知的部分である。両者は不可分の関係にあるのである（Buckle, *Ibid.*, I. pp.125-126）。

一〇二▼リセリウ――Buckle, *Ibid.*, I, pp.381-388 におけるリシュリューの記述を参照。なお注153も参照。

二　智徳を支配するものは、聡明英知の働きなり

154▼天下を洒掃《さいそう》すれども庭前は顧みるに足らず――後漢の陳蕃の故事。少年時代に、わが家の庭が草だらけなのを来客に咎められた時、「庭の草など抜くよりも、天下の悪事をはらい清めるのが自分の理想だ」と豪語したという。『後漢書』陳蕃伝に見える。〇福澤はこの故事を『学問のすゝめ』第九編（明治七年五月刊）にも引用している。

155▼甚しきは身を殺して世に益するなき者あり――『学問のすゝめ』第七編（明治七年三月刊）のいわゆる楠公権助論の主人公などを暗に想定しているのであろう。

156▼温良恭謙譲――「謙」は正しくは「倹」。福澤の誤記である。『論語』（学而）の「子貢曰《ク》、夫子《ハ》温良恭倹譲、以得《テタリ》レ之《ヲ》」が出典。孔子の人柄を門人子貢が評した語。

157▼無為にして治《おさ》む――無為の治。徳をもって自然に天下を治めること。『論語』（衛霊公）に「無為《ニシテ》而治《ムル》者《ハ》、其《ソレ》舜也与《カ》」とある。

158▼聖人に夢なし――『荘子』（大宗師）に「古之真人《ハ》、其寝《ルヤ》不レ夢《ミ》、其覚《ムルヤ》無《シ》レ憂《ヘ》」などとある思想が仏教に入って、「聖人《ニ》無《シ》レ夢」（大恵語録）の熟語を生じた。

159▼君子盛徳の士は愚なるが如し――通常「大智は愚なるが如し」という。蘇東坡の詩に「大勇《ハ》如《ク》レ怯《ノ》、大智《ハ》如《シ》レ愚《ノ》」。

160▼仁者は山の如し――『論語』（雍也）の「知者《ハ》楽《シミ》レ水《ヲ》、仁者《ハ》楽《シム》レ山《ヲ》」による。仁徳ある者は心が落着いているから、静かな山のたたずまいを愛する。

161▼舟遊山《ふなゆさん》――江戸時代から一般に行われた語で、「遊山舟」などとともに、当時の文学作品にも用例が多い。

一〇三▼アダム・スミス……――バックルにおけるアダム・スミス『国富論』の画期性の指摘が念頭にあったのであろう。福澤手沢本には赤の付箋が貼付されている（Buckle, *Ibid.*, I, pp.154-153）。『学問のすゝめ』においても論及している（③六〇）。

一〇四▼パッシーウ……――ミル代議政論第三章にある受動的タイプを好む道徳学者や人間の一般的な同感について論じた二つの性格類型論を述べた次の箇所 "This question really depends upon a still more fundamental one—viz. which of two common types of character, for the general good of humanity, it is most desirable should predominate–the active, or the passive type; that which struggles against evils, or that which endurs them; that which bends to circumstances, or that which endeavours to make circumstances bend to itself. The commonplaces of moralists, and the general sympathies of mankind, are in favour of the passive type.”（Mill, *Ibid.*, XIX, pp.406-407）及びミル自由論第二章にあるキリスト教道徳における能動的（active）であるよりも受動的（passive）である受動的服従の教説（a doctrine of passive obedience）（Mill, *Ibid.*, XVIII, p.255）参照。

一〇五▼**都て文字の趣意を解くには……**——ギゾー文明史第一講にある“In the usual, general acceptation of terms, there will nearly always be found more truth than in the seemingly more precise and rigorous definitions of science. It is common sense which gives to words their popular signification, and common sense is the genius of humanity.”（Guizot, *Ibid.* p.20）を参照。

三　**文明の社会は、私徳のみにて支配すべからず**

162▼**人類の放心を求めしむる**——「放心を求む」とは、人間らしい良心を失っているのを本然の状態に呼戻すこと。『孟子』（告子）に「有《リテ》二放心一而不レ知《ラ》レ求《ムルヲ》。学問之道無《ハシ》レ他、求《ムル》二其放心《ヲ》一而已矣《ノミ》」とあるのが出典。

163▼**言忠信、行篤敬**——『論語』（衛霊公）に「子曰《ク》言忠信、行篤敬《ナラバ》、雖《モ》二蛮貊《バンバク》之邦《ト》一行《ハレン》矣」とあるによる。

164▼**坐を見て法を説く**——「人を見て法を説く」に同じ。一座の顔ぶれを見て、それに適した仏法の説き方をする。元来はよい意味であるが、ここは出たとこ勝負の悪い意味に転用した。

165▼**同類の生々《せいせい》**——「生々」はここでは「生物」の意。同じ人類のこと。

一〇六▼**文明次第に進めば……**——ギゾー文明史第二講に見られる文明化とは単一性（simplicity）から多様性（diversity）への展開であるとの議論（Guizot, *Ibid.*, pp.35-40）の援用。

一〇七▼**割注**——「儒者の道徳は誠を貴び、神道や仏教の教では一向一心を勧めているが、これらは下流社会の民間にあっては最も大切なことである。たとえばまだ知力がついていない子供を育てるにあたって、あるいは無知蒙昧な愚民と付き合うにあたって、徳義など人間がおしなべてそれほど貴ぶべきものではないというならば、確かに誤解を生んで、徳は賤しむべし、智慧は貴ぶべしと心得て、その智慧をまた誤解して、美徳を捨ててずる賢い智慧を求める弊害に陥ってしまい、たちまちにして社会を転覆させて滅ぼしてしまう恐れがないわけではないので、こうした奴らには徳義についてくどくどしく説くことも必要でないわけではない。けれども誠心一向の私徳を人類の本分と理解して社会のすべてそれで支配しようとするならば、その弊害は極めて恐ろしいものとなる。場所と時間を考え、わきまえて、高尚の域に達することを目指さないわけにはいかない」。

四　徳義は内にありて動かず、智恵は外に向って動く

166▼威武も屈すること能わず、貧賤も奪うこと能わず——『孟子』（滕文公下）の「貧賤《モ》不レ能《ハ》レ移《ス》。威武《モ》不レ能《ハ》レ屈《スル》。此《コレ》之《ヲ》謂《フ》二大丈夫《ト》一」による。貧乏もその人の志を変えることができず、威力もその人の志を押えつけることができぬ。かかる志の堅い人物こそ、りっぱな男子というべきだ。

五　徳義の功能は狭く、智恵の働きは広し

167▼互に善を責《せめ》て徳の門に入るべし——『孟子』（離婁）に「責《ムルハ》レ善《ヲ》朋友之道也」とある。

168▼ゼイムス・ワット——James Watt（1736-1819）．イギリスの発明家。十八世紀後半における彼の蒸気機関の発明が、イギリスの産業革命に絶大な役割を果たしたことは多くいうまでもあるまい。『西洋事情』外編巻之一には、「ワットの略伝」（①四〇二）を載せて、その偉業を紹介している。

169▼トウマス・クラルクソン——Thomas Clarkson（1760-1846）．イギリスの奴隷廃止の功労者クラークスンのこと。近世新大陸発見後、アメリカ大陸や西インド諸島の産業開発のため、おびただしいアフリカの黒人が奴隷として送られ、特にイギリスは奴隷貿易によって巨利を博した。クラークスンは、一個の商品として扱われる悲惨な奴隷の状態を見るに忍びず、十八世紀末より、同志とともにその廃止運動を展開し、周囲の烈しい迫害にも屈せず、一八〇七年に至り、奴隷貿易禁止法の議会通過に成功した。これを先駆として、その他のヨーロッパ諸国でも、次第に奴隷売買の禁止を見るに至った。福澤の訳著『童蒙をしへ草』（明治五年刊）巻の四に「トヲマス・クラルクソンの事」（③二六三）の条があって、その事跡が紹介されており、後に『学問のすゝめ』第十五編（明治九年七月刊）にも、クラークスンの名が引用されている。

170▼ジョン・ホワルド――John Howard（1726-90）. イギリスの監獄改良の先駆者ハワード。イギリスにおける監獄の設備の不完全、獄囚取扱いの不法等を痛感して、その改善を生涯の使命とした。一七七四年議会にその改良意見を提出して容れられ、また一七七七年に『英国における監獄の状態』を著わす。晩年ヨーロッパ大陸をはじめ、各地の監獄や病院を広く視察旅行して、その改善につとめ、ついにロシアでその地の伝染病に冒されて没した。ロシア皇帝はその徳行に感じ、記念碑を建てて、これを頌した。『童蒙をしへ草』巻の三に「ジョン・ホワルドの事」（③二二九―二三二）という紹介記事がある。『童蒙をしへ草』は、イギリスのチェンバーズの『モラル・クラス・ブック』を福澤が翻訳したもので、福澤はおそらくこの翻訳を通して、ハワードや、前項のクラークスンの事跡を知り、ここに引用したのであろう。

171▼孺子《じゅし》の井に入るを見て之を救わんがために云々――『孟子』（公孫丑）に、人間は皆生れながらに、他人の不幸を見のがせぬ本然の情がある事をいい、「今人乍《タチマ》チ孺子〔幼児〕ノ将《マサ》ニ井ニ入ラントスルヲ見レバ、皆怵惕《ジュッテキ》〔ハッと思う〕惻隠〔同情〕ノ心アリ。交ハリヲ孺子ノ父母ニ内《イ》レン〔交際を結ぶ〕ガタメニ非ズ、誉ヲ郷党朋友ニ要《モト》メンガタメニモ非ズ。ソノ声ヲ悪《ニク》ミテ〔世評を恐れて〕然《シカ》スル〔子を救ふ〕ニモ非ザルナリ。是ニヨッテ之ヲ観レバ、惻隠ノ心ナキハ、人ニ非ザルナリ」とあるによる。

一〇八▼徳義は一人の行いにて……智恵は則ち然らず……――バックル文明史第一巻第四章にある "the intellectual principle is not only far more progressive than the moral principle, but is also far more permanent in its result." (Buckle, *Ibid.*, I, p.131）の命題の展開を受けたもの。

一〇九▼ゼイムス・ワット――『西洋事情』初編において紹介しているが（①三一三―三一四）、バックルは福澤ほどの評価を与えていない（Buckle, *Ibid.*, II, p.414）。

一一〇▼トウマス・クラルクソン――Thomas Clarkson (1760-1846), Chambers's *The Moral- Class Book*, pp.140-142,『童蒙教草』（③二六三―二六五）参照。

一一一▼ジョン・ホワルド――John Howard（1726-1790), Chambers's *Ibid.*, pp.96-99,『童蒙教草』（③二二九―二三二）参照。

六　徳義の事は古より定まりて動かず、智恵の箇条は日に増加してやまず

172▼**耶蘇《やそ》の教の十誡**——紀元前十四世紀前後に、ユダヤ民族の指導者モーゼ（Morse）が、シナイ山でエホバの神（創造主）から啓示されたという十誡（Decalogue）。『旧約聖書』の「出埃及記」および「申命記」の二箇所に見える。

173▼**孔子の道の五倫**——『孟子』（滕文公）に人倫の道をあげて、「父子有《リ》レ親。君臣有《リ》レ義。夫婦有《リ》レ別。長幼有《リ》レ序。朋友有《リ》レ信」とあるのが出典。

174▼**宋儒盛なりといえども云々**——宋代（十—十三世紀）は、旧来の儒教を哲学的に解釈し、理論的に体系化することの盛んな時代で、その面で碩学大儒が輩出した。その学問を宋学と言い、その学者を宋儒という。朱熹（朱子）は宋学の大成者で、宋学を世に朱子学と称する所以である。

175▼**新聞**——新聞紙のことではなく、新しいニュースの意。明治初年は、この意味に用いたことが多い。

176▼**落胆する**——失望の意ではなく、胆を奪われる、びっくりする意。○『学問のすゝめ』第三編などにも、驚く意味に「胆を落す」と用いた例が見える。

一一二▼**徳義の事は……**——バックル文明史第一巻第四章にある"For there is, unquestionably, nothing to be found in the world which has undergone so little change as those great dogmas of which moral system are compose…. But if we contrast this stationary aspect of moral truths with the progressive aspect of intellectual truths, the difference is indeed startling."（Buckle, *Ibid.*, I, pp.129-130）との主題を援用したもの。

七　徳義は形を以て教うべからず、智恵は形を以て教うべし

177▼**克己復礼**——自己の欲望に打ちかって、節度を守る。『論語』（顔淵）の「子曰、克《クチテ》レ己《ニ》復《ルヲ》レ礼《ニ》為《ス》レ仁《ト》」が出典。

178▼**徳義の風化**——上の者の徳で下の者が感化されることを「風化」という。薫化に同じ。

179▼**韓退之《かんたいし》**——唐の文学者（七六八—八二四）。名は愈、退之は字。唐代随一の文人と称せられる。彼は純然たる儒者を以て自任し、当時流行していた仏老思想を排斥したので、元和十四年（八一九）、憲宗が仏教を信仰するあまり、宮中に仏骨（釈迦の遺骨）を迎えて供養した際、「論《ズル》二仏骨《ヲ》一表」を奉って、これを諌めた。ために、憲宗の怒りにふれ、遠く潮州（広東省東部）の刺史（知事）

に左遷された。その途中で、自分を見送りに来た姪の子に示した詩は特に有名である。「一封朝奏九重天　夕貶二潮州一路八千　欲下為二聖明一除中弊事上　肯将二衰朽一惜二残年一　雲横二秦嶺一家何在　雪擁二藍関一馬不レ前　知汝遠来応レ有レ意　好収二我骨一瘴江辺」（一封〔一つの意見書〕朝《アシタ》ニ奏ス九重《キユウチヨウ》ノ天〔朝廷〕、夕ニ潮州ニ貶《ヘン》セラレテ路八千、聖明〔天子〕ノ為ニ弊事ヲ除カント欲ス、肯《ア》ヘテ衰朽〔老衰の身〕ヲ将《モ》ツテ残年ヲ惜シマンヤ、雲ハ秦嶺ニ横タハツテ家〔わが家〕何《イツク》ニカ在ル、雪ハ藍関ヲ擁シテ〔おほって〕馬前《スス》マズ、知ル汝遠ク来ル応《マサ》ニ意アルベシ、好《ヨ》ク我ガ骨ヲ収メヨ瘴江ノ辺〔南シナの不衛生の地方〕）。時に韓退之は五十二歳。彼はその翌年また許されて都に帰ることを得たが、潮州に在る時、「潮州刺史謝《シテ》上《ル》表」を憲宗に奉って、召還を嘆願した。文中、自己の学問文章が天下古今に冠絶することを吹聴し、老齢にして瘴癘の僻地に左遷された逆境を悲しみ、憲宗の盛徳を讃えた末、「伏シテ惟《オモン》ミルニ、皇帝陛下ハ天地ノ父母ナリ。哀レンデ之ヲ憐ミタマヘ。恩ニ感ジ闕ヲ恋《シタ》ヒ、慚惶懇迫ノ至リニ任《タ》フル無シ。謹ンデ表ヲ附シ、陳謝シテ以聞ス」と哀訴している。この文は、『唐宋八家文』巻二や、『韓昌黎集』（韓退之の詩文集）巻三十九に、いずれも「論二仏骨一表」の次に並べて載せてある。福澤が「遠方より都の権門へ手紙を遣て、きたなくも再び出仕を歎願したるは云々」といったのは、即ちこれをさす。韓退之は一代の文豪であるが、終始廟堂に為すあらんとして志を得ず、その不遇が彼の不朽の作品を生んだのである。しかしそのあまりに強い政治への執念が、福澤をして「偽君子の張本」という酷評を下さしめた所以であろう。

180▼巧言令色――『論語』（学而）に「子曰《ク》、巧言令色、鮮《スクナイカナ》矣仁」とあるによる。口が上手で、顔つきを飾る者は、仁（誠意）が乏しい。

一一三▼割注――「書経に今文と古文との区別がある。秦の始皇帝が天下の書籍を焼いて、書経もそれとともに無くなったが、漢が起こって、文帝の時代に済南の老学生伏勝が二十九編をよく暗記していて伝えたものを今文と名づけた。その後、孔子の古い住居を壊したところ、壁の中から古書が見つかり、それを古文と名づけたのである。したがって現在の書経五十八篇のうち、今文二十九編、古文二十九編ということになる。しかし現在、この今文と古文とを比較すると、全くその体裁が異なっている。今文は難渋であり、古文は平易であって、その文意や語勢は明らかにそれぞれ異なっており別物であるようで、誰が見ても、秦の焚書坑儒以前に伝わっていた書と同一の書とは思われない。必ずやその一は偽作であることを免れるものではない。殊に壁の中にあって世に広まっていたのは晋の時代であって、それ以前の漢代に書中の一編である秦誓であっても、諸儒の引用したものを晋の時代に偽秦誓と名づけてそれを廃棄処分にしたことがある。いずれにしろ書経の由来は明らかでないといわざるを得ない。しかしながら後世になって、人間の信仰が益々固くなって、一にこれを聖人の書と見なして、蔡沈も書経集伝の序において、それを聖人の心が書に現われたものであると述べている。怪しむべきではないか。なぜならば蔡沈の意図は今文古文等の区別を論じなくても、書中に記されているのは聖人の趣旨に適っているから、それを聖人の書と見なしたというけれども、今古の内、その一文は後世より聖人の意向を汲んで作った文章であるならば、これはやはり偽書といわざるを得ないのである。したがって世の中に偽君子が多いのはもちろん、あるいは偽聖人を生み出して偽聖書をも作ることができることを知るべきである」。

八　徳義は一心の工夫にて進退すべし、智恵は学ばざれば進むべからず

181▼**在昔《ざいせき》、熊谷直実《くまがいなおざね》が敦盛《あつもり》を討て仏に帰し**――――源氏の武将直実は、寿永三年（一一八四）摂津一の谷の合戦で、敵の若武者平敦盛を討ったが、後に法然上人に師事して仏門に入り、名を蓮生と改めて、念仏三昧の晩年を送った。但し仏門に入った実際の動機は、建久三年（一一九二）親族久下直光との領地争いに関して、頼朝の裁決の不法に憤ったためらしい。敦盛を討って無常を感じたためというのは、『平家物語』などに基づく伝説であろう。

182▼**浩然《こうぜん》の気**――――『孟子』（公孫丑）に「我善養《クフ》ニ吾《ガ》浩然之気《ヲ》一」とあって、天地間に満ち満ちた正大な元気をいう。人間にやどれば、何ものにも屈せぬ道徳的勇気となる。

183▼**宋儒の説には一旦豁然《かつぜん》として通ずるといい**――――『大学』の「格物致知」の語を朱子が補説した「大学補伝」の中に、「至ニ於用一レ力之久、而一旦豁然貫通一焉、則衆物之表裏精粗、無レ不レ到、吾心之全体大用、無レ不レ明矣。此謂ニ物格一、此謂ニ知之至一也」（力ヲ用フルコト久シクシテ、一旦豁然トシテ貫通スルニ至レバ、則チ衆物ノ表裏精粗、到ラザル無クシテ、吾ガ心ノ全体大用〔心の本体と作用〕、明ラカナラザルハ無シ。此《コレ》ヲ物格《イタ》ル〔物の理が通達する〕ト謂ヒ、此ヲ知ノ至リト謂フナリ〕とあるのによる。「豁然」は、急にカラリと心が開けること。

184▼**有形の理学**――「理学」は哲学をさす場合が多かったが、今日の理学すなわち科学を意味することもあった。ここは形而下の理学で、科学をさす。

185▼**達磨大師《だるまだいし》をして面壁九十年ならしむるも**――達磨は禅宗の始祖。南インドに生れ、六世紀の初めごろシナに渡って禅を伝え、梁の武帝の尊信を受けた。嵩山の少林寺で九年間壁に向って坐禅し、一語も発しなかったと伝える。

一一四▼**徳義は一心の工夫に由て……**――バックル文明史第一巻第四章の主題 "the good deeds effected by our moral faculties are less capable of transmission; they are of a more private and retiring character; while, as the motives to which they owe their origin are generally the result of self-discipline and of self-sacrifice, they have to be worked out by every man for himself; and thus, begun by each anew, they derive little benefit from the maxims of preceding experience, nor can they well be stored up for the use of future moralists." (Buckle, *Ibid.*, I, p.131) の展開。

一一五▼**熊谷直実が敦盛を討て仏に帰し……**――注181に関連して、『平家物語』巻第九「敦盛最期」に「修理大夫経盛の子息に大夫篤盛〔敦盛〕とて、生年十七にぞなられける。それよりしてこそ熊谷が発心の思ひはすゝみけれ」とある。

九　徳義の極端論に偏するなかれ

186▼**不立文字《ふりゅうもんじ》**――文字や言葉によって教えを立てぬ意。いわゆる以心伝心以外に道を伝える方法はなく、文字や言葉の解釈説明は悟道に役立たぬという禅宗の根本精神を示した標語。

187▼**五経《きょう》**――儒教で、聖人の述作として尊重する五部の経書。易経（周易）・詩経（毛詩）・書経（尚書）・春秋・礼記の称。

188▼**犠昊《ぎこう》以上の民**――「犠昊」は「羲皇」が正しい。シナ古代伝説上の帝王伏羲氏をいう。太古の純朴無欲な人民を「羲皇上人《ノヒト》」と熟語にいう習わしがある。伏羲氏以前の人の意。○『晋書』隠逸伝「陶潜嘗《テ》言《フ》、夏日虚閑、高二臥《ス》北窓之下《ニ》一、清風颯《トシテ》至《ル》、自謂《ラフ》二羲皇上人《ノト》一」。

189▼**酸敗家**――飲食物が胃中に停滞して、酸くなることを「酸敗」という。胃弱患者。

190▼精心——福澤にはしばしば「精神」と同じ意味に用いた例がある。○『西洋事情』外編巻之一「或は精心の懶惰なる者あり」、『窮理図解』序「精心は活発、身体は強壮にして」など。

一一六▼三匹の猿——青面金剛童子の三匹の使い猿が有名。

一一七▼古今世界中に於て、如何なる善人にても……——バックル文明史第一巻第四章の“...whatever theologians may choose to assert, it is certain that mankind at large has far more virtue than vice, and that in every country good actions are more frequent than bad ones.” (Buckle, *Ibid.*, I, p.159. 同頁下部に青の付箋貼付）を参照。

一一八▼一度び心に圧制を受れば……——ミル自由論第二章の“mental slavery” (Mill, *Ibid.*, XVIII, p.243）参照。

十　キリスト教の有力なるも、文学技芸を以て世の文明を助くればなり

191▼法教——宗教に同じ。当初 religion の訳語が一定していなかったため、福澤の用語も、「宗教」「宗旨」「宗門」「法教」などいろいろであった（注40参照）。

一一九▼徳は智に依り、智は徳に依り……——バックル文明史第一巻第四章にある道徳家が行う迫害理由すなわち“Such men as these are not bad, they are only ignorant; ignorant of the nature of truth, ignorant of the consequences of their own acts.” における知識なき道徳家の迫害悪徳と、その歴史的検証を踏まえた論の応用である (Buckle, *Ibid.*, I, pp.132-136)。

一二〇▼欧羅巴の教化師が……宗教は表向の儀式というべきのみ——バックル文明史第一巻第五章にある“Men of excellent intentions, and full of a fervent, though mistaken zeal, have been, and still are, attempting to propagate their own religion among the inhabitants of barbarous countries. By strenuous and unremitting activity, and frequently by promises, and even by actual gifts, they have, in many cases, persuaded savage communities to make a profession of the Christian religion. ...that such profession is only nominal, and that these ignorant tribes have adopted, indeed, the ceremonies of the new religion, but have by no means adopted the religion itself.” (Buckle, *Ibid.*, I, pp.184-185) の援用。

十一　宗教を入るるは焦眉の急須にあらず

192▼彼には六十元素の発明あり――現代ではもっと発見されて、一〇〇種を越えるに至った。

193▼彼は既に彗星《すいせい》の暦《こよみ》を作り云々――日本人は彗星の出現を不吉の現象として恐れるのみであるが、西洋人はすでにいわゆる周期彗星の研究によって、それが一定の軌道を描き、一定の周期を以て出現することを知っている。

194▼白文――本文だけで注釈のない漢文を白文または素本という。ここはそれを漢文以外の書にもあてはめていった。

195▼天然の七色――七種の純色。太陽の光がスペクトルに分れた時、際立って見える色。虹などがそれである。

196▼時計の用法をば解すこと能わず――当時はまだ時計が貴重品だったから、一般にはその見方が分らなかったのである。福澤は、明治六年刊の自著『改暦弁』にわざわざ「時計の見様」の一項を設けているほどである。「解すこと」は「解すること」が正しい。

十二　文明進歩すれば、宗教も道理に基かざるを得ず

197▼水火の縁を結ぶ――陰陽五行説で、人の生年に従ってその性を木火土金水の五つに分ち、男女の縁組の際、その組合せの適否によって、相性《あいしょう》の善悪をきめる。水と火とは相剋するものだから、水性の男（女）と火性の女（男）との縁組は不吉とされている。「水火の縁を結ぶ」とは、不思議の呪法を以て、その不吉の縁をも良縁に変える意味であろう。

一二一▼西洋にても耶蘇の宗旨起りしその初は……――バックル文明史第一巻第五章にある人々の意見と知識との密接な関係をキリスト教の布教とさらに宗教改革にいたる歴史を踏まえて論じ、なおかつヨーロッパ諸国におけるカトリックとプロテスタントとの関係を論じている部分の援用である（Buckle, *Ibid.*, I, pp.187-193）。

一二二▼故に書を著して……――バックル文明史第一巻第五章の "How idle, then,it is to ascribe the civilization to the creed; and how worse than foolish are the attempts of government to protect a religion, which, it suited to the people, will need no protection, and, if unsuited to them, will work no good!" (Buckle, *Ibid.*, I, p.193) の援用。

十三　智恵なければ、善人必ずしも善をなさず。智恵あれば、悪人必ずしも悪をなさず

198▼バルゾロミウの屠戮《とりく》――フランスで新旧両教の多年

の対立抗争の結果、ついに一五七二年旧教徒が大挙して、パリーにおいて兵を発し、新教徒に大虐殺を加えた。それは聖バーソロミュー（St. Bartholomew. キリスト十二使徒の一人）の祭日八月二十四日に起った事件であるから、世にバーソロミューの大虐殺という。『西洋事情』二編巻之三「仏蘭西、史記」（①五六七）にその記事がある。

199▼**水戸の藩中に正党姦党《かんとう》の事あり云々**――水戸藩は二代藩主光圀（義公）の時より勤王の藩として知られたが、六代藩主治保（文公）の時、史官の総裁立原翠軒と、その門人藤田幽谷とが学説上相容れぬところから、争端を発した。翠軒は佐幕主義者であり、幽谷は勤王主義者であったが、ついに翠軒は史館総裁の地位を去り、幽谷派が勢力を得ることになった。この立原・藤田の学問上の争いが、両者の死後も烈しい政治上の党争に発展し、立原派の代表者結城寅寿は、藤田派（幽谷の子東湖がその中心人物）の勢力をそぐのに全力を注いだ。かくて幕末の水戸藩は、勤王派と佐幕派との鋭い対立に明け暮れることになり、また勤王派内にも穏健派と過激派との分裂があった。勤王一本槍の過激派は、自ら正党を以て任じ、他派を奸党（姦党）と称して憎んだ。安政の開国、井伊大老の登場以後、幕府の方針に対する正奸両党の意見の対立は、多くの殺戮を伴う悽惨な藩内闘争を展開するに至った。水戸藩が勤王思想の発祥地でありながら、明治維新の功を薩長二藩に譲らなければならなかったのは、それ以前の久しきにわたる内訌で多くの人材を失ったことが大きな要因である。

200▼**腹中甕《かめ》の如き赤心**――腹の中に大きな甕を入れたように大度量のまごころ。頼山陽の「蒙古来」の詩中に、北条時宗の勇気を称して、「相模太郎胆如《シ》レ甕《ノ》、防海将《ノ》士人各力《ム》」といい、また隔心なく人を信頼することを「赤心ヲ推《オ》シテ人ノ腹中ニ置ク」という。これらの漢熟語からの着想であろう。

201▼**石田三成《いしだみつなり》の除くべきを除かずして云々**――慶長三年（一五九八）豊臣秀吉が死するや、秀吉の寵臣石田三成に快くない武将が少なくなかった。加藤清正・黒田長政らの七将は、慶長四年三成を襲って殺そうと計ったが、家康は三成を庇って、これを救った。けだし家康も、もとより三成に快くなかったのであるが、この時これを救ったのは、後日三成が秀頼を擁して自己に反旗を翻す時機のあるべきことを予期し、その時これを撃って武威を示すとともに、天下の人心を徳川家に帰せしめるための遠謀深慮であった。はたして三成は、かねて天下を狙う家康の野望を見ぬいていたから、翌五年兵を挙げて家康を撃たんとし、関ケ原の一戦で敗死した。これは全く老獪な家康の術中に陥ったものである。

一二三▼有徳の善人、必ずしも善を為さず……——バックル文明史第一巻第四章で論じられている道徳的にして無智なる人間の迫害行為、その具体例としての偶像崇拝の歴史とキリスト教の歴史を挙げての例から学んでいる（Buckle, *Ibid.*, I, pp.132-136）。

十四　私徳を以て文明に益することあるは、偶然の美事のみ

202▼伯夷《はくい》の風を聞て立つ——伯夷は弟叔斉《しゆくせい》とともにシナ古代の殷《いん》の賢人。周の武王が殷を滅ぼして王位につくや、周の粟を食むことを恥じ、首陽山に隠れ、薇《わらび》を取って食い、ついに餓死したと伝える。古来清廉な人物の典型とされる。『孟子』（万章）に「聞《ク》二伯夷之風《ヲ》一者《ハ》、頑夫《モ》廉《ニ》、懦《ダ》夫《モ》有《リ》レ立《ツル》レ志《ヲ》」とある。伯夷の清廉な人格を伝え聞けば、道理をわきまえぬ男でも、心が正しくなり、いくじのない人間でも、志を奮い起すことがあるという意。

203▼世に教化師の類ありて——この「教化師」は、キリスト教の宣教師のほか、神道・仏教の教導職（明治初年政府が国民教化のため、多く神官・僧侶に与えた資格。明治十七年廃止）なども含めていっているのであろう。

十五　無限の精神を以て、天地間の事物を包羅するに至るべし

204▼上帝の恩沢洪大なりといえども——「上帝」は天の神であるが、特にキリスト教で造物主エホバの神をいう。福澤がキリスト教徒に対して皮肉をいっているのである。

205▼瓢《ひよう》瓠《こ》——瓠瓢というのが普通。ひさご、瓢簞。『荘子』（逍遙遊）に、恵子の植えた瓠が途方もなく大きくなり過ぎて、実用にならぬため、これを掊《くだ》いたという故事があるより、ここは無用の長物のたとえに用いた。

一二四▼無限の精神を以て有定の理を窮め……——後に福澤が読了するスペンサー『第一原理』の哲学に相似している。すなわちスペンサーは宇宙の秩序の絶えることなき暴露を学問の使命としているが、福澤はそこに「発明シタルモノハ続イテ之ヲ信ジ　未ダ発明ノ及ハサルモノハ謹ミテ之ヲ分ラヌモノト為シ今ノ人力ノ及ハサルモノトス」（Spencer, *First Principles*, p.20）と記している。

第七章　智徳の行わるべき時代と場所とを論ず

一　事物の得失を論ずるには、時代と場所とを考えざるべからず

206▼**東京の人力車は、東京の市中に便利なれども**――江戸時代の駕籠に代って、明治三年和泉要助らによって発明された人力車がたちまち全国に普及し、日本人の乏しい発明の中で一異彩を放つものと称せられた。明治初年、すでに乗合馬車も東京・横浜間などには通じていたが、なんといってもこの時代の代表的陸上交通機関は人力車であった。一方欧米では、すでに鉄道の普及を見ていたことというまでもない。福澤の『掌中万国一覧』（明治二年刊）には、一八五八、九年頃の「西洋各国鉄道の長さ」を記して、「仏蘭西二千九百十三里、英吉利九千十九里」（②四八〇）としている。人力車が到底「ロンドン」「パリス」に持出せぬ所以である。

207▼**ペイトル帝**――Pyotr I (Peter I)（1672–1725）．ピョートル一世。ロシア皇帝。専制君主中の代表的名君として知られる。当時のロシアはまだ未開国であったが、若いころ変名してオランダに渡り、造船所の一職工として、同国の進歩した造船技術を修得した逸話は名高い。独裁君主として国内政治に大改革を断行するとともに、しばしば外国と戦って領土を拡張した。特に西欧から卓れた文化や技術等を導入して、ロシアの開明に大きな功績を遺した。私行の上では議すべき点が多かったが、自国の富強化に成功を収め、世界をしてはじめてロシアの大国たる事実を認識せしめた功績は、ロシア史上空前絶後である。『西洋事情』二編巻之二「魯西亜、史記」（①五二八―五三四）には、パーレーの『万国史』に基き（太田臨一郎氏説）、そのかなり詳しい事跡と人物評とを載せている。

208▼**一以てこれを貫くべき道はあるべからず**――『論語』（里仁）に、孔子が「吾《ガ》道《ハ》一以《テ》貫《ク》レ之《ヲ》」と言い、門人曽子がその語を解釈して、「夫子之道《ハ》、忠恕〔誠意と愛情〕而已」といったという記事がある。それを裏返した筆法である。

二　野蛮不文の時代を支配するものは徳義のみ

209▼**道二あり、仁と不仁となり**――『孟子』（離婁）に、「孔子曰《ク》、道二《ツ》、仁与《ト》二不仁一而已矣」とあるをさす。

210▼**盗跖《とうせき》**――春秋時代、孔子と同時代の大盗賊。日本の石川五右衛門と同様、シナの大泥棒の見本のように伝えられる人物。

一二五▼この風はただ政治の上に行わるるのみならず……——ギゾー文明史第五講にある「論理以上に歴史を曲解させるものは無い」との命題のもと、ある観念の虜になることが事実認識を誤らせることを指摘し、人間は善と悪とが入り混じった存在であり、"Human nature never reaches to the extreme either of good or evil" と論じている所が念頭にあったのであろう（Guizot, *Ibid*, pp.117-118）。

三　仁政は野蛮不文の世にあらざれば用をなさず

211▼避雷の法を発明したるの後は云々——一七五二年、アメリカでフランクリンが雷と電気と同一である理を発見し、避雷針を発明した。

212▼民を視ること赤子《せきし》の如し——「視《ルコト》レ民《ヲ》如《シ》レ子《ノ》」（『左伝』襄公二十五年）の成句による。

213▼月夜に提灯《ちょうちん》を燈《とぼ》すが如きのみ——諺「月夜に提灯」の利用。無用なたとえ。

一二六▼疑——バックル文明史第一巻第七章にある "Yet it is evident, that until doubt began, progress was impossible... without doubt there will be no inquiry, and without inquiry there will be no knowledge.... The more we examine this great principle of scepticism, the more distinctly shall we see the immense part it has played in the progress of European civilization" （Buckle, *Ibid*., I, pp.242-243）の援用による展開。

一二七▼既に天然の力を束縛して……——バックル文明史第一巻第一章にある "the marked tendency of advancing civilization is to strengthen our belief in the universality of order, of method, and of law." （Buckle, *Ibid*., I, p.5）の見解が念頭にあったと思われる。

一二八▼既に精神の自由を得たり……——ギゾー文明史第一二講における宗教改革は人間精神の「新たにして偉大な自由の拡大」（a new and great *increase of liberty*）であり、そしてこれが「研究の自由」（freedom of inquiry）と「人間精神の自由」（the liberty of the human mind）をもたらし（Guizot, *Ibid*., pp.258-265）、政治世界にも拡大していくことを同一三講及び一四講において展開しているが、これらの議論が念頭にあったと思われる。なお、福澤は一二講の末尾に「宗教ハ政治ト共ニ同一ノ変革ヲ経タリト雖トモ宗教ハ常ニ政治ニ先テ其事ヲ成ス」と書き込んでいる（Guizot, *Ibid*., p.265）。

四　文明の進むに従って、私徳は公徳に変ぜざるを得ず

214▼道に遺《い》を拾う者あらざれば——国に道徳がよく行きわたって、不正な人間のいないことを示す漢文の成句。「道不《ニ》レ拾《ハ》レ遺《オチタルヲ》」（『孔子家語』など）による。

215▼邏卒《らそつ》——巡査の旧称。明治四年廃藩置県とともに、藩兵を廃して邏卒を置いたが、同七、八年より巡査と改称した。

一二九▼君臣の名義などは既に地を払て……——補注七三参照。

一三〇▼世界の人民は、あたかも……——補注七三参照。

六　骨肉の縁遠ざかれば、徳義の行はるる所甚だ狭し

216▼叔父と姪《おい》——「姪」は通常めいの意であるが、おい（甥）とも訓む。ここは甥の意と見てよかろう。

217▼従兄弟は他人の始なり——「兄弟は他人の始まり」という諺を言換えたのである。

218▼北条早雲《ほうじょうそううん》が六人の家来と共に云々——北条早雲（一四三二—一五一九）は、戦国時代の武将。名は長氏。晩年早雲と号した。もと伊勢の人。文明年間、徒手空拳、一介の浪士として六人の同志とともに、駿河の領主今川氏を頼って東国に移って以来、武略を以て次第に周囲を攻略し、駿河・伊豆・相模を手中に収めて、永正十六年伊豆韮山《にらやま》の居城に八十八歳で没した。いわゆる後《ご》北条氏五代の祖である。戦国の群雄割拠時代は、早雲によって先鞭をつけられた点に、彼の史的重要性がある。この条は『日本外史』後北条氏の記事に「後土御門天皇ノ文明八年、長氏、荒木兵庫・多目権平・山中才四郎・荒川又四郎・大導寺太郎・有竹兵衛ノ六人ト、剣ヲ仗ツイテ東行ス」とあるによったのであろう。「剣を杖（仗）つく」とは、剣以外に携えるもののない境遇をいう熟語。「仗《ツイテ》レ剣《ヲ》行《ク》二千里《ヲ》一」（王昌齢、『唐詩選』）という詩句もある。但し元来「杖」（仗）は「たよる」と訓むべき字で、剣のみをたのみとする意であるから、「剣ニヨツテ行ク」などと訓む方が妥当であろう。

219▼社稷《しゃしょく》重しとし君を軽しとする——『孟子』（尽心章同下）の「民《ヲ》為《シ》レ貴《シト》、社稷次《ギ》レ之《ニ》、君《ヲ》為《ス》レ軽《シト》」の句による。「社稷」は国家。孟子の民主思想を最もよく示す語として名高い。

220▼太平記に、鎌倉の北条滅亡のとき云々——『太平記』巻十「高時並一門以下於《テ》二東勝寺《ニ》一自害事《ノ》」の条をさす。

221▼人の説に、家族の交は天下太平の雛形《ひながた》なりということあれば云々——『西洋事情』外編に訳出したチェンバー

ズ『経済読本』中の「家族」の条をさしていること疑いない（評説❖92参照）。

一三一▼刎頸の交わり……――司馬遷『史記』「廉頗・藺相如列伝」にあり、藺相如と廉頗との関係に由来。

一三二▼莫逆の友――『荘子』「大宗師」が出典。

一三三▼人の天賦に備われたる党与の心……――偏頗心に同じ。後に読むスペンサー『社会学研究』における重要な概念である"bias"参照。

一三四▼その時代に行わるる人の気風――時勢に同じ。

一三五▼人の説に、家族の交は天下太平の……――Chambers's *Political Economy*, "The groundwork of social economy is in the FAMILY CIRCLE"として論じて、それを世界的に広めるとの趣旨の援用（Chambers's *Ibid.* pp.2-3）『西洋事情』外編（①三九〇―三九一）参照。

七　規則と徳義とはまさしく相反して、相容れざるものなり

222▼約条書――正しくは約定書であろう。福澤は「条約」の連想から、いつも「約条」と書く癖があった。○『学問のすゝめ』第六編・十五編などにも例がある。

223▼贋金《にせがね》――維新当時は経済の混乱期で、贋の貨幣が横行した。特に政府発行の紙幣、いわゆる太政官札などは製造が簡単であったから、大々的な贋札が行われて、政府を悩まし、人心を不安ならしめた。

224▼金札《きんさつ》引替――金札は維新政府の発行した紙幣、すなわち太政官札や民部省札の別名である。維新草創期に、政府は財政困難のため、金札を濫発して、紙幣の価値が下落した。そこで政府はその価値維持策として、紙幣所持者には、明治五年以降、年六分の利子を与える旨発令したが、全国無数の所持者に利子を支払うことは不可能であった。そこで翌六年金札引替公債を発行し、紙幣を政府に持参する者には、それと引換に六分利付公債を交付して、紙幣の一部を回収し、その価値の回復につとめた。

八　今日世の文明を進むるには、規則のほかに方便あることなし

225▼法を三章に約し――漢の高祖（紀元前二、三世紀の人）が秦を滅ぼして、秦のきびしい法をことごとく除き、わずかに法文を簡単な三章だけに約《つづ》めたという故事。『史記』高祖本紀「与《ト》二父老一、約《スル》二法《ヲ》三章《ニ》一耳。殺《ス》レ人《ヲ》者《ハ》死《シ》、傷《ツケ》レ人《ヲ》及《ビ》盗《ムモノハ》抵《ル》レ罪《ニ》。余《ハ》悉《ク》除《ス》二去秦《ノ》法《ヲ》一」。法を簡素化して善政をしいた模範例として常に引用される。

226▼情実――人情、愛情の意。今日いう私情にからんで不公平な処置をする意味ではない。（前出。三五〇頁）。
227▼世の事務――「事務」は広く事業の意。今日の単なるビジネスだけではない。
228▼百物語――夜人々が集まって、交代に種々の妖怪談をすること。臘燭をたくさん立てておいて、一つ物語が終るごとに一つずつ消してゆき、最後に闇になった時、幽霊が現われるという趣向。
一三六▼昔は政府、法を設けて人民を保護せしもの……――いわゆるイギリス法的な「法の支配」（rule of law）と大陸法的な「法治国家」（Rechtstaat）の相違を認識しての用法か。

九　規則無情なりといえども、無規則の禍に比すれば同年の論にあらず

229▼生糸《きいと》蚕卵紙を製するに不正を行うて云々――明治初年、生糸と蚕卵紙とは、茶とともに日本の主要輸出品であった。したがって不徳義な日本商人の中には、見本と違う粗悪品を売込んで、暴利を貪る者が少なくなかった。横瀬夜雨の随筆『太政官時代』（七一二頁）に、明治三年八月二十日の布告「蚕種製造の儀、近来杜撰に相成、数多の濫造有」之趣、畢竟無識の細民、唯自己目下の小利を貪り、終に御国産の品位を墜し、随て外国貿易上にも名産の声価を減却し、民間至要の善業却て破産の資と相成候」を引用し、原紙に菜種を糊で貼りつけたのを横浜へ持って行って外国人に売ろうとした商人もあったことを記している。

十　規則を以て大徳の事を行うものというべし

230▼兵法の精しきは人を殺すの術なれども云々――『西洋事情』外編巻之一（チェンバーズ『経済読本』の翻訳）の「各国交際」の章に、「文明の教へを以ては、未だ戦争の根源を止むるに足らずといへども、ややその惨毒を緩にすべし。アメリカの土人の如きは、その敵を害するに惨刻凶悪至らざる所なし。……文明の師においては然らず。無辜の婦人小児を殺すを以て恥辱とし、敵の政を伐って敵の民を殺さざるを戦ひの趣旨とす。故に敵と戦ふときは、必ずその兵士に向ひ、敵国を伐つときは、必ずその城を攻む。村落を侵掠するとも、徒らにその民を害するのみにて、攻伐の目的を達するに足らざるが故に、直ちにその首府に進み、その政府に迫って勝敗を決するなり」（①四一三―四一四）とあるなどを思い寄せたのであろう。

231▼万国公法——国際公法のことを幕末から明治初年には万国公法と称した。

232▼万国公会なるものを白耳義《ベルギー》の首府に設けて云々——一八七四年（明治七）のブリュッセル会議（Brussels Conference）をさす。この列国会議において、主としてロシア皇帝の立案に成る陸戦に関する規約を決議し、いわゆるブリュッセル宣言を行った。後にそれが発展して、一八九九年（明治三十二）、やはりロシア皇帝の首唱により、オランダの首府ハーグにおいてハーグ平和会議（Hague Conference）が開かれるに至った。

一三七▼人智日々に進みて敵為の有力を増し……——ギゾー文明史第一四講にある一八世紀の人間精神がもつ「自由探求精神の普遍性」（the universality of the spirit of free inquiry）が普遍的であるがゆえにあらゆる分野に及んでいるという議論（Guizot, *Ibid.*, pp.302-303）、及びミル代議政論第三章にある実践的知的活動の重視の視点が念頭にあったと思われる（Mill, *Ibid.*, XIX, p.407）。

第八章　西洋文明の由来

一　西洋文明の特色は、社会に諸説並立して互いに和することなきにあり

一三八▼西洋の文明の他に異なる所は……——古代文明の単一性と近代文明の多様性を論じ、近代文明の優越性を講じているギゾー文明史第二講の冒頭部p.35に青の付箋貼付二箇所、赤の付箋貼付一箇所、p.36に赤の付箋貼付一箇所、ピンクの付箋貼付一箇所、p.37にピンクの付箋貼付三箇所、p.40には鉛筆によるチェックと青の付箋貼付一箇所がある。またギゾーの見解を享けているミルも『代議政治論』第七章（Mill, *Ibid.*, XIX, p.459）、『自由論』第三章（Mill, *Ibid.*, XVIII, p.274）などで、ヨーロッパ文明の多様性を進歩と絡み合わせて論じている。

二　民族大移動の時代（西ローマ帝国滅亡より十世紀まで）

233▼フランクの酋長《しゅうちょう》チャーレマンなる者——Charlemagne（742-814）。シャルルマーニュ、カール大帝、チャールズ大帝、シャーレマンともいう。武威四方を圧して、紀元八〇〇年法王レオ三世から帝冠を授けられ、西ローマ皇帝と称した（注60参照）。

一四〇▼今の西洋の文明は羅馬滅亡の時を初とす……――――ギゾー文明史第三構 pp.69-70.、ヘンリー脚注 pp.71-72n. 参照。なお pp.70, 72 に青の付箋貼付。

三　自由独立の気風は、ゲルマンの蛮族より起る

234▼後世の議院に僧侶の出席するも云々――――近代議会制度の前身ともいうべき十三世紀から十七世紀ごろにかけて西ヨーロッパ諸国に見られたいわゆる〝等族会議〟（たとえばフランスの三部会など）において、僧侶は貴族や市民とともに重要な成員をなした。現在もイギリスの上院は、貴族のほかに、カンタベリー大主教・ヨーク大主教のほか、英国国教会の二十四人の主教が議員を兼ねている。

一四〇▼この野蛮暗黒の時代にありて……――――ギゾー文明史p.52「キリスチャンハ四百年代ノ初ニ於テ一政府ノ体ヲナセリ」、p.53に「僧侶俗事ニ関シタルハ羅馬ノ時ニ有リ」、p.54に「此時ニキリスチャン無カリセバ世界ハ盗賊ノ争闘ナル可シ」との書き込みあり。

一四一▼初め羅馬の国を建るや……――――ギゾー文明史p.41に青の付箋貼付、p.43に指示ラインと「羅馬ニテ東洋ノ風ヲ学ハントス」、p.45に指示ラインと「羅馬帝国ノタイ人民ヲ統ルコト能ハズ」、p.46に青の付箋貼付、p.48に赤の付箋貼付と「故ニ云ク羅馬ハ帝国ト衆庶会議ノ元素ナリ」との書き込みあり。

一四二▼この時代にありて……――――ギゾー文明史p.56の“the character and disposition of the barbarian”に赤の付箋貼付あり、p.57に「自カラ人ト思フハ愉快ナリ」（“It is pleasure of feeling one's self a man; the sentiment of personality; of human spontaneity in its unrestricted development”）、ゲルマン族の自由独立の気風に関する叙述のところに「バルバリアンノ功徳」との書き込みがある。なお「古書」とあるのは M. Thierry, *The History of the Conquest of England by the Normans* を指している。

四　宗教の権力、人心を籠絡す

一四三▼野蛮暗黒の時代漸く終て……――――ギゾー文明史p.83に青の付箋貼付二箇所、p.84に赤の付箋貼付、p.85に青の付箋貼付、p.86に青の付箋貼付、p.89に「封建ノ自由ハ一人ノ自由ニ非ス」との書き込み、p.91“the bosom of his family”に青の付箋貼付、p.96に青の付箋貼付と「国王ニ叛クコト易シ」との書き込みがある。

五　宗教の権力、人心を籠絡す

235▼日耳曼《ゼルマン》の皇帝第四ヘヌリが云々――一〇七七年のいわゆる〝カノッサ（Canossa）の屈辱〟をいう。僧職任命権をめぐって、神聖ローマ帝国（後のドイツ）の皇帝ヘンリー（ハインリッヒ）四世が、法王（教皇）グレゴリウス七世と争い、破門されて、法王滞在中のカノッサ（イタリア北部の地）の城砦の門前に、雪中三日たたずんで哀を乞い、ようやく破門を許されたという事件。これから法王権の優位が認められるようになった。福澤が「羅馬の城門」と書いたのは「カノッサの城門」の誤り。

一四四▼右の如く封建の貴族……――ギゾー文明史 p.112 に青の付箋が二箇所に、p.114 に青の付箋が三箇所に、p.123 に「宗教ハ心ヲ制ス」との書き込みが、p.125 に青の付箋が二箇所に、p.127 に「家ノ焼ルモ顧ミズ」との書き込みが、p.136 に青の付箋の貼付がある。

六　中世自由都市の発達

236▼ハンセチック・リーギュ――Hanseatic League. Hanse は組合の意。十三世紀から十六世紀にかけて、北ドイツ沿岸諸都市とバルト海沿岸諸都市とが結成した有力な同盟。海上交通の安全保障・共同防衛・商権拡張などを目的とした。

一四五▼割注――「フリー・シティーは自由都市の意味であって、そこの住民はすなわち独立の市民である」。

一四六▼野蛮の横行、漸く鎮定して……――ギゾー文明史 p.157 に「シテ再ヒ見ハル」との書き込み、p.164 に「カラッスノ争　亜細亜ニナシ」との書き込みが、p.171n. のヘンリーの脚注に「ハンセチックリーギュ」との書き込みがある。

七　十字軍の効果

一四七▼以上所記の如く……――ギゾー文明史 p.175 に「諸元素ハ紀元四百年代ヨリ備ハレリト雖トモ未ダネーションナシ」、p.176 に「千二百年ヨリ千四百年マテノ形勢実ニ怪シムニ堪タリ」との書き込み、及び指示ラインと「文明ノ順序」との書き込みがある。p.187 に「通商之便」との書き込みがある。

八　絶対王権の端緒（十五世紀）

一四八▼封建の時代にありては……――ギゾー文明史の p.189 に青の付箋貼付が、p.210 に指示ラインと「合シテ一トナル」との書き込みが、p.212に「千百ヨリ千五百マデ」との書き込みが、p.214に「寺院ノ権ヨリ君主ヲ制ス」との書き込みが、p.215に指示ラインが、p.217に「寺院最盛ナルハ千百年ヨリ千二百年代ニ在リ」との書き込みが、p.218に指示ラインと「千二百年ノ後ハ宗教権ナシ」との書き込みが、p.220に「千年ヨリ千四百年マテイタリノレパブリック」との書き込みが、p.228に「千四百年ノ初マデハ諸説ヲ合シテ一ト為スヲ得ズ」との書き込みが、p.229に「今ノ文明ハ千五百年代ヨリ始ル」との書き込みが、p.230に指示ライン二つと「政府ト人民トニ分レタルハ千五六百年ノ代ナリ」との書き込みが、p.232に「1328　初テ仏蘭西国ヲ成ス」との書き込みと指示ラインがある。なおこの年号はヘンリーの脚注フィリップ六世の記述による。p.234に指示ライン二箇所に「政府権ヲ得テ貴族勢ヲ失フ」と「ロイス十一世始テ権謀術数を用ユ」との書き込みがある。p.235には「西班牙モ亦然リ」との書き込みがある。p.238に「バランス」との書き込みがあり、p.239にはサイドラインと「人民開化セサレハ国事ニ関ル可ラズ」との書き込みがある。p.240には「議事ノ無効ノ定メ」との書き込みが、p.245には指示ラインと「戦ヒ古学ヲ伝フ」、p.246には「physical reform」との書き込みがある。

九　宗教改革と宗教戦争（十六、七世紀）

一四九▼寺院は既に久しく特権を……――ギゾー文明史のp.249に十字と「1520　ルーゼルノ新説」との書き込み、それに数字の欠落を補うべく「648」の前に「1」を補って「1648」としている。p.252に「二学者」とベーコンとデカルトを指しての書き込みがある。またp.253に「粗忽之害」との書き込みがある。p.257には「寺　病獅ノ犯サル、カ如シ」との、また「チェルテ若シレフヲルマルノ言ニ従ハヾ可ナラン　ユエニ承伏ス可キ哉」との書き込みがある。またp.265に「宗教ト政治ト共ニ同一ノ変革ヲ経タリト雖モ宗教ハ常ニ政治ニ先テ其事ヲ成ス」との書き込みがある。

十　イギリス立憲政治の成立（十七世紀）

237▼昔年は羅馬に敵して宗旨の改革あり――一五三四年、イギリスのヘンリー八世が、ローマ法王との争いの結果、議会の同意を得て、法王と交わりを断ち、独立して、英国国教会を作ったことをいう。いわゆるAnglicanismの成立で、英国王を首長とし、国家に従属する。

238▼**千六百二十五年、第一世チャーレス云々**――チャールズ一世は王権神授説を唱えて、独裁専制の風が甚だしかったので、議会の抵抗を受け、その上、英国王を首長とする英国国教主義を強行したため、プロテスタントの一派清教徒がこれに強く反対した。かくて王は久しく議会を閉鎖して、民論の圧迫を図ったが、内乱の末、一六四九年清教徒を中心とする議会軍に敗北、処刑を受けて、王制は廃止され、共和制がしかれた。世にいう清教徒革命である。それより議会軍の指導者たりしクロムウェル（Cromwell）が独裁権をふるって治績を収め、大いに国威を海外に発揚したが、五八年クロムウェルの死するに及んで、六〇年再び王制に復した。チャールズ二世を経て、八五年その死とともに、弟ジェームズ二世が即位したが、失政のため、またもや民心を失った。そこで八九年オランダよりウィリアム三世が迎えられて英国王となり、ジェームズ二世はフランスに亡命した。すなわち名誉革命である。かくて議会は、国民の権利を国王に認めさせ、これをよりイギリスは、世界の立憲君主政治（いわゆる君民同治）の典型になった（前出。三九二頁）。

一五〇▼**千四百年代の末より……**――ギゾー文明史 p.269冒頭文にチェックが、p.271 に「商売繁昌シテ王権ヲ制ス」との書き込みが、p.275 "When the revolution began, …" にチェックが、p.276 に「神説ハ妄誕ナルヲ知ラサルニ非サレトモ止ムヲ得スシテ之ヲ唱フ」との書き込みがある。

十一　フランス王権の極盛とフランス革命（十七、八世紀）

239▼**第十三世ロイスの時に、宰相リセリウの力を以て云々**――ルイ十三世（Louis XIII. 1601-43）はアンリ四世の子。一六一〇年父王が暗殺されて即位。最初国内紊乱し、王は暗弱国事に堪えなかったが、一六二四年宰相リシュリュー（Richelieu）を登用して、国政を一任するに及び、国威が内外に挙がった。リシュリューは、縦横に独裁的手腕を揮い、貴族の横暴を抑圧して、中央集権を確立するとともに、新教徒（ユグノー）の権力を剝奪した。また外交上ではよくオーストリア・スペインを制圧して、威名全欧州に轟いた（注153参照）。

240▼**千六百年の間にも学者の議論に自由の思想なきにあらざれども**――十六世紀のモンテーニュ（Montaigne. 1533-92）に始まり、十七世紀のデカルト（Descartes. 1596-1650）など、近世哲学の祖となった自由思想家をさす。教会中心の中世思想から脱却して、懐疑から出発する新しい自我解放の立場に立った人々である。

241▼七百年代に至ては更にその面目を改め――――十八世紀には、ヴォルテール(Voltaire. 1694-1778)、ディドロ(Diderot. 1713-84)、ルソー（Rousseau. 1712-78）など、多くのすぐれた啓蒙的自由主義者（いわゆる百科全書家）が輩出して、思想史上の一大盛観を示し、フランス革命の思想的基礎をなした。

242▼その詳《つまびらか》なるは世上に文明史の訳書あり――――小沢栄一氏の『近代日本史学史の研究』明治編一七〇頁に、この福澤の文章を掲げて、その説明に、「ギゾーの文明史は、この前年すなわち明治七年九月に永峰秀樹訳の『欧羅巴文明史』の第一、第二分冊が公刊され、ここには「総論」と「欧羅巴文明」が訳出されていたし、同じ時、荒木・白井訳の『泰西開化史』も印行され、また明治五年に訳された室田充美の『西洋開化史』も、『文明論之概略』脱稿と同時の三月に翻訳局から出版された。大島貞益訳のバックルの『英国開化史』は、前年までに訳述を終っていたが、公刊されたのは明治八年八月である」とある。

一五一▼仏蘭西において……――――ギゾー文明史 p.287 に「フリーインクワリトモナルキノ争」との書き込みが、p.298 に「国力ヲ用ルコト難シ」との書き込みが、p.301 に「ロイス十四ノ政府ハ美ナリト雖トモ砂ノ上ノ家ノ如シ」との書き込みがある。

第九章　日本文明の由来

一　自由は不自由の際に生ず

一五二▼そもそも文明の自由は……――――覚書にもこの趣旨について記している（⑦六三七・六五八）。

一五三▼故に人間の交際に於て……――――ギゾー文明史第一四講の“The proportion of error and tyranny, indeed, which mingled itself in the triumph of human reason at the end of the century, ...all power, whether intellectual or temporal, whether belonging to governments or people, to philosophers or ministers, in whatever cause it may be exercised–that all human power, I say, bears within itself a natural vice, a principle of feebleness and abuse, which renders it necessary that it should be limited.”（Guizot, *Ibid.*, p.305）が念頭にあったと思われる。また人間は権力によって腐敗するとのミル代議政論第六章(Mill, *Ibid.*,

XIX, pp.444-445)、また福澤手沢本『女性の隷従』第二章の該当箇所には付箋が頁と頁との間に残っている（Mill, *The Subjection of Women*, New York: D Appleton, 1870, p.83)。

二　日本にては〝権力の偏重〟至らざる所なし

一五四▼甲は乙に圧せられ……——ペリー『日本遠征記』にある“Every Japanese is thus by turns master and slave, now submissively with his neck beneath the foot of one, and again haughtily with his foot upon the neck of another” (Francis L. Hawks, *Narrative of the Expedition of an American Squadron to the China Seas and Japan*, New York: D. Appleton, 1857, p.406）が念頭にあったと思われる。

一五五▼固より人間の貴賤貧富……——『学問のすゝめ』二編で説いた権利の平等は（③三七）実際には有様によって不平等であるとの認識を示している。即ち Francis Wayland, *The Elements of Moral Science* にある“not equality of condition, but equality of right” (p.174）が実はそうではないとの認識であって、これはまたミル代議政論第七章、第八章で論じられている真の民主政や選挙権の拡大における「階級立法」(class legislation）の問題に通じる（Mill, *Ibid.*, XIX, pp.448, 460, 473, 476)。

三　〝権力の偏重〟は政府のみの事にあらず

243▼西人の著書に、亜細亜《アジア》洲に擅権《せんけん》の行わるる源因は云々——バックルの『英国文明史』（第一篇総論第二章など）の説によったと思われる。バックルは、東洋でも特にインドのことを詳しく取上げて、〈インドは土地が暑いため、人口が増殖し、労働力が余って、貧富の差が甚だしくなり、人々は独立心を失った。また大きな山岳や大河川・大森林・大沙漠等の厳しい自然条件のため、無抵抗主義に陥り、迷信に流れ、理知の働きが鈍い〉といい、これと対照的に、ギリシアの気候風土とギリシア文明との関係を論じている。〇バックルの著（一八五七—六一）よりも一世紀以上早く、モンテスキューも『法の精神』（一七四八）の中で、気候が国民性を左右することに注目し、各国の法もそれと関係の深いことを論じた。気候風土と国民性との相関を論じたのは、モンテスキューが初めで、彼もヨーロッパに自由独立の精神が発達し、アジアに奴隷制度が行われる理由を、気候の相違に求めている。『法の精神』も明治初年に輸入されて、現存する福澤の蔵書の中にも、その英訳書が見られるから、ここの文章には、モンテスキューの影響もあるかも知れない。しかしバックルの所説の方が、より直接この場合には該当する。『法の精神』は、『明六雑誌』第四号・五号（明治七年三月）に、箕作麟祥によって、「人民の自由と土地の気候と互に相関するの論」と題して抄訳され、明治八年には、何礼之の訳『万法精理』が刊行されて、広く流布した。

一五六▼この君主官吏は、生れながら……――バックル文明史第一巻に該当すると思われる箇所pp.197-198に付箋貼付跡がみられる。

一五七▼西人の著書に、亜細亜洲に擅権の行わるる源因は……――バックル文明史第一巻第二章に風土決定論的比較文明解釈論があり（Buckle, *Ibid.*, I, pp.29-108）、福澤はこれを念頭におきつつギゾー文明史第四講“Now if we regard only the direct influence of climate upon man, perhaps it has not been so extensive as is generally supposed;”（Guizot, *Ibid.*, p.87）との風土論批判、及びチエンバーズ版政治経済論の「政府の本を論ず」と題して訳した“ORIGIN OF GOVERNMENT”（Chambers's *Ibid.*, pp.20-24. ①四一四―四一八）の知識が念頭にあったのであろう。

四　治者と被治者と相分る

一五八▼歴史によれば……――『日本書紀』巻三「神武天皇」の叙述による。

五　国力王室に偏す

244▼仁徳天皇、民家に炊煙の起るを見て云々――『日本書紀』仁徳天皇の条、「七年夏四月辛未朔、天皇居《テ》二台上《ニ》一、而遠望《ス》之。烟気多起《クル》。是《ノ》日語《リテ》二皇后《ニ》一曰《ク》、朕既富《メリ》。豈有《ラン》レ愁《ヘ》乎。……今百姓《ノ》貧《シキハ》之、則《チ》朕《ガ》貧《シキ》也。百姓《ノ》富《メルハ》之、則《チ》朕《ガ》富《メル》也。未《ダ》《ズト》三之有《ラ》二百姓《ノ》富《ミテ》之君《ノ》貧《シキハ》一矣」。

六　政権武家に帰す

245▼曩《さき》に光仁天皇宝亀年中、天下に令を下だして兵と農とを分ち云々――『続日本紀』光仁天皇宝亀十一年（七八〇）三月の条に見える。すなわち、当時（奈良朝の末）の政弊として、冗官冗兵がふえ、国用が不足したので、太政官から奏上して、兵員を淘汰し、諸国の兵士のうち、弓馬に堪える強い者だけを選んで、武芸を習って、徴発に応ぜしめ、羸弱《るいじゃく》な者は、皆農に帰して、農事につとめしめることにしたというのである。頼山陽は、『日本外史』（巻一）に、「宝亀中、廷議冗兵ヲ汰ス。殷富ノ百姓、才、弓馬ニ堪フル者ハ、専ラ武芸ヲ習ヒ、以テ徴発ニ応ジ、ソノ羸弱ナル者ハ、皆農業ニ就ク。而シテ兵農全ク分カテリ。貞観・延喜〔九世紀後半十世紀の初〕ノ後、百度〔すべての制度〕弛廃シ、上下隔絶ス」といい、同じく『日本政記』光仁天皇の条にも、「兵民ノ判ルル、是時ニ漸ス〔きざした〕。然シテ武門ノ強梗〔梗は手ごわい〕ヲ致シシハ、勢ナリ。ソノ勢極マルニ及ビ、終ニ封建ヲ成ス」といっている。福澤はこれらを典拠として書いたのであろう。しかしこの宝亀年中の令の趣旨は、農民の兵役による過重な負担を軽減して、農業の荒廃を防ぐとともに、国家財政を健全化する目的で、徴兵の人員を縮小しただけのものであろう。この時から兵農がはっきり分離したとか、これが武士階級興起の原因となったとかいうのは、あまりにこの令を重視し過ぎた解釈ではなかろうか。おそらく今日の史家には認められぬ説であろう。福澤は専門の歴史家ではなく、しかも明治初年には歴史学そのものが未熟であったから、わずかに新井白石の『読史余論』や、頼山陽の『日本外史』『日本政記』等の数書を参考にしたにすぎず、したがってその史観が不備であったのはやむを得ない。

246▼頼朝が六十余州の総追捕使《そうついぶし》と為りて云々――「総追捕使」は、もと王朝以来、諸国の賊徒を追討するため、臨時に設けられた役である。頼朝は文治元年（一一八五）十一月、義経・行家追討のため惣追捕使に補任せられ、六十六国総追捕使、または日本国総追捕使と称した。征夷大将軍に任ぜられて、正式に鎌倉幕府が成立したのは、それから七年後の建久三年である。ここの文章は、征夷大将軍となったことをさしたものであろう。福澤は、『読史余論』巻五「源頼朝父子三代の事、上」に、「世の頼朝を議する人、その六十余州総追捕使を給はり、守護・地頭職を補せられし事を申する。……其代に守護・地頭など置く事のなからましかば、天下の乱止む時あるべからず」などとあるのに拠って書いたものであろう。

247▼諸国の健児《こんでい》――「健児」は、王朝時代に諸国の郡司（土着の名族）の子弟を選び、兵部省に属して、諸国の兵庫や国府の守備・関所の警固等に当らせた兵士をいう。その名は、史上奈良朝以前から見えるが、特に桓武天皇の延暦十一年（七九二）、従来の徴兵制による兵士は、制度の不備により、劣弱で役に立たぬため、募兵制に改めて、優秀な健児を選任して諸国に配置したのである。一時健児制は充実したが、平安中期以後は、王朝政治の弛廃とともに当然崩壊した。但し福澤が、いわゆる健児の制度について、どれほど精確な知識を持って書いているのかは分らない。ともあれここでは、元来そうした朝廷の兵士であった健児の末流が、後にはおのずから幕府の支配下に立つに至ったことをいったのである。

248▼**御家人**――一般に家臣のことを家人《けにん》といったのに対して、特に鎌倉幕府に直属の家臣を、幕府に対する敬意から、「御家人」と称したのである。したがって、守護や地頭ももちろん御家人であった。福澤がここに守護・地頭より低いもののみを御家人と称したように記しているのは妥当でない。あるいは福澤のあたまに、江戸時代の御家人（旗本よりも下級の幕臣）の連想があったための錯覚かとも思われる。

249▼**あるいは百日交代にて、鎌倉に宿衛するの例**――いわゆる鎌倉大番のことで、御家人が交代で幕府の警護に当ったことをいう。但しその期間は、時代によって変遷があり、必ずしも百日交代と定まっていたわけではない。

250▼**承久《じょうきゅう》の乱に、泰時《やすとき》十八騎にて鎌倉を打立たるは云々**――承久の乱は、承久三年（一二二一）後鳥羽上皇が鎌倉幕府を倒そうとして、かえって幕府方の北条泰時らの軍勢に京都に攻込まれ、後鳥羽上皇は隠岐、皇子土御門上皇は土佐（後に阿波）、同じく順徳天皇は佐渡に流された事変をいう。ここの記事は、『吾妻鏡』承久三年五月廿二日の条に「武州（武蔵守泰時）進㆓発ス京都ニ㆒。従軍十八騎也云々」、五月廿五日の条に「各東海東山北陸分レテ㆓三道ニ㆒可キ㆓上洛ス㆒之由定メテ下ス㆑之ヲ。軍士惣十九万騎也」とある事実をさす。但しこのことは『日本外史』にも記されているから、福澤は『外史』に拠って書いたのかも知れない。

七　日本国の歴史はなくして、日本政府の歴史あるのみ

251▼**新井白石の説に、天下の大勢、九変して云々**――新井白石（一六五七―一七二五）は、史論『読史余論』の巻頭に、「本朝天下の大勢、九変して武家の代となり、武家の代また五変して、当代に及ぶ総論の事」と題して、上代から徳川時代に至るまでの時代区分を試みている。「九変」とは、

　第一期、文徳まで（一向上古）。第二期、清和―村上（外戚藤原氏摂関政治の初期）。第三期、冷泉―後冷泉（藤原氏全盛時代）。第四期、後三条・白河（天皇親政時代）。第五期、堀河―安徳（院政時代）。第六期、後鳥羽―順徳（源氏将軍時代）。第七

期、後堀河―光厳（北条執権時代）。第八期、後醍醐（建武中興時代）。第九期、光明以後（永く武家の代となる）。

であり、「五変」とは、

第一期、源氏三代。第二期、北条執権時代。第三期、足利時代。第四期、織田・豊臣時代。第五期、徳川時代。

252▼仏者の虚誕妄説のみ――『元亨《げんこう》釈書』の類をさしたのであろう。鎌倉時代の高僧虎関師錬（京都東福寺の僧）が、元亨二年（一三二二）に撰んだ日本最初の仏教史で、日本に仏教が伝来して以後、元亨に至るまで約七百年間の高僧の事蹟を漢文で記した三十巻の大著述。福澤は、書中の霊験奇跡の類を「虚誕妄説」と評したのであろう。「仏者の」は、仏者が捏造した意とも、仏者に関するの意ともとれる。

八　政府は新旧交代すれども、国勢は変ずることなし

253▼北条氏が陪臣にて国命を執るも――「国命」は国政。『論語』（季氏）に、「陪臣《ニシテ》執《ルハ》二国命《ヲ》一、三世《ニシテ》希《マレナリ》レ不《ルハ》レ失《ハ》矣」とあるによる（注118参照）。

一五九▼ある西人の著書に……――バックル文明史第一巻第二章の文明の風土論的分析でインドの例を挙げているが、ここには赤の付箋が貼付されている。その風土であるが故に"no war of classes"であって"There have been revolutions in the government, revolutions in the palace, revolutions on the throne; but no revolutions among the people, …"（p.58）であることが指摘されているし、脚注にもある知識人の言葉として"It is also remarkable how little the people of Asiatic countries have no to do in the revolutions of their governments."（p.58n.）とある。

九　日本の人民は国事に関せず

254▼栄辱――名誉と恥辱の意であるが、ここは名誉に重きをおいた書き方であろう。「緩急」（危急）、「異同」（差異）の類。

255▼地頭の交代するを見るのみ――「地頭」は、ここでは単に領主の意。

256▼後《ご》北条――鎌倉時代の執権北条氏と区別していう。足利時代後期のいわゆる戦国時代（十五世紀後半―十六世紀後半）の約百年間、小田原を本拠として関八州に号令した豪族。長氏（早雲）―氏綱―氏康―氏政―氏直の五代続いたが、天正十八年（一五九〇）豊臣秀吉の小田原攻めにより滅亡した。徳川家康は、秀吉を助けた功により、北条氏の旧領関八州を与えられ、これより関東地方に威を振うに至る（注218参照）。

257▼**安堵**――今はもっぱら安心の意に用いるが、古くは、将軍や領主等が、臣下や社寺に対して、その知行地の所有権をそのまま認めることをいう（「本領安堵」など）。ここもそれに近い意味で、北条氏の旧領民をその地に安住せしめたことであろう。

258▼**日本には政府ありて国民（ネーション）なし**――かつて『学問のすゝめ』第四編「学者の職分を論ず」（明治七年一月刊）の中に、世上の学者の官尊民卑の不見識を批判したあげく、「これを概すれば、日本には唯政府ありて未だ国民あらずと云ふも可なり」と断じたのをさす。

一六〇▼**人民の報国心はこの辺にあるものなり。然るに……**――トクヴィルのいう「天稟の愛国心」すらないことを指摘している。補注九四も参照。

十　**国民その地位を重んぜず**

259▼**太閤**――元来は関白の隠居したものをいう普通名詞。豊臣秀吉は累進して関白に任ぜられたが、後その職を養子秀次に譲って、太閤と称したので、後世では秀吉だけの専称の如くになった（注109参照）。

260▼**その挙動の粗密寛猛**――粗密寛猛の度合いの意であるが、ここは「粗」と「猛」とに重点をおいている。

261▼**昔、支那にて、楚の項羽が云々**――項羽と劉邦とは、紀元前三世紀の人。秦の暴政をにくんで、ともに始皇帝の死後、起って秦を滅ぼしたが、同時に両雄は天下を争い、劉邦はついに項羽を敗死せしめて、統一の事業を成しとげ、漢の高祖となった。『史記』項羽本紀に、始皇帝が会稽に遊び、浙江を渡った時、項羽は季父《おじ》の項梁とともにその盛大な行列を観て、「彼《レ》可《キ》二取《ツテ》而代《ル》一也」といったので、梁が驚き、羽の口を掩って、妄言するなかれ、一族刑せられん、と叱ったとある。また『史記』高祖本紀に、高祖の若きころ、咸陽に人夫として役せられていた時、始皇帝の行列を見て、「嗟《ア》乎《ア》、大丈夫当《マサニ》《ベシ》レ如《クナル》レ此《ノ》也」と嘆息したとある。

一六一▼**昔欧羅巴の独立市邑の……**――ギゾー文明史第七講の「自由都市の勃興」、特に自由都市の状況描写を念頭に置いている（Guizot, *Ibid.*, p.153）。

十一　**宗教権なし**

262▼**延喜式に僧都以上は三位に準ずといい**――『延喜式』

は、平安朝の延喜五年（九〇五）から、二十余年を費やして成った大規模な法典。当時行われた制度の細則を網羅したものである。その位記篇に、「僧都以上ハ、准ジ二三位ニ一。律師ハ准ズ二五位ニ一」とある。『釈家官班記』に、この『延喜式』の文は引用してある。

263▼後醍醐天皇建武《けんむ》二年の宣旨《せんじ》には云々――『釈家官班記』に、「後醍醐天皇御代ノ、又被ラルレ定メ二其法ヲ一。大僧正、可レ准二二位大納言一。僧正、可レ准二二位中納言一。権僧正、可レ准二三位参議一。建武二年正月日　宣旨云々」とある。建武二年は一三三五年。

264▼釈家《しやくけ》官班記――「釈家」は僧侶、「官班」は官職上の位の意。『釈家官班記』は、僧侶の官位について詳しく記した書で、文和四年（一三五五）、尊円法親王の撰に成った。『群書類従』釈家部所収。

265▼印符――印章と証拠の割符。ここは勅許のしるしをいう。

266▼白河天皇に八男ありて、六人は僧たりしという――白河天皇は平安末期（十一世紀後半）院政を始めた天皇として知られる。皇子八人の中、後の堀河天皇と敦文親王（早世）とを除く六人は仏門に入った。福澤は『読史余論』（巻二）に、「帝〔白河〕八男あり。六人は僧となす。その中第三子覚行法親王と申せしは、法親王の始なり云々」とあるによって書いたのであろう。「法親王」とは、仏門に入って後に、親王宣下《せんげ》のあった皇子女・皇兄弟・皇孫等の称で、親王宣下の後、仏門に入った者を入道親王というに対する。白河天皇以後、歴代の天皇の皇子は、皇位を継承する皇子のほかは、ほとんど仏門に入って法親王となるのが一般の風をなした。

267▼大永元年、実如《じつによ》上人の時に云々――本願寺主九世実如（一四五八―一五二五。蓮如の子）は、後柏原《ごかしわばら》天皇が践祚後、二十二年を経ても、国庫空乏のため、即位式があげられぬのを憂え、金一万両を献じたので、大永元年ようやく即位式が行われた。本願寺はその功により、准門跡を認められた。「門跡」とは、古来皇族や摂関家等で出家した人の代々居住する格式高い寺をいい、それに准ずるものを「准門跡」という。室町末期から江戸時代を通じて、准門跡の称を許されたのは、東西両本願寺をはじめ、真宗の数箇寺だけである。ここの記事も、『読史余論』（巻十一）に、「大永元年三月二十三日、当今〔後柏原〕即位。是公家武家共に衰へし故、践祚よりこの方二十余年を経るまで大礼延引。三条逍遙院入道の計ひにて、本願寺より御即位料を調進せしかば、礼行はる。此賞に本願寺代々門跡に准ぜらる」とあるによったと思われる。

268▼西三条入道――西三条は三条西ともいう。室町時代の代表的な公家学者三条西実隆（一四五五―一五三七）をさす。永正十三年（一五一六）落飾した。逍遙院はその諡名。

269▼御朱印――御朱印地の略。江戸時代に幕府より朱印状（朱印をおした公文書）を渡して、所有を確認した社寺の領地。

270▼その教は悉皆《しっかい》政権の中に摂取せられて云々――『観無量寿経』の「一々《ノ》光明《ハ》、遍《ク》照《ラシ》二十方世界《ノ》念仏衆生《ヲ》一、摂取《シテ》不《レ》捨《テ》」（阿弥陀如来の光はあらゆる世界の念仏信者を照らし、これを済度してもらすことがない）をもじった福澤一流の諷刺。

271▼破戒の僧とて云々――「御定書百箇条」の第五十一条「女犯之僧御仕置之事」に、「一、寺持僧《ハ》遠島。一、所化僧之類《ハ》、晒之上、本寺触頭え相渡《シ》、寺法之通《リ》可《シ》レ為《サス》レ致。一、密夫之僧《ハ》、寺持所化僧之無《ク》二差別一、獄門」。

272▼近日に至ては政府より全国の僧侶に肉食《にくじき》妻帯を許すの令あり――明治五年四月、肉食妻帯蓄髪勝手たるべきことが公布された。もちろんそれ以前にも、僧侶の肉食妻帯は、裏面の事実としては行われていたが、この時から法的に公認されたのである。○明治十一年、福澤は「肉食妻帯論」（『福澤文集』二編。全四、四九九―五〇二）の一文を草して、右の公布は決して肉食妻帯奨励の趣旨ではないことをいい、厚顔な僧侶の素行を諷した。

一六二▼宗教は人心の内部に働くものにて……――ギゾー文明史第五講の「キリスト教会」特に教会政府が、人間の内面・思想・良心を対象としていたとの指摘を念頭においている（Guizot, *Ibid.*, p.118）。なお補注一四五参照。

十二　学問に権なくして、かえって世の専制を助く

273▼博士《はかせ》――今の博士《はくし》とは別で、大学寮に属して、専ら朝廷のために奉仕した官僚学者の頭領。
274▼勧学院――弘仁十二年（八二一）、冬嗣の創設した藤原氏一族のための学校で、藤原氏全盛時代には、貴族の私塾中最も隆昌を誇ったが、同氏の政権衰微とともに、鎌倉時代末には廃絶した。冬嗣を大納言と記しているが、この弘仁十二年正月に右大臣に進んでいる。
275▼奨学院――元慶五年（八八一）、藤原氏の勧学院にならって、在原氏の教育機関として創立された私塾。
276▼大江広元《おおえひろもと》――もと京都の学者政治家であるが、源

頼朝に召されて、三善康信らと幕政の枢機に参与し、草創期の幕府制度確立に最も功労があった。嘉禄元年（一二二五）没。七十八歳。

277▼**三善康信**《みよしやすのぶ》——やはり京都の学者であるが、母が頼朝の乳母であった関係から、夙に幕府に親しく、広元らとともに関東に下って、幕政に貢献した。承久三年（一二二一）没。八十二歳。

278▼**承久三年北条泰時**《ほうじょうやすとき》**云々**——承久の乱の時、官軍は鎌倉方の軍勢に宇治川・勢多川の合戦で敗れたので、京都より院宣を以て、今回の戦は叡慮にあらずして、謀臣の画策にかかる旨仰せ出され、幕府の軍勢の京都に入ることを許された。承久三年六月十五日のことである。『吾妻鏡』の同日の条に、勅使国宗が院宣を奉じて到着した時の事を記して、「武州（泰時）称《シ》レ可《シト》レ拝二読《ス》院宣《ヲ》一、下《リ》レ馬《ヨリ》訖《ル》。共《ニ》勇士有《リ》二五千（一説に五十）余輩一。此中《ニ》可《キ》レ読《ム》二院宣《ヲ》一之者候歟之由、以《テ》二岡崎次郎兵衛尉《ヲ》一相尋《ネシ》之処、勅使河原《テシガハラ》小三郎云《フ》、武蔵国《ノ》住《ノ》人藤田三郎《ハ》、文博《ニキ》士者也《ト》。召《シテ》二出藤田《ヲ》一読《マシム》二院宣《ヲ》一」とある。福澤はこれによって書いたのである。

279▼**日本に版本の出来たるは鎌倉の五山を始とすと云へり**——わが国の版本の歴史は古く、すでに王朝時代以来仏書の印行があったから、いわゆる五山版を以て版本の初めとするのは当らない。しかし、鎌倉中期から室町時代にかけて、京都および鎌倉の五山の禅僧によって多くの仏書および儒書等が開版された。ほとんど漢文ばかりであるが、わが国印刷史上に占める五山版の地位は甚だ大きい。

280▼**藤原惺窩**《ふじわらせいか》——もと京都に住んだ僧であったが、朱子学に精通し、家康に重用されて、彼のために学問を講じた。江戸時代儒学（朱子学）の元祖ともいうべき人。元和五年（一六一九）没。五十九歳。

281▼**林道春**《はやしどうしゅん》——号は羅山。道春は法号。惺窩の門人で、朱子学の大家。家康に重んぜられて、将軍の侍講となり、徳川氏創業の際の制度法令は、ほとんど彼の手に成った。学問所を創設して官学の基礎を置き、子孫は代々幕府の儒官を世襲して、林家の学統を伝えた。門下に人材がすこぶる多い。明暦三年（一六五七）没。七十五歳。

282▼**官版**——狭くは幕府の昌平坂学問所で出版した書物をいうが、広くは政府発行の書のことで、ここは諸藩開版のものも含めていう。

283▼**長袖の身分**——「ながそで」または「チョウシュウ」。公家・僧侶・神官・儒者・医者等、武に関係のない柔弱なインテリ階級を嘲っていったことば。

十三　学者の弊は、古人の支配を受くるにあり

284▼後生畏るべし云々――俗に「後世」と書くが、正しくは「後生」である。『論語』（子罕）に「子曰《ク》。後生可《シ》レ畏《ル》。焉《イヅクンゾ》知《ラント》二来者之不《ルヲ》レ如《シカ》レ今《ニ》也」とある。「後生」は後進の年少者の意。「来者」は、将来、世に出る人のことで、つまり「後生」と同じ。

285▼舜何人《なんぴと》ぞ云々――『孟子』（滕文公上）に、「顔淵曰《ク》。舜何人《ゾ》也。予何人《ゾト》也。有《ル》レ為《スハ》者亦若《ゴトシ》レ是《カクノ》。公明儀曰《ク》。文王《ハ》我《ガ》師也《ト》。周公豈欺《カン》レ我《ヲ》哉《ヤト》」。顔淵（顔回）は孔子の第一の高弟。公明儀は孔子の弟子曾参の門人で、魯の賢者。文王は周の王室の祖先で、儒者が理想と仰いだ有徳の人物。周公は文王の子で、武王の弟に当り、武王およびその遺子成王を助けて、周室の基礎を築いた政治家。『孟子』の本文によれば、「舜何人ぞ、予何人ぞ」は顔淵の言、「文王は我師なり」以下は公明儀の言であるが、福澤は、煩を避けて、簡単に書いたために、ちょっと見ると、すべてが孟子自身の言のような印象を与える。

286▼後進の者が勉強せば、あるいは今人の如く為《な》ることもあらん――おそらく孔子の真意は、「後進の者が勉強せば、今人をしのぐこともあらん」の意味と思われるが、福澤はわざと、この場に都合のいいような解釈を下したのであろう。

287▼また後進の学者が大に奮発して云々――ここに言う「後進の学者」とは、孟子があげた顔淵や公明儀の徒であることは明らかであるが、これらの先賢を称賛した孟子その人をも含めていると見るべきであろう。

288▼堯、舜より禹、湯、文、武、周公、孔子に伝え――儒教の道統を示したもの。堯（有唐氏）と舜（有虞氏）とは、シナ古代の伝説的聖王。堯の死後舜が帝位につき、禹は舜の譲りを受けて、夏《か》の王朝を建てた。後世夏が衰えて、夏の桀《けつ》王は殷《いん》の湯王に滅ぼされ、湯王が殷の王朝を開いたが、その子孫紂《ちゅう》の時に周の武王に滅ぼされた。周の王朝は、始祖文王、その子武王、および武王の弟周公の盛徳によって永く栄え、周代の後期（紀元前五、六世紀）に孔子が現われて、堯舜以下古聖の道を集大成して、儒教を樹立した。堯・舜の時代、およびそれに続く夏・殷・周の時代を、後世の人は、唐虞《とうぐ》三代と称して、理想の時代とし、堯・舜・禹・湯（湯王）・文（文王）・武（武王）・周公・孔子は、儒教道徳の象徴的存在として仰がれた。

289▼孟子以後、宋の世の儒者――孟子は、紀元前三、四世紀の人で、孔子の孫の子思に学び、孔子の道を天下に広めた。儒教のためには、最大の功労者であるが、後世、聖人と称するのは孔子までで、孟子は一段下の亜聖（聖人に亜《つ》ぐ者の意）という格付けになっている。「宋の世の儒者」とは、主として、宋代の学者朱熹《しゅき》（朱子）などをさす。宋代（紀元十―十三世紀）は、儒教に対する哲学的考察が流行して、これを宋学、または性理の学と称する。その方面に、碩学大儒が輩出したが、なかんずく朱子が十二世紀に出て、この学問を大成したので、宋学を一に朱子学ともいうのである。朱子学は、つとに日本に伝来し、徳川幕府に採用されて、儒学の中の正統の学として奨励された（注174参照）。

290▼精神の奴隷（メンタルスレーヴ）――mental slave. ジョン・スチュアート・ミル著、中村正直訳『自由之理』（原名 *On Liberty*. 明治五年刊）巻二「思想及ビ議論ノ自由」の章に、「自ラ天良是非ノ心〔天から与えられた良心〕ニ原《モトヅ》キ、自由ニ思想シ、一己ノ意見ヲ立ル事能ハズシテ、他人ノ説、即チ世間総体ノ議論ニ余儀ナク従ガフ事ヲ、心中《メンタル》ノ奴隷《スレーブ》トイフ。コノ心中ノ奴隷ナルモノ一般ニ行ハルルソノ大気ノ中ニ、思想者ノ大家、即チ理学〔哲学の意〕ノ大家生レクル事ナク、今ヨリ後モ生レザルベシ。マタカカル世ニ、思想ノ事ヲ勤ムル聡明ノ民、出シ事ナク、今ヨリ後モ出ザルベシ」（『明治文化全集』自由民権篇、二九頁）とある。また加藤弘之の『国体新論』（明治七年刊）第六章「人民自由ノ権利、及ビ自由ノ精神」の中にも、「我邦ノ臣民、天皇ヲ敬戴シ、朝命ヲ遵奉スルハ、固ヨリ当然ノ義務ナリト雖モ、天皇ノ御心ヲ以テ心トセヨトハ、何事ゾヤ。是レ即チ、例ノ卑屈心ヲ吐露シタル愚論ナリ。欧洲ニテ、此ノ如キ卑屈心アル人民ヲ称シテ、心ノ奴隷ト云フ」（『明治文化全集』自由民権篇、一二三―一二四頁）とある。「メンタル・スレーヴ」は、明治初期の自由主義者間の流行語であったことが察せられる。

一六三▼人間の学問は日に新に月に進て……――バックル文明史第一巻第四・七章の議論が念頭にあったのであろう（Buckle, *Ibid.*, I, pp.129, 242-243）。なお補注一六・一九参照。

一六四▼精神の奴隷……――ミル自由論第二章にある"mental slavery"を指している（Mill, *Ibid.*, XVIII, p.243）。なお補注二八参照。

一六五▼西洋の語にリフハインメントとて……――バック

ル文明史第一巻第二章に"the highest refinement"(Buckle, *Ibid.*, I, p.92)、ギゾー文明史第一講ヘンリー脚注に"the means and refinement of physical enjoyment"(Guizot, *Ibid.*, p.18n.)とある。

十四　乱世の武人に、独一個の気象なし

291▼**文明の度に前後の差はあれども云々**――日本の戦国時代は十五、六世紀であるが、西洋のローマ末期、ゲルマン民族のローマ帝国侵入、いわゆる民族の大移動は、四世紀から六世紀にかけてであるから、時代に約千年の差があり、したがって、文明の程度は日本の方が高かった。

292▼**北狄《ほくてき》**――もと、シナの中央本土から見て、北方の未開野蛮の民族をさした名称であるが、ここではローマ帝国から見た北方のゲルマン民族の意に転用している。

293▼**彼の日耳曼《ゼルマン》の野民が自主自由の元素を遺したるが如く**――ゲルマン民族が、自主独立の精神に富んでいたことは、さきの第八章「西洋文明の由来」(194–195)の中に記されている。

294▼**源平の酋長、皆然らざるはなし**――平清盛も、源頼朝も、ともに京都の朝廷をまず自己の勢力によって籠絡し、しかも清盛は晩年従一位太政大臣にのぼり(一一六七)、頼朝は征夷大将軍に任ぜられて(一一九二)、いずれもその朝廷より授けられた最高の官位を権威として、天下に号令した。

295▼**北条に至ては、直に最上の官位をも求めずして云々**――将軍家の源氏は、三代目の実朝の死(一二一九)によって絶え、それより百余年間、天下の実権は、源氏の番頭格たる執権北条氏に移った。しかし北条氏は、京都の貴族藤原氏(後には皇族)から、名目だけの将軍を次々に迎えて、虚位を擁せしめ、自らはその下にあって、専ら名を捨てて、実を取る方針を守ったのである。「身は五位を以て天下の権柄を握り」というのは、歴代の執権中でも、特に令名の高い北条泰時が、身は天下の執権職でありながら、位は久しく従五位下の低きに甘んじて、あえて高位高官をむさぼらず、晩年には四位に叙せられたが、彼の子孫もまたこれにならって、四位・五位以上を望まなかったことをいう。

296▼**その外形を皮相すれば、美にして巧なるに似たれども**――北畠親房は『神皇正統記』に、泰時の善政をたたえ、身を持することの謙抑であったことをほめて、「かの泰時、相継ぎて〔父義時のあとを受けて〕、徳政を先とし、法式を固くす。己れが分を計るのみならず、親族

ならびにあらゆる武士までも戒めて、高位高官を望む者なかりき。その政〔北条氏の政〕次第のままに〔子孫の代になって〕衰へ、つひに滅びぬるは、天命の終るすがたなり。七代まで保てるこそ〔北条執権が続いたのは〕、彼が余薫〔泰時の余慶〕なれば、うらむるところなしといひつべし」といった。福澤はそれらを念頭においた上で、否定しているのであろう。泰時は、古来評判のいい政治家であるが、やはり天皇や将軍を看板に利用した心理は、卑しむべきだ、というのである。

297▼足利尊氏《あしかがたかうじ》が赤松円心《あかまつえんしん》の策を用いて云々――執権北条氏は、後に後醍醐《ごだいご》天皇の征討軍に滅ぼされて、鎌倉幕府は倒れ（一三三三）、一旦建武中興が成って、天皇親政となったが、ほどなく足利尊氏が朝廷にそむいて、京都に室町幕府を開き、再び武家政治の世となった。しかし尊氏は、はじめ叛旗をひるがえすに当って、賊名を避けるため、後醍醐天皇と反対がわの持明院統の光厳上皇の院宣を奉じて、その皇弟を天皇に擁立した（一三三六）。すなわち光明天皇である。後醍醐天皇は、尊氏の圧迫に抗しかねて、京都を脱出し、吉野に遷幸したので、これより半世紀余り、京都と吉野と両方に政権が対立して、いわゆる南北朝の戦乱時代が続くのである。「赤松円心」は、本名則村《のりむら》、円心は法名。播磨の国の名族で、はじめは後醍醐天皇に尽して、建武中興に功があったが、後には尊氏に味方して、楠木正成を湊川に敗死せしめるのに、有力な働きをした。円心が尊氏に勧めて院宣を乞わしめたことは、『梅松論』などの史書に見える事実であるが、福澤が「後伏見帝の宣旨」と記したのは誤りで、正しくは、「光厳院の院宣」とあるべきである。光厳院は、後伏見天皇の皇子で、光明天皇の皇兄に当る。ただし、「後伏見帝の宣旨」と記したのは、福澤ひとりの誤りではなくて、そういう誤伝も昔からあったのである。

298▼信長が、初は将軍義昭を手に入れたれども云々――室町時代の末、天下は麻の如く乱れ、織田信長は、尾張に起って、四隣を併呑し、しきりに上洛の志があった。当時、足利十三代将軍義輝は、松永久秀らに攻め殺され、その弟義昭は、越前に遁れていたので、信長はこれを擁立して入洛し、朝廷に奏請して、義昭を将軍たらしめ、足利氏を再興した（一五六八）。しかしその後まもなく、義昭は信長の勢力をねたんで、これを除かんと企てたから、たちまち信長のために京都から追放され、ついに足利将軍家は、尊氏の開府以来、二百三十余年で滅亡したのである（一五七三）。一方信長は、時の正親町《おおぎまち》天皇のために、御用度を献じ、御料地を回復し、皇居の修理につとめ、廃絶していた朝儀を再興するなど、大いにいわゆる勤王の事跡をあげた。

299▼偏縮偏重———「偏縮偏賑」とあるべきを、うっかり誤ったのであろう。

300▼威武も屈すること能わず、貧賤も奪うこと能わず———『孟子』（滕文公下）に「貧賤不《モ》レ能《ハ》レ移《ス》、威武不《モ》レ能《ハ》レ屈《スル》。此《コレヲ》之謂《フ》二大丈夫《ト》一」とあるによる（注166参照）。

301▼独一個人の気象———individuality の訳語で、個性の意。当時はまだ「個性」という熟語がなかったのである。

一六六▼古来我日本の……———ギゾー文明史第二講にあるローマ末期の叙述が念頭にあったのである（Guizot, *Ibid.*, pp.56-59）。なお補注一四二参照。

一六七▼自ら認めて一個の男児と思い……———ギゾー文明史第二講におけるゲルマン族についての叙述を参照、特にp.57に「自カラ人ト思フハ愉快ナリ」と福澤は書き込んでいる。

一六八▼足軽中間———原文は「足軽中間」である。「小者」は「中間」より下位身分。

一六九▼独一個人の気象———ミル自由論、特に第三章（Mill, *Ibid.*, XVIII, pp.260-275）で展開したキー概念である"individuality"に由来するといわれるが、これはミルが読んだ英訳書（Wilhelm von Humboldt, *The Sphere and Duties of Government*, Translated from the German by Joseph Coulthard,1854）が原著にある"Eigentümlichkeit"を"individuality"と英訳されていたことに由来する。またミル代議政論第二章にあるエジプトと中国とが永遠の停止状態になったのは「精神的自由と個性の欠如」（want of mental liberty and individuality）であるとの視点も参照（Mill, *Ibid.*, XIX, p.396）しかし福澤のこの文脈でより確かであるのは、ミルも学んでいるギゾー文明史にある中世における蛮族の個人主義（individualism）の持つ意味についての指摘であり、さらにヘンリーの脚注にあるフランク王国の法令集で近代と区別されるものの中で最も際立つものとして挙げている、すべての罪は罰金（fines）で処罰されるという事実が「個人（imdividuality）」と「個人的独立（personal independence）」を蛮族が持つ理由であり、このことがゲルマン族に自由をもたらしているとの指摘であろう（Guizot, *Ibid.*, pp.76-77n., 99-103）。なお補注一四三参照。

十五　偏諱《へんき》を重んずるは、卑屈賤劣の風というべし

302▼**源助という名を平吉を改るか**———源氏・平氏の姓から着想したもの。

303▼**偏諱**———二字の名の片方をいう。諱はいみな、即ち実名。昔の武士は主君の名の一字を賜わるのを光栄とする習わしがあった。

304▼**上杉謙信の英武も云々**———謙信は初名長尾景虎。永禄四年（一五六一）越後より上洛して、足利十三代将軍義輝に献上物をし、偏諱を賜わって輝虎と改めた。

305▼**永享六年、鎌倉の公方《くぼう》持氏の子云々**———「永享六年」は十年の誤り。公方はもと将軍の尊称であったが、室町時代には関東管領（鎌倉にあって、京都の将軍に代って関東を統治する者。足利尊氏の四男基氏の子孫が代々これに任じた）もこれを僭称した。永享十年（一四三八）、四代目の管領持氏は、その長子賢王丸が元服した時、義久と命名した。その時、執事（管領の家老に当る。但し管領が公方と称するに及んで、執事が管領と僭称した）の上杉憲実は、将軍（六代義教）の偏諱を賜わるよう進言したが、かねて将軍に快くない持氏は、聴かなかった。彼は賢王丸の加冠の式を鶴ヶ岡八幡宮で行い、遠祖源義家の偏諱をとって義久と命名したのである。持氏は将軍義教を滅ぼして自ら将軍たらんと企てたから、憲実はこれを切諫したけれども容れられず、持氏はかえって憲実をにくんで、これを討たんとした。よって憲実は遁れて、その事を将軍に訴えたので、幕府は軍勢を送ってこれを攻め、翌十一年持氏・義久父子以下、一族ほとんど滅亡して、鎌倉の足利氏は絶えた。世に永享の乱という。

306▼**細川家へ松平の姓を与えんとせしに辞したり**———この出典は未詳。

十六　偏重の政治は、徳川家より巧みなるものなし

307▼**国家**———「国家」という漢語は、シナでも、古くは天子、または朝廷の意に用いた例がある（諸橋轍次著『大漢和辞典』参照）。日本でも、古来「国家」を天皇の意に用いた例は、『日本書紀』をはじめ、古典に例が多く、これを「ミカド」と訓《よ》んでいる。古代にあっては、和漢ともに、国家即ち支配者乃至政府という観念が強かったことがわかる。〇『日本書紀』安閑天皇元年十月の条に、「夫《ソレ》我《ガ》国家《ミカド》之王《トマシマス》二天下《ニ》一者《ハ》云々」とあるなど、その一例。

308▼**山陽外史、足利の政を評して尾大不掉《ふとう》とて云々**———「外史」は民間の歴史家、またはその撰んだ歴史をいう。

「山陽外史」は頼山陽その人をいう。その著『日本外史』の「足利氏正記」の中に、「鎌倉ハ上杉氏ノ覆ス所ト為リ、室町ハ細川氏ノ弱ムル所ト為ル。皆所謂尾大ナレバ掉ハズ、末大ナレバ必ズ折ルルモノナリ云々」とあるをさす。「尾大不掉」とは、尾が頭より大きすぎると、身動きがとれなくなる意味で、下の力が上の力を圧迫して衰弱させるたとえにいう。いわゆる下剋上の現象をいうのである。

309▼首大偏重――これは福澤の造語。

十七　文明に初歩と次歩との区別あり

一七〇▼都て世の事物には……――ミル代議政論第二章にある段階的進歩（stage of progress）の議論を念頭においたもの（Mill, *Ibid.*, XIX, pp.383-398）。

二十　国財は農工商によって蓄積せらる

310▼葛山《かつざん》伯有先生の田制沿革考――「葛山伯有」は、星野常富のこと。字は伯有、葛山はその号。信濃国高遠藩の儒者。藩主内藤侯に重用せられ、郡代等の要職を経て、側用人兼侍読となった。文化九年、四十歳を以て江戸藩邸に没した（養子東郭も文政年中、高遠藩の民治に尽した功労者である）。『田制沿革考』は、上古より武家時代に至る田制・田租の沿革を、シナのそれと対照して詳しく研究した書物である（『日本経済叢書』第十七巻・『日本経済大典』第二十六巻所収）。福澤がここに引用している部分は、同書最後の「田制沿革総論の事」（大典本四九八―五〇一頁）の条に見える。○『福澤諭吉全集』初版本が、「葛山」に「くずやま」とルビをつけたのは編者の誤りであるが、あるいは福澤自身も著者の伝を知らず、「葛山」を姓と思っていたかも知れない。

311▼間《まま》また奸窃の徒の為に――「間」は「まま」とよむ。時々。

312▼塗炭惟谷《これきわまる》――泥（塗）の中に落ち、火（炭）を踏んだような非常な苦しみに陥った。『詩経』（大雅）の「進退維《コレキハマル》谷」を応用したもの。「谷」は「窮」の意。

313▼厨料《ちゅうりょう》――台所の費用。生活費。

314▼守護地頭は自《みず》からその出《いづ》る用を量りて入ることを制する故に――『礼記』（王制）に「制《スルニ》国用《ヲ》、量《リテ》入《ルヲ》而制《ス》出《ツルヲ》」とあるのを逆に用いたもの。礼記の意は、収入の多寡によって、支出の制限をはかることで、それが健全財政であるが、この場合はその反対である。

315▼段銭《たんせん》――次の棟別とともに、鎌倉時代から室町時代にかけて、臨時の費用にあてるために、随時人民に課した租税で、田地の段別に応じて課するもの。

316▼棟別《むねわけ》——各戸一棟ごとに課した税。詳しくは「棟別銭」で、「むねわけせん」「むねわけぜに」という。

317▼倉役——室町時代に質屋および酒屋（いずれも代表的な富豪階級）に課した税。質物を入れる倉や酒倉があるからいう。「役」は税の意。

318▼高掛り——江戸時代、収穫高に応じて掛けられる税をさしたことば。詳しくは高掛り物という。

319▼鍵役《かぎ》——ここの「鍵」は、「鉤《かぎ》」（先の曲った細長い金）の意で、鍋釜などをかけるためにかまどの上につるす自在鉤をいう。そこでその自在鉤はかまどを表わし、かまどはすなわち一家の象徴であるから、一軒ごとに課する税を江戸時代に「鎰《かぎ》役」といった。

320▼商旅——旅商人、または商人と旅人の意であるが、ここは単に商人の意に用いたらしい。

321▼応仁記——応仁の乱の始末を詳しく記した文献。三巻。著者・成立年時とも不明。『群書類従』合戦部所収。巻一の初めに、幕府の苛政を叙した条に、「諸国ノ土民ニ課役ヲカク。段銭棟別ヲ譴責スレバ、国々ノ名主百姓ハ耕作ヲシ得ズ。田畠ヲ捨テテ乞食シ、足手ニ任テ閤行。万邦ノ郷里村県ハ、大半ハ郊原ト成ニケリ。嗚呼鹿苑院殿御代ニ倉役四季ニカカリ、普黄院殿ノ御代ニ成、一年ニ十二度カカリケル。当御代臨時ノ倉役トテ、大嘗会ノ有リシ十一月ハ九ケ度、十二月八ケ度也。又彼借銭ヲ破ラントテ、前代未聞徳政ト云フ事ヲ此御代ニ十三ケ度迄行レケレバ、倉方モ地下方ヘ皆絶ハテケリ」とある。

322▼文禄三年に至り云々——豊太閤のいわゆる文禄の検地により、全国の田畑の段別を調査し、領主三分の二、百姓三分の一の法を定めた。

323▼国初——建国の初めの意であるが、江戸時代には、幕府を尊んで、家康創業の時代をいったことが多い。

324▼勝国《しょうこく》——亡国に同じ。こちらが勝ったために滅ぼされた前代の王朝をいう。ここは豊臣氏をさす。原著に「カチクニ」と振仮名があるが、漢語であるから、音よみすべきであろう。

325▼倒懸——身体をさかさまにつるされるような非常な苦しみ。

326▼年月を経るに従い、いつとなく旧の苛税に復したることなり——江戸時代の初めには、幕府も諸藩も四公六民を定則としたが、中期以後は、武家の窮乏に伴い、五公五民が幕府・諸藩とも普通となり、さらに六公四民、甚だしきは七公三民の苛税を課する藩さえあった。

327▼工商の二民は僅に賦を出すか出さずして――封建時代はもちろん、明治中期までは、税の負担者は、大部分年貢米（地租）を納める農民であった。所得税法が制定実施されたのは明治二十年で、それから社会一般の所得者も納税の義務を生じた（注148参照）。

328▼政府にて識者の言を用い云々――農業は封建社会経済の基本であるから、「惣而百姓農業を粗略ニ致し、商売事に懸り候儀可《ク》ニ停止《タル》一候。但《シ》年久敷商売仕来《リ》候ものハ其通リニ而、自今新規ニ商売事不レ可《カラ》レ致《ス》。耕作専一ニ可《キ》レ入《ル》レ精《ヲ》事」（御勝手方御定書）という風に、農業人口確保のため、為政者は農民の転業を抑止していた。

一七一▼農民は国の本なれども……――近代の農本主義を除けば「農ハ国ノ本為リ」（帝範）など儒学思想に見られる。たとえば荻生徂徠は『政談』巻一に「本を重んじ末を抑ゆると云こと、是古聖人の法也。本とは農也。末とは工商也」とあり、農民変じて商人となることは、「国政の上には古より大いに嫌ふことにて、大切の事也」とある。もちろん福澤も本章で指摘しているように「御百姓」は「御城」の「御」であって「政府の私有品」を意味するのであって農民の尊称ではない。

二十一　士族は国財を費散するにその道を知らず

329▼足利義政が大乱の最中に云々――足利八代将軍義政（一四三六―九〇）が、応仁文明の乱をよそに、華麗をきわめた花の御所（室町御所。将軍の邸宅）を営み、別荘銀閣を造り、さらに自分の母のために高倉御所を建てたりしたことをいう。『応仁記』の「洛中大焼之事」に、「花ノ御所ノ甍瑩《カガヤカシ》ニ珠玉《ヲ》一、鏤《ム》ニ金銀《ヲ》一、其費六十万緡《ビン》ナレバ、浅キ智ノ筆ニ記シ難シ。幷ニ高倉ノ御所ノ事、大樹義政公御母、御台所居入、是レモ其ノ営財ヲ尋ヌレバ、腰障子ノ直ヒ二万銭ト也」とあるに拠って記したのである。「緡《びん》」は銭さしで、銭百文または一貫文を一つ銭さしにさしたのを一緡という。「腰障子」は腰に板を張った障子。

330▼北条泰時以下時頼、貞時等の諸君は云々――鎌倉幕府の執権北条泰時（一一八三―一二四二）は、武家政治の模範を作った名君であり、時頼はその孫、貞時は時頼の孫に当る。いずれも執権職として令名があった。泰時―時氏―時頼―時宗―貞時―高時（この時滅亡）。泰時が自ら質素倹約を旨としたことは、特に有名である（注295参照）。

331▼いわゆる民の疾苦を問うて――漢文で「民ノ疾苦ヲ問フ」という成句はしばしば用いられるから、「所謂」といった。○「問《フ》㆔民《ノ》所《ヲ》㆓疾苦《スル》㆒」（『漢書』循吏伝）等。

332▼徳政――元来は仁政の意であるが、転じて、法令により債権・債務を棒引きにする処置を意味するようになった。鎌倉時代の末に、武士の窮乏を救うために、幕府がこの令を出したのに始まり、室町時代には、生活に窮した士民らが、自己の債務を免れるため、その発令を幕府に強要して、一揆を起すことが盛んとなり、いわゆる徳政一揆が風をなした。ことに足利義政の時代には、徳政を行うこと十三回の多きに及んだ。徳川時代に入っては、さすがにいわゆる徳政は跡を絶ったが、寛政の改革や、天保の改革の時、幕府は旗本・御家人の困窮を救うために、蔵宿《くらやど》（旗本・御家人の禄米を担保にして、金融を営んだ富商。札差ともいう）に命じて、古い貸金を放棄せしめたことがあり、諸藩にもこの種の例があった。いずれも武士の救済策である。これらは「棄捐《きえん》」（貸借契約破棄の意）と称して、徳政とはいわなかったが、実際は福澤のいわゆる「之に似たる例」である。

333▼これらも政府より徳といえば徳なるが如し――これらの徳政も、政府の立場からいえば、武士や下民に恩徳を施したといえばいえるように見える。しかし債権者のがわから見れば、徳政どころか、飛んだ暴政にほかならない。のみならず、これによって有産者は、貸出し金融を警戒し、拒絶するようになったから、結果としては、かえって士民もますます窮乏に悩んだので、決して真の恩徳とはならなかった。為政者が有用の仁政と認めたことが、むしろ無用の悪政に了った例というべきである。

334▼出を量りて入を制する――支出の予算を立てて、収入（租税）を一定のワクに制限すること。ここは217頁の用法とは違っている。そこでは「制する」を「制定する」の意に用い、ここでは「制限する」の意に用いた（注314参照）。

一七二▼割注――「昔より日本の学者の議論に、政府の勘定奉行と郡奉行とは事務組織として区分しない訳にはいかないとある。その理由は勘定奉行に収税権を任せてしまえば自ずから租税のとり立てを担うことになるから、百姓に接している郡奉行にもその事務を司らせ、勘定奉行と釣合を保とうとさせるのである。もとより同じ政府の役人の事務分担は、実際上は利益にはならないはずであるが、その議論の意味を推して考えるならば、消費者の一手に財の使い道の権利を付与することの弊害に、昔の人も暗に気づいていたからである」。

二十二　理財の要は、士族の活潑敢為と平民の節倹勉強とを調和するにあり

335▼言うに称呼を異《こと》にし――武士からは町人百姓を「汝」「其方《そのほう》」などと呼び、町人百姓からは「殿様」「旦那様」などといった類。

336▼衣服にも制限あり――農民の衣服は木綿か麻だけで、絹物は禁ぜられており、色までも派手なものはとめられていた如きがそれである。

337▼法律にも異同あり――たとえば同一の犯罪に対しても、武士と百姓町人とでは刑罰が違っていた。切腹は武士の名誉を重んじた特典で、平民にはなかった如き、著しい例である。

338▼足軽体《てい》に候共云々――たとい足軽ふぜいの軽輩でも、士族に準ずる限りは、町人百姓に対して特権があったことを示す。ここに引用された条文は、『御定書百箇条』の第七十一条「人殺並疵付《きずつけ》御仕置之事」の中に、この通り見えている。いわゆる切捨御免、または無礼討と称するおきてである。しかし「吟味の上紛無之候はゞ」という条件が示すように、事後の事実調査・審理・裁判はもちろん行われたのであるから、実際にそれほど事件が多かったわけではない。福澤のこの辺の文章は、やや極端な表現をしている。

339▼漏洩《ろうせつ》――正しくは「ロウセツ」（漏泄に同じ）であるが、俗には「ロウエイ」といっている。

340▼近日に至て少しくその運動の端を見るが如くなれども云々――けだし明治の新政府は財政が乏しく、理財の経験にも欠けていたから、当然富裕な町人の協力に頼らなければならなかった。そこで、町人と政府官僚（すなわち旧の士族）と接触する機会が多かったが、その際、官僚は、町人の節倹勤勉の美徳を学ばずして、徒らに金銭を愛するの風にならって私腹を肥やすようになり、町人は、士族の清貧に甘んじて、学芸を修める等の美風を学ばずして、専ら官僚の特権に便乗して、暴富を謀る如き弊を生じたので、ここはそれらの事実を指したのであろう。〇この明治初年以来の政府と政商との腐れ縁については、後年の「時勢問答」（明治十五年六―七月。⑧一九六）等に詳しく指摘されている。

第十章　自国の独立を論ず

一　わが国の文明は、今正に自国の独立を謀るにあり

一七三▼**文明に前後あれば……**――ミル代議政論第十六章にある高度に文明化された国民（a highly civilized and cultivated people）に劣等後進民族（an inferior and more backward portion of human race）が吸収されることを良しとする議論が念頭にあったと思われる(Mill, *Ibid.*, XIX, pp.549-550)。

二　封建時代の階級的秩序

341▼**その食を食《は》む者はその事に死す**――「食メバ二其食ヲ一、死ス二其事ニ一」（『韓詩外伝』巻八）。食禄を与えられた人のためには命をなげうたなければならぬという意。

342▼**えた〔穢多〕**――昔の賤民の一種。主に牛馬の屠殺に従事し、その肉や皮を売って職とした。その頭を穢多頭、または長吏という。

343▼**非人**――やはり賤民であるが、穢多の如き生産労働には従事せず、卑俗な遊芸を以て生計を立てたり、刑場の雑役等に従ったりした者。やはりこれを支配する非人頭があった。穢多非人の称は明治四年七月廃止され、すべて平民に編入された。

一七四▼**モラル・タイ**――ギゾー文明史第四講に氏族(clan)の形勢のところで“a moral tie”の創出を論じ(Guizot, *Ibid.*, p.90)、また第一一講でフランスの貴族、市民、農民が共通の名称、共通の名誉、外国からの侵入者に打ち勝つ、燃えるような欲望による結束、すなわち精神的結束（moral tie）による統合がもたらされたとあり、ここに福澤は「1328　初テ仏蘭西国ヲ成ス」と書き込んでいる（Guizot, *Ibid.*, p.232）。なお補注一四八も参照。

三　維新後の世変

344▼**大名も華族と為り**――明治二年六月、公卿および諸侯の称を廃して、華族と改称した。士族・平民の上に位する。○華族を公・侯・伯・子・男の五等の爵に分かったのは、明治十七年七月の華族令制定以後のことである。

345▼**侍も貫属と為り**――「貫属」という漢語本来の意味は、原籍地の意味であるが、明治初年には、士族の意味に通用された。○「貫」は戸籍の意味で、故郷のことを「本貫」というのもその意味である。したがって、「貫属」も、どこそこに原籍が属するという意味であるが、廃藩置県後、華族はすべて東京に居を移して、東京府貫属となり、士族は本県に貫属して、その肩書に「何某県貫属何某」と称することになったので、当時士族の異名として「貫属」の語が流行したのであろう。明治八年三月、太政官より、「人民署名肩書ノ儀、自今、貫属或ハ管下ノ文字ヲ除キ、何府県華族・士族・平民ト記載可レ致、此旨布告候事」と達せられたので、そのころから、次第に「貫属」の語も廃れていったものかと察せられる。

346▼言路を開き——下の者が上の者に自由に意見を発表できるようにすること。

347▼昔時五千石の大臣も兵卒と為り——明治五年十一月、徴兵令が公布せられ、国民皆兵となって、武士はその世襲の特権を失ったからである。「大臣」は旧藩時代の家老・重役などをさす。

348▼一人扶持《ぶち》の足軽も県令と為り——「一人扶持」は、玄米一日五合の割で給する下級武士のサラリー。「県令」は今の県知事のことで、明治四年廃藩置県以後、明治十九年まで、県の長官を県令と称した。明治維新は、主として薩長その他雄藩の下級武士が、幕府を倒して成立したものであるから、勤王に功績のあったかつての軽輩武士が、一躍して、新政府の大官となった例がきわめて多いことはいうまでもない。

349▼数代両替渡世の豪商は身代限《しんだいかぎり》と為り——「両替」とは、貨幣の交換のことであるが、江戸時代には、単に貨幣の交換のみを業とする小規模な商人を銭両替と称し、大規模な両替商は、今日の銀行の如く、預金と貸付に従事する金融機関として発達した。これを本両替と称する。江戸・大坂その他の大きな両替商は、いずれも幕府や諸大名などに対する金融を引受け、莫大な富力と勢力とを持っていたが、幕府政治の崩壊により、大名貸などの債権が取立不可能になって、破産した者が少なくなかった。

350▼一文なしの博徒《ばくと》は御用達《ごようたし》と為り——維新戦争の際、各地の侠客博徒の輩が官軍の傭兵となり、やくざ部隊を編成して、従軍したような例が少なくない。彼らの中には、戦功によって士族に取立てられた者もあり、また機会に乗じて、政府の御用商人(御用達)などに出世した者もあったのである。

351▼寺は宮と為り、僧侶は神官と為り——仏教伝来以来、仏教の勢力が次第に日本固有の神道に滲入し、久しい間、いわゆる神仏習合が行われた結果、神社にも僧形の別当職や社僧などがあって、権力をふるっていたが、明治維新の王政復古によって、政府は神仏分離の宗教政策を断行した。それは必ずしも仏教の排斥を企図するものではなかったが、従来仏教の勢力に圧せられがちであった神道がわの失地回復に絶好の機会を与えた。そこで、それまで仏教色の強かった神社では、神官が競って堂塔を焼き、仏像や仏具などをこぼって、その仏教的色彩を一掃するとともに、神社の別当職や社僧は、政府の方針に従って、還俗して、神官となった者が多い。

352▼手に唾《つばき》して取るべき――一奮発して事を為せば、たやすく成功するという意味の熟語。

四　古きモラル廃れて、新しきモラル未だ興らず

353▼支配頭もただ銭をさえ出せば、兵卒たるの役は免かるべし――徴兵令は、後年になるほど、国民皆兵の実に添うよう、厳重に改訂を重ねられたが、最初公布のものは、随分広範囲にわたって兵役免除が規定されていた。たとえば、官吏・官立学校の生徒・一家の主人および相続人などは、いずれも兵役義務から除外されたが、その他、代人料（本人に代る金）二百七十円上納を願い出る者も、兵役を免除されることになっていた（徴兵令第六章第十五条）。当時［明治六年（一八七三）］の二百七十円は、今日［一九七二年現在］の貨幣価値に換算すれば、数十万円の額にあたるが、それだけの金のある者は、競ってこれを利用して、兵役免除の特典を得たのである。

354▼僧侶も公然と妻帯して亦得意の色を為せり――明治五年四月、僧侶に肉食妻帯を許すの令が出た（注272参照）。

五　皇学者流の国体論は、人心を維持するに足らず

355▼ある人々はここに注意し云々――これ以下、皇学者（国学者）の復古思想について批判している。明治維新は、いわゆる王政復古を標榜したので、本居・平田の流れをくんだ保守的な国学者・神道家連が、当初しばらくは大いに幅をきかした。政府も開明政策を取る一方には、明治五年教部省を設けて、全国の国学者・神官や、さらに僧侶までも動員して教導職に任命した。そして三条の教憲「第一条、敬神愛国の旨を体すべき事。第二条、天理人道を明にすべき事。第三条、皇上を奉戴し朝旨を遵守すべき事」を発布して、これを講述せしめ、大いに神祇国体思想の普及につとめた。民間にも、これに応じて、国学者らによって国体宣揚の運動が一しきり行われたが、時勢に合わずして、幾程もなく衰え、教部省も明治十年に廃止になった（注52参照）。

356▼国体論――日本固有の国柄を明らかにしようとする論。○明治七年に『建国之体略説』（田中智邦）・『国

体訓蒙』（太田秀敬）、八年には『皇国体歌尽』（加藤煕）・『国体大意』（石村貞一）・『国体夜話』（宇喜田小十郎）等、国学者の手によって、「国体」の語を冠した著書が多く刊行されているのでも、国体論流行の風潮を知ることができる。

357▼普天の下《もと》、唯《ただ》一君の大義――「普天之下《モト》、莫《ナク》レ非《ザルハ》二王土《ニ》一、率土之浜《ヒン》、莫《ナシ》レ非《ザルハ》二王臣《ニ》一」（『詩経』・『孟子』）の語による（「率土の浜」は、長く続いた地のはて）。

358▼真実無妄の理は、人間の須臾《しゅゆ》も離るべからざるものなり――『中庸』の「道也者《ハ》、不《ル》レ可《カラ》二須臾《モ》離《ル》一也。可《キハ》レ離《ル》非《ザル》レ道《ニ》也」の句を連想した書方。

359▼右の次第を以て考れば、（中略）新を忘れて旧を思うに由るにあらず――このままでも通じはするが、前段の文章から察すれば、「旧を忘れて新を思ふに由るに非ず」の書誤りのように思われる。すなわち、旧い幕府政治を忘れて、新しい天皇親政を望んだわけではない、という意。口訳文はそのように直して訳した。

一七五▼然るに我国の人民は、数百年の間、天子あるを知らず……――後に福澤は雛祭りの例を出して、天子の存在を認識していたことを指摘するが（⑤二七〇―二七一）、口碑に伝えるものとしての天子の存在はギゾー文明史第九講に於ける中世における封建的王権理論の政論家的夢想（the dreams of speculative politicians）の議論を念頭においていると思われる（Guizot, *Ibid.*, p.206）。

一七六▼王制一新は人民懐古の情に基きしものにて……――ギゾー文明史第九講の王の叙述を念頭においている。特に王の名が事実であるよりも追憶（a remembrance）との論（Guizot, *Ibid.*, p.206）参照。

六　イエスの教えも、一国の独立を守ること能わず

360▼その心の非を糺《ただ》して徳の門に入らしめ――『近思録』に「初学入《ル》レ徳《ニ》之門《ハ》、無《シ》レ如《シクハ》二大学《ニ》一」とあるのを転用した。

361▼後世の裁判を重んじ――岩波文庫本［一九六二年版］に「後世」とあるのは誤植で、原版本に「後生」（ゴショウ）とあるのが正しい。あの世の神のさばきをいう。

一七七▼その心を名けて報国心という――後に読むスペンサー社会学研究第九章の「愛国心の偏頗心」（Spencer, *Ibid.*, pp.204-240）ないしトクヴィルデモクラシー論第一巻第二部第六章の「推考の愛国心」（Tocqueville, *Ibid.*, p.262）の議論を念頭に置いているか。

一七八▼宗教は一身の私徳に関係するのみにて……――ギ

ゾー文明史第五講に「宗教ハ心ヲ制ス」（Guizot, *Ibid.*, p.123）とあるように、またミル自由論第一章にある近代世界における霊的権威と俗的権威との分離（the separation between spiritual and temporal）が法律の私生活に対する微細にわたる干渉を阻止したことなどの議論（Mill, *Ibid.*, XVIII, p.226）が念頭にあったと思われる。

七　余輩の憂うるところは外国交際にあり

362▼**礼楽征伐**――支配者が礼儀や音楽を以て民心を和らげ、従わぬ者は征伐すること。169・174等にもこの語の用例があったが、『論語』（季氏）に見える熟語である。

八　貿易の損亡恐るべし

363▼**宛行《あてがい》**――主君より受ける禄。武家の俸給。

九　外債の利害を察せざるべからず

364▼**東《とう》印度**――インドに同じ。西インド諸島に対していう。

365▼**西《せい》印度**――「にしインド」ともいう。中央アメリカの東、大西洋上にある群島。はじめコロンブスが東洋のインドに達する目的で航海中発見し、インドと誤認したため、この称がある。キューバ島・ハイチ島その他。

366▼**若干の外債あり**――明治三年イギリスから百万ポンド（金貨四八八万余円）を年九分利付の公債発行で借りて、鉄道建設・貨幣改鋳等の事業にあてたのが、明治政府として外債を募ったはじめである。著しい高利であったが、東京・横浜間の鉄道（明治五年開通）は、そのおかげでできたのである。政府はそれ以後も外債募集を行った。〇明治八年十月、福澤は「亜細亜諸国との和戦は我栄辱に関するなきの説」という文章の中でも、「何人にも分り易き我が国の損亡は、今の外債なり。これを人に聞く、方今我が国の外債凡そ千五百万円、元利共に償却して、今後毎年二百万円づつを払ひ、凡そ二十年、共計四千万円の金を払ひて皆済たるべしと。……いづれにしても外債は、我が国の経済にからみ付きたる肺病と云ふべし」（⑳一四七―一四八）と警告している。

十　外国人の妄慢《ぼうまん》、厭悪《えんお》するに堪えたり

367▼**社友小幡君の著述、民間雑誌第八編にいえることあり**――『民間雑誌』は慶應義塾から発行していた雑誌で、明治七年二月から八年六月まで十二編刊行して廃刊となった。ここでは第八編（八年二月刊）所載、小幡篤次郎「内地旅行ノ駁議」をさす。（『明治文化全集』雑誌篇、二九九—三〇二）。当時『明六雑誌』第二十三号（七年十二月刊）に、西周が外人の内地旅行の利あることを論じたのに対する駁論。現在の時点で外人に自由な内地旅行を認めれば、彼らの暴慢を募らせ、日本人を卑屈にする恐れのあることを論じた。〇福澤も『明六雑誌』第二十六号（八年一月刊）に「内地旅行西先生ノ説ヲ駁ス」（⑲五四二—五四七）を載せた（小幡の伝は注15参照）。

368▼驀入《ばくにゅう》——まっしぐらに入る。但しあまり見慣れぬ熟語である。「闖《ちん》入」の書誤りではなかろうか。暴れ込む意。

369▼邏卒——明治初年の巡査の称（注215参照）。

370▼五港の地に行て結局彼国人の裁判に決する——当時の日本は、幕末以来の不平等条約による治外法権の時代で、外人の不法行為については、二府（東京・大阪）五港（横浜・神戸・長崎・新潟・函館）に駐在するそれぞれ本国の領事に訴えて、その裁判に委ねなければならなかったから、日本人に対する公平な裁判は期待できなかった。この屈辱的な領事裁判制度が、条約改正によって廃止されたのは、福澤の没する前々年、明治三十二年であった。

371▼居留地《きょりゅうち》の関係あり——東京・大阪および五港の外人居留地（専住地）には、日本の行政権・警察権が及ばず、いわば国内における異国の観があった。それは、海外資本主義が日本を搾取し圧迫する拠点であった。のみならず、日本人の中でも、居留地を利用して悪事を行う者が絶えなかったから、ともすれば犯罪の巣窟と化する恐れがあったのである。居留地もまた条約改正の結果、明治三十二年廃止された。

372▼内地旅行の関係あり——条約により、外人は居留地から十里以上遠い土地には勝手に旅行できない規定があった（289本文参照）。これは日本政府が、外人の勢力の蔓延を恐れたのと、彼らの身辺の危険を警備する必要とから出たものである。しかし英国公使パークスらから、内地旅行を自由にすべき旨の要求が出され、その利害について、日本側に種々の論議があった。西周が内地旅行許可を支持し、福澤や小幡篤次郎が反対したことは上段注の如くである。「内地」とは、居留地およびその周辺以外の国内各地をさす。

373▼外人雇入の関係あり——当時の官庁や学校等は、先進国の学問・技術等を導入するため、外人教師・外人技師等を大勢雇い入れる必要があった。しかしその俸給は著しく高く、大臣級の高給者も少なくなかったから、政府財政の負担は大きなものであった。特に明治七、八年ごろがお雇い外人の数の最も多かった時期であるから、福澤がここにそれを取上げたのも無理ではない（注137参照）。

374▼**出入港税の関係あり**――輸出入品に課する関税の面でも、やはり当時の不平等条約のため、日本は著しく不利な立場におかれた。すなわち関税の自主権がなく、輸出入品とも最高限五分という不当に低い税率に抑えられていたため、国家収入も少なく、また国内産業の発達もおびただしく阻害された。税権の回復は、当時の日本にとって緊急な課題であったが、歴代政府の努力にもかかわらず、完全に実現したのは、福澤の死後、明治末年である。

一七九▼**けだし人民同権とは……**――『学問のすゝめ』初編・二編・三篇で議論していた権利の平等が必ずしもそうでないことへの言及ですでにチェンバーズ版政治経済読本において論じられている「各国交際」における「有力者は非を理に変じ無力者は常に其害を被る」(might makes right, and the weak suffer.) との、力は正義であるという現状認識（Chambers's *Ibid.*, p.18）の提示ともいえる。『西洋事情』外編（①四一一）参照。

十一　外国の交際について、同権の説を唱うる者少なきは何ぞや

375▼**咄々《とつとつ》怪事**――さてさてけしからぬという熟語。「咄々」は人を叱る言葉。

376▼**隔靴《かくか》の嘆**――靴を隔てて痒きを掻くようなうらみ。物事の核心に触れぬ難。

377▼**当局の経験**――「当局」は物事に直面する意。

378▼**譜代の小藩**――福澤の仕えた九州中津藩は十万石の小藩で、その藩主奥平氏は、その先祖信昌が徳川家康に仕えて以来の譜代大名であった。

379▼**客論**――第三者の議論。

380▼**曲情**――詳しい事情。「曲」は委曲の意。

381▼**窒塞《ちっそく》**――ふさがる意であるが、ここは「窒息」と同じく、息のつまる意に用いた。

十二　殷鑑遠からず、インドにあり

382▼**殷鑑**――手近な手本。○古代シナの殷の王朝は、前代夏の王朝の滅亡した事情を省みれば、それが何よりの戒めとなるという意。

383▼参坐――jury. 陪審員。刑事事件で、専門の裁判官以外に、素人で裁判に立合って、審判に参与する者。○『西洋事情』初編巻之三（①三五七）にイギリスの陪審制度が紹介してある。当時は「立合」と訳されていた（尾佐竹猛著『幕末明治の人物』所載「法律家としての福澤先生」参照）。

384▼馬場辰猪《ばばたつい》君――慶應義塾出身の思想家、政治家。福澤門下の秀才。高知の人。明治三年七月英国に留学、法律学を修む。七年十二月帰朝したが、再び翌八年三月渡英。十一年帰朝。自由民権運動の闘士として、得意の文筆と弁舌とを以て活躍したが、二十一年三十九歳で米国に客死した。文学者馬場孤蝶はその弟。

385▼会社――結社、協会の意。今の営利会社ではない。

一八〇▼割注――「陪審員（jury）のことである。『西洋事情』第三巻、英国の条、第九頁［①三五七―三五八］参照」。

一八一▼馬場辰猪――福澤が馬場に認めた明治七年十月十二日の書簡は文明論執筆中でもあり、またその内容からして参照にあたいする。特に「我輩の目的ハ我邦之ナショナリチを保護するの赤心のミ……飽まで御勉強之上御帰国、我ネーションのデスチニーを御担当被成度、万〻奉祈候也」（『福澤諭吉書簡集』第一巻、岩波書店、二〇〇一年、三一二―三一三頁）は文明論との関係で重要。福澤の馬場への評価が極めて高かったことについても同上三六五頁参照。

十三　わが国の人民、未だ外国交際の大害を知らず

386▼不動産の売買――外国人に対して、借地は許されていたが、土地を所有することは禁ぜられていた。

387▼金銭の貸借――外国人には地券（明治五年以来政府が人民の土地所有権を認めて交付した証券）や公債証書を売ることを禁じてあったので、これらを抵当に外国人から金を借りることはできなかった。

388▼生麦《なまむぎ》の一件――文久二年（一八六二）八月、鹿児島藩主の父島津久光の一行が、江戸より帰国の途中、生麦村（今の横浜市鶴見区）にさしかかった際、騎馬で行列の前を通らんとした横浜の英人四人の無礼をとがめて、供の藩士がこれを殺傷した事件。英国の抗議により、幕府は翌年十万ポンドの償金を払った。

389▼下の関の償金――いわゆる馬関戦争。文久三年（一八六三）五月、当時攘夷論の急先鋒であった長州藩が、下関海峡を通過せんとした米国の商船と、仏・蘭の軍艦

を砲撃した事に端を発した。そのために英・米・仏・蘭四国の連合艦隊が、翌元治元年八月、下関を砲撃したので、長州藩は屈服して和を講じ、幕府は責任上、三百万ドルの償金を分割払いすることを約した。その責任は明治政府に持越され、皆済になったのは、明治七年である。

390▼**旧幕の時代に亜国へ軍艦を注文し**――幕府はアメリカに八十万ドルの金を前渡しして、文久三、四年ごろ富士山《やま》艦という軍艦を一隻だけ入手したが、その後、アメリカは、南北戦争のごたごたに取紛れて、あとの軍艦をよこさなかった。そこで慶応三年、幕吏小野友五郎の一行に、福澤も随行して渡米し、前金の残額でストーンウォールという甲鉄艦の買付けを決定して帰朝した。これがやがて日本に回送されて来て、明治政府の有に帰し、東《あづま》艦と命名された。日本最初の甲鉄艦である。その入手の顛末は、『福翁自伝』の再度米国行の条に詳しく出ている。

391▼**横須賀の製造局**――慶応年間（一八六五―六八）、幕府は造船の目的を以て、フランスから経費を借入れ、同国の技師を雇って、横須賀製鉄所を建設した。これが明治になって横須賀造船所と改称され、後に海軍工廠となった。それまで一漁村にすぎなかった横須賀が、日本海軍の基地として発展する源をなしたのは、この造船所である。

392▼**灯明台を建て**――灯台を当時は灯明台といった。慶応二年英・米・仏・蘭と結んだ江戸条約により、外人技師に委嘱して、はじめて洋式灯台を各地に建設した。明治二年正月完成の観音崎灯台が最初である。

393▼**鉄道の敷設**――前出（注366参照）。

394▼**電信線を掛け**――電信を古くは伝信と称した。明治二年、横浜灯明台局から、裁判所（今の県庁に当る）に電線を架して、官用に供し、ついで同年末、東京横浜間に架せられたのが初め。

395▼**外債を募り**――前出（注366参照）。

十四　欧人の触る所は、あたかも土地の生力を絶つが如し

396▼**東洋の国々**――下の文にある「ペルシャ」「印度」「暹羅」がそれに当る。

397▼**大洋洲諸島**――オセアニア（Oceania）。その包含する範囲は、広狭必ずしも一定しないが、広くは、南はオーストラリア大陸から、北はフィリッピン群島までも含めていう。下の文にある「呂宋」「呱哇」および「サンドウヰチ島」がそれに属する。

398▼ペルシャ――Persia. 現在のイラン（Iran）。西アジアの古国であるが、十九世紀以後、北からロシア、西からイギリスの侵略を受けて、領土を失い、国勢が衰えた。

399▼印度――いうまでもなく十七世紀以後、次第にイギリスに支配されるに至った。

400▼邏暹《シャム》――Siam. 現在のタイ（Thai）。十七世紀の初頭、山田長政が日本より渡って、大いに国政を助けて以来、特に日本人に親しい国であるが、十九世紀に入って、東からフランス、西からイギリスの勢力の圧迫を受けて、これに悩まされた。「邏暹」は「暹羅」の誤記。

401▼呂宋《ルソン》――Luzon. フィリッピン群島の主島。十六世紀以来スペイン領。（後、一八九八年の米西戦争の結果、一九〇一年アメリカ領となる）。

402▼呱哇《ジャワ》――Java. 十七世紀以来オランダ領。

403▼サンドウヰチ島――Sandwich. ハワイ諸島の別名。

404▼カピタン・コック――James Cook（1728-79）. イギリスの航海家。一七六八―七九年に三回太平洋の探険調査を行い、イギリスの太平洋開拓の基礎を作った。第三回目の探険でハワイを発見したが、後、同地で土人に殺された。「カピタン」は captain.

405▼欧人の跡は唯海岸にのみあり――シナは阿片戦争で敗北の結果、一八四二年の南京条約により、イギリスに香港を割譲し、広東・厦門・寧波・福州・上海の五港を開いた。それを手始めに、爾来漸次欧米諸国に門戸を開放せざるを得なくなった。

十七　外国人を憎むに趣意を誤るなかれ

406▼薩摩の島津氏と日向《ひゅうが》の伊東氏と宿怨ありて云々――伊東氏は江戸時代日向（宮崎県）飫肥《おび》藩五万七千石の領主。（維新後華族に列し、子爵となる）。戦国末期、伊東義祐の時、しきりに付近を攻略して、日向一円に威をふるったが、天正五年、薩摩の島津義久と戦って敗れた。隣国豊後の大友義鎮《よししげ》（宗麟）に援を求めて日向の回復を図ったが、再び大敗し、反対に義久の勢威は九州を圧するに至った。しかし天正十五年豊臣秀吉の九州攻めの時、伊東氏は秀吉の軍に加わって島津氏討伐に功労があった。九州に育った福澤は、近国の歴史として、伊東氏の事跡などには早くから通じていたのであろう。

407▼活潑々地《かっぱつはっち》――魚がはねるように元気のいいさま。「地」は接尾語。

十九　日本の独立を保つの法は、西洋文明のほかに求むべからず

408▼介々――小さなことを心にかけるさま。介意する。「介々」は、元来は心が潔白で世と相容れぬ形容であるが、福澤は、「介然」（小事を意に介するさま）と同義に用いたのであろう。ここは正しくは「介然」とすべきかと思われる。

409▼談天彫竜――天体のことを語り、竜の模様を彫刻する意から、現実離れのした大風呂敷をひろげるような意味に用いる熟語。

410▼刺薹《したい》――「刺」ははり、「薹」はとげであるが、あまり慣用されぬ熟語である。

411▼穎敏《えいびん》――「穎」はさとしで、敏活の意であるから、ここは厳密には「鋭敏」の方が正しいと思われるが、福澤は両者を混同して用いる癖があった。○『学問のすゝめ』第十六編にも「中風の患者に神経の穎敏を増したるが如し」という用例がある。

二十一　国の独立は目的なり。独立を離れて文明なし

412▼その皇国の茶と絹糸とに輻湊《ふくそう》したるなり――明治初年の日本は、まだ純然たる農業国だったから、輸出品の大部分は生糸と茶の二種で、その他はほとんどいうに足らなかった。

413▼あるいはまた無産の山師が、外国人の元金を用いて云々――明治初年には、まだ日本の貿易商社が発達せず、輸出入はすべて居留地の商館（外国人の貿易商社）が扱い、ただ利にさとい日本商人が、その手先となって、売買の仲介（いわゆる買弁）を行い、わずかなさやを稼ぐにすぎなかった。したがって、貿易の実権は全く外国商人に握られて、彼らのふところを肥やすばかりであった。

二十二　今の人心を維持するには、自国独立の四字あるのみ

414▼盤楽《はんらく》――「盤」は「般」に通用するが、通常「般楽」と書く。「般」はたのしむ意。

415▼一身と議論とその出処栄枯を共にする者あり――「出処」は出でて官途に仕え、退いて家に処《お》ることが原義であるが、広く進退の意にもいう。ここは単に、自分のその時の立場に応じて、議論を出したり引っ込めたり、張切ってみせたりおとなしくしてみせたり、いろいろ姿勢を変えることをいう。

416▼ただこれ小児の戯のみ――世上の紛々たる議論も、大所高所から達観すれば、子供の遊戯と五十歩百歩のた

わいないものだということ。この「小児の戯れのみ」という語は福澤の常套語で、後年の文章にも随所に散見する。

417▼その罪はただ向う所の目的を知らずして、偶然に犯したる罪なり――この原文のままでも通じはするが、この前後の関連からいえば、「其罪は唯その用法を知らずして云々」とあった方が妥当ではあるまいか。口訳はそれに従った。

418▼象棋《しょうぎ》――将棋と同じ。川柳の「へぼ将棋王より飛車を大事がり」によった発想であろう。福澤は大の将棋ファンだったから、この引例は彼にふさわしい。

419▼昨日怒りし事も今日は喜ぶべきものと為り――たとえば外国人の横暴は憤慨に耐えないが、彼らのもたらす文明を利用すれば、自国独立の手段となる如き喜びをいう。

420▼去年楽みし事も今年は憂ふべきものと為り――皮相な外来文明を有頂天に礼賛していたのが、実は自国の独立をむしばむ危険があることを知って、深く反省する如きをいう。

解　説

1　本書の成立

『文明論之概略』（以下『文明論』と略称する）は、『学問のすゝめ』と並んで、福澤全盛時代の代表的著作で、明治七年に着稿し、翌八年に脱稿、出版したものである。明治七年二月、当時京都にいた門下生の荘田平五郎にあてた福澤の書簡中に、「私はもはや飜訳に念はこれ無く、当年は百事を止め、読書勉強致し候積りに御座候。追々身体は健康に相成り候を、ウカ〳〵いたし居り候ては、次第にノーレジを狭くするやう相成るべし。一年ばかり学問する積りなり」（⑰一六四）という文句がある。ほぼこのころから、『文明論』著作の準備にとりかかったことが察せられる。けだし福澤の初期の著述は、大方翻訳書か、単なる西洋文明の啓蒙的紹介書の域を出なかったが、自らそれにあきたらなくなり、もっと本格的な大著述を試みたくなったのであろう。彼はすでに明治五年から『学問のすゝめ』（全十七編）を連続刊行しつつあり、この書簡を書いた七年二月には、同書第六編までが出版されていた。しかし『学問のすゝめ』も、第八編まではなおウエーランドの『修身論』（*The Elements of Moral Science*）の翻訳のような部分が多く、また同書は大体が少年向きの庶民読本という性格のものであった。そこで、齢すでに不惑に達した福澤としては、もっと自己の見識をフルに披瀝した力著を世に問いたくなったのは自然の心理であろう。その気持が右の書簡の中に彷彿としているように思われる。

脱稿と出版

かくて約一年の歳月を費やして完成したのが、『文明論之概略』六巻（全十章）の大著であった。八年四月、郷里中津の先輩島津復生にあてた書簡に、「拙著文明論の概略此節脱稿、出版は今三、四ヶ月も手間取り候に付、一と通り為写さし上げ候。……この書は昨年三月の頃より思立候得共、実は私義、洋書並に和漢の書を読むこと甚狭くして色々さし支へ多く、中途にて著述を廃し暫く原書を読み、又筆を執り又書を読み、如何にも不安心なれども、マヽヨ浮世は三分五厘、間違たらば一人の不調法、六ヶ敷事は後進の学者に譲ると覚悟を定めて、今の私の智恵丈相応の愚論を述べたるなり」（⑰一八〇）とあるので、その著述の大略の経過と、脱稿の年月とを知ることができる（八年三月は、『学問のすゝめ』十四編刊行の月である）。出版されたのは、その年八月ごろであった（⑰一八七・㉑四六一）。『福澤諭吉全集』の編者富田正文氏の解説（全集第四巻後記）によると、明治七年九月ごろにはすでに一応全巻を書上げていたが、それ以後部分的訂正を施し、決定稿ができあがったのが翌年三、四月ごろだったらしいという。現在福澤の原稿が残っているが、富田氏は、「改稿又改稿の苦心を重ねて出来上ったもので、或る部分の如きは実に四回の書き改めをして、五回目の原稿により漸く上木の運びに至ってゐる」といっておられる。平素はかなり一気呵成的に筆を執る福澤だったが、本書は彫心《ちようしん》鏤骨《るこつ》、自ら期するところのきわめて大きい力著だったこと疑いを容れない。

2 執筆の意図と本書の特色

本書執筆の意図、その性格および流行の状態等については、後年福澤自ら『福澤全集緒言』（明治三十年執筆。生前の第一次全集巻頭に掲げた著者自身による著作解題）の中で、本書に関して次の如く解説しているのが、その要を尽している。

従前の著訳は、専ら西洋新事物の輸入とともに、我が国旧弊習の排斥を目的にして、いはば文明一節づつの切売りに異ならず。加之、明治七、八年の頃に至りては、世態漸く定まりて、人の思案も漸く熟する時なれば、この時に当り、西洋文明の概略を記して世人に示し、なかんづく儒教流の故老に訴へて、その賛成を得ることもあらんには最も妙なりと思ひ、これを敵にせずして、今はかへってこれを利用し、これを味方にせんとの腹案を以て著はしたるは、文明論之概略六巻なり。読者はいづれ五十歳以上、視力も漸く衰へ、且つその少年時代より粗大なる版本に慣れたる眼なればとて、文明論の版本は特に文字を大にして、古本の太平記同様の体裁に印刷せしめたり。本書の発行も頗る広くして、何万部の大数に達したりしが、はたして著者の思ふ通りに故老学者の熟読通覧を得たるや否や知るべからざれども、発行後意外の老先生より手書到来して、好評を得たること多し。有名なる故西郷〔隆盛〕翁なども通読したることと見え、少年子弟に、この著書は読むが宜し、と語りしことありといふ。（①六〇）。

この解説が示す通り、『文明論之概略』の書名は、すなわち〝西洋文明概論〟の意である。これを『学問のすゝめ』と対比すると、『学問のすゝめ』は、全十七編の各編それぞれ主題を異にし、福澤自らの語を借りれば、「文明一節づつの切売り」の書であったが、本書は全十章の間にそれぞれ連絡・発展があり、首尾統一ある大著となっている。福澤生涯の数多い著作中、彼が自己の思想を体系的に語った著作としては、本書がほとんど唯一のものである。

本書の組織

本書の特色については、後に詳しく述べるが、まず組織の大要をいえば、全十章が次の六部分より成るといえよう。

第一章「議論の本位を定むる事」＝全体の総論的部分である。われわれが物を考え、議論を立てるに当っての根本的な心構えや、他人の議論を聴く場合の心得などを精細に説いている。

第二章「西洋の文明を目的とする事」、第三章「文明の本旨を論ず」＝西洋文明もとより万全ではないが、現在ではこれを学ぶことが、日本文明の推進に必須の急務である。それは決してわが国体と相容れぬものではなく、むしろ国体（国家の独立）を護持する所以である、と力説する（＝西洋文明必要論）。

第四章「一国人民の智徳を論ず」、第五章「前論の続き」＝一国の文明とは、全国民の智徳の水準を意味する。したがって、歴史を動かす力も、少数の英雄偉人の行為ではなく、一国文明の向上、すなわち国民大衆の智徳の進歩にほかならない。これが〝時勢〟〝世論〟というものだ。史上の人物の成敗も、畢竟この〝時勢〟〝世論〟への対応の姿勢如何にかかっている。しかし一面、大衆は数が多くても無知で、世論は衆愚論に堕することを免れない。ここにおいて、やはり世の識者が〝時勢〟を洞察し、自ら先んじて、より高い〝世論〟に導き、新しい文明を作る努力をせねばならぬ、というのが主旨（＝集団主義的文明論）。

第六章「智徳の弁」、第七章「智徳の行わるべき時代と場所とを論ず」＝文明は、国民の〝智徳〟の進歩によるが、その中でも、〝徳〟の性質は静止的で、時代による大きな変化がない。これに反して、〝智〟は進歩してやむ時がないものだ。したがって、文明の推進力は、主として国民の智の発達にある。人民の無知な未開時代や、小規模な地域社会では、支配者の徳義が権威を持ち得るが、民知の進んだ広大な近代文明社会では、為政者の徳義はあまり役に立たず、法律・規則による契約こそが、治世の要件とならざるを得ない、という主張である（＝主知的文明論）。

第八章「西洋文明の由来」、第九章「日本文明の由来」＝東西両洋の文明の歴史を比較すると、西洋の社会では、古来多くの勢力の対立抗争する間から文明が発達したが、これに反して、日本文明の根本的欠陥は、社会における〝権力の偏重偏軽〟（アンバランス）にある、ということを痛論した（＝国内勢力平均論）。

第十章「自国の独立を論ず」＝最後に筆を転じて、国際社会における西洋勢力の横暴と東洋の危機とを明らかにし、日本の自主独立が焦眉の急であることを切々と訴えている。そうして、西洋文明を入れるのはあくまで手段にすぎず、その目的は自国の独立にあることを反復強調している（＝自国防衛論）。

『学問のすゝめ』との比較

次に本書は、『学問のすゝめ』が主として少年子弟や社会大衆を狙った啓蒙書であるに対して、すでに相当の知識見識を有する成年のインテリ層を対象としたものだけに、その所論の高度なことは当然である。したがって、文章もある程度難解で、しかつめらしい。福澤得意のユーモアなどは稀薄である。さらに判型も、『学問のすゝめ』が、普及を旨として、手軽なパンフレット型であるのと違い、旧来の漢籍同様の重厚な半紙判であるところにも、一見して、両書の性格の差異を感ぜしめる。要するに『文明論』は、福澤の全著作中、あらゆる面で最も学者らしい面目を備えた全力投球的著作というべきであろう（分量の上でも、『西洋事情』『福翁自伝』に次ぎ、『福翁百話・百余話』とほぼ並ぶ長篇で、『学問のすゝめ』より約四割方大部である）。

3　本書の流布と反響

本書の売行きは、書物の性格上、『学問のすゝめ』ほど多くなかったことはいうまでもあるまい。しかし福澤自ら語るように、やはり「何万部の大数」に達して、世の識者に多くの影響を与えた。前述の中津の有志者島津復生は、本書出版に先立ち、福澤からその写本を贈られた礼状に、読後感を記して、「大ナル哉、先生ノ学力識量……此言アッテ此日本アリ。開板ノ日、闔国ノ学者、不思議ノ階梯ヲ得テ、一躍千里ノ必スベキノミニアラズ、世上紛々ノ論者モ、自ラ定テ文明開化幾歩ヲ進メンコト、立テ待ツベキ也。其功業大ナリト謂ザルベケン乎」⑰一八二）といっている。はたして出版されるに及んでは、鹿児島に帰臥していた西郷隆盛までが、本書を愛読して、私学校の生徒に推称したという事実でも、その盛行の一端を察することができる（『福澤諭吉伝』第二巻、五〇九—五一〇頁に参考記事がある）。
福澤は明治七年三月（本書着稿当時）、たまたま『学問のすゝめ』第七編に、いわゆる楠公権助論を書き、辛辣な筆致で封建的な旧道徳を揶揄した。その口吻があまりに冷嘲に満ちていたため、世の保守派の一斉攻撃を受け、憤激の余り、福澤に危害を加えようとする過激派も出てくる始末となった。『文明論』執筆の時代は、まさに彼がこうした世上の非難にさらされていた最中である。この書は、そうした保守派を「敵にせずして、今はかへってこれを利用し、これを味方にせんとの腹案を以て著はしたる」ものであるから、同じく西洋文明の利を説き、東洋文明の弊を論ずるにしても、力めて刺激的な言辞を慎み、諄々と理に訴えて説得するという姿勢を執ったように見える。これによって、従来洋学を毛嫌いしていた儒流の古学者連の間にも、文明主義に目をさまされ、福澤に対する認識を改める者が少なくなかったと想像される。前記島津復生の書簡中に、「方今開化ノ度ト御論〔文明論〕ノ益高大ニ昇リ候処トヲ合セ考候ヘバ、御暗殺ノ恐ハ先御安心申上候云々」と言っているのを見ても、本書が楠公権助論にからむ誤解の解消に相当の効果をあげたことは見のがされぬように思われる。

明治十年代

明治十一年十月から、福澤は慶應義塾内の万来舎（集会所）で、毎月一回ずつ自著の連続講義を始めたが、その最初に取上げたものは『文明論』であった。その講義開始の広告文に、「人の著書を読めば、もとより不審なきを得ず、著者もまた書中に意を尽さざるもの甚だ多し。依って福澤諭吉事、毎月十の日午後三時半より、慶應義塾内万来舎において、自著の書を講じ、詳らかにその義を演述せんとす。但し十月十日を初会として、『文明論之概略』を以て始むべし。聴講の人は、義塾の社中社外を問はず、随意に出席苦しからざる事云々」（④六七九・⑲七九五）とある。福澤が『文明論』を以て最も会心の力著と考えていたらしいことは、このことからも窺い知ることができよう。当時それを聴講した門下生たちの思い出話も、石河幹明の『福澤諭吉伝』（第二巻、六四三—六四五頁・第四巻、六五〇—六五一頁等）に伝えられている。

本書が当時の自由民権運動家の間に愛読されたことも多言を要しまい。なかんずく、植木枝盛の論説などには、随所に本書や『学問のすゝめ』の辞句の換骨奪胎が著しい。また徳富蘇峰の後年の回想録によると、その父淇水は熊本で私塾を開いていたが、いたく福澤に傾倒し、『文明論』などを塾生に講じたという。蘇峰自身も、青年時代からジャーナリストを志願していたので、福澤の著書には怠らず目を通していたらしい。彼自らは語っていないが、彼の世に出る契機となった『将来之日本』（明治十九年刊）・『新日本之青年』（同二十年刊）など、初期の論著には、『学問のすゝめ』『文明論之概略』『民情一新』等、福澤の著作にヒントを得たと覚しき節々が明らかに指摘できる。今煩を避けて、具体的な例示は省略するが、『文明論』が蘇峰の思想形成の上に一つの糧となったことは疑いを容れない。

明治中期以後大正時代

だが、これほどの力著も、福澤の晩年には、もはやあまり一般に読まれた形跡がない。明治三十四年、彼の没した時、多くの人々が弔文を捧げ、日本中の新聞や雑誌が追悼の記事を掲げた。それらの文章は、同年刊行の『福澤先生哀悼録』（慶應義塾学報臨時増刊）に一括集録されているが、それを通覧しても、おおむね『西洋事情』『世界国尽』『学問のすゝめ』など初期の啓蒙書や、『福翁百話』『福翁自伝』『瘠我慢の説』など、晩年の代表的著書によって福澤を論じているだけで、特に『文明論』に注意を向けたらしい文章は見当らない。彼の没後に出た数々の福澤論もほぼ同様である。当時は、福澤諭吉といえば、概して明治の初めに卑近な庶民読本を多く著わして、西洋の物質文明を普及した人物、奇矯な楠公権助論などを吐いて、旧道徳を否定した人物、慶應義塾で町人的教育を施し、拝金主義の風潮を鼓吹した人物、というようなイメージのみが強くて、『文明論』における烈々たる自国独立論の気概や、〈西洋の物質文明よりも、まずその精神文明を学び取れ〉と高唱した警世的意見を記憶する人は少なかったようである。

ただその中で異色とすべきは、大正四年に著わされた早稲田派の哲学者田中王堂の『福澤諭吉』の一書である。この書は、福澤の啓蒙精神を学究的・体系的に詳論したおそらく最初の書であろうが、王堂は『文明論』の意義をすこぶる重視した。〈わが同胞は、現代生活の創造者にして最も卓絶せる改革家たる福澤諭吉を知らずしては、現代生活を理解し得ぬであろう。今日福澤の著書として世人に記憶されているのは、わずかに『福翁百話』のみであるが、世人が真にこの啓蒙的天才の精神に触れるためには、是非ともその二大記念碑たる『学問のすゝめ』と『文明論之概略』とに目を向けなければならぬ〉といって、主としてこの二書を中心に、福澤の啓蒙思想の抜群さを解明し、〈忘れられたる福澤の独立精神に帰れ〉と力説した。『文明論』は、ここに数十年ぶりで知己を得た観があるが、それが慶應義塾の後進者でなく、早稲田派の思想家であったことは、いささか皮肉の感がないでもない。

昭和時代

しかし本書は、その後も依然久しく世人の関心を引くに至らず、一般世人にやや親しまれるようになったのは、昭和六年岩波文庫の一篇として、石河幹明解題の『文明論之概略』が出版されて以後であろう。この岩波文庫本は、その後昭和三十七年に富田正文氏による改訂版が出て、一段と広く行われるようになった。『学問のすゝめ』や『福翁自伝』には、現在いずれも幾種かの文庫本・普及本があるが、『文明論』全巻の普及本は、岩波文庫本しかない［現在の岩波文庫は松沢弘陽校注版であり、慶應義塾大学出版会から著作集第4巻として刊行されている］。

けれども本書が日本思想史上不朽の名著たることは、近年いよいよはっきり認識されるに至った。先年岩波書店が、岩波文庫中から、特に現代国民の必読すべき東西古今の名著〝一〇〇冊の本〟を、各方面の識者に委嘱して選定した時、『福翁自伝』とともに本書がその選に入ったことでも、その一端が知られよう。今日では、かつて田中王堂が指摘した如く、『文明論』が福澤著作中、『福翁百話』などより遙かに重要な存在であることを疑うものはあるまい。

往年の戦時中、福澤の著書は敵性国家英米の思想の色濃きものとして、軍部から嫌われ、軍関係の学校では公然と福澤攻撃の講義が行われたが、戦後、時勢の急変に戸迷った旧軍人が、勧められて、はじめて『文明論』を読み、福澤の思想に目覚める思いがした、という実話もある（富田正文氏による）。中共［現在は中国というのが一般的。当時は台湾を中国と呼んでいたので中共を使用したのであろう］でも、『学問のすゝめ』の漢訳本『勧学篇』（一九五八）に次いで、『文明論』の漢訳本も、『文明論概略』（一九五九）の題名で刊行されるに至った。

4　文明とは何ぞや

『文明論之概略』は、一言にしていえば、文明とは何ぞやという論であり、東西文明の比較論でもある。福澤は、〈現代はまだ世界全体がきわめて未発達な段階であるから、完全な文明などはあり得ないが、少なくとも東洋よりは西洋の文明が進んでいるのは確かである。したがってわれわれ日本人は、何を措いても西洋文明に学ぶ必要がある〉とし、〈しかしそれを学ぶのは、あくまで日本の独立の手段であって、自国の独立こそ、西洋文明を摂取する究極の目的でなければならぬ〉と断じた。これが本書全体の眼目である。即ち福澤諭吉の文明思想と国家精神とを最も体系的にとらえ得る点で本書にまさるものはない。

ところで彼が、文明の本質として強調したところは、およそ左の諸点であるといえよう。

一、文明未開の時代は、武力あるいは知力の強大な者が軍事および政治の専権を握って一般人民を統御し、人民はこれを尊崇して絶対に服従することによって、社会の安定が保たれた。しかるに文明が進むにつれて、人民は自己の力に目覚めるとともに、社会を動かす要素は、単に武力や政治だけではなく、商工業とか学問とかいう諸種の要素が加わって、それが有力になってくる。だから、文明の進歩とは、社会を構成する勢力の多様化・複雑化にある。しかもその諸勢力が、相互に対立して、自由に競い合うことが肝要で、その間に力の偏重偏軽があってはならぬ。換言すれば、〝価値の多元化〟と〝勢力の均衡〟とが文明の本質である（第二章・第八章・第九章等）。

二、文明は人民全体の生活の向上と智徳の進歩とをさす。少数の識者や有力者がいるだけでは、文明の社会とはいえない。多数人民の物質的・精神的生活の水準の高いことが、文明社会の要件である（第三章・第四章等）。

三、文明は人民智徳の進歩であるが、徳は人類始まって以来一向変化しないにひきかえ、智は不断に進んでやまぬものである。孔子やキリスト以後聖人は出ないが、人類の知識（特に科学知識、福澤のいわゆる実学）は格段の進歩を示した。古代の聖賢も、智の面では、今日の三歳の童子に等しい。故に文明とは、主として〝智の進歩〟に属するものといえる（第六章・第七章等）。

四、文明未開の時代や社会では、支配者の徳が重きをなし、徳によって愚昧な民衆を感化することが必要でもあれば、可能でもあった。しかし文明が進み、社会が大規模になれば、個人的な徳望は効力を失い、全般的な法律や規則・契約が社会を維持する力とならざるを得ない。つまり文明社会は、徳治主義・人情主義ではなくて、〝法治主義〟〝規約主義〟の社会である（第七章等）。

五、文明の進歩に必要なものは〝懐疑の精神〟である。過去の人々の信じて疑わなかったものに疑いをいだき、絶えず新しい真理を求めて前進するのが文明の要諦である。古を信じて疑わなければ文明の進歩はなく、〝異説争論〟の多いことこそ文明の母体でなければならない（第一章・第七章・第九章等）。

儒教的・封建的価値観念の否定

以上が福澤が西洋文明より学び取った重要な文明の意義であろう。これらを強調したことは、とりも直さず、従来の日本の識者の脳裏を支配していた儒教的・封建的精神に反省を求めたものにほかならない。けだし儒教を根底とした封建社会は、一、武力と政治力とが経済や学問に優先した単純な社会、つまり価値の未分化の社会であり、二、少数の支配者や有識者の多数民衆に対する絶対的優越が認められた専制の時代であり、三、科学的・実証的知識よりも道徳を偏重して、四、徳治主義が政治の理想とされ、五、古代聖賢の教えを金科玉条として、異説争論を危険視する尚古主義・伝統主義が支配的だったからである。こうした儒教的・封建的価値観の時代錯誤を指摘し、懇切丁寧に西洋近代の文明の特質を解明したところに、『文明論』の大きな使命があった。それが〝近代文明への開眼の書〟として有する革新的・画期的な意義は、いかに高く評価しても評価し過ぎることはないであろう。

主知的・合理的偏向

但し本書は、旧来の弊を払拭せんとする余り、やや論理の強引さを思わせる点がないでもない。ことに智を重んずる立場から、その筆致がおのずから徳の功用を軽んずることの極端に失した如きはそれであろう。それは、十八世紀の啓蒙思想、乃至十九世紀の科学万能主義の世界的風潮に衝動された明治開化期共通の傾向ともいうべきである。あまりに主知的・合理的精神に貫かれているのが、本書の最大の特徴であるとともに、一種の偏向だったことは争われない。福澤は科学文明の未来に無限の明るい希望を託した楽天主義者だったが、現代の世界、特に日本は、科学文明の跛行的発展の結果、自然の破壊・人間性の喪失と、それに伴う幾多の社会的矛盾に悩んでいる。これは十九世紀の思想家福澤諭吉の深く予見し得なかったところではなかろうか。こうした福澤思想のヒズミは、今日公平な検討を要することもちろんであろう。

5　ギゾーとバックルとの影響

ところで、こうした福澤の議論には、やはり幾つかの有力な洋書の説が粉本となっている。そのことは福澤自ら本書の「緒言」中に断っているところである。本文中にその名を引用しているのは、英国の自由思想家ミル（John Stuart Mill, 1806-73）の『代議政体論』（1861）・『経済学原理』（1848）などもあるが、特に重要なのは、フランスの政治家で歴史家だったギゾー（Francois Guizot, 1787-1874）の『欧州文明史』（1828-30. 但し福澤が読んだのは、C.S. Henry の［脚注になる］英訳本 *General History of Civilization in Europe*, 1842）と、イギリスの歴史家バックル（Henry Thomas Buckle. 1821-62）の『英国文明史』（*History of Civilization in England*, 1857-61）との二著であった。前記島津復生あて福澤書簡に、本書著述の苦心を記して、「中途にて著述を廃し、暫く原書を読み、また筆を執り、また書を読み云々」と言っている「原書」とは、主としてこれらの書をさしたこと疑いない（その他、スペンサーの社会学なども影響の可能性が考えられる）。

このギゾーとバックルの二つの『文明史』は、当時欧米でも、斬新な代表的文明史として評判の高かったものである。ギゾーの『欧州文明史』は、ローマ滅亡以後フランス革命に至るヨーロッパの歴史の大要をきわめて簡潔明快に概説したもので、ギゾーがソルボンヌ大学教授時代に行った講義（全十四講）である。バックルの『英国文明史』（二冊）は、著者の早世のため完結しなかったが、人間の歴史にも自然科学的法則が支配するものだという独自の史観に立ったすこぶる野心的な大著である。題名は英国文明史であるが、実際は世界文明史を意図したものであった。

両書とも明治初年日本に輸入されるや、識者の間に大いに迎えられ、やがてその翻訳書も続出するに至った。福澤は明治五、六年から七年にかけてこの二書を入手し、すこぶる愛読して、慶應義塾で自らその講義を行った（小沢栄一氏『近代日本史学史の研究』明治編一〇六頁以下参照）。彼はこの二書に接することによって、歴史に対する全く新しい眼を開かれたといっても過言ではない。それどころか、この二書への傾倒が、『文明論』執筆の動機となったかと推測する論者もあるほどである（小沢栄一氏、前掲書一五六―一五七頁）。

ギゾーの影響

ギゾーの影響は、特に第二章「西洋の文明を目的とする事」・第三章「文明の本旨を論ず」・第八章「西洋文明の由来」などに著しく現われている。さきに述べた〈文明は未開の時代ほど勢力が単一で、進歩するにつれて多細胞的に分化する。諸種の勢力が自由に対立競争して、〝価値の多元化〟が行われるところに、文明社会の進展がある〉という福澤の論は、実はギゾーがヨーロッパ文明の基本的特色として強調した精神であった。福澤はその説を襲用したものにほかならない。彼はさらに第八章「西洋文明の由来」において、ギゾーの『文明史』全体の概略を要領よく紹介して、西洋には古来王侯・貴族・僧侶・庶民の諸勢力が不断に接触競合した事実を証明した。そしてそれに続く第九章「日本文明の由来」で、日本社会にはあらゆる面に権力の偏重偏軽があり、それが文明の発展を阻んだ最大の要因であることを力説したのは、ギゾーの論を応用したものといえよう。

バックルの影響

一方、バックルの影響の顕著なのは、第四―五章「一国人民の智徳を論ず」・第六章「智徳の弁」・第七章「智徳の行わるべき時代と場所とを論ず」および第九章「日本文明の由来」などである。バックルは、歴史を従来の英雄偉人など少数人物の事跡中心の歴史から解放し、人民全体の生活発展の記録たらしめることを根本方針とした。そうしてかかる歴史の研究には、自然科学的法則化が可能だとして、気候・風土・食物などの自然条件と歴史との不可分の関連を追究し、そこに客観的な統計法の必要を重視した。また彼は〈文明を推進するものは、人間の徳性ではなくて、理知である。ヨーロッパ人の文明が世界中で卓越したのも、優秀な知性の成果にほかならず、活潑な〝懐疑の精神〟こそ、文明発展の原動力になった〉と主張する。これらのバックル史観の綱領は、厖大な『英国文明史』のうち、最初の「総論」の部分に詳述されているが、『文明論』に摂取されたのは、ほとんどこの「総論」の部分に限られている。福澤が『文明論』緒言の冒頭で、「文明論、或はこれを衆心発達論と云ふも可なり」と規定したのも、全くバックル史観に拠ったものであり、さらに前記の各章（第四・第六・第七章・第九章）で、上掲の如きバックルの所論を縦横に活用した。福澤の文明観にバックルの感化がいかに重要な契機となったかはきわめて明白である。

バックルとの相違

しかしながら福澤は、バックルの所論を必ずしも全面的に取入れたわけではないことも注目する必要がある。たとえばバックルは、〈あまりに厳しい風土のもとでは、人間が自然に対して無力となるから、理性が抑圧されて、想像力が異常に高まり、迷信がはびこる。これに反して、温和な風土のもとでは、理智が発達する。インドは前者の例であり、ヨーロッパは後者の例である。ヨーロッパ文明が発達したのは、人間が苛酷な自然に支配されることが少なく、自然を克服する知性が養われたためである〉という事を議論の大眼目としたが、福澤はこの地理的唯物論ともいうべき宿命論・決定論的見解には関心を示していない。けだし早急な日本の現状改革を目ざす福澤にとっては、かかる自然条件を絶対視した宿命論は、何の役にも立たなかったからであろう。第九章に、このバックルの説をあげて、「この説を取て直に我日本の有様に施し、以て事の不審を断ずべきや、いまだ知るべからず。たといこれに由て不審を断ずるも、その源因は悉皆天然の事なれば、人力を以てこれを如何ともすべからず」（212。以下算用数字は岩波文庫［松沢弘陽校注、一九九五年」の頁〉といっているのは、福澤の心事を証するに足りる。

またバックルは、文明の発達は衆人の精神の発達にあるとしたが、福澤は、〈文明を推進するのはただ人間の頭数によるのではなく、知力の量によるのだ。たとい人数は少なくても、若干の知力ある者が社会を指導してこそ、文明の水準は高められるのである〉として、世の識者・具眼者の役割をとりわけ高く評価した。〈第一章・第五章等〉。すなわち「衆論の向う所は天下に敵なし」(98)と一応認めながらも、その反面、「国論と唱え衆説と称するものは、皆中人〔中流階級〕以上智者の論説にて、他の愚民はただその説に雷同しその範囲中に籠絡せられて〔智者の意見に導かれて〕、敢て一己の愚を逞うする能わざるのみ」(90)、「天下の急務は、まず衆論の非を正すにあり」(98)と主張するのである。もちろんバックルにもそうした見解はあるが、個人の力が社会を動かす事の大きい点をおそらくバックル以上に重視したところに、福澤の自主独立の精神がはっきり看取されよう。

一体にバックルの『文明史』は、科学主義・実証主義を標榜しながら、複雑な歴史現象を、しいて次元を異にする自然科学的法則で律しようとした結果、かえって不自然で非科学的な独断に堕したきらいがある。本書が、発表当時は世界の史学界に清新の気を与えたにかかわらず(そして日本でも、明治啓蒙期には、破天荒な新史観として歓迎されたにかかわらず)、今日その声価が高くないのは、そうした素朴な欠点のためである。しかるに福澤は、バックルに多くの示唆を得ながら、バックルほど極端な機械論・宿命論には陥っていない。それは彼の常識的性格のみではなく、日本文明向上への情熱と、一世の教育家・指導者たる使命感とによるものであろう。バックルは、〈戦争は人類の無智より起る〉とし、〈現に文明の進んだ欧州諸国では、好戦熱が薄らぎつつある〉と楽観したが、福澤はそんなことも信じた気配はない。要するに彼は、バックルあるいはギゾーの史論から摂取すべき栄養は貪欲に摂取しつつも、日本の現実に不要不適な部分は賢明に切捨て、修正して、彼独自の文明論を展開したものと見るべきである。

翻訳臭をとどめず

なお『学問のすゝめ』の特に前半が、まだかなり忠実なウェーランドの『修身論』の訳書めいた跡を存していたのに比べると、本書はギゾー・バックルの著書を資料としながら、なまなましい訳筆と思われるような箇所は、はるかに減少している。最初洋書の翻訳家から出発した福澤は、次第に種本を消化して自己の思想を表現する著作家に成長して行ったわけであるが、本書はその方向に添って、『学問のすゝめ』より大幅の進歩を示したことが注目せらるべきであろう。本書からさらに後の著書になると、全く種本を離れた時事評論的性格を強めてゆくのである。

6　相対的価値判断と現実的思考法

福澤は明るい思想家であった。従来日本の学者は、〝歴史の変化〟を認めたが、〝歴史の進歩〟は認めなかった。むしろ国学者も漢学者も、理想を古代に求め、古人に規範を仰ぐのを常とした。これに対して福澤は、文明の限りなき前進を信じて疑わなかった人である。これは旧来の日本人の歴史観乃至社会観とは画期的に相違するところで、西洋に学んで、新しい史観を日本に開いたものといえよう。

彼は人類の知識の駸々乎たる進歩に絶対の信頼を託したが、一見古今不変と思われる徳義も、また遅れ駆せながら進歩するものと信じたらしい。そうして遠い将来には、智徳ともに完備した絶対平和の世界が実現するであろうとまでいっている。「文明の進むに従て智徳も共に量を増し、私を拡て公と為し、世間一般に公智公徳の及ぶ所を広くして、次第に太平に赴き、太平の技術〔平和の手段〕は日に進み、争闘の事は月に衰え、その極度に至ては、土地を争う者もなく、財を貪る者もなかるべし。……世界の人民は、あたかも礼譲の大気に擁せられて、徳義の海に浴するものというべし」(177) とある如きがそれを示す。むろんある程度の誇張や文飾はあるにせよ、いかにも楽天的な思想といわなければならない。こうした明るい未来への期待は、晩年の『福翁百話』などにもしばしば語られている。

しかしながら、それと同時に彼を特色づけているのは、前掲の文のすぐ次に、「今より幾千万年を経てこの有様に至るべきや、余輩の知るところにあらず」という文句が続いているので分るように、そういう理想的な平和の世界は一挙に実現するものではない、という冷厳な現実的諦念であった。〈畢竟現在の人類は、まだ文明のきわめて未熟未発達の段階にあるのだから、到底完全な社会は期待し得べくもない。ただ正しい方向に向って、少しずつでも前進することが肝要なのだ〉というのである。性急にベストを求めず、着実にベターを選べという態度である。それは当然極端な観念論に囚われず、自由な弾力性を以て現実に対処する姿勢ともつながってくる。

彼はいう、「事物の得失便不便を論ずるには、時代と場所とを考えざるべからず。……時代と場所とを考の外に置けば、何物にても便利ならざるものなし、何事にても不便利ならざるものなし。……、到底世の中の事に、一以てこれを貫くべき道はあるべからず。ただ時と処とに随て進むべきのみ」(165–166)と。これこそ福澤の、特に後半生の精神的姿勢の根本をなすものであった。『文明論』の世界観・国際観・政治観・社会観は、そうした状況判断に貫かれているといえよう。初期の福澤の著作には、西洋文明に傾倒する余り、観念的・急進的な改革主義の匂いが強かったが、思想の円熟に伴って、より現実即応的な漸進論を主張するようになる。かかる傾向を顕著に示し始めたのが、ほぼこの『文明論』あたりからであることも注目に値する。

本書第一章の重要性

右のような福澤の根本的な物の考え方を特によく示すものは、第一章の「議論の本位を定むる事」である。このことは、かつて政治学者丸山真男氏が、「福澤諭吉の哲学」(『国家学会雑誌』昭和二十二年九月)という論文において道破されたところであった。丸山氏はいう、〈『学問のすゝめ』冒頭の「天は人の上に云々」の文句に比べると、『文明論』の冒頭は有名でない。むしろこの第一章は、ややもすれば第二章以下の前置きのように軽く見過されがちである。しかし本書劈頭のテーゼは、「天は人の上に云々」が『学問のすゝめ』全体の精神の圧縮であるのと同様に、『文明論』を貫く、否、ある意味では福澤の全著作に共通する思惟方法を簡潔に要約したものだ〉と。まさしくその通りと思われる。

なかんずく第一章冒頭に、〈物には軽重大小の別がある。その価値を比較して、軽小を捨て、重大を採って、それを〝議論の本位〟(価値判断の基準)とせねばならぬ。つまり小の虫を殺して大の虫を助け、鰌《どじょう》を餌にして鶴を養う精神がそれだ〉といっているのは、福澤の現実的思考法を最もよく示している。現在の世の中に、百パーセントの善はあり得ないから、ある程度の犠牲は忍んでも、次善に向って前進すべきだ、というのが福澤の基本的姿勢であった。丸山氏の表現に従えば、「価値判断の相対性の主張」ということになる。また同じく第一章の中で、〈事物の利害を論じ合うのに、双方が極端論と極端論とを持出したのでは話の一致するわけがない。たとえば上戸と下戸とが、自分だけの好みで酒と餅との利害を争うようなもので、極端な利害ばかりを仮定した空論は無意義である〉と戒めているのも、福澤が観念論に囚われぬ、あくまで常識的・功利主義的思想家だったことを物語るものである。

7　自国独立論と国体論・政体論

福澤が本書の随所において、西洋文明も欠点が多く、決して十全のものにあらずとしながら、やはり現段階では、世界の達し得た最も進歩せる文明であるから、日本の急務は差当りこれを摂取するにあると極力主張したのは、まさに右の現実主義精神の端的な現われであった。ことに第二章「西洋の文明を目的とする事」において、この事を論じ、「文明は死物にあらず、動て進むものなり。動て進むものは必ず順序階級を経ざるべからず。……いやしくも一国文明の進歩を謀るものは、欧羅巴《ヨーロッパ》の文明を目的〔目標〕として議論の本位〔判断の基準〕を定め、この本位に拠て事物の利害得失を談ぜざるべからず」（28–29）といったのは、その趣旨にほかならない。

強固なナショナリズム

それと同時に彼は、西洋文明を学ぶ究極の目的は、あくまで日本の独立を全うするにありとして、第十章「自国の独立を論ず」において、声を大にしてそのことを力説した。それが本書の最終目標であることは前述したところであるが、その大要をいえば、

〈文明というものは、際限もなく広大且つ高尚なものである。その極限を想像すれば。宗教家がいうような一視同仁四海兄弟の理想世界をも考え得るであろう。文明がそこまで進めば、万邦一家、国境もなければ、軍備もなく、戦争もなければ、貿易競争もない真の平和時代となるかも知れぬ。われわれは文明の無限の前進を信じて、不断に前向きの努力を払うべきは言を俟たない。単に自国の独力を考える如きは、文明中の初歩にすぎぬであろう。だが如何せん、現代の人類世界は、甚だ未熟幼稚な段階にあるから、〝国家〟を抜きにした文明が到底考えられぬことも厳たる事実である。もし国の存在を無視した文明家者があるとすれば、それは現実を忘れた跳ねあがりの空想家といわざるを得ない。少なくとも現段階では、やはりまず他国の利害より自国の利害を先にし、〝自国の独立〟を至上命令とするのが当然である。〝報国心〟（福澤は愛国心を〝報国心〟と表現した）は、一国に私する〝偏頗心〟〔エゴイズム〕にほかならず、四海兄弟の理想に比しては次元の低いものである。しかし今日われわれ日本人は、まさに自国の独立を図るのが精一杯の時代に生きており、それ以上高度な文明を考える余裕はない。維新以来わが国民は、窮屈な封建制度から解放されて、すこぶる呑気に自由の気分を楽しんでいるよ

うに見える。だが、一たび眼をわれわれの周囲に向けるならば、西洋列強の圧力は、ひしひしと東洋を包囲しているではないか。のみならず、開国以来の日本の現状を見ても、貿易をはじめ、あらゆる外交関係において、有形無形の不利と屈辱とを強いられているのである。日本人たるもの、ただ安閑として欧米の文化に心酔し、自由や平和を夢みているべき時代ではない。わが国民は、すべからく敵の武器たる西洋文明を奪ってわが武器とし、一刻も早く薄弱な日本の国力を充実して、強固な独立日本の完成に力むべきである。その手段方法は、各人の立場立場で一概にはいえないが、日本人たる以上は、常に国際関係に留意し、事の大小にかかわらず、いやしくも自国の独立に関する問題に触れたならば、直ちにこれに反応する姿勢を執らねばならぬ〉。

というのである。この章の文章は、なかなか高調子で熱っぽい。「国民たる者は毎朝相戒めて、外国交際に油断すべからずというて、然る後に朝飯を喫するも可ならん」(295)とまで叫んで、慷慨淋漓《こうがいりんり》たる趣がある。

この主張は、その後も彼の著作文章に再々反復されたものである。日本が東洋の一小国として、欧米列強の帝国主義的圧力のもとに、一歩を誤れば独立性を侵される危険のあった当時としては、まさしく切実な呼掛けであったといわなければならない。ナショナリズムは、決して最高のモラルではなく、国民的私情にほかならないが、しかもそれなくしては、到底苛烈な現代の国際社会に生きてゆく道はないとする。愛国心をいたずらに美辞麗句を以て粉飾せず、将来のより高度な文明世界に至る単なる一過程と見るところに、これまた福澤の冷徹な現実的・功利的認識があった。

柔軟性に富む国体論・政体論

もう一つ、福澤の現実的・功利的精神をよく示したものに、国体論がある。それは第二章「西洋の文明を目的とする事」および第三章「文明の本旨を論ず」において説かれたものである。当時西洋文明を輸入するに当って、保守的な国民の間に根強かった危惧と反感とは、西洋文明によって国体が変革されるのではないか、万世一系の天皇制が否定されて、アメリカやフランスのような共和政治になるのではないか、ということであった。福澤はそれに対して、懇切丁寧に答えている。

〈そんな極端な心配をする必要はない。政治の形態は、一国の歴史や文明の程度など、さまざまな条件に従って、それぞれの国に適したものを採用すればよろしい。西洋文明を入れたからとて、必ずしも共和政治に改めた方がいいとは限らない。君主制は君主一人の専制に陥る恐れがあるが、共和制は人民多数の横暴に傾く危険がある。一長一短、何れがいいかはにわかに決め難い。なにより大切なことは、国民一人一人がまず西洋日新の学に志して、全国の文明のレベルを高め、それによって国力を充実して、国家の独立を強化するにある。それでこそ、保守家が希望するような万世一系の天皇制も維持されるであろう。文明の向上と国家の独立とが根本であって、政治形態の如何などは末のことだ〉。

というのである。彼自身の語に従えば、

文明は至洪至寛なり。豈国君を容るるの地位なからんや。国君も容るべし、貴族も置くべし、何ぞこれらの名称〔人権平等などの〕にかかわりて、区々の疑念〔国体変革の〕を抱くに足らん。（62–63）〔政治の形態は、〕開闢の初より今日に至るまで、あるいはこれを試験の世の中というて可なり。諸国の政治も今正にその試験中なれば、遽《にわか》にその良否を定むべからざるは固より論を俟たず。ただその文明に益すること多きものを良政府と名け、これに益すること少なきか、またはこれを害するものを名けて悪政府というのみ。（72）

といっている。〈自然科学の法則は、世界を貫いて共通普遍であるが、政治の方法には、まだ万国に通用するような便利調法な万能薬は発明されていない。政治の理論は、科学の証明と違って、論ずる人の立場立場で、いろいろ異なる意見が可能である。結局は、各国それぞれ家庭の事情を考えて、試行錯誤を重ねながら、自国の現状に合うように、一歩一歩体質改善を図るほかはない〉というのが、福澤の主張であった。

世界の政治は、今まさにテスト期間中であるという認識は、今日といえどもおそらく誤っていないであろう。政治に最も必要なものは、的確な状況判断と、その適切な対応の仕方にある。一つのイデオロギーだけを固執して、政治の形態さえ変革すれば、いかなる国の人民も一様に幸福になれるとするような極端な観念論は、あまりにも政治を過大視した迷信ではなかろうか。

8 多元的価値の尊重と学問の独立

福澤の有名な言葉の一つに、「政治は文明（または人事、社会）の一小部分なり」というのがある。これも彼十八番のキャッチ・フレーズで、いろいろな文章に顔を出すが、『文明論』でも、前引の第三章国体論・政体論中に、「政治の名を何と名るも、必竟、人間交際〔社会〕中の一箇条たるに過ぎざれば、僅にその一箇条の体裁〔政治の形態〕を見て、文明の本旨〔価値〕を判断すべからず」（72）という言葉となって現われている。政治は、要するに文明社会の価値の一部分でしかないのだから、政治の価値だけに重点をおいてはならぬというのが、彼の持論であった。

これは、言いかえれば、文明の要素はきわめて多様だということになる。そこで、これまた彼のモットーの一つとして、「文明は多事の際に進むものなり」というのが出てくるわけである。『文明論』（第二章）では、次のようにいっている。

〈社会の発達の過程を考えてみると、野蛮未開の時代には、まず武力の強い者が絶対の支配権を振っていた。ところが少し社会が進むと、頭のある人間が勢力を得てきて、政治の力が支配するようになった。しかし武力と政治だけが威張っていたのでは、まだまだ単純で、文明社会とはいえない。さらに人間が進歩するにつれて、社会は複雑多端となり、学問とか経済とかいうものが大きな比重を持つようになってくる。そうなってこそ、はじめて文明社会といえるのである。だから、文明の進歩とは、社会を構成する勢力の多様化・複雑化にある。しかもその諸勢力が、相互に対立して、競い合うことが肝要で、その間に力の〝偏重偏軽〟があってはいけない。換言すれば、〝価値の多元化〟と〝勢力の均衡〟とが、文明の本質である〉。

この発想は、前述の如く、主としてギゾーの『欧州文明史』から学んだものと思われるが、元来こうした考え方は、早くから彼の不動の信念となっていたものといえよう。多元的価値の尊重ということが、相対的価値の重視と並んで、福澤の思考法の大きな特色であった。だからこそ彼は、政治の世界に関心を持ちながらも、常に自分は政治の局外に立ち、学問・教育の分野に自己の使命を堅持して、少しも動ずるところがなかったのである。

学者の使命

彼は、右のような考えから、政治家の勢力が学者の権威に優先するような社会は、決して真の文明国とはいえぬと信じていた。そこで彼の努力は、学問の権威を政治の勢力に対抗できるまでに高めることにあったといっても過言ではない。ただそれを口で唱えただけでなく、彼自ら数々の行動の上に実践した。福澤の偉さは、有言実行、常に自ら範を天下に示したことにあるが、『文明論』（第四章）の中でも、〈政治家と学者とは、その任務こそ違え、社会における重要性には、毫も甲乙がない。一は国家当面の必要問題を処理するのが任務であり、他は国家将来のことを慮って、百年の大計を立てるのが使命である〉といい、

けだし政府の働きはなお外科の術の如く、学者の論はなお養生の法の如し。その功用に遅速緩急の別ありといえども、共に人身のためには欠くべからざるものなり。今、政府と学者との功用を論ずるに、一を現在といい一を未来というといえども、その功用の大にして国のために欠くべからざるは同様なり。

ただ一大緊要は互にその働きを妨げずしてかえって相助け、互に相刺衝して互に相励し、文明の進歩に一毫の碍障《がいしょう》〔さまたげ〕を置かざるにあるのみ。(99–100)

と結論している。この言葉には、時代に先駆した福澤の抱負と気魄とが遺憾なく表われているといえよう。

西洋では、学者が政府と関係なく、独自の力でどんどん活潑な研究や事業を行っているのに、日本の学者には昔から独立の気概がなく、なんでも政府にばかり頼ろうとする傾向が強い。福澤はそれを痛烈に指摘している。『学問のすゝめ』(第四編)の「学者の職分を論ず」という文章はその代表的なものであるが、『文明論』でも、「日本の学者は政府と名る籠の中に閉込められ、この籠を以て己が乾坤と為し、この小乾坤の中に煩悶するものというべし。……卑屈賤劣の極というべし」(229–230)、「世の学者、あるいはこの理〔学者の天職〕を知らずして、漫に事〔政治〕を好み、自己の本分を忘れて世間に奔走〔政治活動〕し、甚しきは官員に駆使されて目前の利害を処置せんとし、その事を成す能わずしてかえって学者の品位を落す者あり。惑えるの甚しきなり」(99)といっている。彼が維新後、官僚学者となって政府の御用を勤めるのを潔しとしなかったのも、学問の独立を図り、学者の権威を守り抜くためであった。またいたずらに反体制的な政治活動に狂奔しなかったのも、やはり〝政治は文明の一小部分にすぎず〟という認識に徹して、目前のカッコいい政治運動よりも、息の長い地道な教育・学問の事業に永遠の価値をおいていたからに相違ない。着実な学問・教育の積重ねによる高度な文明の基盤がなければ、単に一時の血気にはやった過激な政治改革は、究極において、決して国利民福をもたらす所以でないことを、彼ははっきり洞察していたのである。終生政府の権力におもねらず、さりとて無鉄砲な反権力闘争にも同調せず、真に学徒たる使命を完うするために福澤の執り続けた姿勢と、その言論とは、現代のわれわれにも示唆するところきわめて大なりというべきではなかろうか。

自由の本義

文明社会は、多元的価値を尊重し、もろもろの勢力の並立平均の上に成り立つものである以上、だれにも絶対の自由はあり得ぬことになる。自分の自由を大事にするとともに、他人の自由も大事にせねばならぬからである。原始野蛮の時代には、支配者は絶対の自由と権力とを持ち、被支配者はなんらの自由も権力も持たなかった。ところが社会が進むにつれて、被支配者の勢力が強くなり、自由や権利を要求する人民の実力が備わってくると、支配者の自由や権力はおのずから制限を受けざるを得なくなった。そこで当然すべての人の間に、自由や権利の平均化現象が起ってくる。福澤は、これが文明の特色だ、というのである。

　そもそも文明の自由〔文明社会の自由〕は他の自由を費して買うべきもの〔他人の自由を犠牲にして手に入れるもの〕にあらず。諸《もろもろ》の権義〔各人の権利〕を許し、諸の利益を得せしめ、諸の意見を容れ、諸の力を逞うせしめ、彼我平均の間に存するのみ。あるいは自由は不自由の際〔境目〕に生ずというも可なり。(208)

という文句に、彼の精神はきわめてはっきり現われている。

彼は、その文句にすぐ引続いて、こうもいっている。

〈およそ人間社会は、政府であれ、人民であれ、学者であれ、官吏であれ、権力を握った者は、必ず悪いことをする傾向を免れない。〝すべて人類の有する権力は、決して純精なるを得べから〟ざるものである。権力者は、必ずなんらかの意味で社会を害するもので、これを〝偏重の禍〟といってよい。だから、いかなる権力にも、必ず制限がなければならぬ〉

と。ここに、野放図な自由と権利との横行に対する福澤の慎重な警告が見られるではないか。

さらに彼は、日本人に特に偏重専制の風の著しい事を指摘して、〈とかく世人は政府の専制のみを咎め、専制は政府の専売特許のように考えるが、それは政府の権力が最も人目につき易いからにすぎない。専制は日本社会のあらゆる隅々に滲透した通弊で、政府の専制を憤る人民自身の側にも専制の風はある。〝故に政府は独り擅権の源にあらず、擅権者を集会せしむるの府〔ひきつける焦点〕なり。擅権者に席を貸して、平生の本色〔じがね〕を顕わし、盛んに事を行わしむる〔擅権の腕を揮わせる〕に、あたかも適当したる場所なり。……権を恣にしてその力の偏重なるは、決して政府のみにあらず、これを全国人民の気風といわざるを得ず〟〈209–212〉といっている。個人の尊厳性への自覚がないために、社会の随所に大ボス・小ボスの支配を許しているのは、現代も依然変らぬ現象であろう。

「自由は不自由の際に生ず」とか、「自由は不自由の中にあり」とかいう文句も、福澤が生涯常に用いたキャッチ・フレーズで、自由の真義を端的に示した名言たるを失わない。個人の自由や権利だけを不当に尊重して、その限界を考えぬ自由主義社会がありとすれば、それは個人の自由を不当に圧迫する独裁社会や全体主義社会と同様、決して健全な繁栄を続けることはできまい。「自由は不自由の際に生ず」という福澤の名言こそ、多元的価値の共存を前提とする民主社会の原則たるのみならず、人類全体の真理というべきであろう。

9　本質の把握と原点の探究

次に福澤の主張で著しいのは、すべて物事の末梢を捨てて、根本を把握すべしとする精神である。このことを彼は、やはり『文明論』第一章の初めの方で、こういっている。「都て事物を詮索〔研究〕するには、枝末を払てその本源に溯り、止る所の本位〔究極の本質〕を求めざるべからず。かくの如くすれば、議論の箇条〔問題点〕は次第に減じて、その本位〔問題の正体〕は益確実なるべし」（162）といい、〈たとえば、ニュートンがあらゆる運動の現象を検討した結果、〝運動の法則〟というものを発見した。それによって、はじめて千差万別の運動も、ただ一つの原理で説明できるようになったのだ。世の中の万事、かかる法則原理の発見が最も肝要である〉とした。

また第四章にも、〈すべての現象には、近因と遠因と、両様の原因がある。近因は見易いけれども、遠因は分りにくい。近因の数はさまざまだが、遠因の数は少数に絞ることができる。近因は目まぐるしいほど多くて、人はその応接にいとまがないが、一たび遠因が分れば、確実にして対策に惑わされることがない〉として、「故に原因を探るの要は、近因より次第に溯て遠因に及ぼすにあり」(85)と断じている。

この議論は、明らかにバックルの『文明史』からヒントを得たものである。歴史家は、なによりも歴史現象の奥にある法則性を発見せねばならぬ、としたバックルの史観に拠ったものにほかならないが、この「原因を探るの要は、近因より次第に溯りて、遠因に及ぼすにあり」という言葉は、やはりわれわれの肝に銘ずべき真理ではあるまいか。

学ぶべきは西洋文明の外形よりもその精神

枝葉を捨てて根本を重んずる福澤は、日本人が西洋文明を摂取するに当っても、いたずらに文明の外形に眩惑されることなく、まず文明の精神を把握すべきだ、と強調した。この事は『学問のすゝめ』(第五編・第十五編等)にも論ぜられたところであるが、『文明論』(第二章等)でも、同様に力説されている。

〈衣食住をはじめ、有形の文明を輸入するのはきわめて易々たることである。金さえ出せば、手に入らぬものはない。政令法律なども西洋に学ぶのは、さしたる難事ではない。しかしこれら有形の文明を取入れるには、当然自国の事情に応じて、取捨選択を加える必要がある。だが無形の精神文明に至っては、金で買えぬ貴重なものだ。その摂取はすこぶる難事であるが、これこそ日本にとって緊要不可欠のものである。まず西洋の精神文明を学んで、日本の人心を一変することが先決問題でなければならぬ。その本末を転倒して、易きを先にし、難きを後回しにすれば、日本の文明は進むどころか、かえって退

歩を余儀なくされるであろう〉。（29–33）

というのである。ここには、国民大衆の軽薄な欧米模倣に対する深い憂慮が滲み出ているではないか。福澤はかかる風潮を慨嘆して、「（かくの如くでは、）わが日本は文明の生国にあらずして、その寄留地というべきのみ。結局この商売の景気、この文明の観は、国の貧を招きて、永き年月の後には、必ず自国の独立を害すべきものなり」（262）といっている。西洋文明から学ぶべきものは、まず毅然たる人民独立の精神でなければならぬのに、かえって卑屈な欧米崇拝の心理に陥ったのでは、本末転倒というほかはない、というのである。敗戦後の日本人が、はたしてアメリカの長所に学んで得たところが多かったか、短所に学んで失ったところが多かったかを省みても、思い半ばに過ぎるのではなかろうか。今後われわれが、ますます海外との接触の度を加えるにつけ、この明治の先覚者の警告は、深く鑑みるべきものであろう。

国体は本なり、皇統は末なり

また、前述の如く、当時の保守主義者が、西洋文明の輸入を以て、万世一系の国体を危くするかの如く恐れたのに対して、福澤は、〈国体とは何ぞや。国家独立の形体にほかならぬ。さすれば、まず西洋文明を入れて、国民の知力を進め、国家の独立を強化するこそ、国体を護持し、併せて万世一系の皇統を連綿たらしめる前提条件ではないか〉（40–49）といい、〈インドやトルコの如く、ただ自国の伝統の古きのみを誇って、世界の文明に後れ、肝心の独立を他国に侵される如き愚を学ぶなかれ〉（49–56）と、滔々数千言を連ねて力説した。ここにも、本末を転倒しがちな国民への大説法を聞くことができる。

10　英知の必要

福澤は、一国の文明とは〝国民大衆の智徳の水準〟であると考えた。すなわち大衆の智徳の向上が、文明の進歩にほかならぬとしている。この考えもやはり明らかにバックルの『文明史』に拠ったものであるが、福澤はかかる国民大衆の智徳の水準や、彼らの一般的な物の考え方を〝衆論〟という言葉で表わした。今風にいえば世論のことである。

福澤はいうまでもなく国民大衆の教育家であった。「天は人の上に人を造らず、人の下に人を造らず」という万民平等の立場から、『学問のすゝめ』を書き、国民の一人一人に向って、学問の必要を説いた。一握りの権力者や一部の特権階級を作るような教育は、彼の最も唾棄したところである。しかし彼の内心では、結局大衆は〝衆愚〟であるという現実的な認識を忘れることがなかったらしい。現在世界中のいかなる国を見ても、賢人の方が多くて、愚人の数が少ないというような国はない。遠い将来はいざ知らず、近い将来にもそれは期待できそうもないことだ。そこで〝衆論〟というものは、放っておけば、おのずから〝愚論〟になり易い性格を持つ。だから、絶えず卓れた指導者が国民を啓蒙して、世論のレベル・アップを図り、新しい世論を構成するように努力せねばならぬ。福澤の表現に従えば、〝国中一般に分賦せる智徳の全量〟をふやすために、指導者が大きな責任を持たねばならぬことになる。それこそ福澤自ら生涯の使命としたところにほかならない。『文明論』の一大眼目はここにあったともいえよう。

異端妄説の譏りを恐るべからず

ことに第一章「議論の本位を定むる事」の末段の部分は、右の点を力説した非常に重要な文章である。まず、

何れの国にても、何れの時代にても、一世の人民を視るに、至愚なる者も甚だ少なく、至智なる者も甚だ稀なり。ただ世に多き者は、智愚の中間にいて世間と相移り、罪もなく功もなく、互に相雷同〔順応〕して一生を終る者なり。この輩を世間通常の人物という。いわゆる世論はこの輩の間に生ずる議論

にて、正に当世の有様〔現代の風潮〕を摸出〔代表〕し、前代を顧て退くこともなく、後世に向て先見もなく、あたかも一処に止て動かざるが如きものなり。(22–23)

といって、大衆は常に現状維持を好む怠惰な心理の持主であることを指摘し、〈もし世の為政者が、この世論を絶対多数としてそのまま肯定し、これに反する少数識者の意見を〝異端妄説〟として非難し弾圧するならば、文明の進歩はそもそもだれの力に依頼すればいいのか。思わざるの甚だしきものではないか〉と訴えている。そうして彼は、発表当時異端邪説とされたアダム・スミスの経済論や、ガリレオの地動説が、衆論の攻撃にもかかわらず、今日では正論定説となった例などを挙げ、「故に昔年の異端妄説は今世の通論なり、昨日の奇説は今日の常談なり。然ば則ち今日の異端妄説もまた必ず後年の通論常談なるべし。学者宜しく世論の喧しきを憚らず、異端妄説の譏を恐るることなく、勇を振て我思う所の説を吐くべし」(24)といって、世の学者の創意と勇気とを鼓舞激励しているのである。彼は最後に結論として、こういった。

利害得失〔自分の損得〕を論ずるは易しといえども、軽重是非〔客観的な価値〕を明にするは甚だ難し。一身の利害を以て天下の事〔公共の問題〕を是非〔左右〕すべからず、一年の便不便を論じて百歳の謀〔永遠の計画〕を誤るべからず。多く古今の論説を聞き、博く世界の事情を知り、虚心平気〔公平に〕、以て至善の止まる所〔最高の目標〕を明にし、千百の妨碍《ぼうがい》〔さまたげ〕を犯して、世論に束縛せらるることなく、高尚の地位〔見地〕を占めて前代〔歴史〕を顧み、活眼を開て後世を先見せざるべからず。(24–25)

これはまことに傾聴すべき至言であって、この一節は、文章としてもすこぶる調子の高い名文だと思われる。ここに至って、一代の先覚者福澤諭吉の打鳴らす警鐘が、さながら耳朶に響き渡る思いがするではないか。彼は別の箇所でも、「十愚者の意に適せんとして、一智者の譏を招くべからず。百愚人の誉言を買わんがために、十智者をして不平を抱かしむべからず」(111)という警句を吐いているが、近来の日本の知識人は、とかく目先の衆愚論に媚びて、千万人といえどもわれ往かんの気概を失っているのではなかろうか。この福澤の警告の重要性を痛感せざるを得ない。

無智の徳義は無徳にひとし

文明は国民の智徳の進歩であると福澤は考えたが、中でも彼は智の方を重んじた。〈古今を通じて、徳（モラル）は千年昔の社会も現在も一向変らない。それは、静的な性質を持っているが、智（インテレクト）はこれに反して、不断に進んでやまぬ動的なものである。その証拠には、古の聖賢といえども、蒸気電信など科学の知識に至っては、今日の三歳の童子に異ならないであろう。だから、知識知能の進歩こそ文明進歩の本体である〉というのが彼の意見である。これもバックルの思想によったものであるが、第六章「智徳の弁」には、専らこのことを詳しく論じた。東洋では、とかく徳を重んじて、智を二の次にする傾向があるが、智恵が足らなければ、徳行の君子でも往々悪事を行うことがある、と戒めている。

そうした一例として、福澤は幕末時代の水戸藩の内紛を槍玉に上げた。水戸藩は古来勤王を以て聞え、学問の盛んな所である。しかし藩内には派閥の対立抗争が激しくて、互いに自覚を正党、相手を姦党と呼んで憎み合い、凄惨な内ゲバをくり返したために、優秀な人材が多く犠牲になって死んだ。その結果、肝心の明治維新が成立した時期には、もはや藩中に人物が払底して、結局大へんな貧乏くじを引いてしまった。つまり水戸藩に人物は多かったけれども、いたずらに大義名分論などのイデオロギー闘争に明け暮れて、時勢の大きな動きを見ぬく智恵が足らなかったからにほかならない。そこで福澤は、「近世、議論のために無辜《むこ》〔罪のない〕の人民を殺したるの多きは、水戸の藩中を最とす。これまた善人の悪を為したる一例なり」（161）と断じて、彼らの不明を憐れんでいる。

この水戸藩の党争の悲劇は、福澤が後年の著書文章中にも再三引用して、世人を戒めたところであるが、事を成すには、単なる正義感だけでは駄目である。透徹した英知が伴わなければ、決して成功するものではない。英知の伴わぬ正義の行動は、暴虎《ぼうこ》馮河《ひょうが》の敗北に終らざるを得ない。福澤はこれを「無智の徳義は無徳に均しきなり」(148)というキャッチ・フレーズで戒めた。『学問のすゝめ』でも、「学問の要は、明智〔判断力〕を明らかにするにあり」(第十五編)とし、「人の働き〔活動力〕のみ活潑にして明智なきは、蒸気に機関なきが如く、船に楫なきが如し。ただに益をなさざるのみならず、かえって害を致すこと多し」(第十六編)といって、無謀な匹夫の勇をたしなめている。世のいわゆる〝活動家〟諸子のために、頂門の一針というべきではなかろうか。

11　史論としての意義

『文明論』の大きな特色は、それが日本の文明史論の元祖だということである。もちろん本書の目的は、文明の本質論であって、文明の歴史を体系的に説くのが目的ではなかった。しかし「初学の人の精神には、無形の理論を解すること甚だ易からず、故に史論に交えてその理を示すときは、自から了解を速にするの便利あればなり」(87)という立場から、多くの歴史(特に日本の)を例に挙げて東西文明の比較を試みたので、文明論がその半面に文明史論をも兼ねた形になったのである。

福澤の著書で、本書以前に歴史を論じたものはほとんどない。単に西洋の歴史を客観的に紹介しただけの記事は、早く『西洋事情』以下の書に見られるが、自己の意見を混えて東西の歴史を批評した例はなかった。『学問のすゝめ』でも、わずかに楠公権助論など、二、三の短い引例しかない。その意味で本書は、彼の著作中画期的なものといえる。のみならず、その後の全著作を通じても、これほど史論が重い部分を占めている書は稀であろう。福澤の歴史眼をうかがうためにも、随一の書といわなければならぬ。

英雄中心の歴史から国民中心の歴史へ

本書が頓に史論の性格を備えるに至ったのは、いうまでもなくこの頃バックルやギゾーを知ることによって、新しく歴史を観る眼を開かれたためである。バックルの史観は、前述の如く自然科学的乃至唯物的史観であった。そうして、文明とはあくまで社会全般の進歩と見るのだから、彼の『英国文明史』は、従来の英雄偉人中心の歴史を否定し、国民大衆の歴史を意図したのである。彼によれば、〈少数の英雄偉人の事業は、偶然的・恣意的契機に左右されるが、社会民衆全体の精神や生活の動向には、自然科学と同様、一定の法則・原理が作用する。そういう法則・原理を発見するのが歴史家の任務で、それが即ち正しい文明史である。そうしてその研究には、統計学的方法を用いて、人々の生活事情や経済構造等のデータを集め、そうした物質的条件と歴史との不可分の関係を解明することが必要だ〉というのである。

福澤はこのバックルの流儀をそのまま受入れたのである。彼は第九章「日本文明の由来」の中で、旧来の日本の歴史書（例えば新井白石の『読史余論』など）が、専ら為政者の事跡や、政治の得失や、戦争の勝敗等の記述のみに終始したのを難じて、「概していえば、日本国の歴史はなくして、日本政府の歴史あるのみ。学者の不注意にして、国の一大欠点というべし」（217）と喝破したが、この有名な文句も、実はバックルが西洋の歴史家の通弊として指摘した苦言をそっくり日本に借用したものにほかならない。また『文明論』が、第一章で〈すべて事物の研究には、枝葉を払って根源に溯り、複雑な現象の中から一つの定則を発見すべきだ〉（15–16）といい、第四章で「原因を探るの要は、近因より次第に溯りて、遠因に及ぼすにあり」（84–86）と論じているのも、前述の如く、バックル史論の影響と見られる。そうして、事物の原因を究める方法として、「スタチスチク」（統計）の必要を力説したが（82–84）、これもいうまでもなくバックルの説に従ったものである。

建武中興史論と明治維新史観

バックルも福澤も、歴史を動かすものは、英雄偉人の個人的な力ではなく、社会大衆のエネルギーこそ原動力だと見る。福澤は、これを〝時代一般の気風〟とか〝時勢〟とか名づけた。彼によれば、史上著名の人物は、むしろその時勢の産物にすぎず、そのうち時代の流れに乗った者が成功し、これに逆らった者は失敗者とならざるを得なかったのだ、という。

そこで彼は、そうした論法をまず建武中興の歴史に当てはめた。楠木正成が湊川で敗死したのは、王朝末以来久しきにわたる皇室の積弊の結果、民心が夙に天皇政治から離れていたためだ、とし、「正成は尊氏と戦って死したるにあらず、時勢に敵して敗したるものなり」（第四章。92–95）と断じた。けだし旧来の多くの歴史家が、建武中興失敗の原因を、後醍醐天皇の論功行賞の過ちや、足利尊氏の不臣など、個人的事情に帰したのに対して、それらは事の近因にすぎず、決定的な遠因は、多年の王室の積弱がもたらした民心の離反、時代の大勢にほかならぬ、としたのである。

次に明治維新の成立についても、福澤は同じく時勢の必然的結果だと論じた。即ち封建専制の江戸時代にあっても、人民一般の知力の進歩は押えるに由なく、知力の進歩とともに、専制門閥を厭う気風が次第に高まり、それが幕末開港の事件を契機に、俄に尊王攘夷論を激発して、ついに倒幕維新の成功となったのである。幕府を倒したものは、一見尊王攘夷論のように思われるが、それは単なる事の近因であって、それ以前における国内一般の知力の発達こそ根本の遠因であった（第五章。103–109）、というのである。「王制復古は王室の威力に拠るにあらず、王室はあたかも国内の智力に名〔倒幕の名義〕を貸したる者なり。廃藩置県は執政〔政府の実力者〕の英断にあらず、執政はあたかも国内の智力に役せられて〔迫られて〕その働〔民心の動き〕を実に施したる者なり」（108–109）というのが、その結論であった。

これらの建武中興史論や、明治維新史論は、歴史の下部構造たる生産関係・経済組織等に全然触れていないので、今日の社会史的立場から見れば、いささか抽象論に過ぎる観があろう。のみならず、唯物主義に立つバックルの文明史の方針とも完全に一致するものかどうか断言はできない。しかし一種の精神史的見解としてすこぶる精彩に富んだものと思われる。ほとんど政治の動静や戦争の経過のみに視野を限定されていた新井白石・頼山陽ら江戸時代の歴史家の歴史眼や、大義名分一辺倒の和漢学者・水戸学者流の歴史論に一大痛棒を与えた点で、本書の持つ意味は絶大なものがあった。バックルは、文明史家の何よりの資格として、〝総括的能力の重要性〟を挙げたが、まさしく福澤こそは、従来の歴史家に見られぬ大局的総括力の冴えを示した史論家といえるであろう。

権力の偏重偏軽が日本歴史のガン

バックル史論の影響の強いのは、右の如く第四章の建武中興史論や、第五章の明治維新史論などであるが、これに対してギゾー史論の影響を受けたのは、主として第九章「日本文明の由来」である。けだし第八章「西洋文明の由来」で、ヨーロッパ文明が古来諸種の勢力の対立抗争の間から発達した事を、ギゾーの『欧州文明史』の抄訳によって紹介した福澤は、次に筆を転じて、日本の歴史におけるその反対現象を指摘したのである。即ち〝権力の偏重偏軽〟こそが日本の文明を妨げた根本原因たる事を、上代から近世に至る各時代および各階層の史実によって、文字通り縦横に論証したものが、この「日本文明の由来」であった。彼は、〈日本では、上代以来〝治者と被治者との二元素〟が截然と分れ、治者の階級は再三交替したけれども、被治者の地位は少しも変らなかった。そこに専制と卑屈との気風が培われ、日本文明の停滞不流の禍因が生じたのだ〉という。しかもそうした権威主義・事大主義は、ひとり無知無力な庶民だけではなく、宗教家・学者などの有識階級や、堂々たる武人社会でも例外ではなかったとして、幾多の実例を挙げてその証明を試みた。〈日本では、宗教も学問もすべて治者に奉仕するものでしかなかった。実力万能の戦国時代の群雄さえも、競って上洛を志し、天皇や将軍を看板にかついで自己の権威を天下に誇示しようとしたのは、まことに賤しむべき心事ではないか〉と指弾している。

これらの所論の中には、あまりに〝権力の偏重偏軽〟の観点のみから史実を選択したため、時に見方が楯の一面に傾いたきらいがないでもない。また福澤は専門の歴史家でなく、その上、当時はまだ日本の史学そのものが未発達で、史料の不備だったせいもあって、今日から見れば往々事実の誤りをも免れなかった。しかしながら、それらの部分的瑕疵にもかかわらず、これほど明快に日本人の通弊を歴史の中から抉り出した文明批判は前代未聞であろう。

なかんずくこの章の最後において、権力の偏重偏軽が、わが国の財政に及ぼした弊害を鋭く指摘しているのは、すこぶる注目に値する。すなわち、〈封建時代には、権力が武家に偏っていたために、生産に無縁で経済観念の乏しい武士階級が、もっぱら天下の財政を司った。これに反して、庶民階級は生産者で、経済の実態に明るいにかかわらず、全く財政に与ることができなかった。そこで武士は農工商から取上げた財貨を無駄に消費するばかりであり、農工商は折角生産した財貨を自分で活用する途を閉されていた。この不合理な制度が、徳川時代三百年の太平を続けながら、日本が富を蓄積できなかった原因である〉（247–261）として、「これを概言すれば、日本国の財は、開闢の初より今日に至るまで、いまだこれに相応すべき智力〔財を活用できる知恵者〕に逢わざるものというべし」（261）と断じているのである。つまり日本の役人には、いかに税金の無駄使いが多かったかを痛論して、このガンを除去しなければ、日本は真の富国にはなれぬことを警告したものである。一世紀後の今日の日本は、もちろん福澤時代と同一でないとはいえ、やはり現代にも通用する大きな教訓といえるであろう。要するに、この「日本文明の由来」の一章は、福澤生涯の大主義たる独立自尊の精神の必要を、歴史に拠って実証した点で最も意義深いものと称すべきである。

日支歴史の比較

福澤の史論でもう一つ見のがせないのは、日本とシナとの比較論である。彼は、西洋に比べれば日本の文明は後れているが、シナに比べれば進んでいるということを、彼我の歴史によって証明した。それは本書第二章の中に見えるもので、その大要をいえば、

〈社会を進歩させる原動力は、〝人民自由の気風〟にあり、〝多事争論〟の間から進歩が生れる。独裁専制の政府の下では、決して社会は進歩しない。日本は最初君主専制の王朝政治から出発し、王室は〝至尊の位〟〔絶対の尊厳性〕と、〝至強の力〟〔絶対の軍事力〕とを併有していた。しかし中古武家の時代になって、〝至強の力〟は武家の手に移り、王室は単に〝至尊の位〟を保つにすぎなくなった。ここにおいて、わが国では、国家の権威が二元化され、至尊の天子必ずしも至強でなく、至強の将軍必ずしも至尊ではない。かくて権威の唯一絶対性が失われるに及んで、おのずから人民の間に批判の力・理性の働きが発生し、自由の気風が芽ぐんできた。一見専制と思われる封建時代数百年の間にも、実はそうした人民の合理精神が培われたればこそ、今日にわかに西洋の近代文明に接しても、これを受入れるだけの素地が用意されていたのである。

これに反してシナでは、万世一系の日本と違い、王朝は幾たびも変革したけれども、最高の政権の座についた王者が、同時に絶対の軍事力を握った点では、数千年来少しも変らない。即ち〝至尊の位〟と〝至強の力〟とは常に一体であって、権威の二元化が行われなかった。人民は終始絶対の権威に畏伏するのみで、その間に自由の気風・批判の精神の発生する余地がなかった。この点でシナ人の意識は、日本人よりも後れている。シナが今なお西洋の自由主義文明を取入れにくいのはそのためである〉。(36–40)

というので、「支那の元素は一なり、日本の元素は二なり。この一事に就て文明の前後を論ずれば、支那は

一度び変ぜざれば、日本に至るべからず。西洋の文明を取るに日本は支那よりも易しというべし」(40)という結論を下しているのである。

この所論は、やはり文明の発達を多元的勢力の並立に求めるギゾー史観の応用と見るべきであるが、一方では、日本の封建制度を権力の偏重偏軽の根源として批判しながら、その反面、封建制度が権力の皇室への集中を遮断し、近代国家成立への足がかりとなった功能を見のがさなかったのは卓見といわざるを得ない。近年、元駐日大使ライシャワー氏も、「日本と中国の近代化」(『中央公論』昭和三十八年三月)などの論文中に、これと似た見解を示して、日本における封建制の歴史を高く評価している。ライシャワー氏は大の福澤ファンであるから、あるいは福澤の所論に若干のヒントを得たのかも知れない。

福澤時代のシナは清朝の君主専制政治の時代であり、今日の中国は共産主義国家である。政体は一変したけれども、依然強大な支配者による独裁政治の国である点に変りはない。「支那は一たび変ぜざれば、日本に至るべからず」と言った福澤の予言が、将来はたして的中するか否か、これはきわめて興味深い問題ではあるまいか。

後の日本文明史の母体

『文明論之概略』は、なんといっても文字通り文明論であって、文明史そのものではない。したがって、史書としては体系に欠け、史実の記述も正確とはいえない。しかるに、本書が現われて後幾ばくもなく、純然たる日本文明史が出現した。新進の歴史家田口卯吉(鼎軒。安政二—明治三十八年〔一八五五—一九〇五〕)の『日本開化小史』(明治十—十五年刊)がそれである。田口は福澤より二十歳以上の後輩であるが、福澤と並んで明治期の英学派を代表する自由主義評論家・ジャーナリストの白眉であった。『日本開化小史』は、数え年二十三歳から二十八歳にかけて執筆された田口の出世作であるが、上代より江戸末期に至る体系的な日本文明史は、この書によってはじめて実現したのである。今も田口の名を史学史上不朽ならしめている名著である。彼は福澤の著書言論から多くを学びながら、しばしばこれに反論を試みた異色の人材であった。『日本開化小史』がギゾーやバックルやミルなどの影響のもとに成ったことは明らかであるが、どれほど福澤の『文明論』に触発されたかは別に研究を要する課題である。それはしばらく措くとしても、『文明論』が『開化小史』の先駆的役割を演じたことは争うべくもない。

12 文章の特色

福澤の文章の特色の第一は、論理が明断で、晦渋の難のないことである。そうして用語がきわめて平易で、俗語などを多く用い、明るい愛嬌に富んでいる。庶民の啓蒙を主眼とした『学問のすゝめ』の文章などは、その典型である。それに比べると、『文明論』は、識者階級を対象としたものだけに、文体が厳正で、俗語を混えることが少なく、ユーモアの味にも乏しい。「儒教流の故老をも味方にせん」と、情理を尽して説得する態度が根本となっている。

皮肉諷刺

とはいえ、福澤本来の皮肉諷刺は、随所に鋭鋒を示さずにはいなかった。たとえば古来道徳には進歩がなく、今日の道徳も、古代の聖賢の教えとなんら変りはないと断じて、

宋儒盛んなりといえども、五倫を変じて六倫と為すを得ず。徳義の箇条〔徳目〕の少なくして変革すべからざるの明証なり。……これを譬えば、聖人は雪を白しといい、炭を黒しというたるが如し。後人これを如何すべきや。徳義の道に就ては、あたかも古人に専売の権を占められ、後世の人はただ仲買の事を為すより他に手段あることなし。これ即ち耶蘇孔子の後に聖人なき所以なり。(132–133)

といい、また古代の聖人賢者がいかに苦心修行しても、近代の知識学問の進歩には無縁であったことを指摘して、

智恵を以て論ずれば、古代の聖賢は今の三歳の童子に等しきものなり。(113)
達磨《だるま》大師をして面壁九十年ならしむるも、蒸気電信の発明はあるべからず。(142)

といい、さらに日本の僧侶が常に政治体制の庇護のもとに勢力を温存してきた不見識を諷して、

仏教盛なりといえども、その教は悉皆政権の中に摂取せられて、十方世界に遍く照らすものは、仏教の光明にあらずして、政権の威光なるが如し。(226)

といい、一方江戸時代の儒者も、幕府や諸藩に召抱えられることのみを念願して、独立心に欠けていたことを嘲《あざけ》って、

日本の学者は政府と名る籠の中に閉込められ、この籠を以て己が乾坤〔天地〕となし、この小乾坤の中に煩悶するものというべし。……この輩に向てまた何をか求めん、また何をか責めん。その党与〔学者仲間〕の内に独立の社中〔学会〕なきも怪しむに足らず、一定の議論〔見識〕なきもまた驚くに足らざるなり。(230)

といった如きは、いずれもその例である。すべて旧文明・旧風俗に対する時、彼の筆鋒はおのずから辛辣にならざるを得なかったのである。上古未開の時代を「野蛮の太平」と名づけ、当時は天子一人の恩威が下万民の畏服と敬慕とを買って、天下はよく治まったとして、

天子はあたかも雷と避雷針と両様の力あるものの如し。(170)

といい、これに反して、近代の文明時代には、人智が進んだから、天子一個の権威は通用しなくなったとして、

今世七年の大旱に〔天子が〕壇を築きて雨を祈るも、雨の得べからざるは、人皆これを知れり。国君

躬から五穀豊熟を祈るといえども、化学の定則は動かすべからず。人類の祈念を以て一粒の粟を増すべからざるの理は、学校の童子もこれを明らかにせり。……こは古今の事物、その理を異にするにあらず、古今の人智、その品位〔レベル〕を同うせざるの証なり。(52)

と論断したのも、旧弊な皇漢学者への諷刺の口吻が躍如としているではないか。

比喩と引例

右にあげたところでも分る如く、一体に比喩や引例が多いのが福澤のあらゆる文章の一大特色である。彼の文章が説得力に富む所以であって、『文明論』においても、もとよりこの特色は発揮されて遺憾がない。第一章「議論の本位を定むる事」の冒頭に、すべて物事の軽重善悪は、比較によらなければ決められぬとして、

> 諺にいわく、腹は脊に替え難し。またいわく、小の虫を殺して大の虫を助くと。故に人身の議論をするに、腹の部は脊の部よりも大切なるものゆえ、むしろ脊に疵《きず》を被るも腹をば無難に守らざるべからず。また動物を取扱うに、鶴は鰌《どじょう》よりも大にして貴きものゆえ、鶴の餌には鰌を用るも妨なしということなり。譬えば、日本にて封建の時代に、大名、藩士、無為にして衣食せしものを、その制度を改めて今の如く為したるは、徒に有産の輩を覆して無産の難渋に陥れたるに似たれども、日本国と諸藩とを対すれば、日本国は重し、諸藩は軽し、藩を廃するはなお腹の脊に替えられざるが如く、大名藩士の禄を奪うは、鰌を殺して鶴を養うが如し。(15–16)

といっているのも、すなわち比喩と引例とを以て、読者に隔靴掻痒の憾みなからしめんとしたものにほかならない。この種の用意は全篇に見られる。

たとえば、日本人は強者に対しては卑屈だが、弱者に対しては尊大であることを諷して、

譬えばここに甲乙丙丁の十名ありて、その乙なる者、甲に対して卑屈の様を為し、忍ぶべからざるの恥辱あるに似たれども、丙に対すれば意気揚々として大に矜《ほこ》るべきの愉快あり。故に前の恥辱は後の愉快に由て償い、以てその不満足を平均し、丙は丁に償を取り、丁は戊に代を求め、段々限りあることなく、あたかも西隣へ貸したる金を東隣へ催促するが如し。(236–237)

といい、また日本人が自国の独立をはかる方法はさまざまあるが、どの道よりするも、最後の目的はあくまで国の独立にあることを忘れてはならぬと警めて、

なお、かの象棋《しょうぎ》を差す者が、千種万様の手はあれども、結局その目的は、我王将を守て敵の王を詰るの一事にあるが如し。もし然らずして、王より飛車を重んずる者あれば、これを下手象棋といわざるを得ず。(304–305)

といった如きは、いかにも福澤らしい平易卑近な比喩であろう。

彼は社会の現象をしばしば人間の肉体や病気にたとえた。西洋文明を恐れる世の和漢学者連が、「国体」の語をとかく〝皇統論〟のみに局限して云々するのを浅見なりとし、「国体」とはむしろナショナリティ、すなわち〝国家の自主独立〟の意味に解すべきだとして、

皇統連綿を保護せんと欲せば、その連綿に光を増して保護すべし。国体堅固ならざれば血統に光あるべからず。前の譬にもいえる如く、全身に生力あらざれば眼も光を失うものなり。この眼を貴重なりと思わば、身体の健康に注意せざるべからず。点眼水の一品を用るも、眼の光明は保つべきものにあらず。この次第を以て考れば、西洋の文明は我国体を固くして兼て我皇統に光を増すべき無二の一物なれば、これを取るに於て何ぞ躊躇することをせんや。断じて西洋の文明を取るべきなり。(49)

といい、西洋文明ももとより完全なものではないが、現実の社会に完全なものはあり得ないのだから、ただ比較的に進んだ文明を採用するにしくはないとして、

今の世界に向て文明の極度を促すは、これを譬えば世に十全健康の人を求るが如し。世界の蒼生〔人類〕多しといえども、身に一点の所患〔病気〕なく、生れて死に至るまで些少の病にも罹らざる者あるべきや。決してあるべからず。病理を以て論ずれば、今世の人はたとい健康に似たるものあるも、これを帯患健康〔持病のある健康体〕といわざるを得ず。国もまたなおこの人の如し。たとい文明と称すといえども、必ず許多の欠点なかるべからざるなり。(62)

といい、また物事の原因は、よろしく近因より遡って、遠因を探るべきだとして、

ここに酒客あり、馬より落て腰を打ち、遂に半身不随の症に陥りたり。これを療するの法如何すべきや。この病の原因は落馬なりとて、その腰に膏薬を帖〔貼の誤〕し、専ら打撲治療の法を施して可ならんか。もし然る者は、これを庸医〔藪医者〕といわざるべからず。畢竟、落馬はただこの病の近因のみ。その実は多年飲酒の不養生に由り、既に脊髄の衰弱を起して、正にこの病症を発せんとする時に当り、会ま落馬を以て全身を激動し、これがためとみに半身の不随を発したるのみ。

故にこの病を療するの術は、先ず飲酒を禁じて病の遠因なる脊髄の衰弱を回復せしむるにあるのみ。少しく医学に志す者は、これらの病原を弁じてその療法を施すこと容易なれども、世の文明を論ずる学者に至ては、則ち然らず、比々皆庸医の類のみ。近く耳目の聞見する所に惑溺して、事物の遠因を索るを知らず、此《これ》に欺かれ彼《かれ》に蔽われ、妄に小言〔つまらぬ意見〕を発して恣に大事を行わんとし、寸前暗黒、暗夜に棒を振うが如し。その本人を思えば憐れむべし、世の為を思えば恐るべし。慎まざるべからず。(86)

といっているのは、それぞれ適切な比喩であり、引例である。〈戦争による国家の経済的打撃は金創〔刀傷〕の如く、一時の苦痛は大きいが、回復が存外速い。権力者による税金の濫費は労症〔肺病〕の如く、次第に国力の衰弱を招く〉(255–256)と戒めたのも、現代の日本にピッタリ当てはまる。最もわれわれに痛切な

肉体や病気を比喩・引例に用いることによって、これまた当面する問題の理解を容易ならしめんとする用意に出たものといえよう。

科学知識の応用

また人事社会の問題を自然科学の現象や原理に当てはめて説明することも、福澤の常套手段であった。たとえば、人間の智徳はさまざまで、少数の人物を集めただけでもすばらしい力が出ることもあれば、大勢集まっても一向力にならぬことがあるとして、

もし人の智徳をして酒精の如きものならしめなば、必ず目を驚かす奇観あるべし。この種類の人物は、十人を蒸溜して、智徳の量、一斗を得たるに、彼の種類の人物は、百人を蒸溜して、僅に三合を得ることもあらん。一国の議論は人の体質〔肉体〕より出るにあらずしてその精気〔精神〕より発するものなれば、彼の衆論〔世論〕と唱るものも、必ずしも論者の多きのみに由て力あるにあらず、その論者の仲間に分賦せる智徳の分量多きがため、その量を以て人数の不足を補い、遂に衆論の名を得たるものなり。（102）

といい、また日本人は西洋人と違って、個性が弱いため、集団となると衆愚化する傾向の強いことを指摘して、

人の智力議論は、なお化学の定則に従う物品〔物質〕の如し。曹達《ソーダ》と塩酸とを各別に離せば、何れも劇烈なる物にて、あるいは金類をも鎔解するの力あれども、これを合すれば尋常の食塩と為て厨下《ちゅうか》〔台所〕の日用に供すべし。石灰と硇砂《どうしゃ》とは何れも劇烈品にあらざれども、これを合して硇砂精〔気体アンモニア〕と為せば、その気以て人を卒倒せしむべし。……今の政府の官員も皆国内の人物〔人材〕にて、日本国中の智力は大半政府に集るというも可なり。然りといえどもこの人物、政府に会して事を

為すに当てはその処置必ずしも智ならず、いわゆる衆智者結合の変性〔衆愚化〕なるものにて、彼の有力なる曹達と塩酸と合して食塩を生ずるの理に異ならず。概していえば、日本の人は、仲間を結て事を行うに当り、その人々持前の智力に比して不似合なる拙を尽す者なり。(113–114)といった如きも、適切な言といえよう。因みに、『学問のすゝめ』(第四編)でもこの事を論じた末、「政府〔日本の〕は、衆智者の集まる所にして、一愚人の事を行ふものといふべし」という警句を吐いている。

そのほか、〈西洋の社会では、多くの勢力が並立してバランスを保っていること、あたかも金銀銅鉄の諸元素が合して、そのいずれでもない一種の混和物をなすような観があるが、日本の社会は、権力の偏重偏軽が著しいため、もろもろの元素が集まって一体となることがない〉(207)とか、そうした日本社会の権力の偏重偏軽を形容して、「日本国中に千百の天秤を掛け、その天秤大となく小となく、悉く皆一方に偏して、平均を失うが如く、あるいはまた三角四面の結晶物を砕て、千分と為し、万分と為し、遂に細粉と為すも、その一分子はなお三角四面の本色を失わず、またこの砕粉を合して一小片と為し、また合して一塊と為すも、その物は依然として三角四面の形を保つが如し」(209)などといっているのも、同様の例である。有形の現象を以て無形の理を説明するのは、やはり読者の理解を助ける一手段であるが、自然科学の原則に対する福澤の並々ならぬ興味と信頼感とが、おのずから右の如き人事社会への応用となったことも疑いを容れぬであろう。

金言警句

福澤の文章の魅力の一つは、筆致がリズミカルで、爽やかなひびきがあり、読者の琴線に触れるところが大きいことである。あたかも名優のセリフを聞くような快さがある。それは、すでにこれまで引用した数々の文例によって明らかであろう。ことに彼はサワリ文句、即ちキャッチ・フレーズ作りの名人で、そのキビキビした金言警句の類が強烈な印象を与えることは、もはや多言を要せぬであろうから、一、二の例を追加するにとどめる。

改革の乱を好む者は智力ありて銭なき人なり。古今の歴史を見てこれを知るべし。（110）

明治維新が主として下級武士の運動によって成立したことをいった言葉である。「金持喧嘩せず」の反対である。後年福澤は、『民情一新』（明治十二年刊）の中にこの文句をさらに敷衍して、「進取の主義に従って新奇変動を企望する者は、都会の状態を熟知して、智術に逞しく、年齢少くして、家貧なる人民の中にこれを見るべし。政府は富人と老成人とに依頼して、田舎の愚民を味方に取り、以て保守の主義を維持するものなり」（⑤二三）といった。今日の時代にもそのまま当てはまる言葉ではないか。

いわゆる時来れりと称するものは、多くは真の時機に後れたる時なり。食事の時は飯を喰う時なり。飯を炊くの時はその以前になかるべからず。（166）

現今も、政府の対策というようなものは、比々としてこの類ならざるはない。先覚者の深い憂慮の一端をうかがわせる言葉と思われる。

13　後年における思想言論の変化

福澤生涯の思想言論の推移を考えると、ほぼ『文明論』の時代あたりを境として、かなり大きな変化が見られるようである。これ以前は西洋文明摂取に専念した旧物打破の時代であり、これ以後は東西文明の取捨選択に意を用いた新旧文明総合の時代ともいうべきであろう。私見によれば、『文明論』は、大まかにいって、前者の最後を飾る著作といえるのではないかと思われる。今、本書の思想言論を、それ以後の著作のそれと対照すると、種々な面で変化推移の跡が著しい。

伝統文化の再認識

まず『文明論』は、バックルのいわゆる〝懐疑の精神〟に従って、日本の旧物に疑いを容れ、西洋文明の優秀性を信じて、万事ヨーロッパ文明を価値判断の基準とすべきことを主張した。「本書全編に論ずる所の利害得失は、悉皆欧羅巴の文明を目的〔基準〕と定めて、この文明のために〔ヨーロッパ文明に照らして〕利害あり、この文明のために得失ありというものなれば、学者〔読者〕その大趣意〔根本精神〕を誤る勿れ」(29)といっているのが、最もよく当時の姿勢を物語る。

しかるに本書より一年余り後の明治九年七月に出版された『学問のすゝめ』第十五編「事物を疑って取捨を断ずる事」になると、論調が変化して、〈西洋文明といえども十全のものではない以上、みだりにこれのみに頼るのは、これまた〝懐疑の精神〟に反し、真理に遠ざかるものだ。日本古来の長所は、よく認識して、保存すべきものは保存せねばならぬ〉という、かつてない伝統への復帰が強調されることになった。「東西の人民、風俗を別にし、情意を殊にし、数千百年の久しき、おのおのその国土に行はれたる習慣は、たとひ利害の明らかなるものといへども、頓にこれを彼に取りて是に移すべからず。いはんやその利害の未だ詳らかならざるものにおいてをや。これを採用せんとするには、千思万慮、歳月を積み、漸くその性質を明らかにして、取捨を判断せざるべからず」(③一二五)というのである。

こうした東西文明総合論は、その後一だんと顕著になり、明治十一年刊の『通俗国権論』にも、西洋心酔者流の浅見を戒めて、〈西洋の文明と日本の文明とは、いわば剣術における一刀流と新刀流との相違の如く、流儀に相違はあっても、にわかに優劣は速断すべきでない〉として、むしろ西洋文明の弊風の指摘に力を入れるに至った。「棄つるはきわめて少なからんを欲し、採るはきわめて多からんを欲す」というのがその主張である(詳細は拙著『『学問のすゝめ』講説』第十五編等参照)。

けだし福澤の性格には、彼一流の〝反骨〟と同時に、人一倍強い〝バランス精神〟が併存した。若い時代には、その反骨が専ら封建体制への烈しい反撥となって、そのアンチテーゼたる西洋文明を礼賛する方向を取ったのである。しかし封建性打破の闘いが一旦成功を収めると、今度は逆に彼の反骨は、欧米列強のあまりにも傍若無人な圧迫と、日本人の無自覚な西洋崇拝熱とに向わざるを得なくなった。国民の盲目的な排外思想が国家の将来に危険であると同様に、軽佻な拝外思想も日本の独立のために危険である。そこに彼の持前のバランス精神が発動して、かかる大幅な姿勢の転換となったのであろう。その上に年齢の円熟も加わって、後年の福澤の言論には、〝反骨精神〟の圭角よりも、〝バランス精神〟の柔軟性の方が目立ってくることは否まれない。

封建政治の再評価

また『文明論』時代は、旧物打破の目的から、わが国の歴史に対しても、その欠点のみを強調するに傾いた。史上の英雄偉人に対する評点もきわめて辛かった。たとえば、楠木正成は時勢を知らぬ迂濶な武将にすぎず(95)、足利尊氏や織田信長などは、巧みに皇室を籠絡して野望をたくましくした奸雄にほかならない(205)。秀吉も、自分だけは農民から太閤まで出世したが、それはあくまで一身の栄達にとどまり、農民全体の地位を高めたのではない、という理由で筆誅を加えられている(221)。

かように『文明論』では、史上の英雄いずれも福澤の厳しい批判を免れなかったが、後になると、その評点が大幅に寛大になってくる。ことに著しいのは、泰時を中心とする北条氏の執権政治への評価と、家康を始祖とする徳川幕府制度へのそれであろう。『文明論』では、北条氏が単なる執権の地位にありながら、無力な皇室や将軍を操縦して、天下の権をほしいままにしたのを、これまた卑劣憎むべきものと評した(205)。しかるに後年には、筆法一転、北条氏がよく陪臣の身分を自覚して、あえて従五位相模守の卑位低官に甘んじ、質素節倹を旨として民政に力めたことを激賞し、「自から処するの巧みなるは、日本古来の政治家に絶えてその例を見ざるところなり」（明治二十四年「改むるに憚ること勿れ」。⑫六一四―六一五）といっている。『福翁百話』（明治三十年刊）中の「史論」という文章でも、頼山陽の「北条は衽席の上に源氏の国を簒《うば》ふたる者なり云々」という非難を斥けて、「北条七代は割合に明主多くして、その治安は足利の比にあらず。……ことにかの泰時の如き、いわゆる智勇兼備一世の人傑たりしは争ふべからず。その天下を経営して治安を維持したるの功は、後世の許すところ」（⑥三七一）と、大いに北条氏のために弁護した。福澤によると、北条執権時代は、日本史上稀に見る民政安定の時代だったということになる。

　徳川幕府の政治に対する評価に至っては、前後雲泥の相違である。『文明論』では、往時の封建体制を〝権力の偏重偏軽〟の象徴として辛辣にこき下ろしたが、後年になると、平然とかつての説を翻した。〈幕府政治は専制であったという説があるが、それは事実を知らぬ書生論にすぎない。たとえば将軍は武力を握っていても、身分の神聖さは無力な天皇に及ばず、大名は高禄を誇っても、官位は貧乏な公家より低かった。大諸侯は幕府の内閣に列する資格がなくて、老中になれるのは十万石以下の小藩主に限られていた。そのほか、一般に身分の高い武士は利禄が薄く、利禄豊かな者は、かえって低い身分に多かった。また町人はいかに巨万の富を積んでも、小身の武士にすら頭が上がらぬなど、おのおの一長一短、それぞれ権力の平衡が保たれていて、そのため社会の秩序がよく維持されたのである〉（明治十五年「時勢問答」・二十三年『国会の前途』等）として、むしろ幕府政治の妙を強調するようになる。そうして、かかる江戸幕府の制度慣習を作った徳川家康に対しては、「世界古今絶倫無比の英雄として、共に功名を争ふ者なかるべし」（⑥四〇）と、過褒なまでの賛辞を惜しまなかった。『文明論』時代の評価とはなんと大きな変化ではないか（詳細は拙著『福澤諭吉論考』所載「〝さむらひ〟福澤諭吉」等参照）。

　けだし、以上の北条氏論や徳川氏論も、福澤のバランス精神に出たものにほかならない。即ちさきには、明治の新政策を支援し、頑迷な封建思想を一掃するのが当面の急務であったが、後になると、政権に長座する薩長藩閥政府の保守反動化、政界実力者の専恣横暴や人爵誇示などが目に余る情勢となったので、その諷戒のために、北条・徳川の政治の妙諦を称賛したのであった。やはり福澤流の〝価値判断の相対性〟に出たものである。彼の史論は（『福翁百話』の「史論」などを除けば）、おおむね現実の政治・社会のひずみを正すための方便であった。したがって、褒貶ともに極端に傾くことを免れなかったのである。

学者の政治参加について

なお『文明論』では、江戸時代官途に仕えた儒者が、ほとんど実際政治に参画することを許されず、ただ少年子弟に読書を授けるだけに甘んぜざるを得なかったのを難じて、「これを譬えば革細工に限りてえたに命ずるが如し。卑屈賤劣の極というべし」（230）と評し、学者の無気力と専制制度の教育とを痛罵した。しかるに、明治十六年刊の『学問之独立』になると、これとは反対に、「子弟の教育を司る学者をして政事に参与せしむるは国の大害にして、徳川の制度慣行こそ当を得たるものと信ずるなり」（⑤三七二）と言って、学者・教育家を政治の局外においた幕府の文教方針に無条件に賛成を表しているのである。

だが、これまた客観情勢の変化に伴う対症療法の転換と見るべきである。かつての発言は、活社会の動きに無関心な旧来の老学者先生を覚醒させる刺激剤であった。しかるに明治十年代になると、政治意識に目ざめた青年学徒らを先頭に、自由民権運動の火の手が全国に燃えあがり、最悪の場合は、内乱の恐れさえ感ぜられるに至った。そこでこの過激な政治熱の鎮静剤として投ぜられたものが後の発言だったのである。もとより学者の権威・学問の独立を堅持する福澤自身の根本方針は、前後を通じて動かなかったけれども、社会の病弊が変化すれば、これに与える処方箋は当然変らざるを得ない。彼は一つの学説に固執して、あらゆる患者に同じ療法を試みる医学者ではなく、個々の病人の実情に応じて、その健康のバランスに注意を払う練達の臨床医だったといえよう。福澤門下の高足鎌田栄吉が、福澤の言論を評して、「先生の姿勢はコンパスに似ている。一本の足は中心に固定して絶対に動かないが、他の一本は自由に円を描く」といったのは、まことに至言である。

天皇制是非

天皇制に対する福澤の見方も、前後で大きな相違があった。『文明論』における天皇観は、かなり冷淡なものであった。明治の天皇制を一応支持してはいるものの、その口吻は消極的で、〈明治以後、日本は天皇親政となったが、わが国の人民は、封建時代の数百年間天子の存在を知らぬくらいだったから、今急に皇室と国民との間に親近感を植えつけようとしても無理な相談である〉（第十章。269–271）として、国学者流の皇国絶対主義に反撃を加えている。中世以後の皇室の失政を挙げて、武家政治出現の必然性を論じ、「保元平治以来、歴代の天皇を見るに、その不明不徳は枚挙に遑あらず。後世の史家諂諛《てんゆ》の筆を運らすも、なおよくその罪を庇うこと能わず。……天子は天下の事に関る主人にあらずして、武家の威力に束縛せらるる奴隷のみ」（第四章。94–95）ときめつけた厳しい言葉などにも、明治の王政復古を必ずしも温かく見ていない態度が察せられる。けだし『文明論』執筆時代には、新政府の基礎がまだ十分固まらず、天皇制の前途も、海のものとも山のものともきまっていなかったので、これに対する期待もはっきり示さなかったのであろう。彼は紛れもない愛国家ではあったが、決して忠誠な尊王家ではなかったのである。

ところが明治十年以後、いよいよ強力な中央集権国家体制が整い、天皇の神聖化・絶対化が意外に早く進捗するに及んで、福澤の皇室観は、この現実に歩調を合わせて、大幅な変化を見せるようになった。即ち明治十五年の『帝室論』と、二十一年の『尊王論』の両篇は、その時点における福澤の皇室観を示した代表的な著書であるが、そこでは国民感情に順応して、はっきり天皇制存在の意義を尊重し、これを支持するのみならず、礼賛する態度をさえ示している。それはいずれも憲法発布以前に書かれたものであるが、一言にしていえば、わが皇室に求めるのに、イギリス王室風の性格を以てしたもので、天皇をあくまで政治の局外におき、君臨すれども統治せずの象徴的存在たらしめようとする議論であった。これこそ皇室の尊厳神聖を永久に保持する所以だというのである。そこで、明治二十二年の帝国憲法発布により、天皇の政治上の大権が確定して後も、福澤は依然として自己の天皇象徴論的立場を変えることがなかった。そうして、政府の責任者が、議会勢力の圧迫や、政府部内の派閥争いなどで窮地に陥るたびに、ひそかに天皇の助け舟を期待するきらいがあるのを苦々しいこととして、その弊を痛論するのを常とした。彼の宿論は、昭和新憲法下の天皇制において、はじめて実現を見たわけである。

　かように福澤の天皇観は、前後によって変遷があるが、後年の思想といえども、もとより保守的な国家主義者の神がかり的天皇観とは同一ではない。けだし彼の内心に期したところは、天皇を信仰する国民大衆の素朴な感情を尊重し、これを誘導することによって、国民の団結と国家の独立とを強化し、日本社会の安寧を維持しようとする功利的目的にあったと思われる。それは晩年の『福翁百話』中の「政論」の章において、「今の文明国に君主をいただくは、国民の智愚を平均して、その標準なほいまだ高からざるが故なり」（⑥三六三）として、〈人爵の如きは、率直にいえば犬の首輪も同然であるが、現代の未熟な文明の段階では、これを重んずるのも人情の自然であるから、君主の存在もあながち無意味とはいえぬ〉といっていることからも、その心事の一端を察するに難くない。イデオロギー一偏の共和主義や社会主義に同調せず、時代の大局、〝衆愚〟のレベルを考え合せて漸進しようとするところに、やはり彼本来の真骨頂があったのであろう（詳細は拙著『福澤諭吉入門』中「天皇制是否」等参照）。

法中心主義から情中心主義へ

『文明論』では、近代文明社会における〝規制〟や〝契約〟の重要性が強調された。〈古代の単純な野蛮社会では、一人の仁君が徳義によって万民を治めることができたし、また現在でも、家族や親友の間では愛情だけで円滑に事が行われる。しかし近代の複雑な文明社会になると、徳義や愛情の効果は減少し、より冷やかな法規や契約がものをいうようになった。広い世間の他人と他人同士の付合では、とても徳義・愛情だけに頼っては安心できぬのが現実だからだ〉というのである。このことは、主として『文明論』第七章「智徳の行わるべき時代と場所とを論ず」に詳論されたところで、「和漢にても西洋にても、仁君の世に出でてよく国を治めたるは、往古の時代なり。……仁政は野蛮不文の世にあらざれば用を為さず、仁君は野蛮不文の民に接せざれば貴からず、私徳は文明の進むに従て次第に権力を失うものなり」(176)、「今の人間世界にて、家族と親友とを除くの外は、政府も会社も商売も貸借も、事々物々、悉皆規則に依らざるものなし。規則の形、あるいは賤しむべきものありといえども、これを無規則の禍に比すれば、その得失、同年の論にあらざるなり」(190)といっている。

要するに福澤の所論は、社会学にいうところの共同社会(ゲマインシャフト)と利益社会(ゲゼルシャフト)との別をいったもので、前者から後者に発達するにつれて、自然の道義人情よりも、人為の法律規約が支配力を持つ必然性を教えたのである。それはもちろん近代法治社会の定石を国民に啓蒙したものとして、大きな意義があった。

しかし後年の『時事新報』時代の政治評論や社会評論になると、むしろ法理よりも人情を重視する姿勢に変ってゆく。明治二十年の「政略」という論説には、

人間世界は人情の世界にして、道理の世界にあらず。その有様を評すれば、七分の情に三分の理を加味したる調合物とも名づくべきほどのものにして、人事の軽重に論なく、その大半の運動は、情によって制せられざるものなし。経世家の最も注意すべきところは、ただこの人情の運動を察して、その機を空しふせざるにあるのみ。……ひそかに案ずるに、古今の政治家にして、能く一世の治安を致したりと

称する者は、必ずしも道理に明らかなるがためにあらず、ただ巧みにこの人情を制するの才智と、不言の際に人情を満足せしむるの徳義とによって得たる成績なるべし。（⑪三三三―三三四）

とある。これは一例にすぎず、この種の発言は枚挙にいとまがない。前にもあげた如く、徳川幕府の政治が、制度としては専制であれ、法の運用にはきわめて弾力性の多かった事を称揚したのも、その精神である。

〔朝野の政治家が、いたずらに法律論に拘泥し、〕一方が頻りにその用意して、憲法第何条は斯く〳〵の意味なりといはぬばかりに説明すれば、かへって人の気配を悪しくし、他の一方には自から解釈を別にして、これに反対し、（必要以上に憲法論などを弄ぶのは）、無識不熟練の小政治家が、憲法を喜ぶの余りに、憲法に酩酊したるものにして、結局双方の心得違ひといふの外なし。……仮に今日の政治社会において、政府にても人民にても、法の文字を争ひ、これによりて無理に勝を制したりといふ者あるも、一時の勝敗はともかくも、つひには国民一般の常情に訴へられて〔国民の常識から批判されて〕、無理なるものは無理に帰し、つひに世に見放されて、孤立の姿に立至るべきのみ。（明治二十三年『国会の前途』。⑥六四―六五）

といった言葉などは、そのまま現代の政界にも当てはまる訓言ではなかろうか。

福澤の持論たるいわゆる官民調和論の基調は、実にこの人情尊重の姿勢にあったといって過言ではない。彼は法理一辺倒の社会をしばしば〝殺風景〟という語で批判し、政治の要諦として、いかに人情の機微を察することが大切かを、諄々として当時の政治家や官僚に説くことを怠らなかった。彼が冷たい法理や険しい政争の緩和力として、皇室の必要を主張したのも、とりも直さず、人情本位の政治論の一面にほかならない。

また『文明論』や『学問のすゝめ』には、宗教の必要性に言及した所は一箇所もないのみか、日本人は永い儒教教育のおかげで、迷信から免れ、宗教に淡泊なのが、西洋の科学文明の摂取に役立ったとしている。しかるに後年の福澤は、周知の如く、熱心な宗教鼓吹者となり、自分自身は既成宗教を信じなかったにかかわらず、衆生の安心立命のため、〝宗教は経世の要具なり〟と力説するに至った。今そのことには詳しく触れないが（拙著『福澤諭吉入門』中「宗教論」等参照）、これまた「人間世界は人情の世界にして、道理の世界にあらず」という根本精神に発したことはいうまでもあるまい。

自国防衛論から東洋政略論へ

最後に、〝国権〟（国家の独立権）に関する福澤の主張について触れなければならない。元来福澤の外交論は、最初はきわめて楽天的な国際協調論であった。彼のほとんど処女著作ともいうべき『唐人往来』（慶応元年執筆の稿本）などを見ると、いわゆる自然法の啓蒙思想に基いて、国際正義に信頼を託し、世界の平和を万国公法（国際公法）の効果に期待するというような理想論の色彩が強い。

しかし現実外交の厳しさが、到底そんな手放しの楽観を許さぬことは自明である。そこで『学問のすゝめ』や『文明論』の時代になると、論調はすこぶる警戒的となり、強大な西洋諸国と弱小国日本とが、不平等条約の下で交際して、相互の利益が対等だなどというのは夢想にすぎぬことを強調するようになる。なかんずく『文明論』第十章「自国の独立を論ず」は、白人の圧迫に対する日本の独立が至上命令たることを切々と国民に訴えた大文字である。しかし要するにそれは、あくまで欧米列強の進出に対する自国防禦の主張を出ていない。徹頭徹尾、国民の警戒心の喚起につとめているだけで、具体的方策にまでは言及しなかった。軍備の充実などについても、資本・技術ともに貧弱な日本の現状では、むしろ国力の損失を招く恐れがあるとして、慎重論を持している。「武力偏重なる国に於ては、動もすれば前後の勘弁〔思慮〕もなくして、妄に兵備に銭を費し、借金〔外債〕のために自から国を倒すものなきにあらず。けだし巨艦大砲は以て巨艦大砲の敵に敵すべくして、借金の敵には敵すべからざるなり」（297）という警告は、よくそれを示すものであろう。

しかしながら、その後程なく、国力の充実に自信が加わるにつれ、福澤の対外論は、急速度に高姿勢に変ってゆく。明治十一年刊『通俗国権論』は、彼の国権主義の跳躍期の著作である。この書になると、これまでの消極的な対外警戒論・自国防衛論は、歩を進めて、力は正義なりという帝国主義的精神を、日本のために露骨に表明するに至った。特に結論たる「外戦止むを得ざる事」という最後の章を見ると、この強い者勝ちの人間社会を「禽獣世界」と名づけ、「今の禽獣世界に処して、最後に訴ふべき道は、必死の獣力にあるのみ。……百巻の万国公法は、数門の大砲にしかず。幾冊の和親条約は、一筐の弾薬にしかず」（④六三六—七）と大見得を切って、大胆に強者の権利を肯定したのである。

そうして、さらに明治十四年の大著『時事小言』では、彼独自の標語「内安外競」を冒頭に掲げ、国内勢力の安定によって、国民の精力を海外に集注させることを力説した。彼は、強大な西洋諸国の圧力に対抗するには、日本が盟主となって、保守的なシナ・朝鮮を改革し、以て東洋一体となって西洋に当る必要のあることを論じた。そうしてそのためには軍備の拡張が急務であるとし、富国を待たずに強兵を図るのもやむを得ぬとした如きは、『文明論』の主張とは大きな変化といわざるを得ない。

翌十五年『時事新報』の創刊後、まもなく朝鮮に突発した壬午の変、ついで十七年に起った甲申の変は、またもや彼の対外論を著しく変化させた。この両事変は、要するに朝鮮における日支両国の利害の対立を暴露したものであるが、両国の衝突を不可避と見た福澤は、〝外競〟の当面の相手を西洋からシナに転換させるに至った。彼のいわゆる東洋政略論なるものがそれである。すなわち日本は弱小なる朝鮮の独立を助けて、老猾なるシナを膺懲《ようちょう》すべしという論に始まり、ついには、〈シナ・朝鮮ともに頼むに足らず、日本は自国の安全独立のため、アジアの一員たるを脱して、むしろ西洋列強と伍をともにし、シナを分割するも可なり〉という有名な「脱亜論」（明治十八年三月）にまで発展した。そうして世上の異論にもかかわらず、軍備拡張とそのための増税論は、『時事新報』の一貫せる主張となった。後年の日清戦争は、福澤が十年以前から国民の覚悟を促したところである。日清戦争の勝利がいかに福澤にとって最大の歓喜であったかは、『福翁自伝』の読者の斉しく知るところであろう。

こうした福澤の大陸進出論、軍国主義への傾斜は、今日から見れば、種々論議の余地があるであろう。しかしこれは、帝国主義の世界的上昇期にあった十九世紀後半、東亜唯一の新興独立国たる日本の指向として、やみ難い民族的エネルギーの発露と見るべきではなかろうか。いわんや当時のシナ・朝鮮政府の極端な腐敗堕落、国情の不安混乱を考える時、わが国の安全と利益とのために袖手傍観できなかったのは当然としなければならない。世界の傾向も東亜の事情も大きく変った現代の目で、明治日本の大陸政策を批判することは、必ずしも妥当と思われない。『文明論』時代の自国独立論から、後年の東洋政略論への展開を眺めると、福澤こそは、まさしく明治人の使命でもあり宿命でもあったナショナリズムの権化たることが痛感される。

しかもその晩年、日清戦争の勝利に味を占めた国民の間に、外戦熱の過熱化する危険を察した彼は、腹心の人に与えた書簡中に、「世の中を見れば随分患ふべきもの少なからず。近くは国人がみだりに外戦に熱して始末に困ることあるべし。遠くはコンムニズムとレパブリックの漫論〔無責任な議論〕を生ずることなり。これは恐るべきことにして、唯今よりなんとか人心の方向を転ずるの工風なかるべからず」（明治三十年。⑱八〇一—八〇二）と訴えている。ここにも人心の偏向に対する先覚者的憂慮があり、彼一流のバランス精神がうかがわれよう。同じ時期の著作『福翁百話』には、「人事に絶対の美なし」と題して、「学者具眼の士と称するものの責任如何を尋ぬれば、……世間の風潮文弱に流るるの恐れあれば尚武を説き、武骨に過ぐれば文を語り、天下利を争ふの甚だしきを見れば仁義をいひ、仁義の空論に衣食を忘るる者多ければ銭の必要を談ずべし」（⑥三八二）といっている。これこそ、彼の言論の根本姿勢を端的に示して余すところなきものであろう（詳細は拙著『福澤諭吉入門』中「国家の独立」・『福澤諭吉論考』所載「福澤諭吉の〝攘夷論〟」等参照）。

14 現代に生続ける古典

思うに『文明論』は、福澤の著作中、その思考力の卓抜さを立証する最高の傑作である。わずか一ヶ年の短時日に、これだけ堂々たる見識と気魄とに満ち、しかもすこぶる格調高き文章より成る大著述を完成したことは、やはり得難い一個天才児の大手筆たることを思わせずにはおかない。

福澤の死後十余年、慶應義塾においてさえ、その著書がようやく読まれなくなった大正初年、前にも述べたように、早稲田大学教授の田中王堂は、福澤壮時の著作を熟読して、『福澤諭吉』の一書を著わし、この偉大な明治の啓蒙家の功績をきわめて高く再認識した。王堂はいう、

> 明治の大業、漸く其の緒に就き、一方には閥族は私を営む為めに与党を造り、他方には学者は繊細〔瑣末〕な学説に溺れて大局を忘れるやうになって来た時に、彼等は互に呼応して、頻りに復古の機運を養成しやうとした。そして、各、異なる理由の下に、福澤氏の意見を粗笨と罵り、生硬と嘲《あざけ》った。されば、明治十五年以後に於ては、福澤氏の感化は甚だ衰微したやうに見えた。然しながら、彼れは猶ほ当年の豪気と、覚悟とを失はず、己れに対して極めて同情薄き社会に於て、吾が国民を救済するものは、あの繊細なる国家論や、迂遠なる国粋保存説にあらずして、彼の生気あり、応用ある文明論、民権説にあることを主張した。而して、公平に今日より見れば、吾が国民は当時他の論者の言論に誘惑されずして、吾が福澤氏の言論に信頼して行った方が遙かに正しくあり、賢くあったのである。……世界の大勢が現にあるが如くであり、吾が国の位置と、実力とが現にある如くである間は、吾人の任務は、何処までも精神的に福澤氏の遺鉢を継承して、実質的に無窮にそれを発展して行くより外に道はないと信ずる。（王堂選集第二冊、二五五―二五六頁）。

と。この王堂の提言は、さらに半世紀余を経た今日にもそのまま妥当するのではなかろうか。もしも福澤の

啓蒙精神が、明治以来一世紀間の日本社会にもっと順調に定着していたならば、日本の様相はよほど変ったものになっていたであろう。国民の頭脳はもっと聡明になり、無謀な昭和の戦争時代など、あるいは経験せずにすんだかも知れない。

近年、評論家加藤周一氏も、『日本近代の名著』の中に本書を取上げ、「もし読者が一八七〇年代の状況と、一九六〇年代の今日の状況とを重ねてこの一冊の本を読めば、福澤の論点がどれほど普遍的であり、洞察がどれほど鋭かったかを、ほとんど手に汗を握るような気持ちで、こまかく辿ることができるだろう」といわれたが、まさに同感である。今後の日本において、極左・極右の破壊行動を防止し、健全な文明思想と民族精神とを育成するためにも、『文明論』は、『学問のすゝめ』と並んで、国民必読の書たることを、私はかつての田中王堂とともに信じて疑わない。

昭和元禄への示唆

『文明論』が現代に示唆する点のいかに多いかは、すでにこれまで縷説したところで明らかであろう。が、最後に、重ねて強調しておきたいのは、やはり第十章を主とする〝自国独立〟の問題である。

福澤は、その中で、明治維新後の世態人情を評して次のようにいっている。

> 概していえば、今の時節は、上下貴賤皆得意の色を為すべくして、貧乏の一事を除くの外は、更に身心を窘《くるしむ》るものなし。討死も損なり、敵討も空なり、師《いくさ》に出れば危し、腹を切れば痛たし。学問も仕官もただ銭のためのみ、銭さえあれば何事を勉めざるも可なり、銭の向う所は天下に敵なしとて、人の品行〔値打〕は銭を以て相場〔評価〕を立たるものの如し。この有様を以て昔の窮屈なる時代に比すれば、豈これを気楽なりといわざるべけんや。故にいわく、今の人民は重荷を卸して正に休息する者なり。（267）

と。数百年の封建秩序から解放されて、にわかに自由平等の新空気に眩惑された当時の人心はかくの如くであったであろう。この文章を読むと、厳しい昭和の戦争時代を体験してきた私などには、昭和元禄の現代を彷彿する思いがする。

だが福澤が、それに続けて、「然りといえども、休息とは何も為すべき仕事なき時の話なり。仕事を終るかまたは為すべき仕事なくして、休息するは尤のことなれども、今、我邦の有様を見れば、決して無事の日にあらず。然もその事は、昔年に比して更に困難なる時節なり」(267–268)と警告したように、未曾有の敗戦から立直ったばかりの日本の前途には、明治初年に劣らぬ実に多くの難問題が山積している。今日の日本は、一応独立国の体裁をなしているが、アメリカとの関係からいえば、甚だ不完全な独立国にすぎない。福澤時代の明治日本が、幕末以来の不平等条約のために、半独立国的性格を余儀なくされていたのと同じようなものである。現在の不完全な独立を完全な独立に進めることこそ、今後最大の国民的課題でなければなるまい。

日本民族いかに生くべきか

現在では、明治初年と世界の情勢や日本の国力は大きく変った。国連の如き世界平和維持のための機構もできた。けれども国家間のエゴイズムは、依然少しも変っていない。自国の利益を犠牲にしてまで、日本のために尽してくれるような親切な大国がどこにあろうか。わが国の独立は、あくまでわが国民の手で守るほかはない。その必要性は、百年前も今も少しも変らぬはずである。万一日本が独立を失って、他国の干渉や支配を受けるようになれば、相手は資本主義国であれ、共産主義国であれ、日本人が自由を失って、みじめな境涯に転落することは火を見るより明らかであろう。個人の自由や権利のみを主張し、平和や反戦さえお題目のように唱えていれば、自然に天から平和や自由が降ってくるもののように思うのは、福澤流にいえば、

「迂濶もまた甚し。俗にいわゆる結構人〔お人よし〕の議論というべきのみ」(293)ではなかろうか。

元来わが国は四面環海の島国で、直接外国と境を接していないし、外敵侵入の歴史もきわめて少ない。そのために日本人は、周囲の国際的現実を見る眼の厳しさが足らないように思われる。じっと現状さえ守っていれば、なんとなく平和が続き、国の独立が保たれるような楽観ムードがある。福澤は、かかる〝偶然〟をあてにするような虫のいい独立論を戒めて、次のようにいっている。

> 独立とは独立すべき勢力〔独立できる実力〕を指していうことなり。偶然に独立したる形を見ていうにあらず。〔鎖国当時に〕我日本に外人のいまだ来らずして国の独立したるは、真にその勢力を有して独立したるにあらず。ただ外人に触れざるが故に、偶然に独立の体を為したるのみ。これを譬えば、いまだ風雨に逢わざる家屋の如し。その果して風雨に堪ゆべきや否は、かつて風雨に逢わざれば証すべからず。……余輩のいわゆる自国の独立とは、我国民をして外国の交際に当らしめ、千磨百錬、遂にその勢力を落さずして、あたかもこの大風雨に堪ゆべき家屋の如くならしめんとするの趣意なり。(300)

これは、いうまでもなく明治初年に、依然鎖国時代の太平を夢みる保守主義者に対して放った言葉であるが、移して以て今日の他力本願的平和論者・棚ぼた式独立論者への頂門の一針ともすべきではなかろうか。国家の完全独立なくして、国民の幸福はあり得ないとすれば、われわれは当然それ相当の備えをしなければならぬであろう。

しかし武力放棄を国是とした現在の日本は、最小限度の自衛力以外には、強大な軍備を以て自国の独立を守ることはできない。そこに、福澤時代よりは一段と困難な今日の事情がある。武力に頼れぬ日本が、この複雑苛烈な世界の中で、永く独立と平和とを維持し、さらにこれを完成するにはどうすればいいか。それはもとより「銭のある所は天下に敵なし」というような安易な経済大国主義だけで成功するわけはない。

もしも福澤諭吉が現代に生きていたならばどうであろうか。おそらく第一に彼は、声を大にして、国民の大局的な一致団結を叫ぶに相違ない。国論が著しく分裂して、海外勢力に乗ぜられるような隙を作れば、国の独立は到底保たれぬからである。それから次は私見であるが、国民の間に冷静な英知を培い、高度なモラルを確立して、世界中の信頼と尊敬とをかち得るだけの精神的大国民に成長することではあるまいか。「国に義なければ、大なりといへども必ず亡ぶ」（淮南子）という古語がある。エコノミック・アニマルでは、国の永久繁栄は到底望まれない。軍備よりも、経済力よりも、まず国民の道義と、英知と、国際的信用こそ、日本の独立を確保する最大の武器であろう。そのためには、当然政治や教育の姿勢を正すことが根本である。

これは至難中の至難事で、いうべくして容易に実現し難いことではあるが、戦争の放棄を世界に宣言した日本の真に生きる道は、その努力以外にはないであろう。武器を捨てて道義に生きることは、武器を持つより遙かに苦しい犠牲である。しかしその犠牲なくしては、国民の平和も自由もあり得ぬことを覚悟せねばならぬ。十九世紀の思想家福澤は、もちろんそこまで説いてはいないが、彼の大悲願たる祖国の独立維持を今後実現してゆくには、われら子孫として、そのほかの途はあり得まいというのが私の信念である。

『文明論』は、その議論の一から十までがそのまま現代に適応するとはいえない。しかし現代ならびに将来の日本人が、内外の諸問題に対処して、より聡明な国民となるために、この書は実に汲めども尽きぬ教訓を与えるものである。たといわれわれの規範とはならぬまでも、絶好の叩き台たること疑いを容れない。日本の運命を担う若き世代の人々に、あまねくこの書の精読を薦める所以である。

付　『文明論之概略』参考文献

『福澤諭吉』　田中王堂　大正四年
『福澤諭吉伝』第二巻　石河幹明　昭和七年
「歴史家としての福澤諭吉先生」　松本芳夫　『史学』一三ノ三　昭和九年（後に福澤先生研究会編『福澤諭吉の人と思想』に転載）
「福澤諭吉の儒教批判」　丸山真男　昭和十七年　『東京帝国大学学術大観法学部経済学部篇』
「福澤諭吉に於ける実学の転回」　丸山真男　昭和二十二年三月　東大東洋文化研究所『東洋文化研究』三
「福澤諭吉の哲学」　丸山真男　『国家学会雑誌』六一ノ三　昭和二十二年九月
「福澤諭吉の歴史観と愛国論―『文明論之概略』について―」　小泉信三　『共産主義と人間尊重』文芸春秋新社　昭和二十六年
『福澤諭吉選集』第二巻解題　津田左右吉　昭和二十六年（後に岩波文庫『文明論之概略』［旧版］に転載）。
『福澤諭吉選集』第四巻解題　丸山真男　昭和二十七年
「福澤諭吉と民族の独立」　岡義武　『福澤諭吉選集』附録7　昭和二十七年
『日本の唯物論者』　三枝博音　英宝社　昭和三十一年
『日本のヒューマニスト』高桑純夫　英宝社　昭和三十二年
「日本の市民社会と社会学」　武田良三　早大『社会科学討究』二ノ三　昭和三十二年十一月
「近代における史観―特に福澤諭吉の市民史観について―」　吹抜秀雄　『愛知学芸大学研究報告』七　昭和三十三年
『福澤諭吉入門』　伊藤正雄　毎日新聞社　昭和三十三年

『福澤諭吉全集』第四巻後記　富田正文　昭和三十四年
「福澤史学について」　松本芳夫　『福澤諭吉全集』第六巻附録　昭和三十四年
「文明史と福澤諭吉」　小沢栄一　『福澤諭吉全集』第十三巻附録　昭和三十五年
「『文明論之概略』における歴史観の問題」　河端春雄　『新文明』一〇ノ四　昭和三十五年四月
『福澤諭吉』（筑摩書房、現代日本思想大系2）「解説」　家永三郎　昭和三十八年
「明治開化期における文明史観の問題―特に「文明論之概略」を中心として―」　荒川久寿男　『神道学』三六
昭和三十八年
「明治初年の史学界と近代歴史学の成立」　大久保利謙　筑摩書房『明治史論集（一）』（明治文学全集77）
昭和四十年
「啓蒙史学」　家永三郎（右『明治史論集（一）』所収）
「福澤諭吉とナショナリズム」　中村光夫　毎日新聞社『近代日本を創った百人、下』　昭和四十一年
『福澤諭吉』（岩波新書）　小泉信三　昭和四十一年
「『文明論之概略』」　加藤周一　毎日新聞社『日本近代の名著』　昭和四十一年
『福澤諭吉』（人と思想）　鹿野政直　清水書院　昭和四十二年
『近代日本史学史の研究』明治編　小沢栄一　吉川弘文館　昭和四十三年
『学問のすゝめ講説』　伊藤正雄　風間書房　昭和四十三年
「福澤諭吉―近代日本指導層の中国認識―」　橋川文三　『中国』五〇―五三　昭和四十三年一―四月
「福澤諭吉における「文明」の研究」　山県三千雄　早大法学会『人文論集』五　昭和四十三年二月
『福澤諭吉』（中央公論社、日本の名著33）巻頭論文　永井道雄　昭和四十四年
『福澤諭吉論考』　伊藤正雄　吉川弘文館　昭和四十四年

『福澤諭吉　思想と政治との関連』　遠山茂樹　東大出版会　昭和四十五年
『ナショナリズムの文学　明治の精神の探究』　亀井俊介　研究社　昭和四十六年
「『文明論之概略』」に学ぶべきもの　伊藤正雄　『甲南大学紀要、文学編』4　昭和四十六年三月

解題

安西敏三

一　福澤諭吉の膨大な著作の中でも取り分け名著の誉れ高い、また日本思想史上の古典として位置づけられている福澤畢生の大著となった『文明論之概略』（以下、文明論ともいう）は、明治八年すなわち一八七五年八月二十日に刊行された。脱稿に相当する「緒言」の執筆を終えたのは同年の三月二十五日であり、出版許可を得たのは四月十九日であった。初版は著者蔵版の和綴全六巻十章、彫工は佐脇金次郎・江川八左衛門による。白抜読点を稀に付し、字体は必ずしも統一されていないが、肉太文字の木版漢字片仮名交じり文である。紺表紙半紙判、表紙の左上隅に子持罫で囲った「福澤諭吉著／文明論之概略　巻之一」（巻之二以下同様）と記した題箋を貼付し、巻之一の見返しは黄色和紙に双罫の匡郭の中に「福澤諭吉著／文明論之概略全六冊／明治八年四月十九日許可　著者蔵版」と三行に記し、左下隅に「福澤氏蔵版印」の朱印が押されてある。同年八月三十一日付富田鉄之助宛福澤書簡から刊行一週間半ばには読者の手に届いていたと推定できる。福澤自ら「福澤全集緒言」で述べているように古本の『太平記』と同様の大きさの文字と装丁で以て五十歳以上の故老という読み手を念頭においていたがゆえの工夫が見られる（なお、明治十年には初版二十五箇所の正誤表を付した背革布地装洋紙活版刷一冊本が刊行されている）。巻之一は序言、総論に相当する議論の基準（第一章）と目的としての西洋文明（第二章）、それに文明本来の趣旨（第三章）を論じ八十丁よりなる。巻之二以降は各論ともいうべきもので、巻之二が国民智徳論（第四・五章）、巻之三が智徳論（第六章）、巻之四では智徳の行われる時代と場所（第七章）と西洋文明の由来（第八章）についての議論で、各々五十五丁、五十三丁、五十一丁の分量があり、巻之五は日本文明史論で（第九章）実に六十八丁にもなる量が費やされることになり、最後の巻之六は自国独立論で（第十章）五十三丁よりなっている。巻は便宜的なものではあれ、それなりに纏りをもっていると思われる。福澤は各章の冒頭で前章の要約を行っているが、題目自体が前章の続きを意味する章（第五章）は別にしても、巻之四の智徳の行われる時代と場所を論じているところ（第七章）は中途での指摘であり、西洋文明の由来について（第八章）は、そうした前書はない。福澤自身第十章の導入部で語っているように第八章は第九章とともにセットともいうべき日欧比較文明史論であるがゆえに同じ巻にしてしかるべきであったからであろう。ただ、改めて議論の本位を定める意味合いもあり（第七章）、さらに目的としての西洋文明を再度検証すること（第八章）から独立の巻にしたとも考えられる。

すでに『西洋事情』（初編・慶応二年、外篇・同三年、二編・明治三年）や『学問のすゝめ』（初編〜十四編、明治五年二月〜八年三月）といったベストセラーを矢継ぎ早に出していた福澤ではあったが、『文明論之概略』の構想を練り、幾重にも推敲や改稿を重ねてそれがなったことについては、夙に指摘されている（富田正文「後記」『福澤諭吉全集』第四巻、岩波書店、一九五九年）。明治七年の二月二十三日荘田平五郎宛書簡には、読書勉強に努める決意が述べられ、翌年の四月二十四日島津復生宛書簡には『文明論之概略』を脱稿し、謙遜の念を踏まえての、文明論の執筆姿勢とその達成感が示されている。また明治三十年『福澤全集』を出すにあたって、それまでの著訳が西洋の新事物の輸入とともに日本の陋習の排斥を目的とした文明の切り売りであったのに対し、社会が落ち着き、思想も熟する時期となったゆえ、西洋文明の概略を提示し、特に儒学の流れを汲む故老に訴えて、その賛成を得、己が味方にするとの腹案を抱いて文明論を著わしたと記している。

『文明論之概略』の執筆過程を知る上での資料もすでに明治七年二月八日と同年同月二十五日の日付がついた「文明論プラン」（この全貌は、『文明論之概略』についての注の付として『福澤諭吉書簡集』第一巻、岩波書店、二〇〇一年、補注（こと）に収録されている）と題した自筆メモが残されており、これに十八綴の「草稿」をも加えての先駆的研究（中井信彦・戸沢行夫「『文明論之概略』の自筆草稿について」、『福澤諭吉年鑑2』一九七五年、佐志伝「執筆メモ見つかる―文明論之概略、学問のすゝめ―」『三田評論928』一九九一年［『福澤諭吉年鑑18』一九九一年に再録］）を踏まえた丹念な研究もすでに日の目をみている（進藤咲子『『文明論之概略』草稿の考察』福澤諭吉協会、二〇〇〇年）。また注釈を踏まえた読解の研究も刊行され（丸山真男『「文明論之概略」を読む』上・中・下、岩波新書、一九八六年）、これを念頭に置いた解説書も加わった（子安宣邦『福澤諭吉『文明論之概略』精読』岩波現代文庫、二〇〇五年）。さらに優れた読書案内となる校注解説を付したものも出版されている（松沢弘陽「校注・解説」、岩波文庫、一九九五年。旧版岩波文庫［一九六二年改版］には津田左右吉「解題」・富田正文「後記」・遠山茂樹「諭吉を理解するために」が付されていた。なお、一九三一年発行の岩波文庫版初版の解題は石河幹明によるものである。また戸沢行夫「語注・解説」『福澤諭吉著作集』第四巻、慶應義塾大学出版会、二〇〇二年もある）。加えて英訳も改めて刊行された（*An Outline of a Theory of Civilization*, Revised Translation and New Foreword and Acknowledgments by David A. Dilworth and G.Cameron Hurst, III, With Introduction by INOKI Takenori, Tokyo: Keio University Press, 2008）。そして注、解説、それに評説を付しての福澤諭吉入門ともなっている現代語訳についても極めて読みやすいかたちで改めて刊行されるに至った（本書、旧版名、伊藤正雄『口訳評注　文明論之概略―今も鳴る明治先覚者の警鐘―』慶應通信、一九七二年）。本書が苦心の手になるものであることは、伊藤が福澤研究をする上で協力を惜しまなかった富田正文を始とする慶應義塾関係者の助言を得、さらに勤務先の甲南大学での講義や演習において試訳が行われていたことからも類推できる。決して一日にしてなったような類の現代語訳ではない。現代の読者の理解を助けるべく文言を補ったり言い換えたりするなどの工夫がみられることからそれは察することができる。伊藤には原文のままでは一般国民にとって『文明論之概略』が宝の持ち腐れに終わることに対する焦りにも似た感情があり、それだけに現代人の精神の糧とすべく平易な現代文に移し変える必要性を伊藤は痛切に感じていたのである。『文明論之概略』の国民的損失を恐れ、原文で読む人のためには座右の手引書として、原文を読まない人には内容理解のために現代語訳を提供するとの意思でなされたのであった。それは伊藤にとって福澤精神の真面目を現代並びに後代の同胞に伝えるべき平坦な道程を指し示すことでもあった。むろんそれのみで伊藤の現代語訳の持っている意義が尽きるものではない。そこにはまた詳細な注解も付されており、以後の福澤研究に資するところ大であったからである。これは前掲丸山真男著作、また前掲松沢弘陽注釈におけるその影響において確認できる。伊藤の意思の持続を依然必要とされている現在にあって、新たな装いのもとに現代語訳が復刊されることは極めて意義深いといえよう。

旧版以上に現代の読者にとっての読みやすさを重視した新編集の方針については本書冒頭の凡例に譲り、以下の行論においては、筆者自身の研究にもとづき、伊藤の解説とは異なる観点から『文明論之概略』を解き明かして行きたい。筆者による補注の記述と併せ、旧版に掲載されていた「『文明論之概略』と社会学」を、現在の研究状況に鑑み、あえて削除した所以も、おのずから明らかとなるはずである。なお、訳者伊藤の福澤研究の意義については、拙稿「福澤研究史における伊藤正雄」（『近代日本研究』第二十五巻、慶應義塾福澤研究センター、二〇〇八年）において詳しく検討しておいた。また、伊藤の遺族によって甲南大学に寄贈された福澤研究関連の蔵書・遺稿等を整理・調査した成果が、『故伊藤正雄教授文書の整理と研究』（甲南大学総合研究所、二〇〇九年）として公表されていることを付言しておく。

二『文明論之概略』を刊行するにあたって、福澤は文明論を人間の精神発達の議論と述べ、その意味するところを一人ではなく、多数者の精神を一体に集め、その発達を論ずると謳った。福澤にとって衆心発達論こそが文明論であった。福澤が緒言冒頭でそのように一言したのは、書名についての説明もさることながら、本論での議論を踏まえての総括的意味を記すものであって、この種の議論が単に目新しいばかりでなく、幕末維新期から文明(ないし開化)の名の下、朝令暮改の如き状況が進行していたからである。

しかしながら文明とはすでに中国古典にあっては文徳の輝くことであり(「舜典」『書経』)、世の中が開け、人智が明らかになることであった(「文言」『易経』)。元号として文明が使われる所以である(中国唐代・睿宗期・西暦六八四年、日本後土御門期・西暦一四六九〜八七年)。そうして漢代以降に展開を見せたといわれる華夷思想に則るならば、何よりもそれは礼的秩序を意味し、これが中華の中華たる所以となる。文明の中華化である。そうして歴史意識の喚起を伴う百年の後に「文明の国」の実現を期した東夷の国の儒者も現れる所以である(貝原益軒『大和俗訓』一七〇八年)。

ところで中華が実体として中国古代聖王の治世と認識されていたとしても、新たな中華との遭遇に幕末期知識人は直面することとなった。すなわちアメリカ合衆国を始め西洋諸国を古代聖王の治世の具現化した国とみなし、中華という用語こそ使用していないが、中華をその地と思い、遠い〳〵過去ではなく正に同時代にそれを確認する知識人も現われよう(横井小楠「国是三論」一八六〇年)。そうしてそれがcivilizationの名で呼ばれているとしたならば、中華はcivilizationとなり、それがまた文明とも訳されることになる。実際、幕末期の英和辞典は、civilizationを礼儀正しきこと、ないし礼儀に進むことなど、礼的秩序ないし、それへの行程として、中国語訳を受けて(西村茂樹「西語解」一八七五年)邦訳されたのである(堀辰之助『英和対訳袖珍辞書』一八六二年)。civilが礼ないし丁寧と訳されていることもそれを裏づけよう(元木正栄『暗厄利亜語林集成』一八一四年）。中国の非中華化と西洋の中華化の開始、あるいは中華に取って代わる新たな文明の国の登場である（文明と中華との問題については渡辺浩『東アジアの王権と思想』東京大学出版会、一九九七年、参照）。

福澤自身の最初の文明なる語の使用例は共訳を除けば、イギリス人の領事裁判の報告訳にあるアジアの法律が文明諸国のそれとは異なっているとの文中においてであり、これは実体としての欧米文明像を指摘したものである。福澤が「武備の闕を補う」ものとして、諸々の学問が「日に闢《ひら》け月に明《あきらか》」となって「我が文明の治」を助ける問題意識で著わした『西洋事情』においても、幕末期英和辞典と同様の視点が見られる。福澤はバートンの『政治経済読本』（John Hill Burton, *Political Economy for Use in Schools, and for Private Instruction*, London and Edinburgh: William and Robert Chambers, 1852）の一項目civilizationを礼儀の問題としても翻訳紹介し、しかも文明国英国もまた野蛮から進歩した結果、文明国と称するまでになったが、なお文明化の及ばない所があることを紹介しているのである（バートン及び初期福澤の文明観についてはアルバート・M・クレイグ著、足立康・梅津順一訳『文明と啓蒙　初期福沢諭吉の思想』慶應義塾大学出版会、二〇〇九年[Albert M. Craig, *Civilization and Enlightenment The Early Thought of Fukuzawa Yukichi*, Cambridge, Massachusetts: Harvard University Press, 2009.]参照）。

福澤が「文明論之概略緒言」において改めて文明の定義を下したのは、福澤が参照したヘンリー脚注・英訳ギゾー『ヨーロッパ文明史概略』（François Pierre Guillaume Guizot, *General History of Civilization in Europe, from the Fall of the Roman Empire to the French Revolution*, Ninth American from the Second English Edition, with Occasional Notes, by Caleb Sprague Henry, New York: D.Appleton, 1870. 手沢本。以下現存する福澤蔵書の中で明らかに福澤が手にして読んだものを手沢本、読んだか否かの検証を要するものを署名本と記す。匿名英訳書である本書英国版初版は一八三七年、二版は翌一八三八年、いずれもOxfordのTalboysから刊行されているが、そのアメリカ版第九版に原注と区別するためにヘンリーが算用数字で脚注を付し、併せて一八四二年アメリカ版第三版のためのヘンリー自身の序文を載せたものである）、およびバックル『イングランド文明史』（Henry Thomas Buckle, *History of Civilization in England*, Vol.I, II, New York: D.Appleton, 1873, 1872. 手沢本）、さらにはＪ・Ｓ・ミル『代議政治論』（John Stuart Mill, *Considerations on Representative Government*, 1861. 初版、以下手沢本・署名本以外は原則として初版の刊行年を記す）、『経済学原理』（*Principles of Political Economy, with Some of their Applications to Social Philosophy*, 1848. 福澤は初版から四版までのいずれかを手にしていることが文明論における援用によって明らかである）など、福澤が正に食物になぞらえた大著をも勘案した上での文明概念であった。ギゾー、バックル両文明史が既存の歴史叙述とは異なっているがゆえに、ギゾーの自称ではないが、それらは哲学的歴史と呼ばれたのであり、それは主観的には党派性を排除する意味で批判的歴史としてすでにＪ・ミル『英領インド史』（James Mill, *The History of British India*, Vol. I-VI, 5th Ed., London: Piper, Stephenson and Spence, 1858. 手沢本）の叙述に通じるものでもあった。そうであるがゆえに、ギゾーはともかくバックルはロシアの文豪をも巻き込んでの世界的に一世を風靡した歴史家であったにもかかわらず、正統史学からは批判の矢面に立たされることになったのである。

三　ところで福澤は緒言で文明論の一応の定義を論じて、西洋文明と日本文明とを比較し、その相違についての着眼を要請する。すなわちギボン『ローマ帝国衰亡史』（Edward Gibbon, *The History of Decline and Fall of the Roman Empire*, 1776-1788）の仏訳者にして注釈者であったギゾーに相応しく、彼は西洋文明をローマの滅亡から始め、福澤もそれを受けてヨーロッパ文明を理解し、日本文明については、それを記紀神話時代から始まったとしている。しかもペリー来航以来、それら両文明の遭遇が起こり、両者を比較して「人心の騒乱」の如き様相を呈したと福澤はいう。

むろん福澤は異質文明との遭遇を、第一が儒教および仏教の中国からの伝来、第二が黒船来航であったと述べ、なおかつ前者はしかしアジアに由来するゆえ粗密の問題であるが、後者はキリシタン伝来——「切支丹宗門の書籍を見る人なき故に、その教如何なる事という事を知る人なし」(荻生徂徠『政談』一七二七年頃)に見られるように断絶性が甚だしかった——、あるいは蘭学の興隆について触れることなく——「蘭学書生と云へば世間に悪く云はれるばかりで」(『福翁自伝』一八九九年)において確認できるように、一般社会への浸透は無に等しかった——、あらゆる点について異質なものであった。正しくそれは「極熱の火」と「極寒の水」とが接するような、人の精神に波瀾のみならず「転覆回旋の大騒乱」を引き起こさざるを得ないほどのものであったのである。西洋文明を導入する熱意は、それと並び立つか、あるいはそれを超えることなくしては止むことなき営為のみならず、目標としている西洋文明が進歩の過程にあることを思うならば、息づく暇はない。従って文明の議論を立て、条理が乱れないものを求めるのは至難の業である。西洋と起源を異にしている場にあっては、それは改進というよりは正しく始造なのである(この点については松沢弘陽『近代日本の形成と西洋経験』岩波書店、一九九三年、参照)。

しかし福澤はその困難さを厭うことなく、むしろそれを「偶然の僥倖」と位置づける。なぜか、それは東西両文明の経験可能がゆえに文明の実験において西洋より日本は優位に立つことができるからである。洋学者は漢学者ないし神仏に精通した学者であった。真に「一身にして二生を経るが如く一人にして両身あるが如し」である。それだけに異質性の理解に勝り、議論は確実となる。福澤は負の状況を逆手にとって利となることを宣言し、どこまでも西洋の諸書を読みこなすことによって、日本の事情を客観的に位置づけ「真の文明の全大論」を著し、日本全国の有様を一新することに賭けているのである。この営為は持続的たるべきであり、自らもその一助となることを福澤は決意するのであった。しかも、ギゾーやバックル、あるいはJ・S・ミル(以下ミルと表記)などの参照に供した西洋の諸書を食物になぞらえ、自らの文明論が良説であるとすれば正にその食物が良であると述べ、さらに同僚、特に小幡篤次郎によって品価が増したことを付け加える。これを勘案するならば、その食物にトクヴィルやスペンサーといった、福澤が後に読むことになる彼らの大著、あるいはすでに自ら抄訳しているチェンバーズ本やF・ウェイランドの経済書（小幡は明治十年に『英氏経済論』全九冊として翻訳している）や道徳書及びミッチェルやコーネルの地理教科書（Samuel A. Mitchell, *School Geography*, Philadelphia: E. H. Butler 1852: Sarah S. Cornell, *High School Geography*, New York: D. Appleton, 1856）など『西洋事情』において翻訳ないし援用した文献またブランデとコックスの事典 William T. Brande and George W. Cox, *A Dictionary of Science, Literature and Art*, New Edition, London: Longmans, Green 1856-1869）、さらには明治五年に邦訳が出ているミル著中村敬宇訳『自由之理』（*On Liberty*, 1870）などを加えても良いであろう。

四　『文明論之概略』は周知のように「議論の本位を定める事」との章立てで始まる。そして「軽重長短善悪是非の字は相対したる考より生じたるものなり」との冒頭の一文がすでに古典的福澤論において福澤の哲学を最も簡潔に述べているといわれる如く（丸山真男著・松沢弘陽編『福澤諭吉の哲学　他六編』岩波文庫、二〇〇一年）、時代と場所という状況《シテイエイション》を離れて価値決定はなし得ないという福澤の思惟方法の哲学を福澤は宣言する。それは問題を具体的状況において考察する必要性の主張であり、その機能主義的把握の提言である。本位とは、何について何のために、すなわち主題と目的を定めることであって、これらがあって初めて利害得失についての有益な議論も可能となるというのである。そうして結果論に由来する議論の齟齬、皮相な価値判断、また極端論同士の議論の非生産性、異質な他者の内在的理解、認識における両眼主義の必要性が具体的事例に則って展開される。

議論の本位について福澤は説得的に論じるが、その際、さらに意見の高遠さの必要性を加える。文明論を衆心発達論とする以上、衆心の発達、すなわち普通人の精神的進歩のための高尚遠大な議論の不可欠性の認識である。ここにミル問題が介在する。しかしそれは知性や徳性が同等ないしそれ以下の人との交際を避けるのを良とする姿勢ではない（J.S.Mill, *Autobiography*, 3rd Ed. London: Longmans, Green, 1874. 署名本）。むしろ指導的立場にたって、議論を高尚に導くことの必要性を説いた自由論にみられる意見である。輿論の圧制（the tyranny of opinion）に抗すべく個性（individuality）の発揮の問題である。あるいは代議政論や経済論が説く、知性と徳性の高い人間の意見と判断力を価値ありとする以上、高遠な議論は不可避である、とするミルへの同意である。立憲政治が日程に上っている以上、集団的凡庸さに向い、数で劣る優れた智徳の持主の確保を少数意見の尊重という形で呈示しているミルの問題は福澤にとって一層切実であったはずである。加えて多数意見は意見がないのと同じであるとの諺が当てはまるのが常で在るからである（J.S.Mill, *The Subjection of Women*, New York: D.Appleton, 1870. 手沢本）。こうした問題意識をミル（および福澤）に喚起させたものは、トクヴィルであった（Alexis de Tocqueville, *The Republic of the United States of America, and its Political Institution, Reviewed and Examined,* [*Democracy in America*], Translation by Henry Reeves [*sic.*], With an Original Preface and Notes by John C. Spencer, New York: A.S. Barnes, 1873. 手沢本。福澤のトクヴィルへのノートについては、拙著『福澤諭吉と自由主義—個人・自治・国体—』慶應義塾大学出版会、二〇〇七年、参照）。トクヴィルの言う「多数者の専制」（the despotism of majority）は実例が乏しいと評しながら（J.S.Mill, *Dissertation and Discussions; Political, Philosophical, and Historical*, 2nd Ed. Vol.II, London: Longmans, Green, 1867. 署名本）、無気力と卑屈が蔓延る文明社会への道に対して大人物論（*Ibid.*, Vol.1, 1875）あるいは個性論（*On Liberty*）の必要性をミルが説き福澤が着眼する所以である。

すでに福澤は文明論執筆の頃に刊行した『学問のすゝめ』第四編において、「無気無力の愚民」や漢学者精神の持ち主と看做した洋学者に向かって学者職分論を説いたが、その学者の一つの重要な役割こそ高遠な議論の提示であった。また同五編において、「文明の精神」は「人民独立の気力」と断じ、外形文明の進歩は見られるとしても、精神文明の構成因である「人民の気力」は日に退歩していると論じ、しかも「古の政府」が力を用いているのに対して、「今の政府」は力と智慧を用い、「古の政府」は民を支配する術に乏しく、「今の政府」はそれに富んでいるとしているのである。「古の民」は政府を鬼の如く、「今の民」は政府を神の如く看做し、「古の民」は政府を恐れ、「今の民」は政府を拝む。福澤が「高遠の議論あらざれば後進の輩をして高遠の域に至らしむる可き路なし」と断言せざるを得ない所以である。また文明論刊行一年前に『会議弁』を世に問うたのも、議論による衆心を発達させ、文明を退歩ではなく進歩にする目論見があったからである（この点、松崎欣一『語り手としての福澤諭吉―ことばを武器として―』（慶應義塾大学出版会、二〇〇五年、参照）。同時代のわずかに一世代前のトクヴィルなりミルといった大衆社会の予言者の思想を、ギゾーやバックルの文明の史的展開論の思想と同時に福澤は学んでいるのである。

「高遠の議論」はしかしバックルの取るところでもあった。「至愚なる者」も「至智なる者」も少なく、多数者は「世間通常の人物」である。退歩も先見もないが彼らこそ世論形成の主体である。世論が異端妄説と称して、「至智なる者」の「高遠の議論」を平準化し、天下の議論を一つにするならば、文明の進歩は望むべくも無い。「高遠の議論」は異端であっても、後に正統となり、文明を推し進めるのである。アダム・スミスの経済学然り、ガリレオ・ガリレイの地動説然りである。正しく「昔年の異端妄説は今世の通論なり、作日の奇説は今日の常談なり」とバックルを援用して文明論において、『学問のすゝめ』五編とともに、福澤が述べる所以である。そうしてこの点はまたスペンサー『社会学研究』(Herbert Spencer, *The Study of Sociology*, New York: D.Appleton, 1874. 手沢本、なお福澤手沢本の世界については拙著『福澤諭吉と西欧思想―自然法・功利主義・進化論―』名古屋大学出版会、一九九五年、参照）における懐疑の必要性を説いたのを享けたことも加わって『学問のすゝめ』第十五編（明治九年七月刊）「信の世界に偽作多く、疑の世界に真理多し」と冒頭部に挙げて説くことにもなる。「物を怪しみいぶかる心」（三浦梅園）に「懐疑の精神」（バックル）が福澤において接木され、さらにスペンサーにならって懐疑――猜疑ではない――をもって通説を、あるいは通説が惑溺であることを発見し、「昨日の所信は今日の疑団となり、今日の所疑は明日氷解するることもあらん」となって、「文明の進歩」が「天地の間にある有形の物にても無形の人事にても、其の働きの趣を詮索して真実を発明するに在り」と断言することになるのであった。そうして福澤が文明論執筆時期に主張した学者奴雁論（『民間雑誌』第三編、明治七年［一八七四］）六月もこの文脈で理解されるであろう。

五　さて福澤は文明の進歩に議論の本位を定めたが、その文明は西洋の文明であった。もちろん文明は相対的観念である。ヘンリーもギゾー文明史脚注においてそれを指摘し、あるいはミルが文明論で記していることでもある。そこで福澤は第二章において欧米諸国を「最上の文明国」、トルコ、中国、日本などアジア諸国を「半開の国」、アフリカやオーストラリアなどを「野蛮の国」と看做す文明過程を「世界の通論」とした上で、それを人類の経過すべき段階であり、「文明の齢」とする。福澤はギゾーのいう文明は三つの時期に分別されるとした箇所に「文明ノ順序」と書き込んで着眼しているが、しかしそれを導入しない。ギゾーのそれはヨーロッパが前提になっているからである。むしろ地球的規模で文明段階を説くミッチェルやコーネルの地理書及びスミス（Erasmus Peshine Smith）の福澤宛書簡における三段階説がより適合的である。

文明段階説を認識した上で、福澤は文明がどこまでも相対的観念であることを繰り返し述べる。従って文明の目標を「至善に止まるに在り」と『大学』冒頭を援用しても、福澤の目には「今の世界」における西洋文明は「至善」ではない。世界無上の禍である戦争を行い、外交も権謀術数に満ち、犯罪もあり、不満分子もいるからである。文明は絶えること無き至善たる太平安楽の極度を求めるものであって、「今の西洋諸国を以て満足すべき」ではない。福澤はギゾーなりバックルなりの文明史を読んで、その確証を得ているのであるが、そこにまたギゾーやバックルの文明論を超えようとする始造の意欲をみることができる。そうであればこそ「今の欧羅巴の文明は即ち今の世界の人智を以て僅かに達し得たる頂上の地位」に過ぎない。がしかし、目下の議論の本位が一国文明の進歩を図る以上、目下の文明の最先端を行くヨーロッパ文明を目的とせざるを得ない。福澤が文明論全編において論じている利害得失はかくしてヨーロッパ文明を目的とするものであり、この文明を基準として利害得失を論ずるのであって、この旨趣を肝に銘じることをことさらに読者に要請する。ヨーロッパ文明を超える文明の大全論を念頭に置いている福澤の心意気である。

そうして文明化を図ろうとするならば、難を先にして易を後にし、難きものの度合いに応じて易なるものを導入すべきであるという。福澤はギゾー、というよりはヘンリーの見解を踏まえながら説く、外形文明を先に取って精神文明を二の次にすれば有用となるどころか害をなすと。精神文明は「人民の気風」の問題である。ヘンリーに従えばそれは智徳の優れた状態であり、ギゾーの言う人間の精神と資質の発展の問題である。福澤はさらに無形の精神文明を時間に適合して時勢とし、人間では人心であり、国ならば国俗ないし国論とする。そうして文明の精神を「一国の人心風俗」とも言う。

しからば「人民の気風」の一変とは何を以ていうのか、福澤は唯一「人生の天然」に従い、外的障害を取り除いて、自ら「人民一般の智徳」を発生させ、自らその意見を高尚に進めさせるのみと断言する。人間性の理想の完成ないし現実化、あるいは智徳の優れた状態への路を自力本願の如く達成されるものとするのである。腕力の時代から智力が生まれ、腕力と対抗し、智力も行政の一手段となった。さらに人事が繁多となると戦闘、政治、古学、詩歌なども社会の一部門となって、それぞれ同等平均の状態となり、人間の品行も高尚の領域に進み、智力の時代となり、そこに文明の進歩をみることができる。「都て人類の働は愈単一なればその心愈専ならざるを得ず。その心愈専なればその権力愈偏せざるを得ず」から解き放すことへの要請である。あるいは多事争論の勧めである。「今の西洋諸国」は「多事の世界」なのである。

こうして福澤はバックル文明史の智徳の進歩とギゾー文明史にみられる単一性と多様性の問題を勘案しつつ、目をアジアに向け、日本と中国との文明比較の検討に入る。そこで問題となるのは「至尊の位」と「至強の力」との合体と分離の問題である。両者の合体が社会を支配し、人心に浸透するならば、人民の心事は単一となるが、両者が分離すれば人心に自由の気風が生じる。中国にあっては春秋戦国時代に諸子百家が現れた。正に自由の気風が生まれていた。しかし秦の始皇帝が天下を統一して異説争論を排した。これは専制政治を目的とするものだったからである。多事争論があって存存した自由の気風はここに失われたのである。その後の中国史は至尊と至強の合体が社会を支配して、それに相応しい儒教のみを正統とした。それに比して日本はといえば、古代にあっては確かに両者は合体していた。しかし中世になって武家政治が行われるに至って、「至尊必ずしも至強ならず、至強必ずしも至尊ならざる勢い」となり、そこにまた「一片の道理」が交わることになり、「神政尊崇の考」と「武力圧制の考」と「道理の考」が生まれた。強弱はあるとしても三者が各々並立することになり、そこに自由の気風が生まれる契機を持ったのである。相対的に見て日本は中国よりも多事であり、思想に富み、それだけに物事に対して惑溺から解放されて淡白となる。福澤はこれを「日本偶然の僥倖」という。現在の日本があるのは至尊と至強の分離の所産であり、両者を合体化するならば日本の未来はないとして、さらに多事争論から派生した西洋文明を摂取するのに日本はそれだけに中国よりも優位に立つというのである。王政復古によって成立した新政府の動向を踏まえながら、ここで福澤は武家政治の文明史的位置づけを行い、天皇親政への動向に対する牽制を図っているといえる。世上にいう国体論に言及し、国体観念の転回を図る所以である。

福澤は既存の国体論を念頭において、ミル代議政論の一節を導入して、国体を「ナショナリチ」(Nationality)とする。これをもたらす最も有力なものを福澤はミルが政治的沿革性による共通の回想

(identity of political antecedents）としているところを政治的沿革よりも社会的沿革としてより幅広く捉えて論ずるが、これは政治的沿革が「一系万代の風」を想起するからであろう。そうして福澤は国体の存亡はその国の人民が政権を失うか否かの一点にあることを強調する。統治の問題は被治者によって決定されるべきであるとのミルの見解はまた福澤のものでもあった。

それでは政権の問題について福澤はどのような判断を下しているのであろうか。福澤はそれを統治主体の問題として把握する。福澤はギゾー文明史に説かれてある政治的正統性（political legitimacy）の概念を使用して説明する（ただし福澤は political legitimation とする）。すなわちその国に行われて遍く人民が是認する政治の本質であり、福澤はそれを政統と訳す。ギゾーは真の正統性として理性・正義・合法性が求められるに至ったと講じるが、福澤はそれを道理という一語で説明する。そうして政統の変革は国体の存亡と無関係であると主張して、国体はどこまでも自国人が自国の政治を担うことであると繰り返し論じる。

ついで福澤は既存の国体論者が殊更強調する国君の問題に入る。福澤はそれを血統と捉え、「ライン」(line）を宛てる。それは君主の地位を父から子に伝えるもので、いわゆる血筋が絶えない万世一系のことである。福澤はこの観念をバックル文明史におけるフランスにおける皇帝たちの長期にわたる血統の存続問題の叙述を受けて定義したと思われる。西洋諸国の君主政において最も重視するのが血統である。しかし血統は国体にも政統にも影響することはないと福澤は断言する。

こうして福澤はミル、ギゾー、バックルを援用して既存の国体論を三つの構成因に分割することによって批判し、その意味転換を図り、それら三者の相互関係についての具体例を頼山陽『日本外史』（一八二七年）などを参照して論ずるに至る。国体を保つことは言語風俗をともにしている日本人が日本の政治を行い外国人に政権を委ねないことであって、世上にいう血統のみを重んじることではない。しかも血統を保つことは歴史的にみても難しくない。政統も血統も国体によって盛衰をともにする。福澤は繰り返し、日本人の義務はただこの国体を保つ一箇条のみであり、それは自国の政権を失わないことであると論じて、そのためにも人民の智力を高める必要があると智徳論に入る。すなわちミル代議政論ではないが、優れた統治の第一要素はその社会の構成者の智徳であるがゆえに国民の智徳の向上が重要であり、国体が保たれるか否かも国民の智徳次第ということである。そうして福澤は、徳についてはvirtueとmoralとのニュアンスはあるが、智徳の向上のためにも故習の惑溺を一掃して西洋文明の精神を取ることを訴える。この惑溺から解放されて精神が活潑になれば、全国の智力で以て国権を維持する国体の礎が可能となる。そうすれば皇統連綿のごときは易中の易である。全身が健康であれば目薬によることなく瞳も輝くというのである。

福澤の惑溺論は、バックルのcredulityすなわち軽信もさることながら、ミル自由論にみられる慣習の圧制（the despotism of custom）を想起させる。ミルはそれがアジア全体にみられるとして、正義と公正とは慣習に一致していることを意味しているとまで述べるが、これはヨーロッパが第二の中国化することに対するミルの警告でもあり、それへの契機をミルはトクヴィルのデモクラシー論において確認する。ミルが必要としたのは一様性ないし単一価値ではなく、フンボルトの名を挙げて論じる、あるいはすでに看て取っていたギゾーのいう自由と状況の多様性、あるいは個性論の文明における高い位置づけである。福澤が確信をもって惑溺からの解放を論じるのも、単に価値判断の相対性に由来する自由な視点を持つことのみならず、そうした議論があったからでもあろう。

福澤はさらに、政権を維持するには「政府の実威力」が重要であるが、開闢草昧の時代、人民は理に暗いがゆえに「理外の威光」も必要であったと述べる。「政府の虚位」の有用性である。しかしそれは常道ではなく止むを得ざる権道である。しかもバックルやミルが論じているように、権力を保持すればそれに溺れて恣意を逞しくする者も現れる。だとすれば虚位が一人歩きすることにもなる。周唐の礼儀がそれである。しかし文明国は道理に基づいた契約によって「政府の実威」を守ることである。福澤は「政府の虚位」の例をさらにブランドの事典から引いたインドのマヌ法典などを挙げて言及するのであった。

こうして福澤は、まさに日本の皇統連綿が国体とともに維持できたのは、万世一系の皇統連綿にあるのではなく、これを保持してきた政権、さらにいえば異国支配を排除してきた日本国民にあるのであって、むしろ物自体よりもその働きの貴きにあるのであると主張する。こうした「政府の実威」(=「至強の力」)と「政府の虚位」(=「至尊の位」)との二分法は後に福澤も読むことになるバジョット『英国憲政論』(Walter Bagehot, *The English Constitution*, 1878)にみられる英国憲政の実践的部分と尊厳的部分の二分法を想起させる。それは確かに「血統」と「政統」の分裂を鎌倉以降の歴史に見出し、そのような視点をもっていた新井白石『読史余論』(一七一二年)や帆足萬里『東潜夫論』(一八四四年)などに通じるものでもある。福澤にとって、そのいうところの国体の維持こそ肝要であったが、国体と政統と血統と、三者とも矛盾することなく「今の文明」において並立できると福澤は結論づけるのであった。

六 さて福澤は西洋文明を目的として議論の本位としたが、第三章において「文明の本旨」について論ずる。ここでも福澤はギゾーなりヘンリーなり、あるいはバックルなりミルなり、さらにはバートンなりを自家薬籠中のものとしてなお漢籍の教養を駆使して文明の何者たるかについて論ずる。福澤は文明が世論によっては是非の争いがあることを認識しつつ、ギゾーの議論を踏まえ、ヘンリーの脚注を参照して、文明を広義と狭義に区別して論ずる。すなわち文明は、狭義では人力を以て需用を増し衣食住の虚飾を多くする意味であり、広義では衣食住の安楽(a state of physical well being)のみならず智を研き徳を修めて高尚の地位に昇る(a state of superior intellectual and moral culture)ことを意味すると解釈する。

そして福澤はヘンリーに従って、文明なる語が相対的であり、野蛮から文明に次第に進むこと(a certain state of mankind as distinguished from barbarism)と述べ、引き続きヘンリー脚注を訳述する。そうして人類は社会を形成するものであり、独り孤立しているときはその理性が発展することなく留まっており、神が、といっても福澤は省略しているが、家族を設けても社会的結合に至ることなく人々は依然として未開であって文化的ではない。ついで社会的な関係が広がり、規則を設け、生活する上で不満を感じなくなるにつれて人間は穏健になり、文化的になる。そうして福澤はヘンリーに倣って結局「文明とは英語にて「シウヰリゼイション」と云う。即ち羅甸語の「シウヰタス」より来たりしものにて、国と云う義なり」と結論づける。従って「文明とは人間交際の次第に改まりて良き方に赴く有様を形容したる語にて、野蛮無法の独立に反し一国の体裁を成すと云う義なり」ということになる。福澤はヘンリーの脚注における文明の定義を、神学的説明を避け、的確に翻訳紹介しているのである。

こうしてヘンリーの脚注を翻訳して、ついでギゾー本文の文明に関する議論を援用して文明が至大至重であり、この文明を目的として、制度・文学など文明を進めるものを利として、退歩させるものを害ないし失とする。そうして人類が文明化と称する社会の四段階を例として挙げ、社会の進歩改善と個人の進歩・人間の精神と資質の拡大として、ヘンリーの要約をさらに簡潔に表現した「文明とは人の安楽と品位との進歩」であり「人の安楽と品位を得せしむるものは人の智徳」であるとして、これを踏まえて「文明とは結局、人の智徳の進歩」と福澤はバックルの一文を的確に翻案して定義づけるのであった。

こうして福澤はヘンリー、ギゾー、あるいはバックルの文明の定義に従って自身のそれを打ち出したのち、今度はバックル文明史、あるいはミル代議政論、それに経済論、加えて自由論などを参照して、文明といえどもそれに相応しくない文明の徒ないし国における問題点を指摘する。すなわち文明はその途上中であり、文明の世といっても疾病を伴っている。緒方洪庵のいう十全健康に対する帯患健康である。また文明は上下同権、すなわち君主政の否定との流出論理に対しては片眼的であることを指摘し、文明と君主政の並立可能性をギゾーの名を出して答える。名より実を見るべきであって、名でもって評すべきでないとの福澤の認識論が現れている箇所でもある。福澤は名のために実を失う例が多いことを、ギゾー文明史を読みあるいはその講義に列席したトクヴィルのデモクラシー論をも恐らく小幡篤次郎らから聞くことにより、名実論の必要性を説くのである。

そうして福澤は君臣論を末の議論であると批判して、物があって初めて倫があるのであって、臆断で以て物の倫を説いて、その倫に従って物の理を害してはいけないと提言する。福澤が「文明論プラン」に記したように、関係の名で物事を考察するのではなく、事物の実である本質を把握して初めて事物の関係は分かるというのである。『大学』にある格物致知の福澤的応用ともいえよう。さらに文明という名で称される民主政についても、その実をみる。民主政が多数者の専制と化すこと、あるいは代議政が実は少数者支配であること、さらに民主政の国アメリカが実は金銭の亡者化していることをミル代議政論や経済論の一節を導入することによって説明するのである。福澤にあってはどこまでも文明の名ではなく実を取ることが肝要なのである。

こうして古学流の学者にとって極めて重要な君臣関係が文明の名の下で損なわれることへのアレルギーをなくすべく、福澤は文明の広大寛容たることをギゾーの巧みな比喩を援用して説き、返す刀で単純な文明楽観論に対する警告をも述べるのであった。そうしてミル代議政論の見解とともに福澤にとっても良政府と悪政府との基準は文明に益するか否かであって、至文至明の国は存在しないゆえにまた至善至美の政治も存在しないとし、さらに一歩踏み込んで文明の極度に至るならば政府も無用の長物と化すとまで述べるのであった。政治はここでは単に文明の諸事項の一つにすぎなくなるのである。

七

福澤は文明を智徳の進歩と定義づけたが、しかし有智有徳の人が単に少数である場合は文明の国ではない。文明は一人の問題ではなく、全国の有様の問題だからである。第四、第五章で福澤はバックルのいう気風（ここではspiritではなくmental phenomena）、それも一人の気風ではなく全国の気風が重要であるとして議論を推し進める。智徳の問題に還元すれば国の智徳が問題であり、それは国中一般に分賦する智徳の全量である。「礼儀の国」と称しても、全国的に「礼儀の士君子」が少ないならば「礼儀の国」ではなく「礼儀の人の住居する国」である。個々人は優秀でも集団と化すと凡庸になっては、それこそミルも経済論や文明論において指摘しているように協業能力に欠けるということであり、文明とはいえない。孤立分散型ではなく、協同互助型が文明の文明たる所以なのである。

しかも人心の働は多種多様であり、時に変化する。王淵ではないが、今の吾は古の吾ではない。福澤はその例としてギゾーがクロムウェルを例として挙げているところを豊臣秀吉に翻案して、その出世譚を論ずる。ギゾーのいう歴史研究における間接的影響（indirect influence）の重視の問題であって、それまでみられた虚誕妄説、あるいは売卜者流妄言史観批判である。確かに人心の変化は時運である。しかしバックルを読んでいる福澤である。天下の人心を一体と看做して、長期的に広く比較して、その事跡に現われるものを証明する法則があるというのである。バックル文明史から福澤は「ボックル」との名を挙げて、具体的事例を援用して、その点を論ずる。犯罪件数や自殺者数が一定であること、菓子屋の製造数と販売数との間には一定の法則があることなどがその例である。それはバックルのいう「スタチスチク」（statistics）という方法に基づく。バックルは穀物価格と婚姻数との関係について英国を例に挙げるが、日本にそれを適用すれば婚姻も米の相場が実であって、縁結びの神様によるのではない。そうして福澤は事物の働きにおける遠因と近因の問題に触れる。すなわち福澤はバックル文明史、あるいはスペンサー社会学に見られる「近因」（proximate cause）「遠因」（remote cause あるいは remote and general cause）を参照して事物の原因における遠因の効用性を説く。遠因は一因（general cause）で数様の働きを説明することができるからである。婚姻の多寡の遠因は食料品価格の動向なのである。

さらに文明が国民一般に分賦する智徳の現象であること、この理解を速やかにするべく福澤は歴史を交えて論ずる。孔孟も道真も正成も「時に偶はず」といわれるが、福澤によれば、それは時勢の然らしめるところである。時勢とは当時の人々の気風であり、その時代の人々に分賦している智徳の有様である。こうして福澤は文明の定義からして時勢論でもって歴史における偶然史観を批判する。問題は時勢に適して人々の気風を思う存分に発揮させるか否かなのである。そうでない場合は将師の拙劣ゆえの兵卒の進退の妨げ、あるいは彼らの「本然の勇気」の未発による。さらに「多勢に無勢」も、衆論が多勢であるとの意味であると福澤はいう。もちろん衆論の思うに任せることが福澤の意図するところではない。すでに見たように福澤には高遠の議論を述べる学者職分論があるからである。

衆論は福澤によれば二つに分別される。一つは衆論を数の問題ではなく、智力の分量による強弱とみることであり、第二に智力があるとしても習慣との結合があって初めて衆論の体裁をなすという見解である。第一は論者の仲間に分賦している智徳の分量が多ければ、その量は数の不足を補う。そして衆論の名を得るというのである。ここに学者が衆論形成の主体となることが分かる。しかもそれのみでは学者前衛論ないしエリート主義に陥るが、そこは衆心発達論を文明論と緒言で規定した福澤である。ミル自由論ではないが意見の自由とその発表の自由が衆議の活潑化をもたらし、その活潑化は衆論のレベルを上げ、精神的豊かさをもたらすというのである。愚民が半ばを占める西洋を文明国たらしめているのは智者の議論に同意する術、すなわち新聞演説など意見交換の場の発達があるからである。

明治維新や廃藩置県は、「暴政の力」と「人民の智力」が逆転したのが遠因であり、ペリー来航は近因にすぎない。攘夷論も公の心をもつて単一の論を唱えたがゆえに勢いづいて権力を得たのであるが、これは革命の嚆矢ではあっても近因である。福澤にあってはどこまでも遠因は国内一般の智力の上昇である。王室は国内の智力に名を貸したに過ぎず、廃藩置県は国内の智力に役せられて、その働きを実に施したものということになる。かくして福澤は智力の全国的波及を論じ、出版の自由を取り分け強調する。間諜による民心の動向を探ることは迂遠にして猜疑心をもたらす。堂々たる士君子は隠すところなく、堂々と言論出版の自由を認めればよいのである。

次に人の議論は集まれば化学変化を起こすという視点である。とりわけ仲間を結んで事を行う際にそれは起こる。しかし日本人はそれが下手であって、智力に比して不似合なことをする。西洋諸国の人民は智者のみではないが、仲間を形成して衆論を高尚にしている。これは既に触れたミル経済論や文明論の説く協業能力の問題でもある。個々をみれば未開人も優れているし、文明人よりも勝っているかもしれない。しかし文明人は協業能力をもつことによって未開人より優れている。ミルはまた自由論でイギリスの偉大さはすべて集団的偉大さであると論じている。しかしそれに満足していては慣習の圧制となり、それが失われることの警告をミルは発する。そうして福澤は習慣が第二の自然となって、それこそミルではないが習慣の圧制から解き放されていない現状をみるのである。緒言における自然と作為との見分けの困難さの指摘である。ここで福澤が日本のみならず東洋といっているのはミルが東洋の全体が慣習の圧制の下にあって歴史すら持っていないとの説が念頭にあったからであろう。「百姓も士族も現に己が私有を得ると失うとの界に居て、恬として他国の話しを聞くが如く」と指摘し、それをまた「天然の禍福を待つが如く、唯黙座して事の成り行きを観るのみ」として、「実に怪しむ可きに非ずや」と論じる所以である。西洋諸国では議論が起きて大騒動になるが日本人は無議の習慣の圧制に制せられているからである。こうして福澤は衆論の意味を説きながら、そこに人間としての栄辱を重んずる勇力を説くに至る。ここにミルのいう個性論の、福澤なりの適用を先の学者職分論とともにみることができよう。

八　さて福澤は智徳についてさらに突っ込んだ議論を第六章、および第七章で行う。それは取り分け私徳を重んずる故老に対する説得的批判をなすことからくるものでもあった。徳とは「モラル」で、心の振る舞い、すなわち『詩経』にいう屋漏に恥じることのない一心の内に慊くすることである（「大雅」）。智とは智慧であって「インテレクト」で、事物を考え、理解し、納得することである。しかも智徳とも二種類あり、貞実、潔白、謙遜、律義などの私徳と廉恥、公平、正中、勇強などのような外物と社会上の働きを指す公徳である。そして物の理を窮めてそれに応える働きを私智として、あるいは工夫の小智とする。そして人事の軽重大小を分別して軽少を後にして重大を先にし、時と場を察する働きを公智という。聡明の大智、すなわち聡明叡知である。この働きがなければ私徳私智を拡げて公徳公智に至らない。あるいは公私に矛盾を来たして、相互に社会的害をなす場合にそれが必要である。福澤は儒学でいうところの聖人の統治を担保する資質である「聡明叡智」（「繋辞上伝」『易経』・『中庸』・朱熹『大学章句』序）の観念で説明している訳である。さらに福澤は私徳が拡がって公徳に至る例を『孟子』に求める。あるいはバックル文明史にある具体例を挙げて説明する。さらに工夫は上手いが無分別ないわゆる碁智慧、算勘という私智があっても公智のない例を挙げて、四者の区別を身近に求めて議論を進める。そうして聡明叡智の例としてやはりバックル文明史にあるスミス国富論を挙げる。また天下国家を論ずるも一身一家のことには無関心である例や、その逆の場合を挙げ、聡明叡智が智徳を支配するゆえ、徳義に就いてみれば大徳と呼べるが、日本で徳義という場合、個人道徳に解消されるから大徳も徳とは呼ばれない。私徳を福澤は受身の徳という。もちろん経書の思想はそれのみではない。しかしおおむね堪忍卑屈の勧めであり、仏教も神道も大同小異である。従って重視されるのは一般に私徳であって、それを福澤はギゾーに倣って学者の定義による説明よりも、一般人の用法から文意を取って結論づけるのである。そうしてミル代議政論にみられる受動的性格と活動的性格の見方を踏襲し、運命に委ねるアジアにあっては取り分け道徳論者の加担もあって受動的性格が濃厚であるがゆえにかえって嫉妬の念が強い、との指摘を念頭において議論を進める。あるいはミル自由論で展開されているヨーロッパにあっても受動的服従に価値を置くのが宗教的教説であるとの説を彼我共通のものと福澤はみ、ここに導入したのである。

しかし文明が進歩すれば、ギゾーではないが人事が繁多となり、受身の私徳で事たりるというわけにはいかなくなる。人事が繁多となれば、心の働きも繁多にならざるを得ないからである。そこに智徳の問題が絡むならば聡明叡智が必要となる。蒸気機関におけるワット、経済法則におけるスミスなどは正に聡明叡智の働きの結果である。すでに山片蟠桃が智徳を区別して智の進歩性と徳の普遍性を『夢の代』（一八〇二〜二〇年稿）で説いているように、福澤はバックルに倣いつつ徳義は古今東西共通の教として普遍性を持つが、智恵は進歩すると断言する。それゆえに形をもって教えることのできない徳義とは異なり、智恵は形で教え、形で真偽を立証することができるとして、結局、徳は智に依存するのであり、智は徳に依存するのであって、無智の徳義は今の世界にあっては無徳に等しいと福澤はいう。有徳人間が無智である事例を福澤はバックルを援用して説明する。有徳の善人必ずしも善をなさず、無徳の悪人必ずしも悪を為さずである。どこまでも福澤にあっては聡明叡智こそが文明社会には必要である。さすればそれこそ儒学者ないし故老の理想とする天人相関思想ではないが「人天並立の有様」となる。ミル経済論にある自然に対する人間の支配力の増大ではないが、無限の精神を以て有定の理を窮め、遂には有形無形の別なく、天地間の事物を悉く人の精神の内に包羅しつくすべきなのである。そこは、福澤が後に着眼するスペンサー社会学ではないが、道徳律（moral law）のみで事足りる世界である。

九　福澤は聡明叡智の重要性を指摘し、文明の進歩を智徳の進歩と定義した。これを享けて福澤は第七章において、その行われる時と場について議論を進める。ここでも事物の得失便不便の視点から時と場を考える。時代と場所に適合するならば、事物に得失はなくなり、一切が得になるというのである。しかし時を察し場をみることは至難の業である。歴史を顧みて失策といわれるものは、この偏差から起きるのである。これに反し、美事盛業は時と場とに適合した結果である。福澤はバックル文明史ないしミル経済論あるいは後に確認するスペンサー第一原理ではないが、時代が遡れば遡るほど、人智の及ばないところを神の力と説明し、人智が進歩するにつれてその領域が狭くなることを説明する。道理に暗い時代は腕力が物をいって弱者は恐怖で応えるのみであった。高尚の道理で以て永遠の利益を図るのではなく、君主の恩寵によるその時々の利益である。礼楽もしかりである。褒美と罰則は嘉悦と恐怖に依存して、その因って来る道理を知ることはない。一人の働きが父母にして教師、また鬼神であったのであり、君主は徳義を治めれば仁君明天子の誉れを得ることができた。儒者たちが理想の治世とした唐虞三代の治世は正しくそれであった。通用するのは恩と威の二か条のみであって、唯一片の徳義が社会を支配していた。福澤は古代聖王の時代を「野蛮の太平」と結論づけたのである。

ところが智力が増して懐疑心がもたらされると、事物の働きの因果関係の探求が始まる。ミル経済論ではないが自然に対する人間の支配力が増大する。空想的な魔術も、智力によって人間が実証し実現することになる。すなわち人力による自然の克服を知り、鬼神信仰もなくなる。ここに無限の勇気が生まれる。人間が自然界を使役する時代となる。社会についても恐怖から解放され、堯舜の治も羨むことなく、聖賢の言葉も信ずるに足りない。ギゾーではないが「既に自由を得たり、また何ぞ身体の束縛を受けん」である。道理によって暴威を制御すれば、それに基礎を置く名分も不要となろう。政府も人民も名目を異にするのみの職業分化にすぎず、地位の上下問題ではない。智力が身自ら事を処すことになり内面に恩威を思うがゆえに他の恩威に依頼する必要はない。独立の精神が自尊を生むのである。仁政も野蛮不文の世でこそ有功であったが、あるいは仁君は野蛮不文の民に接しない限り尊くはない。私徳もまた文明が進むに従って力を失う。公智公徳が広まれば君臣の名義もなくなり、太平に赴くこととなる。政府は事物の順序を保ち、時を省き、無益の労力を少なくする一機関にすぎない。「文明の太平」は礼譲の大気に擁せられた徳義の海に浴するのである。道徳律、すなわちモラルローの支配する社会である。文明の極度を想定すれば私徳の徳沢も見ることができる。私徳に煩い故老を説得すべく福澤は「文明の太平」を説くのであった（この点、儒学との関連について中村敏子『福澤諭吉 文明と社会構想』創文社、二〇〇〇年、参照）。

しかし福澤は「野蛮の太平」と「文明の太平」を説いて、「今の文明」に言及する。目下必要な徳義の行われる場、行われない場との区別が文明の学問の最も大切な要訣というのである。「野蛮の太平」を維持して「文明の太平」に至ろうとする人が多いからである。時と場を考慮しないのは、徳義を行わずして徳義に苦しめられている奴隷ともいうべき存在である。福澤は徳義の力が行われ得る場を家庭に限定し、一歩戸外に出れば徳義の力の無効であることを説く。徳義は情愛のある場において意味を持っても規則の場では無意味である。規則も事物の順序の整理と人の悪を防ぐものと二様があるが、これらは無情であり、家庭以外の社会において通用するものである。福澤は規則の成立理由を善悪混交している社会にあって善人を保護することに求め、それが「今の至善」であるという。家族と親友の外は事々物々悉皆規則に因らないものはないというのが福澤の現状認識であった。現在は修身斉家治国平天下、あるいは己を修め人を治める、すなわち政治が個人道徳に解消される時代ではないのである。

福澤はこのように故老の学者の私徳中心の徳義論を批判して、「今の西洋諸国」の状況を論ずる。すなわち人智が日増しに進み、敢為の勇気と力が増して、自然界についても人間界についても自由に事物の理を窮めて自由にそれを応用している。西洋諸国は自然界における自然の性質を知り、その働きを知り、その因果関係を明らかにして、それを制御する法則を発見している。社会にあってもそれはいえるのであって、法律が密になれば冤罪は少なくなり、議会政治は政府の行き過ぎた権力を平均させ、ジャーナリズムは強大な暴挙を防ぎ、国際会議は世界の太平を謀ろうとする。これらは規則が益々精にして益々大であることから、規則こそが大徳を行う術となるのである。こうして西洋文明諸国の現状を述べ、福澤は文明論を分かりやすく解説すべく歴史を活用して第八章においてギゾー文明史の百分の一の大意を記す。福澤がギゾー以外の諸書に言及したのは、バックル文明史もさることながらギゾー文明史を補強すべきミル自由論などである。

一〇 福澤はギゾーのいうヨーロッパと他文明との相違を援用して、社会上の説が一様でなく諸説並立して互いに和することがないこと（the diversity of the elements of social order, the incapability of any one to exclude the rest）を挙げ、それが自主自由の発生する所以であることを説く。そうしてこれはミル自由論でいう中国文明に比すべきヨーロッパ文明における自由と状況の多様性の問題でもある。福澤はギゾー文明史にならって西洋文明の開始をローマ滅亡の時とする。それはギボン衰亡史の英国においてすら権威を持っていた注釈者に由来する知見に基づく文明史観によるものであった。そうしてギゾーは中世封建制の意義を説く。中世にあっては天理人道の貴重さを教えたのはキリスト教であったからである。しかもキリスト教は聖俗二権をもたらした。しかしまた古代ローマは自由都市の遺産として民主政を、また帝国の遺産として君主政をもたらした。そしてローマを滅亡させた野蛮なゲルマン族は自由独立の気風をもたらしたのである。

野蛮暗黒の時代から封建制の時代となり、封建勢力が割拠することとなる。また封建時代は宗教権力が栄えた時代でもあり、さらにそこには民主政の基となった都市が再び勃興した時期でもあった。そうして十字軍が興り、これがヨーロッパと国民という思想をもたらしたのであって、これは正に十字軍の一大効果であった。ついで貴族が中間に位置することができなくなり、権力が中央に集中する。いわゆる絶対主義の誕生である。また精神の自由をもたらした宗教改革が始まる。現文明の徴候である。そうして英国革命が商権の拡大をもたらし、前後百年の差をもってフランス革命が勃発したのである。

福澤はギゾー文明史の全体に目配りし、反覆熟読して前後を顧れば大いに得るところがあると述べるが、その歴史の流れの配列はしかし必ずしもギゾーを踏襲してはいない。福澤独自の視点でギゾー文明史を通じてのヨーロッパ文明を要約しているのである。

さて福澤は西洋文明を目的として、その由来を論じて、これに比すべく日本文明の歴史について第九章において叙述する。日本の場合はヨーロッパと異なり、諸説が並立していないばかりか、それらが相互に近づくこともなく、統合されてまとまりができたわけではない。仮にできたとしても必ず片重片軽であってそこに平均がないどころか、一を以て他を滅し、他をしてその本色を顕すことができなかったという。ギゾーが挙げ福澤も付箋を貼付して着眼している一個の排他的権力（one exclusive power）のみが君臨し、それが支配的原理を生み、他を許容しない単一性を持つとの古代文明の特徴を日本もまたもっていたのである。

福澤は確かに自由は不自由の際に生れると論じ、日本文明には西洋文明の特徴である多様性の契機が中国と比較して相対的ではあるが存在すると結論した。しかし西洋と比較した場合は権力の偏重があるのである。しかもそれは日本社会の隅々に見られる構造的問題でもあった。ペリーが幕末期の日本の役人にみた強圧抑制の循環があって（Francis L. Hawks, *Narrative of the Expedition of an American Squadron to the China Seas and Japan, Performed in the Years 1852, 1853, and 1854, Under the Command of Commodore M. C. Perry, United States Navy, by Order of the Government of the United States*, New York: D. Appleton, 1857）、それは留まることなき慣習と断言できるほど奇観を呈していた。そして有様が違えばまた権利が違う場合も多いと、かつて『学問のすゝめ』で説いた権利の平等は有様に係わりなく平等であるとの考えを、ここではむしろ有様によって権利も異なってくるとの視点を導入する。ミル代議政論にいう階級立法の問題である。権力の排他的独占は権力の偏重をもたらし、それはまた権力の有無による権利の有無に通ずる。しかも問題はそれが独り政府のみならず日本社会に構造的に遍く広まっているということであって、全国人民の気風と化していることである。ここはまたバックル文明史が活かされている所でもある。政府は専権の源ではなく、専権者が集会した場所であり、専権者に席を貸して通常の本性を現して事を盛んに行わせる場所である。しかもギゾー文明史あるいはミル代議政論ではないが、権力を恣にするのが権力者の通弊であるとすれば、況や政府においてをやである。ここでしかし福澤はバックルのように風土決定論にその原因を求めはしない。ギゾーの風土決定論に対する消極的見解を採っているのである。

さてヨーロッパ文明史を念頭において日本をみるならば、日本社会において確認できるのは上下主客内外の別である。これが日本文明の二元素となり、畢竟、治者と被治者とが分かれる。古代にあっては国力が王室に偏し、源平以後、権力は武家に帰したが、それは人民と無縁の出来事であり、人民にとって気候の変動と異なるものではなかった。バックル文明史における歴史叙述の変遷ではないが、日本国の歴史はなくして日本政府の歴史があるのみである。これこそ学者の不注意以外の何者でもない。新井白石の史論といえどもしかりである。ギゾーも指摘し福澤も着眼しているように「クラッスノ戦アジアニナシ」であり、国民はその地位を得ることはなかった。さらに宗教勢力をみても、そこに宗教の自立をみることはできなく、宗教は俗権の一部となっており、これでは信仰上本心がないともいえる。僧侶は政府の僕であり、正に宗教権なしである。学問の世界もしかりである。もちろん日本が今日の文明に至っているのは儒学と仏教の教えによるところが大きいが、西洋諸国と異なり、それらは政府部内に起こったものであり、学者の世界も治者の世界の枠組み内における学問であって、学的著作は政府の一部と化しているのである。そこには私の企てがなく、ミルのいう精神の奴隷ともいえる状況があったと福澤は断言する。それは儒学の罪であり、あるいは漢学の精神でもある。まさに日本の学者は政府という籠の中で、この籠に依存して己が乾坤といっているにすぎない。学問に権なくしてかえって社会の専制を招いている。しかし福澤はまた人心を鍛錬して清雅にしたのが儒学の功徳であったことの指摘も忘れてはいない。ただそこには活潑な精神が欠如していたのである。

武人についてもまた「古来我が日本は義勇の国」と称しながらゲルマンの武人の如く自主自由を文明にも

たらすことなく、日本の武人は先祖・家名・君・父・己が身分のための存在にすぎず、しかも身分関係はゴムの如く縮小膨張するというのである。乱世の武人にギゾー文明史ないしヘンリー脚注にいう中世をリードしたゲルマンの武人に見られる「独一個の気象」（individualism ないし individuality）を見出すことはできない。ゲルマンの武人は individuality を確保するために一切の違反行為に対しては罰金（fine）で以て償い、それを担保していたのである。

かくして日本は古来、治者と被治者とに分かれ、権力の偏重を齎し、人民の間に権利を主張することがなかったのであり、宗教も学問も治者の流れの中に篭絡され、自立することはなかった。国家も人民の家を意味することなく、権力を担う人間の家族ないし、その家名をいうのであって、国はその家のために滅ぼされるともいえるのであった。しかも専制の政治が巧みであればあるほど、その治世が長ければ長いほど、その余害も深く、これが遺伝の毒となって容易に取り除くことができない。停滞浮流の極である。ミルのいう慣習の奴隷と一様性は自由と状況の多様性、その推進力となる個性（individuality）をもたらさないことというまでもなく、ここに文明は停滞するのである。

福澤はついで経済問題を挙げる。ギゾーやバックル、あるいはミルを読んでの経済への応用である。福澤は経済上普遍的なものを財の集中と拡散とみ、それが富国の基であるとウェイランド経済論（Francis Wayland, *The Elements of Political Economy*, Boston: Gould and Lincoln,1856）における『西洋事情』の議論を登場させる。両者が盛んであることが富国というのである。そうして高遠藩の儒者葛山伯有『田制沿革孝』を引用して、人を生財者と不生財者とに分け、さらに蓄積の種族と費散の種族とに分け、日本の被治者が蓄積を知ることはあっても費散の道を知ることなく、治者が費散を知っても蓄積の道を知らないと論じる。これは同一の事を行うのに二様の心で行うものであり、経済上の非合理である。過去の城郭や壮大なるものは独裁君主の栄華を示すことはあっても、人民の豊かさを示すものではない。また明君賢相は有用な事に材を費やすといっても、それは君主の意向によるものであって、これでは天下泰平であったとしても効能が少ない。蓄積費散の盛大が拡大されれば、活潑敢為の働きと節倹勉強の力となり、それぞれが相制し相平均すれば国に豊かさがもたらされる上流。なる者は経済において理財に暗く、これは二字同義と化す。被治者も廉恥功名の心は尽き、わずかに富を求めることのみに精を出し、決して学者士君子とならずして無学無術の野人となる。さらに被治者流の節倹勉強は貪欲吝嗇となり、治者流の活潑敢為は浪費乱用となって共に経済の用に適しない。こう論じてきて福澤は最終章で最も切実な課題、すなわち自国の独立問題の検討に入る。

一一　さて福澤は第八章第九章での展開を西洋諸国と日本との文明の由来を論じて、その全体の有様を考察して比較したものであるとして、日本の文明が西洋のそれと比較して遅れたものであることを論じ、なお、文明に前後あるならば、前なるものが後なるものを制し、後なる者は前なる者に制せられると述べる。ミル代議政論に見られる高度に文明化され開化した国民の思想と感情のなかに引き入れられることは、文明後発国民にとって有益とする考え方のある意味での応用である。そうして欧米文明人が中国のみならず日本に対しても軽蔑的尊大さで以て接している現実をみるにつけても、ミルが触れているように文明後発国が文明先発国に制御されるとの理論は事実である。福澤は三度にわたる欧米への渡航途中の体験ないし欧米体験において、その点は認識済みであった。文明先発国の知識人の認識を真に受け止めざるを得なかったのである。自国の独立の問題が、文明論に照らせば「瑣々たる一箇条」であるとしても、文明進歩の度合いに従ってその対処を考えなければならないのである。もともとは文明という用語そのものがヘンリーではないが国としての体をなしていることであった。福澤は文明の蘊奥については後進の学者に任せるとして、自国の独立が心許ない状況下、そうした一般的心配に従い、自国独立の精神の達するところを第十章では議論の本位とするのである。

福澤はまず封建の時代における君臣主従関係に見られる恩義ないし義が武士層の則るべき大道であり、それは終身の品行を維持する綱のようなものである、とギゾー文明史にある「モラルタイ」(moral tie)を多分に念頭に置きながら述べる。これはしかし武士層間のみならず、あまねく国民間にも染み込んでいるという。そうしてこれは日本開闢以来今日に至るまで社会を支配して今日までの文明を築き上げ、風俗習慣化しているというのである。福澤は後にこれを忠誠宗といって同じく儒教文化圏にある中国と朝鮮が儒教に拘束されていたのに対し、日本では儒教を自由に解釈して独自性が生まれたと述べるが(「徳教の説」一八八三年)、西洋諸国と比較すれば西洋諸国の人民は知力活潑にして自律心を持ち、社会は秩序が保たれており、国のことから一家一身に至るまで日本人が西洋人に立ち向かうことは不可能として、西洋諸国を文明、日本を半開と位置づける。確かに日本は維新後、恩義由緒名分差別などの考えが消滅して働きによる業績がものをいう時代となった。正に文明駸々乎として進む状況である。しかしそれで満足する訳にはいかない。人民は先祖伝来の重荷を卸して目下休息状態にある。貧困の一事を除けば、上下貴賤皆得意の色をなしているからである。そうして学問も仕官も金銭のためとなり、金銭の向かうところ敵なしであって、人の品行も金銭をもって相場が立つが如き様相を呈している。まさに財利は本となり義理は末となり「我が心の出づる所、力の及ぶ所みな利益に走る」との文化十三年(一八一六)の嘆き(武陽隠士『世事見聞録』)の如き様相は一層拍車がかかっていたであろうし、ミル経済論、さらに後にトクヴィルデモクラシー論で確認するように、拝金主義が蔓延っているのである。福澤にいわせればそれは長きにわたった封建的遺制から解放されたがゆえの休息の結果であり、時代は財産も生命も捨てるべき場所を忘れている安楽世界に移行しているのである。

こうした状況下にあって国体論を唱える皇学者が出て君主を奉戴したとしても、彼らは政治上よりも懐古の情にその理由を求め、その虚位を虚位として認識できない有様である。福澤にあっては王政一新は人民が王室を慕う結果ではなく、唯幕府政治を改めようとする人心によるのであって、これこそが真の原因、すなわち遠因であった。維新後に政権が王室に帰したとしても、それは唯政治上の関係によるのみであって、その交情をにわか作りに拵えたとしても、それが不可能である以上、かえって偽君子を生むことになる。

またキリスト教で人心の非を正し安心立命を与えようとするとしても、その旨とする一視同人四海兄弟を唱えながらも現実には国家があり、国民がおり、凶器を携えての界外の兄弟殺しがまかり通っている。戦争と貿易からなる国際関係の現状を見ればキリスト教の唱える愛敵の極意が有るとは思われない。「今の文明の有様」では戦争は独立国の権利を伸ばす術であり、貿易は国の光を放つ徴候である。そうして報国心を説明して、それを自国の権利の伸長、自国民の豊かさと智徳の修得、及び自国の名誉の顕彰のために努力する心というのである。他国に対して自他の別を作り、自ら厚くし、自ら独立しようとすることである。これは一国に対する私心であって、その意味では党与を結び、その便利を謟り、自ら私する偏頗の心である。これはスペンサー社会学の愛国心の偏頗についての議論を想起させる。またかつて福澤が邦訳した「偏頗の人心」の確認である。

さらに漢学者の議論についても一言する。皇学者が国体論を、洋学者がキリスト教を唱えると同様に、漢学者は堯舜の道を主張して民心を統合してその維持を図り、日本の独立を保つべく努力している。しかしそれは官あって私あるを知らない人民を益々卑屈に導くものである。かくして目下のところ皇学もキリスト教も漢学も効を奏してはいないし、将来においても同じであろうと福澤は断言する。

ここで福澤は再び名実論を説く。そして識者最大の心配事が外国交際であり、その実について考察する。それはまず貿易に始まる。西洋諸国は物を製造する「製物の国」であり、日本は物を産する「産物の国」であって、前者が「人力を用いる国」であり、後者が「天力に頼る国」である。バックル文明史ではないが、一国の貧富は自然に産する物産の多寡によるよりも、人力の多少と巧拙によるのであり、土地肥沃なインドよりも物産なきオランダが豊かな国なのである。製物国と産物国では前者のほうが後者よりも経済の基本として富国となる。そうであるがゆえに産物国日本は目下、損をしている。

それでは何ゆえに西洋諸国は海外に進出するのか。福澤は「彼の国の経済家の説」として第一に自国の製造物を輸出して土地の豊かな国より衣食の原料を輸入すること、すなわち貿易主義を、第二に自国の人民を海外の地に移して殖民すること、すなわち殖民主義を、そして第三に外国に資本を貸して利益をとって自国の用に供すること、すなわち金融資本主義を挙げる。この第三が人間ではなく資本金を雑居させ、金利を得る「金主の名案」である。そうしてこれは世界の貧困が下流に流れる地球的規模における格差社会の増幅をもたらすが、これこそが西洋人の利を争う一因として福澤は紹介する。

そうして福澤は人民同権について触れるが、これは国内のみならず彼此の別なく人と国との間にも通じる普遍的なものではある。しかし福澤は小幡の論文を紹介する形で、その現実を分析する。ペリーの開国要求の口実が、かつて福澤が説いたような国家対峙を是とする国際法であったが、実はその名の美にして、その実の醜であったことを述べ、言行齟齬のはなはだしいことを論じるのである。従ってこれを知れば、外国に対して同権の旨を失い、それに注意するものがいなければ、日本国民の品行は日々卑屈に赴く。国内にあっては同権の説を説くも外国交際にあってそれをいわないのは、福澤によれば第一に同権論が未だ切実に迫ったことがないこと、つまり推量憶測の域を出ないからである。福澤は国内外の事例でそれを説明する。特に日本の殷鑑として馬場辰猪が報告したインドの例は説得的である。第二に外国交際の日数が浅くて未だその害が大であることがみえていないからである。日本の人民は外国交際について内外権力が平均しているか否かを、不正を受けているか否かを、あるいは利害得失も知ることなく、恬として他国の事をみているが如き日本の実の姿を指摘するのである。

それゆえに福澤は見聞広く事実にいきわたる認識を持ち、世界古今の事跡を察しないと駄目であるという。アメリカ、オーストラリア、中近東、インド、フィリピン、タイ、あるいは中国などが西洋人の田園と化していることを認識しなければならない。日本もアジアの一国である以上、後日の禍を想定してかからなければならないのである。

こうして経済上、法律上、外交上の議論は困難極ることであると福澤は述べ、文明を推進するとしても全国人民の間に一片の独立心が無ければ文明も用を成さないとまで断言する。国際関係は天地の公道に基づいているので、自由に貿易し自由に往来し自然にまかすべきとの「結構人の議論」に対し福澤は留保する。世界の現状は私情に満ち、偏頗心があり、報国心もそれに依拠している。それらは異名同実である。そうであるが故に、一片の本心において私有も生命も放棄すべき場所は外国交際の場である。しかしだからといって兵器を充実すれば事足りるかといえばそうではない。巨艦大砲は巨艦大砲の敵に適すが借金の敵には適さない。日本の兵器製造技術は未熟であり、つまるところ借金して外国の兵器を購わざるを得ないからである。

それではどうすればよいのか。福澤は以上の議論を要約しつつ、目的を定めて文明に進む一事のみであると断言する。そしてその目的は内外の区別を設けて日本の独立を保つことである。これには文明を進歩させる他に術はない。国の独立は目的であり、国民の文明はこの国の独立という目的に達する術である。それが「今の世界」には必要なのである。高遠な議論から見ればそれは細事ではあるが、迂闊に高遠な説を説いている状況ではない。人がいなければ、かつ国が無ければ文明といえないのである。「今」は狭義で以て文明を考えざるをえない時代である。「今の世界」の状況に照らして、「今の日本」のためを図り、「今の日本」の急に応えるためにも文明の狭義に賭けるべきである。

福澤は最後において、くどいほど「今」という文字を使用して文明論の「今」における意味を切実に説き、独立の実を最優先に取る事に賭けていることが分かる。「今」を等閑に看過してはいけない。確かに自国の独立は事の初歩であり、文明の本旨ではない。「国の独立」こそが「今の文明」である。しかも文明でなければ独立も不可能である。それを議論の本位とする限り、確かに世上の国体論も政治の中心を定めて行政を円滑化するには便利であり、民権の粗暴論も人民卑屈の旧習を一掃するには便利である、忠臣義士論もキリスト教論も儒者の議論も仏教徒の論も場合によっては愚とも智ともなる。否、暗殺攘夷ですら一片の報国心があるから独立の実をもたらすかもしれない。福澤にとって最終最上の目的、すなわち自国独立を忘れないことが重要であって、これこそが今の日本の人心を維持する一法であると福澤は述べて文明論を終えるのであった。

一二　福澤の文明論が極めて濃度の高い議論に満ちていることは以上の粗描からも明らかであろう。文体は二重否定であっても断言的である。格調高い名文と相俟って読むものに痛快さを感じさせる。しかも正負両面を指摘する両眼主義が活かされており、単純な明快さではない。また留保を付して文意を活かす方法もとられており、そうした修辞上の巧妙さがあるにもかかわらず論理的には名実論を踏まえ、どこまでも実に即して議論をすることの重要性を訴えているのである。その実学もサイエンスを意味すると同様、歴史においても近因よりは遠因こそが根本的な要因であり実となることを説いて、その精神を活かしている。

文明の進展が外形のそれでは人心がむしろ退化して文明の精神が失われることを夙に説いているのも福澤であった。しかも文明の負の遺産についても、『西洋事情』外編のバートンの議論の紹介に見られるような、格差社会の到来をすでに論じ、それもトクヴィル、あるいはミルの議論を踏まえての唯金主義の拡散によることを指摘するのであった。

福澤は後発国日本という場にあって先発国欧米の文明の正負を踏まえ、その意味では後発国の特権ともいうべく比較文明史的考察を踏まえることによって、より公平な文明論を構築した。それは確かに始造と実験による成果であり、それの持続を説くものでもあった。今の世界にあって今の日本がとる文明は福澤のいう国体であり、それが独立を意味する限り、狭義の文明である国の独立が最小限必要な条件であった。故老の頭脳にある修身斉家治国平天下との宋学的思考法も、その前提としての格物致知を私智から聡明叡智へ転回させることによって、逆に家族関係とそれ以外の社会関係を一端区別して、それから先はまた道徳律に賭ける見通しをもって故老を説得するものでもあった。『文明論之概略』は正しく現実に照らしつつ古今東西の事跡と文献を駆使しての一大文明論であったのである。

補注・解題
安西敏三（あんざい　としみつ）
甲南大学法学部教授、法学博士。
一九四八年生まれ。一九七二年、学習院大学法学部卒業。一九七九年、慶應義塾大学大学院法学研究科博士課程単位取得退学。
主要業績に、『福澤諭吉と西欧思想―自然法・功利主義・進化論―』（名古屋大学出版会、一九九五年）、『福澤諭吉と自由主義―個人・自治・国体―』（慶應義塾大学出版会、二〇〇七年）などがある。

訳者紹介
伊藤正雄（いとうまさお）
明治35年（1902）生まれ。昭和2年（1927）東京帝国大学国文学科卒業。神宮皇學館教授、甲南大学教授、神戸女子大学教授を歴任。甲南大学名誉教授。昭和53年（1978）死去。
主要業績に、『福澤諭吉入門』（毎日新聞社、昭和33年）、『学問のすゝめ講説』（風間書房、昭和43年）、『福澤諭吉論考』（吉川弘文館、昭和44年）、『資料集成 明治人の観た福澤諭吉』（編、慶應通信、昭和47年［平成21年、慶應義塾大学出版会より復刊］）などがある。近世文学の研究書、エッセイも多数。

現代語訳 文明論之概略

2010年9月25日　初版第1刷発行
2019年1月25日　初版第2刷発行

訳　者――――伊藤正雄
発行者――――古屋正博
発行所――――慶應義塾大学出版会株式会社
〒108-8346　東京都港区三田2-19-30
TEL〔編集部〕03-3451-0931
〔営業部〕03-3451-3584〈ご注文〉
〔　〃　〕03-3451-6926
FAX〔営業部〕03-3451-3122
振替　00190-8-155497
http://www.keio-up.co.jp/
装丁・本文デザイン―中垣信夫＋中垣呉＋西川圭［中垣デザイン事務所］
印刷・製本――萩原印刷株式会社
カバー印刷――株式会社太平印刷社

Printed in Japan　ISBN 978-4-7664-1744-9

索引

1　福澤作品（年代順）

単行本（およびそれに準ずるもの）

唐人往来【慶応元稿】（万国公法への信頼）　535
西洋事情【慶応 2–明治 3】（西洋の史記）　512
（政治の形態）　326-328
（政府の起源）　324, 354, 364
（夫婦の重要性）　356, 440
（ルイ 11 世、絶対王権を固む）　361
（収税論）　371
（アメリカ独立の檄文）　410
（リシュリューの人物）　425
（ジェームズ・ワットの伝）　428
（バーソロミューの虐殺）　154, 435
（ピョートル大帝の事蹟）　438
（戦争の惨禍の減少）　442
掌中の万国一覧【明治 2】（文明の段階）　315
（西洋鉄道の長さ）　437
世界国尽【明治 2】（文明の段階）　315
童蒙をしへ草【明治 5】（クラークスンとハワードとの伝）　428, 429
改暦弁【明治 5】（時計の見様）　435
学問のすゝめ【明治 5–9】（翻訳的要素）　307
（『文明論』との比較）　325, 354, 481, 483, 485, 496
（漢訳『勧学篇』）　489
（外国勢力への警戒）　376, 535
（文章のユーモア）　325
（社会的契約思想）　355
初編（天は人の上に）　498
二編（権力の偏重偏軽）　363
（切捨御免）　372
三編（国民の独立心の必要）　342, 366
四編（官民対等・学者の使命）　334, 336, 369, 453, 504
（日本人は衆智を集むるを知らず）　341, 525
（日本には政府ありて国民なし）　219, 453
五編（西洋文明の形より精神を学べ）　317, 379, 507
（日本人の無気力）　336
（中流階級の重要性）　338, 339
六編（切捨御免）　372
七編（楠公権助論）　312, 322, 357, 425, 426, 486, 512
十一編（名分論の弊）　325, 346, 357, 358
十二編（インド・トルコの没落）　326, 379
十三編（社交の必要）　312
（出版自由の必要）　422
十四編（救貧法の難点）　357
十五編（西洋文明の形より精神を取れ）　507
（東西文明取捨の必要）　527
（懐疑精神の必要）　306, 355, 527
十六編（英知の必要）　512
十七編（社交の必要）　311
覚書【明治 8–11 稿】（文明は多事の際に進む）　318
（トクヴィルを読む）　330
（知の重視）　347
（民権論者への不信）　378
学者安心論【明治 9】（学者の使命）　337
旧藩情【明治 10 稿】（士族間の偏重偏軽）　363, 378
福澤文集【明治 11–12】「肉食妻帯論」　456
通俗国権論【明治 11–12】（対外強硬論）　375, 536
民情一新【明治 12】（保守派と進歩派）　340, 526
時事小言【明治 14】（対外強硬論）　375, 380, 536
時事新報【明治 15】（軍備拡張論と増税論）　536, 537
帝室論（天皇制支持）　374, 532

学問之独立【明治 16】(学者の政治熱の弊) 350, 369, 530
尊王論【明治 21】(天皇制支持) 374, 532
国会の前途【明治 23】(徳川幕府の妙・家康礼賛) 320, 351, 529
(法理に偏するなかれ) 534
(切捨御免は有名無実) 372
瘠我慢の説【明治 24 稿】(立国の目的) 375
福翁百話【明治 30】(その特色) 488, 489, 497
(一向宗への好意) 349
「天道人に可なり」(今の世界の不完全) 316
「政論」(君主制の必要) 325, 532
「史論」(反山陽史論) 370, 529
「人事に絶対の美なし」(バランスの必要) 537
(科学進歩への信頼) 352
福澤全集緒言【明治 30】(『文明論』の解説) 482, 483
福翁自伝【明治 32】(その価値) 485, 489
(日清戦争の勝利) 537
(武家の刀は馬鹿メートル) 323
(徒党と政党) 423
(アメリカに軍艦注文) 477

単行本以外

中津留別の書【明治 3.11】(人倫の大本は夫婦なり) 356
荘田平五郎宛書簡【明治 7.2】(『文明論』執筆の報) 481
人の説を咎む可らざるの論【明治 7.8】(異端妄説の必要) 313
学問のすゝめの評【明治 7.11】(楠公の評価) 322, 323
(ギゾーの文明史引用) 407
豊前豊後道普請の説【明治 7.11】(地方開発の必要) 388
内地旅行西先生ノ説ヲ駁ス【明治 8.1】(在日外国人の横暴を警戒) 473
未来平均の論【明治 8.1】(東西商人の相違) 359
島津復生宛書簡【明治 8.3】(『文明論』成立の報) 306, 482, 492
亜細亜諸国との和戦は我栄辱に関するなきの説【明治 8.10】(外債の弊) 473
門閥論【明治 11.1】(外国の圧迫を警告) 378, 379
「文明論之概略」講義の広告【明治 11.10】 486, 487
圧制も亦愉快なる哉【明治 15.3】(幕吏圧制の回想) 378
時勢問答【明治 15.6–7】(徳川幕政の妙) 371, 529
(政府と政商との腐れ縁) 468
脱亜論【明治 18.3】(シナ分割論) 537
政略【明治 20.8】(人間世界は情の世界) 533, 534
文明教育論【明治 22.8】(科学教育の必要) 347
改むるに憚ること勿れ【明治 24.2】(北条氏政治の美) 529
還暦寿筵の演説【明治 28.12】(時勢に満足) 332
日原昌造宛書簡【明治 30.8】(外戦熱流行) 537
読レ史(漢詩) 366

2 主要人名(五十音順)

日本人

赤松円心(足利尊氏に進言) 235, 460, 461
足利氏(政権を取る) 090, 091
(群雄割拠・尾大不掉) 214, 241, 243, 463
(徴税法) 249
足利尊氏(政権を取る) 045
(成功の原因) 090-093, 322, 323, 335, 418, 419, 514
(皇室を利用) 235, 460, 528
足利持氏と義久(自立の野心) 239, 462, 463
足利義満と義教(その苛税) 249, 464, 465
足利義政(失政) 249, 253, 254, 466
新井白石『読史余論』(福澤への影響) 362
(国民不在の歴史) 366, 513
(大勢九変五変説) 215-217, 452, 453

東洋人

西洋人

モンテーニュ（近世哲学の祖）　447, 448
モンテスキュー（地理風土と文明）　449, 450
ライシャワー（日本封建政治の功績）　320, 321, 518
リシュリュー〔リセリウ〕（その功罪）　117, 201, 426, 447, 448
ルイ 11 世〔ロイス〕（王権の回復）　197, 198, 361
ルイ 13 世（王権の強大）　201, 425, 447
ルイ 14 世（王権の極盛）　201, 202, 426
ルイ 15 世（王権の衰微）　201, 202
ルソー（啓蒙思想家）　362, 448
ルター〔ルーザ〕（宗教改革）　199
ワシントン（その成功）　067, 093
ワット，ジェームズ（功績）　125, 126, 132, 136, 428

3　主要語句・事項（注の語句・事項に限定した）

ア行

アイルランド人の貧しさ　405, 406
宛行《あてがい》（食禄）　473
阿片戦争　478
アメリカ独立の檄文　410
アメリカ独立の謀主四十八士　419
アメリカに軍艦注文　477
安堵（安住させる）　454
イギリス国教会　446, 447
イギリス・スコットランドの合併　396, 399
出る用を量りて入ることを制す　464, 467
異端（儒教以外の道）　393
一人扶持（一日玄米五合）　469
一以て之を貫く　439
従兄弟は他人の始なり　440
威武も屈することは能わず云々　428, 462
殷鑑（手近な手本）　470
印符（勅許のしるし）　455
陰陽五行の惑溺　400
穎敏（鋭敏）　479
えた　469
『延喜式』　454, 455
演説（福澤の奨励）　387
姪《おい》　440
王位継承戦争　399
『応仁記』　465
屋漏に愧ず　425
オランダ政体の変遷　397, 398
オランダとベルギーとの分離　396
温良恭謙譲　426

カ行

介々（こせこせ）　479
外国人との金銭貸借の制限　476
外国人との不動産売買の禁　476
外国人の内地旅行の制限　474
外国人の元金による商売の繁盛（買弁）　479
外国人雇用（お雇い外国人）　474, 475
外債の危険　473, 477
会社（結社）　476
鍵役（税の一種）　465
隔靴の嘆　475
学者（読者）　391, 392
華族制度　469
華士族の家禄に対する財政負担　423, 424
カステイ（インドの身分制度）　423
合縦連衡（蘇秦・張儀の説）　417
豁然貫通（宋儒の説）　432, 433
活潑々地（元気潑剌）　478
観を為す（考えを抱く）　385
貫属（士族）　469, 470
官版（幕府・諸藩の出版）　457
生糸・蚕卵紙の不正　442
生糸・茶の輸出　478
議院に僧侶の出席する制度（外国の）　444
犠昊以上の民（太古の民）　433
機変（心の変化）　413
客論（第三者の論）　475
窮理（物理学・自然科学）　400
郷飲（周代の古習）　422
教化師（宣教師など）　437
曲情（詳しい事情）　475
虚心平気（公平無私）　390
居留地（外人居住の制限）　474
切捨御免（無礼討）　468
金甌無欠（国体の美）　400
今吾は古吾に非ず　413

金札引替（通貨価値の維持）　441
公方（関東管領）　463
倉役（税の一種）　465
君子盛徳の士は愚なるが如し　426
形影互に反射す　385
缺典（欠点）　406
『元亨釈書』　453
剣を杖つく（一剣のみを頼む）　440
元素（本質・精神）　384
元素（化学元素）　435
言忠信、行篤敬　427
県令（県知事）　470
言路を開く（言論の自由）　470
皇学者の国体論　395, 471, 472
コウカス人種（白人種）　412
巧言令色　431
交際（社会）　390, 392
孔子も時に遇わず　416
後生畏るべし　458
浩然の気　432
五経　433
五畝の宅（周代理の井田法）　417
国家（朝廷）　463
克己復礼　430
国君微行して童謡を聞く　422
国初（徳川幕府の初め）　465
御家人（鎌倉幕府の臣）　452
五港（開港場）　474
五山版　457
御朱印（社寺の領地）　456
五倫　430
健児《こんでい》（王朝の武士）　451, 452

サ行

際（境目）　383
坐を見て法を説く　427
参坐（陪審員）　476
サンドウヰチ島（ハワイ諸島）　478
酸敗家（胃弱者）　433
シウヰタス（国家・市民層）　403
紫雲（瑞兆）　402
四公六民（徳川幕府の税法）　465, 466
四時循環の算　409
至善の止まる所（最高目標）　390
士族の特権廃止と国民皆兵　423, 424, 470
刺薑《しない》（はり）　479
随って……随って……　384
七年の大旱に祈る　401
十誡　430
実学（実益司の学と科学）　390
実験（経験）　385
十方世界に遍く照らすものは云々　456
地頭（領主）　453
事務（事業）　442
下の関の償金　476, 477
『釈《しゃく》家《け》官班記』　454, 455
社稷重しとし君を軽しとす　440
邏邏《シャム》　478
社友（慶應義塾の同志）　386
呱哇《ジャワ》　477
周唐の礼儀　401
宗門（宗教）　392, 434
孺子の井に入るを見て之を救う　429
出処（進退）　479
出入港税（関税）　475
出版自由への要求　390
『周礼《しゅらい》』　422
舜何人ぞ　458
勝国（亡国）　465
情実（人情）　418, 441, 442
消息（消失）　384
上帝（エホバの神）　437
小児の戯（福澤の口癖）　479, 480
商旅（商人）　465
庶民衣服の制限　468
真実無妄の理　472
神政府（神権政治）　393
神仏分離　470, 471
新聞（ニュース）　430
人力車の流行　438
水火の縁を結ぶ　435
瑞西《スイス》（複合民族国家）　395
彗星の暦　435
スタチスチク（統計）　414
寸を進めて尺を退く　392
西印度　473
斉桓普文の覇業　416, 417
清教徒革命と名誉革命　397, 447
星宿分野（星座）　409
精心（精神）　434
聖人に夢なし　426
精神の奴隷（メンタルスレーヴ）　459

生々（生活・生存・生物・人類）　403, 427
日耳曼《ゼルマン》（連邦組織）　395, 396
日耳曼民族の自主独立心　460
善を責む　428
喪家の狗　418
宋儒（朱子など）　430, 432, 433, 458, 459
僧正・僧都以上の位　454, 455
総追捕使　451
惻隠・羞悪の心　425
その食を食む者はその事に死す　469

タ行

太閤（隠居した関白）　454
大臣（家老・重役など）　469
大夫（家老・重役など）　416
大洋洲諸島（西洋の支配）　477
高掛り（税の一種）　465
高倉御所（足利義政の奢侈）　466
民を視ること赤子の如し　439
民の疾苦を問ふ　467
男女室に居るは人の大倫なり　415
段銭（税の一種）　464, 465
談天彫竜（現実離れの思索）　479
智恵ありといえども勢に乗ずるに如かず　425
智見（知識）　387
地租（農民の犠牲）　424, 466
窒塞（窒息）　475
逐円の男子（有財餓鬼）　412
厨料（生活費）　464
通信（通交）　384
月夜に提灯を燈す　439
鉄道開設　473, 477
手に唾して取るべし　471
天下を洒掃すれども庭前は顧みるに足らず　426
電信開通　477
天に二日なし、地に二王なし　409
天然の七色　435
田猟（狩猟）　412
東印度　473
当局の経験（当事者の体験）　475
唐虞三代（シナ上古思想の世）　409
唐虞辞譲（堯舜の禅譲）　416
倒懸（非常な苦しみ）　465
滕と斉楚との関係　417, 418
湯武の放伐（易姓革命）　386, 387, 409
灯明台（灯台）　477
独一個人の気象（個性）　462
徳政（足利幕府の失政）　467
徳の門に入る　472
塗炭維谷（窮地に陥る）　464
咄々怪事（さてさて怪しからぬ）　475
徒党（幕府の厳禁）　423

ナ行

長袖の身分（柔弱の徒）　457, 458
生麦《なまむぎ》の一件　476
南北戦争　411
ニウエンゲランド　410
肉食妻帯の許可　456, 471
贋金（明治初年の）　441
日蝕の時に天子席を移す　394, 395
日本には政府ありて国民なし　454
人間（世間）　387, 390
人間交際・人間の交際（社会）　390, 392
人民の会議（議会）　387
農民転業の禁　466

ハ行

陪臣国命を執る　416, 453
破戒の僧　456
博士（王朝の）　456
伯夷の風を聞て立つ　437
博徒も御用達となる　470
驀入（闖入か）　474
白文（註釈のない原文）　435
果して（案外）　383
発明（発見）　386
花の御所（足利義政の奢侈）　466
バルゾロミウの屠戮　435, 436
万国公会（平和会議）　443
万国公法（国際公法）　443
ハンセチック・リーギュ（ハンザ同盟）　445
版に押したる文字（紋切型）　414
盤楽（娯栄）　479
皮相す（表面だけ見る）　387, 460
火縄筒　419
非人　469
百科全書家　448
百日交代（鎌倉大番）　452
百物語（怪談）　442
瓢瓠（無用の長物）　437

避雷の法　439
ピルグリム・ファーザーズ　410
風化（薫化）　430
腹中甕の如き赤心　436
舟遊山（舟遊び）　426
普天の下、唯一君の大義　472
普仏戦争（独仏戦役）　395, 419, 422
フランス政体の変遷　398
フランス第二共和制の失敗　408
不立文字（以心伝心）　433
文王は我師なり　458
文化（文明開化）　392
文学（学問）　390
文明史の訳書　448
文禄の検地（豊臣氏の税法）　465
兵役免除（代人料）　471
ペルシアの衰微　478
偏諱（長上の諱の一字を賜わる）　463
法を三章に約す　441
法教（宗教）　434
保元平治以来の皇室の醜態　419
放心を求む　427
彷彿（ぼんやり）　385
北狄（ゲルマン民族）　460
ポリチカル・レジチメーション　397
本位（基準・本質）　386
本来無《む》一物《いちもつ》　410

マ行

マサチュセッツのプリマウス　410
松前藩（アイヌ搾取）　405
道に遺を拾わず　440
道二あり、仁と不仁となり　438
水戸藩（党争の弊）　436
無為にして治る　426
棟別（税の一種）　465
銘策（名策）　418
メキシコの共和制　408, 409
メヌウ（マヌ法典）　402

ヤ行

約条書（約定書）　441
横須賀の製造局　477

ラ行

落胆（驚き）　430
邏卒（巡査）　440, 474
両替渡世（維新の際破産）　470
両国一君（西洋の）　399
領事裁判（治外法権）　474
両統迭立と南北朝の対立　400
理学（哲学と科学との両義）　433
理論（哲学論）　418
呂宋　478
礼楽征伐　473
漏洩（正しくはロウセツ）　468
籠絡（統一）　389

ワ行

和戦（和睦）　395